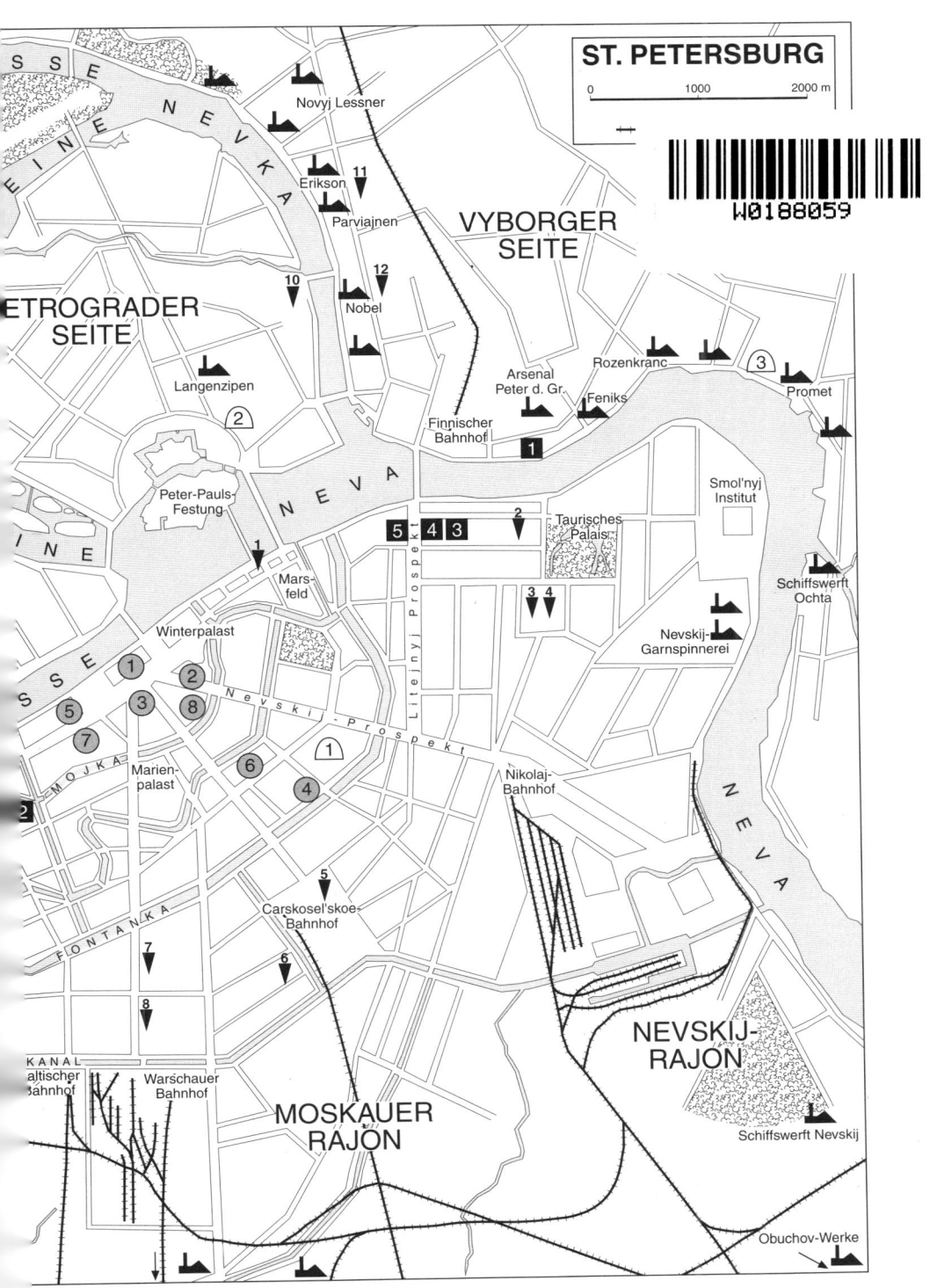

ST. PETERSBURG

0   1000   2000 m

W0188059

Novyj Lessner

Erikson
11
Parviajnen

10   12
Nobel

VYBORGER
SEITE

Langenzipen

2

Peter-Pauls-
Festung

NEVA

ETROGRADER
SEITE

Arsenal
Peter d. Gr.

Rozenkranc   3

Promet

Feniks

Finnischer
Bahnhof   1

Smol'nyj
Institut

2
Taurisches
Palais

5 4 3

Schiffswerft
Ochta

3 4

Nevskij-
Garnspinnerei

Marsfeld

1

Winterpalast

1   2

5   3   8

7

Nevski - Prospekt

MOJKA

Marien-
palast

6

4

1

Nikolaj-
Bahnhof

NEVA

FONTANKA

5

Carskosel'skoe-
Bahnhof

7   6

8

KANAL

altischer
Bahnhof   Warschauer
Bahnhof

MOSKAUER
RAJON

NEVSKIJ-
RAJON

Schiffswerft Nevskij

Obuchov-Werke

Litejnyj Prospekt

Altrichter · Rußland 1917

Helmut Altrichter

Rußland 1917

Ein Land auf der Suche
nach sich selbst

Ferdinand Schöningh

Paderborn · München · Wien · Zürich

Titelbild: Moskau, Ende 1917. Soldaten unter dem Banner des Kommunismus

Die Deutsche Bibliothek – CIP-Einheitsaufnahme

Altrichter, Helmut:
Rußland 1917: ein Land auf der Suche nach sich selbst / Helmut
Altrichter. – Paderborn; München; Wien; Zürich: Schöningh, 1997
   ISBN 3–506–70303–x

Umschlaggestaltung: INNOVA GmbH, D–33178 Borchen

Gedruckt auf umweltfreundlichem, chlorfrei gebleichtem
und alterungsbeständigem Papier ⊗ ISO 9706

© 1997 Ferdinand Schöningh, Paderborn
(Verlag Ferdinand Schöningh GmbH, Jühenplatz 1, D–33098 Paderborn)

Printed in Germany. Herstellung: Ferdinand Schöningh, Paderborn

ISBN 3–506–70303–x

INHALT

III. EINE GESELLSCHAFT IN AUFRUHR: DIE BEWEGUNGEN DER ARBEITER, SOLDATEN, BAUERN UND BÜRGER

IV. EIN REICH IM ZERFALL: DIE SEZESSION DER NATIONALITÄTEN

VORWORT

Am Anfang war nicht Lenin. Am Anfang war die Krise. Sie erfaßte – mitten im Weltkrieg – den russischen Staat, alle gesellschaftlichen Schichten und Klassen, die Sprachgruppen und Nationalitäten. Außen- und Innenpolitik bildeten dabei eine kaum zu lösende Einheit.

Der Staat hatte sich der Auseinandersetzung mit seinen westlichen Anrainerstaaten, dem Deutschen Reich und Österreich-Ungarn gestellt, in der Hoffnung, seine machtpolitische Position in Europa zu behaupten und zu stärken. Doch die Hoffnung trog, sein politisches System, die Regelkompetenz seiner Administration, seine Wirtschaftskraft, seine Armee waren der Herausforderung des Weltkrieges nicht gewachsen. Während die Aussichten auf einen Sieg schwanden und die Front weit im eigenen Lande verlief, mehrten sich im Inneren die Schwierigkeiten, beim Nachschub für die Armee, besonders auch bei der Versorgung der Zivilbevölkerung. Darüber stürzte im Februar die zarische Regierung: Hungerunruhen, Großdemonstrationen und die Meuterei der hauptstädtischen Garnison setzten ihrer Herrschaft ein Ende. Doch auch ihre Nachfolgerin, die von Mitgliedern des Parlaments, der »Duma«, eilends gebildete »Provisorische Regierung«, sah sich – befangen in machtpolitischen Überlegungen – nicht in der Lage, den Krieg zu beenden, erbte damit die Probleme und erlitt das gleiche Schicksal wie ihre Vorgängerin. Sie wurde im Oktober von den Parteigängern Lenins, den Bolschewiki, gestürzt, die die Sozialistische Räterepublik ausriefen.

Die gesellschaftlichen Großgruppen des Zarenreiches, die Arbeiter und die Bauern, die Soldaten und die bürgerliche Intelligenz, waren sich in der Ablehnung des Bestehenden einig. Doch ihr Konsens reichte, wie ihre »Diskurse«, die Entwicklung der öffentlichen Debatten, Demonstrationen, Streiks und Revolten zwischen Frühjahr und Herbst zeigten, kaum darüber hinaus. Während das liberale Bürgertum seine Forderungen bereits mit der Februarrevolution erfüllt sah, sich mit dem Pochen auf »Staatsinteressen«, »Ruhe und Ordnung« und die Vertagung aller Entscheidungen auf die »Allrußländische Verfassungsgebende Nationalversammlung« immer mehr ins politische Abseits redete, verlangten die Bauern eine sofortige Agrarreform, die Arbeiter eine Besserung ihrer materiellen und sozialen Lage und die kriegsmüden Soldaten endlich Frieden.

Hinzu kam ein Aufstand der Peripherie gegen das Zentrum. Im gleichen Maße, wie das politische System des multiethnischen Staates immer tiefer in die Krise geriet, die Autorität der zentralen politischen Instanzen verfiel, die Festungsmentalität gegenüber der Außenwelt schwand und im Innern die wirtschaftlichen Probleme wuchsen, wurde in den Randgebieten – in Polen und in Finnland, in den Ostseeprovinzen und in der Ukraine, im Transkaukasus und in Mittelasien – der Ruf nach »Autonomie«, schließlich nach »Unabhängigkeit« immer lauter; zumal da der Güteraustausch zwischen Stadt und Land, Zentrum und Randregionen ohnehin nicht mehr funktionierte, und was früher als regionale, volkswirtschaftliche Arbeitsteilung figurierte, wurde jetzt mehr und mehr als »koloniales Abhängigkeitsverhältnis«, als »Ausbeutung« gesehen.

Diese drei Prozesse, auf vielfache Weise ineinander verwoben und sich in ihrer Wirkung gegenseitig verstärkend, ergaben zusammengenommen die Erfahrung eines tiefen Umbruchs, der alle staatlichen und gesellschaftlichen Bereiche erfaßte, einer »Revolution«.

Ihre erste Phase, der Februarumsturz, war bereits vorüber, als Lenin kam, aus dem schweizer Exil, mit Wissen und Willen der Berliner Regierung. Nach fast zehn Jahren betrat er Anfang April zum ersten Mal wieder russischen Boden. Wer sein politisches Konzept aus den Kriegs- und Vorkriegsdebatten zu kennen glaubte, sah sich rasch eines anderen belehrt. Von der Umwandlung des Krieges in einen europäischen Bürgerkrieg, wie er es im Herbst 1915 noch lautstark auf der Konferenz der Linkssozialisten im schweizerischen Zimmerwald gefordert hatte, war nun nicht mehr die Rede. Der Streit um das Postulat einer straff organisierten Kaderpartei, mit dem er die Sozialdemokraten gespalten hatte, weil er forderte, in sie nur aufzunehmen, wer die Revolution zu seinem Beruf machte, schien ihn nun nicht mehr zu interessieren. Selbst die Fixierung auf das Industrieproletariat, das Selbstverständnis als marxistische Arbeiterpartei, wurde allem Anschein nach zur Disposition gestellt.

Aufbauend auf das noch im Frühjahr beschlossene neue Sofortprogramm wurden die Bolschewiki immer mehr zur populistischen Sammlungsbewegung der Unzufriedenen und Zukurzgekommenen, zur Partei, die allen alles versprach: den Soldaten den Frieden, den Bauern das Land, den Arbeitern die Macht in den Fabriken, den Nationalitäten, wenn sie es denn wollten, die Unabhängigkeit und ein starkes, neues, modernes Rußland obendrein. Die Schwäche des Staates, der Autoritätsverfall der Provisorischen Regierung, ebnete ihr den Weg zur Macht. Im Oktober wagte sie den bewaffneten Aufstand, erst in der Hauptstadt, dann draußen im Lande.

Die Einlösung der revolutionären Versprechungen – »Schluß mit dem Krieg«, »Alle Macht den Räten«, »Den Bauern das Land der Gutsbesitzer«,

»Den Arbeitern die Kontrolle über die Betriebe« und »Freiheit und Unabhängigkeit den Nationalitäten« – war, wie sich nachträglich herausstellte,
gar nicht so einfach, und die Diskussion, wie den Problemen begegnet werden sollte, zeigte, daß die bolschewistische Partei selbst über kein einheitliches Konzept für den künftigen Staatsaufbau verfügte. Die Losungen
»Rätestaat«, »Nationalisierung des Bodens«, »Arbeiterkontrolle«, »Natio-
nalitätenautonomie« erwiesen sich als »mehrdeutig«, als Worthülsen, hinter denen radikaldemokratische, anarchistische oder syndikalistische Ideen
ebenso stecken konnten wie die Vorstellung eines straff zentralisierten,
zwangsverwalteten Wohlfahrtsstaates.

So war die Krise des Landes Ende des Jahres keineswegs ausgestanden
und seine Zukunft ungewisser denn je. Erst der Bürgerkrieg festigte die
Herrschaft der Partei, wie es schien endgültig; lieferte die Handhabe zur
Einschränkung der neuen Freiheit unter der Vorgabe ihrer Verteidigung;
schuf mit der Vertreibung und physischen Vernichtung der Gegner eine
Zäsur, die für die politische Kultur des Landes prägend bleiben sollte; und
in der nachträglichen Stilisierung des Geschehens nahm die Geschichte immer mehr Züge des Geradlinigen, Notwendigen, Gesetzmäßigen, Unumkehrbaren an: Sie legitimierte die Herrschaft der Partei durch die Retu-
schierung der Vergangenheit und begründete damit zugleich ihren
Führungsanspruch für die Zukunft.[1] Die 30er und 40er Jahre schrieben –
unter Einbeziehung der jeweiligen Gegenwart und jüngsten Vergangenheit
- diese Entwicklung fort und brachten sie zur Perfektion, wobei das
»sowjetische Experiment« wie dessen Selbststilisierung in mannigfacher
(hier nicht weiter darzustellender) Weise auch auf den »Westen« ausstrahlte.[2]

Die folgende Darstellung kehrt in die Zeit vor Lenin zurück. Sie beschreibt die Krise des russischen, rußländischen Staates[3], seiner Gesell-

---

[1] Was aus den revolutionären Versprechungen während des Bürgerkrieges wurde, im Zuge
der Ausbildung des neuen Regierungssystems, beim Aufbau der Verwaltung, bei der Entwicklung der Wirtschaftsordnung, bei der Formierung der Roten Armee, bei der Neuorga-
nisation des Justizsystems, ja wie sich auch die Partei selbst wandelte, habe ich zu skizzie-
ren versucht in: H. Altrichter, Staat und Revolution in Sowjetrußland 1917 - 1922/23,
2. Aufl. Darmstadt 1996; die Grundzüge der weiteren Entwicklung in: ders., Kleine Geschichte der Sowjetunion 1917 - 1991, München 1993.

[2] Zur Faszination, die das »sowjetische Experiment« auf die europäische Linke ausübte,
F. Furet, Das Ende der Illusion. Der Kommunismus im 20. Jahrhundert, München 1995; einige Bemerkungen zur Ausstrahlung des sowjetischen Geschichtsbildes und der inner-
sowjetischen Entwicklung auf westliche Forschungsperspektiven unten S. 89 ff.

[3] In der russischen Sprache gibt es für das, was man im Deutschen einheitlich »russisch«
nennt, zwei Adjektive: rossijskij und russkij. Das erste bezieht sich auf Rußland, auf den
Staat, zu dem bekanntlich auch finnische, estnische, lettische, litauische, polnische u.a.m. Gebiete und Bevölkerungsgruppen gehörten; das zweite Adjektiv bezeichnet die ethnische Zugehörigkeit zu den (Groß-)Russen. Der Versuch, diesen (erheblichen) Unterschied auch im
Deutschen zu machen und rossijskij (bzw. einen entsprechenden Zusammenhang) als »rußländisch« wiederzugeben, hat sich im allgemeinen Sprachgebrauch nicht durchgesetzt. Das

schaft, seiner multiethnischen Struktur im Revolutionsjahr 1917, in dem
die überkommene Ordnung zerbrach, Putschversuche von rechts und links
die Zukunft ungewiß machten und zugleich die Rahmenbedingungen für
die bolschewistische Machtergreifung entstanden. Es wäre unredlich zu
leugnen, daß in diese Darstellung vom »Staat in der Krise«, einer »Gesellschaft im Aufruhr«, eines »zerfallenden Reiches« die eigenen Erfahrungen
vom Ende der bolschewistischen Parteiherrschaft und einer nicht minder
tief gehenden inneren, gesellschaftlichen Krise, die zur Auflösung des
multiethnischen Reiches führte und die Zukunft des Landes erneut offen,
ungewiß erscheinen läßt, mit eingeflossen sind. Sie haben uns das Jahr 1917
historisch entrückt und zugleich politisch nah gebracht. Erneut erscheint
Rußland auf der Suche nach sich selbst.

---

sieht man schon daran, daß man sonst vom Rußländischen Imperium, von der Rußländischen Sozialdemokratischen Arbeiterpartei, ja selbst von der Rußländischen Armee
und der Rußländischen Revolution sprechen müßte. Auch in unserer Darstellung wird auf
diese Unterscheidung verzichtet, nur in Ausnahmefällen das Adjektiv »rußländisch« hinzugefügt, um die gesamtstaatliche Dimension hervorzuheben und mögliche Mißverständnisse
auszuschließen. Werden Institutionen oder Organisationen (wie die Konstituante, der Sowjetkongreß, das Zentrale Exekutivkomitee, die Außerordentliche Kommission, der
Muslimkongreß) als »Allrussisch« bezeichnet, ist stets die gesamtstaatliche, nicht die
ethnische Komponente gemeint (und das zugrunde liegende Adjektiv »vserossijskij«).

I. EINLEITUNG

Als Ludwig XVI., König von Frankreich, im Sommer 1789, am Tag des Pariser Bastillesturms, noch immer glaubte, es handle sich um einen bloßen Aufruhr, soll ihn einer aus seinem Gefolge, der Herzog François-Alexandre-Frédéric La Rochefoucauld-Liancourt, belehrt haben, das sei kein »Aufruhr« (révolte) mehr, das sei eine »Revolution« (révolution).[1]

Der preußische König Friedrich Wilhelm IV. reagierte im Frühjahr 1848 ähnlich. Daß »seine lieben Berliner« am 18. März Barrikaden errichtet, dem eingesetzten Militär die ganze Nacht hindurch ein heftiges Gefecht geliefert und ihn selbst am Tag darauf gehindert hatten, die Hauptstadt zu verlassen, daß er gezwungen wurde, sich vor den Gefallenen zu verneigen, fand er die »infamste Revolte, die je eine Stadt enteht« habe; systematische Infiltration aus dem nicht-preußischen Ausland sei dafür verantwortlich. Sie habe schon 14 Tage vorher, ja »seit Wochen« Steine, Rasenstücke und »allergräßlichstes Gesindel«, 10.000 bis 20.000 Mann, für den Barrikadenkampf planmäßig nach Berlin gebracht und bis zum »großen Tage« vor der Polizei verborgen gehalten. Was auch Friedrich Wilhelm nicht wahrhaben wollte: Es war mehr als ein Putsch, eine »Verschwörung«, die 1848 Berlin, Preußen, Mitteleuropa erschütterte, es war eine Revolution – selbst wenn sie nach dem Urteil der Zeit im Jahr darauf »scheiterte«.[2]

Hungerunruhen, Demonstrationen und Streiks erfaßten Anfang 1917 St. Petersburg (oder Petrograd, wie sich die russische Hauptstadt seit Beginn des Weltkrieges nannte).[3] Die Lage eskalierte rasch. In immer dringlicheren Telegrammen warnte der Präsident des Parlamentes, Rodzjanko, den im Hauptquartier weilenden Zaren: Die »Unruhen« nähmen allmählich einen »elementaren Charakter« und »gefährliche Ausmaße« an; die Regierung sei »gelähmt«, Verkehr, Versorgung, Heizung »in völliger Verwirrung«; in der Hauptstadt herrsche »Anarchie«; jeder schieße auf jeden; würden nicht so-

---

[1] Die berühmte Szene hat Adolphe Thier (1823) in seiner populären »Geschichte der französischen Revolution« beschrieben (in deutscher Übersetzung ist sie nachzulesen in: ders., Sämmtliche historische Werke, Leipzig 1844, Bd. 1, S. 76). Als Anekdote wurde sie bereits zeitgenössisch erzählt, kaum eine Darstellung der Französischen Revolution verzichtet auf sie, obwohl ihre Überlieferung durchaus zweifelhaft, ein exakter Quellenbeleg kaum beizubringen ist. Vgl. hierzu W. Schulze, Der 14. Juli 1789. Biographie eines Tages, Stuttgart 1989, S. 8.

[2] Aus dem Briefwechsel Friedrich Wilhelms IV. mit Bunsen, in: L. von Ranke, Sämmtliche Werke, Leipzig 1887, Bd. 49 / 50, S. 461 ff.

[3] Daß der Name der Hauptstadt (im Russischen: »Sankt Peterburg«, mit Betonung auf dem u) deutsch klang, schien nach Beginn des Krieges mit dem Deutschen Reich nicht mehr opportun; so wurde er in »Petrograd« übersetzt, gleichsam russifiziert.

fort »Maßnahmen« ergriffen, müsse das Schlimmste befürchtet werden, für die Dynastie und das Vaterland. Doch als sich die Dynastie am 27. Februar entschloß, »Maßnahmen« zu ergreifen, war es bereits zu spät: Die eingesetzten Truppen gingen zu den Aufständischen über, aus den Streiks und Demonstrationen war eine Revolution geworden.[4]

---

[4] Fevral'skaja revoljucija 1917 goda. Dokumenty stavki verchovnogo glavnokommandujuščego i štaba glavnokomandujuščego armijami Severnogo fronta, in: Krasnyj archiv Bd. 21 (1927), S. 3 ff.; Bd. 22 (1927), S. 3 ff.; Auszüge in deutscher Übersetzung bei: M. Hellmann (Hg.), Die russische Revolution 1917. Von der Abdankung des Zaren bis zum Staatsstreich der Bolschewiki, München 1964 (u.ö.), S. 116 ff.

1. WAS IST EINE REVOLUTION?

Was verbindet die französischen, die deutschen und die russischen Ereignisse? Oder einfacher gefragt: Warum sprechen wir hier wie dort von einer »Revolution«?

Die Worte des Herzogs LaRochefoucauld-Liancourts – unabhängig, ob sie nun wirklich so gefallen sind – deuteten es bereits an: Es ist zunächst die Tragweite, die eine »Revolution« von bloßen »Unruhen«, einem »Aufruhr«, einer »Revolte« unterscheidet.[5] Anders als eine Revolte verändert eine Revolution, wenn sie nicht scheitert, Staat, Wirtschaft und Gesellschaft von Grund auf. Sie stürzt nicht nur die alte Regierung und ersetzt sie durch eine neue; sie stürzt mit ihr zugleich die hergebrachte politische Ordnung, beseitigt die alte Verfassung, den Staatsaufbau und die Formen der politischen Willensbildung.

Anders als Putschisten begnügen sich Revolutionäre nicht mit bloßen, punktuellen Eingriffen in die Wirtschaft. Solche Eingriffe in den Produktionsprozeß und in die Mechanismen der Verteilung sind vielmehr nur der Anfang, tastende Versuche auf dem Weg zu einer neuen Eigentums- und Rechtsordnung, die alte Privilegien, Verbote und Ansprüche beseitigt. Mit der Rechts- und Eigentumsordnung ändert sich auch die Gesellschaft: das Verhältnis von Klassen, Schichten und Gruppen zu einander; der Einfluß ihrer Organisationen; die Konflikte und die Form, in der sie ausgetragen werden; die Verteilung der Rechte und Pflichten.

Was eine Revolution von einem bloßen Aufruhr, Putsch oder Staatsstreich auch unterscheidet, ist die Unterstützung durch breite Schichten der Bevölkerung. Ihre Beteiligung erfolgt überwiegend ungeplant, unorganisiert, spontan und ist sichtbarer Ausdruck des Machtverfalls, des Loyalitätsverlustes, der Krise der »alten Ordnung«. So schmerzhaft diese Erfahrung für deren Anhänger und Repräsentanten ist, so wenig ist sie mit dem Hinweis auf »Rädelsführer« oder wie im preußischen Beispiel eine »Verschwörung« und »ausländische Machenschaften« aus der Welt zu schaffen.

---

[5] Eingehend zur Geschichte des Revolutionsbegriffes N. Bulst, J. Fisch, R. Koselleck, Ch. Meier, Revolution, Rebellion, Aufruhr, Bürgerkrieg, in: O. Brunner / W. Conze / R. Koselleck (Hgg.), Geschichtliche Grundbegriffe. Historisches Lexikon zur politisch-sozialen Sprache in Deutschland, Bd. 5, Stuttgart 1984, S. 653 ff.

Anders als ein bloßer Aufruhr rechtfertigt die Revolution schließlich ihr Tun mit dem Versprechen einer besseren, freieren und gerechteren Welt. Freilich, auf dem Weg dorthin schreckt auch sie, die drei Episoden aus der französischen, deutschen und russischen Revolution sprachen es an, vor der Anwendung physischer und psychischer Gewalt nicht zurück. In der Regel hat sie mit Unruhen, Umsturzversuchen und Revolten Hunger und Not, Terror und Gegenterror, Anarchie und Chaos, alle Schrecken des Bürgerkriegs gemeinsam. Sie machen die Fronten zwischen Anhängern und Gegnern der Revolution fließend und die Unterscheidung zwischen Gewinnern und Verlierern zweifelhaft. Anders als für Ideologen und gläubige Nachgeborene ist die Revolution für Beteiligte und Betroffene kein »heroischer Triumphzug«, vielmehr ein schmerzhafter Prozeß, in dem die Vision eines menschenwürdigeren Daseins in Unmenschlichkeiten zu ersticken droht.

Unsere Umschreibung von Revolution als einer Massenbewegung, die einen raschen und tiefgreifenden Wandel von Staat, Wirtschaft und Gesellschaft erzwingt (oder zu erzwingen versucht) und ihr Vorgehen mit der Vision, dem Versprechen einer besseren Welt rechtfertigt, findet Rückendeckung durch den allgemeinen Sprachgebrauch: Bezieht sich der tiefgreifende Wandel nur auf einen Teilbereich, so weist ein ergänzender Zusatz (»industrielle Revolution«, »Kulturrevolution«) darauf hin. Fehlt das auslösende Moment der Massenbewegung, so verfährt der Sprachgebrauch ähnlich (unter Hinzufügung Revolution »von oben«). Und auch daß eine Revolution »sanft« oder »friedlich« verläuft, gilt als Ausnahmeerscheinung, die durch entsprechende Adjektiva hervorgehoben wird.

2. REVOLUTION UND REVOLUTIONS-FORSCHUNG

Die Fragen und Nachforschungen des Historikers beginnen jenseits der allgemeinen Begriffsbestimmung. Sie suchen nach den Ursachen und Anlässen, nach den Ursprüngen der Revolution in der Zeit davor, die bekannte Mahnung Guizots im Ohr: »Die Erschütterungen, die man als Revolutionen bezeichnet, sind nicht so sehr Symptome von etwas Beginnendem als vielmehr Feststellungen von etwas [bereits] Geschehenem«. Sie beschäftigen sich mit den Forderungen, den Zielen der Revolution und ihren philosophischen, geistes- und sozialgeschichtlichen Hintergründen, in der begründeten Überzeugung, daß man die Geschichtsmächtigkeit von Ideen nicht unterschätzen darf. Sie rekonstruieren die Chronologie des politischen Geschehens und betrachten seine Schlüsselereignisse, seine Dynamik und seine Verlaufskurve. Sie erörtern die Rolle von Einzelpersönlichkeiten, Gruppen, Parteien und Klassen, sondieren die Veränderungen in Staat, Wirtschaft und Gesellschaft und fragen nach den Zusammenhängen von politischen, ökonomischen und sozialen Faktoren. Und sie versuchen eine Gesamtwertung der Revolution, gemessen an den kurz-, mittel- und langfristigen Folgen.

Zutage tritt dabei ein höchst komplexes Geschehen mit einander verwobener Handlungs- und Ereignissträngen, von Motiven, Zielen und Interessen. Um mit einer einfachen Beobachtung zu beginnen: Im Sinne unserer Definition ist die »Massenbasis« eine notwendige Voraussetzung der Revolution. Doch näher besehen bilden diese »Massen« offenbar nie eine Einheit. Sie setzen sich stets aus verschiedenen Gruppen zusammen, die über ihre gemeinsame Ablehnung »des Alten« hinaus ihre eigenen Interessen und Absichten verfolgen. Die Interessen und Absichten können sich ergänzen, aber auch widersprechen. Welcher Gruppe es gelingt, die Initiative an sich zu reißen, hängt von den Umständen ab; wer die Initiative hat, kann nie sicher sein, daß er sie behält. So zerfällt jede Revolution in mehrere, recht unterschiedliche Etappen.

Unser Bild von der Revolution wird dabei zunächst vom Geschehen in der Hauptstadt bestimmt, von Paris, Berlin und Wien, St. Petersburg; dort nimmt die Entwicklung ihren Anfang, fallen die »großen Entscheidun-

gen«, die Sieg oder Niederlage bedeuten. Ändert man den Blickwinkel,
schaut auf die Provinz statt auf die Metropole, aufs flache Land statt auf die
Stadt, auf die Peripherie statt aufs Zentrum, so ändert sich das Bild. Neue
Schauplätze, Akteure und Konfliktfelder werden sichtbar. Sie können den
Ersteindruck bestätigen und ergänzen, aber das Gesamtgeschehen auch in
einem völlig neuen Licht erscheinen lassen. Sie machen vor allem auf die
Gleichzeitigkeit des Ungleichzeitigen aufmerksam, das Nebeneinander unterschiedlicher Lebens-, Denk- und Wirtschaftsweisen, deren jeweilige Bedeutung und Kraft nur durch eine genaue Analyse, nicht aber durch die
einfache Unterscheidung zwischen »alt« und »neu«, »traditionell« und
»modern« zu ergründen ist.

Zu den Verwerfungen kommen die inneren Widersprüche, zwischen
Zielen und Verlauf, Absichtserklärungen und Methoden: Die Forderung
nach Freiheit geht mit Terror im Namen der Freiheit einher; zugleich of-
fenbart sich, daß unter »Freiheit« Verschiedenes verstanden, die Bedingung
ihrer Möglichkeit unterschiedlich definiert wird; die Abschaffung des Unrechts und die Beseitigung der Privilegien wird zur Quelle neuen Unrechts,
neuer Privilegien; der propagierte »Fortschritt« muß mit zivilisatorischen
Rückschlägen erkauft werden.

Beobachtungen und Nachfragen dieser Art haben die historische Revolutionsforschung verändert, Schritt für Schritt und doch nachhaltig. Sie haben die Grenzen aller einfachen Erklärungsmuster und Zuordnungen vor
Augen geführt. Die Untersuchungen zur Französischen Revolution gingen
dabei voran.[6] Sie erschütterten die – bis in die 60er Jahre vorherrschende –

---

6   Allein schon die Literatur, die im Zusammenhang mit und im Nachklang der 200-Jahrfeiern
     erschien, ist immens. Aus der Fülle der Aktivitäten, die zugleich einen Überblick über die
     Forschungsentwicklung vermitteln, sei hier nur verwiesen auf: W. Engler (Hg.), Die Fran-
     zösische Revolution, Stuttgart 1992; A. Forrest / P. Jones, Reshaping France. Town, Coun-
     try and Region during the French Revolution, Manchester / New York 1991; F. Furet, Zur
     Historiographie der Französischen Revolution heute (Carl Friedrich von Siemens Stiftung,
     Themen Bd. 46), München 1989; P. Jones (Hg.), The French Revolution in Social and Poli-
     tical Perspective, London 1996; C. Lucas (Hg.), Rewriting the French Revolution. The And-
     rew Browning Lectures 1989, Oxford 1991; K. Midell / M. Midell (Hgg.), 200. Jahrestag der
     Französischen Revolution. Kritische Bilanz der Forschungen zum Bicentenaire (hg. in
     Zusammenarbeit mit M. Kossok und M. Vovelle), Leipzig 1992; R. Reichardt (Hg.),
     Die Französische Revolution (Epochen Ploetz), Würzburg 1988; ders., Von der poli-
     tisch-ideengeschichtlichen zur sozio-kulturellen Deutung der Französischen Revolution.
     Deutschsprachiges Schrifttum 1946 - 1988, in: Geschichte und Gesellschaft 15 (1989),
     S. 115 ff; H. Reinalter, Freiheit, Gleichheit, Brüderlichkeit. Reform, Umbruch und Moder-
     nisierung in Aufklärung und Französischer Revolution, Düsseldorf 1989; ders. (Hg.), Die
     Französische Revolution. Forschung, Geschichte, Wirkung, Frankfurt am Main / Bern /
     New York / Paris 1991; M. Vovelle / A. de Baecque (Hgg.), Recherches sur la Révolution.
     Un bilan des travaux scientifiques du bicentenaire, Paris 1991. Gleichzeitig erschienen oder
     wurden wiederaufgelegt: J. Godechot, La Révolution Française. Chronologie Commentée
     1789 - 1799, Paris 1988; F. Furet / D. Richet, Die Französische Revolution, 2. dt. Ausgabe
     Frankfurt am Main 1987; R. Koselleck / R. Reichardt (Hgg.), Die Französische Revolution

Ansicht, mit der Revolution habe in Frankreich ganz einfach der »Kapitalismus« den »Feudalismus« abgelöst. Denn es konnte mit guten Gründen plausibel gemacht werden, daß sich die Wirtschaftsordnung Frankreichs in der zweiten Hälfte des 18. Jahrhunderts, in der Vielfalt ihrer Eigentums-, Einnahme- und Rechtsformen nur noch schwer als »Feudalsystem« beschreiben läßt. Noch weniger aber wurde sie mit 1789 bereits zur »kapitalistischen«, sie blieb agrarisch geprägt, von einer Vielzahl bäuerlicher Klein- und Kleinstbetriebe, ein Zustand, an dem die Revolution kaum etwas änderte.[7]

Die Verschiebung der Erklärungsebene von der Wirtschaft auf die Gesellschaft, die Behauptung, die französische Revolution sei eine »bürgerliche Revolution« gewesen, 1789 die »Bourgeoisie« als »herrschende Klasse« an die Stelle des »Adels« getreten, trifft auf ähnliche Probleme. Denn so genau waren »Adel« und »Bourgeoisie« in der tonangebenden Oberschicht schon vor 1789 offenbar gar nicht mehr zu trennen, und jene, die als Abgeordnete des Dritten Standes in den Generalständen das Wort führten, nicht Kaufleute oder Händler, sondern Juristen. Oft mit Grundbesitz und staatlichem Amt, verdankten sie ihre Position mehr dem Ancien Régime, dessen bürokratisch-etatistisches Produkt sie waren, als einem neuaufstrebenden, staatsunabhängigen Handels- und Manufakturkapitalismus, wie die Bezeichnung als »Bourgeoisie« leicht glauben machen könnte.

Außerdem war die Revolution der Abgeordneten des Dritten Standes, verstärkt durch Überläufer aus dem Adel und der Geistlichkeit, nicht die einzige revolutionäre Tat. Sie wurde begleitet, ergänzt, gefolgt von Bewegungen der Bauern und der kleinbürgerlich-proletarischen Schichten. Gewaltig in ihrem Ausmaß, weitgehend autonom in ihrem Ablauf, teilweise gegenläufig zu den Zielen der Notabeln sprengen sie das Bild einer »bürgerlichen Revolution«, und man muß schon an die Metaphysik der Weltgeschichte glauben, um sie als deren »notwendigen« Teil zu beschreiben. Das hat die historische Forschung mehr und mehr dazu gebracht, von drei Prozessen, drei Revolutionen zu sprechen – einer »gemäßigte[n] Verfassungsrevolution der aufgeklärten Eliten im Parlament«, einer »radikaldemokratische[n], tendenziell soziale[n] Revolution der städtischen Grundschichten« und einer »weitgehend traditionsverhaftete[n], antikapi-

---

als Bruch des gesellschaftlichen Bewußtseins, München 1988; A. Soboul, Die Große Französische Revolution. Ein Abriß ihrer Geschichte, 1789 - 1799, Frankfurt am Main 1988; M. Vovelle, Die Französische Revolution - Soziale Bewegung und Umbruch der Mentalitäten, Frankfurt am Main 1988; E. Schmitt / R. Reichardt (Hgg.), Die Französische Revolution - zufälliges oder notwendiges Ereignis? Akten des internationalen Symposions an der Universität Bamberg vom 4.-7. Juni 1979, 3 Bde. München / Wien 1983.

[7] So schon A. Cobban, The Social Interpretation of the French Revolution, Cambridge 1964; ders., Aspects of the French Revolution, New York 1968.

talistische[n] Bauernrevolution« – , die nicht nur nacheinander, sondern
über weite Strecken parallel zu einander abliefen.[8]

Vergleichbares gilt für die deutsche Revolution von 1848.[9] Ihre Geschlossenheit aus der sozialen Homogenität der Nationalversammlung,

---

[8] Vgl. R. Reichardt, Die Moderne Revolution II: Die Französische Revolution, in: W. Conze
/ K.-G. Faber / A. Nitschke (Hgg.), Funk-Kolleg Geschichte Bd. 2, Frankfurt am Main
1981, hier S. 160. Dabei sei darauf hingewiesen, daß hier nur ein (wenn auch aus unserer
Sicht zentraler) Erklärungsstrang herausgegriffen wird. Wie weit die Forschungen zur Französischen Revolution methodisch und thematisch inzwischen auseinanderfächern, mag der
Hinweis auf einige neuere Abhandlungen verdeutlichen, die zugleich ihre »Neuent-
deckung« als Mentalitäts-, Sprach- und Kommunikationsgeschichte markieren: M. Agul-
hon, Marianne into Battle. Republican Imagery and Symbolism in France, 1789-1880 (aus
dem Franz.), Cambridge, Eng. 1981; K.M. Baker, Inventing the French Revolution, Cambridge 1990; H. Chisick / I. Zinguer / O. Elyada (Hgg.), The Press in the French Revolution. Papers prepared for the conference »Presse d'élite, presse populaire et propagande pen-
dant la Révolution française«, held at the University of Haifa, 16-18 May 1988, Oxford 1991;
J. Guilhaumou, La langue politique e la Révolution Française. De l'évenèment à la raison lin-
guistique, Paris 1989; J.A.W. Heffernan (Hg.), Representing the French Revolution. Literature, Historiography, and Art, Hanover / London 1992; L. Hunt, Politics, Culture, and
Class in the French Revolution, Berkeley / Los Angeles 1984 (dt. unter dem Titel: Symbole
der Macht, Macht der Symbole. Die französische Revolution und der Entwurf einer politischen Kultur, Frankfurt am Main 1989); J.A. Leith, Space and Revolution. Projects for Mo-
numents, Squares, and Public Buildings in France 1789 - 1799, Montreal & Kingston / London / Buffalo 1991; M. Ozouf, Le Fête révolutionaire, 1789 - 1799, Paris 1976; H. Brandes
(Hg.), »Der Menschheit Hälfte blieb noch ohne Recht«. Frauen und die Französische
Revolution, Wiesbaden 1991; M.-F. Brive (Hg.), Les Femmes et la Révolution française.
Actes du colloque international 12-14 avril 1989 à l'Université de Toulouse-Le Mirail, 3 Bde.
Toulouse 1990; M. Gutwirth, The Twilight of the Goddesses. Women and Representation in
the French Revolution Era, New Brunswick, N.J. 1992; S. Melzer / L.W. Rabine (Hgg.),
Rebel Daughters. Women and the French Revolution, New York / Oxford 1992; S. Bernard-
Griffiths / M.-C. Chemin / J. Ehrard (Hgg.), Révolution française et »vandalisme révolu-
tionnaire«. Actes du colloque international de Clermont-Ferrand 15-17 décembre 1988,
Paris 1992; F. Souchal, Le vandalisme de la révolution, Paris 1993; E. Liris / J.M. Biziere
(Hgg.), La Révolution et la mort, Toulouse 1991.

[9] Auch hier müssen sich die Literaturhinweise auf wenige Titel beschränken: K.-G. Faber,
Deutsche Geschichte im 19. Jahrhundert, Restauration und Revolution 1815-1851, Wiesbaden 1979; W. Klötzer / R. Moldenhauer / D. Rebentisch (Hgg.), Ideen und Strukturen der
deutschen Revolution 1848, Frankfurt am Main 1974; D. Langewiesche, Die deutsche Revolution von 1848/49 und die vorrevolutionäre Gesellschaft. Forschungsstand und Forschungsperspektiven, in: Archiv für Sozialgeschichte 21 (1981), S. 458 ff; ders. (Hg.), Die
deutsche Revolution von 1848/49, Darmstadt 1983; H. Lutz, Zwischen Habsburg und
Preußen. Deutschland 1815 - 1866, Berlin 1985; Th. Nipperdey, Deutsche Geschichte 1800
- 1866, Bürgerwelt und starker Staat, 6. Aufl. München 1993; W. Siemann, Die deutsche Revolution von 1848/49, Frankfurt am Main 1985; H. Stuke / W. Forstmann (Hgg.), Die
europäischen Revolutionen von 1848, Königstein/Ts. 1979; G. Wollstein, 1848 - Streit um
das Erbe, in: Neue Politische Literatur 20 (1975), S. 491 ff.; 21 (1976), S. 89 ff. Aus Sicht der
DDR-Forschung H. Bartel / H. Bleiber (Hgg.), Die bürgerlich-demokratische Revolution
von 1848/49 in Deutschland. Studien zu ihrer Geschichte und Wirkung, 2 Bde., Berlin (Ost)
1972/73; H. Müller, Forschungen zur deutschen Geschichte 1789 - 1848, in: Zeitschrift für
Geschichtswissenschaft 1980, Sonderband, S. 122 ff.; J. Hofmann / W. Schmidt, Forschungen zur Geschichte der Revolution von 1848/49, in: ebda., S. 143 ff.; W. Schmidt (Hg.), Die
bürgerliche Umwälzung 1789 - 1871, Berlin / Köln 1984.

dem Honoratiorenparlament der Paulskirche abzuleiten, hat sich längst als ein Mythos erwiesen. Denn das Wahlrecht dazu blieb auf die volljährigen selbständigen männlichen Staatsangehörigen beschränkt, die Definition der Selbständigkeit den Regionalorganen vorbehalten und ebenso die Handhabung des Wahlverfahrens (ob öffentlich oder geheim, indirekt oder direkt). Das schränkt die Aussagekraft des Wahlergebnisses stark ein, ganz abgesehen davon, daß auch die Wahlbeteiligung von Ort zu Ort, von Region zu Region stark schwankte.[10]

Wie die Forschung gezeigt hat, vereinten sich auch hier »hinter der Fassade gemeinsamen oppositionellen Aufbruchs tiefgreifende, widersprüchliche und teilweise unvereinbare gesellschaftliche Konflikte«.[11] Während sich liberale Bürger für Grundrechte und parlamentarische Vertretung einsetzten, kämpften Bauern im Namen des »alten Rechtes« für die Abschaffung der Leistungen an den Gutsherrn, stemmten sich Handwerker aus krisenanfälligen Gewerben gegen den drohenden sozialen Abstieg und sehnten sich nach der alten Zunftordnung zurück, gingen Gesellen und andere lohnabhängige Schichten – unter welchen Schlagworten auch immer – für eine Neuordnung des Verhältnisses von Kapital und Arbeit auf die Straße.

Selbst wenn man gleiche Forderungen vertrat, war nicht ausgeschlossen, daß es sich nur um ein Mißverständnis handelte. So verstanden Odenwälder Bauern unter (der bürgerlichen Forderung nach) »Preßfreiheit« die Freiheit von Pressionen, ja manche glaubten sogar, nun selbst Druck, Pressionen auf jene ausüben zu dürfen, unter denen man vorher zu leiden hatte.[12] Und wenn Nagelschmiedemeister im sächsischen Kreis Schwarzenberg mit der Parole der neuen »Freiheit« auf den Lippen bewaffnet vor die verhaßte Nagelfabrik zogen, dann wollten sie sich von der lästigen Konkurrenz der neuen Maschinen »befreien«, die der Besitzer, unterstützt von 150 seiner Arbeiter, vergeblich zu verteidigen suchte; bis das alarmierte Militär eintraf, hatte die Menge die Fabrik gestürmt und Maschinen, Warenlager, Mobiliar und Handelsbücher zerstört.[13]

---

[10] Vgl. Th. S. Hamerow, The Elections to the Frankfurt Parliament, in: Journal of Modern History 33 (1961), S. 15 ff.; im einzelnen dazu modifizierend und exemplifizierend M. Botzenhart, Deutscher Parlamentarismus in der Revolutionszeit 1848 - 1850, Düsseldorf 1977 sowie D. Langewiesche, Die politische Vereinsbewegung in Würzburg und in Unterfranken in den Revolutionsjahren 1848/49, in: Jahrbuch für fränkische Landesforschung 37 (1977), S. 195 ff.

[11] Siemann, Die deutsche Revolution, S. 17.

[12] Dazu anschaulich R. Wirtz, Widersetzlichkeiten, Excesse, Crawalle, Tumulte und Skandale. Soziale Bewegung und gewalthafter sozialer Protest in Baden 1815 - 1848, Frankfurt am Main / Berlin / Wien 1981, S. 179 ff.

[13] Berichtet bei: H.-J. Rupieper, Die Sozialstruktur der Trägerschichten der Revolution von 1848/49 am Beispiel Sachsen, in: H. Kaelble / H. Matzerath / H.-J. Rupieper / P. Steinbach / H. Volkmann (Hgg.), Probleme der Modernisierung in Deutschland. Sozialhistorische Studien zum 19. und 20. Jahrhundert, Köln 1978, S. 80 ff., hier 96 ff.

Selbst innerhalb einer »Schicht« oder »Klasse« gingen Interessen, Bewußtsein und Verhaltensweisen oft weit auseinander, und ähnlich unterschiedlich wie Trägerschichten und Ziele waren auch die Protestformen. Sie reichten von parlamentarischen Resolutionen und Petitionen, Fraktions- und Partei-, Vereins- und Verbandsbildungen über politische Versammlungen und Volksfesten mit Absingung revolutionärer Lieder, von Schmäh- und Spottversen bis zu blutigen Demonstrationen und Tumulten, Brandstiftungen, Lynchjustiz, Plünderungen und Barrikadenkämpfen. Die Vielzahl der Akteure und Interessen mahnt auch zur Vorsicht beim Umgang mit dem Begriff des »Scheiterns«: Denn daß sich die Bauern seit dem Frühjahr mehr und mehr aus der Revolution zurückzogen, hing auch damit zusammen, daß sie einen Teil ihrer Forderungen durchgesetzt hatten. Und wenn – nach der Begeisterung im März – im Sommer und Herbst 1848 auch die bürgerliche Entschlossenheit zu wanken begann, lag das nicht nur am Erstarken der Gegenrevolution, sondern im wohlverstandenen Eigeninteresse. Mit den Aktionen der Unterschichten wuchs die Furcht um Besitz und Stellung, die Angst vor Chaos und Anarchie; sie stärkte die Bereitschaft, den Frieden mit den »alten Gewalten« und im Einvernehmen mit ihnen nach einer Lösung der »nationalen Fragen« zu suchen.[14]

---

[14] Hierzu die Forschung zusammenfassend: Siemann, Die deutsche Revolution, S. 90 ff., 114 ff., 175 ff., 223 ff.

3. STRUKTURBEDINGUNGEN DER RUSSISCHEN REVOLUTION

Der vergleichende Blick auf Frankreich und Deutschland hilft, die russische Revolution, die Vorgänge des Jahres 1917 zu verstehen.
• Auch sie sind, wie wir noch sehen werden, geprägt von der Gleichzeitigkeit des Ungleichzeitigen.
• Auch hier treffen drei relativ unabhängige revolutionäre Bewegungen aufeinander und tragen – jede auf ihre Weise – zum Sturz des »Alten« bei. Der Umstand, daß sich Rußland zu diesem Zeitpunkt im Krieg mit den Mittelmächten, Deutschland und Österreich-Ungarn befindet, macht darüber hinaus auch die Armee, die Soldaten zu einer eigenständigen, vierten Kraft.
• Auch in Rußland wird das ganze Ausmaß des Geschehens erst sichtbar, wenn man nicht nur auf die Metropole, sondern gleichzeitig auf die Provinz, nicht nur auf die Stadt, sondern gleichzeitig aufs flache Land, nicht nur aufs Zentrum, sondern gleichzeitig auf die Peripherie des Vielvölkerstaates schaut.
• Und auch hier sträubt sich die Realität gegen vorschnelle Etikettierungen, wie »bürgerlich« oder »sozialistisch«, »alt« oder »modern«.

a) Die Gleichzeitigkeit des Ungleichzeitigen

Schon in der Hauptstadt, St. Petersburg (und ähnliches gilt für die zweite Metropole Moskau), stießen gegensätzliche Lebenswelten aufeinander. Hier schlug der Puls des monarchisch-aristokratischen, des bürgerlich-kapitalistischen wie des proletarischen Rußland. Sie prägten – jedes auf seine Weise – die Topographie der Stadt und das Leben in den einzelnen Vierteln.[15]

---

[15] Vgl. dazu das schöne Buch von K. Schlögel, Jenseits des Großen Oktober. Das Laboratorium der Moderne: Petersburg 1909 - 1921, Berlin 1988; ergänzend sei verwiesen auf die jüngst erschienenen Bildbände Das Rußland der Zaren. Photographien von 1839 bis zur Oktoberrevolution, Berlin 1989; M.P. Iroschnikow / J.B. Schelajew / L.A. Protsai (Hgg.), Vor der Revolution. Das alte St. Petersburg, Köln / New York / Leningrad 1991; B. Moynahan, Das Jahrhundert Rußlands 1894 - 1994, München 1994; B. Omjotew / J. Stuart, St. Petersburg in frühen Photographien, München 1990.

Das ursprüngliche Zentrum der Stadt, dort wo sich die Flußarme der Kleinen und der Großen Neva teilen, bevor sie sich in den finnischen Meerbusen ergießen, stand noch immer für das *autokratische* Rußland, für die Stärke der Zarenmacht. Hier hatte Peter 1703 als Urzelle eine Festung anlegen lassen und den Ort neun Jahre später zur neuen Hauptstadt erklärt. Eine Tat – scheinbar wider alle Vernunft, denn das neue Zentrum lag am äußersten Rand des Reiches, in einem eben eroberten finnischen Grenzstreifen, und die sumpfige Flußlandschaft war als Baugrund alles andere als geeignet. Doch der Entschluß markierte einen Neuanfang, war außenpolitischer Machtanspruch und innenpolitisches Programm zugleich. Das Zarenreich schickte sich an, vom Randstaat zur europäischen Großmacht aufzusteigen und seine Verhältnisse im Innern denen Westeuropas anzugleichen, so wie sie Peter auf seiner großen Fahrt in den baltischen Städten, in Preußen, in den Niederlanden, in England und Österreich und beim schwedischen Kriegsgegner kennengelernt hatte. Nur eine solche Europäisierung im Inneren schien die neuerrungene äußere Macht auf eine tragfähige Basis zu stellen.

So wie die Stadt und ihre Gründung Ausdruck der zarischen Selbstherrschaft[16] waren, hatte sie sich dort, wo alles anfing, an der Flußgabelung ihre Denkmale gesetzt: Hier stand das Bild des Stadtgründers, der von Falconet geschaffene ›Eherne Reiter‹, der auf einem Felsvorsprung steht und dessen Vorderhufe keinen festen Boden mehr haben, kühn ins Leere ausgreifen. Nicht weit davon hatte Zarin Elisabeth (Mitte des 18. Jahrhunderts) die glanzvolle barocke Schloßanlage des Winterpalastes errichten lassen; die Tage der alten Hauptstadt, Moskaus und des Kreml, waren endgültig vorbei, und die Pracht der neuen Residenz sollte die neuerworbene, europäische Bedeutung des Reiches widerspiegeln. Die der Neva zugewandte Seite des Winterpalasts schaute hinüber auf die Urzelle der Stadt, die Peter-Pauls-Festung. Selbst wenn sie im Laufe des 18. Jahrhunderts ihre ursprüngliche militärische Bedeutung verloren hatte, blieb sie ein Sinnbild der zarischen Macht: Hier pflegte die Autokratie ihre ge-

---

[16] Eine knappe Einführung, was unter selbstherrscherlicher Gewalt zu verstehen ist, bei Schramm, Der zaristische Staat und die verfaßte Gesellschaft, in: M. Hellmann / K. Zernack / G. Schramm (Hgg.), Handbuch der Geschichte Rußlands, Stuttgart 1987, Bd. 3, S. 1300 ff.; M. Szeftel, The Form of Government of the Russian Empire prior to the Constitutional Reforms of 1905 - 1906, in: J.S. Curtiss (Hg.), Essays in Russian and Soviet History, Leiden 1963, S. 105 ff.; L. Schultz, Das Verfassungsrecht Rußlands, in: G. Katkov / E. Oberländer / N. Poppe / G. von Rauch (Hgg.), Rußlands Aufbruch ins 20. Jahrhundert. Tatsachen und Legenden, Olten / Freiburg 1970, S. 37 ff. Anschauungsmaterial zum höfisch-aristokratischen St. Petersburg liefert auch der Ausstellungskatalog: St. Petersburg um 1800. Ein goldenes Zeitalter des russischen Zarenreiches. Meisterwerke und authentische Zeugnisse der Zeit aus der Staatlichen Eremitage Leningrad, Recklinghausen 1990.

fährlichsten politischen Gegner festzusetzen, die Bastion und die anliegenden Kasematten wurden zum gefürchteten Staatsgefängnis.

Europäisch, wie sich die Autokratie gab, war auch die Architektur, die sie im Laufe von eineinhalb Jahrhunderten im Bannkreis des Winterpalastes errichten ließ: die Paläste für Mitglieder der kaiserlichen Familie (wie das Marmorpalais, das alte Michaels-Schloß, das neue Michaelspalais); die großen Gebäude für die militärische und zivile Verwaltung (die Admiralität, der Generalstab, das Stabsgebäude des Gardekorps, der Marstall, der Senat, der Synod, diverse Ministerien), Institutionen, wie sie der staatliche Ausbau des Riesenreiches nötig machte und die mit dem Winterpalais immer mehr zu einem gewaltigen Gebäudekomplex verschmolzen; die Einrichtungen der Kunst und Kultur (die Akademie der Wissenschaften, die Theater und Museen), ohne die eine europäische Residenz nicht zu denken, Rußland nicht nach Europa zu bringen war; schließlich die repräsentativen Sakralbauten (das Smol'nyj-Kloster, die Kazaner- und die Isaakskathedrale), die so ganz anders waren als die Moskauer Kirchen und zeigten, daß man auch hier mit der Zeit ging und dem westeuropäischen Vorbild (im Rokoko, im Klassizismus und im pompösen Empirestil) folgte.[17]

Die Autokratie war auch das Vorbild für den Hochadel, der seine Stadthäuser möglichst nah am Zentrum der Macht zu errichten versuchte. Der Baustil dieser *adeligen* Stadtpaläste (der Stroganovs, Šeremetevs und Šuvalovs) war ebenso europäisch wie die Kultur, die hinter den barocken oder klassizistischen Fassaden ihre Feste feierte. Man sprach französisch, kleidete sich à la mode, begeisterte sich für westliche Philosophie, Literatur und Musik, hatte selbst einige Zeit im Ausland verbracht und engagierte deutsche oder französische Hauslehrer und Gouvernanten für die Kinder.

Ein Leben dieser Art, in der Hauptstadt, im Abglanz des Hofes, war adeliger Wunschtraum, doch nur ein winziger Teil der Aristokratie konnte ihn sich leisten. Der immense Reichtum und Landbesitz der Šeremetevs und Voroncovs, Stroganovs und Golicyns, Jusupovs und Gagarins darf nicht dazu verführen, von ihnen auf die Grundmasse des Adels zu schließen; für sie, den Provinzadel, war eher Kleinstbesitz und Verschuldung typisch.

---

[17] Die Schreibung russischer Namen und Sachbegriffe erfolgt hier nach der in deutschsprachiger wissenschaftlicher Literatur üblich gewordenen Transliteration. Dabei ist v als w (auslautend wie f); ž als stimmhaftes sch (wie franz. Journal); z als stimmhaftes s (wie in Rasen); s als stimmloses s; c als z (wie Zug); č als tsch; š als stimmloses sch; šč als schtsch; y als dumpfes i (fast wie ü); e als je; ë als jo; è als e zu sprechen. Ein ' nach einem Konsonanten (wie in Smol'nyj) deutet an, daß der vorangehende Konsonant weich gesprochen wird. Eingedeutschte Worte wie Zar (eigentlich car'), Wolga (statt Volga), Krim (statt Krym), Sowjet (statt sovet), Bolschewiki und Menschewiki (statt Bol'ševiki und Men'ševiki) sowie die Adjektive bolschewistisch und menschewistisch (als Übersetzung für bol'ševistskij bzw. men'ševistskij) werden nicht transliteriert.

Abb. 1:   Umzug aus Anlaß der 300-Jahrfeier der Romanov-Dynastie 1913 in
St. Petersburg. In der offenen Equipage Zar Nikolaus II. und der Thronfolger, die
weiblichen Mitglieder der Familie folgen im geschlossenen Wagen. Den Hintergrund bildet der Winterpalast, unter Kaiserin Anna in den 1730er Jahren begonnen,
unter Katharina II. in den 60er Jahren vollendet. Im Barockstil erbaut, über 152 m
lang und 117 m breit, mit 1.054 Zimmern und 1.768 Fenstern, stand er für Macht
und Pracht der zarischen Autokratie. Doch Nikolaus mied ihn, er mochte auch die
Stadt St. Petersburg nicht, fühlte sich wohler draußen im Sommerpalast von Carskoe Selo oder in der alten russischen Hauptstadt Moskau. Die Hektik der neuen
Kapitale schien ihm Ausdruck eines rationalistischen, unrussischen Geistes zu sein;
und wenn er nostalgisch auf die vorpetrinische Zeit zurückblickte, anläßlich eines
Kostümfestes Kleidung im Stile des 17. Jahrhunderts trug und danach angeblich mit
dem Gedanken spielte, sie bei Hof einzuführen, so schwang dabei die Überzeugung
mit, daß der Zar damals noch wirklich autokratisch herrschte, als Patriarch, ohne
den modernen Staats- und Beamtenapparat. Der Versuch, diesem Vorbild zu folgen,
endete allerdings im Gegenteil, in der emsigen Beschäftigung mit Quisquilien, in der
Rolle eines allerhöchsten Bürokraten (vgl. M.D. Steinberg / V.M. Khrustalëv, The
Fall of the Romanovs. Political Dreams and Personal Struggles in a Time of Revolution, New Haven / London 1995, S. 14 ff.; R.S.Wortman, Moscow and St. Petersburg. The Problem of Political Center in Tsarist Russia, 1881-1914, in: S. Wilentz
(Hg.), Rites of Power. Symbolism, Ritual, and Politics since the Middle Ages, Philadelphia 1985, S. 244 ff.)

Abb. 2:   Eine Sitzung des Reichsrates im Gebäude der St. Petersburger Adels-
gesellschaft. Bis zur ersten Revolution bloßes Beratungsorgan, in das der Zar ehemalige Minister, Spitzenbeamte und Generale berief (nicht selten waren sie zugleich
Träger eines berühmten, hochadeligen Namens), wurde der Reichsrat 1906 zur
1. Kammer und übte nun das Legislativrecht zusammen mit dem neu eingerichteten
Parlament, der Staatsduma, aus. Zur Hälfte vom Kaiser ernannt, bestand die andere
Hälfte fortan aus Vertretern bestimmter Korporationen und Institutionen (wie der
Orthodoxen Kirche, den Adelsgesellschaften, den Gouvernementsselbstverwaltun-
gen, der Akademie der Wissenschaften und den Universitäten, von Industrie- und
Handelsorganisationen). Der Zar, der sich noch immer mit dem Großteil seines
Volkes, vor allem der bäuerlichen Bevölkerung eins glaubte, sah den Reichsrat als
konservatives Palliativ gegen den Radikalismus der Duma, der Intelligencija und der
städtischen Unterschichten. Der Führer der liberalen Kadettenpartei (P. Miljukov)
beschrieb, wie er als Dumaabgeordneter den Reichsrat von der Besuchertribüne aus
erlebte: »Unten saßen, auf samtenen Ruhesesseln, die Senioren, dösten mit ihren
schimmernden Glatzen vor sich hin. Bei manchen rief allein schon der Name un-
willkürlich Erinnerungen an Unrecht und Gewalt hervor. Hier brachten sie nun ihr
unheilvolles Lebenswerk friedlich zu Ende. Als Verteidiger der ›historischen Prinzipien‹ und politischen Traditionen monarchischer Selbstherrschaft schützten sie
die Formen einer degenerierten Dynastie vor den schweigenden Massen. Wie sie die
vielversprechenden Anfänge der Duma abzuwürgen halfen, sollten sie zum Toten-
gräber Rußlands werden. Welch ein Unterschied zwischen der Leichenhalle hier
und dem Amphitheater des Taurischen Palais, wo ein nach westlichen Vorbild ein-
gerichtetes Parlament ... die Probleme des wirklichen Lebens in Rußland zur Sprache brachte!« (Vgl. P. Miliukov, Political Memoirs 1905 - 1917, Ann Arbor 1967,
S. 202 f.; auch D. Lieven, Nicholas II. Twilight of the Empire, 2. Aufl. New York
1996, S. 151 f., 180 f.).

Abb. 3:   Tanzunterricht im Smol'nyj Institut für adelige Mädchen. An der Stelle eines früheren Teerhofes der russischen Flotte (Teer, Pech heißt im Russischen smo-
la) ließ Kaiserin Elisabeth vom Architekten Rastrelli, der auch die Pläne für den
Winterpalast entwarf, Mitte des 18. Jahrhunderts ein Frauenkloster errichten, in
Kreuzform angelegt, mit einer fünfkuppeligen Kathedrale als Zentrum. Katharina
II. brachte in einem Großteil der Räume 1764 das neugegründete Internat für adelige Fräuleins unter. 1797 wurde das Kloster endgültig aufgelöst, und in den frei-
werdenden Zellen eine Versorgungsanstalt für adelige Witwen eingerichtet,
während das Mädchenlyzeum Anfang des 19. Jahrhunderts ein eigenes Gebäude bezog, einen – vom Architekten Quarenghi entworfenen und im klassizistischen Stil
errichteten – dreigeschossigen Anbau. Der vorspringende zentrale Säulenportikus
und die daran anschließenden beiden Flügel gaben ihm ein schloßartiges Aussehen;
der rechte Flügel beherbergte den nebenstehend abgebildeten Weißen Festsaal. Das
Institut stand unter der Schirmherrschaft der Mutter des Zaren (Marija Fëdorovna),
deren Bild auch an der Stirnseite des Saales hing. Zusammen mit dem Alexander-
Gymnasium (für Knaben) und dem Pagenkorps gehörte das Smol'nyj Institut zu
den vornehmsten Adressen und Bildungseinrichtungen für Kinder aus adeligem
Hause. Die Zentrierung auf die Autokratie, den Hof und die Hauptstadt war ein
Spezifikum des russischen Adels, dessen Tradition weit in die vorpetrinische Zeit
zurückreichte (vgl. H. Rüss, Herren und Diener. Die soziale und politische Mentalität des russischen Adels. 9. - 17. Jahrhundert, Köln / Weimar / Wien 1994, S. 95 ff.,
106 ff., 286 ff.) Im Sommer 1917 schlug im Smol'nyj der Arbeiter- und Soldatenrat
sein Quartier auf und nutzte die Aula als Sitzungsraum.

Geht man davon aus, daß Mitte des 19. Jahrhunderts zwischen 0,5 und 1% der russischen Bevölkerung dem Erbadel angehörten, so war bei drei Vierteln von ihnen Boden und Besitz zu klein, um auch wirklich einen »standesgemäßen« Haushalt zu führen, d.h. ein Leben, das sie deutlich von ihren leibeigenen Bauern unterschied.[18]

Der ökonomischen entsprach die politische Schwäche. Die Autokratie hatte die Ausbildung adeliger Territorialherrschaften und die Mediatisierung der Macht seit jeher zu verhindern gewußt. Der Forderung nach Festschreibung der adeligen Standesrechte war sie mit dem Diktum begegnet, daß der Adel seine hervorgehobenen Rechte dem Staatsdienst verdanke, seine Stellung dauernde Verpflichtung sei und der Weg über den Staatsdienst in den Adel prinzipiell jedem offen bleiben müsse. Selbst als in der zweiten Hälfte des 18. Jahrhunderts die adelige Dienstpflicht fiel und im 19. Jahrhundert der Aufstieg in den Adel erschwert wurde, änderte das noch nichts an der politischen Grundkonstellation. Denn die Autokratie übernahm im Gegenzug einen Teil der adeligen Herrschaftsrechte in staatliche Regie, unterlief mit der Bindung von Standesrechten an Besitzgrößen die Fiktion eines einheitlichen Adels und verweigerte ihm erfolgreich auch eine gesamtstaatliche Repräsentation. Es war nicht *der* Adel, sondern es waren einige tausend adelige Familien, die einen erheblichen Teil des Bodens besaßen und die wichtigsten militärischen und zivilen Staatsämter bekleideten. Sie waren wichtig für die Fortexistenz der Autokratie, aber zu wenige, um im Machtkampf des Jahres 1917 als »Klasse« noch eine Rolle zu spielen. Überspitzt gesagt: Der Adel verlor die Macht, ohne sie je richtig besessen zu haben.

Doch St. Petersburg war 1917 nicht mehr nur der Sitz des Hofes, von Hochadel und Zentralverwaltung. Eine geradezu hektische Wirtschaftsentwicklung hatte vor allem seit den 90er Jahren aus der Residenzstadt eine

---

[18] Zur ökonomischen und politischen Entwicklung des Adels jetzt der präzise Überblick: M. Hildermeier, Der russische Adel von 1700 bis 1917, in: H.-U. Wehler (Hgg.), Europäischer Adel 1750 - 1950 (Geschichte und Gesellschaft, Sonderheft 13), Göttingen 1990, S. 166 ff.; ergänzend: S. Becker, Nobility and Privilege in Late Imperial Russia, DeKalb 1985; J. Blum, Lord and Peasant in Russia. From the Ninth to the Nineteenth Century, Princeton, N.J. 1961, v.a. S. 367 ff.; F. Distelmeier, Der Russische Adel im 19. Jahrhundert, in: Jahrbücher für Geschichte Osteuropas 26 (1978), S. 376 ff.; A. Kahan, The Costs of »Westernization« in Russia. The Gentry and the Economy in the 18th Century, in: Slavic Review 25 (1966), S. 40 ff.; A.P. Korelin, Dvorjanstvo v poreformennoj Rossii (1861 - 1904 gg.), in: Istoričeskie zapiski Bd. 87 (1971), S. 91 ff.; D. Lieven, The Aristocracy in Europe, 1815-1914, London 1992; R.Th. Manning, The Crisis of the Old Order in Russia. Gentry and Government, Princeton, N.J. 1982; B. Meehan-Waters, Autocracy and Aristocracy. The Russian Service Elite of 1730, New Brunswick 1982; W.M. Pintner / D.K. Rowney (Hgg.), Russian Officialdom. The Bureaucratization of Russian Society from the 17th to the 20th Century, Chapel Hill 1980; A. Romanovič-Slavatinskij, Dvorjanstvo v Rossii ot načala XVIII veka do otmeny krepostnogo prava, St. Petersburg 1870 (ND 1968).

Handels- und Industriemetrople internationalen Zuschnitts gemacht. Die Bevölkerung wuchs von 1 auf 2,2 Millionen; das waren 50.000 Einwohner pro Jahr mehr und über 100.000 allein 1913. Zwar lag die Stadt noch immer am Rande des Reiches; doch fünf Kopfbahnhöfe (der Finnische und der Nikolaj, der Carskosel'sker, der Warschauer und der Baltische Bahnhof) verbanden sie inzwischen mit dem restlichen Reich.[19] Über 73.000 Schienenkilometer waren bis 1914 verlegt, sie reichten von der Ostsee bis zum Pazifik, vom Weißen bis zum Schwarzen und Kaspischen Meer. Der Eisenbahnbau wurde zum Motor der Wirtschaftsentwicklung und die Hauptstadt zu einem der wichtigsten Industriestandorte. Russische und ausländische Unternehmen siedelten sich rings um die Innenstadt an, vor allem aus der Metall- und Textilbranche, aber auch Papier- und Druck-, Lebensmittel- und Chemiebetriebe. In allen Branchen war dabei der Trend zur Konzentration, zum Großbetrieb spürbar; die Putilov-Metallwerke (mit im Jahr 1913 über 13.500 Beschäftigten), die Treugol'nik-Gummiwerke (mit etwa 11.000), die Nevskij-Garnspinnerei (mit 7.500), die Obuchov-Stahlwerke (mit etwa 5.200), das Textilunternehmen Voronin, Ljutš & Češer (mit 4.400) und die Baltischen Schiffsbaubetriebe (mit 4.300 Beschäftigten) waren dafür die bekanntesten Beispiele, doch ließen sich ohne weiteres drei Dutzend weitere Betriebe mit mehr als 750 Beschäftigten ausmachen.[20]

War das Viertel um den Winterpalast Mittelpunkt des höfisch-aristokratischen Rußland, so wurde es der Nevskij-Prospekt für *Bürgertum* und *Kapitalismus*.[21] Er entwickelte sich, so belegen es Bilder und empfanden es auch die Zeitgenossen, von einer belebten, aber doch eher geruhsamen Promenade zur lärmenden, hektischen Meile des kleinen und großen Geschäfts. Die von Pferden gezogenen Straßenbahnen wurden von quietschenden elektrischen Trams abgelöst, öffentliche Omnibusse nahmen den Betrieb auf, qualmende PKWs verdrängten die Kutschen. Die kleinen, bescheidenen Firmenschilder verschwanden, Fassaden verwandelten sich in Reklamefläche, verwiesen mit Riesenlettern auf die im Haus residierenden

---

[19] Auf dem Nikolaj-Bahnhof stieg man ein, wenn man nach Moskau wollte (er wurde nach der Revolution in »Moskauer Bahnhof« umbenannt); und vom Carskosel'sker Bahnhof gingen die Züge ins nahe »Kaiserdorf« (denn das hieß der Name übersetzt), später auch darüber hinaus nach Vitebsk und Mogilëv (er heißt heute »Vitebsker Bahnhof«).

[20] Dazu eingehend J.H. Bater, St Petersburg. Industrialization and Change, London 1976, insbes. S. 213 ff.; mit reichlichem Zahlenmaterial: È.È. Kruze, Promyšlennoe razvitie Peterburga v 1890-ch - 1914 gg., in: Očerki istorii Leningrada, Bd. 3: Period imperializma i buržuazno-demokratičeskich revoljucij 1895 - 1917, Moskau / Leningrad 1956, S. 9 ff.

[21] Bildmaterial dazu bei Bater, St Petersburg, der Seite 294 folgend; in Očerki istorii Leningrada, Bd. 3, unter Stichwort: Nevskij prospekt, passim; ebenso in den in Anm. 15 genannten Bänden; eindringlichste Schilderung aber bei Schlögel, Jenseits des Großen Oktober, S. 157 ff.

Abb. 4:   Der Nevskij Prospekt. »Es gibt nichts Besseres als den Nevskij Prospekt,
zumindest nicht in St. Petersburg. Für die Stadt bedeutet er alles.« Mit diesen Worten beginnt Gogol's gleichnamige (in den 1830er Jahren geschriebene) Erzählung
über den hauptstädtischen Boulevard, der im höfisch-aristokratischen Teil Petersburgs, an der Admiralität, begann, von dort schnurgerade nach Osten führte, im ge-
schäftigen Mittelteil bis zu 60 m breit wurde, am Nikolaj-Bahnhof etwas nach
Süden bog, nun auch durch ärmere Gegenden führte und am Aleksandr-Nevskij-
Kloster, nach viereinhalb Kilometern, schließlich endete. Er war, so Gogol', die
»Kommunikation St. Petersburgs« schlechthin, kein Adreßkalender, kein Aus-
kunftsbüro konnte es mit ihm aufnehmen: Ein Bewohner der Petersburger Seite
oder des Vyborger Stadtviertels, der schon seit Jahren einen Freund auf den Pleski
oder am Moskauer Stadttor nicht mehr besucht hatte, könne sicher sein, ihn hier zu
treffen. Dabei wechselte das Publikum im Rhythmus der Tageszeiten. Die Straße er-
wachte am Morgen erst langsam zum Leben, vor Mittag kam hierher nur, wer etwas
zu erledigen hatte; ab 12 Uhr brachen dann die Hauslehrer aus aller Herren Länder
mit ihren »Zöglingen in Batistkrägelchen« über den Nevskij herein, bevor sie dann
nach 2 allmählich von ihren »feinen Erzeugern« verdrängt wurden, die »unterge-
hakt mit ihren illustren, bunten, nervenschwachen Lebensgefährtinnen« kamen; um
4 Uhr war der Nevskij dann wieder leer, doch sowie sich die Dämmerung auf Häuser und Straßen herabsenkte, die Nachtwächter die Laternen anzündeten, begann er
sich erneut zu beleben, mit vielen, zumeist unverheirateten jungen Leuten in war-
men Röcken und Mänteln (N.V. Gogol', Sočinenija v dvuch tomach, Moskau 1962,
Bd. 1, S. 435 ff.)

Abb. 5:   Es gab nichts, was es auf dem Nevskij nicht gab, womit die Straße, »die Schöne unserer Hauptstadt, nicht glänzte« (Gogol'). Um wieviel mehr als zu Gogol's Zeiten galt das jetzt nach der Jahrhundertwende. An der Einmündung der Bol'šaja Morskaja (schräg gegenüber dem Stroganov-Palais) stand das Haus Nr. 16. Es gehörte dem Grafen A.A. Zubov. Das Erdgeschoß teilten sich die Filiale des Wiener Textilhandelshauses M. und I. Mandl; das Karten- und Stempelgeschäft Busch; sowie die Niederlassung der Wiener Möbelfabrik Gebrüder Thonet, die – 1842 in der österreichischen Hauptstadt gegründet – ihre Produkte (vor allem die Bugholzmöbel, die sie berühmt gemacht hatten) inzwischen in alle Welt exportierte. Die genannten Firmen hatten offenkundig auch einen Großteil des 1. Stockes (des Zwischengeschoßes, des Mezzanins) belegt. Darüber logierten (wie aus den Reklameschildern erkenntlich wird) der Damenschneider V.I. Černyšev, die St. Petersburger Musikschule und das Photographische Studio Lorens. Schon die Namen zeigen die internationale Besetzung (einmal mehr sei auf Schlögel, Jenseits des Großen Oktober. Das Laboratorium der Moderne. Petersburg, 1909-1921, Berlin 1988, S. 157 ff., verwiesen).

Abb. 6:   Zu den Attraktionen eines Nevskij-Spaziergangs gehörte – neben den Kinos und Cafes, dem Schlemmertempel der Eliseevs und den Schaufenstern eines Fabergé in der Morskaja – auch die »Passage« (Nr. 48), die um die Jahrhundertmitte errichtet, 1900 umgebaut worden war und der Fürstin Barjatinskaja gehörte: Im Gebäude gab es 64 Einzelgeschäfte, einen Konzert- und einen Ausstellungssaal und im Souterrain ein großes Cafe. Wie das Bild aus der Zeit nach der Wiedereröffnung zeigt, war die »Passage« ein Treffpunkt der vornehmen Welt. Es läßt nichts von der Kehrseite des Großstadtlebens, des Nevskij, ahnen, für Gogol' dessen wahres Gesicht, das sich hinter der zunächst beschriebenen schillernden Oberfläche verbarg: »Er lügt zu jeder Zeit, dieser Nevskij Prospekt, besonders dann, wenn sich die Nacht wie eine dickflüssige Masse auf ihn legt und die weißen und hellgelben Wände der Häuser hervortreten läßt, wenn sich die ganze Stadt in Donner und Glanz verwandelt, Myriaden von Kutschen über die Brücken gerollt kommen, die Vorreiter laut schreiend auf ihren Pferden einhersprengen und wenn der Dämon selbst die Lampen anzündet, nur um zu verhindern, daß alles in seinem wirklichen Licht erscheint«, so lautet der letzte Satz von Gogol's Erzählung über den Nevskij. Nachts war der Nevskij, so behaupteten zumindest Boulevardblätter nach der Jahrhundertwende, fest in der Hand jugendlicher Hooligans, die sich als Opfer ihrer Pöbeleien, Belästigungen und Gewalttaten mit Vorliebe Personen aus der »besseren Gesellschaft« wählten. Da es in der Mehrzahl nicht um Bereicherungsdelikte ging, hat man sie auch als Ausdruck eines sozialen Protestes, eines »kulturellen« Konfliktes und Machtkampfes gedeutet, bei dem es nicht nur um »geziemendes Verhalten« in der Öffentlichkeit, sondern um die »Beherschung der öffentlichen Sphäre« als solcher ging (vgl. J. Neuberger, Hooliganism. Crime, Culture, and Power in St. Petersburg, 1900 - 1914, Berkeley / Los Angeles / London 1993, S. 80 ff., mit dem Hinweis auf vergleichbare Vorgänge, »provokantes« Verhalten in der Bauernschaft und in der künstlerischen Avantgarde).

Geschäfte und Firmen. Hier konnte man alle Dinge des gehobenen Konsums und Luxusartikel finden, erlesene Fachgeschäfte und erste Warenhäuser, Buchhandlungen und Bibliotheken, Versicherungsgesellschaften und die Redaktionen der wichtigsten Tageszeitungen, schließlich Cafes, Restaurants und Hotels, neue Theater und zwei Dutzend Kinos.

Den Nevskij als Adresse angeben zu können, war etwas Besonderes. Das wird schon daran deutlich, daß über die Hälfte aller Aktiengesellschaften, die in St. Petersburg eine Niederlassung hatten, hier logierten und 24 der 34 Banken am Nevskij das Stammhaus oder eine Filiale besaßen. Mit protziger Architektur demonstrierten sie ihre Bedeutung. Gebaut wurde bis zum ausgehenden 19. Jahrhundert historistisch, vor der Jahrhundertwende und danach in einem bewußt neuem, dem Jugendstil, freilich nur relativ kurz; 1907 kehrte man zu einem Neoklassizismus zurück und blieb dabei bis zum Revolutionsjahr. Bankpaläste im Neoklassizismus – darin lag viel Symbolkraft: Sie waren, wenn wir eine treffende Bemerkung[22] geringfügig modifizieren dürfen, Ausdruck einer aristokratischen Welt, die mehr und mehr bürgerliche Inhalte bekam; einer bürgerlichen Welt, die sich ein aristokratisches Gesicht gab, »weil sie [eben] noch nicht bürgerlich genug geworden« war; und der »letzte Versuch, das Gesicht eines schmerzvollen sozialen Revolutionierungsprozesses kraftvoll mitzugestalten, indem man ihm die Züge einer glanzvollen Epoche aufpräg[e]«.

Der eben angesprochene gesellschaftliche Revolutionierungsprozeß ging zu einem nicht unwesentlichen Teil auf ein drittes Sozialmilieu zurück: die *Arbeiterschaft.* Der gleiche industrielle Aufschwung, der dem bürgerlich-kapitalistischen Rußland eine neue, bisher nicht dagewesene Bedeutung gab, schuf und stärkte auch sie: Man muß sich nicht auf Marx berufen, um einsichtig zu machen, daß die Existenz von Fabrikbesitzern die Existenz von Fabriken und Maschinen voraussetzt und diese wiederum wertlos sind, wenn es nicht Personengruppen gibt, die hier die Arbeit verrichteten und die Maschinen am Laufen halten. So waren Bourgeois und Proletarier Produkte ein und desselben Entwicklungsprozesses, beide auf einander angewiesen, der eine der arme Zwillingsbruder des anderen. Die gleiche Konjunktur, die in den 90er Jahren zu einem ersten Aufschwung führte und nach 1908, nach Überwindung einer zehnjährigen Depressionsphase, die Produktionszahlen geradezu explodieren ließ, führte auch zu einem gewaltigen Anschwellen der hauptstädtischen Arbeiterschaft. Obwohl es schwer ist, exakte Zahlen zu nennen, aus Gründen, über die wir noch sprechen werden, wird man von Hunderttausenden, vielleicht sogar einer halben Million ausgehen dürfen.

---

[22] Schlögel, Jenseits des Großen Oktober, S. 53. Anschaulich dazu der Bildband H.A. Borisowa / G.J. Sternin, Jugendstil in Rußland. Architektur, Interieurs, bildende und angewandte Kunst, Stuttgart 1987.

Einen eigenen Baustil wird man ihr nicht zuordnen können, im Grunde nicht einmal einen lokalen Schwerpunkt. Es ist wohl richtig, daß es in St. Petersburg »bessere«, »abgesunkene« und »proletarisch geprägte« Stadtviertel gab; aber die Angabe genauer Grenzen oder gar einer »Hochburg« ist schwer möglich.[23] Denn so wie sich die Industrie auf das ganze Stadtgebiet verteilte, tat es auch die Arbeiterschaft, woraus nicht einmal abgeleitet werden kann, daß ein Großteil der Arbeiter in der Nähe ihrer Fabriken wohnte. Die Arbeiter wohnten, wo sie einen Unterschlupf fanden. Das konnte in Kellern und Dachkammern der Innenstadt sein, die »bessere Schichten« als »unzumutbar«, zu schmutzig, zu kalt oder zu feucht ablehnten; in kleinen Holzhäuschen an der Peripherie, mit riesig langen Anmarschwegen zur Arbeitsstelle; in einem Massenquartier, in der Nähe des Ankunftsbahnhofs; mit Landsleuten aus demselben Dorf, derselben Region, die zusammen mit einem nach Petersburg gekommen waren, in einer gemeinsam angemieteten Wohnung; in kasernenartigen Unterkünften; in Barackenlagern auf dem Fabrikgelände.[24]

Durchschnittszahlen wie die, daß 1910 in einigen »proletarischen Vierteln« auf eine Wohnung 7,6 bis 8,6 Personen kamen, sagen im Grunde wenig, wenn man nicht gleichzeitig erfährt, auf wieviele Zimmer sich diese Personen verteilten und ob sie zur Familie gehörten. Aus anderen Erhebungen wissen wir aber, daß nur die glücklichsten Arbeiter mit Familie eine eigene Wohnung hatten, und selbst wenn das der Fall war, konnten viele die Wohnung nur finanzieren, wenn sie Untermieter aufnahmen. Das hieß wiederum nicht, daß die Untermieter getrennt von der Familie in einem eigenen Zimmer untergebracht werden konnten. Ein Großteil der alleinstehenden Arbeiter hatte allenfalls einen eigenen »Winkel« (ugolok), der im Idealfall durch eine Decke abgetrennt werden konnte. Und sie trafen es schon besser als viele andere, die sich zu mehreren eine Pritsche, einen Schlafplatz teilten, ganz abgesehen davon, daß eine wachsende, in die Tausende gehende Zahl überhaupt obdachlos war.

So konnte es sein, daß die unsichtbaren Klassenlinien in einem Haus zwischen den Stockwerken verliefen, vom Keller hinauf in die Beletage und

[23] Zum ›proletarischen St. Petersburg‹ Bater, St Petersburg, ins. 308 ff.; È. Kruze, Naselenie Peterburga, in: Očerki istorii Leningrada, Bd. 3, S. 104 ff.; S. N. Semanov, Peterburgskie rabočie nakanune pervoj russkoj revoljucii, Moskau / Leningrad 1966; sowie Th. Steffens, Die Arbeiter von Petersburg 1907 bis 1917. Soziale Lage, Organisation und spontaner Protest zwischen zwei Revolutionen, Freiburg 1985. Zum Problem allgemein: V.E. Bonnell, Urban Working-Class Life in Early Twentieth-Century Russia. Some Problems and Patterns, in: Russian History 8 (1981), S. 360 ff.

[24] Wie sich dabei die »Funktion« eines Stadtviertels als »städtischer Raum« ändern konnte, beschreibt H.F. Jahn, Der St. Petersburger Heumarkt im 19. Jahrhundert. Metamorphosen eines Stadtviertels, in: Jahrbücher für Geschichte Osteuropas 44 (1996), S. 162 ff.

Abb. 7:   Arbeiter in einer Petersburger Munitionsfabrik um 1900. Die Bildquelle vermerkt nicht, um welchen Betrieb es sich dabei handelte. Doch galt für Rüstungsbetriebe allgemein, daß sie in der Regel zu den Großbetrieben zählten, nicht selten dem Staat gehörten, in ihren Produktionsmethoden relativ modern waren und im Vergleich mit anderen Branchen höhere Löhne zahlten. 1913 verdiente ein Petrograder Metallarbeiter im Durchschnitt 63 % mehr als ein Beschäftiger in der Textilindustrie, 49 % mehr als in der Nahrungsmittel- und 42 % mehr als in der chemischen Industrie gezahlt wurde. Nähme man die Unterschiede innerhalb der Branchen hinzu, würde sich die Schere noch weiter öffnen; ähnliches gilt für die Arbeitsbedingungen (vgl. S.A. Smith, Red Petrograd. Revolution in the Factories, 1917-1918, Cambridge / London / New York / New Rochelle / Melbourne / Sydney 1983, S. 46).

Abb. 8:   Ein Schlafplatz für die Nacht kostete in diesem billigen Logierhaus 5 Kopeken. Schilder an der Zahlstelle wiesen darauf hin, daß die Unterkunft um 7 Uhr abends aufmachte, der Paß vorzuzeigen war, Betrunkene keine Aufnahme fanden, wer die Ordnung verletze, entfernt werde und Wasser nur abgekocht getrunken werden sollte; die beiden Herren auf der linken Seite überwachten offenkundig, wer da Einlaß begehrte. Im Innern lag man dann, dicht an dicht, in einem Massenschlafraum, aneinandergereiht auf Holzliegen, der eine vom anderen nur durch ein Brett getrennt. 5 Kopeken waren aber auch nicht viel – sofern man einen festen Arbeitsplatz hatte: Ein Lehrling erhielt in der Metallindustrie am Tag etwa 40 Kopeken, ein Hilfsarbeiter einen Rubel, während ein Zimmermann, Maurer oder Maler 1,5 bis 2 Rubel, eine Metallfacharbeiter erheblich mehr verdienen konnte (vgl. Steffens, Arbeiter von Petersburg, S. 122 f., 126 f.).

Abb.9:   Für Bedürftige und Arbeitslose gab es einige Armenküchen, die – von
Wohltätigkeitsorganisationen unterhalten – kostenlos Essen verteilten: vor allem
Suppe oder Buchweizenkascha, die aus einer gemeinsamen Schüssel gelöffelt wurden. Als Ort des obigen Geschehens wird die Vasilij-Insel angegeben (deren Norden und Westen zu den ärmeren, wenig ansehnlichen Vierteln zählte, zum Hafen-
und Industriegebiet gehörte).

wieder hinunter ins Dachgeschoß. Es konnte sein, daß sie Vorder- und
Hinterhaus von einander trennten. Oder auch Häuserblocks, Straßenseiten
und Viertel. Über die sozialen Folgeprobleme der beengten Wohnverhältnisse kann man nur spekulieren: Die Auswirkungen auf den Familien-
zusammenhalt und die Kindererziehung, die möglichen Zusammenhänge
mit Alkoholismus, Kriminalität und Prostitution sind nicht untersucht.
Untersucht sind dagegen die schlimmen Zusammenhänge zwischen beengten Wohnverhältnissen und fehlenden sanitären Einrichtungen (wie
fließendes Wasser, WC und Kanalisation); die immer wieder auftretenden
Typhus- und Choleraepidemien wüteten in den überbelegten proletarischen Quartieren besonders heftig.[25]

Der fesselnde Blick auf St. Petersburg läßt leicht vergessen, wie klein der
Ausschnitt ist, den man betrachtet. Rußland beginnt hundert Kilometer
jenseits, lautet eine russische Spruchweisheit. Sie gemahnt uns daran, daß
schon in Moskau, erst recht in den Provinzstädten vieles anders war als in
Petersburg. Vor allem aber gerät über Wirtschaftsaufschwung, Bürgertum
und Proletariat die Hauptsache aus dem Blickfeld: der Umstand, daß Ruß-

---

[25] Bater, St Petersburg, S. 342 ff.; Steffens, Die Arbeiter von Petersburg, S. 165 ff. Ein Blick auf
das Nachbarland Deutschland, auf Berlin, Hamburg, München, kann helfen, das »Russische« an den geschilderten Phänomenen (die beengten Wohnverhältnisse, das verbreitete
Schlafgängertum, die alten und neuen Formen sozialer Segregation, die enormen Migrati-
onsbewegungen, die ihnen zugrunde lagen, die hygienischen und gesundheitlichen Probleme, die mit ihnen einhergingen) nicht zu überschätzen. Zu ihrer Verortung in der europäischen Entwicklung, in den Prozessen der Urbanisierung und Industrialisierung vgl. E.
Gransche / F. Rothenbacher, Wohnbedingungen in der zweiten Hälfte des 19. Jahrhunderts
1861 - 1910, in: Geschichte und Gesellschaft 14 (1988), S. 64 ff.; L. Niethammer / F. Brüg-
gemeier, Wie wohnten die Arbeiter im Kaiserreich?, in: Archiv für Sozialgeschichte 16
(1976), S. 61 ff.; C. Wischermann, Wohnen in Hamburg vor dem Ersten Weltkrieg, Münster
1983; D. Langewiesche, Wanderungsbewegungen in der Hochindustrialisierungsphase. Regionale, interstädtische und innerstädtische Mobilität in Deutschland, 1880 - 1914, in:
Vierteljahresschrift für Sozial- und Wirtschaftsgeschichte 64 (1977), S. 1 ff.; R.J. Evans,
Death in Hamburg. Society and Politics in the Cholera Years 1830 - 1910, Oxford 1987; zusammenfassend J. Reulecke, Geschichte der Urbanisierung in Deutschland, Frankfurt am
Main 1985; vgl. ebenso die Sammelbände (mit zahlreichen Hinweisen auf weiterführende
Literatur) L. Gall (Hg.), Stadt und Bürgertum im 19. Jahrhundert (HZ-Beiheft N° 12), München 1990; ders. (Hg.), Stadt und Bürgertum im Übergang von der traditionalen zur modernen Gesellschaft, München 1993; W. Hardtwig / K. Tenfelde (Hgg.), Soziale Räume in
der Urbanisierung. Studien zur Geschichte Münchens im Vergleich 1850 bis 1933, München
1990; La recherche sur la ville en Allemagne, 28 - 29 Mars 1994. Actes de journées franco-al-
lemandes du PIR Villes, Paris 1996; H.-J. Teuteberg (Hg.), Urbanisierung im 19. und 20.
Jahrhundert. Historische und geographische Aspekte, Köln 1983; ferner die beiden instruk-
tiven Forschungsberichte F. Lenger, Urbanisierungs- und Stadtgeschichte. Geschichte der
Stadt, Verstädterungsgeschichte oder Geschichte in der Stadt, in: Archiv für Sozialgeschichte 26 (1986), S. 421 ff.; ders., Neuzeitliche Stadt- und Urbanisierungsgeschichte als Sozialgeschichte, in: ebda. 30 (1990), S. 376 ff.; schließlich Ch. Engeli / H. Matzerath (Hgg.),
Moderne Stadtgeschichtsforschung in Europa, USA und Japan. Ein Handbuch, Stuttgart
1989.

land noch immer ein Agrarland war.[26] 80 – 85 % der Bevölkerung lebten noch immer auf dem Lande, und mehr als drei Viertel aller Beschäftigten waren noch immer *Bauern.*

Selbst wenn die gewerbliche Produktion in den 90er Jahren und dann erneut seit 1908 eine Hochkonjunktur erlebte – der Agrarsektor war 1914 noch immer der wichtigste Bereich der Volkswirtschaft, er trug mehr als die Hälfte zum Volkseinkommen bei, dreimal mehr als die Industrie. Selbst wenn seit der Mitte des 19. Jahrhunderts Zehntausende von Schienenkilometern gelegt worden waren – für einen Großteil der Bevölkerung blieb Petersburg noch immer weit und die Infrastruktur des Flächenstaates gemessen an westeuropäischen Verhältnissen rückständig; bezogen auf Einwohnerschaft und Fläche erreichte das russische Schienennetz nur ein Zehntel bis ein Zwölftel der deutschen Dichte. Und selbst wenn Zehntausende von Bauern aus den umliegenden Gouvernements jährlich nach St. Petersburg übersiedelten, Millionen von Bauern Saison für Saison auf Wanderarbeit gingen, für die Grundmasse stand noch immer das eigene Dorf, der eigene Hof im Mittelpunkt allen Denkens und Planens.

Das eigene Dorf[27] – das waren in den Nadelwäldern Nordrußlands meist kleine Weiler, am Hochufer von Flüssen und Seen, weitab vom nächsten. Weiter nach Süden, in der Mischwaldzone Zentralrußlands, dort, wo das Klima besser und der Boden ertragreicher wurde, nahm die Dichte der Besiedelung und die Größe der Dörfer zu; sie bestanden hier oft aus mehreren Dutzend Häusern. Auf den fruchtbaren Schwarzerdesteppen des Südens und Südostens schließlich konnten sie zu Ortschaften mit mehreren Hunderten von Haushalten anwachsen, vor allem dort, wo Wasserknappheit Siedlungskonzentration erzwang.

Klima und Vegetation bestimmten auch die Bauformen. Der eigene Hof – das konnte in Nordrußland ein relativ großes, schmuckes Holzhaus sein,

---

[26] Zur Bevölkerungsentwicklung: A.G. Rašin, Naselenie Rossii za 100 let (1811-1913 gg.), Moskau 1956; einen raschen Überblick über die Wirtschaftsentwicklung vermitteln P. Gatrell, The Tsarist Economy 1850 - 1917, London 1986 und P.R. Gregory, Russian National Income 1885 - 1913, Cambridge 1982.

[27] Eine sehr gute Einführung in Historische Geographie und Siedlungsgeschichte gibt: C. Goehrke, Die geographischen Gegebenheiten Rußlands in ihrem historischen Beziehungsgeflecht, in: M. Hellmann / K. Zernack / G. Schramm (Hgg.), Handbuch der Geschichte Rußlands, Bd. 1, Stuttgart 1981, S. 9 ff.; ergänzend vgl. J.H. Bater / R.A. French, Studies in Russian Historical Geography, 2 Bde., London 1983; D.J.M. Hooson, The Geographical Setting, in: R. Auty / D. Obolensky, An Introduction to Russian History, London / New York / Melbourne 1976, S. 1 ff.; W.H. Parker, An Historical Geography of Russia, London 1968; als Fundgruben erweisen sich hierzu auch die sowjetischen volkskundlichen Forschungen der 20er Jahre zur ›materiellen Kultur‹ sowie die Artikel der beiden großen Enzyklopädien aus vorrevolutionärer Zeit (des Brokgauz-Efron [Hgg.], Ènciklopedičeskij slovar', und des Ènciklopedičeskij slovar' Russkogo Bibliografičeskogo instituta Granat) zu den einzelnen Verwaltungsbezirken (Gouvernements).

Abb. 10:   Ein Dorf in den nördlichen Regionen Rußlands. Auf dem Hochufer eines Flusses gelegen, erinnert seine Lage daran, daß das Land zunächst entlang der
Flüsse kolonisiert worden war und Wasserstraßen bis in unser Jahrhundert hinein
wichtige Verkehrsverbindungen blieben: wenn im Herbst der Regen und im Frühjahr das Tauwetter einsetzten und die unbefestigten Straßen unpassierbar machten.
Auch daß Holz in den Dörfen Zentral- und Nordrußlands, aber auch jenseits des
Ural, in Sibirien, der wichtigste Baustoff blieb, galt bis weit in die erste Hälfte unse-
res Jahrhunderts. In manchen der genannten Regionen gilt dies bis heute. Eine Vorstellung von den unterschiedlichen geographischen Bedingungen, im Klima und in
der Vegetation, vermittelt Karte 1 im Anhang dieses Buches.

Abb. 11: Die Innenausstattung der Hütten war karg: ein Tisch, ein Schrank, ein bis zwei Truhen, ein kleiner Spiegel. An den Fenstern hingen meist keine Vorhänge, nur die Reichen konnten sich diesen Luxus leisten. An der Seitenwand und unter den Fenstern liefen Bänke entlang. Wer die Stube betrat, sah als erstes schräg gegenüber die »schöne Ecke«: mit dem Herrgottswinkel, der Ikone und dem Bild der Muttergottes. Links oder rechts vom Eingang lag deren eigentliches Zentrum, der »russische Ofen«, jenes Monstrum aus Balken, Steinen und Lehm, das ein Fünftel bis ein Viertel der Wohnfläche einnahm. Am Ofen wurde gekocht, auf der Ofenbank schlief man, am Ofen wurde allwöchentlich ein Schwitzbad genommen (sofern man keine eigene Badehütte, banja, hatte). Im Winter versammelte sich die Familie um ihn.

Abb. 12: Die Versammlung des »mir«. Als kollektiver Verwalter der Ressourcen, des Bodens, und als Haftungsgenossenschaft gegenüber dem Staat bei der »Bauernbefreiung« bestätigt, fiel der Dorfversammlung eine Vielzahl weiterer Aufgaben zu, die damit im engeren oder weiteren Sinne zusammenhingen. Sie fungierte als Schlichterin in Familienstreitigkeiten, als Garant der überkommenen, patriarchalischen Ordnung, als Schutzverband im tagtäglichen Kampf ums Überleben und Verteidigungsgemeinschaft gegen Eingriffe von außen. Das ging nicht ohne erhebliche Friktionen vonstatten. Eingebunden in ein Netzwerk von Ritual, Gesetz und Herkommen, das die Familie, die Dorfgemeinschaft und ihre Umwelt verband, hatte sie eine gewisse dörfliche Autonomie, die hergebrachte Ordnung in einer sich wandelnden Welt zu wahren gewußt.

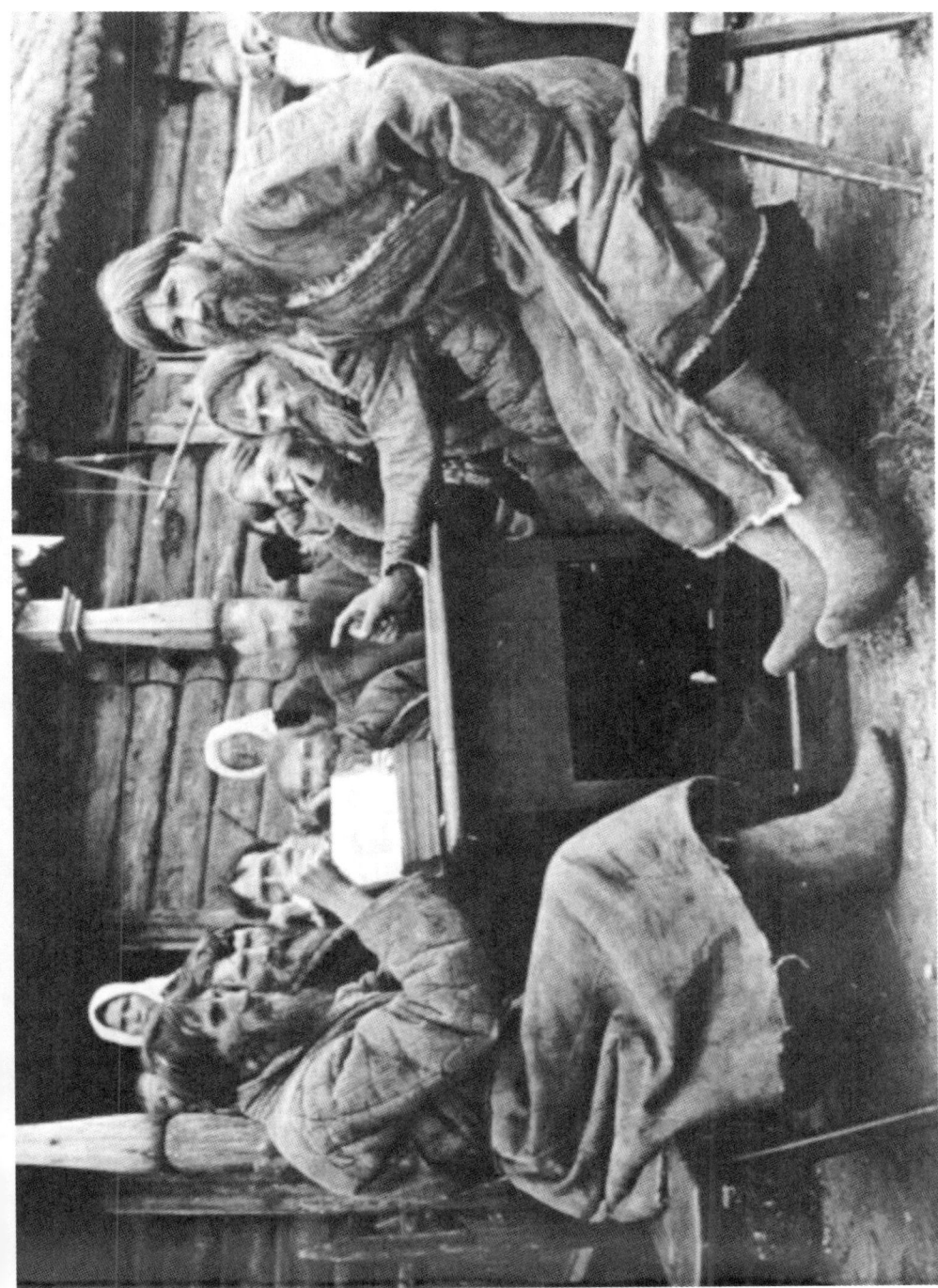

das Wohn- und Stallbereich unter einem Dach vereinte; war es zweige-
schossig, diente das Untergeschoß als Lagerraum und isolierte zugleich die darüberliegenden Stuben vom naßkalten Untergrund. Auch in
Zentralrußland war Holz das bevorzugte Baumaterial, doch schon kostba-
rer als im waldreichen Norden; so fielen die Bauernhäuser meist kleiner
aus. Weil mit der Größe der Dörfer die Brandgefahr wuchs, rückte man die
Anwesen weit auseinander, trennte sie durch eine überbreite Dorfstraße;
doch trotz dieser Vorsicht gab es jedes Jahr die Schreckensmeldungen
von Bränden, die zu Großfeuern wurden und ganze Ortschaften in Schutt
und Asche legten; im statistischen Durchschnitt entstand jedes Dorf alle
30 Jahre neu. Weiter nach Süden zu verringerte sich die Gefahr, weil
in den waldarmen Gegenden nur noch das Grundgerüst des Hauses
aus Holz war, während die Wände aus mit Lehm beworfenem Flecht-
werk bestanden; Vorsicht war dennoch geboten, denn die Strohdächer
blieben ein wunder Punkt. Vermutlich boten Lehmkaten auch mehr
Schutz gegen die Sommerhitze, und während der Bauer im Norden alles
unter einem Dach hatte, um im Winter nicht hinaus in die Kälte
zu müssen, lagen im Süden Wohnhaus und Wirtschaftsgebäude versammelt
um einen freien, unüberdachten Hof, der dem Kleinvieh als Auslauf
diente.[28]

Was die Dörfer des Südens mit denen des Nordens verband (sieht man
vom Nordwesten und Westen einmal ab), war die eigentümliche Institution der Landgemeinde (russ. »obščina« oder auch »mir«). Der Staat
hatte an ihr festgehalten, als er nach 1861 die Bauern »befreite«, als er die
Leibeigenschaft aufhob und bäuerliches und gutsherrliches Land von einander trennte: Er übereignete den bäuerlichen Boden dabei nicht den einzelnen Höfen, sondern der Landgemeinde als ganzer und machte sie umgekehrt auch als ganze für die an den Staat zu leistenden Steuern und
Ablösezahlungen haftbar. Sie sollte wie bisher das Land – nach der Zahl
der Esser und der Arbeitskräfte – an die einzelnen bäuerlichen Familienwirtschaften verteilen und die Bodenstreifen von Zeit zu Zeit umverteilen.
Das dafür zuständige Entscheidungsgremium war die Dorfversammlung
(russ. »schod«), an der sich alle Hofbesitzer beteiligen durften. Die Einbindung der Bauern in die Landgemeinde schuf für den Staat nicht nur
eine Verwaltungsvereinfachung; sie sollte darüber hinaus zur Stabili-

---

[28] Anschauungsmaterial dazu findet sich in dem schönen Band von Ch. Obolensky, Das Alte
Rußland. Ein Porträt in frühen Photographien 1850 - 1914, München 1980; auch: E. Baschet,
Rußland 1904 - 1924. Eine historische Fotoreportage, Kehl a. Rh. 1978; K. FitzLyon / T.
Browning, Before the Revolution. A View of Russia under the Last Tsar, London 1977; eher
enttäuschend und zum Teil mit irreführendem Text: E. Heresch, Das Zarenreich. Glanz und
Untergang. Bilder und Dokumente von 1896 bis 1920, München 1991.

sierung der ländlichen Verhältnisse beitragen, einer Proletarisierung breiterer Schichten vorbeugen.[29]

Doch die staatliche Entscheidung durfte auch auf die Zustimmung der Bauernschaft rechnen; in ihrer überwiegenden Mehrheit sah sie das Festhalten an der obščina positiv; 1861 und noch lange danach. Sie war das Bekannte, Vertraute; die Idee, mit der gleichmäßigen Verteilung von Rechten und Pflichten für eine »gerechte« Ordnung zu sorgen, schien ihnen gut; vor allem aber, wer bot Schutz gegen die Unbilden des Lebens und die Launen der Natur, federte zumindest ihre Auswirkungen ab, wenn nicht sie? Wer sprang dann noch ein, wenn die Mutter im Kindbett blieb? Wenn der Familienvater als Arbeitskraft ausfiel, durch längere Krankheit oder Tod? Wenn die Scheune abbrannte, mit den Vorräten und dem Arbeitsgerät? Wenn das Ackerpferd krepierte? Wenn Frost die Aussaat verdarb und neues Saatgut nicht zur Verfügung stand? Wenn Überschwemmungen, Dürre oder Hagel einen Teil der Ernte vernichteten? Wenn ein Konkurrenzkampf allenthalben um sich griff?

Kritiker machten schon bald die Gegenrechnung auf: Die Umverteilungspraxis der Landgemeinde fördere die Bodenzersplitterung und lasse diese in manchen Gegenden gigantische Ausmaße annehmen; sie behindere die Mobilität, hemme den Fortschritt, bremse den Aufstieg der Fleißigen und Leistungsfähigen; noch immer werde viel zu sehr nach den Prinzipien einer einfachen oder nur geringfügig verbesserten Dreifelderwirtschaft produziert, bei der ein erheblicher Teil der Nutzfläche brach bleibt, um zu regenerieren; da es dem Bauer an Kapital fehle, sei die Ausstattung mit Maschinen im Vergleich mit Westeuropa oder Nordamerika armselig und die Produktivität der Landwirtschaft kläglich; vor allem aber fördere die obščina eine Wirtschafts-

---

[29] Die Einrichtung der Landgemeinde hat schon die Zeitgenossen, erst recht die Historiker fasziniert; hier sei nur verwiesen für die Zeitgenossen auf: August Frhr. von Haxthausen, Studien über die inneren Zustände, das Volksleben und insbesondere die ländlichen Einrichtungen Rußlands, 3 Teile, Hannover / Berlin 1847 (ND Hildesheim / New York 1973); ders., Die ländliche Verfassung Rußlands. Ihre Entwicklung und ihre Feststellung in der Gesetzgebung von 1866, Leipzig 1866; für die Historiker auf: V.A. Aleksandrov, Sel'skaja obščina v Rossii. XVII - načalo XIX v., Moskau 1976; D.G.G. Atkinson, The Russian Land Commune and the Revolution, Ann Arbor 1971; dies., The End of the Russian Land Commune, 1905 - 1930, Stanford 1983; R. Bartlett (Hg.), Land Commune and Peasant Community in Russia. Communal Forms in Imperial and Early Soviet Society, London 1990; C. Goehrke, Die Theorien über die Entstehung und Entwicklung des »mir«, Wiesbaden 1964; L.M. Gorjuškin, Krest'janskaja obščina v Sibiri XVII - načala XX v., Novosibirsk 1977; B. Mironov, The Russian Peasant Commune After the Reforms of 1860, in: Slavic Review 44 (1985), S. 438 ff.; L.S. Prokof'eva, Krest'janskaja obščina v Rossii vo vtoroj polovine XVIII - pervoj polovine XIX veka. Na materialach votčin Šeremetevych, Leningrad 1981; G.T. Robinson, Rural Russia under the Old Regime. A History of the Lord-Peasant-World and a Prologue to the Peasant Revolution of 1917, Berkeley / Los Angeles 3. Aufl. 1972; F.M. Watters, The Peasant and the Village Commune, in: W.S. Vucinich (Hg.), The Peasant in the Nineteenth-Century Russia, Stanford 1968, S. 158 ff.

mentalität, die den Eigenbedarf, nicht die Bedürfnisse des Marktes, Sicherheit, nicht den möglichen Gewinn in den Mittelpunkt stelle.

Die neuere Forschung hat – in kontroverser Diskussion – einiges zurechtgerückt. Sie hat gezeigt, daß die obščina weder idyllisiert noch die Entwicklung des Dorfes grau in grau gezeichnet werden darf. Die Verhältnisse auf dem Lande waren weder so harmonisch konfliktfrei noch so negativ statisch, wie manche Beobachter glaubten. Sie ließen »Cliquenwirtschaft« und große Besitzunterschiede ebenso zu wie »Anpassungen an den Markt« und Steigerung der Produktivität. Ja, aufs Ganze gerechnet, so das überraschende Ergebnis, verzeichnete die Landwirtschaft seit den 90er Jahren vermutlich einen ähnlichen Zuwachs wie der gewerbliche Sektor.[30]

Die Diskussion hat freilich auch gezeigt, daß die bäuerliche Welt noch immer eine eigene war. Zu ihr gehörte die Erfahrung, der Natur und ihren uneinsehbaren Kräften ausgeliefert zu sein, eingebunden wie seit je in den Wechsel der Jahreszeiten, mit immensen Ernteschwankungen von Jahr zu Jahr. Sie hielt das Bewußtsein dafür wach, wie schmal der Grad war, auf dem man sich bewegte, zwischen Wohlstand und Hunger, zwischen dem neuen Fortschritt und dem alten Kampf ums Überleben. Sie förderte damit auch die Fixierung auf den Hof als Existenzgrundlage, auf die Familie als Produktionseinheit und auf die obščina als Solidargemeinschaft, in der letztlich alle wichtigen Fragen des Bodens, der Aussaat und der Ernte entschieden wurden.[31]

---

[30] Zahlen bei Gatrell, The Tsarist Economy, S. 98 ff.; Gregory, National Income, S. 70 ff., 134 ff.; zum allgemeinen Problem H.D. Löwe, Die Lage der Bauern in Rußland 1880 - 1905, St. Katherinen 1987; E. Müller, Der Beitrag der Bauern zur Industrialisierung Rußlands 1885 - 1930, in: Jahrbücher für Geschichte Osteuropas 27 (1979), S. 197 ff.; A. Moritsch, Landwirtschaft und Agrarpolitik in Rußland vor der Revolution, Köln 1986.

[31] Die Forschung entsann sich dabei der Arbeiten des russischen Agrarwissenschaftlers A. Čajanov, der gezeigt hatte, daß die bäuerliche Familienwirtschaft anderen Rationalitätsmustern und Entwicklungsgesetzen folgt als die industrielle Produktion (vgl. z.B. A. Tschajanow, Die Lehre von der bäuerlichen Wirtschaft, Berlin 1923). Den entscheidenden Neuanstoß gab dazu das Buch von T. Shanin, The Awkward Class. Political Sociology of Peasantry in a Developing Society. Russia 1910 - 1925, Oxford 1972; zu den Komponenten der bäuerlichen Welt jetzt auch B. Engel, Between the Fields and the City. Women, Work, and Family in Russia, 1861-1914, New York 1994; B. Eklof / St.P. Frank (Hgg.), The World of the Russian Peasant. Post-Emancipation Culture and Society, Boston 1990; B. Farnsworth / L. Viola (Hgg.), Russian Peasant Women, New York / Oxford 1992; St.P. Frank, Popular Justice, Community, and Culture among the Russian Peasantry, 1870-1900, in: Russian Review 46 (1987), S. 239 ff.; ders., ›Simple Folk, Savage Customs?‹ Youth, Sociability, and the Dynamics of Culture in Rural Russia, 1856-1914, in: Journal of Social History 25 (1992), S. 711 ff.; E. Kingston-Mann / T. Mixter (Hgg.), Peasant Economy, Culture, and Politics of European Russia, 1800 - 1921, Princeton, N.J. 1991; O. Semyonova Tian-Shanskaia, Village Life in the Late Tsarist Russia. Edited by D.L. Ransel, Bloomington 1993; Ch.D. Worobec, Peasant Russia. Family and Community in the Post-Emancipation Period, Princeton 1991; das Fortleben dieser Traditionen in nachrevolutionärer Zeit sucht zu zeigen meine Regionalstudie: H. Altrichter, Die Bauern von Tver. Vom Leben auf dem russischen Dorfe zwischen Revolution und Kollektivierung, München 1984 (alle mit weiteren Literaturhinweisen).

b) Die Heterogenität der Trägergruppen und Leitbilder

Das autokratische, das adelige, das bürgerliche, das proletarische, das bäuerliche Rußland – irgendwo hatte jedes seine eigene Vorstellung, wie der Staat regiert, die Wirtschaft betrieben, die Gesellschaft verfaßt sein sollte. Einige dieser »Tagträume« lassen sich – mit aller Vorsicht – ausmachen.[32]

So waren die Bauern unzufrieden mit den Modalitäten ihrer »Befreiung«. Sie hatten das Gefühl, übervorteilt worden zu sein. Tatsächlich war der überwiegende Teil des Landes nach 1861 in nichtbäuerlicher Hand verblieben, beim Staat und der kaiserlichen Familie, beim Adel und bürgerlichen Besitzern, bei der Kirche und den Klöstern. In einzelnen Gebieten hatten die Bauern danach sogar erheblich weniger Saatfläche zur Verfügung als davor. Daß sie für diesen Boden auch noch hohe Ablösezahlungen zu leisten hatten und gleichzeitig mit der »Befreiung« oft die Nutzungsrechte an Wald und Weiden verloren, kam aus ihrer Sicht erschwerend hinzu.[33]

Sicher, die Kritik wurde erst allmählich laut und schwoll in gleichem Maße an, wie die Bevölkerung wuchs (sie hat sich zwischen 1861 und 1913 nahezu verdoppelt) und pro Kopf immer weniger Land zur Verfügung stand. Doch hinter der Kritik steckte auch die – nicht nur in Rußland anzutreffende – archaische Grundüberzeugung, daß der Boden denen zustehe, die ihn mit ihrer Hände Arbeit bebauten; nicht aber jenen, die ihn von Fremden bestellen ließen; ja daß der Boden ursprünglich auch den Bauern gehört habe und ihnen nur widerrechtlich weggenommen worden sei. Ein »gerechter Zar« – so das Wunschbild der Bauern – werde das gute »alte Recht« wiederherstellen und die Gutsbesitzer vertreiben. Die Hoffnung auf den »gerechten Zaren« schwand, doch der Glaube an die »große Umverteilung« (an den »cërnyj peredel«), der das Land wieder den bäuerlichen Gemeinden zurückgab und Rußland zur großen Gemeinde der Landgemeinden machte, blieb.

Wie stark ein solches Leitbild das Denken der Bauern bestimmte, zeigte sich nach 1906, als die Regierung unter Ministerpräsident Stolypin die

---

[32] Für den Gesamtzusammenhang das höchst anregende Buch von R. Stites, Revolutionary Dreams. Utopian Vision and Experimental Life in the Russian Revolution, New York / Oxford 1989.

[33] Vgl. ergänzend zu der bereits in den Anmerkungen 29 und 31 genannten Literatur: A.M. Anfimov, Krest'janskoe chozjajstvo Evropejskoj Rossii. 1881 - 1904 gg., Moskau 1980; R.P. Donnorummo, The Peasants of Central Russia. Reactions to Emancipation and the Market, 1850 - 1900, New York 1987; D. Field, The End of Serfdom. Nobility and Bureaucracy in Russia 1855 - 1861, Cambridge 1976; B.G. Litvak, Russkaja derevnja v reforme 1861 goda. Černozëmnyj centr 1861 - 1895 gg., Moskau 1972; P.A. Zajončkovskij, Otmena krepostnogo prava v Rossii, Moskau 3. Aufl. 1968.

»Agrarfrage« auf andere Weise zu lösen versuchte: durch die Auflösung der obščina und die Schaffung einer neuen Schicht von leistungsfähigen Farmbauern. Das Dorf blieb skeptisch; wo der Staat nachhalf und von sich aus Gemeinden für »aufgelöst« erklärte, weil sie seit längerem den Boden nicht mehr umverteilt hatten, stand die Auflösung zunächst nur auf dem Papier; und selbst wo einzelne oder ein ganzes Dorf Austritt oder Auflösung vollzogen, verfolgten sie meist andere Ziele als die der Regierung.[34] Daß der Tagtraum der Bauern die Stolypinschen Reformen überlebt hatte, erwies sich 1917: als das Dorf selbst die »große Umverteilung« vollzog, die Gutsbesitzer, die Kirche und die Klöster enteignete und jene blutig in die obščina zurückholte, die nach 1906 ausgeschieden waren.[35]

Mit einiger Vorsicht läßt sich auch ein bürgerlicher Tagtraum ausmachen: Ihn zu träumen, hatte zur Voraussetzung, daß der russische Kaufmann und Industrielle begann, sich selbst und seine Tätigkeit zu akzeptieren; anfing, stolz auf seinen Stand zu sein und ihn nicht nur als Übergangsstadium zu betrachten; daß er endlich aufhörte, länger »hinter dem Titel des degenerierten russischen Aristokraten hinterherzulaufen«. Für all dies, so fand es einer seiner prominentesten Vertreter, der Moskauer Großindustrielle Pavel Pavlovič Rjabušinskij 1912, sei es höchste Zeit; und er forderte seine Standesgenossen auf, die ihnen zustehende Führungsposition im Staate einzunehmen.[36] Das hieß für ihn nicht Klassenherrschaft, sondern freie Bahn dem Tüchtigen und Fähigen, dem Verstand, der »Energie« und dem »Talent«, frei von »kastenmäßiger Abgeschlossenheit«, »polizeilicher Bevormundung« und »Kuratel«; und frei für Chancengleichheit, »nationale Tradition« und »europäische Bildung«.

Es ist der Traum eines freiheitlichen Rechtsstaates, der hier geträumt wurde, mit Grund- und Eigentumsrechten und parlamentarischen Entscheidungsstrukturen; formuliert gegen einen »degenerierten Adel« und eine inkompetente, »feige« Staatsbürokratie; vor dem Hintergrund der historischen Erfahrung, der Revolution von 1905, in der die Bourgeoisie

---

[34] Dazu eingehend Atkinson, Russian Land Commune, S. 57 ff.; S.M. Dubrovskij, Stolypinskaja zemel'naja reforma. Iz istorii sel'skogo chozjajstva i krest'janstva Rossii v načale XX veka (erstmals 1925), 2. Aufl. Moskau 1963; R. Hennessy, The Agrarian Question in Russia 1905 - 1907. The inception of the Stolypin Reform, Gießen 1977; P.N. Peršin, Agrarnaja revoljucija v Rossii, 2 Bde., Moskau 1966; G. Yaney, The Urge to Mobilize. Agrarian Reform in Russia, 1861 - 1930, Urbana 1982.

[35] Zum Versuch der Bauern, ihren Tagtraum bereits 1905/07 zu verwirklichen: T. Shanin, Russia 1905 - 07: Revolution as a Moment of Truth (The Roots of Otherness. Russia's Turn of Century Bd. 2), London 1986.

[36] Die verschütteten Grundsteine dieses bürgerlichen Rußland freizulegen, ist ein Grundanliegen des Buches von K. Schlögel, Jenseits des Großen Oktober; ein Kapitel gilt dabei explizit P.P. Rjabušinskij, der hier als ›patriarchalischer Fabrikant‹ und ›Pionier der Moderne‹ vorgestellt wird (S. 237 ff.; aus diesem Kapitel stammen auch die folgenden Schlagworte und Zitate).

»den Leuten des alten Regimes« half, die Revolution zu unterdrücken, und bald erfahren mußte, daß die »Reaktion« nicht weniger »provokant« und »barbarisch« war als die »Anarchie« der Revolution, die sie abgelöst hatte. Rjabušinskij fühlte sich als Pionier bürgerlichen Selbstbewußtseins; im Februar 1917 schien sein Tagtraum Wirklichkeit zu werden, doch im Herbst stellte sich heraus, daß die Mehrheit der Bevölkerung in diesem Traum nicht die Lösung ihrer Probleme sah, zumindest nicht warten wollte, bis er Gestalt angenommen hatte.

Auch die Obrigkeit hatte ihr Leitbild. Eine Formel aus der ersten Hälfte des 19. Jahrhunderts umschrieb es mit den Begriffen: Autokratie, Orthodoxie und Patriotismus. Während »religiöse und zivile Institutionen« ringsum in Europa zerfielen, »zerstörerische Ideen« sich breit machten, sollten zarische Selbstherrschaft, Rechtgläubigkeit und Volksverbundenheit Rußlands besonderen Charakter ausmachen, seine Stärke garantieren. Doch die Begriffe waren problematisch, zusammen und jeder für sich, und für die Regierungs- und Verwaltungspraxis war wohl eher eine andere regulative Idee bestimmend: die Vorstellung eines allzuständigen, wohlgeordneten Verwaltungsstaates.[37]

Ihre Tradition ließ sich, wie anschaulich gezeigt werden konnte, bis ins 17. Jahrhundert zurückzuverfolgen; sie hilft, die Reformen Peters wie seiner Nachfolger zu verstehen. Doch von Zügen der Zeit und kameralistischem Beiwerk befreit, schien die verführerisch einfache Grundidee nichts von ihrer Gültigkeit verloren zu haben: eine aufgeklärte Elite organisiert den Staat, diszipliniert und modernisiert Wirtschaft und Gesellschaft, unter Umständen auch gegen deren Willen, im Interesse des Gesamtstaates und zum Besten seiner Gesellschaft. Freilich, als »bürokratische Vision« mußte sie nun zunehmend gegen eine doppelte Herausforderung verteidigt werden: gegen den immer stärker werdenden Wunsch von gesellschaftlichen Gruppen, die Zukunft mit-, ja allein zu gestalten; und gegen die immer deutlicher zutage tretende Inkompetenz der Staatsbürokratie, ihre Unfähigkeit, mit den auf sie zukommenden Problemen wirklich fertig zu werden. An dieser doppelten Herausforderung zerbrach die »Vision«, der autokratische Herrschaftsanspruch, in der Krise des Weltkrieges.

---

[37] Zur Formulierung von ›Autokratie, Orthodoxie, Nationalität‹ als Staatsideologie und ihrem ›Schöpfer‹ S.S. Uvarov vgl. N.V. Riasanovsky, Nicholas I and Official Nationality in Russia 1825 - 1855, Berkeley 1959, sowie C. Whittaker, The Ideology of Sergei Uvarov. An Interpretive Essay, in: The Russian Review 37 (1978), S. 158 ff.; dies., The Origins of Modern Russian Education. An Intellectual Biography of Count Sergei Uvarov, 1786 - 1855, DeKalb 1984; zum Leitbild des allzuständigen, wohlgeordneten Verwaltungs(polizey)staates M. Raeff, The Well-Ordered Police State. Social and Institutional Change through Law in the Germanies and Russia 1600 - 1800, New Haven 1983; ders., Understanding Imperial Russia. State and Society in the Old Regime, New York 1984.

Die Skizzierung der »Lebenswelten« und dreier ihrer »Leitbilder« soll zeigen, wie unterschiedlich die Gruppierungen waren, die im Rußland des Revolutionsjahres die politische Szene bestimmten, und wie weit die Vorstellungen und Hoffungen, die sich mit den revolutionären Aktionen verbanden, auseinanderliefen. Es wäre freilich ein Mißverständnis, zumindest voreilig, die Lebenswelten bereits als politische Lager und die Leitbilder als deren Programme anzusehen. Denn zur Eigenheit der vorrevolutionären Gesellschaft gehörte gerade, daß die Sozialmilieus ineinander übergingen, und die politischen Optionen auch innerhalb ein und derselben Gruppe oder Schicht erheblich divergieren konnten.

Das begann schon damit, daß die Besitzunterschiede innerhalb der Bauernschaft beträchtlich waren, von Hof zu Hof, erst recht aber von Dorf zu Dorf und von Region zu Region. In jeder Gemeinde gab es einige größere und reichere Familien und die armen Schlucker, und wer mit seiner Ausstattung an Saatfläche, Zug- und Nutzvieh in Zentralrußland zu den Mittelbauern gehörte, wäre an der unteren Wolga eher zu den Ärmeren gezählt worden.[38]

Im übrigen waren viele Bauern nicht nur Bauern, und ein Großteil der Höfe lebte nicht allein von der Landwirtschaft. Man wird davon ausgehen können, daß in mehr als 60 % der Höfe eine oder mehrere Arbeitskräfte einem Nebengewerbe nachgingen. Wer Glück hatte, konnte dies vor Ort tun, doch weit mehr als ein Drittel mußte Haus und Hof verlassen. Wer auf länger wegging und den Landkreis verließ, mußte vorher um einen Paß nachsuchen. So ist an der Paßstatistik Entwicklung und Ausmaß der Wanderungsbewegung ablesbar: Wurden Mitte des 19. Jahrhunderts etwa 1 Million Pässe (jährlich) ausgegeben, waren es im Jahrzehnt nach der Jahrhundertwende (jährlich) zwischen 9 und 9 1/2. Setzt man sie zur Zahl der Höfe im europäischen Rußland (etwa 12 Millionen) in Relation, so wird deutlich, daß fast auf jeden daheimgebliebenen Bauern ein Sohn oder jüngerer Bruder kam, der auf Wanderarbeit ging.[39]

Nur so erklärt sich auch ein zunächst überraschender Tatbestand: Von den 1,9 Millionen Einwohnern St. Petersburgs des Jahres 1910 waren fast

---

[38] Ausgiebig dokumentiert in den statistischen Erhebungen der ländlichen Selbstverwaltungsorgane; vgl. dazu die Quellenangaben und das abgedruckte statistische Material im Anhang bei Moritsch, Landwirtschaft und Agrarpolitik; dabei ist zu beachten, daß es sich um Durchschnittszahlen für ganze Regionen handelt, sich die starken Unterschiede aber auch innerhalb der Region und innerhalb eines Dorfes fortsetzten; zur Debatte über die Wertung und Erklärung der innerdörflichen Schichtung und zu den Gesetzen der innerdörflichen Mobilität vgl. Shanin, The Awkward Class, S. 45 ff.

[39] A.M. Anfimov, Ėkonomičeskoe položenie i klassovaja bor'ba krest'jan Evropejskoj Rossii, 1881 - 1904 gg., Moskau 1984, S. 15 ff.; A.G. Rašin, Formirovanie rabočego klassa Rossii. Istoriko-ėkonomičeskie očerki, Moskau 1958, ins. S. 302 ff., 363 ff.; P.G. Ryndzjunskij, Krest'jane i gorod v kapitalističeskoj Rossii vtoroj poloviny XIX veka, Moskau 1983, S. 98 ff.

70 % (nämlich 68,8 %) Bauern, von den 2,2 Millionen des Jahres 1914 fast drei Viertel.[40] Wer auf Wanderarbeit ging, fühlte sich in aller Regel auch noch als Bauer. Er war entschlossen, seine dörflichen Bodenansprüche nicht aufzugeben, alle Ersparnisse zum Unterhalt des Familienbesitzes nach Hause zu schicken, mehr oder minder regelmäßig dorthin zurückzukehren und möglichst bald auf immer. Selbst wenn die Besuche seltener wurden und die endgültige Rückkehr sich hinausschob, blieb bei vielen doch die Hoffnung und verhinderte eine wirkliche Integration in die städtische Gesellschaft.[41] So ist davon auszugehen, daß viele in der Stadt noch immer einen bäuerlichen Tagtraum träumten.

Damit soll nicht bestritten werden, daß – seit den 90er Jahren – eine Entwicklung allmählich in Gang gekommen war, die man wohl am besten als Lernprozeß beschreiben kann: Beschäftigte in Mittel- und Großbetrieben der Zentren begannen, die immer wieder aufflammenden Unruhen, Arbeitsniederlegungen, Versammlungen und Beschwerden besser zu organisieren; die Proteste richteten sich gegen schlechte Bezahlung, Arbeitszeiten und -bedingungen, Strafgelder und Entlassungen. Die beginnende Hochkonjunktur schuf dafür günstige Bedingungen, ließ die Streiktätigkeit anschwellen; selbst bei Verlust des Arbeitsplatzes war es nicht allzu schwer, einen neuen zu finden. Doch die Versuche, die Arbeiterinteressen besser zu organisieren, stießen allenthalben auf erhebliche Probleme: Der Staat sah jeden Streik, schon gar die Organisation von Streikkassen und gewerkschaftlichen Vertretungen (bis 1905) als illegal an. In den Fabriken selbst stand ihr die Hierarchie entgegen, die zwischen Meistern, Facharbeitern, Angelernten und »Kuhbauern« (»korovniki«, wie man die Zuwanderer spöttisch nannte) riesige Unterschiede machte. Aber auch die »einfachen« Arbeiter selbst zeigten nur begrenztes Interesse an einer dauerhaften Or-

---

[40] Zahlen nach Bater, St Petersburg, S. 304, 309, 376. Zu Konzeption und Entwicklung des »Stände«-Begriffs, seiner Anwendbarkeit auf die russische Sozialgeschichte und zum komplexen Spannungsverhältnis zwischen »Stände-« und »Klassenstruktur« anregend: G.L. Freeze, The Soslovie (Estate) Paradigm and Russian Social History, in: The American Historical Review 91 (1986), S. 1 ff., mit einer Fülle von Hinweisen auf weiterführende Literatur; Ansätze zur Interpretation der Gesellschaftsstrukturen des Zarenreiches aus der Sicht der »neuen Kulturgeschichte« (vorgeführt am Beispiel der Gruppe der »raznočincy«, der »Leute aus verschiedenen Ränge«) E.K. Wirtschafter, Structures of Society. Imperial Russia's »Peoples of Various Ranks«, DeKalb 1994.

[41] Für den Gesamtzusammenhang: J. Bradley, Muzhik and Muscovite. Urbanization in Late Imperial Russia, Berkeley / Los Angeles / London 1985; R.E. Johnson, Peasant and Proletarian. The Working Class of Moscow in the Late Nineteenth Century, New Brunswick, N.J. 1979; ders., Peasant Migration and the Russian Working Class. Moscow at the End of the Nineteenth Century, in: Slavic Review 35 (1976), S. 652 ff.; Th. H. von Laue, Russian Peasants in the Factory 1892 - 1904, in: Journal of Economic History 21 (1961), S. 61 ff.; ders., Russian Labor between Field and Factory, in: California Slavic Studies 3 (1964), S. 35 ff.

ganisation, schon gar, wenn sie den Bereich des eigenen Betriebs überstieg. Die revolutionäre Erhebung des Jahres 1905 brachte den Lernprozeß erheblich voran, aber abgeschlossen war damit die »Formierung der Arbeiterklasse« noch keineswegs.[42]

So wie es schwer zu sagen ist, ob und wann aus einem Bauern ein Arbeiter wurde, wann er aufhörte, sich als Bauer zu fühlen, als Bauer zu denken und zu planen, ist es schwer, die Arbeiter von Kleinbürgern zu unterscheiden. Die staatliche Statistik tat es ohnehin nicht und rechnete die Arbeiter – je nach Stand – den »Bauern« oder den »meščane« zu. In der ständisch-fiskalischen Gruppe der meščane (im Deutschen wird der Begriff meist mit »Kleinbürger« übersetzt) faßte sie seit dem 18. Jahrhundert alle zusammen, die nicht genügend Kapital hatten, Mitglied der untersten (damals 3.) Kaufmannsgilde zu werden, und entsprechend weniger Steuern zahlten.[43]

Die meščane als »städtische Unterschicht« zu titulieren, läßt leicht übersehen, daß es sich dabei um die Grundmasse der »eigentlichen« städtischen Bevölkerung handelte. Im St. Petersburg des Jahres 1910 stellten sie mit einem Prozentanteil von 15,5 nach den Bauern die zweitgrößte Gruppe.[44] Sie konnten Handwerker oder kleine Geschäftsinhaber sein, in der großen Mehrheit aber waren sie wohl eher Straßenhändler, Hausierer, Dienstboten, Lohn- und Wanderarbeiter, sofern sie nicht überhaupt – wie in vielen kleinen Provinzstädten – hauptsächlich noch immer von der Landwirtschaft lebten, wie Bauern. Es ist nicht ersichtlich, daß sie ein Standesbewußtsein ausgebildet hätten.

Da war der Stand der »Kaufleute« (russ. »kupcy«) schon weit mehr eine Einheit, vor allem, nachdem 1863 die unterste (3.) Gilde, die den Übergang

---

[42] So der Titel des Buches von Rašin, Formirovanie rabočego klassa Rossii; auch: Ju. I. Kir'janov, Rabočij klass Rossii ot zaroždenija do načala XX v., 2. Aufl. Moskau 1989; È. È. Kruze, Položenie rabočego klassa Rossii v 1900 - 1914 gg., Leningrad 1976; die Fixierung auf das Objekt »Arbeiterklasse« macht es offenkundig schwer, zu fragen, ob sie nicht nur »objektiv« (»an sich«) eine war, sondern sich auch als solche fühlte (»für sich« eine war); zur allgemeinen Problematik und dessen Facetten: V.E. Bonnell, Roots of Rebellion. Workers' Politics and Organizations in St. Petersburg and Moscow, 1900 - 1914, Berkeley / Los Angeles / London 1983; dies. (Hg.), The Russian Worker. Life and Labour under the Tsarist Regime, Berkeley / Los Angeles / London 1983; Johnson, Peasant and Proletarian, passim; St. A. Smith, Craft Consciousness, Class Consciousness. Petrograd 1917, in: History Workshop 11 (1981), S. 33 ff.; Steffens, Die Arbeiter von Petersburg, S. 231 ff.; R.E. Zelnik, Labor and Society in Tsarist Russia. The Factory Workers of St. Petersburg 1855 - 1870, Stanford 1971.

[43] Zur Gliederung der Bevölkerung nach Ständen vgl. die Tabelle 2 im Anhang.

[44] Zusammenfassend: M. Hildermeier, Was war das meščanstvo? Zur rechtlichen und sozialen Verfassung des unteren städtischen Standes in Rußland, in: Forschungen zur osteuropäischen Geschichte Bd. 32 (1985), S. 15 ff.; auch Artikel »meščanstvo« in: Brokgauz-Efron, Ènciklopedičeskij slovar', Bd. 30, S. 911 ff. Zahlen nach Bater, St Petersburg, S. 376; im europäischen Rußland lag der Anteil des meščanstvo (bei der letzten großen Zählung von 1897) bei 10,6 % (vgl. Hellmann / Zernack / Schramm, Handbuch der Geschichte Rußlands, Bd. 3, S. 1116).

zum Kleinbürgertum fließend gemacht hatte, abgeschafft worden war. Die »Kaufmannschaft« war zum Synonym für »Geschäftswelt«, für »Industrie, Handel und Gewerbe« geworden und kam damit unserer Vorstellung von Bourgeoisie am nächsten. Dabei wird man freilich im Gedächtnis behalten müssen, daß die »Kaufleute« 1910 nur 0,7 % der Bevölkerung St. Petersburgs ausmachten und ihr Prozentanteil an der Gesamtbevölkerung Rußlands noch erheblich darunter lag.[45]

Es ist nicht leicht zu entscheiden, ob man dieser »Bourgeoisie« auch den Stand der »Ehrenbürger« (»počëtnye graždane«) zurechnen darf, die in St. Petersburg über 4 %, in Gesamtrußland vermutlich weniger als 0,5 % der Bevölkerung ausmachten. Sicher waren darunter auch Vertreter von Handel und Gewerbe; aber nicht nur und nicht einmal vor allem. »Ehrenbürger« wurde man, wenn man im Staatsdienst einen gewissen Dienst- und Ehrenrang erreichte, entsprechend der berühmten Tabelle Peters von 1722; bis zur Mitte des 19. Jahrhunderts hätte dieser Rang sogar zur Aufnahme in den »persönlichen Adel« geführt. Mit Erschwerung des Zugangs zum Adel schaltete man (für die unteren zivilen Dienstränge 10 – 14) den Stand der »Ehrenbürger« vor.[46]

So waren die »Ehrenbürger« im Grunde nur die Vorstufe auf der bürokratischen Karriereleiter zum »persönlichen Adel«, den man im Zivildienst seit Mitte des 19. Jahrhunderts erst mit der 9. Rangklasse (etwa als Titularrat, Professor an einer Akademie, Kammerjunker usf.) erreichte. Im St. Petersburg des Jahres 1910 zählten zum »persönlichen Adel« 3,3 % der Bevölkerung, was sich dadurch erklärt, daß die Stadt Sitz der Zentralverwaltung war; im Landesdurchschnitt machte der »persönliche Adel« nur etwa 0,5 % der Gesamtbevölkerung aus.[47]

Die wenigen, die auf der bürokratischen Leiter noch höher kletterten und (seit 1856) mindestens die 4. Rangklasse (Ministerrang) erreichten, konnten auch in den erblichen Adel aufsteigen, doch üblich war eher der umgekehrte Weg: daß Hochadelige auch die wichtigsten Ämter im Staat besetzten. Daß trotz dieser Exklusivität der Erbadel (zu dem in St. Peters-

---

[45] Zahlen nach Bater, St Petersburg, S. 376, für Rußland Hellmann / Zernack / Schramm, Handbuch der Geschichte Rußlands, Bd. 3, S. 1116. Zur Kaufmannschaft vgl. die vorzügliche Arbeit von M. Hildermeier, Bürgertum und Stadt in Rußland 1760 - 1870. Rechtliche Lage und soziale Struktur, Köln / Wien 1986; sowie: V.T. Bill, The Forgotten Class. Russian Bourgeoisie from the Earliest Beginnings to 1900, New York 1959; T.C. Owen, Capitalism and Politics in Russia. A Social History of the Moscow Merchants 1855 - 1905, Cambridge 1981; A.J. Rieber, Merchants and Entrepreneurs in Imperial Russia, Chapel Hill 1982.

[46] Vgl. dazu den knappen Artikel »Ehrenbürger« von B. Schalhorn, in: H.-J. Torke (Hg.), Lexikon der Geschichte Rußlands. Von den Anfängen bis zur Oktober-Revolution, München 1985, S. 105.

[47] Bater, St Petersburg, S.376; Hellmann / Zernack / Schramm, Handbuch der Geschichte Rußlands, Bd. 3, S.1116. Zum Adel vgl. die S. 34 in Anmerkung 18 genannte Literatur.

Abb. 13:   Eine eigene Lebenswelt, wenn auch auf Zeit: die Soldaten. Der Erste Weltkrieg ließ ihre Zahl gewaltig anschwellen. Bis Ende 1916 waren 14.600.000 einberufen worden. 6,9 Millionen bildeten die Feldarmee, die Besatzung der Garnisonen des Hinterlands belief sich auf 2, die Zahl der Verluste (an Toten, Verwundeten, Invaliden) auf 5,5 Millionen. Allein in der Hauptstadt waren über 180.000 stationiert, noch einmal 152.000 in deren näheren Umgebung. Damit blieb die Zahl der Soldaten nicht viel hinter der der hauptstädtischen Arbeiter zurück, und das Schicksal der Revolution entschied sich nicht zuletzt an ihrem Verhalten als bewaffnete Macht (vgl. A.K. Wildman, The End of the Russian Imperial Army. The Old Army and the Soldiers' Revolt (March-April 1917), Princeton, N.J. 1980, S. 95, 124).

burg 3,9 %, im Gesamtreich ≤ 1 % der Gesamtbevölkerung gehörten) weder sozial noch ökonomisch eine Einheit bildete, wurde oben bereits ausgeführt.

Der Bauer, der zugleich Handwerker oder Lohnarbeiter war; der Kleinbürger, der sich nicht von einem Bauern oder Proletarier unterschied; der
Kaufmann, der Land erwarb und noch immer nach dem Adelsprädikat
schielte; der Ehrenbürger oder persönliche Adelige, dessen Kinder wieder
ins Kleinbürgertum abzusinken drohten; der Erbadelige, der das Leben eines größeren Bauern führte, oder sein Standesgenosse, der eine Fabrik besaß – sie alle zeigen, daß ein Großteil der Bevölkerung nicht nur in einer,
sondern in mehreren »Welten« lebte. Schon das machte sie offen für unterschiedliche politische Optionen.

Daß eine politische Option nicht einfach aus »ökonomischen Interessen«
oder einer »objektiven Klassenlage« abzuleiten war, zeigte sich vor allem an
zwei Gruppen, die 1917 eine wichtige, ja vielleicht entscheidende Rolle spielten: an der revolutionären Intelligenz und an den Soldaten. Die revolutionäre
Intelligenz entstammte den unterschiedlichsten Ständen und Schichten, und
es ist bekannt, daß der polnische Magnatensohn Felix Dzierżyński, die Kazaner Landadeligentochter Vera Figner, Nadežda Krupskaja, deren Vater Offizier war und damit dem Adel angehörte, Vladimir Uljanov, der sich den
Decknamen Lenin zulegte und dessen Vater Landesschulinspektor war, und
Lev Trockij (eigentlich Bronštejn), Sohn eines Gutsbesitzers aus der südlichen Ukraine, nicht als Vertreter der Interessen »ihrer Klasse« in die Geschichte eingegangen sind. Ähnlich quer zu den üblichen Schemata lagen die
Soldaten. Es ist richtig, daß die Armee 1917 vor allem aus Bauernsöhnen bestand; aber wer wollte sagen, daß sie mit der immer drängenderen Forderung
nach Frieden vor allem »Klasseninteressen« vertrat?

c) Die Spannungen zwischen Zentrum und Peripherie

Unser Blick war bisher auf St. Petersburg und die europäische Provinz gerichtet. Doch das Russische Reich von 1917 war sehr viel mehr: Es war eine
riesige Landmasse, die von der Ostsee bis zum Pazifik, vom Eismeer bis
zum Schwarzen Meer reichte. In Europa grenzte es unmittelbar an Nor-
wegen, Schweden, das Deutsche Reich, Österreich-Ungarn und Rumänien,
in Asien an China, die Mongolei, Afghanistan, Persien und an das Osmanische Reich. Entstanden war es in einem die Jahrhunderte übergreifenden
Prozeß.[48]

---

[48] Zur Entstehung des Territoriums vgl. Karte 4 im Anhang.

Man wird den Anfang in die Mitte des 13. Jahrhunderts setzen können, als die Tataren das in Teilfürstentümer zerfallene Kiever Reich überrannten und für die folgenden zwei Jahrhunderte ihrer Tributherrschaft unterstellten. Sie schufen damit die Voraussetzung für den Aufstieg eines bisher eher unbedeutenden Fürstentums, das sich ihnen als Steuereintreiber andiente und die damit verbundene Macht und Autorität nutzte, um das eigene Herrschaftsgebiet kräftig zu erweitern. Es handelte sich dabei um das Fürstentum Moskau. Bis zum Ende des 15. Jahrhunderts hatte es die angrenzenden russischen Teilfürstentümer aufgesogen, Zentralrußland unter seinem Szepter vereint und sich im Norden ein Kolonisationsgebiet erschlossen, das bis nach Karelien und an die Weißmeerküste reichte. Moskau fühlte sich nun stark genug, die Tributzahlungen an die Tataren einfach einzustellen, und der Erfolg gab ihm recht: Das in mehrere Teile zerfallene Tatarische Reich am Mittel- und Unterlauf der Wolga war nicht mehr stark genug, die Fortsetzung zu erzwingen.

Der Verfallsprozeß der Tatarischen Reiche setzte sich fort und war Mitte des 16. Jahrhunderts so weit fortgeschritten, daß die Moskauer Fürsten es wagen konnten, sie anzugreifen. Der Tatbestand, daß es gelang, die Chanate von Kazan' und Astrachan' zu besiegen, war in dreifacher Hinsicht bedeutsam: Er verschaffte (1.) dem Moskauer Agrarstaat den Zugang zu den Steppen des Südens und Südostens, deren Schwarzerdeböden sehr viel fruchtbarer waren als die bisher besiedelten Misch- und Nadelwälder. Mit dem Vorstoß an die mittlere und untere Wolga drang Rußland (2.) in Gebiete vor, die niemals ostslavisch besiedelt gewesen waren, sondern von Tataren, dem finnisch-ugrischen Stamm der Mari, dem Turkvolk der Čuvašen und anderen; ihre Annexion machte Rußland ethnisch zum Vielvölkerstaat. Die Niederlage der tatarischen Chanate machte (3.) den Weg in den südlichen Ural frei und über ihn hinaus nach Sibirien. Schon in den 80er Jahren des 16. Jahrhunderts stießen Kosakentrupps im Auftrag der Kaufmannsfamilie der Stroganovs dorthin vor; 1639 war der Pazifik erreicht und bis zur zweiten Hälfte des 17. Jahrhunderts ganz Sibirien einer losen Moskauer Herrschaft unterstellt.

Aus heutiger Sicht war der Zugewinn enorm, aus damaliger Sicht sehr viel bescheidener: Das riesige sibirische Gebiet war nur sehr dünn besiedelt, für die Landwirtschaft kaum nutzbar, und den Reichtum seiner Bodenschätze kannte man noch nicht. Sehr viel wichtiger war der Territorialgewinn im Westen: Er brachte Untertanen, fruchtbaren Boden und besiedeltes Land, und es war sehr viel mehr dieser Umstand, der Rußland in Lauf des 17. und 18. Jahrhunderts vom Randstaat zur europäischen Großmacht aufsteigen ließ.

Noch während des 17. Jahrhunderts hatte das Moskauer Reich seine Westgrenze allmählich bis zu einer Linie Smolensk – Kiev vorgeschoben.

Anfang des 18. Jahrhunderts schuf ihm Peter der Große den Zugang zur
Ostsee, ließ hier, wie oben bereits dargelegt, die neue Hauptstadt des Reiches anlegen und sicherte ihr zugleich ein Vorfeld, das westlich bis Riga
reichte. Unter Katharina II. rückte Rußland (in der zweiten Hälfte des 18.
Jahrhunderts) auf breiter Front auch ans Schwarze Meer vor und wurde
erstmals unmittelbarer Nachbar Preußens und Österreichs – auf Kosten
Polens, das die drei unter sich aufteilten. In den Napoleonischen Kriegen
konnte Alexander I. diesen Besitz sogar noch erweitern, gewann Zentralpolen um Warschau und im Norden Finnland hinzu, und stieß im Süden
über den Kaukasus bis nach Georgien vor. Das riesige Gebiet zwischen
Kaspischem Meer und Altaigebirge, Südsibirien und Pamir fiel Rußland
erst im 19. Jahrhundert zu. Der Gewinn Mittelasiens erstreckte sich in
mehreren Etappen über ein halbes Jahrhundert; er begann in den 20er Jahren und war in den 70er Jahren abgeschlossen.

So machten die Russen, die dem Reich noch immer den Namen gaben,
zum Ende des Jahrhunderts (bei der großen Volkszählung von 1897) nur
noch 44,3 %, also weniger als die Hälfte der Gesamtbevölkerung aus. Zwar
waren Russen in allen Großregionen des Reiches zu finden, aber schon an
der Mittleren Wolga und im Nordural bezeichneten nur knapp drei Viertel
(72,8 %) Russisch als ihre Muttersprache, an der unteren Wolga und im
Südural waren es etwa 60 % und im Nordkaukasus knapp 40 von Hundert
(36,9 %); am Nordrand des Schwarzen Meeres, in »Neurußland«, fiel die
Quote auf weniger als 30 %, in den Kernlanden der Ukraine und im westlich angrenzenden Bessarabien auf weniger als 10 (8,3) %. Erst recht galt
das für Polen, das Baltikum und Weißrußland-Litauen, wo die Russen nur
zwischen 3 und 6 % der Bevölkerung ausmachten. Schaute man in die Gebiete jenseits des Ural und Kaukasus, so bestätigte sich das Bild; vor allem
in den – seit dem Ende des 18. Jahrhunderts – neugewonnenen Gebieten
bildeten die Russen nur eine Minderheit: Während in Sibirien noch mehr
als drei Viertel (76,8 %) Russisch als ihre Muttersprache angaben, waren es
im südlich daran angrenzenden Steppengebiet nur 17,5 %, in Transkaukasien 4,5 % und in Mittelasien knapp 3 %.[49]

Zu den Unterschieden der Sprache kamen die der Religion. Obwohl sich
das religiöse Moskau seit dem Fall Konstantinopels als neues Zentrum der
»Rechtgläubigkeit« verstand, der Zar deren »Schutzherr« sein sollte und
96 % der Russen sich (1897) zum orthodoxen Glauben bekannten, hielten
sich die Missionierungsversuche gegenüber den Fremdvölkern in Grenzen.
So blieben die Polen und Litauer zu über 98 % römisch-katholisch, die

---

[49] Vgl. H. Bauer / A. Kappeler / B.Roth (Hgg.), Die Nationalitäten des Russischen Reiches in
    der Volkszählung von 1897, 2 Bde., Stuttgart 1991, hier Bd. 2, S. 212 ff.

Finnen, Esten und Letten ganz überwiegend Lutheraner, die Armenier Mitglieder ihrer eigenen armenisch-gregorianischen Kirche und die Juden Juden. Die Kultur der Tataren, der Baškiren und der Čečenen (am Mittel- und Unterlauf der Wolga, im Kaukasus und auf der Krim) war vom Islam geprägt, gleiches galt für die Kazachen, Uzbeken, Tadžiken und Turk- menen (im südsibirischen Steppengebiet und Mittelasien). Die mongoli- schen Burjaten (südlich des Baikalsees) wurden dem Lamaismus zuge- rechnet und viele kleinere Ethnien Ostsibiriens der amorphen Gruppe der »Naturreligionen«.[50]

Der gleichen Quelle, der Volkszählung von 1897, war auch zu entneh- men, daß den Unterschieden der Sprache und Religion Unterschiede in der Verstädterung, im Bildungsgrad, in der Wirtschaftsweise entsprachen. Leb- ten in Zentralrußland noch 83,25 % der Bevölkerung auf dem Lande, so hoben sich Nordrußland, Polen und das Baltikum (mit einer Stadtbevöl- kerung von 20 bis 25 %) deutlich davon ab, während in der Ukraine und in Weißrußland-Litauen, erst recht aber an der Unteren Wolga und im Süd- ural, in Sibirien und im daran südlich anschließenden Steppengebiet der Grad der Verstädterung (mit unter 10 %) noch deutlich geringer war als in Zentralrußland.[51]

Noch sehr viel mehr differierte die Verbreitung der Elementarbildung: Waren bei den Kazachen, Kirgizen, Tadžiken und Turkmenen über 95 % (der über Zehnjährigen) Analphabeten, bei den Ukrainern und den Weißrussen noch immer um die 80 % und bei den Russen etwa 70 %, konnten bei den Polen nur 58 %, bei den Rußlanddeutschen nur 21,5 %, bei den Letten, Finnen und Esten sogar noch deutlich weniger nicht lesen.[52]

Irgendwo ließen, wie durch weitere Erhebungen bestätigt wurde, Ver- städterung und Alphabetisierungsgrad bereits auf die Wirtschaftsweise schließen: So fanden bei den mittelasiatischen Kazachen, Kirgizen und Turkmenen (ebenso bei den ostsibirischen Jakuten und Burjaten) über 90 % ihr Auskommen noch immer im Agrarwesen; und bei den Weißrussen und Ukrainern waren es nicht viel weniger, nur daß man hier Land- wirtschaft betrieb, während in den Steppengebieten Südsibiriens und Mit- telasien die nomadisierende Viehzucht noch eine große Rolle spielte. Ver- glich man damit die Polen, die Esten, die Letten, die Finnen, die Deutschbalten, aber auch die Tadžiken, Armenier und Juden, so wurde of- fensichtlich, daß sich bei ihnen verarbeitendes Gewerbe, Handel und Dienstleistungen bereits sehr viel weiter entwickelt hatten. So waren etwa

[50] Bauer / Kappeler / Roth, Volkszählung von 1897, Bd. 2, S. 79 f.
[51] Bauer / Kappeler / Roth, Volkszählung von 1897, Bd. 2, S. 212 - 229.
[52] Bauer / Kappeler / Roth, Volkszählung von 1897, Bd. 2, S. 231 ff.

bei den Deutschbalten nur 4,5 %, von den Juden nur 2,7 % im agrarischen Bereich tätig.[53]

Was war also das Russische Reich 1917? Ein Konglomerat von Völkerschaften und Nationen, von Sprachen und Sprachfamilien, von Kulturen und Kulturstufen, deren Unterschiede, Widersprüche und Gegensätze nicht groß genug gedacht werden können. Sie verkörperten erst recht die bereits angesprochene geschichtliche Gleichzeitigkeit des Ungleichzeitigen, als ein Nebeneinander: von Nomadentum, Oasenkultur, bäuerlicher Subsistenzwirtschaft und Industriekapitalismus; von Animismus, Schamanentum, von muslimisch, russisch-orthodox, römisch-katholisch, lutherisch und jüdisch geprägten Regionen. Die Landmasse war erworben dank einer überlegenen Militärmacht im Osten, gegen ein zerbröckelndes Osmanisches Reich im Süden, von der einstigen Großmacht Schweden im Norden und aus der Konkursmasse Polen-Litauens im Westen, dessen Niedergang man vorher nach Kräften gefördert hatte. Sie wurde zusammengehalten von Formen traditionaler Herrschaft, der zarischen Autokratie, deren zentralisierte Verwaltung jedoch auch moderne Züge trug, und deren Schwäche, so widersprüchlich das klingt, solange ihre Stärke war, als sie hergebrachte Strukturen weiterleben ließ, ohne sich allzuviel einzumischen.

Das Verhältnis von Peripherie und Zentrum war schon in der zweiten Hälfte des 19. Jahrhunderts zunehmend problematisch geworden, als die Regierung immer mehr einen nationalistischen Kurs zu steuern begann und ihre Russifizierungspolitik in Finnland, auf dem Baltikum und in Russisch-Polen, in der Ukraine, im Transkaukasus und in Zentralasien, bei der jüdischen, katholischen, protestantischen und muslimischen Bevölkerung verstärkt auf Widerstand stieß. Mit Krieg und Revolution wurde der Bruch im Verhältnis zwischen Peripherie und Zentrum unübersehbar. Die »Randvölker« schickten sich an, den Gesamtstaat zu verlassen, ihren eigenen Weg zu gehen – Versuche und Traditionen, die sie heute dabei sind wiederzuentdecken und die die Revolution unter einem neuen, ganz anderen Blickwinkel erscheinen lassen.

---

[53] Bauer / Kappeler / Roth, Volkszählung von 1897, Bd. 2, S. 329 ff., 334.

4. DREI WEGE DER ANNÄHERUNG

Was hält die Dinge aber dann noch zusammen, was macht aus einer Vielzahl von Einzelereignissen *die* russische Revolution? Auf der Suche nach dem »roten Faden« – nach der »Logik« der Revolution, ihrem »Bewegungsgesetz«, ihrem »Charakter«, ihrem inneren Sinn – hat die Geschichtswissenschaft unterschiedliche Antworten gegeben. Vereinfacht gesagt, lassen sie sich drei Richtungen zuordnen.

Die erste Antwort lautet: Die russischen Ereignisse waren der Schlußpunkt eines die Jahrhunderte übergreifenden Prozesses; er führte mit historischer Notwendigkeit zum Sturz der Ausbeuterklassen und zur Machtübernahme durch das Proletariat, geführt von der einzig wahrhaft sozialistischen Partei, den Bolschewiki, die danach begannen, in Rußland den Sozialismus aufzubauen.

Die zweite Antwort ist: Die russische Revolution erfolgte als Reaktion auf die Weigerung der Autokratie, Staat und Gesellschaft zu reformieren, zu modernisieren; daß der Zar meinte, die Reformen auf die Wirtschaft beschränken zu können, erwies sich als verhängnisvoller Irrtum; er setzte damit erst jene Kräfte frei, die den Sturz der Autokratie vorbereiteten und durchführten.

Die dritte Antwort ist eine der »wenns« und »abers«; denn sie bestreitet mehr oder minder emphatisch, daß sich das Geschehen der Revolution auf einen Erklärungsstrang reduzieren läßt – zumindest, wenn man versuche, die Zielsetzungen der Handlungsträger, die komplexen Entwicklungen im Zentrum und an der Peripherie in ihrer Zeit und aus ihrer Zeit heraus zu »verstehen«, sie nicht zuletzt mit den ihr eigenen Vorstellungen, Ideen und Begrifflichkeiten zu begreifen. Und darum geht es ihr.

Die den Antworten zugrunde liegenden Annahmen und Anschauungen sind: das marxistische Deutungsmuster, der Erklärungsansatz der Modernisierungstheorien und das »Verstehenskonzept« eines politik-, sozial- und kulturgeschichtlichen Beschreibens. Ihre etwas nähere Betrachtung gibt Gelegenheit, Grundpositionen der Forschung und Forschungsentwicklung nachzutragen, wobei sich schnell herausstellen wird, daß die Zuordnung der Antworten in der Praxis oft nicht ganz leicht fällt, anders gesagt: daß die hinter ihnen stehenden »Grundauffassungen« stärker ineinander übergehen, auch enger auf einander bezogen sind, als es die obige, schroff kontrastierende Grobskizze ihrer »Antworten« zu suggerieren scheint.

a) Das marxistische Deutungsmuster

Am eindeutigsten fiel – bis weit hinein in die 80er Jahre – die erste Antwort, die Anwort der sowjetischen Geschichtswissenschaft aus. Mit Berufung auf Marx und Engels sah sie die russische, rußländische Geschichte als Teil der allumfassenden Weltgeschichte und diese wiederum als Aufeinanderfolge von fünf überall gleichen »Geschichtsformationen«: einer Periode der Urgesellschaft, einer Periode der Sklavenhaltergesellschaft, einer Periode des Feudalismus, einer Periode des Kapitalismus und einer Periode des Sozialismus. Hier wie sonstwo – so glaubte man zu wissen – bildeten die sozialökonomischen Verhältnisse die Basis, die Klassenkämpfe die Motoren und die Revolutionen die Wendepunkte der Gesamtentwicklung; sie verliehen den geschichtlichen Abläufen den Charakter des Gesetzmäßigen, ja Zwangsläufigen. Dabei datierte man das Ende des Feudalismus in Rußland auf die 60er Jahre des 19. Jahrhunderts, sah die Zeit danach (bis 1917) als Epoche des Kapitalismus und die bolschewistische Oktoberrevolution als deren Ende; mit ihr habe der Aufbau des Sozialismus in Rußland begonnen.

Für die unmittelbare Vorgeschichte der Revolution und das Jahr 1917 war Lenin der wichtigste Gewährsmann. Zog man verschiedene seiner (zeitlich und im Gesamtwerk verstreuten) Ausführungen und Anmerkungen zu einer konzisen historischen »Theorie« zusammen, so er gab sich etwa folgendes Bild: Im Zeitalter des Imperialismus habe der Kapitalismus sein »höchstes Stadium« erreicht; mit der Jagd konkurrierender Industriestaaten nach Rohstoffen und Absatzmärkten sei er zum Weltsystem geworden. So wie die Industriestaaten im Innern in »ausbeutende« und »ausgebeutete« Klassen zerfielen, teile deren Außenpolitik die Erde in »ausbeutende« und »ausgebeutete« Nationen. Auch Rußland sei Teil dieses kapitalistischen Weltsystems und zugleich dessen schwächstes Glied. In der Stärke des russischen Proletariats finde die Reife des russischen Kapitalismus seinen sichtbarsten Ausdruck; so falle dem Proletariat auch die Führungsrolle in der Revolution zu. Doch auch der Agrarsektor und die Landgemeinde seien längst von kapitalistischen Ausbeutungsverhältnissen durchsetzt, selbst wenn das die Bauern und ihre politischen Vertreter nicht merkten oder nicht wahrhaben wollten. Schließlich sei das geschilderte Problem von der Teilung der Erde in »ausbeutende« und »ausgebeutete« Nationen im Zarenreich sogar innerstaatlich zu finden, im Verhältnis von Zentrum und Peripherie, zwischen dem europäischen Rußland und seinen asiatischen Randvölkern. Gelinge es, an alle Ausgebeuteten gleichzeitig zu appellieren, an das Proletariat, die ausgebeuteten Bauern und die unterdrückten Nationen, so werde die russische Revolution zum Anfang vom Ende des Weltkapitalismus werden.[54]

Lenins politische, weltrevolutionäre Erwartungen erfüllten sich bekanntlich nicht, und in der nichtmarxistischen Geschichtswissenschaft stieß die Stilisierung des Stadienmodells zum Schlüssel der Weltgeschichte auf erhebliche Kritik. Die aus ihr abgeleitete Periodisierung der russischen Geschichte hielt einer sachkundigen Nachprüfung schwerlich stand, eine Erkenntnis, die seit der zweiten Hälfte der 60er Jahre auch von sowjetischen Historikern formuliert wurde. Sie war das Ergebnis dreier großer Debatten, die sich mit dem Feudalismus, dem Absolutismus und mit Wirtschaft und Gesellschaft im vorrevolutionären Rußland, den Besonderheiten seiner kapitalistischen Entwicklung beschäftigten.

Im Grunde verliefen alle drei Diskussionen ähnlich. Die Feudalismusdebatte setzte an dem Faktum an, daß es eine Entwicklungsstufe der »Sklavenhaltergesellschaft« bei den Ostslaven nicht gab und Art und Weise der Entstehung des »Feudalismus« damit einer neuen Erklärung bedurften. Sie führte zur Feststellung, daß der Übergang von einer Produktionsweise zur anderen nicht plötzlich erfolge, sondern nur als langer und vielschichtiger Prozeß vorzustellen sei, in dem sich Überbleibsel des Alten mit Vorboten des Neuen mischten. Ja, diese Vielschichtigkeit treffe man nicht nur in Übergangszeiten, sondern auch innerhalb einer »Gesellschaftsformation« (wie des »Feudalismus«) an, wo neben der dominierenden Produktionsweise andere Formen (»uklady«) fortbestehen oder sich neu entwickeln könnten (wobei die Möglichkeit, daß diese neuen Formen dem allgemeinen Trend zuwiderliefen, nicht ausgeschlossen wurde).

Aus dem starren Stadienschema war damit ein höchst flexibler Bezugsrahmen geworden. Doch es ließ sich auch fragen, was vom einstigen Modell und seiner Periodisierung der russischen Geschichte noch übrig blieb, wenn man nun feststellte, daß es »reine« Gesellschaftsformationen nie gebe, und für die Kiever Zeit bis zu sieben verschiedene Produktionsformen unterschied, die über Jahrhunderte symbiotisch nebeneinander existierten. In der Tat kam die Lehre von den fünf Gesellschaftsformationen insgesamt ins Schwanken, zumal nun auch angeregt wurde, die Vorstellung

---

[54] Man wird darüber streiten können, ob damit Lenins Revolutionstheorie richtig und hinreichend wiedergegeben ist. Denn Lenin hat zu diesem Thema vieles und zu unterschiedlichen Zeiten auch Unterschiedliches gesagt. Das gilt insbesondere für das Verhältnis zur Grundmasse der Bauern. Hier wurden vor allem Aussagen zweier Werke zusammengezogen: »Der Imperialismus als höchstes Stadium des Kapitalismus« (aus dem Jahr 1916) und »Die Entwicklung des Kapitalismus in Rußland« (aus dem Jahr 1898); dankbar wurden dabei auch die Ausführungen D. Geyers herangezogen, der sich im ersten Band des Osteuropahandbuchs Sowjetunion. Außenpolitik 1917-1955, Köln / Wien 1972, um ein Klärung der Leninschen Revolutionsvorstellungen im Jahr 1917 bemüht.

einer stufenförmigen Entwicklung teilweise fallen zu lassen und die vor-
kapitalistischen Klassengesellschaften als einander gleichgeordnet zu betrachten, die beliebig mit einander kombinier- oder auch überspringbar sei-
en. Für diese weitere Flexibilisierung hatten sich vor allem sowjetische
Asienspezialisten stark gemacht, denen das strikte Fünfstadienmodell allzusehr an westeuropäischen Verhältnissen abgelesen zu sein schien. Dazu
gesellte sich die Warnung, die ökonomischen Aspekte in vorkapitali-
stischen Gesellschaften zu überschätzen, da »das soziale Gefüge dieser Gesellschaften nicht vorherrschend von materiellen Interessen, sondern von
persönlichen Beziehungen bestimmt worden sei«. Nahm man die Warnung
ernst, so stand damit nicht nur das Stadienmodell, sondern auch eine seiner
wichtigsten Grundannahmen zur Disposition.[55]

Zu annähernd gleichem Ergebnis führte die parallele Absolutismusdiskussion. Sie erwuchs aus der Schwierigkeit, die Marxsche Erklärung des
Absolutismus auf Rußland zu übertragen und damit die Herrschaftspraxis
seit dem ausgehenden 17. Jahrhundert zu erklären. Zog man verstreute
Marxsche Äußerungen zum Absolutismusproblem zusammen, so erschien
der Absolutismus als Übergangsperiode zwischen der »feudalen Anarchie«, die den Fortschritt im wirtschaftlichen und politischen Leben ge-
hemmt, und der »bürgerlichen Revolution«, die allen feudalen Elementen
einschließlich der absoluten Monarchie ein Ende bereitet habe. Die spezifische, politisch-soziale Konstellation, in der das Königtum absolut zu
herrschen begann, meinte Marx in jener Grenzsituation gefunden zu haben, in der die feudale Klasse nicht mehr stark genug gewesen sei, ihre soziale Herrschaft mit den traditionellen politischen Mitteln zu verteidigen,
und in der es dem erstarkten Bürgertum noch an Kraft fehlte, eine ihm
gemäße Form direkter und alleiniger Herrschaft durchzusetzen. Engels
sprach in diesem Zusammenhang von einem momentanen Gleichgewicht
zwischen den um die Macht kämpfenden Klassen, zwischen Feudalgesell-
schaft und Bürgertum.

---

[55] Ausgangspunkt der Diskussion waren mehrere Symposien in den Jahren 1964 - 1966, deren
Ergebnisse in folgenden Sammelbänden festgehalten sind: Obščee i osobennoe v
istoričeskom razvitii stran Vostoka. Materialy diskussii ob obščestvennych formacijach na
Vostoke (aziatskij sposob proizvodstva), Moskau 1966; Problemy vozniknovenija feodalizma u narodov SSSR, Moskau 1969; Perechod ot feodalizma k kapitalizmu v Rossii. Materialy Vsesojuznoj diskussii, Moskau 1969; sowie A.Ja. Gurevič, K diskussii o dokapitali-
stičeskich obščestvennych formacijach: formacija i uklad, in: Voprosy filosofii, 1968, H. 2, S.
118-129; ders., Problema zemel'noj sobstvennosti v dofeodal'nych i rannefeodal'nych
obščestvach Zapadnoj Evropy, in: Voprosy istorii, 1968, H. 4, S. 88-105; Aktual'nye problemy istorii Rossii épochi feodalizma. Sbornik statej, Moskau 1970; A.P. Novosel'cev / V.T.
Pašuto / L.V. Čerepnin, Puti razvitija feodalizma (Zakavkaz'e, Srednaja Azija, Rus', Pribal-
tika), Moskau 1972; einen sehr guten Überblick über das Gesamtproblem gibt der
Forschungsbericht von C. Goehrke, Zum gegenwärtigen Stand der Feudalismusdiskussion
in der Sowjetunion, in: Jahrbücher für Geschichte Osteuropas 22 (1974), S. 215 ff.

Nahm man das nicht einfach als Interpretationsvorgabe hin, sondern hinterfragte die Grundbehauptungen des Erklärungsversuches, so stieß man – im Falle der russischen Verhältnisse – auf erhebliche Probleme. War es schon schwierig, für das Zarenreich des ausgehenden 18. Jahrhunderts das Bürgertum »als Klasse« nachzuweisen, so grenzte es ans Groteske, für den gleichen Zeitraum (oder das ganze 18. Jahrhundert) eine Pattsituation zu behaupten, und es war vollends absurd, damit die absolutistische Macht des Monarchen zu begründen.[56]

Am brisantesten war jedoch die dritte Debatte; sie galt der Entwicklung des Kapitalismus in Rußland und den Bedingungen der Revolution. Auch sie suchte die »Besonderheiten der russischen Entwicklung« nicht einfach zu negieren, entdeckte dabei die Rückständigkeit Rußlands im Vergleich mit Westeuropa wieder, bestimmte seinen »revolutionären Reifegrad« neu und bestätigte das Ergebnis, daß nur eine differenzierte Betrachtungsweise vermag, der Vielschichtigkeit seiner Wirtschafts- und Sozialstruktur gerecht zu werden. Zu den »Besonderheiten der russischen Entwicklung« gehörte, wie eine »neue Richtung« innerhalb der sowjetischen Geschichtswissenschaft herauszuarbeiten suchte, daß die Formen hochkapitalistischer Produktion, die Großindustrie nicht organisch, »von unten« gewachsen, sondern künstlich, »von oben« implantiert worden waren – vom autokratischen Staat, im Interesse der Selbsterhaltung. Das so entstandene »Finanzkapital« arrangierte sich mit den »halbfeudalen« Strukturen von Staat und Gesellschaft; weil es von ihnen auch profitierte, lag ihm nichts daran, sie zu beseitigen. So lebten die vor- und frühkapitalistischen Wirtschaftsformen – im Agrarsektor und in den kolonial ausgebeuteten Randgebieten – unvermindert fort, ja stabilisierten sich und perpetuierten die Rückständigkeit des Landes.

Die Unfähigkeit des kapitalistischen Rußland, die strukturell bedingte Erstarrung aufzubrechen und die Entwicklung voranzutreiben, wies dem russischen Proletariat seine besondere historische Rolle zu: Es wurde zum Anwalt der Nation, des ganzen Volkes. Dazu »paßte« seine im Vergleich zu westlichen Ländern hohe Revolutionsbereitschaft, bei gleichzeitig eher

---

[56] Über die Anwendbarkeit des Absolutismusbegriffs auf die russische Geschichte einerseits und die Absolutismusdiskussion in der sowjetischen Historikerzunft andererseits (die wie die Feudalismusdiskussion Mitte der 60er Jahre begann und Anfang der 70er Jahre dann abgebrochen wurde, wobei zumindest Aron Jakovlevič Avrech als wichtigster Kritiker des engen marxistischen Ansatzes namentlich genannt sei) informieren am besten zwei Aufsätze: H.-J. Torke, Die Entwicklung des Absolutismus-Problems in der sowjetischen Historiographie seit 1917, in: Jahrbücher für Geschichte Osteuropas 21 (1973), S. 492 ff.; und C. Scharf, Strategien marxistischer Absolutismusforschung. Der Absolutismus in Rußland und die Sowjethistoriker, in: Annali dell' Instituto storico italo-germanico in Trento 5 (1979), S. 457 ff.

schwächer entwickeltem sozialistischen Bewußtsein; der gleiche Umstand
machte den Übergang von der »bürgerlichen« Februarrevolution zur »sozialistischen« Oktoberrevolution fließend.[57] So vorsichtig die Thesen vorgetragen waren: die »revolutionäre Reife« Rußlands und die »Hegemonie
des Proletariats« nicht mit dem Stand der Produktivkräfte, sondern mit
Rückständigkeit und Unterentwicklung zu begründen, rührte an die
Grundfesten der Geschichtsinterpretation; zu Ende gedacht, stellten sie die
behauptete Gesetzmäßigkeit der Oktoberrevolution ebenso in Frage wie
die Legitimität des bolschewistischen Herrschaftsanspruchs. Das machte
sie zum Politikum.

Sah man im marxistischen Stadienmodell und in seinen Grundannahmen
(von der sozialökonomischen Entwicklung als Basis, den Klassenkämpfen
als Motor und den Revolutionen als Wendepunkten der Weltgeschichte)
Forschungshypothesen, erwiesen die Debatten deren heuristischen Wert.
Auch dort, wo sich die Grenzen ihrer Erklärungskraft zeigten: Das Stadienschema lieferte Fragen, Anregungen, Orientierungspunkte, wenn auch
keine klaren Kriterien für eine zeitlich und begrifflich genaue Periodisierung; es hob die Bedeutung des Ökonomischen zu Recht hervor, demonstrierte zugleich die Schwierigkeiten, traditionale Gesellschaften im
engen Begriff der Klassengesellschaft adäquat zu beschreiben und zu verstehen; der Vergleich mit Westeuropa wies auf Parallelen hin – und ließ zugleich die Besonderheiten der russischen Entwicklung deutlich hervortreten. Ähnliche Überlegungen beeinflußten einen erheblichen Teil der
Revolutionsforschung auch im Westen, machten den Übergang von »Marxisten« zu »Marxianern« und »kritischen Sozialwissenschaftlern« fließend
und ununterscheidbar, wieviel von den politischen Überzeugungen mit
übernommen wurde.

Für die sowjetische Geschichtswissenschaft war das Stadienmodell mit
seinen Grundannahmen und Ableitungen in jedem Falle mehr als eine
bloße Forschungshypothese. Es war eine Vorgabe zum obligatorischen

---

[57] Die Positionen der neuen Interpretation der kapitalistischen Entwicklung Rußlands und der
Voraussetzungen der Revolution finden sich etwa in den Sammelbänden Istoričeskaja nauka i
nekotorye voprosy sovremennosti, Moskau 1969; Sverženie samoderžavija, Moskau
1970; Rossijskij proletariat: Oblik, bor'ba, gegemonija, Moskau 1970; Voprosy istorii
kapitalističeskoj Rossii. Problema mnogoukladnosti, Sverdlovsk 1972; als wichtigste Vertreter
seien genannt: M.Ja. Gefter, K.N. Tarnovskij und P.V. Volobuev. Einen Überblick über die
Diskussion (mit dem Versuch der Einordnung der theoretischen Diskussionen und der par-
teiamtlichen Reaktionen) gibt B. Bonwetsch, Oktoberrevolution. Legitimationsprobleme der
sowjetischen Geschichtswissenschaft, in: Politische Vierteljahresschrift 17 (1976), S. 149 ff.;
ders., Rußland, Oktober 1917. Hegemonie des Proletariats oder Volksrevolution? Bemerkungen zur sowjetischen Historiographie seit Anfang der siebziger Jahre, in: Osteuropa 37, 1987,
S. 733 ff.; N.W. Heer, Politics and History in the Soviet Union, Cambridge, Mass. / London
1971, S. 187 ff.; jetzt vor allem auch J. Hösler, Die sowjetische Geschichtswissenschaft 1953
bis 1991. Studien zur Methodologie und Organisationsgeschichte, München 1995.

Verständnis der russischen Geschichte und unverzichtbare Basis der Herrschaftslegitimation. Deshalb wurden alle drei Debatten, die das Ge-
schichtsverständnis und die Herrschaftslegitimation in Frage zu stellen
drohten, Mitte der 70er Jahre abgebrochen – und die Standards der bisherigen Interpretation wieder festgezurrt. Dabei blieb es bis Ende der 80er
Jahre.[58]

b) Der Erklärungsansatz der Modernisierungstheorien

Eine vergleichbare Einheitlichkeit der Interpretation suchte und sucht man
in westlichen Darstellungen vergeblich; hier gab und gibt es auch keine
ähnlich weitreichende, auf Vergleich angelegte historische Theorie, die für
sich in Anspruch nimmt, die Entwicklung der Welt von der Steinzeit bis
zur Gegenwart zu erklären. Selbst die kühnsten Entwürfe beschränkten
sich auf die letzten zwei, drei Jahrhunderte. Sie lassen sich unter dem Sam-
melbegriff der »Modernisierungstheorien« zusammenfassen.
Ihr Ausgangspunkt ist dabei folgende Beobachtung: Industrialisierung und
Demokratisierung haben seit dem ausgehenden 18. Jahrhundert Europa tief-
greifend und nachhaltig verändert. Mit der politischen Ordnung und der
Struktur der Wirtschaft wandelte sich die Gesellschaft: ihre Verfassung und
Organisationsstruktur, die Klassen und ihr Verhältnis zu einander, die sozialen Konflikte und die Form, in der sie ausgetragen werden, die Einstellungen
und Lebensweisen, die Werte und Normen. In England und Frankreich
nahm diese Entwicklung ihren Anfang, Mitteleuropa und die USA, Osteuropa und Japan folgten. Die Voraussetzungen waren jeweils unterschiedlich,
die politischen, ökonomischen und sozialen Entwicklungsprobleme deckten
sich nicht, und es ist offensichtlich, daß auch die Resultate differieren. Im
Vergleich mit jenen Staaten aber, die diese Entwicklung nicht durchliefen, die
»un-« oder »unterentwickelt« blieben, sind die Gemeinsamkeiten der europäischen, amerikanischen und japanischen Entwicklung unübersehbar, erscheinen die nationalen Besonderheiten als bloße Varianten eines einheitlichen Grundmusters industriewirtschaftlich/demokratischer Entwicklung.

---

[58] Den Neubeginn der Geschichtsdiskussion dokumentieren Sammelbände wie Istoriki
sporjat. Trinadcat' besed, Moskau 1988; Perepiska na istoričeskie temy. Dialog vedět čitatel',
Moskau 1989; Urok daět istorija, Moskau 1989; J. Afanassjew, Es gibt keine Alternative zu
Perestroika: Glasnost, Demokratie, Sozialismus, Nördlingen 1988; G. Meyer (Hg.), Wir
brauchen die Wahrheit. Geschichtsdiskussion in der Sowjetunion, Köln 1988 (2. Aufl. 1990);
Darstellung dieses Prozesses bei R.W. Davies, Soviet History in the Gorbachev Revolution,
London 1989 (erweiterte dt. Ausgabe unter dem Titel: Perestroika und Geschichte. Die
Wende in der sowjetischen Historiographie, München 1991); D. Geyer (Hg.), Die Umwer-
tung der sowjetischen Geschichte (Sonderheft Geschichte und Gesellschaft 14), Göttingen
1991.

Ausgehend von dieser Beobachtung und überzeugt von der allgemeinen
Gültigkeit, ja Unvermeidlichkeit dieses Weges hat man die Entwicklung
der westlichen Industrienationen schlicht als »Modernisierung« bezeichnet. »Modernisierung« vereinigte Industrialisierung und Demokratisierung in einem Begriff und definierte Wirtschaftswachstum und politische
Partizipation als zwei einander bedingende und ergänzende Faktoren.
»Theorien der Modernisierung« wurden aufgestellt, vor allem von So-
ziologen, Politologen und Wirtschaftshistorikern; eine eigene sozialwissenschaftliche Forschungsrichtung etablierte sich, die »Modernisierungsforschung«; und die wissenschaftliche Diskussion des »Modernisie-
rungsprozesses«, die in den 50er Jahren in den Vereinigten Staaten begonnen hatte, zog in den 60er und 70er Jahren rasch auch in Europa ihre
Kreise.

Die »Modernisierungsforscher« versuchten, den komplexen Gesamt-
prozeß in überschaubare Bereiche zu zerlegen, ihre jeweilige Bedeutung zu
beschreiben, ihr Ineinandergreifen zu verfolgen und daraus Konsequenzen
für die Entwicklung der Dritten Welt abzuleiten. Ihre Erklärungsskizzen
führten zu unterschiedlichen Ergebnissen. Dennoch lassen sich einige
Grundzüge festhalten: 1. Wo immer die einzelnen Autoren den Kern des
Problems und den roten Faden der Gesamtentwicklung vermuteten (im
Wirtschaftswachstum, in der politisch-gesellschaftlichen Entwicklung
oder im psychisch-soziokulturellen Bereich), sie sahen die anderen Bereiche damit eng verknüpft und die Gesamtentwicklung als Bündel gleichge-
richteter Entwicklungsprobleme. 2. Welche Zwischenstufen der Entwicklung man auch immer unterschied, die Grundlinie war die gleiche: an ihrem
Anfang stand eine einfache, statische, hierarchisch strukturierte, kurz: »traditionale« Agrargesellschaft, und am Ende eine komplexe, mobile, ausdif-
ferenzierte, urbane, partizipatorische, kurz: »moderne« Industriegesellschaft. 3. Wiewohl am europäischen Beispiel gewonnen, schien das
Grundmuster der Entwicklung auch auf andere Regionen übertragbar.[59] So
glaubte etwa der amerikanische Wirtschaftswissenschaftler Rostow (mit

---

[59] Zur Einführung in die Modernisierungsforschung vgl. P. Flora, Modernisierungsforschung.
      Zur empirischen Analyse der gesellschaftlichen Entwicklung (Studien zur Sozialwissenschaft
      Bd. 20), Opladen 1974; W. Zapf, Modernisierungstheorien, in: Prismata, Dank an Bernhard
      Haussler, hg. von D. Grimm u.a., Pullach 1974, S. 302 ff.; ders. (Hg.), Theorien des sozialen
      Wandels (Neue Wissenschaftliche Bibliothek Bd. 31), 4. Aufl. Königstein 1979; zu den neue-
      ren, wiederbelebten Diskussionen nach dem Zusammenbruch des realexistierenden Sozialis-
      mus W. Zapf (Hg.), Die Modernisierung moderner Gesellschaften. Verhandlungen des 25.
      Deutschen Soziologentages, Frankfurt am Main 1991; sowie die Beiträge in Heft 1 (1996) der
      Zeitschrift Leviathan, das ganz der Modernisierungsdiskussion gewidmet ist, darunter bes.
      H. Joas, Die Modernität des Krieges (S. 13 ff.), J. Berger, Was behauptet die Modernisie-
      rungstheorie wirklich und was wird ihr bloß unterstellt (S. 45 ff.), W. Zapf, Die Modernisie-
      rungstheorie und unterschiedliche Pfade der gesellschaftlichen Entwicklung (S. 63 ff.).

den von ihm beschriebenen »Stages of economic growth«) dem Pulsschlag der weltwirtschaftlichen Entwicklung auf der Spur zu sein[60], der Historiker Cyril Black mit einem Phasenmodell der Modernisierung Kontinente übergreifend die nationalstaatlichen Entwicklungen der Länder Europas, Amerikas, Asiens und Afrikas erfassen zu können[61], und der Soziologe Daniel Lerner konzipierte eine Mobilitätstheorie für die Analyse der Länder des nahen und mittleren Ostens, in der Überzeugung, »daß das westliche Modell der Modernisierung gewisse Komponenten und Konsequenzen aufweist, die universell relevant sind« und praktisch sich in »allen sich modernisierenden Gesellschaften, auf allen Kontinenten, jenseits von Rasse, Hautfarbe und Glauben, wiederfinden« lassen[62].

Es war schwerlich zu übersehen, daß auch die »Modernisierungstheorie« politische Bezüge aufwies. Ein Teil ihrer Konzipienten hatte sie explizit als Gegenentwurf zum Marxschen Stadienmodell bezeichnet, ja das Marxsche Modell als Vorläufer einer Modernisierungstheorie der eigenen gedanklichen Ahnengalerie einverleibt. Und selbst wenn dieser explizite Bezug fehlte, war unverkennbar, daß sie den Bezugspunkt »Sozialismus« durch das Leitbild einer liberalen, partizipatorischen Industriegesellschaft westlichen bzw. westeuropäischen Typs ersetzten. Der Historiker mußte sich dieser Bezüge bewußt bleiben, doch sie entwerteten, in den Augen gar nicht so weniger, noch nicht das analytische Potential, den Erklärungswert der »Modernisierungstheorie« als solcher.[63]

Die Grundannahmen, Ansätze und Fragen der Modernisierungsforschung fanden auch Eingang in die Analyse der russischen Geschichte des 19. und 20. Jahrhunderts.[64] Die Anknüpfungspunkte lagen auf der Hand: Mit der Öffnung zum Westen, seinem Aufstieg zur europäischen Großmacht hatte sich Rußland in ein dauerndes Konkurrenzverhältnis zu den westlichen Anrainerstaaten begeben; der Versuch, mit ihrer Entwicklung Schritt zu halten, hielt das Land unter ständigem Druck. Zwar war sich der Zar mit den herrschenden Kreisen einig, daß an der Autokratie und an der führenden Stellung des grundbesitzenden Adels nicht gerüttelt werden durfte. Doch in bestimmten Bereichen war die Staatsführung zu Teil-

[60] W.W. Rostow, The Stages of Economic Growth. A Non-Communist Manifest, 2. Aufl. Cambridge 1971.
[61] C.E. Black, The Dynamics of Modernization. A Study in Comparative History, New York / London 1966.
[62] D. Lerner, The Passing of Traditional Society. Modernizing the Middle East, New York / London 1964.
[63] Dazu auch H.-U. Wehler, Modernisierungstheorie und Geschichte, Göttingen 1975.
[64] Vgl. dazu vor allem den Band C.E. Black (Hg.), The Transformation of Russian Society, Cambridge 1960; für die folgenden Gedankengänge insbesondere die zusammenfassenden Überblicke von H.-D. Löwe und G. Schramm im 3. Bd. des Handbuches der Geschichte Rußland.

anpassungen durchaus bereit: So unterstützte sie – vehement – die Entwicklung der Industrie. Ihr besonderes Interesse galt der Schwerindustrie,
wobei der Eisenbahnbau als Lokomotive der industriellen Entwicklung
wirkte und der Staat als Kapital- und Kreditbeschaffer wie als Auftraggeber
und Nachfrager eine zentrale Rolle in der Wirtschaftsentwicklung spielte.

Obwohl die Reformen in der Zuversicht begonnen worden waren, mit
der Autokratie vereinbar zu sein, an ihre Basis nicht zu rühren, eine Ver-
bürgerlichung der Gesellschaft und eine Konstitutionalisierung des politischen Systems, kurz: eine Verwestlichung Rußlands ausdrücklich vermieden werden sollte, entwickelte die staatlich geförderte, seit den 90er Jahren
forcierte Industrialisierung ihre eigene Dynamik: Sie schwächte die Stellung des grundbesitzenden Adels, als wirtschaftlicher und politischer
Kraft, verlieh dem gewerblichen Sektor und seinen Repräsentanten mehr
und mehr Gewicht, ließ die Gruppen der Arbeiterschaft und der Intelligenz stark anschwellen und die Stimmen, die weitere Teilanpassungen, entschlossene politische, wirtschaftliche und gesellschaftliche Reformen forderten, immer lauter werden. Die Dauerspannungen zwischen Staat und
Gesellschaft entluden sich 1905 in einer revolutionären Erhebung. Zwar
vermochte die Autokratie den ungestümen, wenig koordinierten Angriff
abzuwehren, nicht aber ihr Grunddilemma zu lösen: Wie konnte die Autokratie das System reformieren, ohne sich selbst den Boden zu entziehen?

Die von der Revolution erkämpfte Volksvertretung (die Duma) gab den
Auseinandersetzungen ein neues Forum und trieb die Politisierung der Gesamtbevölkerung weiter voran: mit der Ausbildung eines weit verzweigten
Pressewesens, von Parteien und Verbänden, einer informierten Öffentlichkeit. Ein neuer revolutionärer Aufschwung fegte 1917 die Autokratie hinweg – und verhalf letztlich jenen zur Macht, die sich am radikalsten für die
Überwindung der Rückständigkeit, für Reformen auf allen Gebieten, mit
dem Westen als Vorbild eingesetzt hatten: den Bolschewiki. Sie setzten den
Versuch der Modernisierung von Wirtschaft und Gesellschaft mit Hoch-
druck fort, unter den Formen einer stalinistischen Erziehungsdiktatur und
unter dem Banner des »Aufbaus des Sozialismus«, dessen Ziel es blieb, den
Westen einzuholen und zu überholen.

Es läge in der Logik des Modells hinzuzufügen: die wirtschaftliche Angleichung wurde mit dem stalinistischen Industrialisierungsprogramm in
den 30er Jahren begonnen, die gesellschaftliche mit der Chruščevschen
»Entstalinisierung«; den politischen Anpassungsprozeß, die Ausweitung
der Partizipation und die Durchsetzung parlamentarischer Entscheidungsstrukturen haben wir seit Mitte der 80er Jahre miterlebt.

Freilich mußte man sich – aus Sicht der Kritiker – auch hier hüten, den
Bogen zu überspannen und über den großen Linien des Fortschritts die

Verwerfungen, über den Langzeitbeobachtungen die Entwicklungen mittlerer Dauer, über den »Trends« die Erfahrungen der Betroffenen aus den
Augen zu verlieren. Gerade das Beispiel der Revolution, der Blick auf die
verschiedenen Lebenswelten und -bereiche, Trägerschichten und Leitbilder, auf das Verhältnis von Zentrum und Peripherie mahnte, vorsichtig mit
den Begriffen von Fortschritt und Modernität umzugehen, gingen doch
Fortschritte in einem Bereich nur zu häufig mit Rückschritten in anderen
einher, und was die einen zum Fortschritt erklärten, mußte von anderen
noch nicht als solcher akzeptiert werden.[65] So hat auch die Rezeption der
Modernisierungstheorien in der westlichen Geschichtswissenschaft nicht
zur Ausformulierung eines umfassenden neuen Deutungskonzeptes geführt, das in seiner Geschlossenheit mit dem marxistischen Stadienmodell
vergleichbar wäre, sondern bestenfalls zur Skizzierung der großen Linien
und Übernahme von einzelnen Fragestellungen und Sichtweisen, die sich
unschwer in ein allgemeines politik-, sozial- oder verfassungsgeschichtliches Konzept der Darstellung einfügen ließen.[66]

c) Das politik-, sozial- und kulturgeschichtliche Beschreiben

Um sich zu überzeugen, daß westliche Gesamtdarstellungen[67] die russische,
rußländische Geschichte nicht nach dem marxistischen Stadienmodell[68] periodisieren, genügt schon ein Blick ins Inhaltsverzeichnis. Er führt vor Au

---

[65] Vgl. etwa dazu die anregenden Überlegungen von R. Rexheuser, Modernisierung und Revolution. Rußland im Jahre 1917, in: K.-H. Ruffmann / H. Altrichter (Hgg.), »Modernisierung« versus »Sozialismus«. Formen und Strategien sozialen Wandels im 20. Jahrhundert, Erlangen 1983, S. 100 ff.

[66] Das gilt selbst für Darstellungen, die die Modernisierung im Titel führen wie das Buch von
H. Rogger, Russia in the Age of Modernization and Revolution, 1881 - 1917 (Longman History of Russia), London / New York 1983.

[67] Vgl. dazu nur aus dem deutschsprachigen Raum: V. Gitermann, Geschichte Rußlands,
3 Bde., Hamburg 1944 - 1949 (3. Aufl. Frankfurt am Main 1965, ND der 1. Aufl. 1987);
C. Goehrke / M. Hellmann / R. Lorenz / P. Scheibert, Rußland, Frankfurt am Main 1972;
H. Haumann, Geschichte Rußlands, München / Zürich 1996; E. Hösch, Geschichte Rußlands.
Vom Kiever Reich bis zum Zerfall des Sowjetimperiums, Stuttgart / Berlin / Köln 1996;
I. Neander, Grundzüge der russischen Geschichte, 4. Aufl. Darmstadt 1988; H. v. Rimscha,
Geschichte Rußlands, 6. Aufl. Darmstadt 1983; K. Stählin, Geschichte Rußlands von den
Anfängen bis zur Gegenwart, 4 Bde., Stuttgart 1923 - 1939; G. Stökl, Russische Geschichte,
5. Aufl. Stuttgart 1990; aber auch das in Einzellieferungen erscheinende Handbuch der Geschichte Rußlands, hrsg. von M. Hellmann / G. Schramm / K. Zernack, Stuttgart 1981 ff.

[68] Vgl. dafür stellvertretend die sowjetischen Hand- und Lehrbücher: Institut istorii AN SSSR /
Istoričeskij fakul'tet Moskovskogo gosudarstvennogo universiteta imeni M.V. Lomonosova
(Hgg.), Istorija SSSR, 2 Bde., Moskau 1956 (als deutsche Übersetzung: Geschichte der
UdSSR. Von den ältesten Zeiten bis zum Jahre 1861, in 2 Halbbden., 1960/1962); Institut istorii AN SSSR (Hg.), SSSR. S drevnejšich vremën do našich dnej, v 2 serijach, v 12 tomach, 8
Bde., Moskau 1966 - 1968; Očerki istorii SSSR, 8 Bde., Moskau 1953 - 1958; Stichwort: Sojuz

gen, daß ihre Schlüsselbegriffe und Kriterien in aller Regel nicht »Urgemeinschaft«, »Sklavenhaltergesellschaft«, »Feudalismus«, »Kapitalismus« und »Sozialismus« sind, sondern die wechselnden Hauptstädte, die Dynastien und Herrscher, die sich wandelnden Zielsetzungen und Konfliktfelder im Aufstieg und Niedergang des Reiches, um nur einige zu nennen; daß sie – statt mit einer die Zeiten und Welten überspannenden Theorie – eher mit Erklärungsversuchen mittlerer Reichweite operieren, die mit den Zeiten und Gegenstandsbereichen wechseln; daß sie dabei historischen Einzelpersönlichkeiten und territorialen Sonderentwicklungen, dem Prinzip der Individualität und dem Faktor »Zufall« viel größere Bedeutung einräumen.

So gliedern sie die Gesamtentwicklung in das »Kiever Reich« (für die Zeit seit dem 9. Jahrhundert), den »Moskauer Staat« (seit dem 13.), das »Petersburger Imperium« (seit Beginn des 18. Jahrhunderts) und die »zweite Moskauer«, die »Sowjetische Periode« (seit 1917).[69] Sie sprechen von der »Herrschaft des Geschlechts der Rurikiden«, »tatarischer Fremdherrschaft«, von »der Entwicklung des neuen Machtzentrums Moskau«, der »Alleinherrschaft der Moskauer Großfürsten und Zaren«, der »Selbstherrschaft der Kaiser von ganz Rußland« und der totalitären »kommunistischen Sowjetmacht«; in Unterkapiteln: vom »Moskauer Zartum unter Ivan IV.«, vom »veränderten Rußland unter Peter I.«, vom »Zeitalter Katharinas II.«, von Alexander I. als dem »Retter Europas«, von Nikolaus I. als dessen »Gendarm«, von der Herrschaft Lenins und Stalins. Oder sie beschreiben – weniger auf die Zentralgewalt, die Dynastie und den Herrscher als auf das Reich bezogen – die »Sammlung des russischen Landes« (im 14. und 15. Jahrhundert), die »Zeit der Wirren« (beim Aussterben der Rurikiden, Ende des 16. / Anfang des 17. Jahrhunderts), den »neuen Staat« (nach Peter), das »Imperialistische Imperium« (im 19. Jahrhundert) und den »Verfall des Reiches« (wobei die Zeit nach 1861 gemeint ist).[70] Oder die Gesamtgeschichte zerfällt in Einzelentwicklungen, die sich in ihrer Vielzahl und Vielschichtigkeit nur sehr lose in drei Großperioden gliedern, zusammenfassen lassen: in die Epoche von den »Anfängen … bis zur Ausbreitung der Leibeigenschaft«, die Entwicklung der »Autokratie zwischen Erstarrung und Reform« und das »Jahrhundert der Revolutionen«.[71]

Vergleichbares ließe sich für viele, ja die meisten westlichen Gesamtdarstellungen der Revolutionsgeschichte, erst recht für Einzelstudien zeigen.

Sovetskich Socialističeskich Respublik, in: Sovetskaja istoričeskaja ėnciklopedia [SIĖ], Bd. 13, Moskau 1971, Sp. 509 - 716; N.I. Pavlenko / V.B. Kobrin / V.A. Fëdorov, Istorija SSSR s drevnejšich vremën do 1861 goda. Učebnik dlja pedagogičeskich institutov. Moskau 1989; sie gaben das Grundmuster auch für die Darstellungen der Schulbücher ab.

[69] Vgl. die Darstellungen von Stökl und Hösch zur Geschichte Rußlands.

[70] So in den Darstellungen von Hösch, v. Rimscha, Stökl.

[71] Vgl. die jüngst erschienene Gesamtdarstellung von Haumann.

Was überzeugten Marxisten sowjetischer Provenienz als »falsifikatorische Geschichtsklitterung«, bestenfalls als »Konzeptionslosigkeit« erschien (und, wenn es sie noch gibt, wohl weiterhin erscheint), war für ihre entschiedenen westlichen Gegner nur Ausdruck des Bemühens, der Vergangenheit in ihrer Vielfalt, der russischen Geschichte in ihrer Besonderheit »gerecht« zu werden: Dem historischen Geschehen »gerecht« zu werden, hieß für sie, es nicht nur am aktuellen Wissen und modernen Erwartungen zu messen; vielmehr die Phasen der Entwicklung in ihrer Zeit und aus ihrer Zeit heraus zu »verstehen«; das schloß den Vergleich über Grenzen und Zeiten hinweg nicht aus, aber er durfte nicht nur der Suche nach Ähnlichkeiten und Verbindendem dienen; als Mittel der Wahl hatte er ebenso den Blick für die »historischen« Unterschiede, für Trennendes und Wandel zu schärfen. Verbunden mit der Offenheit für neue Fragen und Informationen und der Bereitschaft, gewonnene Erkenntnisse erneut zur Diskussion, in Frage zu stellen, waren es erst diese Fähigkeiten und methodischen Grundüberzeugungen, die – aus ihrer Sicht – denjenigen, der sich mit der Vergangenheit beschäftigte, zum Historiker, zum Geschichtswissenschaftler machten.

Die postulierte Offenheit brachte es mit sich, daß die Einzelforschungen weit auseinander liefen, und die Abgrenzung der Marxisten von »der bürgerlichen Geschichtswissenschaft« konnte nicht verdecken, daß die Übergänge fließend waren, ihre vermeintliche »Einheit« mehr die Fremdwahrnehmung als die Binnensicht wiedergab. Ein Rückblick auf die letzten 50 Jahre Revolutionsforschung zeigt zudem, wie in jeder Forschergeneration neue Fragen neben die alten traten, neue Perspektiven neue Einsichten vermittelten, das Wissen über die Vergangenheit erweiterten und das Bild von ihr veränderten. Der Perspektivenwechsel, den die westliche Revolutionsforschung dabei vollzog, läßt sich – stark vereinfacht – als Weg von der Ideen- und Politikgeschichte zur Sozial- und Kulturgeschichte beschreiben, ohne daß die Sozial- und Kulturgeschichte die Ideen- und Politikgeschichte tatsächlich »verdrängt« hätte, ihre Forschungsergebnisse durch die neuen Arbeiten »wertlos« geworden wären.[72]

So stand die westliche Forschung über die Revolution und die Anfänge des Sowjetstaates in den 50er und beginnenden 60er Jahren noch fast ganz im Banne der bolschewistischen Partei. Verwunderlich war das nicht, schließlich war es deren Führung gewesen, die den Massen 1917 die Losungen gegeben, im Oktober 1917 den bewaffneten Aufstand organisiert, im darauffolgenden Januar die Verfassungsgebende Versammlung aus-

---

[72] Dazu noch etwas ausführlicher das Nachwort zur 2. Auflage von Altrichter, Staat und Revolution, S. 237 ff.

einandergetrieben hatte und das Land einen Wandel nehmen ließ, der sich
von den Entwicklungen in den Nachbarstaaten grundlegend unterschied.
Trotz unterschiedlicher Bewertung wies das im Westen von der Partei ge-
zeichnete Bild zugleich deutliche Parallelen zu deren Selbstverständnis auf,
sah sie sich doch auch selbst als Avantgarde und monolithische Kraft, Vor-
hut der Arbeiterklasse und Vollstrecker eines »unumkehrbaren« Geschichtsprozesses, und als solche bestimmte sie nicht weniger entschieden
das aktuelle Geschichtsbild im Osten, in der Sowjetunion und in den inzwischen nach ihrem Vorbild entstandenen volksdemokratischen Republiken.

Etwas schwang von alldem mit, wenn geschichtswissenschaftliche Studi-
en – in der ersten Hälfte der 50er Jahre – die »Wurzeln der Revolution« in
der Parteigeschichte, in der Geschichte der populistischen und sozialistischen Bewegung des 19. Jahrhunderts suchten; den »Anfängen des russischen Marxismus«, des sich daraus entwickelnden Bolschewismus und der
Technik des bolschewistischen Staatsstreiches nachgingen; die Frühge-
schichte Sowjetrußlands als Geschichte der »Bolschewistischen Revolution« und der Ausbildung der »kommunistischen Autokratie« nach der
Revolution beschrieben. Die dabei entworfenen großen Umrisse füllten –
Ende der 50er / Anfang der 60er Jahre – ergänzende Studien zur Frühge-
schichte der Partei, zur Stellung Lenins in der russischen, rußländischen
Sozialdemokratie, über die Ideen und das Schicksal der innerparteilichen
Opposition und über die Hauptkontrahenten im sozialistischen Lager
während des Jahres 1917, die Partei der Sozialrevolutionäre.[73]

Sie brachten freilich mehr und mehr zu tage, daß die Geschlossenheit der
Partei, die Originalität ihres Denkens und die Zielstrebigkeit ihres Handelns von Anfang an nicht überschätzt, ihr Leitbild einer straff organisierten Kaderpartei von Berufsrevolutionären nicht unbesehen für die
Wirklichkeit genommen und ihre schier »totale« Machtausübung in den
1930er und 40er Jahren nicht vorschnell auf die Frühzeit übertragen wer-

---

[73] E.H. Carr, The Bolshevik Revolution, 3 Bde., London 1973 (erste Auflage 1950 - 53); R.V.
Daniels, Das Gewissen der Revolution. Kommunistische Opposition in Sowjetrußland,
Köln / Berlin 1962 (erste, amerikanische Ausgabe 1960); L.H. Haimson, The Russian Marxists and the Origins of Bolshevism, Boston 1966 (erste Aufl. 1955); D. Geyer, Lenin in der
russischen Sozialdemokratie. Die Arbeiterbewegung im Zarenreich als Organisationsproblem der russischen Intelligenz 1890 - 1903, Köln 1962; J.L.H. Keep. The Rise of Social Democracy in Russia, Oxford 1963; S.P. Mel'gunov, Kak bol'ševiki zachvatili vlast'. Oktjabr'-
skij perevorot 1917 goda, 2. Aufl. Paris 1984 (erste Auflage 1953); O.H. Radkey, The
Agrarian Foes of Bolshevism. Promise and Default of the Russian Socialist Revolutionaries,
February to October 1917, New York / London 1958; L. Schapiro, The Origins of the Communist Autocracy. Political Opposition in the Soviet State, First Phase 1917 - 1922, London
1955; F. Venturi, Roots of Revolution. A History of the Populist and Socialist Movements
in Nineteenth Century Russia, London /Chicago 1983 (erste, ital. Ausgabe 1952).

den dürfen. Studien über ihren gescheiterten ersten Griff nach der Macht im Juli 1917, ihre Durchführung des zweiten mit Hilfe des Sowjetapparates, die anhaltende Schwäche der Parteiorganisation noch in den ersten Monaten, wenn nicht Jahren danach und die »Wiederentdeckung« der Räte durch eine basisdemokratisch bewegte Studentenschaft[74] ließen – seit der zweiten Hälfte der 60er Jahre, gleichsam in einer zweiten Phase – nach den genaueren Modalitäten der bolschewistischen Machtergreifung, den anderen »Institutionen als Trägern der Macht« und der Gründung des »Rätestaates« fragen.

Wenn die westliche Forschung nun deutlicher als zuvor zwischen Partei und Staat unterschied, mehrere Machtträger ausmachte, tat sie es nicht selten in kritischer Auseinandersetzung mit der »Totalitarismusforschung« und – bewußter oder unbewußter – Anlehnung an politikwissenschaftliche Versuche, die das Rußland der ausgehenden 1960er und beginnenden 70er Jahre nicht oder nicht mehr als »totalitäres« System, sondern als »bürokratischen Pluralismus« beschrieben, in dem mehrere Gruppen und institutionelle Zentren existierten und in dem die »führende Partei« als »a broker mediating the competing claims of powerful interests« fungierte.[75]

Noch sehr viel weiter ging eine – seit den 70er Jahren sich allmählich etablierende – historische Forschungsrichtung (in unserer Zählung wäre es die dritte), die im Mittelpunkt des revolutionären Geschehens nicht mehr Partei und Staat, sondern die Gesellschaft sah und die großen Massenbewegungen der Arbeiter, Soldaten und Bauern als die »eigentlichen« Träger der Revolution ausmachte. Die Verschiebung des Forschungsschwerpunktes von der Ideen- über die Politik- zur Sozialgeschichte entsprach den Entwicklungen, dem »Paradigmenwechsel« im Gesamtfach; dabei erschien die Sozialgeschichte als neue Königsdisziplin, die – offen für die Fragestellungen und Methoden der Nachbarwissenschaften, der Soziologie, der Ökonomie, der Ethnologie, der Anthropologie – die Erfor-

---

[74] Daß von ihr nun auch erst die (bereits 1958 erschienene) Studie von O. Anweiler, Die Rätebewegung in Rußland 1905 - 1921, rezipiert wurde, zeigt der Umstand, daß sie neu als »Raubdruck« aufgelegt wurde und 1974 sogar in engl. Übersetzung erschien; W. Pietsch, Revolution und Staat. Institutionen als Träger der Macht in Sowjetrußland 1917-1922, Köln 1969; A. Rabinowitch, Prelude to Revolution. The Petrograd Bolsheviks and the July 1917 Uprising, Bloomington / London 1968.

[75] So J. Hough, The Soviet System. Petrification or Pluralism, in: Problems of Communism 21 (1972) N° 2, S. 32 ff., 37 ff.; ders., The Soviet Union and Social Science Theory, Cambridge, Mass. 1977; ders. / M. Fainsod, How the Soviet Union Is Governed, Cambridge, Mass. 1979, S. 518 ff. (im Gegensatz noch zur 2. Aufl. M. Fainsod, How Russia is Ruled, Cambridge, Mass. 1963); auch die Sammelbände H.G. Skilling / F. Griffiths (Hgg.), Interest Groups in Soviet Politics, Princeton 1971; P. Cocks / R. Daniels / N. Heer (Hgg.), The Dynamics of Soviet Politics, Cambridge, Mass. 1977; P.Cocks / J. Triska (Hgg.), Political Development in Eastern Europe, New York 1977.

schung der »sozialen Strukturen in der Geschichte« zu ihrem Gegenstand machte und damit zur »historischen Sozialwissenschaft« wurde; die Frühneuzeitforschung der französischen Schule der Annales, Studien von P.Laslett, E.A. Wrigley, E.P. Thompson, K. Thomas, L. Stone lieferten unter anderen das praktische Vorbild und die Begrifflichkeit der marxistischen Gesellschaftsanalyse, der Systemtheorie und der Modernisierungsforschung das theoretische Rüstzeug.[76] Bezogen auf die Sowjetunion bedeutete die sozialgeschichtliche Wende zugleich, daß man seinen Frieden mit ihr machte, sei es, daß sie als »Objekt« zu einem etablierten gesellschaftlichen System unter anderen wurde, damit ihren »revolutionären Outsidercharakter« verlor, sei es, daß sie »subjektiv« dem Betrachter und historischen Analytiker sogar als das bessere System erschien.

Die Reihe der Einzeluntersuchungen, die aus diesen Bemühungen hervorgingen oder von ihnen ihre Anregungen erhielten, ist lang und eindrucksvoll. Sie nahmen sich erneut der »Wurzeln der Rebellion« vor dem Ausbruch des Weltkrieges an, die sie nun im Proletariat, vor allem in der Petersburger und Moskauer Arbeiterschaft, ihrer Herkunft, ihrer Bewußtseinsbildung, ihren spezifischen Organisationsformen ausmachten. Sie beschrieben ihr Auftreten 1917, erneut vor allem in den beiden Hauptstädten, die Bildung der Räte und der Fabrik- und Betriebskomitees, die Streikbewegung und die Durchführung des bewaffneten Aufstandes.[77] Einge-

---

[76] Die Literatur dazu ist Legion. Hier sei nur verwiesen auf die Methodendiskussionen in den Zeitschriften Annales (Économies, Sociétés, Civilisations), Past and Present (A Journal of Historical Studies) und der seit 1975 erscheinenden deutschsprachigen Zeitschrift Geschichte und Gesellschaft (mit dem Untertitel Zeitschrift für Historische Sozialwissenschaft). Zu den vielfältigen methodischen und thematischen Anregungen, die von Arbeiten aus dem weiteren Umkreis der Annales (von Autoren wie M. Bloch, F. Braudel, G. Duby, L. Febvre, J.-L. Flandrin, P. Goubert, E. Le Roy Ladurie) ausgingen, vgl. den Sammelband C. Honegger (Hrsg.), M. Bloch, F. Braudel, L. Febvre u.a., Schrift und Materie der Geschichte. Vorschläge zur systematischen Aneignung historischer Prozesse, Frankfurt am Main 1977 (der neben einer Einleitung und Auszügen aus den Werken im Anhang auch ein Verzeichnis der wichtigsten Studien und Hinweise zur Rezeptionsgeschichte enthät). Für die englische Sozialgeschichte P. Laslett, The World We Have Lost, 2. Aufl. London 1971 (erstmals 1965), in dt. Übersetzung: Verlorene Lebenswelten. Geschichte der vorindustriellen Gesellschaft, Wien / Köln / Graz 1988 (jeweils mit Literaturverzeichnis im Anhang); sowie E.P. Thompson, Plebeische Kultur und moralische Ökonomie. Aufsätze zur englischen Sozialgeschichte des 18. und 19. Jahrhunderts (ausgewählt und eingeleitet von D. Groh), Frankfurt am Main / Berlin / Wien 1980. Für die deutsche Geschichtswissenschaft J. Kocka, Sozialgeschichte. Begriff, Entwicklung, Probleme, Göttingen 1977; H.-U. Wehler, Geschichte als Historische Sozialwissenschaft, Frankfurt am Main 1973; ders., Modernisierungstheorie und Geschichte; ders. (Hg.), Moderne deutsche Sozialgeschichte, 3. Aufl. Köln / Berlin 1970.

[77] V.E. Bonnell, Roots of Rebellion; J. Bradley, Muzhik and Muscovite; W.J. Chase, Workers, Society and the Soviet State. Labor and Life in Moscow, 1918 - 1929, Urbana 1987; L. Engelstein, Moscow, 1905. Working-Class Organization and Political Conflict, Stanford 1982; Johnson, Peasant and Proletarian; D.H. Kaiser (Hg.), The Workers' Revolution in Russia, 1917. Views from below, Cambridge / New York / New

hende Untersuchungen wurden auch der Soldatenbewegung gewidmet, ihrer Rolle im Revolutionsjahr, der Bildung von Soldatenkomitees und -räten, beim Heer und bei der Flotte, vom Zerfall der alten Armee bis zur Schaffung einer neuen Roten Armee, von der Meuterei gegen den Zaren bis zum Kronstadter Aufstand gegen die Bolschewiki. Selbst die »reaktionäre« Bauernschaft, obwohl ihr nicht gerade das Hauptinteresse der meist »fortschrittsorientierten« Sozialhistoriker galt, erfuhr eine neue Würdigung, und ähnliches galt für die Provinz, für die Entwicklungen in der südlichen Industrieregion, in Baku, in Saratov und in den ländlichen Gegenden an der mittleren Wolga.[78]

Die Oktoberrevolution, so lautete ihr Befund, war nicht nur ein Putsch, sie mußte als Sozialgeschichte, als Geschichte der Massenbewegungen neu geschrieben werden[79] – ein Forschungsansatz, der nach und nach auch auf die 20er Jahre und die große Wende am Ende des Jahrzehnts, die Kollektivierung, die Industrialisierung und das Terrorsystem der 30er Jahre Anwendung fand und dabei kaum weniger anregende Studien hervorbrachte. Doch gerade die Ansätze zur Neuinterpretation des »Stalinismus« ließen

Rochelle / Melbourne / Sydney 1987; D. Koenker, Moscow Workers and the 1917 Revolution, Princeton 1981; dies. / W.G. Rosenberg, Strikes and Revolution in Russia, 1917, Princeton 1989; M.D. Mandel, The Petrograd Workers and the Fall of the Old Regime, London 1983; ders., The Petrograd Workers and the Soviet Seizure of Power, London 1984; S. Smith, Red Petrograd. Revolution in the Factories, 1917 - 1918, Cambridge / New York / New Rochelle / Melbourne / Sydney 1983; R.E. Zelnik, Labor and Society in Tsarist Russia.

[78] D.G. Atkinson, Russian Land Commune; dies., End of the Russian Land Commune; J. Channon, ›Peasant Revolution‹ and ›Land Reform‹. Land Redistribution in European Russia, October 1917 - 1920, Ph.D. Birmingham 1983; D. Dahlmann, Land und Freiheit. Machnovščina und Zapatismo als Beispiele agrarrevolutionärer Bewegungen, Stuttgart 1986; Th.H. Friedgut, Iuzovka and Revolution. Bd. 1: Life and Work in Russia's Donbass, 1869 - 1924, Bd. 2: Politics and Revolution in Russia's Donbass 1869 - 1924, Princeton 1989 / 1994; I. Getzler, Kronstadt 1917 - 1921. The Fate of a Soviet Democracy, Cambridge / New York / New Rochelle / Melbourne / Sydney 1983; O. Figes, Peasant Russia, Civil War. The Volga Countryside in Revolution (1917 - 1921), Oxford 1989; G.J. Gill, Peasants and Government in the Russian Revolution, London 1979; E. Mawdsley, The Russian Revolution and the Baltic Fleet. War and Politics, February 1917 - April 1918, London 1978; M. Mayzel, Generals and Revolutionaries. The Russian General Staff During the Revolution. A Study in the Transformation of Military Elite, Osnabrück 1979; D.J. Raleigh, Revolution on the Volga. 1917 in Saratov, Ithaca / London 1986; N.E. Saul, Sailors in Revolt. The Russian Baltic Fleet in 1917, Kansas 1978; R.G. Suny, The Baku Commune 1917 - 1918. Class and Nationality in the Russian Revolution, Princeton 1972; A.K. Wildman, The End of the Russian Imperial Army. The Old Army and the Soldiers' Revolt (March - April 1917), Princeton, N.J. 1980; ders., The End of the Russian Imperial Army. The Road to Soviet Power and Peace, Princeton, N.J. 1987.

[79] Vgl. R.G. Suny, Toward a Social History of the October Revolution, in: The American Historical Review 88 (1983), S. 31 ff.; auch die Sammelrezension von D. Beyrau, Die russische Revolution im Meinungsstreit. Sozial- und geisteswissenschaftliche Deutungen, in: Neue Politische Literatur 30 (1985), S. 51 ff.

die kritischen Stimmen immer lauter werden. Ihr Vorwurf lautete, daß die Focusierung der Darstellung auf die Sozialbeziehungen andere Themen, Politik und politische Gewalt einfach ausblendete und damit ein unvollständiges, einseitiges, ja falsches Bild von den historischen Zusammenhängen vermittelte.[80] Politik lasse sich nicht auf gesellschaftliche Bedingungen reduzieren, das Verhalten Lenins und seiner Partei im Sommer und Herbst 1917 ebensowenig, und die Oktoberrevolution sei eben nicht das unausweichliche Resultat eines sozialökonomischen Geschichtsprozesses gewesen, sie bleibe der Gewaltakt einer kleinen Minderheit.[81]

Die Kritik an den Sozialhistorikern galt nicht nur ihren Methoden; unüberhörbar flossen dabei politische Überzeugungen mit ein. Was den Gegnern Auftrieb gab, waren nicht zuletzt die Entwicklungen in der Sowjetunion selbst. Der sich seit 1989/90 immer deutlicher abzeichnende Zusammenbruch des politischen, wirtschaftlichen und gesellschaftlichen Systems demonstrierte nicht nur dessen Schwäche, er schien auch an den Grundpfeilern sozialhistorischen Geschichtsverständnisses zu rütteln. Es waren nicht proletarische »Massenbewegungen«, eher Einzelpersönlichkeiten, die das Schwungrad der Geschichte in Bewegung gesetzt hatten;

---

[80] Vgl. dazu exemplarisch die Tagungsbände D.P. Koenker / W.G. Rosenberg / R.G. Suny (Hgg.), Party, State, and Society in the Russian Civil War. Explorations in Social History, Bloomington / Indianapolis 1989; Sh. Fitzpatrick / A. Rabinowitch / R. Stites (Hgg.), Russia in the Era of NEP. Explorations in Soviet Society and Culture, Bloomington / Indianapolis 1991; W.G. Rosenberg / L.H. Siegelbaum (Hgg.), Social Dimensions of Soviet Industrialization, Bloomington / Indianapolis 1993; J.A. Getty / R.T. Manning (Hgg.), Stalinist Terror. New Perspectives, Cambridge 1993; auch den früheren Band S. Fitzpatrick (Hg.), Cultural Revolution in Russia, 1928-1931, Bloomington 1978; zur Perspektive des »Stalinismus von unten« vgl. B. Bonwetsch, Stalinismus »von unten«. Sozialgeschichtliche Revision eines Geschichtsbildes, in: Sozialwissenschaftliche Informationen für Unterricht und Studium 2 (1988), S. 126 ff.; J. Burbank, Contoversies over Stalinism. Searching for a Soviet Society, in: Politics and Society 19 (1991), S. 325 ff.; H.-H. Schröder, Stalinismus »von unten«? Zur Diskussion um die gesellschaftlichen Voraussetzungen politischer Herrschaft in der Phase der Vorkriegsfünfjahrpläne, in: D. Geyer (Hg.), Die Umwertung der Sowjetischen Geschichte, Göttingen 1991, S. 133 ff.; jetzt auch J. Baberowski, Wandel und Terror. Die Sowjetunion unter Stalin 1928 - 1941. Ein Literaturbericht, in: Jahrbücher für Geschichte Osteuropas 43 (1995), S. 97 ff.; zur Diskussion innerhalb der Sozialhistoriker selbst vgl. vor allem die beiden Bände von Russian Review 45 (1986), S. 357 ff., 374 ff. sowie 46 (1987), S. 379 ff.

[81] Zur Kritik am Konzept vgl. etwa W. Lacqueur, The Fate of Revolution. Interpretations of Soviet History from 1917 to the Present, 2. Aufl. New York 1987; D.A. Longley (Besprechung von Kaiser, The Workers' Revolution in Russia), in: Revolutionary Russia 2 (Juni 1989); M. Malia, The Hunt for the True October, in: Commentary 92 (Oktober 1991); R. Pipes, 1917 and the Revisionists, in: The National Interest N° 31 (Frühjahr 1993); ders., Seventy-five Years On. The Great October Revolution as a Clandestine Coup d'Etat, in: Times Literary Supplement, 6. November 1992; M. Raeff, In the Grand Manner, in: The National Interest (Sommer 1991); R. Sakwas (Besprechung von Koenker / Rosenberg / Suny, Party, State, and Society in the Russian Civil War), in: Revolutionary Russia 3 (Dezember 1990), S. 257 ff. Dazu auch R.G. Suny, Revision and Retreat in Historiography of 1917. Social History and Its Critics, in: Russian Review 53 (1994), S. 165 ff.

nicht »ökonomische Interessen«, eher »Ideen« (»westliche« noch dazu), die sie trieben; wenn »Massen« in Erscheinung traten, taten sie es zumeist unter »nationalistischen« Fahnen und Parolen, und wenn sowjetische Sozialwissenschaftler ihr eigenes System beschrieben, griffen sie immer häufiger auf Begriffe und Theorien zurück, die bis dato als »westliche Propaganda« verpönt gewesen waren; dazu gehörte der Vorwurf des »Stalinismus« und der Vergleich mit anderen »totalitären« Systemen.

Die Krise der sozialgeschichtlichen Revolutionsforschung ließ ideen- und politikgeschichtliche Interpretationsschemata wiederaufleben, aber auch verstärkt nach einer neuen Synthese von Ideen-, Politik- und Sozialgeschichte suchen. Ob der Schlüssel dazu und neue »Paradigmenwechsel« in einer Weiterentwicklung der Sozial- zur »Kulturgeschichte« zu suchen ist, die die bisherige Begrifflichkeit hinterfragt, gesellschaftliche Äußerungen und Verhaltensweisen, Sprache und Kultur als diskursives System versteht und zu entziffern sucht, muß offen bleiben.[82] Einige anregende Studien, die zugleich die »neuen Themen«[83] der französischen Revolutionsforschung aufgreifen, deuten in diese Richtung.[84] Aber es ist wohl noch

---

[82] Plädoyer zur Erweiterung des Fragenkanons der Sozialgeschichte im Anschluß an Derrida und Foucault vgl. etwa L. Hunt (Hg.), The New Cultural History, Berkeley / Los Angeles / London 1989 (mit ausführlicher Einleitung); K.M. Baker, Inventing the French Revolution, Cambridge 1990; G. Eley, Is All the World a Text? From Social History to the History of Society Two Decades Later, in: T. MacDonaly (Hg.), The Historic Turn in the Social Sciences, Ann Arbor 1993; G. Spiegel, History, Historicism, and the Social Logic of the Text in the Middle Ages, in: Speculum 65 (1990), S. 59 ff.; P. Jelavich, Poststrukturalismus und Sozialgeschichte, in: Geschichte und Gesellschaft 21 (1995), S. 259 ff.; aber auch die Kritik: R. Darnton, An Enlightened Revolution?, in: New York Review of Books, 24. Oktober 1991, S. 33 ff.; J. Kocka, Klassen oder Kultur? Durchbrüche und Sackgassen in der Arbeitergeschichte, in: Merkur 36 (1982), S. 955 ff.; L. Stone, History and Post-Modernism, in: Past and Present 31 (1991), S. 217 ff.; J.E. Toews, Intellectual History after the Linguistic Turn, in: American Historical Review 92 (1987), S. 879 ff.; sowie die Diskussion (Harlan, Hollinger, Appleby) in: American Historical Review 94 (1989), S. 581 ff., 610 ff., 1326 ff.; bezogen auf die Russische Revolution etwa Suny, Revision and Retreat, S. 165 ff.; S. Smith, Writing the History of the Russian Revolution after the Fall of Communism, in: Europe-Asia Studies 46 (1994), S. 563 ff.

[83] Siehe oben S. 22 Anm. 8.

[84] Vgl etwa die Diskussion um das Konzept der »Identität« sowie die neuen Themen »Popular Culture«, »Feste«, »Gewalt«, »Frauen« usf. bei: L.H. Haimson, The Problem of Social Identities in Early Twentieth Century Russia, in: Slavic Review 47 (1988), S. 1 ff.; W.G. Rosenberg, Identities, Power, and Social Interaction in Revolutionary Russia, in: ebda., S. 21 ff.; S. Fitzpatrick, The Bolsheviks' Dilemma. Class, Culture, and Politics in the Early Soviet Years, in: ebenda S. 599 ff.; sowie B.E. Clements / B. Alpern Engel / Ch.D. Worobec (Hgg.), Russia's Women. Accomodation, Resistance, Transformation, Berkeley 1991; L. Engelstein, The Keys to Happiness. Sex and the Search for Modernity in Fin-de-Siècle Russia, Ithaca 1992; B. Fieseler, Frauen auf dem Weg in die Russische Sozialdemokratie, 1890 - 1917. Eine kollektive Biographie, Stuttgart 1995; A. Geifman, Thou shalt Kill. Revolutionary Terrorism in Russia, 1894 - 1917, Princeton, N.J. 1993; J. von Geldern, Bolshevik Festivals, 1917 - 1920, Berkeley

zu früh, Prognosen darüber abzugeben, zumal größere Darstellungen zum eigentlichen revolutionären Geschehen, zu den Jahren 1917/18, noch ausstehen. Die »neue Orientierungslosigkeit«, die das Ende der Sowjetunion, die Krise und das Scheitern der kommunistischen Utopie auslösten, zeigte jedenfalls, wie stark die geschichtswissenschaftliche Forschung auf sie bezogen war, nicht nur, wo sie Begriffe, Denkmuster, Überzeugungen entlehnte, sondern auch, wo sie sich von ihnen distanzierte.[85]

/ Los Angeles / London 1993; H.F. Jahn, Patriotic Culture in Russia During World War I, Ithaca / London 1995; J. Neuberger, Hooliganism. Crime, Culture, and Power in St. Petersburg, 1900 - 1914, Berkeley 1993; M.D. Steinberg, Moral Communities. The Culture of Class Relations in the Russian Printing Industry, 1867 - 1907, Berkeley 1992; R. Stites, Russian Popular Culture. Entertainment and Society since 1900, Cambridge 1992; sowie die Sammel- und Dokumentenbände St.P. Frank / M.D. Steinberg (Hrsg.), Cultures in Flux. Lower Class Values, Practices, and Resistance in Late Imperial Russia, Princeton, N.J. 1994 (mit Hinweis auf weitere Beispiele im Anhang); J. v. Geldern / R. Stites (Hgg.), Mass Culture in Soviet Russia. Tales, Poems, Songs, Movies, Plays, and Folklore 1917 - 1953, Bloomington / Indianapolis 1995; W.G. Rosenberg (Hg.), Bolshevik Visions. First Phase of Cultural Revolution in Soviet Russia, 2 Bde., 2. Aufl. Ann Arbor 1990.

[85] Für den Gesamtzusammenhang, der hier nicht weiter verfolgt werden kann, vgl. F. Furet, Das Ende der Illusion, sowie die Diskussion, die sein langer Essay auslöste.

5. DER »CHARAKTER« DER REVOLUTION

Drei Wege der Annäherung: Sie beschreiben die Revolution als »Siegeszug des Proletariats« und »Triumph des Sozialismus«; als Versuch, das marode Zarenreich zu »modernisieren«, wobei die politischen, wirtschaftlichen und gesellschaftlichen Entwicklungen des »Westens« als Vorbild dienten; schließlich als höchst komplexen Zusammenhang, der sich gegen einfache Erklärungsversuche sträubt und nur aus der Zeit selbst heraus zu begreifen ist. So schwer es fällt, einen von ihnen als »Königsweg« zu akzeptieren: daß sie uns – einander ergänzend – helfen, das Geschehen von 1917 zu verstehen, verständlicher zu machen, ist offensichtlich.

Denn selbst wer gegen die marxistischen Annahmen einer »zwangsläufigen« oder auch nur »zielgerichteten« Entwicklung skeptisch bleibt, wird konzedieren müssen, daß das »Proletariat« und die Schlagworte des »Sozialismus« in der russischen Revolution eine wichtige, vielleicht sogar entscheidende Rolle spielten, ja daß diejenigen, die im Herbst 1917 die Macht ergriffen, sich als Vollstrecker einer »gesetzmäßigen«, ja zwangsläufigen Entwicklung *fühlten*. Sie prägten damit die Entwicklung Sowjetrußlands weit über das Revolutionsjahr hinaus: Denn als sich ihre Hoffnungen und Erwartungen, die russische Revolution werde die Weltrevolution auslösen, nicht erfüllten, gingen sie – seit Ende der 20er Jahre – bekanntlich daran, den »Aufbau des Sozialismus« im eigenen Lande zu forcieren, mit Folgen, an denen Rußland noch lange zu tragen haben wird.

Vergleichbares gilt für Modernisierungsglaube und Fortschrittsideologie. Man muß sie nicht teilen, um festzustellen, daß auch sie einen wichtigen Bestandteil der Ideenwelt von 1917 bildeten. Der stete Vergleich mit Westeuropa, das damit einhergehende Gefühl einer politischen, wirtschaftlichen und gesellschaftlichen »Rückständigkeit« Rußlands trieb nicht nur »bürgerliche« Kreise um. Die Vorstellung, den »Westen« einholen zu müssen, reichte hinauf bis in die Spitzen der staatlichen Bürokratie und hinunter in die »klassenbewußte Arbeiterschaft«. So gesehen war auch der Marxismus der »revolutionären Intelligenz« nur eine besondere Spielart des verbreiteten Fortschrittsglaubens, wobei ein Teil aus dem »Ein-« ein »Überholen« machte. Der »Westen« blieb auch nach der Revolution der Orientierungspunkt, an dem die eigene Entwicklung gemessen wurde, und

in neuem politischen Gewand lebten und leben die alten Schlagworte des
»Ein-« und «Überholens« fort.[86]

So wichtig die Rolle war, die sozialistische Schlagworte und Fortschritts-
glaube spielten, so wenig dürfen sie überschätzt oder gar absolut gesetzt
werden. Denn der größten Bevölkerungsgruppe, den Bauern, sagten sie im
Grunde wenig. Diese orientierten sich eher an einem – utopisch verklärten
– Bild der Vergangenheit als an bürgerlichem Fortschrittsglauben und sozialistischen Zukunftshoffnungen. Daran änderte auch die Revolution wenig, wie Studien über die bäuerliche Lebenswelt und die Entwicklung des
Dorfes in den 20er Jahren zeigen. Erst dieser Hintergrund macht »verständlich«, welchen Einschnitt die Entwicklungen seit Ende der 20er be-
deuteten: Für das Dorf gingen sie tiefer als die der Revolution, und aus der
Sicht der Bauern hatten sie mit dieser, mit den Zielsetzungen, Hoffnungen
und Versprechungen von 1917 kaum mehr etwas gemein.

Mit anderen Worten: die drei Annäherungen verweisen uns auf unterschiedliche Zugänge. Je nach dem, ob man die »Bauern«, die »Bürger« oder
die »Arbeiterschaft« in den Mittelpunkt rückt, nimmt sich die Bedeutung
der Vorgänge unterschiedlich aus. Jede dieser Bevölkerungsgruppen sah,
erfuhr, erinnerte die Revolution anders, wobei es noch einmal einen gewaltigen Unterschied machte, ob man sie in der Hauptstadt oder in der Provinz oder gar in den nichtrussischen Randgebieten erlebte. Für unsere Frage nach dem »Charakter« der Revolution heißt das: Er ist so leicht nicht zu
bestimmen. Das Bild der Revolution ändert sich mit dem lokalen, sozialen
und nationalen Standort des Betrachters, wobei erst der Perspektivenwechsel eine adäquate Vorstellung vom Gesamtgeschehen gibt, den
Blick für seine Vielschichtigkeit öffnet, jene »Gleichzeitigkeit des Ungleichzeitigen«, die offenkundig zum Kennzeichen jeder Revolution
gehört. Damit sind wir wieder beim Anfang unserer Betrachtungen, den
Parallelen zwischen französischer, deutscher und russischer Revolution.

Mit einem mehrfachen Perspektivenwechsel auf die Vielschichtigkeit des
komplexen Geschehens aufmerksam zu machen und dabei einige seiner

---

[86] So hat es auch nicht an – überzeugenden – Versuchen gefehlt, die Probleme der 20er und 30er
Jahre, die forcierte Industrialisierung, die Zwangskollektivierung der Landwirtschaft und die
Entstehung des stalinistischen Staates auf jenes Grunddilemma zurückzuführen, in dem sich
der bolschewistische Staat seit der Revolution befand: die Anfänge einer Entwicklung in Ruß-
land beseitigt zu haben, auf deren Endpunkt – einer kapitalistischen Großproduktion und ent-
wickelten »bürgerlichen« Gesellschaft – der sozialistische Staat eigentlich aufbauen wollte.
Hellsichtige Kritiker der Bolschewiki hatten davor schon frühzeitig gewarnt, vgl. W. Korolenko, Ohne Freiheit keine Gerechtigkeit. Briefe an den Volkskommissar Lunatscharski (1920).
Mit Texten zu Person und Schaffen Korolenkos von Anatoli Lunatscharski und Wladimir
Bontsch-Brujewitsch. Hrsg. von Michael Harms. Berlin 1993; Versuch der Beschreibung des
Problems mit marxistischen Termini: Pavel Campeanu, The Genesis of the Stalinist Social Or-
der. Translated from an unpublished French Manuscript. Armonk / New York / London 1988.

Entwicklungsstränge bloßzulegen – das ist auch die Absicht der folgenden Darstellung des Revolutionsjahrs. Ihr Blick gilt zunächst den *politischen* Vorgängen zwischen Frühjahr und Herbst, von denen – in einem ersten Teil unter der Überschrift »Ein Staat in der Krise: Vom Sturz der Autokratie zum Oktoberaufstand« – erzählt wird; Hauptschauplatz sind dabei St. Petersburg, wo die großen politischen Entscheidungen fielen, sowie das zweite Zentrum des Reiches, Moskau. Ihre Aufmerksamkeit gilt sodann dem *gesellschaftlichen* Geschehen, ohne das auch die Politik nicht recht verständlich ist, wobei sich die Perspektive auf Rußland, zumindest seinen europäischen Teil, erweitert; die Darstellung beschreibt dabei eine »Gesellschaft im Aufruhr: die Bewegungen der Arbeiter, Soldaten, Bauern und Bürger«. In einer dritten Annäherung wendet sie sich dem Gesamtreich zu, einschließlich der nichtrussischen Randgebiete. In ihnen gewann die Revolution eine eigene, *nationale* Dynamik; sie lockerte die Beziehungen zum geschwächten Zentrum, verband sich mit dem Ruf nach Eigenstaatlichkeit und präsentierte ein »Reich im Zerfall: die Sezession der Nationalitäten«. Ein Thema für sich, gewiß, und flächendeckend hier nicht zu behandeln, doch soll uns der letzte Teil der Darstellung zumindest an die Hauptschauplätze der Nationalitätenkonflikte führen – es sind zu einem erheblichen Teil dieselben wie in den späten 1980er Jahren.

II.
EIN STAAT IN DER KRISE: VOM STURZ DER AUTOKRATIE ZUM OKTOBERAUFSTAND

1. RUSSLAND AN DER JAHRESWENDE 1916/17

1917 ging Rußland ins vierte Kriegsjahr. Die anfängliche Kriegsbegeiste-
rung war längst verflogen. Die Fronten hatten sich festgefahren. Der Vorstoß nach Westen war bereits im Herbst 1914 gründlich mißlungen, die
russischen Armeen hatten in Ostpreußen, bei Tannenberg und an den masurischen Seen, gegenüber den deutschen Verbänden vernichtende Niederlagen erlitten; und im Südwesten, gegen Österreich-Ungarn, wurden zwar
Anfangserfolge erzielt, aber schon im Jahr darauf – 1915 – hatte eine
Gegenoffensive der Mittelmächte die russischen Truppen wieder zurückgeworfen. Auch ein letzter Versuch, den Durchbruch zu erzielen, die
Brusilovoffensive 1916, war gescheitert.[1]

Gründe für den militärischen Mißerfolg[2] gab es viele. Je länger der Krieg
dauerte, umso deutlicher wurde, daß Rußland, seine Armee, seine Wirtschaft, seine Gesellschaft und sein politisches System darauf nicht vorbereitet waren.

Die Armee war noch dabei, sich von dem Desaster des Krieges gegen Japan (1904/05) und den innenpolitischen Ereignissen (der Jahre 1905/07) zu
erholen. Die unerwartete Niederlage im fernen Osten hatte die Reputation

---

[1] Wie sich die militärische Lage im kulturellen Leben niederschlug, zeigt sehr eindrücklich die
Dissertation von H.F. Jahn, Patriotic Culture in Russia During World War I; in Theater,
Kino, Varieté, in Liedern und Couplets, auf Karikaturen, Postkarten, Plakaten und Bilder-
bogen wurden die heroischen Themen und satirischen Attacken auf den Feind, die zu
Kriegsbeginn die Szene beherrscht hatten, mehr und mehr von neuen Genres und Inhalten
abgelöst: von szenischen Darbietungen, die – pessimistisch im Grundton – psychologische
Verwicklungen, Verbrechen und unglückliche Liebesgeschichten zum Inhalt machten;
Wohlfahrtsveranstaltungen, die an die Mildtätigkeit der Besucher appellierten; oder Darbietungen, die sich von vornherein auf bloße, möglichst realitätsferne Unterhaltung beschränkten (sieht man von der fortwirkenden offiziellen Kriegspropaganda und Demonstrationen trotzigen Chauvinismus einmal ab). Zum Kriegsgeschehen im Westen vgl. auch
die Karte 5 im Anhang.

[2] Auf die militärischen Operationen kann und soll hier nicht eingegangen werden; vgl. hierzu
wie zum folgenden: Rossija v mirovoj vojne 1914 – 1918 gg. v cifrach, Moskau 1925; N.N.
Golovin, The Russian Army in the World War, New Haven 1931; L.I. Senčakova, Revoljucionnoe dviženie v russkoj armii i flote v konce XIXv., Moskau 1972; Ward Rutherford, The
Russian Army in World War I, London 1975; Norman Stone, The Eastern Front 1914 –
1917, London 1975.

der Armee schwer erschüttert. Doch kaum von der Front zurückgekehrt, waren die demoralisierten Truppen gegen die eigene aufständische Bevölkerung eingesetzt worden. Das hatte die Zerrüttung noch weiter vorangetrieben, die Armee selbst zu einem Faktor der Unruhe, der Rebellion gemacht.[3] Die Heeresführung begann seit 1909, die alten Mannschaften durch neue zu ersetzen; doch nun zwang der Weltkrieg, die Reservisten in die Truppe zurückzuholen. Von den 5,35 Millionen, die 1914 rekrutiert wurden, hatte ein Drittel bereits im russisch-japanischen Krieg gedient; sie hatten inzwischen im zivilen Leben Fuß gefaßt, eine Familie gegründet und den Krieg satt, bevor er noch begonnen hatte. Das erklärt die von Anfang an starke Bereitschaft zur Rebellion und Desertion.

Die militärischen Mißerfolge sorgten dafür, daß es nicht bei der Bereitschaft blieb. Bis Anfang 1915 hatte die russische Armee bereits 1,8 Millionen Mann (an Toten, Verwundeten und Kriegsgefangenen) verloren.[4] Die hohen Verluste halbierten den Kaderbestand der Vorkriegszeit, der nach 1909 und am besten ausgebildeten Truppen. Die 2 Millionen Neurekrutierten, die sie ersetzen sollten, erhielten nur noch eine Grundausbildung von wenigen Wochen, bevor sie an die Front geschickt wurden. Auch ihre Bewaffnung blieb mangelhaft, weil die militärische Führung nur für einen kurzen Krieg geplant und den Bedarf an Gewehren und Granaten gehörig unterschätzt hatte. Das trieb die Verlustraten hoch.

Die militärische Führung setzte auf zahlenmäßige Stärke. In immer neuen Mobilisierungswellen wurden schließlich über 15 Millionen rekrutiert und damit nahezu die gesamte männliche Bevölkerung zwischen 19 und 43 Jahren erfaßt. Die Armee wurde so zum Querschnitt und Spiegel der Gesellschaft, mit ihren Gruppen und Widersprüchen. Auch das Offizierskorps war schon vor 1914 dabei, seine ständische Geschlossenheit und adelige Exklusivität zu verlieren, wer eine höhere Schulbildung nachwies und sich freiwillig meldete, konnte lange Dienstzeiten umgehen und rasch zum Leutnant der Reserve aufsteigen. Der Krieg verstärkte diese Tendenz enorm. Beide Entwicklungen – der Ausbau zur Massenarmee und die wachsende Zahl von Offizieren, die aus dem Mittelstand und den freien Berufen kamen – wirkten in die gleiche Richtung: Sie verstärkten in der Armee das demokratische, radikale, rebellische und revolutionäre Potential, also die Zahl jener, die nicht mehr bereit waren, nur noch in den Kategorien von Befehlen und Gehorchen zu denken.[5]

---

[3] Vgl. dazu J. Bushnell, Mutiny amid Repression. Russian Soldiers in the Revolution of 1905
     – 1906, Bloomington 1985.
[4] Wildman, End of Russian Imperial Army, Bd. 1, hier bes. S. 84 ff.
[5] Peter Kenez, A Profile of the Prerevolutionary Officer Corps, in: California Slavic Studies
     7 (1973), S. 121 ff.; Wildman, End of Russian Imperial Army, Bd. 1, S. 99 ff.

Auch die Wirtschaft war auf einen solchen Krieg nicht vorbereitet. Gewiß: Rußland schien wie kein anderes Land in der Lage, sich selbst zu ernähren; schließlich führte es Jahr für Jahr gewaltige Mengen Getreide aus. Die Industrie hatte seit 1908 »fette« Jahre erlebt, mit beeindruckenden Zuwachsraten in fast allen Bereichen. Selbst die Kriegswirtschaft glaubte sich für den Ernstfall gerüstet, die Produktionskapazität und der Vorrat an Gewehren, leichter Artillerie und Munition entsprach den Vorgaben der Militärs. Doch als sich die Mängel in der militärischen Planung herausstellten und Abhilfe verlangten, stellte sich schnell heraus, wie schmal Ressourcen und Kapazitäten waren. Zwar konnten – unter Aufbietung aller Kräfte – die Rüstungsengpässe überwunden, zivile Unternehmen auf militärische Produktion umgestellt, zum Teil auch neue Fabriken gebaut werden. Es gibt Schätzungen, daß der Ausstoß der Gesamtindustrie zwischen 1913 und 1916 um über 22 % gesteigert werden konnte und in bestimmten Bereichen wie der Metallverarbeitung und der chemischen Industrie der Zuwachs sogar 150-200 % ausmachte.[6]

Aber das industrielle Wachstum war nicht gleichmäßig, andere, kaum weniger kriegswichtige Zweige hielten damit nicht Schritt; so konnte die Produktion im Bergbau und Hüttenwesen trotz einer explosionsartig wachsenden Nachfrage nicht gesteigert werden, sie fiel vielmehr, gemessen am Vorkriegsniveau, um fast 20 %. Schon 1915 wurde die prekäre Lage in der Energiewirtschaft spürbar, als die polnischen Kohlegebiete verloren gingen und die mangelnde Energieversorgung viele Räder still stehen ließ. Im Folgejahr verschärfte sich dieser Zustand und wurde – zusammen mit dem Mangel an Stahl – zum Existenzproblem für die gesamte Kriegswirtschaft.[7]

Vor allem aber trat immer deutlicher zutage, daß jede Anstrengung in einem Bereich anderswo empfindliche Lücken riß. Die Produktionsreserven waren erschöpft. Jede Leistungssteigerung für Rüstung und Armee hieß: entsprechend weniger für Investitionsgüter, weniger für Instandhaltung und Ersatzbeschaffung von Produktionsanlagen, weniger für Lokomotiven und landwirtschaftliche Geräte, weniger für die Zivilbevölkerung. Je länger der Krieg dauerte, desto sichtbarer wurden die Folgen des Raubbaus, die Überforderung der Maschinen und Anlagen, die Ausfälle im Transportwesen. Da die Eisenbahnen die Kohle aus der Ukraine (dem

---

6   R.W. Davies (Hg.), From Tsarism to the New Economic Policy, London 1988; Peter Gatrell, The Economy and the War, in: Harold Shukman (Hg.), The Blackwell Encyclopedia of the Russian Revolution, Oxford/New York 1988, S. 117 ff.; vor allem aber Heiko Haumann, Kapitalismus im zaristischen Staat 1906 – 1917. Organisationsformen, Machtverhältnisse und Leistungsbilanz im Industrialisierungsprozeß, Königstein Ts. 1980, S. 72 ff.

7   Haumann, Kapitalismus im zaristischen Staat, S. 74 ff.

Donec-Becken) zu den Rüstungsbetrieben in Petrograd und Moskau bringen mußten, schlug jeder Ausfall im Verkehrswesen unmittelbar auf das Energieproblem durch, und ohne Energie gab es auch keine Stahlherstellung, keinen Maschinenbau und keine Rüstungsproduktion. Das gleiche galt für die Versorgung mit Lebensmitteln; sie setzte ein funktionierendes Verkehrswesen voraus. Wenn es ausfiel, drohte Hunger, ganz gleich, ob die Ernte gut oder schlecht gewesen war.

Da allgemein die Devise galt: »Alles für die Armee«, bekam die Zivilbevölkerung die Ausfälle besonders deutlich zu spüren. Die Produktion von Dingen des täglichen Bedarfs ging zurück, ebenso die Kohlelieferung für den Hausbrand. Vor allem fehlte es an Lebensmitteln. Das hatte viele Ursachen. Die Einberufung von Bauernsöhnen und Landarbeitern und die Reduzierung des Vieh- und Pferdebestandes infolge kriegsbedingter Requirierungen waren dafür ebenso verantwortlich wie der Mangel an Düngemitteln und Importbeschränkungen für landwirtschaftliche Maschinen.[8] Beide wurden verschlimmert durch die genannten Probleme und Ausfälle im Transportwesen. So kam 1916/17 ein Drittel weniger Getreide auf den Markt als im letzten Vorkriegsjahr 1913, und die Hälfte davon ging an die Armee. Entsprechend weniger kam in die Städte, die 1916/17 fast 100 Millionen Pud weniger Getreide erhielten als 1913/14. Verknappung und Spekulation trieben gleichzeitig die Preise in die Höhe. Schon im ersten Kriegsjahr mußte für Grundnahrungsmittel über 60 % mehr gezahlt werden als im Jahr davor, und das war nur der Auftakt. Nahm man 1913/14 für 100, so lag die Inflationsrate 1916/17 bei fast 250 % und die Entwicklung der Lebensmittelpreise noch weit darüber, was durch die vergleichsweise bescheidene Steigerung der Nominallöhne nie und nimmer ausgeglichen werden konnte.

Bis Anfang 1917 war man in allen großen Städten zu einem Kontingentierungssystem mit Lebensmittelkarten für Brot, Fleisch und andere Grundnahrungsmittel übergegangen. Doch die administrativen Planungsversuche erhöhten eher das Chaos, statt es zu beseitigen. Lange Schlangen vor den Geschäften gehörten in Petrograd, in Moskau, in Kiev, in Odessa oder in Saratov schon im zweiten Kriegsjahr zum Alltag, wobei es bald ebenso zur täglichen Erfahrung wurde, daß die zur Verfügung stehenden Waren zur Versorgung aller Wartenden nicht ausreichten. Und so gewann der Hunger jene Bedeutung, die ihn zum tragenden Element in der Oppositionsbewegung werden ließ.[9]

---

[8] Zur Lage auf dem Dorf und der Landwirtschaft A.M. Anfimov, Rossijskaja derevnja v gody pervoj mirovoj vojny, Moskau 1962.

[9] Zu den Mißfallenskundgebungen, die die Teuerungen hervorriefen, vgl. Ju.I. Kir'janov, Massovye vystuplenija na počve dorogovizny v Rossii (1914 – fevral' 1917), in: Otečestvennaja istorija 1993 N° 3, S. 3 ff.

Die Engpässe bei Waffen und Munition und die darauf zurückgeführten schweren Niederlagen in Galizien und Russisch (Rußländisch) -Polen hatten bereits im Frühjahr 1915 zu Diskussionen geführt, wie die Planungen verbessert, die Wirtschaft daran beteiligt und möglichst auch die Arbeiter in die gemeinsame, patriotische Aufgabe eingebunden werden könnten. Die im »Verein für Gewerbe und Handel« organisierten Unternehmer erkannten die Chance und ergriffen die Initiative. Sie riefen auf ihrer Jahrestagung (im Mai 1915) zur landesweiten Bildung von »Kriegsindustriekomitees« (russ. »Voenno-promyšlennye komitety«) auf; die Komitees sollten vor Ort und in der Region alle produktiven Kräfte (aus Gewerbe, Handel und Wissenschaft, aus Stadt und Land) für die Kriegführung mobilisieren und ein »Zentrales Kriegsindustriekomitee« in Petrograd die Tätigkeit koordinieren. Im Februar 1916, als sie ihren zweiten Kongreß abhielten, gab es bereits 192 lokale und 34 regionale Kriegsindustriekomitees.[10]

Die Initiatoren und ihre Nachfolger handelten nicht nur aus patriotischer Überzeugung. Sie verfolgten darüber hinaus handfeste ökonomische Interessen: Sie hofften, bei der Vergabe von Krediten und Staatsaufträgen sowie bei der Belieferung mit Rohstoffen, Maschinen und Energie stärker als bisher berücksichtigt zu werden. Und diejenigen, die in den Führungsgremien der Organisation saßen, hatten auch politische Hintergedanken: Sie wollten Einfluß auf die Bürokratie, die militärische Planung, den Staat und die Arbeiterschaft gewinnen.

Doch weder die ökonomischen noch die politischen Hoffnungen sollten sich erfüllen. Die private Großindustrie hatte, obwohl sie in den Komitees vertreten war, ihre eigenen Kontakte zu den staatlichen Behörden und wußte sie für die Auftragserteilung zu nutzen; sie lieferte 80 % des Kriegsbedarfes. Weitere 15 % wurden von den Staatsunternehmen bestritten, sodaß das Auftragsvolumen, das von Kriegsindustriekomitees sowie den Gremien der städtischen und ländlichen Selbstverwaltung vermittelt wurde, 5 % nicht überstieg. Das machte sie für die Kriegswirtschaft nahezu bedeutungslos. Und obwohl die Autokratie ihrer Bildung zugestimmt hatte, beobachtete sie die »gesellschaftlichen« Aktivitäten der Komitees mit äußerstem Mißtrauen, ja unterlief sie durch Schaffung eigener Koordinierungsinstrumente unter jeweils ministeriellem Vorsitz: die sog. »Konferenz der Minister« und die sog. »Sonderberatungen« (»osobye soveščanija«) für Verteidigung, Brennstoffversorgung, Lebensmittelversorgung

---

[10] Haumann, Kapitalismus im zaristischen Staat, S. 95 ff.; A.L. Sidorov, Ėkonomičeskoe položenie Rossii v gody pervoj mirovoj vojny, Moskau 1973; L. Siegelbaum, The Politics of Industrial Mobilization in Russia, 1914 – 1917. A Study of the War-Industries Committees, London / New York 1983.

und Transportwesen, wozu sie nun ihrerseits Vertreter aus der Wirtschaft heranzog.

Das Mißtrauen wuchs in gleichem Maße, wie offenbar wurde, daß die Initiatoren und führenden Köpfe der Kriegsindustriekomitees, wie die Moskauer Fabrikanten Gučkov, Konovalov, Rjabušinskij, den Ideen der Parlamentsopposition nahestanden. Schon im August 1915 waren in Dumakreisen mehr oder minder konspirative Gespräche über notwendige Verfassungsänderungen im Gange. Sie zielten auf die Bildung einer der Duma verantwortlichen Reichsregierung, eine »Regierung des öffentlichen Vertrauens«, eine Forderung und Formel, hinter die sich im Juli 1915 auch der erste Kongreß der Kriegsindustriekomitees gestellt hatte. Selbst Kabinettslisten zirkulierten bereits, in ihnen fand man die Namen Gučkov, Konovalov wieder.

Die Beratungen fanden ihren Niederschlag in der Bildung des sog. »Progressiven Blocks«, der Anfang September 1915 sein Programm der Presse übergab; es wurde von fast zwei Dritteln der Parlamentsmitglieder unterstützt. Es forderte die Schaffung einer Regierung, die das Vertrauen des Landes besitze, und die Abkehr von einer Regierungspraxis, die sich gegen jede eigenständige Tätigkeit der Gesellschaft wende; wer aus politischen oder religiösen Gründen inhaftiert worden war, sollte amnestiert werden, es sei denn, er hatte gegen das allgemeine Strafrecht verstoßen, und die Schikanen gegen Polen, Juden und Ukrainer sollten endlich aufhören. Die Zulassung von Gewerkschaften und Arbeiterpresse und die Einstellung von Repressalien gegen Arbeitnehmervertreter bei den Krankenkassen waren weitere Punkte des Progressiven Programms.[11] Auch hier war die Nähe zu den Kriegsindustriekomitees sichtbar. Die in ihnen tonangebenden Moskauer Unternehmer hatten sich schon vor dem Krieg für bessere Kontakte zur Arbeiterbewegung eingesetzt, betrieben nun – mit Erfolg – die Aufnahme einer zehnköpfigen Arbeitergruppe ins Zentrale Kriegsindustriekomitee, unterstützten deren Forderung nach Legalisierung von

---

[11] V.S. Djakin, Russkaja buržuazija i carizm v gody pervoj mirovoj vojny (1914 – 1917), Leningrad 1967; A. Grunt, Progressivnyj Blok, in: Voprosy Istorii 1945, N° 3-4, S. 101 ff.; M.F. Hamm, Liberal Politics in Wartime Russia. An Analysis of the Progressiv Bloc, in: Slavic Review 33 (1974), S. 453 ff.; R. Person, The Russian Moderates and the Crisis of Tsarism 1914 – 1917, London 1977; Th. Riha, Miliukov and the Progressiv Bloc in 1915. A Study in Last-Chance Politics, in: Journal of Modern History 32 (1960), S. 16 ff.; Materialien zu Gründung und Tätigkeit (Miljukovs Aufzeichnungen über die Präsidiumssitzungen): Progressivnyj blok v 1915 – 1917 gg. (bearb. von N. Lapin), in: Krasnyj archiv Bd. 50/51 (1932), S. 117 ff.; 52 (1932), S. 143 ff.; 56 (1933), S. 80 ff.; das Programm vgl. in: P. Scheibert (Hg.), Die russischen politischen Parteien von 1905 bis 1917. Ein Dokumentationsband, Darmstadt 1972, S. 78 ff. Zum Gesamtproblem und seiner Vorgeschichte aus sowjetischer Sicht auch V.I. Starcev, Russkaja buržuazija i samoderžavie v 1905 – 1917gg. (Bor'ba vokrug »otvetstvennogo ministerstva« i »pravitel'stva doverija«), Leningrad 1977.

Fabrikältesten als innerbetrieblicher Interessenvertretung, forderten die
Einrichtung von Schlichtungskammern und befürworteten sogar die Bildung von Arbeiterassoziationen (parallel zu den Organisationen der Arbeitgeber).[12]

Die Opposition des Parlaments zog weitere Kreise, andere wichtige und
traditionsreiche Organisationen schlossen sich ihr an: die Organisationen
der ländlichen Selbstverwaltung und der Kongreß des Städteverbandes.
Um den Krieg siegreich beenden zu können, so machten beide auf ihren
Tagungen im Herbst 1916 deutlich, waren politische Reformen unumgänglich.[13]

Doch alle Warnungen blieben ungehört, und die Autokratie verspielte in
den Kriegsjahren ihren letzten Kredit. Der Zar, Nikolaus II., hatte gegen
den Rat seiner Minister 1915 selbst den militärischen Oberbefehl übernommen, ohne seine Stellung mit militärischen Erfolgen festigen zu können. Und während er im Hauptquartier weilte, geriet die Politik unter den
Einfluß der Kaiserin, deren Hofaffären und deren Beratung durch jenen
ominösen sibirischen Bauern Rasputin kaum geeignet waren, Vertrauen in
die Regierungspolitik zu wecken.[14] Während die Lage an den Fronten immer ernster wurde und die wirtschaftlichen Probleme im Innern wuchsen,
drehte sich in der Hauptstadt munter das Regierungskarussell: Auf das Kabinett Goremykin folgte im Januar 1916 eine neue Regierung unter Ministerpräsident Štjurmer. Sie wurde Mitte November durch ein Kabinett Tre-
pov abgelöst, das nur zwei Monate im Amt blieb, bevor es – Anfang Januar
1917 – von einer neuen Regierung unter Ministerpräsident Golicyn abgelöst wurde.

---

12 Lewis Siegelbaum, The Workers' Groups of the War Industries Committes: Who Used
    Whom, in: Russian Review 39 (1980), S. 150 ff.; ders., War Industries Committees, in:
    MERSH Bd. 43, S. 147 ff.
13 W. Gleason, The All-Russian Union of Towns and the All-Russian Union of Zemstvos in
    World War I, 1914 – 1917, Ph. D. Indiana 1972 (Resümee, in: Russian Review 35 (1976), S.
    295 ff.); P.P. Gronsky / N.J. Astrov, The War and the Russian Government, New York 1973;
    H. Groß, Selbstverwaltung und Staatskrise in Rußland 1914 – 1917. Macht und Ohnmacht
    von Adel und Bourgeoisie am Vorabend der Februarrevolution, in: Forschungen zur osteu-
    ropäischen Geschichte Bd. 29 (1982), S. 205 ff.; I.A. Ivanov, Zemstvo and Town Unions, in:
    MERSH Bd. 46, S. 7 f.
14 Rasputin, der Anfang des Jahrhunderts in St. Petersburg auftauchte, als »heiliger Mann« in
    den Salons der besseren Gesellschaft herumgereicht wurde, auch bei Hofe Eingang fand und
    die kaiserliche Familie zu überzeugen wußte, daß nur er, sein Zuspruch die Entwicklung der
    Bluterkrankheit beim Thronfolger positiv beeinflussen konnte, hat nicht nur die Zeitgenos-
    sen fasziniert; vgl. P.J. Rollins, Stichwort: Rasputin, Grigorii Efimovich, in: MERSH Bd. 30,
    S. 191 ff.; J.T. Fuhrmann, Rasputin. A Life, New York / Westport, Connecticut / London
    1990; E. Radsinski, Nikolaus II. Der letzte Zar und seine Zeit (aus dem Russ.), München
    1992.

Der wachsende Unmut der Bevölkerung ließ sich an der Streikstatistik ablesen. Sie unterstrich noch einmal, daß die patriotische Aufbruchsstimmung, die im August 1914 herrschte, nur vorübergehend die alten Probleme überdeckt hatte. Seit 1915 wurde erneut gestreikt – im September waren es 114.000. Januar 1916 waren 128.000 und im Oktober 187.000 im Ausstand. Anfang 1917 überstieg die Zahl der Streikenden rasch die 200.000.[15] Man mag darüber streiten, wie groß die Chancen einer Integration, einer Einbindung der Arbeiterschaft waren. Aber die schroffe Linie, die die Regierung unterstützt von der Großindustrie fuhr, machte es den Arbeitervertretern im Zentralen Industriekomitee schwer, ihre Mitarbeit im eigenen Lager zu rechtfertigen. Sie hatten viel von ihrem Einfluß bereits eingebüßt, als sie Ende Januar 1917 verhaftet wurden und die Konfrontation einem Höhepunkt zutrieb.[16]

Aber nicht nur zwischen Arbeiterschaft und Autokratie wurde der Riß sichtbar und erweiterte sich zur Kluft. Auch bei den nichtproletarischen, besitzenden Schichten, die im Parlament das Sagen hatten, wuchs der Unmut. Auf die Forderungen des Progressiven Blocks, hinter dem schließlich eine Zweidrittelmehrheit der Duma stand, hatte der Zar kaum reagiert, und statt das Parlament an der Verantwortung zu beteiligen, schränkte die Regierung dessen Aktivitäten ein und unterstellte die Abgeordneten bis weit hinein ins »bürgerliche Lager« polizeilicher Überwachung. Diese Überwacher meldeten, daß sich im Januar 1917 progressive Industriellenkreise, Mitglieder der liberalen Kadettenpartei und Abgeordnete des Moskauer Stadtparlaments zu vertraulichen Gesprächen trafen, um für den »Eventualfall« zu planen: Wenn der Zar die Duma, das Parlament, wie zu erwarten, wieder aufzulösen versuchte, sollte sich die Dumamehrheit dem zarischen Befehl widersetzen und an einem anderen Ort, in Moskau, ihre Tagungen fortsetzen. Dieser umstürzlerische, revolutionäre Akt sollte der Bevölkerung dann in einem Aufruf erklärt werden, wobei gleichzeitig die Gründe des Umsturzes offenzulegen seien.[17]

---

[15] Zur Streikstatistik und ihrer Problematik T. Hasegawa, The February Revolution. Petrograd, 1917, Seattle / London 1981, S. 73 ff., bes. 90 ff.; Ju.I. Kir'janov, Stačečnoe dviženie v Rossii v 1914 – fevrale 1917 goda (Po materialam oficial'nych istočnikov i »chronik« vystuplenij rabočich), in: Istorija SSSR 1990 N° 5, S. 121 ff.

[16] Vgl. Siegelbaum, The Workers' Groups; einige Materialien dazu: K istorii »Rabočej gruppy« pri Central'nom voenno-promyšlennom komitete, in: Krasnyj archiv Bd. 57 (1933), S. 43 ff.; K istorii gvozdëvščiny. »Bjulleteni« Rabočej gruppy Central'nogo voenno-promyšlennogo komiteta, in: Krasnyj archiv Bd. 67 (1934), S. 29 ff.

[17] B.B. Grave (Hg.), Buržuazija nakanune fevral'skoj revoljucii, Moskau / Leningrad 1927.

Ein militärisch wenig erfolgreicher Krieg; eine Armee, die bereits den Keim des Zerfalls in sich trug; eine überforderte Wirtschaft, deren Versuch, alles für den Krieg zu mobilisieren, die Zivilbevölkerung in den Hunger führte; und eine Autokratie, die sich beharrlich weigerte, die Chancen eines Schulterschlusses mit der Gesellschaft zu nutzen, das war der politische Hintergrund jener Ereignisse, die Ende Februar 1917 die Autokratie hinwegfegten.

2. DIE FEBRUARREVOLUTION

In der Februarrevolution entlud sich ein doppelter Konflikt: die wachsenden Spannungen zwischen Autokratie und Gesellschaft und die tiefe Unzufriedenheit der hauptstädtischen »Massen« mit der etablierten politischen, wirtschaftlichen und gesellschaftlichen Ordnung. Dabei waren die hauptstädtischen Massen eindeutig die aktive, treibende Kraft, während die »bessere«, bürgerlich-liberale Gesellschaft jede andere Problemlösung (einen Staatsstreich eingeschlossen) der Revolution vorgezogen hätte. Nur zögernd war sie bereit, die von den Massen geschaffenen Verhältnisse anzuerkennen und nach vollzogenem Sturz der Autokratie die Regierungsgeschäfte zu übernehmen.[18]

---

[18] Für die Chronik der Ereignisse vor allem Hasegawa, February Revolution, der – auf nahezu 100 Seiten – die 5 kritischen Tage (vom 23. bis 27. Februar) schildert; nützlich als Zusammenstellung auch D.O. Zaslavskij / V.A. Kontorovič, Chronika fevral'skoj revoljucii, Bd. 1: Fevral' – maj, Petrograd 1924; ebenso der Versuch des Zeitgenossen und Mitgliedes der »Volkssozialisten«, Publizisten und Historikers S.P. Mel'gunov (der selbst Sowjetrußland 1923 verließ), die entscheidenden Weichenstellungen der kritischen ersten Märztage zu rekonstruieren: Martovskie dni 1917 goda, Paris 1961. Darüber hinaus sei für die *sowjetische* Interpretation verwiesen auf: E.B. Genkina, Fevral'skij perevorot, in: Očerki po istorii Oktjabr'skoj revoljucii, Moskau / Leningrad 1927, Bd. 2, S. 1 ff.; E.D. Čermenskij, Fevral'skaja buržuazno-demokratičeskaja revoljucija 1917 g. v Rossii, Moskau 1959; I.I. Minc, Istorija Velikogo Oktjabrja, Bd.1: Sverženie samoderžavija, 1. Aufl. Moskau 1967 (2. Aufl. 1977); E.N. Burdžalov, Vtoraja russkaja revoljucija. Vosstanie v Petrograde, Moskau 1967; ders., Vtoraja russkaja revoljucija. Moskva, front, periferija, Moskau 1971; V.I. Starcev, Fevral'skaja buržuazno-demokratičeskaja revoljucija 1917, in: SIĖ Bd. 14 (Moskau 1973), Sp. 984 ff.; stellvertretend für *westliche* Interpretationen: M.T. Florinsky, The End of the Russian Empire, New Haven 1931 (u.ö.); W.H. Chamberlin, Die Russische Revolution 1917 – 1921, 2 Bde., Frankfurt am Main 1958 (engl. Ausgabe 1935); G. Katkov, Russia 1917. The February Revolution, London 1967; M. Ferro, The Russian Revolution of February 1917, Eaglewood Cliffs, N.J. 1972 (franz. Ausg. 1967); M. Hildermeier, Die Russische Revolution 1905 – 1921, Frankfurt am Main 1989; R. Pipes, Die Russische Revolution, Bd. 1: Der Zerfall des Zarenreiches, Berlin 1992 (engl. Ausg. 1990). Von den Darstellungen der Beteiligten seien hier vor allem genannt: I.G. Cereteli, Vospominanija o fevral'skoj revoljucii, 2 Bde., Paris 1963; V. Chernov, The Great Russian Revolution, New York 1966; A. Kerenski, Erinnerungen. Vom Sturz des Zarentums bis zu Lenins Staatsstreich, Dresden 1928; Die Kerenski-Memoiren. Rußland und der Wendepunkt der Geschichte, Wien / Hamburg 1966; P.N. Milukow [sic!], Geschichte der zweiten russischen Revolution. Gegensätze der Revolution, Wien 1922; P. Miliukov, Political Memoirs 1905 – 1917, Ann Arbor 1967; ders., Rußlands Zusammenbruch, 2 Bde., Berlin 1925; N.N. Suchanow, 1917. Tagebuch der russischen Revolution (ausgewählt, übertragen und herausgegeben von N. Ehlert), München 1967; L. Trotzki, Geschichte der russischen Revolution, Frankfurt am Main 1967.

a) Der Zusammenbruch der alten Ordnung

Der Puls des Geschehens schlug dabei in der Hauptstadt, in Petrograd. Anfang des Jahres 1917 hatte sich die Versorgungslage krisenhaft zugespitzt. Allein im Monat Januar waren die Lebensmittelpreise, wie ein Bericht der Geheimpolizei vermerkte[19], so stark gestiegen, daß das Leben in der Hauptstadt auch »für die wohlhabenden Schichten schwierig« wurde. Kleine Bäcker-, Wurst-, Milch- und andere Lebensmittelläden mußten »massenweise« schließen, weil die Belieferung mit Mehl, Fleisch, Milch, Obst und Gemüse versiegte. Und was noch angeliefert wurde, war teilweise um 50 bis 100 % teurer als vorher.[20]

Der 9. Januar, der Jahrestag des »Blutsonntags« von 1905, als Militär gegen friedliche Demonstranten vorgegangen war, wurde zum politischen Ventil. Massendemonstrationen erinnerten daran.[21] Über 140.000 Arbeiter aus mehr als 120 Fabriken nahmen daran teil, mehr als 40 % der gesamten Petrograder Arbeiterschaft, und in manchen Stadtteilen erreichte der Ausstand die Ausmaße eines Generalstreiks. Wer den Streik als Gradmesser der Unzufriedenheit nahm, konnte nachrechnen, daß im Vorjahr am 9. Januar nur halb so viele Arbeiter an den Streiks teilgenommen hatten, und selbst beim größten 9.-Januar-Streik in der Vorkriegszeit, im Jahr 1914, deutlich weniger Arbeiter sich angeschlossen hatten als 1917.[22]

---

[19] Grave, Buržuazija nakanune fevral'skoj revoljucii, S. 189; auch Političeskoe položenie Rossii nakanune fevral'skoj revoljucii v žandarmskom osveščenii (mit einem Vorwort M.N. Pokrovskijs), in: Krasnyj archiv Bd. 17 (1926), S. 3 ff.

[20] Ein anderer, bei Hasegawa (February Revolution, S. 200) zitierter Bericht der Geheimpolizei (Ochrana) listete die Preissteigerungen zwischen Mitte Dezember 1916 und Februar 1917 im einzelnen auf: Danach betrugen die Steigerungsraten bei Birnen und Orangen 150 %, bei Schokolade und Plätzchen 100 %, bei Äpfeln 70 %, bei Milch, Würstchen und Schinken 40 – 60 %, aber auch bei Grundnahrungsmitteln wie Kartoffeln, Kohl, Rüben, Fleisch, Käse und Eiern 20 – 35 %. Dabei gaben die Prozentsätze allein offenbar nur die halbe Wahrheit wieder: Wer nicht persönliche Beziehungen hatte, kam an Mehl oder Brot nur noch schwer heran; Fleisch, Schinken und Wurst verschwanden praktisch vom Markt; Milch war so teuer geworden, daß sie sich die einfachere Bevölkerung nicht mehr leisten konnte; und zur Grundnahrung wurde die Kohlsuppe, erweitert durch etwas Brot, wenn man sich das Brot zu organisieren verstand. Auch andere, gewerbliche Dinge des tagtäglichen Gebrauchs – wie Seife, Schuhwerk, Stoffe – waren kaum mehr zu haben. Daß die Versorgungsschwierigkeiten nicht allein mit dem kriegsbedingten Verlust und der Einschränkung der Saatfläche und dem Versorgungsbedarf der Armee erklärt werden können, sondern vor allem am Verfall des Transportsystems und der Nahrungsmittelindustrie lagen, hat noch einmal unterstrichen T.M. Kitanina, Vojna, chleb i revoljucija (prodovol'stvennyj vopros v Rossii, 1914 – oktjabr' 1917 g.), Leningrad 1985.

[21] Datenangaben erfolgen in der Regel nach dem »alten Stil«, dem 1917 in Rußland geltenden Julianischen Kalender; soll er auf den westeuropäischen, Gregorianischen Kalender, den Rußland erst im Februar 1918 übernahm, umgerechnet werden, so sind dem russischen Datum 13 Tage hinzuzuzählen. Erschien es sinnvoll, auch das westeuropäische Datum (das Datum »neuen Stils«) mitanzugeben, so geschieht dies in Klammern.

[22] Zahlen bei Hasegawa, February Revolution, S. 204.

Ermuntert durch diesen Erfolg, plante die Arbeitergruppe im Zentralen Kriegsindustriekomitee bereits die nächste Massendemonstration – für den 14. Februar. An eben diesem Tag sollte die Duma nach der Weihnachtspause erstmals wieder zusammentreten. Man beschloß, ihr durch eine Massendemonstration für die zu erwartenden Auseinandersetzungen mit der Regierung den Rücken zu stärken[23], und hoffte, die Abgeordneten würden einsehen, daß sich die Probleme des Landes nur lösen ließen, wenn man der Autokratie die Stirn bot. Die Arbeiter sollten zeigen, auf welcher Seite sie bei diesem großen Ringen standen. Die Autokratie verstand die Kampfansage wohl und ließ die Arbeitergruppe Ende Januar verhaften. Der Streik am 14. Februar fand dennoch statt, über 84.000 Arbeiter aus 52 Fabriken und Werkstätten nahmen daran teil. Selbst wenn die Polizei Massenansammlungen verhindern konnte und die Gegend um das Taurische Palais, den Sitz der Duma, hermetisch abriegelte, die Aktion hatte unterstrichen, daß sich Zehntausende von Arbeitern für die Kampfansage an das Regime auf die Straße bringen ließen.

Streiks und Demonstrationen rissen nun in der Hauptstadt nicht mehr ab. Am 15. Februar streikten die Arbeiter im Ižora-Rüstungsbetrieb (im Vorort Kolpino) und wurden am Tag darauf ausgesperrt. Am 16. Februar wurde im Metallwerk Ajvaz (im Vyborger Stadtbezirk) gestreikt. Am 17. Februar begannen die Streiks im größten Rüstungsbetrieb der Stadt, in den Putilov-Werken (im Vorort Peterhof, mit über 24.000 Beschäftigten), und am 22. Februar sahen sich auch die Putilover Arbeiter ausgesperrt. In der schon angeheizten Stimmung wurde am 23. Februar der »Internationale Frauentag« begangen.[24] Er begann mit illegalen Versammlungen in verschiedenen Textilfabriken des Vyborger Stadtbezirks. Die Frauen waren sich bald einig, die Arbeit niederzulegen. Die einfache Losung »Brot« skandierend, zogen sie zu den Nachbarfabriken Novyj Lessner und Erikson, wo sich die Metallarbeiter ihrer Demonstration anschlossen. Bis Vormittag 10 Uhr waren bereits 27.000 im Ausstand, zwei Stunden später 50.000, gegen Abend fast 60.000, mehr als 60 % aller Vyborger Arbeiter.

---

[23] Die Duma war am 16. Dezember in die Weihnachtsferien gegangen, und am 7. Januar hatte der Zar ihre Einberufung – ohne Angabe von Gründen – noch einmal (eben auf den 14. Februar) verschoben, ein deutlicher Akt der Brüskierung.

[24] Der Internationale Frauentag ging auf eine Initiative der 2. Internationalen Konferenz sozialistischer Frauen in Kopenhagen 1910 zurück. Clara Zetkin hatte ihn angeregt als Tag der Solidarität proletarischer Frauen in ihrem Kampf um gleiche ökonomische und politische Rechte. Erste Kundgebungen wurden im Jahr darauf in Deutschland, Österreich, der Schweiz und Dänemark abgehalten, wobei der Tag hier – wegen der Unterschiede zwischen julianischem und gregorianischem Kalender – auf den 8. März fiel. Ausführliche Beschreibung der Ereignisse: Hasegawa, February Revolution, S. 215 ff.

Das eigentlich Neue war dabei weniger die Zahl als die Militanz der Demonstranten. Der Ruf nach »Brot« hatte sich zu den Forderungen »Schluß mit dem Krieg« und »Nieder mit der Autokratie« erweitert; auf den Vyborger Straßen wurde offen das republikanische Kampflied, die Marseillaise gesungen; und ein in die Tausende gehender Zug von aufgebrachten Arbeitern und Arbeiterinnen bewegte sich von Fabrik zu Fabrik, um die Beschäftigten zum Anschluß an den Streik zu bringen. Stießen sie auf Vorbehalte oder Ablehnung, wie bei den staatseigenen Rüstungsbetrieben Arsenal (am Neva-Ufer) und Petrograder Kugel Fabrik (an der Tichvensker Straße, gleich um die Ecke), wurden die Scheiben eingeworfen, die Fabriktore gestürmt und die Einstellung der Produktion mit Gewalt erzwungen. Die politischen Demonstrationen wurden begleitet von Plünderungen und vandalistischen Ausschreitungen; sie richteten sich besonders gegen Brotfabriken, Bäckereien und Lebensmittelgeschäfte, und es waren vor allem Frauen und Jugendliche, die sich dabei hervortaten.

Hartnäckig versuchten mehrere Gruppen von Demonstranten auch, über die Nevabrücken ins Stadtinnere, auf den Nevskij vorzudringen und dort eine Protestkundgebung abzuhalten. Der direkte Weg (über die Litejnyj-Brücke) wurde ihnen von starken Einheiten berittener Gendarmerie unter Oberst Šalfeev versperrt, die die Menge zu wiederholten Malen zurück- und auseinandertrieben. Wenn kleinere Gruppen ihr Ziel erreichten, so nur auf Umwegen und über das Eis der Neva, die in diesem Winter gänzlich zugefroren war. Doch die Gendarmerie hatte die Gesamtlage noch leidlich unter Kontrolle, wobei ihr zugute kam, daß Streik und Demonstrationen im wesentlichen auf den Vyborger Stadtbezirk beschränkt blieben; nur begrenzt griffen sie auf andere Stadtviertel über.

Am 24. Februar – es war ein Freitag – machte man dort weiter, wo man am 23. aufgehört hatte.[25] Als die Arbeiter frühmorgens in den Fabriken erschienen, bei Ajvaz, Novyj Lessner und Erikson, Pariajnen und Russisch-Renault, kamen sie offenkundig rasch überein, den Streik fortzusetzen; sie formierten erneut einen Protestzug, der sich von Vyborg in Richtung Innenstadt bewegte und auf dem Weg dorthin dafür sorgte, daß auch bei Arsenal, Promet und der Petrograder Kugelfabrik die Arbeit eingestellt wurde. Die bewaffnete Macht an der Litejnyj-Brücke war gegenüber dem Vortag noch verstärkt worden; neben der berittenen Gendarmerie unter Oberst Šalfeev standen dort jetzt auch zweieinhalb Kompanien Kosaken und zwei Kompanien des »Moskauer« Regiments. Doch als es zur Konfrontation kam, hielten sich die gefürchteten Kosaken auffällig zurück. Den Befehl ihres Offiziers zur Attacke schienen sie überhört zu haben,

---

25 Hasegawa, February Revolution, S. 232 ff.

ließen sich statt dessen mit den Demonstranten auf Diskussionen ein, und
wieder waren es vor allem die Gendarmerieeinheiten, die der Menge den
Zugang zur Innenstadt versperrten. Selbst wenn mehr Demonstranten als
am Vortag (vornehmlich auf dem Weg über das Eis) die andere Seite erreichten – noch war es die Gendarmerie, die die Oberhand behielt.

Aber während am Vortag die Ereignisse auf den Vyborger Stadtbezirk
konzentriert blieben, griffen sie nun auch – jedenfalls viel stärker als zuvor
– auf andere Stadtteile über: auf den westlich anschließenden (durch einen
Neva-Arm getrennten) Petrograder Stadtbezirk, wo sich der revolutionäre
Elan im Sturm auf Bäckereien, Metzgereien, Milch- und Lebensmittelgeschäfte entlud; und vom Petrograder Stadtbezirk auf den nächst-
angrenzenden Stadtbezirk Vasilevskij ostrov, wo sich die Baltische Schiffswerft, Siemens-Schuckert und Siemens-Halske, eine militärische Huf-
schmiede und mehrere Metallbetriebe befanden und nun bestreikt wurden.
Doch Wege und Grenzen der Ausbreitung des Streiks waren kaum noch
zu bestimmen. Im südlichen Stadtbezirk Moskva nahmen an die 20.000 Arbeiter aus 23 Betrieben daran teil, im südwestlichen Stadtbezirk Narva
9.000 Arbeiter aus 25 Fabriken und Werkstätten, die noch immer ausge-
sperrten Putilover Arbeiter gar nicht mitgerechnet; und so ging es weiter.
Insgesamt traten am 24. Februar mindestens 158.000 Arbeiter in den Ausstand und legten damit die Produktion in über 130 Betrieben lahm. Noch
nie seit Kriegsbeginn hatte die Hauptstadt so viele Streikende an einem Tag
erlebt wie an jenem 24. Februar.

Da schon seit den Vormittagsstunden Demonstrationszüge aus allen
Richtungen auf die Innenstadt zustrebten, konnte auch die Gendarmerie
nicht mehr verhindern, daß viele den Nevskij erreichten und dort den
gesamten Verkehr lahmlegten. Nur das Taurische Palais blieb weiterhin
durch die Gardetruppen der Regimenter »Preobraženskoe«, »Wolhynien«
und »Litauen« hermetisch abgeschirmt.[26] Dort tagte die Duma und wurde
sich allmählich bewußt, was auf den Straßen vor sich ging. Nicht so der
Ministerrat, der zur gleichen Zeit im Marienpalast zusammenkam und die
Tagesereignisse keiner Aussprache für wert befand.

Dabei trieben die Ereignisse so oder so einer Entscheidung zu. Das mußte auch dem letzten klar werden, als sich am nächsten Tag, am Samstag, dem
25. Februar[27], die Zahl der Streikenden auf über 200.000 erhöhte und die
Ausmaße eines Generalstreiks gewann: Die Straßenbahnen fuhren nicht
mehr, die Zeitungen hörten auf zu erscheinen, viele Restaurants und Geschäfte hatten geschlossen. Nicht mehr Vyborg, die ganze Stadt war sein

---

[26] Da ihre Kasernen in unmittelbarer Nähe des Dumasitzes lagen, ließen sie sich rasch mobili-
    sieren.
[27] Schilderung nach Hasegawa, February Revolution, S. 247 ff.

Zentrum, nicht mehr »Brot«, sondern »Weg mit der Autokratie« das Ziel. Überall in der Stadt wurde protestiert und diskutiert; wer sich dem Streik nicht freiwillig anschloß, hatte mit der Wut der Masse zu rechnen. Immer neue Züge von Demonstranten wälzten sich in Richtung Nevskij. Sie hatten sich für die Auseinandersetzung mit der Polizei gerüstet, durch dicke Kleidung, Schraubenzieher, Messer. Gendarmerieoberst Šalfeev, der noch am Vortag mit einigem Erfolg die Vyborger Arbeiter daran gehindert hatte, die Litejnyj-Brücke zu passieren, konnte sie nun nicht mehr aufhalten: Er wurde vom Pferd gezogen und gelyncht. Einzeln patrouillierende Polizeibeamte suchten, wenn sie klug waren, beizeiten das Weite: bevor sie von der johlenden Menge ausgespäht, entwaffnet und verprügelt wurden. Doch auch Polizeistationen waren vor Überfällen nicht mehr sicher. Die Auseinandersetzungen zwischen Demonstranten und der Polizei entwickelten sich mitunter zu regelrechten Straßenschlachten: Jeder Versuch, Verhaftungen vorzunehmen, provozierte Gegenangriffe; dabei attackierten die Demonstranten die Polizisten mit allem, was sie greifen konnten, und befreiten nicht selten die eben Arretierten.

Möglich wurde das nur, weil die eingesetzten Soldaten und Kosaken im allgemeinen wenig Neigung zeigten, der Gendarmerie entschlossen zu Hilfe zu kommen: sei es, daß sie bei den Auseinandersetzungen eine gewisse »Neutralität« an den Tag legten; sei es, daß sie mit Demonstranten die explizite oder stillschweigende Übereinkunft trafen, nicht scharf zu schießen; oder sei es, daß sie – wie in Einzelfällen geschehen – den Demonstranten sogar gegen die Polizei zu Hilfe kamen. Mit ihrer Sympathie für die streikenden Arbeiter standen die Soldaten offenkundig nicht allein. Viele Anhörige anderer »Klassen«, Postbeamte und städtische Angestellte, Beschäftigte in Büros und Kanzleien, Läden und Warenhäusern, Droschkenkutscher und Kellner, Schüler und Studenten dachten ähnlich oder hatten sich sogar ihren Protestzügen angeschlossen. Und wie berichtet wird, scheuten sich auch manche Damen aus den sog. »besseren« Kreisen nicht, den Demonstranten vom Balkon aus zuzuwinken.

Nun endlich schlug die Autokratie zurück. In einem Telegramm, das am Abend des 25. Februar eintraf, wies der Zar den Kommandanten des Petrograder Militärbezirks an, die Unruhen unverzüglich zu beenden, sie seien angesichts der Tatsache, daß sich Rußland im Krieg mit Deutschland und Österreich befinde, untragbar. Noch in der gleichen Nacht beriet sich Kommandant Chabalov mit seinem Stab und erließ zwei Verordnungen, die alle öffentlichen Ansammlungen verboten und die Arbeiter ultimativ aufforderten, bis 28. Februar an ihren Arbeitsplatz zurückzukehren; jede Zuwiderhandlung sollte mit Einberufung zur Armee und Fronteinsatz geahndet werden. Gleichzeitig verwandelte Chabalov die Hauptstadt in ein

Militärlager. Die einzelnen Polizeiposten wurden abgezogen und durch gut bewaffnete Gendarmeriepatrouillen ersetzt.[28] Starke Truppenverbände besetzten die wichtigsten Punkte der Stadt. Pioniere begannen Telefonkabel zu legen, um die Verbindung zwischen den Militäreinheiten herzustellen. Und das Rote Kreuz bereitete sich auf das Schlimmste vor.

Da Sonntag war, blieben am 26. Februar die Schulen und Fabriken ohnehin geschlossen.[29] Die öffentlichen Verkehrsmittel fuhren nicht. Die Nevabrücken, die die Verbindung zu den nördlichen Stadtbezirken herstellten, waren hochgezogen; die Innenstadt schien hermetisch abgeriegelt. Sicher, ganz war nicht zu verhindern, daß Einzelne oder auch Gruppen den Weg über das Eis suchten und am späteren Vormittag in der Gegend des Nevskij erschienen. Aber wo sich Demonstranten zu versammeln oder gar einen Zug zu formieren versuchten, merkten sie schnell, daß nichts so war wie am Vortag. Kamen sie der Aufforderung, sich zu zerstreuen, nicht nach, wurde scharf geschossen: an der Einmündung der Sadovaja Straße in den Nevskij, an der Kreuzung zwischen Nevskij und Vladimirskij Prospekt, auf dem Vorplatz des Nikolaj-Bahnhofs, der Znamenskaja ploščad'. Die Soldaten, meist junge Rekruten aus Ausbildungseinheiten der Garderegimenter, schossen – vielleicht widerwillig, aber eben doch – auf Befehl ihrer Offiziere in die Menge, trieben sie mit Gewehrsalven auseinander, zu panikartiger Flucht; allein auf dem Znamenskaja Platz starben im Kugelhagel an die 50 Demonstranten.

Im Gefühl, wieder Herr der Lage zu sein, zeigte die Regierung keinerlei Neigung, ihren Kritikern in der Duma entgegenzukommen; die Forderung nach Bildung eines neuen Kabinetts, getragen vom öffentlichen Vertrauen, war nun kein Thema mehr. Vielmehr beschloß der Ministerrat, die Duma zu vertagen. Und als deren Vorsitzender, Rodzjanko, spät in der Nacht beim Ministerpräsidenten erschien, um gegen den rigorosen Schußwaffengebrauch zu protestieren, erhielt er als Antwort nur die Ordre zur Auflösung des Parlaments überreicht.[30]

Daß es gelungen war, den Keim der Revolution zu ersticken, dieser Meinung war nicht nur die Regierung; auch in den lokalen Führungsgremien der sozialistischen Parteien schätzte man die Gesamtlage nicht viel anders

---

[28] Aus der Militärpolizei hervorgegangen, hatten die Gendarmen die Funktion einer Staatspolizei übernommen; 1826 der berüchtigten Dritten Abteilung der Kaiserlichen Kanzlei zugeordnet, waren sie – nach deren Abschaffung 1880 – dem Innenminister unterstellt worden; vgl. E. Amburger, Geschichte der Behördenorganisation Rußlands von Peter dem Großen bis 1917, Leiden 1966, S. 144 f.; N.P. Eroshkin, Gendarmes in Russia, in: MERSH Bd. 12, S. 106 ff.; N.B. Weissman, Police Reform in Tsarist Russia, in: Ebda. Bd. 28, S. 189 ff.

[29] Das Folgende vor allem nach Hasegawa, February Revolution, S. 267 ff.

[30] Die Vertagung sollte mit dem 26. Februar beginnen und (längstens) bis April dauern; Text in engl. Übersetzung bei R.P. Browder / A.F. Kerensky, The Russian Provisional Government 1917. Documents, 3 Bde., Stanford 1961; hier Bd. 1, S. 41 f.

ein. Beide hatten jedoch zwei Momente unterschätzt: den Durchhaltewillen der Arbeiter und – wichtiger noch – die Diskussionen und Nachwirkungen, die der Schießbefehl bei den Soldaten auslöste.[31] So war die auf dem Znamenskaja Platz eingesetzte 4. Kompanie des Regiments Wolhynien noch in der Nacht zum Entschluß gekommen, einem erneuten Befehl, dort Stellung zu beziehen, nicht nachzukommen; es sei bereits genug Blut vergossen worden. Als es am Montagmorgen zur Konfrontation kam, erschossen die Soldaten ihren Kompaniechef. Von den Volynskern (»Wolhynien«) griff die Meuterei auf die angrenzenden Kasernen des Preobražensker und des Litauischen Regiments sowie auf das 6. Pioniersbatallion über. Waren es am Morgen nur 10.000 aufständische Soldaten, so am Nachmittag bereits über 25.000 und am Abend über 65.000. Der Damm war gebrochen. Einen Tag später, am Abend des 28. Februar hatte sich die Zahl der aufständischen Soldaten verdoppelt, und am Abend des 1. März stand die gesamte Petrograder Garnison (mit annähernd 170.000 Soldaten) auf seiten der Revolution.

Doch greifen wir nicht vor. Noch bevor sie von der Soldatenmeuterei erfuhren, hatten am Montagmorgen (also am 27. Februar) Arbeiter im Vyborger Bezirk Versammlungen abgehalten und beschlossen, den Streik fortzusetzen.[32] Bereits in der Nacht zuvor war es einigen gelungen, in ein Munitionsdepot einzudringen und dabei Gewehre und Revolver zu erbeuten. Was man noch brauchte, holte man sich in den bestreikten Rüstungsbetrieben. Die bewaffneten Demonstranten zogen durch die Straßen, attackierten eine Polizeistation, brachten den Finnischen Bahnhof unter ihre Gewalt und nahmen dann Kurs auf die Litejnyj-Brücke, wo sie mit Abteilungen meuternder Soldaten zusammentrafen. Von dort zog eine kleinere Gruppe zum Kresty-Gefängnis, nicht weit davon am rechten Nevaufer gelegen, sprengte die Tore, entwaffnete die Mannschaften und befreite die Gefangenen; insgesamt saßen hier etwa 2.400 Personen ein, unter ihnen auch Mitglieder der Arbeitergruppe des Zentralen Industriekomitees. Die Kasernen des noch regierungstreuen Moskauer Regiments und des Fahrradbatallions waren das nächste Ziel. Mit dem Sturm auf die Polizeihauptwache, die in Flammen aufging, war faktisch der gesamte Vyborger Stadtbezirk in Händen der Aufständischen.

---

[31] Bereits im Laufe des Sonntags war es in der Pavlovsker Kaserne zu einem Aufruhr unter den Soldaten gekommen. Von Arbeitern über die Vorgänge informiert, waren etwa 100 Soldaten aufgebrochen, um ihre Kameraden von weiteren Einsätzen gegen Demonstranten abzuhalten. Sie lieferten sich dabei ein kurzes Gefecht mit der Polizei, bei dem ein Polizist erschossen wurde. Schlecht ausgerüstet, wie sie waren, konnten sie, in die Kaserne zurückgekehrt, rasch überwältigt werden. Von diesem Vorfall berichtet auch Suchanow, Tagebuch der Revolution, S. 37 f.
[32] Hasegawa, February Revolution, S. 278 ff.

Abb. 14:   Der revolutionäre Sturm auf die Gefängnisse, Polizeistationen, Justiz-
gebäude: Das Litauische Schloß, in den 80er Jahren des 18. Jahrhunderts am Schnitt-
punkt von Mojka und Krjukovkanal erbaut, beherbergte zunächst ein Garderegiment, dann das Musketierregiment Litauen (davon der Name), bevor es in
den 1820er Jahren zur Strafanstalt umgebaut wurde; seit der zweiten Hälfte des
19. Jahrhunderts waren hier auch politische Häftlinge untergebracht. In der Februarrevolution wurden sie befreit und das Gebäude in Brand gesetzt (kleines Bild).
Es blieb Ruine, bevor es Ende der 20er Jahre abgerissen wurde. Bei der (auf dem
großen Bild) abgebildeten Gruppe handelt es sich um ehemalige Häftlinge der
Festung Schlüsselburg. Auf den Spruchbändern steht: »Lang lebe das Volk, das die
Gefängnistore geöffnet hat« und »Alles für das Volk: Fabriken, Land und Freiheit«.
Doch die neue, schier grenzenlose »Freiheit« hatte ihren Preis. Schon im Frühjahr
war man, wie der Schriftsteller Maksim Gor'kij in der Zeitung »Novaja Žizn'« vermerkte, eifrig dabei, Faust, Bajonett und Kugel als »Argument zu benutzen«; auf
den Straßen griffen Anarchie und Chaos um sich, in den Zeitungen war von Mord
und Gewalt, von Schießereien und soldatischen Ausschreitungen auf Bahnstationen, von Pogromen in Samara, Minsk und Jur'ev zu lesen. Man lief Gefahr, die eben
gewonnene Freiheit »mit eigner Hand zu erschlagen« (M. Gorkij, Unzeitgemäße
Gedanken über Kultur und Revolution. Geschrieben von Maxim Gorkij in Petrograd und veröffentlicht in der Tageszeitung »Novaja Žizn'« [Neues Leben] von
1917 bis 1918, Frankfurt am Main 1974, S. 25 ff., 42 ff.).

So machte sich am Nachmittag ein Teil in Richtung Innenstadt und Taurisches Palais auf. Auf dem Wege dorthin besetzten sie das städtische Untersuchungsgefängnis, ließen an die tausend Häftlinge frei, steckten das Kreisgericht am Litejnyj Prospekt in Brand, verschafften sich Zugang zur Artillerie-Hauptverwaltung und drangen in das dazugehörige Waffendepot ein, wo ihnen 40.000 Gewehre und 30.000 Revolver und Pistolen in die Hände fielen. Nun war die Straße endgültig bewaffnet, aber auch Anarchie und Vandalismus, Plünderung und Lynchjustiz nicht mehr aufzuhalten.

Selbst wenn das Zentrum des autokratischen Rußland noch unberührt war, der Winterpalast, die Admiralität, der Generalstab und die Peter-Pauls-Festung, seine Macht schmolz zusammen und der endgültige Zusammenbruch war nun nur noch eine Frage von Stunden, allenfalls Tagen. Immer mehr Truppen gingen auf die Seite der Revolution über. Die militärische Ordnung und Disziplin löste sich auf. Polizei und Gendarmerie verschwanden von den Straßen, die Gefängnisse hatten ihre Pforten geöffnet, das Justizsystem jede Autorität und Glaubwürdigkeit verloren, »ausgedient« im doppelten Sinn des Wortes. Was vorher als »Recht« galt, stand unter globalem Verdacht, »Unrecht« zu sein, und wer vorher »Recht« gesprochen hatte, das Gegenteil getan zu haben.

b) Der Transfer der Macht

Je näher die Revolutionäre ihrem Ziel kamen, die alte Ordnung zu stürzen, desto drängender wurde die Frage, wer das Erbe der Revolution antreten, die Macht übernehmen sollte. Die Frage war in den letzten Tagen kaum gestellt, geschweige denn diskutiert worden. Waren doch die einen, die streikenden Arbeiter, protestierenden Frauen und meuternden Soldaten ganz damit beschäftigt, der Autokratie die Macht zu entwinden. Und die andern, die Vertreter in der Duma, die Führer der politischen Parteien, ob in Rußland oder im Exil, völlig überrascht, wie rasch das gelang. Sicher es gab vorab darüber Diskussionen und Verlautbarungen der Parteien.[33] Aber wer von denen auf der Straße, in den Kasernen und an den Werkbänken hatte die Parteienverlautbarungen schon gelesen, ganz abgesehen davon, daß die Parteien und ihre großen Führer im Geschehen der letzten Tage kaum eine Rolle gespielt hatten?

---

[33] Einen knappen Überblick über das russische Parteienspektrum vermitteln: H.-D. Löwe, Das Spektrum der Parteien, in: Hellmann / Zernack / Schramm, Handbuch der Geschichte Rußlands, Bd. 3, S. 392 ff.; und E. Oberländer, Die Rolle der politischen Parteien, in: G. Katkov / E. Oberländer / N. Poppe / G.v. Rauch (Hgg.), Rußlands Aufbruch ins 20. Jahrhundert. Politik, Gesellschaft, Kultur, 1894 – 1917, Freiburg 1970, S. 63 ff.; die Parteiprogramme im schon genannten Band Scheibert, Die russischen politischen Parteien.

Sah man aber in die Programme und Verlautbarungen der Parteien hinein, stellte man rasch fest, daß die Antwort auf die Frage nach dem Verhältnis zur Revolution und den Perspektiven für die Zeit danach ganz unterschiedlich ausfiel. Nicht nur zwischen Links und bürgerlicher Mitte, sondern auch innerhalb des sozialistischen und des bürgerlichen Lagers.

Schon in der »Sozialdemokratischen Partei Rußlands« war die Meinung gespalten: zwischen einem rechten oder »gemäßigten« Flügel, dessen Anhänger man Menschewiki nannte, und einem linken, »radikalen«, den Bolschewiki.[34] Beide beriefen sich dabei auf Marx. Für die Menschewiki[35] war, Marx beim Wort genommen, Rußland noch nicht »reif« für eine sozialistische Revolution, das Industrieproletariat, in Zahlen gemessen, eine Minderheit: Deshalb sollten die Arbeiter zusammen mit dem Bürgertum die Autokratie stürzen und die Errichtung eines freiheitlichen Rechtsstaates erkämpfen, die Regierungsgewalt danach aber dem Bürgertum zufallen. Die Arbeitervertreter wirkten – so die Vorstellung weiter – als Opposition in den zentralen, regionalen und lokalen Selbstverwaltungsgremien mit und organisierten sich darüber hinaus in eigenen »Klassenorganen« (wie zum Beispiel städtischen und zentralen Arbeiterkongressen). Diese Klassenorgane dienten dazu, Interessen zu vertreten, »Reife« zu gewinnen und ein entsprechendes »Bewußtsein« auszubilden.

Die Bolschewiki[36] dagegen sahen die Dinge anders: Der Kapitalismus sei inzwischen zum Weltsystem geworden; auch in Rußland habe er bereits

34 Mit dieser Fraktionsbezeichnung erinnerten die Bolschewiki (wörtlich übersetzt: »Mehrheitler«) daran, daß sie auf dem 2. Parteitag 1903 gegenüber ihren Opponenten, den Menschewiki (den »Minderheitlern«), die Oberhand behalten hatten. Für die Anfänge der Gesamtpartei sei hier nur verwiesen auf: S.H. Baron, Plekhanov. The Father of Russian Marxism, Stanford 1963; Keep, The Rise of Social Democracy in Russia; D.S. Lane, The Roots of Russian Communism. A Social and Historical Study of Russian Social-Democracy 1898 – 1907, Assen 1968; R. Pipes, Social Democracy and the St. Petersburg Labor Movement, 1885 – 1897, Cambridge, Mass. 1963; L. Schapiro, The Communist Party of the Soviet Union, London 1970; A.K. Wildman, The Making of a Workers' Revolution. Russian Social Democracy 1891 – 1903, Chicago 1967; Statuten und Parteitagsresolutionen in: Kommunističeskaja Partija Sovetskogo Sojuza v rezoljucijach i rešenijach s"ezdov, konferencij i plenumov CK, Bd. 1: 1898 – 1917, 10. Aufl. Moskau 1983; engl. Übers. in: R.H. McNeal (Hg.), Resolutions and Decisions of the Communist Party of the Soviet Union, Bd. 1: The Russian Social Democratic Labour Party 1898 – October 1917, Toronto 1974.
35 Vgl. A. Ascher (Hg.), The Mensheviks in the Russian Revolution, New York 1976; J.D. Basil, The Mensheviks in the Revolution of 1917, Columbus, Ohio 1984; L.H. Haimson (Hg.), The Mensheviks. From the Revolution of 1917 to the Second World War, Chicago / London 1974. Es kommt im übrigen nicht von ungefähr, daß die Forschung sich mehr ihrer Führer als der Parteigeschichte angenommen hat: vgl. A. Ascher, Pavel Axelrod and the Development of Menshevism, Cambridge, Mass. 1972; Baron, Plekhanov; I. Getzler, Martov. A Political Biography of a Russian Social Democrat, Cambridge 1967; W.H. Roobol, Tsereteli. A Democrat in the Russian Revolution, Den Haag 1976.
36 Geyer, Lenin in der russischen Sozialdemokratie; Haimson, The Russian Marxists; A. Ulam, Die Bolschewiki. Vorgeschichte und Verlauf der kommunistischen Revolution, Köln / Ber-

alle Bereiche des Lebens durchdrungen. Deshalb könne man sich nicht mehr mit einer »bürgerlichen Revolution« zufrieden geben und der Bourgeoisie danach das Feld überlassen. Ziel müsse vielmehr die Etablierung einer Provisorischen Revolutionsregierung sein, die sich auf das Proletariat und die ärmsten Schichten der Bauernschaft stütze und damit beginne, in Form einer Übergangsdiktatur die sozialistischen Forderungen zu verwirklichen. Was die relative Rückständigkeit Rußlands betraf, so war man überzeugt, daß der revolutionäre Funke rasch auf Westeuropa überspringen und die Verhältnisse im »Weltmaßstab« wieder ausgleichen würde.

Was beide Flügel auch unterschied, waren die Vorstellungen von der eigenen Partei. Während sich die Menschewiki am Vorbild einer relativ losen Massenpartei orientierten, forderten die Bolschewiki eine straffe Organisation und Führung, unter anderem mit dem Argument, auf sich allein gestellt seien die Arbeiter nur zu einem »tradeunionistischen« (gewerkschaftlichen) Bewußtsein fähig. Man wird unterstellen dürfen, daß diese straffe Führung und Organisation – nach bolschewistischen Vorstellungen – auch für die Provisorische Revolutionsregierung gelten sollte.

Neben Menschewiki und Bolschewiki gab es eine dritte große sozialistische Gruppierung: die »Partei der Sozialrevolutionäre«; in Rußland selbst war sie vor allem unter ihrer Abkürzung SR oder SRy (die Sozialrevolutionäre, gesprochen EsEry) bekannt.[37] Irgendwo fand man auch bei ihr die Differenzen der Sozialdemokraten, das Schwanken zwischen direkter Beteiligung an einer revolutionärer Regierung und bedingter Tolerierung eines bürgerlichen Kabinetts wieder. Doch was sie von den Sozialdemokraten unterschied und die Identität der Partei ausmachte, war, daß sie ihre eigentliche Zielgruppe nicht im Industrieproletariat, sondern in der Bauernschaft sah, und daß sie in der Landgemeinde (der obščina) eine sozialistische Institution entdeckt zu haben glaubte, die die Revolution überdauern und ein Vorbild für die nachrevolutionäre Gesellschaft abgeben sollte.

Jede derartige Charakterisierung muß sogleich hinzufügen, daß sie nur als Grundorientierung verstanden werden darf. Denn 1. waren die Gren-

---

lin 1967 (engl. Ausg. 1965); aus der großen Zahl von Leninmonographien sei nur verwiesen auf die neueren Arbeiten von: N. Harding, Lenin's Political Thought, 2 Bde., London 1977-1981; R. Service, Lenin. A Political Life, Bd. 1, London 1985.

[37] Vgl. hierzu vor allem: M. Hildermeier, Die Sozialrevolutionäre Partei Rußlands. Agrarsozialismus und Modernisierung im Zarenreich (1900 – 1914), Köln / Wien 1978; M.P. Perrie, The Agrarian Policy of the Socialist-Revolutionary Party. From its Origins through the Revolution of 1905 – 07, Cambridge / London / New York / Melbourne 1976; Radkey, Agrarian Foes of Bolshevism; aus sowjetischer Sicht: K.V. Gusev, Partija ėserov. Ot melkoburžuaznogo revoljucionizma k kontrrevoljucii. Istoričeskij očerk, Moskau 1975; jetzt auch: L. Häfner, Die Partei der Linken Sozialrevolutionäre in der Russischen Revolution von 1917/18, Köln / Weimar / Wien 1994.

zen zwischen den sozialistischen Gruppierungen fließend; 2. bestand nicht nur jede Partei aus verschiedenen Flügeln, sondern die Flügel setzten sich wieder aus Zirkeln und Einzelpersönlichkeiten zusammen, die die Schwerpunkte unterschiedlich setzten und mitunter 3. ihre eigenen taktischen und theoretischen Schlüsse daraus zogen; dabei war 4. das Nachdenken über Theorie und Taktik selbst im Fluß, änderte sich unter dem Eindruck aktueller innen- und außenpolitischer Ereignisse (dem Ausbruch und den Erfahrungen der ersten Revolution von 1905, der zaristischen Politik in der Vorkriegszeit, Kriegsbeginn und Kriegsverlauf); und 5. war noch sehr die Frage, ob, was oben gedacht wurde, auch nach unten durchdrang, bei der eher offenen Parteistruktur der Menschewiki und Sozialrevolutionäre, aber auch bei den Bolschewiki, deren Parteiführung im Ausland saß und deren versprengte innerrussische Grüppchen nicht selten auf sich selbst angewiesen waren.

Fragt man, wie sich die bürgerlichen Parteien die Kanalisierung der revolutionären Macht vorstellten, wird man auch bei ihnen sogleich mit einer Einschränkung beginnen müssen. Sie hatten, wir sagten es bereits, in ihrer großen Mehrheit die Revolution nicht gewollt, hätten ihr jede andere Problemlösung vorgezogen. Das galt auch für jene, die sich in entschiedener Opposition zur zaristischen Politik sahen, für die Mitglieder des Progressiven Blocks, für die Mitglieder von Handel und Gewerbe in den Kriegsindustriekomitees, für die Repräsentanten des Städteverbandes und der ländlichen Selbstverwaltungskörperschaften. Sie alle wollten eine Reform der Monarchie, nicht unbedingt ihre Abschaffung; ein vernünftiges Arrangement mit der Regierung, ein vom Vertrauen der Duma getragenes Kabinett, wenn es sein mußte, einen Staatsstreich; aber keinen Umsturz von unten, keinen Aufstand der Straße, keine Revolution. Selbst in der großen Partei des bürgerlichen Liberalismus, in der »Partei der Konstitutionellen Demokraten«[38] (deren Mitglieder nach den Anfangsbuchstaben KD »Kadeten« genannt wurden) überwog diese Ansicht, blieben diejenigen, die Offenheit und Öffnung nach Links (gegenüber den Forderungen der Arbeiter, gegenüber Vertretern sozialistischer Parteien) forderten, in der Minderheit.

---

[38] Grundlegend: W.G. Rosenberg, Liberals in the Russian Revolution. The Constitutional Democratic Party, 1917 – 1921, Princeton, N.J. 1974; G. Fischer, Russian Liberalism, Cambridge, Mass. 1958; R. Pearson, The Russian Moderates and the Crisis of Tsarism 1914 – 1917, New York 1978; R. Pipes, Struve. Liberal on the Left 1870 – 1905, Cambridge, Mass. 1970; ders., Struve. Liberal on the Right 1905 – 1944, Cambridge, Mass. 1980: Th. Riha, A Russian European. Paul Miliukov in Russian Politics, Notre Dame 1969; Ch.E. Timberlake, Constitutional Democratic Party, in: MERSH Bd. 8, S. 30 ff.; ders. (Hg.), Essays on Russian Liberalism, Columbia, Mo. 1972.

Der unerwartet rasche Zusammenbruch der Autokratie; die zentrale Rolle, die streikende Arbeiter und meuternde Soldaten dabei spielten; die unterschiedlichen Auffassungen der sozialistischen Parteien, wie die Staatsmacht künftig verteilt sein sollte; und das Zögern der Bürgerlich-Liberalen, die von der Revolution geschaffenen Verhältnisse anzuerkennen – das alles prägte den Prozeß der Regierungsbildung. Was herauskam, hat man das System der »Doppelherrschaft« genannt, zu einem guten Teil Improvisation, Widerspiegelung der Kräfteverhältnisse, unterschiedlich deutbar, flexibel und entwicklungsfähig, in welche Richtung auch immer.

So wurde auf der Linken ein Gremium, eine Institution geschaffen, wie sie so vorher keine der sozialistischen Parteien in ihr Programm aufgenommen hatte: ein »Rat« (russ. sovet, eingedeutscht: Sowjet).[39] Die Erfahrungen der ersten Revolution von 1905 lieferten dabei das Vorbild. Das Gefühl, daß eine Zentralinstanz fehlte, die Streiks und Proteste der hauptstädtischen Massen lenkte, Interessenvertretung und Koordinierungsorgan in einem war, hatte im Januar die Idee eines »Rates« wieder in die Diskussion gebracht. Die Arbeitergruppe im Zentralen Kriegsindustriekomitee hatte, so sehr sie sich bemühte, diese Rolle nur begrenzt zu spielen vermocht, wurde sie doch von den Bolschewiki als menschewistisch und »versöhnlerisch« abgelehnt. Die Verhaftung ihrer Mitglieder (Ende des Monats) schaffte den Streitfall aus dem Weg und machte das politische Vakuum erst recht sichtbar.

Es scheint, daß die immer wieder auftauchende Forderung nach Neugründung eines Rates von Kreisen, die der menschewistischen Dumafraktion und den Arbeitervertretern im Kriegsindustriekomitee nahestanden, zuerst aufgegriffen und umzusetzen versucht wurde. Sie luden für den 25. Februar Gesinnungsgenossen zu einer Sitzung in das Büro der Petrograder Arbeiter-Konsum-Genossenschaft, kamen überein, einen Arbeiterrat zu gründen, und verabredeten die Modalitäten der Wahl. Doch da die Polizei schon am nächsten Tag einen Großteil der Gruppe verhaftete, kamen die Vorschläge nicht zur Ausführung. So kam es zur eigentlichen Gründung erst am 27. Februar, und wieder scheinen es vor allem menschewistische Dumaabgeordnete und die inzwischen befreiten Mitglieder des

---

[39] Ausführlich dazu: Hasegawa, February Revolution, S. 313 ff.; Augenzeugenbericht bei Suchanow, Tagebuch der Revolution, S. 45 ff., 70 ff. u.ö.; zur Entwicklung der Räte und Rätebewegung in Rußland allgemein: Anweiler, Rätebewegung; V.D. Medlin, The Reluctant Revolutionaries. The Petrograd Soviet of Workers' and Soldiers' Deputies 1917, Ph.D. Oklahoma 1974; die sowjetische Sichtweise bei: A.N. Andreev, The Soviets of Workers' and Soldiers' Deputies on the Eve of the October Revolution, March – October 1917, Moskau 1971; M.N. Potechin, Pervyj sovet proletarskoj diktatury. Očerki po istorii Petrogradskogo Soveta v 1917 – 1918 gg., Leningrad 1966; Ju.S. Tokarev, Petrogradskij sovet rabočich i soldatskich deputatov v marte – aprele 1917 g., Leningrad 1976; G.I. Zlokazov, Petrogradskij Sovet rabočich i soldatskich deputatov v period mirnogo razvitija revoljucii (fevral' – ijun' 1917 g.), Moskau 1969.

Zentralen Kriegsindustriekomitees gewesen zu sein, die – in einem Sitzungsraum des Dumagebäudes – die Planungen Gestalt werden ließen: Sie gründeten ein »Provisorisches Exekutivkomitee« eines »Rates der Arbeiterdeputierten«, riefen in einem Appell, der um 2 Uhr nachmittags hinausging, alle aufständischen Arbeiter und Soldaten zur Wahl von Delegierten auf und beraumten die erste Sitzung des Rates bereits für abends 7 Uhr, wiederum in den Räumen der Staatsduma, an. Der Wahlmodus war der gleiche wie bei der Bestellung der Arbeitervertreter im Kriegsindustriekomitee: je ein Delegierter pro Kompanie und Fabrik, größere Fabriken hatten das Recht, jeweils pro 1.000 Arbeiter einen Delegierten zu entsenden.

Trotz seiner lakonischen Kürze war der Wahlaufruf vielsagend genug und spiegelte viel von der Unsicherheit der Gesamtsituation wider. Seine Verfasser bezeichneten sich als »Provisorisches Exekutivkomitee« eines »Rates der *Arbeiter*deputierten«; für andere Gesellschaftsschichten als Arbeiter hätten die Menschewiki, die sich selbst als Arbeiterpartei verstanden, kaum zu sprechen gewagt. Sie sahen aber auch, daß eine Ratsgründung vorbei an jener Kraft, die die Revolution letztendlich entschieden hatte, den Soldaten, schwerlich vorstellbar war. Da die Soldaten zu einem Großteil aus der Bauernschaft kamen, blieben sie für die Menschewiki ein Faktor der Unsicherheit, ein Problem, von dem nun auch, aus Sicht der Menschewiki, der Rat nicht frei war. Welche Funktion der Rat eigentlich ausüben sollte, war nirgends gesagt. Aus Sicht der Menschewiki wohl am ehesten – von den Soldaten einmal abgesehen – die Funktion eines proletarischen Klassenorgans, vergleichbar den (bislang vergeblich geforderten) Arbeiterkongressen. Doch da dies nirgends gesagt war, ließen sich damit – bei anderen sozialistischen Gruppierungen, vor Ort in den Fabriken und Kasernen – auch andere Erwartungen verbinden: die Erwartung einer Übernahme der Macht und Regierungsgewalt. Zweideutig war so letztlich auch der Tagungsort: das Taurische Palais. Wer wie die Menschewiki dachte, mußte ihn als Hinweis auf das eigentliche Zentrum der neuen Macht, die Duma, verstehen und den Rat als deren Annex sehen. Aber auch die Interpretation einer Nachfolge oder Konkurrenz schien möglich.

Als am Abend der Rat zu seiner ersten Sitzung zusammentrat, hatten sich die Kunde seiner Gründung und der Wahlaufruf noch nicht recht herumgesprochen; jedenfalls kamen – abgesehen von den rund 200 Zuschauern – nur etwa 50 »stimmberechtigte« Delegierte, wobei der überwiegende Teil nicht wirklich in den Fabriken und Kasernen gewählt, sondern selbsternannt war und der sozialistischen Intelligencija angehörte.[40] Sie wählten einen Vorsit-

---

[40] Frage der Zahlen und Mandate diskutiert bei Hasegawa, February Revolution, S. 338 f.; vgl. auch Anweiler, Rätebewegung, S. 128 ff.; Suchanow, Tagebuch der Revolution, S. 67 f.

Abb. 15:   Das Taurische Palais und der Transfer der Macht. Die weitläufige Anlage (Außenansicht) wurde urspr. für den »Günstling« Katharinas II. G.A. Potёmkin, Fürst von Taurien, errichtet, ab 1906 zum Sitz der Staatsduma umgebaut; in dessen rechtem Flügel konstituierte sich in den letzten Februartagen das Provisorische Dumakomitee, aus dem die Provisorische Regierung hervorging, während sich im linken Flügel der Sowjet der Arbeiter- und Soldatendeputierten bildete; im Sitzungsaal hing ursprünglich hinter der Rednertribüne ein Zarenbild (kleines Bild). Es wurde in der Februarrevolution von Soldaten aus dem Rahmen geschnitten (vgl. die Schilderung bei N.N. Suchanow, Tagebuch der Revolution, S. 84), sein Platz blieb bezeichnender Weise leer: Auf welches gemeinsame Symbol der Macht hätte man sich einigen können?

zenden (den georgischen Menschewik Čcheidze), zwei Stellvertreter (den Menschewik Skobelev und den Trudowik[41] Kerenskij) und ein vierköpfiges Sekretariat (das mehrheitlich ebenfalls menschewistisch war, und zu dem auch der Vorsitzende der Arbeitergruppe im Zentralen Kriegsindustriekomitee gehörte). Dann wandten sich die Deputierten, ohne die grundsätzliche Frage nach Stellung und Bedeutung zu diskutieren, den drängendsten praktischen Problemen zu: der Versorgungsfrage, der Führung und Disziplinierung des Militärs und der Wiederherstellung von Ruhe und Ordnung in den einzelnen Stadtbezirken. Daß jedes dieser Probleme nach einer Lösung schrie, bedarf keiner großen Erklärung: Die Versorgungsprobleme waren ein Anlaß für den Ausbruch der Unruhen gewesen und mit ihnen noch gewachsen. Die Auflösung der militärischen Ordnung in der Hauptstadt, ihrer Logistik und Infrastruktur, steigerte das Problem noch erheblich, ganz abgesehen davon, daß die Soldaten wenig Neigung zeigten, in die Kasernen zurückzukehren. Ein Sicherheitsrisiko waren aber nicht nur sie, sondern auch der Mob, den die Revolution, der Sturm auf die Gefängnisse befreit und die Besetzung der Munitionsdepots bewaffnet hatte. Der Rat schuf sich zu jeder dieser Problemkomplexe, zur Versorgungs- wie zur Militärfrage eine Kommission[42] und beschloß die Gründung einer Arbeitermiliz, die – nachdem die zaristische Polizei verschwunden war – Ruhe und Ordnung in den proletarischen Vierteln wiederherstellen sollte. Genau genommen, eignete sich der Rat damit staatliche Kompetenzen an. Doch im Selbstverständnis traf er damit nicht eine grundsätzliche, sondern eine praktische Entscheidung: Er war vorläufig die einzige hauptstädtische Gewalt, die diese Probleme angehen konnte. Zum Schluß bestellte der Rat ein reguläres Exekutivkomitee und machte deutlich, daß er sich als Dauereinrichtung sah: Er beauftragte eine spezielle Editionskommission mit der Herausgabe einer eigenen Zeitung: Sie hieß »Izvestija« (Nachrichten) und erschien am darauf folgendenTag zum ersten Mal.[43]

Mittlerweile war aber noch ein anderes politisches Zentrum entstanden: aus dem Kreise des Parlaments, der Staatsduma.[44] Die Auflösungsordre des Zaren

---

[41] Die Trudowiki (zu übersetzen etwa mit »Partei der Arbeit«) waren ein Ableger der Sozialrevolutionäre und Kerenskij deren Sprecher in der Duma.

[42] Genauer gesagt, bestätigte er bereits bestehende (von sozialistischen Dumaabgeordneten oder dem Provisorischen Exekutivkomitee ins Leben gerufene) Kommissionen und unterstellte sie seiner Kontrolle: die Lebensmittelversorgungskommission (unter dem menschewistischen Wirtschafts- und Statistikfachman Groman) und die Militärkommission (mit deren Führung das Provisorische Exekutivkomitee des Rates einen Sozialrevolutionär mit dem Rang eines Obersten, S.D. Mstislavskij, beauftragt hatte).

[43] Anweiler, Rätebewegung, S. 128 ff.; Hasegawa, February Revolution, S. 342 ff.; Suchanow, Tagebuch der Revolution, S. 69 ff.

[44] Für das Folgende: Burdžalov, Vtoraja russkaja revljucija. Vosstanie v Petrograde, S. 226 ff.; Hasegawa, February Revolution, S. 348 ff.; Katkov, Russia 1917, S. 289 ff.; Mel'gunov, Martovskie dni; Rosenberg, Liberals in the Russian Revolution, S.49 ff.

hatte (als sie in der Nacht zum 27. Februar bekannt wurde) in Dumakreisen heftige Diskussionen und Ratlosigkeit ausgelöst. Während die sozialistische Linke forderte, die Tagungen einfach fortzusetzen und die Leitung des Aufstands zu übernehmen, begannen schon bei den Kadetten die Zweifel: Ein Teil stellte sich hinter die Forderungen der Linken, ein Teil zögerte und ein dritter lehnte sie entschieden ab. Bei der rechts von ihnen stehenden Partei der Oktobristen waren die Bedenken noch sehr viel größer.[45] Der ihnen zugehörige Dumapräsident Rodzjanko zum Beispiel lehnte selbst die Einberufung einer Sitzung des Ältestenrates ab, wenn sie nicht ausdrücklich als »inoffiziell« deklariert wurde; in der Hoffnung, der Zar werde sich vielleicht doch noch ein Zugeständnis abringen lassen, telegraphierte er ein weiteres Mal (am Mittag) an ihn und bat inständig um die Aufhebung des Auflösungsdekrets und die Bildung einer »Regierung des allgemeinen Vertrauens«.[46]

Immerhin rang sich – am Nachmittag des 27. Februar – dann doch ein Drittel der Abgeordneten dazu durch, zu einer Sitzung zusammenzukommen, freilich nicht ohne dieses Zusammentreffen als rein »privat« zu bezeichnen und diesen privaten Charakter auch dadurch zu unterstreichen, daß man einen anderen als den üblichen Sitzungsraum wählte. Zunächst brachte die Sitzung auch nur die alten, grundsätzlichen Differenzen zutage: Während die einen die Übernahme der Staatsgewalt, die Schaffung einer neuen Regierung, eventuell auch einen Staatsstreich (mit anschließender Militärdiktatur) forderten, bestritten die anderen den Versammelten dazu das Recht: Wenn die Duma sich als Gesetzgebungsorgan selbst außerhalb der Legalität stelle, sei sie »nicht länger die Duma«, und ein bewaffneter »Mob« biete noch keine neue Legitimationsbasis.

---

[45] Ihr Name enthielt schon einen Gutteil des Programms. Als »Union des 17. Oktober« (so die offizielle Parteibezeichnung) akzeptierten sie die vom Zaren im »Oktobermanifest« 1905 gemachten Versprechungen als Plattform der weiteren konstitutionellen Entwicklung. Sie lehnten die Forderung nach einer verfassunggebenden Versammlung ebenso ab wie die Bemühungen um ein allgemeines und gleiches Wahlrecht. Auch als der Zar 1907 staatsstreichartig das Wahlrecht änderte, nahmen sie das hin. Das oktroyierte Wahlrecht steigerte die Zahl ihrer Mandate von 19 auf 148 und machte sie in der neuen (dritten) Duma zur stärksten Fraktion. Als »Partei des status quo« (Löwe) wurde die Krise der Autokratie auch zur Krise der Partei, auf der Suche nach einem Ausweg zerfiel sie in mehrere Flügel. Parteigründer und -führer war der Moskauer Industrielle Aleksandr I. Gučkov. Vgl. E. Birth, Die Oktobristen (1905-1913), Zielvorstellungen und Struktur. Ein Beitrag zur russischen Parteiengeschichte (Kieler Historische Studien Bd. 19), Stuttgart 1974; G.A. Hosking, P.A. Stolypin and the Octobrists, in: Slavonic and East European Review 47 (1969), S.137 ff.; Löwe, Das Spektrum der Parteien, S. 397 ff.; L. Menashe, »A Liberal with Spurs«. Alexander Guchkov, A Russian Bourgeois in Politics, in: Russian Review 26 (1967), S. 38 ff.; Ben-Cion Pinchuk, The Octobrists in the Third Duma, 1907 – 1912, Seattle / London 1974.

[46] Text des Telegramms (und anderer Dokumente) vgl. Fevral'skaja revolucija 1917 goda, in: Krasnyj archiv Bd. 21 (1927), S. 6 f.; in dt. Übersetzung auch bei Hellmann, Russische Revolution, S. 121 f.; auch M.V. Rodzjanko, Gosudarstvennaja duma i fevral'skaja 1917 goda revoljucija, in: Archiv russkoj revoljucii, Bd. 6 (1922), S. 5 ff.

In die starren Fronten kam erst etwas Bewegung, als eine Gruppe von Aufständischen ins Parlamentsgebäude drängte und – so oder so – eine Entscheidung erzwang. Vorschläge wie dem Ältestenrat die Staatsmacht zu übertragen, die Duma zur Nationalversammlung zu erklären oder auch nur eine Kommission mit der Regierungsbildung zu beauftragen, lehnte die Mehrheit immer noch ab.[47] Sie beschloß jedoch, ein »spezielles Komitee« zu bilden, dessen Mitglieder vom Ältestenrat zu benennen waren und dessen Aufgabe es sein sollte, die »Ordnung in der Hauptstadt wiederherzustellen und geregelte Beziehungen zu den öffentlichen Organisationen und Institutionen zu schaffen«. Seine 10 Mitglieder waren Repräsentanten jener Parteien, die sich 1915 zum Progressiven Block zusammengeschlossen hatten, erweitert um zwei (uns schon bekannte) Linke: Čcheidze (von den Menschewiki) und Kerenskij (von der Partei der Trudowiki).

Selbst wenn in der Öffentlichkeit der Eindruck entstand, die Duma habe sich auf die Seite der Revolution gestellt[48], hatte sich an den Grundauffassungen der Abgeordneten nichts geändert, und die tiefgreifenden Differenzen bestanden auch im Dumakomitee fort. Ja zwei seiner wichtigsten Mitglieder, Parlamentspräsident Rodzjanko und Kadettenführer Miljukov, hatten den Beitritt zunächst abgelehnt: Rodzjanko lebte noch immer in der Furcht, der Akt könne als Unbotmäßigkeit gegenüber der Auflösungsordre des Zaren mißdeutet werden, und Miljukov hielt an seiner Ansicht fest, daß Rußland im Augenblick nichts weniger gebrauchen könne als eine Revolution. Lediglich das Argument, Schlimmeres zu verhüten, und der Tatbestand, daß inzwischen der Arbeiterrat gebildet worden war und Staatsgeschäfte übernahm, stimmte sie schließlich um. Rodzjanko übernahm den Vorsitz im Dumakomitee und Miljukov wurde einer seiner wichtigsten Vordenker.[49]

Der Versuch, zu retten, was zu retten war, veranlaßte Rodzjanko, am frühen Abend mit dem Bruder des Zaren (Michail) Kontakt aufzunehmen; dabei sollte geklärt werden, ob Michail für ein zeitlich und örtlich begrenztes Militärregime zur Verfügung stehe, um unterstützt von der Duma in Petrograd die Ruhe wiederherzustellen und eine Regierung des öffentlichen Vertrauens zu bilden. Doch Michail wollte nichts ohne die Zustim-

---

[47] Protokollnotizen eines namentlich nicht bekannten Teilnehmers der Sitzung mit den Argumenten und Gegenargumenten abgedruckt in: Browder / Kerensky, Provisional Government, Bd.1, S. 45 ff.

[48] Dazu trug die – objektiv unzutreffende – Meldung bei, die Staatsduma habe »beschlossen, sich nicht aufzulösen« und alle Abgeordneten würden »sich nicht von der Stelle rühren«; sie war von der Zeitung Izvestija revoljucionnoj nedeli verbreitet worden, der einzigen Zeitung, die an diesem Tag erschien (abgedruckt in: Browder / Kerensky, Provisional Government, Bd.1, S. 44).

[49] Rosenberg, Liberals in the Russian Revolution, S. 54 ff.

mung seines Bruders und des Hauptquartiers unternehmen und von dort kam eine negative Antwort.[50] Auch die Regierung war nicht dazu zu bewegen, ihre Macht – unter Wahrung des Scheins der Legalität – auf das Dumakomitee zu übertragen. Da jedoch immer fragwürdiger wurde, was die alte Regierung überhaupt noch zu übertragen hatte, am Erfolg des Umsturzes immer weniger zu zweifeln war, immer neue Wellen von schwerbewaffneten, aufständischen Soldaten in das Taurische Palais schwappten und sich Einheiten wie das Preobražensker Garderegiment, in Unkenntnis der internen Diskussionen, der Duma unterstellten, wuchs der Druck, sich endlich zu entscheiden oder Gefahr zu laufen, jeden Einfluß auf das weitere Geschehen zu verlieren. Diesem Druck gab man in der Nacht zum 28. Februar schließlich nach: Rodzjanko verkündete, daß das Dumakomitee die Macht übernehme, rief dazu auf, öffentliche Einrichtungen, Fabriken und Betriebe, Staats- und Privateigentum vor weiterem Schaden zu bewahren, und appellierte an Volk und Armee, das Komitee bei der Wiederherstellung der staatlichen und gesellschaftlichen Ordnung zu unterstützen.[51]

Doch mit Lippenbekenntnissen und Resolutionen, so lernte das Dumakomitee rasch, war es nun nicht länger getan. Wenn man die Revolution »bändigen« wollte, kam man nicht umhin, sich an ihre Spitze setzen, sie zu Ende zu führen und für klare Verhältnisse zu sorgen. Dazu gehörte, die Schaltstellen der Macht und Information zu besetzen, die Ministerien und Zentralverwaltungen, sonst war an ein Regieren, an eine Rückkehr zu geordneten Verhältnissen nicht zu denken; sich die wichtigsten öffentlichen Einrichtungen (Bahnhöfe, Banken und Sparkassen, Post- und Telegraphenämter, Elektrizitäts- und Wasserwerke, Lebensmittel- und Waffendepots) zu unterstellen, schon um sie vor Übergriffen und Plünderungen zu schützen; die Verhaftung der Repräsentanten der alten Ordnung anzuordnen, sich dabei über Immunitäten und Rechtsbedenken hinwegzusetzen, sonst überließ man die ehemaligen Minister, hohen Beamten und Gendarmerieoffiziere der Willkür und Lynchjustiz der Straße.[52]

Die Machtübernahme begann im Transportministerium. Es wurde am 28. Februar besetzt, wer sich dem Dumakomitee nicht unterordnete, ver-

[50] Dazu der Bericht von Rodzjanko, Gosudarstvennaja duma i Fevral'skaja, S. 57.
[51] Verlautbarungen abgedruckt bei Browder / Kerensky, Provisional Goverment, Bd. 1, S. 50.
[52] Wie gefährlich es für Repräsentanten der »alten Ordnung« (Beamte, Armeeoffiziere) geworden war, sich auf den Straßen Petrograds in Uniform sehen zu lassen, schildert Vladimir D. Nabokov (Sohn eines Justizministers, selbst hochangesehener Jurist, Mitherausgeber der bedeutendsten liberalen Tageszeitung, prominentes Mitglied der Kadettenpartei und übrigens der Vater des Schriftstellers); er diente – während des Weltkrieges, im Offiziersrang – im Asiatischen Ressort des Generalstabs und hatte in den kritischen Februartagen einige Schwierigkeiten, von der Wohnung in der Innenstadt die nahegelegene Dienststelle noch zu erreichen. Zu seinen Erinnerungen siehe unten S. 386 ff.

haftet und mit Hilfe der Kommunikationsstränge des Ministeriums ganz
Rußland (bzw. seine Bahnstationen) von den Vorgängen in Petrograd informiert. Mit gleichem Auftrag schickte das Komitee »Kommissare« in die
Ministerien für Inneres, Justiz, Heerwesen, Marine, Finanzen, Landwirtschaft, Bildung, Handel und Gewerbe sowie in andere wichtige Einrichtungen der Stadt und unterstellte sie auf diese Weise der Autorität des
Dumakomitees. In der Regel wurden auch hier die zuständigen Behörden-
leiter, Minister und deren Stellvertreter arretiert.[53]

c) Die »Provisorische Regierung« und ihr Programm

Das Dumakomitee hatte seinen Willen zur Übernahme der Staatsgewalt
demonstriert. Doch die Wiederherstellung von Ruhe und Ordnung war auf
Dauer nur zu erreichen, wenn es gelang, die Soldaten in die Kasernen
zurückzubringen, neue Ordnungskräfte aufzustellen, die an die Stelle der
bisherigen Gendarmerie treten konnten, und die Versorgungslage in den
Griff zu bekommen. Jeder derartige Versuch kollidierte mit den Aktivitäten des »Rates«, der soeben in seiner ersten Sitzung die Bildung einer Mi-
litär- und einer Versorgungskommission beschlossen und den Aufbau einer
Arbeitermiliz in die Wege geleitet hatte.

Doch dessen Exekutivkomitee räumte das Feld relativ rasch: Es erhob
kaum Einspruch, als das Dumakomitee am Morgen des 28. Februar die
Militärkommission der eigenen Leitung unterstellte. Ein Abgeordneter der
Oktobristenpartei, B.A. Engel'gardt (Engelhardt), mit dem militärischen
Rang eines Oberst, wurde neuer Vorsitzender und brachte mehrere Offiziere
aus dem Generalstab als neue Mitarbeiter mit. Sie sollten ihm helfen, die neu-
en Hauptaufgaben zu bewältigen: die Besetzung aller strategisch wichtigen
Plätze und Gebäude der Stadt; die Entwaffnung jener Kräfte, die noch immer das alte Regime unterstützten; die Wiederherstellung der Ordnung bei
den Armee-Einheiten und die Bekämpfung des Faustrechts auf den Straßen.
Ergänzend dazu befahl der Vorsitzende des Dumakomitees Rodzjanko allen
Soldaten und Armee-Einheiten, »unverzüglich« in die Kasernen zurückzukehren; alle Offiziere sollten sich wieder zu ihren Einheiten begeben, um
dort alle für die Wiederherstellung der Ordnung notwendigen Maßnahmen
zu treffen; und die Kommandeure wurden für den 1. März 11 Uhr ins Taurische Palais befohlen, um sich weitere Instruktionen abzuholen.[54] So wie die

---

[53] Hasegawa, February Revolution, S. 361 ff.
[54] Zur Tätigkeit der Militärkommission vgl. Fevral'skaja revoljucija v Petrograde. Materialy
voennoj komissii Vremennogo komiteta Gosudarstvennoj dumy, in: Krasnyj archiv Bd.
41/42 (1930), S. 42 ff.; sowie Hasegawa, February Revolution, S. 370 ff.

Mehrheit im Exekutivkomitee die Übernahme der Militärkommission hingenommen hatte, erhob sie auch keinen Einwand, als das Dumakomitee die Leitung der Versorgungskommission übernahm und mit dem Aufbau neuer Polizeikräfte, einer städtischen Miliz begann.

Im Grunde war das Verhalten der Sowjetführung weniger überraschend, als es im Rückblick und mit dem Wissen um das Kommende scheint. Schließlich war ihr nicht daran gelegen, die Machtübernahme des liberalen Bürgertums zu verhindern; im Gegenteil, sie hatte stets gedrängt, es endlich zu tun. Die Revolution war erst eine Woche alt und die Furcht noch immer groß, die Ereignisse von 1905 könnten sich wiederholen, die Bürger sich erneut – angesichts um sich greifender Anarchie – in die Schutzallianz mit den alten Gewalten flüchten. Der Erfolg der Revolution, von Demokratie und Freiheit schien ihnen nur dann gesichert, wenn ein Bündnis mit der Bourgeoisie erreicht wurde, ja die Bourgeoisie die Regierungsgewalt übernahm. Nur sie, so glaubte man (und das nicht ohne Grund), hatte die Chance, von der Armeespitze als neue Führung akzeptiert zu werden, die Chance, zu verhindern, daß das Land in einen Bürgerkrieg stürzte. Nur sie, so meinte man unterstellen zu dürfen, verfügte über hinreichende Erfahrung, um die Leitung des riesigen Regierungs- und Verwaltungsapparates zu übernehmen, nur sie könne das Land davor bewahren, in Chaos und Anarchie zu versinken. Wohl waren es die streikenden Arbeiter gewesen, die die Entwicklung ins Rollen brachten, und ohne oder gar gegen ihren »Rat« war das Land vorerst nicht zu regieren. Doch die im Exekutivkomitee tonangebenden Menschewiki blieben sich bewußt, daß Petrograd nicht Rußland und die Arbeiterschaft dort nur eine Minderheit war. Auch ein Blick auf die Soldaten, deren Unterstützung die Revolution schließlich entschieden hatte, konnte die Bedenken nicht bannen: Ohne Organisation und Disziplin, war auf sie nur bedingt Verlaß, ihr Zustand jedenfalls kaum dazu angetan, einen gezielten militärischen Schlag der Konterrevolution zu parieren.[55] All dies war mit gemeint, wenn man darauf beharrte, Rußland sei für den Sozialismus noch nicht »reif«, und der »bürgerlichen Regierung« öffentliche Unterstützung zusagte.

So ging auch von Mitgliedern des Exekutivkomitees die Initiative aus, sich zur Besprechung der Modalitäten des Machttransfers zusammen-

---

[55] Daß die Politik der Menschewiki, die zu diesem Zeitpunkt im sozialistischen Lager zweifellos dominierten, nicht nur auf ideologische Voreingenommenheit und den Umstand zurückzuführen war, daß viele der prominenten sozialistischen Parteiführer (wie Lenin, Trockij, Černov, Cereteli, Martov, Dan) noch im Ausland oder Sibirien waren, unterstreicht noch einmal die Darstellung von Ziva Galili, The Menshevik Leaders in the Russian Revolution. Social Realities and Political Strategies, Princeton, N.J. 1989. Mit eindrucksvollen Argumenten beschreibt die Studie die menschewistische Politik als Strategie des gesunden Menschenverstandes.

zusetzen, und als es in der Nacht vom 1. auf den 2. März zu diesem Treffen kam, päsentierten die Sowjetvertreter sehr moderate Forderungen: die sofortige Amnestierung und Freilassung aller aus politischen und religiösen Gründen Verfolgten; die Durchsetzung der Meinungs-, Publikations-, Versammlungs-, Assoziations- und Streikfreiheit; die sofortige Einführung einer demokratischen Republik; und umgehende Vorbereitungen zur Wahl einer Konstituierenden Versammlung, auf der Basis eines allgemeinen, gleichen, direkten und geheimen Wahlrechts. Dasselbe Wahlrecht sollte auch für die Neuwahl der lokalen Selbstverwaltungskörperschaften gelten, die Polizei durch eine Volksmiliz ersetzt und jede Diskriminierung aufgrund der Klassen-, Religions- und nationalen Zugehörigkeit beseitigt werden. Schließlich forderte man die Reorganisation der Armee auf der Grundlage der Selbstbestimmung, die Wahl von Kommandeuren eingeschlossen, und die Zusage, daß jene Teile der Armee, die am Aufstand teilgenommen hatten, weder entwaffnet noch aus Petrograd abgezogen werden sollten.[56]

Viele, die meisten Punkte des Programms waren unstrittig, entsprachen sie doch jenen Forderungen, wie sie der Progressive Block seit 1915 erhoben hatte. Lediglich bei zwei Punkten gab es offene Differenzen: die Vertreter des Dumakomitees sperrten sich gegen die sofortige Einführung der Republik, und sie widersprachen auch den aufgestellten Grundsätzen für die Reorganisation der Armee, besonders der geforderten Offizierswahl. Die Sowjetvertreter beharrten nicht darauf. Der Verzicht auf die Forderung nach sofortiger Einführung der Republik wurde ihnen wohl erleichtert durch die Überlegung, daß die Konstituierende Versammlung diese Frage ohnehin noch einmal zu beraten hatte, und in Sachen Armee beschied man sich mit der Formulierung, die bürgerlichen Grund- und Freiheitsrechte würden auch dort verwirklicht – soweit es die »militärisch-technischen Bedingungen« zuließen.[57]

Die Vertreter des Exekutivkomitees unterstrichen damit noch einmal, daß sie das Gesamtunternehmen nicht gefährden wollten. Die Regierung bildete sich am 2. März; sie nannte sich selbst »Provisorisch«, weil sie nur bis zum Zusammentritt der Konstituierenden Versammlung zu amtieren gedachte. Als sie am 3. März ihre Zusammensetzung und ihr (mit dem Exekutivkomitee abgesprochenes) Programm bekanntgab, stand daneben

---

[56] Vgl. Izvestija N° 4, 3. März 1917 (»Aus dem Protokoll der Sitzung des Rates der Arbeiter- und Bauerndeputierten«), in engl. Übers. auch bei Browder / Kerensky, Provisional Government, Bd. 1, S. 125 f.

[57] Vgl. dazu die Erinnerungen dreier Teilnehmer: Suchanow, Tagebuch der Revolution, S. 125 ff.; V.V. Šul'gin, Dni, Belgrad 1925; P.N. Miljukov, Vospominanija, 1859 – 1917, 2 Bde., New York 1955.

auch eine Erklärung des Exekutivkomitees, die für Unterstützung, Disziplin, Ruhe und Ordnung warb.[58]

Die Ministerliste selbst war ohne Beteiligung des Exekutivkomitees erstellt worden, doch wohl auch aus dessen Sicht kaum zu beanstanden: Die Mitglieder des Kabinetts waren meist landesweit bekannt, als Vertreter wichtiger Parteien und Institutionen und Angehörige der parlamentarischen und außerparlamentarischen bürgerlichen Opposition:[59] So war der neue Ministerpräsident (Fürst L'vov) als Vorsitzender des Verbandes der ländlichen Selbstverwaltungskörperschaften bekannt geworden; er übernahm zugleich das Innenressort. Zum neuen Außenminister avancierte der Führer der Kadetten (Miljukov). Der Vorsitzende des Zentralen Kriegsindustriekomitees (Gučkov) wurde Kriegsminister, sein Stellvertreter (Konovalov) neuer Minister für Handel und Gewerbe; ihr Kollege aus dem Kiever Kriegsindustriekomitee (Tereščenko) übernahm das Finanzressort. Der neue Kriegsminister war zugleich der Führer der Oktobristen, der neue Minister für Handel und Gewerbe Vorsitzender der »Progressisten«, einer Parteigruppierung, die zwischen Oktobristen und Kadetten angesiedelt war, den Reformflügel der Industrie vertrat und sich für die »friedliche Erneuerung« des politischen Systems eingesetzt hatte.[60] Das Verkehrsministerium vertraute man einem Stellvertreter des Dumapräsidenten an (Nekrasov); er war zugleich Repräsentant des linken Flügels der Kadetten und dort für die Öffnung zur Arbeiterschaft, zu den sozialistischen Parteien eingetreten. Miljukov, auf den die Kabinettsliste im wesentlichen zurückging, hatte auch den Vorsitzenden des Sowjet und einen seiner Stellvertreter (Čcheidze und Kerenskij) für Ministerposten vorgesehen; doch da das Exekutivkomitee sich gegen eine Regierungsbeteiligung ausgesprochen hatte, kam nur einer und bot im Gegenzug die Aufgabe sei-

---

[58] So war es auch zwischen den Vertretern des Exekutivkomitees und des Dumakomitees (und auf Wunsch der letzteren) vereinbart worden. Beide Erklärungen erschienen am 3. März in der Izvestija N° 4, 3. März 1917, offenkundig auch in »Izvestija revoljucionnoj nedeli« auf Seite 1, danach in engl. Übersetzung bei Browder / Kerensky, Provisional Government, Bd. 1, S. 135 f.

[59] Oft hatten sie bereits auf Wunschlisten für eine »Regierung des öffentlichen Vertrauens« gestanden; einen Überblick über die verschiedenen seit 1915 kursierenden Kabinettslisten gibt Hasegawa, February Revolution, S. 523.

[60] So lautete auch ihr ursprünglicher Fraktionsname: »Partija mirnogo obnovlenija« (»Partei der friedlichen Erneuerung«); sie ging mit der »Partei für demokratische Reformen« (»Partija demokratičeskich reform«) in der zweiten Duma eine Fraktionsgemeinschaft ein, steigerte ihre Mandatszahl in der dritten Duma auf 25 und in der vierten auf 47 (von insgesamt 429 Delegierten). Vgl. zum Gesamtzusammenhang: G.A. Hosking, The Russian Constitutional Experiment. Government and Duma 1907 – 1914, Cambridge 1973; zur Partei: H. Heilbronner, Progressive Party, in: MERSH Bd. 52, S. 1 ff.; L.L. Lerner, The Progressists in the Russian State Duma, 1907 – 1915, Ph.D. Washington 1976; Löwe, Das Spektrum der Parteien, S. 400 f.; J.L. West, The Moscow Progressists. Russian Industrialists in Liberal Politics, 1905 – 1917, 2 Bde., Ph.D. Princeton 1975.

nes Sowjetamtes an (Kerenskij). Obwohl ihn der Sowjet in seinem Amt be-
ließ, identifizierte sich Kerenskij künftig sehr viel mehr mit seinem Ministerposten.

d) Die Ausbildung der »Doppelherrschaft«

Für den Zeitungsleser zogen Provisorische Regierung und Sowjetführung
an einem Strang. Doch die nach außen demonstrierte Einigkeit wies bereits
Bruchstellen auf, und sah man hinter die Kulissen der Konsensbildung,
konnte man die künftigen Konflikte bereits ahnen.

So hatten die Vertreter der Sowjetführung auch deshalb zur Eile gedrängt, weil sie zunehmende Schwierigkeiten im eigenen Lager spürten.
Als am Vormittag des 1. März die Machtfrage im Exekutivkomitee zum ersten Mal zur Diskussion stand, war die Mehrheitsmeinung keineswegs einheitlich: Kritiker von »rechts« verlangten Vertretung im Kabinett und die
Bildung einer Koalitionsregierung mit den Bürgerlich-Liberalen. Und obwohl sich die »Linken« eher zurückhielten, wußte man, daß es auch bei ihnen erhebliche Vorbehalte gegen den eingeschlagenen Weg gab. Daß die
Idee, eine »Revolutionäre Regierung« zu bilden, möglicherweise auch den
Arbeiterrat dazu auszurufen und ihm das Dumakomitee zu unterstellen,
keineswegs schon begraben war, bewies die Sitzung des bolschewistischen
Vyborger Stadtteilkomitees vom gleichen Tag; und am nächsten Morgen
schreckte ein Flugblatt das Exekutivkomitee auf, das in flammenden Worten die Soldaten dazu aufrief, sich nicht hinters Licht führen zu lassen: Sie
sollten die Verteidigung ihrer Interessen selbst in die Hand nehmen und aus
Arbeiter- und Soldatenvertretern eine Revolutionäre Regierung bilden.[61]
Wie alarmiert das Exekutivkomitee durch diese Vorgänge war, zeigt seine
Reaktion: Es ließ die Flugblätter konfiszieren und wandte sich in einem eigenen Aufruf an die »Genossen Arbeiter und Soldaten«; die Mitglieder des
Exekutivkomitees, so stand darin, seien sich sicher, daß die Arbeiter und
Soldaten solchen »skandalösen Appellen« nicht folgen und auch ihre Ver-
breitung ablehnen würden. Wenn sie sich dessen wirklich sicher gewesen
wären, hätte es der Aktion nicht bedurft.

---

[61] Abdruck der Resolution in: Revoljucionnoe dviženie v Rossii posle sverženija samoderžavija
   [= Teilband der vom Historischen Institut der Akademie der Wissenschaften, dem Institut
   für Marxismus-Leninismus beim Zentralkomitee der KPdSU und der Archiv-
   hauptverwaltung der UdSSR gemeinsam herausgegebenen Reihe Velikaja Oktjabr'skaja socialističeskaja revoljucija. Dokumenty i materialy], Moskau 1957, S. 6. Für den Gesamtzusammenhang und das Folgende vor allem Hasegawa, February Revolution, S. 410 ff.; auch
   Suchanow, Tagebuch der Revolution, S. 94 ff., 114 ff., 119 ff.

Die Furcht, daß die Stimmung an der »Basis« umschlagen, die Mehrheit im Sowjet kippen und das politische Gesamtkonzept in sich zusammenfallen könnte, war nicht unbegründet. Wer konnte schon wissen, was die Euphorie des Sieges oder die Angst vor der Zukunft auslöste, bei Arbeitern wie bei Soldaten. So war bei den Arbeitern die Schaffung des Sowjet auf unerwartet rege Resonanz gestoßen, über ihr Ausmaß waren selbst die Mitglieder des Exekutivkomitees überrascht. Mit der Begeisterung verbanden sich Erwartungen, unterschiedlichster Art und ohne fixe Grenzen. Ähnlich enthusiastisch ging man ans Werk, als die Parole vom Aufbau einer bewaffneten Arbeitermiliz ausgegeben wurde.[62] Teilweise hatte es Ansätze dazu schon vorher gegeben, sie wurden nun mit Nachdruck weiterverfolgt, in Stadtvierteln mit großen Fabriken und starkem Arbeiteranteil zumal. Sie verstanden sich als Organe der »Revolutionsmacht«, mit ähnlich verschwommenem Erwartungshorizont und diffusen Grenzziehungen wie bei den Räten. Daß das Dumakomitee wenig später beschloß, eine eigene Miliz aufzubauen und sie mit der Arbeitermiliz zur städtischen Volksmiliz zusammenzuschließen, rief Entrüstung hervor und stand selbst nach seinem formellen Vollzug nur auf dem Papier. Die Regierung mochte viel beschließen, ob man sich »unten« daran hielt, war eine andere Frage. Die Arbeitermiliz akzeptierte die Eingliederung nicht, und Petrograd zerfiel fortan in Stadtbezirke unterschiedlicher Milizen.

Ähnlich vehement wehrten sich die Soldaten gegen Pläne, sie zu entwaffnen und in die Kasernen zurückzubringen. Die Anweisung Rodzjankos an die Offiziere, zu ihren Einheiten zurückzukehren und dort Ruhe und Ordnung wiederherzustellen, rief einen Sturm der Entrüstung hervor. Schließlich hatten die Einheiten eben damit begonnen, mißliebige Offiziere auszumustern, sie – soweit sie sich nicht bereits abgesetzt hatten – zu entwaffnen, zu verhaften und ins Gefängnis zu stecken oder für die alten Offiziere neue zu wählen. Rodzjankos Anweisung erschien ihnen als der Versuch, die Revolution in einem ersten Schritt wehrlos zu machen, um in einem zweiten zu den vorrevolutionären Verhältnissen zurückzukehren.[63] Umlaufende Gerüchte, schon hätten sich die Verhältnisse wieder geändert, Offiziere damit begonnen, Soldaten die Gewehre wegzunehmen und sie einzusperren, verschärften die Situation. Daß der Vorsitzende der Militär-

---

[62] Dazu im einzelnen T. Hasegawa, The Formation of the Militia in the February Revolution. An Analysis of the Origins of Dual Power, in: Slavic Review 32 (1973), S. 303 ff.

[63] Text des Rodzjanko-Appells, der Soldaten und Offiziere an der Front und im Hinterland zur Pflichterfüllung mahnte, damit die Anarchie im Innern möglichst rasch beendet und der Kampf gegen den äußeren Feind nicht beeinträchtigt würde vgl. in: Revoljucionnoe dviženie v Rossii posle sverženija samoderžavija, S. 404; Anweisungen Rodzjankos, Engel'gardts (Engelhardts) und der Militärkommission auch in: Browder / Kerensky, Provisional Government, Bd. 1, S. 50 ff.

kommission die Gerüchte als falsch bezeichnete und das Exekutivkomitee sich hinter deren Politik stellte, befriedigte die Soldaten nicht.

Im Gegenteil, sie erschienen massenhaft im Sowjet, um die Sachlage selbst zu klären, eine stärkere Repräsentanz zu verlangen und ihren Forderungen Nachdruck zu verleihen.[64] Ihre Stimmung war erregt, die Sowjetführer empfanden die Lage als bedrohlich, und das war sie sicher auch. Obwohl die Mitglieder des Exekutivkomitees ihre Politik der Zusammenarbeit mit Dumakomitee und Militärkommission standhaft verteidigten, zogen die Soldatenvertreter nicht unverrichteter Dinge von dannen: Sie erreichten die Gründung eines eigenen Soldatenrates, der sich mit dem Arbeiterrat zum Arbeiter- und Soldatenrat vereinte; das Exekutivkomitee akzeptierte seine Erweiterung um 10 Vertreter der Soldaten[65]; und schließlich diktierten die Aufgebrachten dem Exekutivkomitee ihren Forderungskatalog in die Feder, der als Befehl N° 1 sogleich verabschiedet wurde.

Dieser berühmte Befehl N° 1 richtete sich an die Garnison des Petrograder Militärbezirkes und ordnete an, bei allen Einheiten (von Kompaniestärke aufwärts) unverzüglich Komitees aus Vertretern der Mannschaften zu bilden. Ihnen, nicht aber den Offizieren, sollten die Waffen abgegeben werden. Soweit noch nicht geschehen, sollten die Soldaten ihre Vertreter in den Sowjet wählen; in allen politischen Angelegenheiten sollten die Soldaten der Garnison künftig ihm unterstehen und den Befehlen der Militärkommission künftig nur Folge geleistet werden, soweit sie den Anordnungen des Sowjet nicht widersprachen. Zwar wurden die Soldaten verpflichtet, während des Dienstes strengste Disziplin zu wahren; aber außerhalb Dienstes sollten sie in ihren politischen und privaten Rechten allen anderen Bürgern gleichgestellt sein; außerhalb des Dienstes war auch der militärische Gruß abgeschafft. Die Soldaten hatten ihre Kommandeure künftig nicht mehr mit Titulaturen (wie Exzellenz, Wohlgeboren etc.), sondern mit dem einfachen Dienstrang (Herr General etc.) anzusprechen, und umgekehrt hatten sich die Offiziere korrekter Umgangsformen zu befleißigen (etwa die Soldaten zu duzen, wurde verboten).[66]

Die Schwierigkeiten im eigenen Lager, die Erwartungshaltung der Arbeiter gegenüber dem Sowjet, die Schaffung einer ihm ergebenen Arbeitermiliz, die Forderungen der Soldaten und ihre Umsetzung im Befehl

---

[64] Hasegawa, February Revolution, S. 394 ff.
[65] Es wuchs damit von 15 auf 25 Mitglieder
[66] Der Text des Befehles N° 1 in: Revoljucionnoe dviženie v Rossii posle sverženija samoderžavija, S. 189; engl. Übers. sowie zu seiner Entstehung (aus Sicht Rodzjankos und des Exekutivkomitees) bei: Browder / Kerensky, Provisional Government, Bd. 2, S. 846 ff.; in dt. Übers. bei Hellmann, Russische Revolution, S. 133. Dazu auch J. Boyd, The Origins of Order No.1, in: Soviet Studies 19 (1966), S. 359 ff.

N° 1 – das alles drängte den Rat und die Mitglieder seines Exekutivkomitees in eine Richtung und in eine Position, die die Mehrheit des Exekutivkomitees für sich und den Rat ursprünglich gar nicht angepeilt hatten: in die Stellung eines Kontrolleurs, ja latenten Konkurrenten im Kampf um die Macht. Das wurde auch sichtbar, als am 2. März der eher den Gemäßigten zugerechnete Jurij Steklov der Vollversammlung des Sowjet die Haltung des Exekutivkomitees erläuterte: Er verteidigte die Verhandlungen und den Übergang der Staatsmacht an die Provisorische Regierung; er verwies zugleich aber auch auf die Differenzen und beschrieb die Grundhaltung zum ersten Mal als die einer bedingten Unterstützung: Man stehe zwar hinter der Regierung, aber in der Absicht, ihre Tätigkeit sorgsam zu überwachen.[67]

Damit war das System der »Doppelherrschaft« definiert, der Teilung der Macht zwischen Provisorischer Regierung und Sowjet, zwischen bürgerlichem und soldatisch-proletarischem Lager. Dabei lag das Gravitationszentrum bürgerlicher Macht an der Spitze, in der Verfügung über Regierungsbehörden und Zentralverwaltung, denen allerdings jetzt – nach dem Zusammenbruch der alten Ordnung – der Unterbau fehlte. Im proletarisch-soldatischen Lager war es eher umgekehrt. Hier lag die Macht »bei den Massen«, in den Fabriken und Garnisonen, bei Betriebskomitees und Soldatenausschüssen, die ihre Vertreter in den Sowjet sandten und nach Belieben durch neue ersetzten. So war die Doppelherrschaft auch Ausdruck des Mißtrauens zwischen »oben« und »unten«.

Andererseits hatten die Bürgerlich-Liberalen wenig getan, um die Vorurteile »unten« abzubauen. Sie hatten lange überlegt, ob sie sich auf den Boden der Revolution stellen sollten, und als sie es schließlich taten, war es ein halbherziger Entschluß. Die Versuche, die Institution der Monarchie zu retten, wurden fortgesetzt. So reisten noch am 2. März Gučkov und der Sprecher des Progressiven Blocks Šul'gin im Auftrag des Dumakomitees nach Pskov, um den Zaren zur Abdankung zugunsten seines Sohnes zu bringen. Vorinformiert und von der militärischen Führung gedrängt[68], willigte Nikolaus ein. Er sprach die Abdankung jedoch nicht nur für seine Person aus, sondern bezog – im Gegensatz zu den Planungen des Dumakomitees – seinen (bluterkranken) Sohn Aleksej mit ein und bestimmte seinen Bruder Michail Aleksandrovič zum Nachfolger auf dem Thron.[69] Erst

---

67 Vgl. Hasegawa, February Revolution, S. 539.
68 Bereits in den Tagen zuvor hatte Rodzjanko mit dem Zaren und der Stavka (dem Hauptquartier) Kontakt aufgenommen, die tatsächliche Lage geschildert und zunächst auf die Bildung eines verantwortlichen Kabinetts, dann auf einen Thronwechsel gedrängt, wobei er sich wohl selbst als den künftigen Regierungschef sah; vgl. Hasegawa, February Revolution, S. 442 ff., 487 ff., 508 ff.
69 Schilderung der Mission bei Šul'gin, Dni, S. 238 ff. Dokumente zum Gesamtkomplex bei Browder / Kerensky, Provisional Goverment, Bd. 1, S. 83 ff.

diese neuerliche Wendung und die wachsende Einsicht der neuen Provisorischen Regierung, daß die Dynastie in der Öffentlichkeit keine Basis mehr
besaß, besiegelte – am 3. März – das Schicksal der Monarchie. Als Fürst
L'vov und Rodzjanko im Namen der Regierungsmehrheit dem designier-
ten Nachfolger zu verstehen gaben, sie könnten für seine Sicherheit nicht
garantieren, dankte auch Michail ab.

Die Einsicht kam spät. Noch am Tag zuvor hatte Miljukov, als er die Regierungsbildung auf einem Massenmeeting im Taurischen Palais bekanntgab, Aleksej als neuen Zaren benannt – und einen Sturm des Protestes, offener Ausdruck der Enttäuschung und Verärgerung, geerntet.[70] Er richtete
sich nicht nur gegen die Dynastie, sondern auch gegen die Politik der Bürgerlich-Liberalen. Selbst wenn man von ihren Verhandlungen mit der Autokratie, ihren internen Überlegungen, der neuen Regierung eine »zweite«
Legitimationsbasis zu schaffen, nichts wußte: Daß im Festhalten an der
Monarchie, im Versuch, Kontinuität zu wahren, die alte Distanz zur Revolution zum Ausdruck kam, war offensichtlich. Auch für jene, die nicht so
weit gingen wie die radikale Linke, die mit der Feststellung, das neue Kabinett sei keine wirklich »revolutionäre Regierung«, die Prognose verband,
es sei unwillig und unfähig zur Reform; in der Plenarsitzung des Arbeiter-
und Soldatenrates titulierten sie die Regierungsbildung als Machenschaft
»volksfeindlicher Zirkel«, von Unternehmern und Gutsbesitzern, und füg-
ten warnend hinzu, keines der großen Ziele sei schon erreicht, weder der
Achtstundentag für die Arbeiter, noch die Landzuteilung für die Bauern,
noch die Beendigung des Krieges für die Soldaten.[71]

---

[70] Ein ausführlicher Bericht erschien darüber in »Izvestija revoljucionnoj nedeli« N° 6 vom 2.
März, aus dem Teile bei Browder / Kerensky, Provisional Government, Bd. 1, S.129 ff., abgedruckt sind.
[71] Vgl. Tokarev, Petrogradskij sovet, S. 97.

3. DIE APRILKRISE UND IHRE FOLGEN

Doch das waren Unkenrufe einer kleinen militanten Minderheit, und ihre heftige Kritik konnte kaum verbergen, daß sie – unter sich uneins – über kein geschlossenes und erfolgversprechendes Gegenkonzept verfügte. Im übrigen schien die Wirklichkeit ihren düsteren Prognosen zu widersprechen, eine Phase der Konsolidierung in Sicht. Die Revolution hatte in Windeseile auch die Provinz erfaßt; der Verwaltungs- und Repressionsapparat des Zarismus brach auch dort – erstaunlich schnell und ohne größeren Widerstand – zusammen; die bisherigen Träger der Staatsmacht, von den Gouverneuren bis hinab zu den adeligen Bezirkshauptleuten wurden entmachtet, der Polizei- und Justizapparat, auf den sie sich gestützt hatten, zerfiel. Die Provisorische Regierung schickte Kommissare in die Gouvernements und begann, die versprochenen Neuwahlen für die städtischen und ländlichen Selbstverwaltungskörperschaften vorzubereiten, auf der Grundlage eines allgemeinen, gleichen, direkten und geheimen Wahlrechts. Wo es solche Selbstverwaltungskörperschaften noch nicht gab, wie in den kleinsten ländlichen Verwaltungseinheiten (den Amtsbezirken, den »volosti«), sollten sie neu geschaffen werden. Und vielerorts bildeten sich zusätzlich »Räte« der Arbeiter und Soldaten, manchmal vereint in einer gemeinsamen Institution (wie in Petrograd) oder auch getrennt (wie in Moskau).[72]

Der gefürchtete Schlag der »Gegenrevolution« blieb aus. Auch die Armeeführung fand sich mit dem Sturz der Autokratie und der Machtübernahme der Liberalen ab. Der Protest von Kriegsminister und Armeeführung, daß aus dem Befehl N° 1 das Recht auf Offizierswahl abgeleitet wurde, und die Forderung, seine Wirksamkeit ausdrücklich auf die Petrograder Garnison zu beschränken, veranlaßten das Exekutivkomitee, zurückzustecken und bereits am 5. März einen Befehl N° 2 zu erlassen. Obwohl dieser Befehl weder Armeeführung noch Kriegsministerium zufriedenstellte[73], konnte der Konflikt in den nächsten Tagen beigelegt wer-

---

[72] Literatur vgl. S. 110 Anm. 18; Dokumente zur Ausweitung der Rätebewegung in: Revoljucionnoe dviženie v Rossii posle sverženija samoderžavija, S. 191 ff.

[73] Er erklärte, Befehl N° 1 habe zwar die Wahl von Komitees angeordnet, jedoch nicht »vorgesehen«, daß diese Komitees auch die Offiziere der Einheit wählen sollten. Wo die Wahlen schon erfolgt und von den übergeordneten Stellen bestätigt seien, sollten sie weiterhin in

Abb. 16:   Demonstration der Einheit der Revolution: Begräbnis der 184 – während der Revolutionsunruhen in Petrograd – gefallenen Arbeiter und Soldaten auf dem Märzfeld am 23. März 1917. Insgesamt betrug die Gesamtzahl der Petrograder Opfer 433, davon 313 Aufständische; 1.514 wurden verwundet (vgl. T. Hasegawa, The February Revolution. Petrograd, 1917, Seattle / London 1981, S. 567). An der Beisetzung nahmen – nach Schätzungen – bis zu 800.000 Einwohner teil; auf den Spruchbändern des Bildes sind die Losungen zu lesen: »Ewiger Ruhm den gefallenen Kameraden, den Kämpfern für die Freiheit«, »Es lebe die demokratische Republik«. Im Juni 1917 sollte sich hier wiederum eine halbe Million versammeln – und damit demonstrieren, daß die Einheit zerfiel.

den. Ein Befehl des Kriegsministers, der jede diskriminierende Behandlung des einfachen Soldaten untersagte, die Einsetzung einer Kommission, mit der Aufgabe, die militärische Dienst- und Disziplinarordnung zu reformieren, sowie Appelle des Exekutivkomitees, des Kriegsministeriums und der militärischen Führung trugen gleichermaßen zur Entspannung bei, sorgten jedenfalls dafür, daß sich die Konflikte zwischen Soldaten und Offizierskorps nicht weiter zuspitzten, an der Front die militärische Ordnung einigermaßen erhalten blieb und in Petrograd leidlich wiederhergestellt wurde.

Die Sowjetführung sorgte dafür, daß die streikenden Arbeiter am 5./6. März die Produktion wieder aufnahmen, und die Provisorische Regierung, daß die Staatsmaschinerie in Gang gehalten und das Beamtenheer auf Trab gebracht wurde, was – wie ein Beobachter vermerkte – »ohne die geringste Unterbrechung« und »fast ohne Erschütterung« gelang. Kaum weniger wichtig war, daß auch das Eisenbahnpersonal seine Arbeit in vollem Umfang fortsetzte, wobei die höheren Bediensteten und das technische Personal, wie der gleiche Gewährsmann berichtet, den Kontakt mit der Provisorischen Regierung suchten, während sich die einfachen Eisenbahner an den Aufrufen des Sowjet orientierten.[74]

Trotz dieser Anfangserfolge kam es bereits im April zur ersten großen Krise. Der Anlaß schien eher sekundär, man stritt um die russischen Kriegsziele, doch dahinter verbargen sich tieferliegende Differenzen, über den Krieg und die Prioritäten staatlicher Politik. Da es zugleich um deren Durchsetzung ging, war es auch ein Kampf um die Macht. Mag sein, daß er auf Dauer nicht zu umgehen schien. Doch zum gegebenen Zeitpunkt war er überflüssig, schädlich und vermeidbar, und die gefundene »Lösung« half letztlich keinem von beiden, nur dem äußeren Feind und den Bolschewiki.

Kraft bleiben, bis zur endgültigen Klärung des Wahlproblems das Wahlrecht jedoch durch ein Einspruchsrecht ersetzt werden. Zwar unterstrich der Befehl Nº 2 noch einmal, daß die Soldaten in militärischen Dingen weiterhin ihren militärischen Vorgesetzten unterstellt seien und die Funktion der Komitees wie auch ihre Unterstellung unter die Leitung des Sowjet sich vor allem auf politische und gesellschaftliche Fragen beziehe. Doch da diese Bestimmungen der militärischen Führung zu vage erschienen und obendrein via Telegraph an alle militärischen Dienststellen an der Front und im Hinterland gingen, machten sie aus ihrer Sicht die Sachlage eher schlechter als besser. Sie stellte klar, daß sie »Befehle« nur von der Provisorischen Regierung entgegenzunehmen gedenke. Text des Befehls Nº 2 in: Revoljucionnoe dviženie v Rossii posle sverženija samoderžavija, S. 208 f.; in engl. Übers. sowie zu den Forderungen der Armeeführung: Browder / Kerensky, Provisional Government, Bd. 3, S. 849 ff.; zu den historischen Zusammenhängen vgl. Wildman, End of Russian Imperial Army, Bd. 1, S. 230 ff.; G. Wettig, Die Rolle der russischen Armee im revolutionären Machtkampf 1917, in: Forschungen zur osteuropäischen Geschichte Bd. 12 (1967), S. 46 ff., hier 219 ff.; zur Bedeutung im Rahmen der Soldatenbewegung vgl. Ausführungen unten in Teil III, Kap. 3.
[74] Suchanow, Tagebuch der Revolution, S. 175.

a) Die Haltung zum Krieg

Da Miljukov, der Führer der Kadetten, in der ganzen Angelegenheit eine zentrale Rolle spielte, wollen wir mit ihm beginnen. Für ihn durfte alle Kritik am Zarismus keine sozialen Unruhen provozieren, ja die geforderte Reform sollte helfen, eine neue Revolution mit Anarchie und Chaos zu vermeiden. Das galt erst recht nach Ausbruch des Krieges. Jetzt, da es um Rußland und seine Großmachtstellung ging, hatten sich alle Anstrengungen der nationalen Aufgabe unterzuordnen. »Wir fordern nichts und stellen keine Bedingungen«, so hatte er bei Kriegsausbruch erklärt, »wir wollen allein unseren eisernen Siegeswillen in die Waagschalen des Krieges werfen«.[75] Obwohl Miljukov erkennen mußte, daß für eine effektive Kriegführung Reformen wichtiger waren denn je, und obwohl er sah, daß alle Vorstöße der liberalen Dumamehrheit (den eigenen berühmten Auftritt im Herbst 1916 eingeschlossen[76]) folgenlos im Sande verliefen, lehnte er jede Unterstützung »von unten« weiterhin ab. Noch am 14. Februar 1917 hatte er die Sympathiestreiks für die Wiedereröffnung des Parlaments mit dem Argument verworfen, sie hülfen nur dem deutschen Feind, und seine Hauptsorge seit dem 25./26. Februar war die Beendigung der Unruhen, bevor sie auf die Armee übergriffen. Ein wesentliches Motiv für die Übernahme der Macht lag im Versuch der Schadensbegrenzung, angesichts der besonderen außenpolitischen Lage Rußlands.

So beeilte sich Miljukov denn auch, schon am Tag nach der Amtsübernahme eine Depesche an alle Auslandsvertreter Rußlands zu richten, in der er – nach kurzer Schilderung der Gesamtlage – den Verbündeten Kontinuität versprach: Die neue Regierung werde alle Verträge gewissenhaft erfüllen und alle internationalen Verpflichtungen einhalten. Dazu gehörte, wie er wußte, keinen Separatfrieden abzuschließen, und er fügte hinzu, »die große Begeisterung, die die ganze Nation erfüll[e], [werde] ihre Kräfte verdoppeln und sie der Stunde des endgültigen Triumphes eines erneuerten Rußland und seiner glorreichen Verbündeten näherbringen«.[77]

---

[75] So in der Dumasitzung vom 26. Juli 1914, als es um die Beratung der Kriegskredite ging; vgl. P.N. Miljukov, Vospominanija, Bd. 2, S.191.

[76] Seine Generalkritik an der Regierung, vorgetragen am 1. November 1916 vor der Duma, gipfelte in der Frage, ob wohl ein Fall von »Dummheit oder Verrat« vorliege; vgl. dazu jetzt auch: Th.M. Bohn, »Dummheit oder Verrat« – Gab Miljukov am 1. November 1916 das »Sturmsignal« zur Februarrevolution?, in: Jahrbücher für Geschichte Osteuropas 41 (1993), S. 361 ff.

[77] Auszüge aus dem Text der Depesche bei Browder / Kerensky, Provisional Government, Bd. 2, S. 1042 f., sowie Hellmann, Russische Revolution, S. 160 f. Die Grundhaltung Miljukovs zu Krieg und Revolution entsprach dabei der seiner Partei. Ganz in seinem Sinne stieß ihr Hauptorgan, die kadettische Zeitung Reč' (Rede) in einem Leitartikel mit der Mahnung nach, der »Sieg des Volkes in der Revolution« habe vorübergehend vom Geschehen an der Front ab-

Für die in der Sowjetführung sitzenden Sozialisten lagen die Prioritäten anders. Sie waren überzeugt gewesen, daß die Revolution »mit gesetzlicher Notwendigkeit« kommen werde, ja hatten sie gewollt und herbeigesehnt. Und anders als Miljukov sahen sie den Krieg nicht als große »nationale« Aufgabe und Herausforderung, sondern als Menetekel für die internationale sozialistische Bewegung, ihre Einheit war darüber zerbrochen. Doch die Auseinandersetzung setzte sich innerparteilich fort, bei den russischen [rußländischen] Sozialdemokraten wie bei den Sozialrevolutionären. Gruppen von »Vaterlandsverteidigern« (»oboroncy«) stritten seither erbittert mit anderen, die den Krieg als Ausgeburt des Kapitalismus und Imperialismus »grundsätzlich« ablehnten, während wieder andere noch weiter gingen und forderten, den Krieg in einen Bürgerkrieg umzuwandeln und so die imperialistischen Regierungen allesamt zu stürzen. Nach einem Tagungsort in der Schweiz nannte man die prinzipiellen Gegner des Krieges und ihre Forderung nach einem Frieden ohne Annexionen und Kontributionen »Zimmerwalder«, während man diejenigen, die wie Lenin noch weitergingen und den Bürgerkrieg forderten, als »Zimmerwalder Linke« titulierte.[78] Auch in Rußland bildeten die »Vaterlandsverteidiger« die Mehrheit und die »Zimmerwalder Linke« nur eine winzige Splittergruppe.[79]

Die Revolution verwischte die Grenzen zwischen den Fronten; selbst wer sich den »Zimmerwaldern« zugerechnet hatte, ließ nun in der Regel keinen Zweifel aufkommen, daß die neue Demokratie verteidigt werden müsse. Die gleiche Grundstimmung herrschte im Exekutivkomitee des So-

---

gelenkt und damit die ursprüngliche Intention aus den Augen verloren: Der »logische« Anfang der Revolution sei doch gewesen, daß man erkannt habe, daß mit der alten Staatsgewalt der Krieg nicht zu gewinnen war. Die neue Macht sollte dieses Ziel erreichen, sich dieses Ziel der »Befreiung des Volkes« setzen und damit alle gegenteiligen Hoffnungen der deutschen Presseorgane zunichte machen (Reč N° 58, Donnerstag 9. März 1917).

[78] Die Konferenz von Zimmerwald (Kanton Bern) fand im September 1915 statt; 38 europäische Linkssozialisten nahmen daran teil, wobei 30 für die Mehrheitsresolution, 8 für die Linke stimmten. Vgl. dazu H. Lademacher (Hg.), Die Zimmerwalder Bewegung. Protokolle und Korrespondenz, 2 Bde., Den Haag 1967; O.H. Gankin / H.H. Fisher (Hgg.), The Bolsheviks and the World War. The Origins of the Third International, Stanford 1940; ferner G.Douglas Nicoll, Zimmerwald Left, in: MERSH Bd. 46, S. 84 ff.; A. Reisberg, Lenin und die Zimmerwalder Bewegung, Berlin 1966; R.D. Warth, Zimmerwald Conference, in: MERSH Bd. 46, S. 83 f. (jeweils mit weiteren Literaturhinweisen); für die weitere Entwicklung J. Stilling, Die Russische Februarrevolution 1917 und die sozialistische Friedenspolitik, Köln / Wien 1977.

[79] Am 26. Juli 1914 hatten die in der Duma vertretenen sozialistischen Gruppierungen – anders als die deutschen, britischen, französischen und österreichischen Sozialdemokraten – der Bewilligung der Kriegskredite noch die Zustimmung verweigert. Doch die Welle des Patriotismus, die im Sommer 1914 über das Land ging, machte auch vor den Sozialisten und der großen Masse ihrer Anhängerschaft nicht halt und bewog sie in der großen Mehrheit zur Unterstützung der russischen Kriegsanstrengungen.

wjet. Doch kritische Stimmen mahnten zugleich, über den neuen Errungenschaften die alten Grundsätze nicht zu vergessen. In Kenntnis der Miljukovschen Depesche drängten sie darauf, daß die Sowjetführung Position bezog. Nach mehreren redaktionellen Überarbeitungen wurde daraus ein Appell »An die Völker der ganzen Welt«, den der Arbeiter- und Soldatenrat am 14. März verabschiedete. Die Zeit sei gekommen, so lautete sein Kernsatz, »in der die Völker die Entscheidung über Krieg und Frieden in ihre eigenen Hände nehmen« müßten. Und weiter: »Im Bewußtsein ihrer revolutionären Macht bekräftigt die russische Demokratie ihren Willen, mit allen Mitteln gegen die Eroberungspolitik ihrer eigenen Herrscherklasse zu kämpfen, und ruft die Völker Europas zur Entscheidungsschlacht für den Frieden auf«. Man appellierte dabei besonders an die »proletarischen Brüder von der österreichisch-deutschen Koalition«; habe man ihnen bisher einzureden versucht, der Kampf gegen Rußland sei ein Kampf gegen »asiatischen Despotismus«, für »Freiheit und Zivilisation«, so entbehre diese Rechtfertigung nun jeder Grundlage. Zugleich bekräftigte man jedoch die Entschlossenheit, die neue »Freiheit energisch gegen jeden reaktionären Angriff von innen und von außen zu verteidigen«. Die russische Revolution werde weder »vor den Bajonetten der Eroberer zurückweichen« noch sich »durch fremde Streitkräfte unterkriegen lassen«. Der Appell endete mit der Grußformel »Proletarier aller Länder, vereinigt Euch!«[80]

Das Dokument war unter Mühen geboren worden, ein erster Entwurf Gor'kijs hatte sich als wenig brauchbar erwiesen, so wurde er um- und neugeschrieben, und was herauskam, trug alle Anzeichen eines Kompromisses, zwischen jenen, die auf den Grundsatz pochten, »das Vaterland«, »die Revolution« oder »die neue Freiheit« zu verteidigen, und den Zimmerwalder Vorstellungen, den Krieg rasch, durch die Völker selbst oder einen Sozialistenkongreß, jedenfalls mit einem Friedensschluß »ohne Annexionen und Kontributionen« zu beenden.[81] Aber immerhin: Ein Anfang war gemacht und die weitere Strategie bereits vorgezeichnet: Rußland sollte mit dem Verzicht auf Annexionen und Kontributionen beginnen und die eigene Regierung (die eigenen »herrschenden Klassen«, wie der Appell sagte) zu einer entsprechenden Verzichtserklärung gedrängt werden.

In Verfolgung dieses Vorhabens schlugen die Zimmerwalder eine Woche später (am 21. März) im Exekutivkomitee einen Doppelschritt vor: Zu-

---

[80] Text in: Izvestija N° 15 vom 15. März 1917, Kommentar dazu in N° 16 vom 16. März 1917, beide Male auf Seite 1; Text des Manifestes wiederabgedruckt in: Revoljucionnoe dviženie v Rossii posle sverženija samoderžavija, S. 252 f.; dt. Übers. bei: Hellmann, Russische Revolution, S. 181 f.; Text, Auszüge aus der Debatte wie Reaktionen in der Presse auch in Browder / Kerensky, Provisional Government, Bd. 2, S. 1076 ff.

[81] Vgl. Suchanow, Tagebuch der Revolution, S. 206 ff.

nächst solle das revolutionäre Rußland einen offiziellen Verzicht auf das
zaristische Kriegsprogramm aussprechen, dann gemeinsam mit den Alliierten eine öffentliche Erklärung abgeben, die einen Frieden auf der
Grundlage der Formel »Ohne Annexionen und Kontributionen« vorschlug.[82] Erneut ließ die Mehrheit des Exekutivkomitees an ihrer Verteidigungsbereitschaft keinen Zweifel. Sie stimmte erst zu, den Vorstoß mitzutragen, nachdem auch Passagen »über den bewaffneten Widerstand gegen
den äußeren Feind, über die Unterstützung der Armee, über die Arbeit in
der Heimat für die Front und über die Mobilisierung aller Kräfte für die
Verteidigung der Revolution« in die Resolution mit aufgenommen wurden. Doch trotz aller Schwierigkeiten hatte die Sowjetführung damit zu einer gemeinsamen Linie gefunden: Sie propagierte Expansionsverzicht und
einen möglichst raschen Friedensschluß ohne Annexionen und Kontributionen, verbunden mit der demonstrativen Warnung an den Gegner,
den Vorstoß als Defaitismus mißzuverstehen. Auf der Basis dieser Entschließung wurde die »Kontaktkommission« des Exekutivkomitees beauftragt, Verhandlungen mit der Provisorischen Regierung aufzunehmen.[83]

Was der zuständige Außenminister Miljukov von diesen Vorstellungen
der Sowjetführung hielt, konnte sie bereits einen Tag später in der Zeitung
nachlesen. In einem Interview mit Pressevertretern hatte Miljukov die Formel eines »Friedens ohne Annexionen und Kontributionen« (»mir bez
aneksij i kontribucij«) als deutsche Erfindung verworfen, die Rückkehr
zum Vorkriegszustand strikt abgelehnt und sein Gegenprogramm skizziert: Deutschland mußte besiegt, die Landkarte Europas, besonders im
Südosten verändert, Deutsch-Österreich und Ungarn auf die ethnographi-
schen Grenzen beschränkt, die ukrainisch besiedelten Gebiete an die russische Ukraine angeschlossen, die serbischen Gebiete vereint, das armenische
Volk unter den Schutz Petrograds gestellt und die Meerengen, die Wasser-
straße vom Schwarzen ins Mittelmeer von Rußland erworben werden.[84]

---

[82] Vgl. in diesem Zusammenhang auch die Resolution des Büros des bolschewistischen Zen-
    tralkomitees vom 22. März »zur Provisorischen Regierung und Frage von Krieg und Frie-
    den«, in: Revoljucionnoe dviženie v Rossii posle sverženija samoderžavija, S. 106 f.
[83] Statt einer bloßen Abmachung mit der Regierung wollten die Zimmerwalder für ihre For-
    derungen »die Massen« mobilisieren, waren jedoch bei der Mehrheit des Exekutivkomitees
    damit nicht durchgedrungen; vgl. Suchanow, Tagebuch der Revolution, S. 249 ff.
[84] Text des Interviews nach der Wiedergabe in der liberalen Zeitung Reč' (N° 70 vom 23. März
    1917) auch bei Browder / Kerensky, Provisional Government, Bd. 2, S. 1044 f., nach dem
    Abdruck in der Frankfurter Zeitung 4 Tage später bei Hellmann, Russische Revolution, S.
    193 ff. Bereits eine Woche zuvor, unmittelbar nach ihrer Veröffentlichung, hatte sich Reč'
    kritisch mit dem Sowjetaufruf »An die Völker der ganzen Welt« und seinem Kernbegriff ei-
    nes »Friedens ohne Annexionen und Kontributionen« auseinandergesetzt. Sie bestritt dem
    Aufruf, für die »russische« Sozialdemokratie zu sprechen, und sah darin ein Einschwenken
    auf die Linie der deutschen Sozialdemokratie und ihr nahestehender Intellektuellenkreise,
    die damit die Wiederherstellung der Vorkriegsgrenzen für Deutschland, Österreich-

Die inhaltlichen Differenzen waren schwerwiegend, und Miljukov gab ihnen zusätzliche Brisanz durch den Stil, die Form und den Adressaten seiner Verlautbarungen. Während die Sowjetführung an »Genossen, Proletarier und Werktätige« appellierte, verstand Miljukov sein Programm als »überparteilich« und Willensausdruck des neuen, gleichsam »offiziellen« Rußland; er verkündete es erst den verbündeten Regierungen und dann – via Presse – einer breiteren Öffentlichkeit. So war es in Inhalt und Form eine Kampfansage an den Sowjet.

Sicher war Miljukov selbst von der Berechtigung seiner Forderungen überzeugt; außerdem drängten die Alliierten auf Klarstellung und die Übernahme der eingegangenen Verpflichtungen durch die neue Regierung. Aber das erklärt Miljukovs Auftreten nur zum Teil; daß er das Programm für realisierbar hielt, hing mit drei weiteren Faktoren zusammen. Erstens war wenige Tage vor dem Sowjetappell »An die Völker der ganzen Welt« – es war der 12. März – das Volynsker Regiment in voller Mannschaftsstärke, mit allen Offizieren, Fahnen und klingendem Spiel vor dem Taurischen Palais erschienen, hatte Duma, Provisorische Regierung und Sowjet hochleben lassen und auf den Spruchbändern, die man mittrug, unter anderem »Krieg bis zum vollen Siege« versprochen. Am Tag darauf kamen die Pavlovsker mit ganz ähnlichen Parolen; neben »Konstituierende Versammlung«, »Achtstundentag«, »Land und Freiheit« forderten sie auch »Siegen oder Sterben«. Das Semënovsche, das Litauische und andere Petrograder Regimenter taten es ihnen nach und wieder hieß es: »Die Freiheit bewahren – über Wilhelm siegen«, »Es lebe der Krieg für die Freiheit«, »Krieg bis zum siegreichen Ende«.[85] Eine Demonstrantin, die bei einem dieser Anlässe »Nieder mit dem Krieg« brüllte, wäre von den Soldaten fast gelyncht worden. Daß die Sympathiekundgebungen gerade von den Regimentern kamen, von denen am 26./27. Februar die Meuterei ausgegangen war, gab der Sache besondere Bedeutung.

Ungarn und die Balkanstaaten sicherstellen wollten. Dem kadettischen Blatt schien dies keine akzeptable Perspektive: 1. sei nicht sicher, daß Deutschland das von ihm besetzte russische Gebiet ohne Gegenforderung räume; 2. kämpfe Rußland jetzt an der Seite der westlichen Demokratien gegen die »alte Ordnung«, was über die Frage geographischer Grenzen weit hinausgehe; so könne ihm 3. das Schicksal des künftigen Polen und der Völker der Balkanhalbinsel (letztere in ihrem Kampf gegen die Türkei und Österreich-Ungarn, deren staatliche Existenz auf der Unterdrückung anderer Nationen beruhe) nicht gleichgültig sein; 4. spielten auch ökonomische Fragen und die Lösung der Meerengenfrage eine gewichtige Rolle (wobei letztere nicht in der Hand einer starken fremden Macht verbleiben könnten). Alle diese Fragen würden durch den Sowjetappell und die Formel vom Frieden ohne Annexionen und Kontributionen nicht gelöst (Reč' N° 62, 63, vom 14. bzw. 15. März 1917).

85 Vgl. dazu die Zeitungsberichte der Izvestija zu diesen Demonstrationen, unter den Überschriften »Manifestation«, »Krieg für die Freiheit« und »Delegation von der Schwarzmeerflotte« (Izvestija N° 17, 17. März 1917); Auszüge in engl. Übers. bei Browder / Kerensky, Provisional Government, Bd. 2, S. 866 f.

Abb. 17:   Die Doppelherrschaft im Taurischen Palais. Nach der Februarrevolution wurde es Sitz der Provisorischen Regierung und des Sowjet. Die zu ihm »führenden geraden Straßen waren in den Februar- und Märztagen gleichsam Arterien,
durch die das lebendige Blut zum Herzen, zum mächtigen Schloß aus den Tagen
Katharinas, strömte. Seine runde Kuppel ragte melancholisch und stolz über den
entlaubten Birken des alten Parks«, so hat es Zinaida Hippius, Schriftstellerin und
Grande Dame der Petersburger Intelligencija, beschrieben. Sie bewohnte zusammen mit ihrem Mann und Schriftstellerkollegen Dmitrij Merežkovskij den ersten
Stock eines Hauses »dicht am Gitter des Parkes« und verfolgte die Ereignisse ge-
spannt »von Minute zu Minute«. Dabei schien es zunächst, »als ob alle Richtungen
sich vermischt hätten und alle Parteigrenzen verschwunden seien« (S. Hippius,
Petersburger Tagebuch, Berlin / Weimar 1993, S. 9, 20). Auch auf obigem ist man
sich noch einig: Der Soldatenrat tagt unter Spruchbändern, die den »Kampf bis zum
siegreichen Ende«, eine Regelung der Pensionen und (nicht im Bildausschnitt)
»Nieder mit Lenin« fordern. Das sollte sich ins Jahr hinein ändern, und im Januar
1918 im Taurischen Palais auch die Verfassungsgebende Versammlung tagen, nachdem die Provisorische Regierung »im Namen der Räte« bereits gestürzt und die
Räte selbst in den Smol'nyj umgezogen waren.

Eine zweite Beobachtung kam hinzu. Bei den Demonstrationen und wohl auch schon davor waren kritische Untertöne zu vernehmen, die auf erhebliche Differenzen zwischen Arbeiterschaft und Soldaten hinzudeuten schienen. So stieß die proletarische Forderung nach Achtstundentag und innerbetrieblicher Mitbestimmung bei den Soldaten auf nur geringes Verständnis, angesichts der »patriotischen Aufgabe« einer bestmöglichen Versorgung der Front, und wer in diesem Zusammenhang gar an Streik dachte, geriet in Verdacht, aus egoistischen Motiven zu handeln und das Leben der Soldaten leichtfertig aufs Spiel zu setzen. Parolen wie »Arbeiter an die Werkbänke« oder »Produziert Granaten« spiegelten diese Stimmungslagen wider.

Die Euphorie der Soldaten wie die Interessendivergenzen mit der Arbeiterschaft schien aber – drittens – die Stellung des Sowjet nicht unberührt zu lassen, seine soziale Basis zu schwächen und seinen außenpolitischen Forderungen den Boden zu entziehen, zumal es seiner Führung, dem Exekutivkomitee, offenkundig selbst schwer genug fiel, »Vaterlandsverteidiger« und »Zimmerwalder« auf eine gemeinsame Linie zu verpflichten.[86] Deshalb war Miljukov offenbar entschlossen, die Herausforderung auf dem Gebiet der Außenpolitik anzunehmen und zugleich die Machtfrage damit zu lösen.

b) Die Miljukov-Note vom 18. April

Freilich nicht alle im Kabinett dachten wie Miljukov. Das wurde sichtbar, als die »Kontaktkommission« des Sowjet am Abend des 24. März im Marienpalast erschien und den Ministerrat mit ihrer Forderung konfrontierte, auf expansionistische Kriegsziele zu verzichten und einen Frieden »ohne Annexionen und Kontributionen« abzuschließen. Zwar lehnte Miljukov die gewünschte Verzichtserklärung rundweg ab und Ministerpräsident L'vov zweifelte – nicht ungeschickt – an der Richtigkeit des Adressaten, sei es doch Deutschland, nicht Rußland, das hunderte von Kilometern in Feindesland stehe. Doch offenkundig war das nicht L'vovs letztes Wort und einige der Ministerkollegen widersprachen im Fortgang der Diskussion offen den Ansichten des Außenministers.

Als man drei Tage später (am 27. März) wieder zusammenkam, hatten sich jene durchgesetzt, die im Kabinett für Entgegenkommen und demonstratives Einvernehmen mit der Sowjetführung eintraten. Die Er-

---

[86] Vgl. zu diesen Problemen anschaulich Suchanow, Tagebuch der Revolution, S. 222 ff.; zum Kalkül Miljukovs W.G. Rosenberg, Liberals in the Russian Revolution, S. 94 ff.

klärung, die sie mitbrachten, war ein diplomatisches Meisterstück, enthielt
für jeden etwas. Sie war an das russische Volk gerichtet, versprach ihm die
ungeschminkte Wahrheit über den Ernst der Lage und skizzierte das Erbe,
das die Provisorische Regierung angetreten hatte: Während man Ordnung
zu schaffen suche im Finanzsystem, beim Transport, bei der Lebensmittelversorgung und beim Nachschub für die Armee, sei man weiterhin
den Schlägen eines mächtigen Feindes ausgesetzt, der weit im eigenen Land
stehe und die neugewonnene Freiheit bedrohe. Die Verteidigung des Landes sei somit die wichtigste Aufgabe, und die Invasoren zurückzuwerfen,
identisch mit der Verteidigung der Freiheit. Was schließlich die »endgültige
Lösung aller mit dem Weltkrieg zusammenhängenden Fragen« angehe, so
verwies man zunächst auf das geplante Einvernehmen mit den Alliierten
und erklärte sodann für das »freie Rußland«, es sei nicht sein Ziel, über andere Nationen zu herrschen, sondern einen dauerhaften Frieden auf der
Basis des Selbstbestimmungsrechtes der Völker zu erreichen. So wolle das
russische Volk auch keine Erweiterung seiner Macht auf Kosten anderer
Nationen. Abschließend versprach die Regierung, den Willen des Volkes
auszuführen, die Rechte des Vaterlands zu verteidigen und alle gegenüber
den Alliierten eingegangenen Verpflichtungen zu erfüllen. Die Erklärung
schloß mit einer nochmaligen Beschwörung und einem feierlichen Aufruf
zur Verteidigungsbereitschaft.
   Es war verständlich, daß die Kontaktkommission das Dokument mit
Zurückhaltung, ja Enttäuschung aufnahm, hatte sie doch eine andere Erklärung gefordert und erwartet. Die Linke wies sogar darauf hin, daß vergleichbare Wendungen in der Kriegserklärung des Zaren gestanden hatten.
Doch da die Regierung nachträglich noch bereit war, eine Wendung aufzunehmen, die jede »gewaltsame Okkupation fremder Gebiete« verwarf, war
es schwer, der vorgeschlagenen Erklärung die Zustimmung zu verweigern.
Als sie jedoch veröffentlicht wurde, war der Grundtenor der Reaktionen
positiv, nicht nur im »bürgerlichen Lager«: Die sozialrevolutionäre Zeitung »Delo naroda« (Sache des Volkes) empfand ein »tiefes Gefühl der mo-
ralischen Befriedigung« und die menschewistische »Rabočaja gazeta« (Arbeiterzeitung) feierte die Erklärung als einen »Sieg der Demokratie«.[87]
   Das größte Manko an der Erklärung war freilich, daß sie sich nicht – wie
geplant – an die Alliierten, sondern an das russische Volk, die eigenen
Staatsbürger richtete; und obwohl Miljukov zugesagt hatte, sich um eine
Änderung der Verträge zu bemühen, zeigte er keinerlei Eile, es wirklich zu

---

[87] Der Text in: Reč' Nº 73 vom 18. März / 10. April 1917; wieder abgedruckt in: Revoljucionnoe dviženie v Rossii posle sverženija samoderžavija, S. 444 f.; engl. Übers. sowie die zitierten Pressestimmen in: Browder / Kerensky, Provisional Goverment, Bd. 2, S. 1045 ff.; Vorgang aus der Sicht eines Beteiligten bei Suchanow, Tagebuch der Revolution, S. 256 ff.

tun. Ja in Interviews, die er ausländischen Zeitungen gab, sprach er erneut von seinen außenpolitischen Wunschträumen, ganz so, als ob die Provisorische Regierung keine Verzichtserklärung abgegeben hätte. Auch die Grundeinstellung zum Sowjet, zur Doppelherrschaft hatte sich nicht geändert; er übersah beide geflissentlich, selbst wenn er über den »Triumph der Revolution« sprach, erwähnte er sie mit keinem Wort.[88]

Auf Dauer war eine Klarstellung jedoch kaum zu umgehen. Da nicht zu verhindern war, daß die Erklärung vom 27. März im Ausland bekannt wurde, stiftete sie dort Verwirrung. Die kontroversen Auslegungen, die der Veröffentlichung folgten, sorgten für zusätzliche Konfusion. Da auch Kerenskij – als Kabinettsmitglied – das Dokument als Verzichtserklärung interpretierte, fiel es schwer, solche Deutungen als »rein privat« beiseite zu schieben. Das Mindeste, was man in Washington, Paris und London erwarten durfte, war die »offizielle« Übermittlung des genauen Wortlautes, am besten verbunden mit einer Mantelnote, die Sinn und Ziel der Erklärung offenlegte. Genau dies wollten auch die Opponenten im Innern und pochten dabei auf die Einhaltung der ihnen gegebenen Zusagen. Da sich die Regierung gleichzeitig um die Unterstützung des Exekutivkomitees für eine neue Kriegsanleihe (»Anleihe der Freiheit«) bemühte, bekam die Sowjetführung ein zusätzliches Druckmittel in die Hand.

Zum Handeln gezwungen, ließ Miljukov am 18. April den westlichen Verbündeten den Text der (am 27. März beschlossenen) Erklärung überreichen. Doch die Ausführungen, mit denen die russischen Geschäftsträger angewiesen wurden, der jeweiligen Regierung die Absichten des Dokuments zu erklären, setzten sich kühn – in Geist und Inhalt – über alle mit der Sowjetführung getroffenen Absprachen hinweg. War es den Zimmerwalder Sozialisten darum gegangen, ihre »prinzipielle« Ablehnung des Krieges in eine neue, mächtige Friedensinitiative umzusetzen, so gab Miljukov vorab Entwarnung, alle Vereinbarungen würden in Kraft und die Grundsätze die alten bleiben. An der Vereinbarung, keinen Separatfrieden mit den Mittelmächten abzuschließen, wolle man auch weiterhin nicht rütteln, und die in der Erklärung ausgesprochenen Prinzipien seien die gleichen, wie sie von alliierter Seite seit jeher (»bis in die allerjüngste Zeit«) verkündet wurden.[89] Da das befreite Rußland den alliierten Prinzipien nun

---

[88] Das galt schon für die erste Note an die Alliierten vom 4. März (Text: Revoljucionnoe dviženie v Rossii posle sverženija samoderžavija, S. 422 ff.), was das Exekutivkomiteemitglied Suchanov noch im Rückblick stark erboste (vgl. Suchanow, Tagebuch der Revolution, S. 192 ff.); zur Politik Miljukovs Rosenberg, Liberals in the Russian Revolution, S. 101 ff.

[89] Text der Note in dem Dokumentenband Revoljucionnoe dviženie v Rossii v aprele 1917 g., aprel'skij krizis [=weiterer Teilband der Reihe Velikaja Oktjabr'skaja socialističeskaja revoljucija. Dokumenty i materialy], Moskau 1958, S. 725 f.; dt. Übersetzung bei Hellmann,

näher stünde als jemals zuvor, wären auch alle Zweifel, es könnte in seinen Anstrengungen für die gemeinsame Sache nachlassen, fehl am Platz: »Ganz im Gegenteil, das Streben des gesamten Volkes, den Weltkrieg bis zu einer siegreichen Entscheidung zu führen, hat sich nur noch verstärkt«. Die Provisorische Regierung, so schloß das Dokument, halte an den eingegangenen Verpflichtungen fest, glaube weiterhin an den Endsieg, setzte auf das Einvernehmen mit den Verbündeten und vertraue darauf, daß es in gemeinsamen Anstrengungen gelingen werde, feste Grundlagen für einen dauerhaften Frieden zu schaffen; das Mittel dazu sah Miljukov in »Garantien und Sanktionen, um neuen blutigen Konflikten für die Zukunft vorzubeugen«.

Deutlicher konnte die Mißachtung der Sowjetführung gar nicht ausfallen. Ohne sie (erstens) auch nur einer Erwähnung für wert zu befinden, spielte man (zweitens) die auf ihre Initiative Ende März zustandegekommene Erklärung und Friedensinitiative als ›im Grunde nichts Neues‹ herunter; statt sich (drittens) um eine Revision der mit den Alliierten abgeschlossenen Verträge zu bemühen, wurden alle darin enthaltenen Verpflichtungserklärungen nun pauschal erneuert und (viertens) mit der Erwartung eines Siegfriedens verbunden, der vom Gegner Sanktionen und Garantien verlangte – ganz so, als wäre die Forderung eines »Friedens ohne Annexionen und Kontributionen« nie erhoben worden.

Der Vorstoß war wohlkalkuliert. Offenkundig setzte der Außenminister darauf, daß sich die Sowjetführung – in der Kriegsfrage ohnehin uneins – nur schwer zu einer von allen Flügeln getragenen Protestaktion aufraffen werde. In der Sache, in der neuen Zuversicht bei der Fortsetzung des Krieges glaubte Miljukov einen Großteil des Landes hinter sich, war doch kaum eine revolutionäre Siegesfeier in Petrograd und draußen im Lande ohne das patriotische Versprechen geblieben, die neugewonnene Freiheit zu verteidigen, den Krieg bis zum Sieg fortzusetzen; bis in den April hinein waren die Zeitungen voll davon. So schien ihm die Gelegenheit günstig, zumindest auf dem Gebiet der Außenpolitik die Regierungsgewalt und die Staatsautorität wiederherzustellen und die »wildgewordene« Räteversammlung samt ihrer populistischen Führung in die Schranken zu weisen.

In einem Punkt hatte sich Miljukov nicht geirrt: Als dem Exekutivkomitee am 19. April der Inhalt der Note mitgeteilt wurde, bot es ein Bild der Ratlosigkeit. Erneut stießen die kontroversen Meinungen hart aufein-

---

Russische Revolution, S. 195 f. Da die Ausführungen Miljukovs mit dem Hinweis begannen, der Text der Note vom 27. März widerlege alle Unterstellungen, Rußland wolle einen Separatfrieden mit der deutschen und der österreichisch-ungarischen Monarchie abschließen, konnte es fast so scheinen, als sei diese Widerlegung das Hauptanliegen der Erklärung vom 27. März gewesen. Er verschleierte damit von Anfang an deren Sinn.

ander und blockierten ein einvernehmliches Vorgehen. Was die Mitglieder vor allem irritierte, war, daß die Note zuvor im Kabinett erörtert und von allen gebilligt worden war. So einigte man sich, keine Entscheidung zu treffen, bevor man nicht mit dem Ministerrat konferiert habe. Dieses Vorgehen unterbreitete Čcheidze als Vorsitzender am 20. April auch einer außerordentlichen Zusammenkunft des Arbeiter- und Soldatenrates und fand dabei dessen Zustimmung.[90]

Doch die hauptstädtischen Massen, Arbeiter und Soldaten, waren weniger moderat und wurden zum eigentlichen Gegenspieler des Außenministers. Sie gingen, als der Text der Note am 20. April bekannt wurde, zu Zehntausenden auf die Straße und forderten lautstark: »Weg mit Miljukov«, »Frieden ohne Annexionen und Kontributionen«, »Nieder mit der Provisorischen Regierung«, den »Rücktritt Gučkovs«, die »Macht dem Sowjet«.[91] Es kam zu blutigen Auseinandersetzungen, mit Toten und Verletzten. Über die Motive im einzelnen läßt sich nur spekulieren. Offenkundig war das Versprechen, die Freiheit siegreich zu verteidigen, für die meisten eine Sache, die Aussicht dagegen, den Krieg bis zum Erwerb der Dardanellen fortsetzen zu müssen, eine völlig andere. Daß Miljukovs Aktion sich unzweideutig auch gegen den Sowjet, das Zentrum der proletarischen und soldatischen Aktivitäten richtete, verstärkte den Widerstand.

Mag sein, daß der Außenminister in der Annahme recht hatte, ein Großteil des Landes dächte »patriotisch«. Wir wissen es nicht. Mag sein, daß auch die Hauptstadt keineswegs geschlossen auf der Gegenseite stand; schließlich gab es am 21. April eine kadettische Gegendemonstration auf dem Nevskij Prospekt, die Miljukov und die Provisorische Regierung hochleben ließ. Die genauen Mehrheitsverhältnisse sind nicht zu rekonstruieren. Mag sogar sein, daß der Vorwurf berechtigt war, bolschewistische Agitation habe an Ausbruch und Ausbreitung der neuen Unruhen entscheidenden Anteil gehabt. Das Ergebnis blieb das gleiche. Denn die

---

[90] Zur Sitzung des Exekutivkomitees am 19., der Einigung im Ministerrat, der im Marienpalast tagte, am 20. April und der Entschließung des Sowjetplenums am gleichen Tag Izvestija N° 46 vom 21. April, Text der Entschließung in N° 47 vom 22. April 1917 (auf Seite 1); letzterer wiederabgedruckt in: Revoljucionnoe dviženie v aprele 1917 g., S. 727; auch in Browder / Kerensky, Provisional Government, Bd. 3, S. 1240; dazu Cereteli, Vospominanija o fevral'skoj revoljucii, 2 Bde., Paris / den Hague 1968, hier Bd. 1, S. 86 ff.; Suchanow, Tagebuch der Revolution, S. 329 ff.; zum Gesamtzusammenhang besonders hier und im folgenden Galili, Menshevik Leaders, S.161 ff.; daß die Ablehnung so eindeutig nicht war, die Gesellschaft gespalten war, unterstreicht auch P.S. Čchartašvili, Pis'ma v podderžku P.N. Miljukova nakanune ego otstavki, in: Voprosy istorii 1994 N° 2, S. 190 f.

[91] Vgl. dazu die Berichte in: Aprel'skie dni 1917 goda v Petrograde (bearb. von V. Rachmetov), in: Krasnyj archiv Bd. 33 (1929), S. 64 ff.; Revoljucionnoe dviženie v aprele 1917 g., S. 729 ff., 777 ff.; Browder / Kerensky, Provisional Goverment, Bd. 3, S. 1242 ff.

Machtfrage wurde nicht in der Provinz und nicht nach »formalen« Mehrheiten entschieden, weder Ende Februar noch jetzt. Die hauptstädtischen Massen als Machtfaktor übergehen zu wollen, war ein schwerer politischer Fehler, ob man unter ihnen radikale Minderheiten am Werk sah oder nicht. Ohne oder gar gegen ihr Machtzentrum, den hauptstädtischen Arbeiter- und Soldatenrat, war Rußland nicht mehr zu regieren, ja nicht einmal die Ordnung in der Hauptstadt wiederherzustellen. Das alles vermochte die Aktion des Außenministers – wider Willen, aber eindrücklich – unter Beweis zu stellen. Sie löste keines der alten Probleme und schuf zugleich neue.

c) Auf dem Weg zu einer Koalitionsregierung

Den eigentlichen Stein des Anstoßes, die Note vom 18. April aus dem Wege zu räumen, war noch das geringste Problem. In einer Nachtsitzung vom 20. auf den 21. April einigten sich Cereteli (als Mitglied des Exekutivkomitees) und Nekrasov (als Kabinettsmitglied) auf eine Zusatzerklärung, die alle Annexionsabsichten erneut verneinte und die anstößigen Begriffe »Garantien« und »Sanktionen« mit dem Hinweis auf die Schaffung internationaler Gerichtshöfe und die Möglichkeiten von Rüstungsbegrenzungen entschärfte. Die Mitglieder des Exekutivkomitees empfanden das Gesamtverfahren als unbefriedigend; schließlich war ein mühsam ausgehandelter Kompromiß gebrochen, ein klares Versprechen nicht eingehalten worden, und beides sollte nun durch eine Zusatzerklärung ungeschehen gemacht werden. Doch die Mehrheit des Exekutivkomitees stimmte schließlich zu, verbunden mit der Willensbekundung, die Kontrolle auf dem Gebiet der Außenpolitik zu verstärken.[92] Diesem Votum schlossen sich am Abend des 21. April die rd. 2.000 Deputierten des Arbeiter- und Soldatenrates an.

Auch die Unruhen konnten relativ rasch beendet werden, und wieder erwies sich die Räteführung als eigenständige Autorität. Als die Mitglieder des Exekutivkomitees am 20. April von den großen Demonstrationszügen erfuhren, die sich auf die Innenstadt zubewegten, schickten sie ihnen Delegationen entgegen, die verhindern sollten, daß es zu Ausschreitungen und Zusammenstößen mit Gegendemonstranten kam. Um eine Zuspitzung des Konfliktes zu verhindern, appellierte das Exekutivkomitee am Tag darauf

---

[92] Schilderung der Vorgänge, Kurzbericht über die Sowjetsitzung und Text des Appells des Exekutivkomitees in Izvestija N° 47 vom 22. April 1917; letzterer auch in Revoljucionnoe dviženie v aprele 1917 g., S. 761; ebenso bei Browder / Kerensky, Provisional Goverment, Bd. 3, S. 1241 f. Zu den Auseinandersetzungen zwischen Sowjet und Provisorischer Regierung um die Kriegsziele auch I.G. Cereteli, Vospominanija, Bd. 1, S. 59 ff.

an alle Staatsbürger, Ruhe, Ordnung und Disziplin zu bewahren; an alle Arbeiter und Milizangehörige, wenn sie zu Demonstrationen gingen, ihre Waffen zu Hause zu lassen; an alle Truppen, die General Kornilov als Petrograder Stadtkommandant zum Schutz der Provisorischen Regierung angefordert hatte, keinem Regierungsbefehl zu gehorchen, wenn er nicht vom Sowjet ausdrücklich bestätigt worden war.[93] Und am Abend des 21. April verbot der Sowjet schließlich (auf Antrag seines Exekutivkomitees) alle Demonstrationen und Ansammlungen für zwei Tage.[94] Die Maßnahmen hatten Erfolg, »die Gespenster des ›Bürgerkrieges‹ verflüchtigten sich schneller als Rauch«.[95]

Freilich, damit war noch nicht geklärt, wie es weitergehen, wie eine Wiederholung solcher Vorfälle vermieden, Rußland künftig regiert werden sollte. Die erneut vorgetragenen Rezepte waren bekannt: Die radikale Linke sah sich in ihrer Prognose bestätigt, daß der bürgerlichen Provisorischen Regierung nicht zu trauen sei und der Sowjet die Macht übernehmen müsse. Der Großteil der Menschewiki lehnte das weiterhin ab. Doch immer stärker wurde auf sie ein anderer Druck: in die Regierung einzutreten und »Verantwortung« zu übernehmen. Gerade weil die Krise – so lautete das Argument – die Schwäche des Kabinetts und die Stärke des Sowjet und seiner Führung erwiesen habe, müßten einige aus dem Kabinett gehen und Sowjetvertreter sie ersetzen. Schon am 20. April hatte man es im Arbeiter- und Soldatenrat vernommen, in den letzten Apriltagen gewann es auch im Regierungslager immer mehr Anhänger. Die menschewistische Parteiführung sträubte sich hartnäckig und bestätigte ihre Ablehnung einer Regierungsbeteiligung mehrfach.

Doch als am 29. April Gučkov als Kriegsminister zurücktrat, das weitere Schicksal der Regierung völlig offen schien, sogar Befürchtungen eines Militärputsches laut wurden[96] und Ministerpräsident L'vov die Einladung an die Sowjetvertreter zum Eintritt in die Regierung erneuerte[97], begannen die Menschewiki von ihrer starren Haltung abzurücken. Hatten sie noch zwei Tage zuvor den Regierungseintritt definitiv abgelehnt und ausführlich begründet, so präsentierten sie nun (am 1. Mai) einen – vom Sowjetexekutivkomitee erarbeiteten – Forderungskatalog, dessen Annahme Vor-

---

[93] Text der Appelle und Resolutionen (vgl. oben Anm. 90) sowie Zeitungsberichte über die Vorgänge auch in Revoljucionnoe dviženie v aprele 1917 g., S. 725 ff.; sowie Browder / Kerensky, Provisional Government, Bd. 3, S. 1236 ff.

[94] Vgl. Izvestija N° 47 vom 22. April 1917; auch Revoljucionnoe dviženie v aprele 1917 g., S. 750.

[95] Suchanow, Tagebuch der Revolution, S. 340.

[96] Rücktrittsschreiben Gučkovs in Revoljucionnoe dviženie v aprele 1917 g., S. 835 f.; zu den nachfolgenden Spekulationen auch Rosenberg, Liberals in Russian Revolution, S. 113.

[97] Vgl. dazu Revoljucionnoe dviženie v aprele 1917 g., S. 830 ff.

aussetzung für die Bildung einer Koalitionsregierung sein sollte. Er formulierte, in 8 Punkten zusammengefaßt, der Innen- und Außenpolitik folgende Zielvorgaben: den Abschluß eines »Friedens ohne Annexionen und Kontributionen«; die »Demokratisierung« der Armee; die Verstärkung der staatlichen Kontrolle über Produktion und Verteilung; den Ausbau der Arbeitsschutzbestimmungen; eine Landwirtschaftspolitik, die die Interessen der Bauernschaft im Auge behält; eine Steuerreform mit progressiver Belastung von Einkommen, Vermögen und Kriegsgewinnen; sowie die rasche Neuwahl der Selbstverwaltungskörperschaften und die zügige Vorbereitung der Konstituierenden Versammlung.[98] Außerdem bestand das Exekutivkomitee darauf, daß die sozialistischen Minister weiterhin dem Sowjet »verantwortlich« sein sollten.

Schon mit dem Koalitionsangebot setzte sich L'vov über die Bedenken der kadettischen Parteispitze hinweg, und als man sich auch noch auf den sozialistischen Forderungskatalog einließ, war für Miljukov kein Verbleib mehr in der Regierung. So lehnte er den ihm angetragenen Wechsel auf den Posten des Erziehungsministers empört ab und drang im höchsten Parteigremium, dem Zentralkomitee der Kadetten darauf, daß auch die übrigen kadettischen Minister aus der Regierung zurückberufen würden. Das Zentralkomitee lehnte den Antrag mit 18 zu 10 Stimmen ab. Doch da die sozialistischen Minister auf ihre Verantwortlichkeit gegenüber dem Sowjet pochten, behielten sich auch die Kadetten das Recht auf Rückzug vor, freilich ohne ihre parteipolitischen Erwartungen genau zu formulieren.[99]

Dem neuen Kabinett, das sich am 5. Mai konstituierte, saß erneut Fürst G.E. L'vov (selbst parteilos) vor; von den insgesamt 15 Mitgliedern waren 7 Sozialisten. Die prominentesten von ihnen waren Kerenskij (der ins Kriegsministerium wechselte), der Führer der Sozialrevolutionäre V. M. Černov (der parteigemäß das Landwirtschaftsressort übernahm) sowie die beiden Menschewiki Cereteli und Skobelev (die nun für Post und Arbeit zuständig sein sollten). Von den alten Amtsträgern blieben dem Kabinett unter anderem der Progressist Konovalov (als Minister für Handel und Gewerbe), die beiden oktobristischen Minister I.V. Godnev und V.N. L'vov (zuständig für Staatskontrolle und den Heiligen Synod, die Verwaltung der Orthodoxen Kirche) sowie die Kadetten Nekrasov (im Transportministerium), Manuilov (als Bildungsminister) und Šingarëv (der von der Landwirtschaft ins Finanzressort wechselte) erhalten. Neuer Außenminister wurde der parteilose Tereščenko, der dem alten Kabinett bereits als Finanzminister angehört hatte.

---

[98] Den Eingang dieser Forderungen in das Regierungsprogramm der ersten Koalitionsregierung vgl. in Browder / Kerensky, Provisional Government, Bd. 3, S. 1276 ff.
[99] Rosenberg, Liberals in the Russian Revolution, S. 114 ff.

Da die Minister Cereteli, Kerenskij und Skobelev zugleich wichtige Exponenten des Exekutivkomitees bzw. stellvertretende Sowjetvorsitzende
blieben, war der Versuch eines Schulterschlusses unübersehbar. Der sowjetische Forderungskatalog ging ins Regierungsprogramm ein. Doch da
der Ministerpräsident und fast die Hälfte der Minister bereits dem ersten
Kabinett angehört hatten, war auch der Eindruck eines völligen Bruches
vermieden worden. Wenn es im Kabinett so etwas wie eine große Linie gab,
so war es die zwischen Sozialisten und Bürgerlichen unstrittige Aufgabe,
das Land zu verwalten und die neugewonnene Freiheit zu verteidigen, bis
der »Friede ohne Annexionen und Kontributionen« erreicht und die Konstituierende Versammlung gewählt und zusammengetreten war. Dabei
sollten »Freiheit, Gleichheit und Brüderlichkeit«, wie es in der Regierungserklärung hieß, als Leitideen dienen und das vereinbarte 8-Punkte-
programm[100] helfen, Konflikte zu vermeiden.

Ob es damit gelang, das russische Staatsschiff in ein ruhigeres Fahrwasser
zu bringen, war auch für die Beteiligten völlig offen. Schließlich waren erst
wenige Tage vergangen, seit die menschewistische Führung den Eintritt in
eine Koalitionsregierung mit gewichtigen Argumenten abgelehnt hatte:
Mit der Einbindung des Sowjet und seiner Führung in die Regierung würde 1. ihr Einfluß auf die Massen, ihre Möglichkeit, sie zu führen, schwinden. Unvermeidbar wäre dabei 2., daß die sozialistischen Minister in eine
Frontstellung gegenüber der Elementargewalt der Revolution gerieten. Die
Regierungsbeteiligung würde 3. die Erwartungen der Massen ins Unerfüll-
bare steigern und, wenn sie sich als Illusion herausstellten, zur Ausbreitung
des Anarchismus auf der Linken beitragen. Mit der Einbindung verlöre der
Sowjet 4. seine eigentliche Rolle als Kontrollorgan der »revolutionären Demokratie« und würde zu einer Regierungseinrichtung werden. Extreme In-
stabilität wäre 5. von all dem die Folge, der Kollaps der Regierung dann nur
noch eine Frage der Zeit und der Weg frei für den Sieg der Konterrevolution oder die Errichtung einer Diktatur des Proletariats, deren Niederlage
kaum länger auf sich warten ließe.[101] Die Befürchtungen waren erst – wie
gesagt – zwei Tage alt, und nichts inzwischen geschehen, was sie gegen-
standslos gemacht hätte.

---

[100] Text in: Revoljucionnoe dviženie v Rossii v mae – ijune 1917 g., Ijun'skaja demonstracija
[=weiterer Teilband der Reihe Velikaja Oktjabr'skaja socialističeskaja revoljucija. Dokumenty i materialy], Moskau 1959, S. 229 f.; zustimmende Resolution des Sowjets in Izvestija N° 59 vom 6. Mai 1917; zur Regierungsbildung vgl. auch die Erinnerungen Ceretelis (Vospominanija, Bd. 1, S. 138 ff.).
[101] Auszüge aus diesem menschewistischen Positionspapier vom 29. April 1917 bei Galili,
Menshevik Leaders, S. 169.

4. DIE KOALITION AUF
DEM PRÜFSTAND:
ETATISMUS VERSUS MASSENBEWEGUNG

Trotz neuer Zusammensetzung im Kabinett: es waren noch immer die Männer der ersten Stunde, die Rußland regierten. Das »bürgerliche Lager« scharte sich dabei um die Kadetten, jene »Ansammlung von gutgekleideten Rechtsanwälten, Professoren, Staatsbeamten und Fachleuten aus der provinziellen Selbstverwaltung«[102], die sich als natürliche Nachfolger der Autokratie sahen, selbst wenn sie wenig zu deren Sturz beigetragen hatten. Ihr Vorbild war ohne allen Zweifel Westeuropa und ihr soeben noch einmal bekräftigtes politisches Credo hieß, die Interessen des Gesamtstaates zu wahren; zu wahren gegen Klassenegoismen und Massenhysterie; gegen Erwartungen, die eine Fortsetzung der Revolution forderten; gegen die Fortsetzung der Revolution, die die Einigkeit nach Innen und gegen den äußeren Feind gefährdete, eine Einigkeit, die nötiger war denn je. Eine solche Politik, so ahnten wohl auch die Kadetten, war ein schwieriges Unterfangen, lief ständig Gefahr, jeden Boden unter den Füßen zu verlieren. Aber aus Sicht der Partei gab es zu dieser Politik der »gosudarstvennost'«, der Staatskunst und Überparteilichkeit, keine Alternative.

Das Sozialprofil ihrer Partner von der »Linken« war so unterschiedlich nicht: Auch sie waren Angehörige der Intelligencija, Juristen (wie Kerenskij, Cereteli, Černov), Staatsangestellte und Fachleute aus der provinziellen Selbstverwaltung (wie Suchanov oder der neue Ernährungsminister Pešechonov); wenn jemand wie der Vorsitzende der Arbeitergruppe im Zentralen Kriegsindustriekomitee und jetzige stellvertretende Arbeitsminister Gvozdëv ein Metallarbeiter, ein »echter« Proletarier war, so wurde das besonders hervorgehoben. So verlor man auch nie eine gewisse Distanz zu den »Arbeitermassen«, selbst wenn man sich – wie die Men-

---

[102] So die treffende Charakterisierung W.G. Rosenbergs (Liberals in the Russian Revolution, S. 133) im Anschluß an den 8. Parteitag: »an assortment of well-dressed lawyers, professors, civil servants, and zemstvo administrators who considered themselves, despite their differences, the last best hope of Russian political moderation«. Schon 1905 beim 1. Parteitag waren von den 26 Mitgliedern, die ins kadettische Zentralkomitee gewählt wurden, 9 Anwälte und 9 Professoren (3 davon wiederum Juristen) und keiner, der so ohne weiteres Industrie und Handel zuzurechnen war (ebenda S. 20).

schewiki – als deren Partei fühlte; man vertrat sie, aber war nicht einer von ihnen. Anders gesagt: das Sich-verbunden-Fühlen war nicht angeboren, sondern eine Sache des Engagements und des Intellekts, auch des Glaubens an die analytische Kraft des Marxismus und eine Entwicklungsgesetzlichkeit, die Rußland nach Westeuropa führte.[103] Das schuf – wie schon die vergleichbare Herkunft und über alle ideologischen Unterschiede hinweg – Brücken zum anderen, kadettischen »Lager«.

Doch auch direktere Beziehungen gab es, Kontakte persönlicher und sachlicher Art, die nicht schon deshalb als bedeutungslos anzusehen sind, weil ihre tatsächliche Bedeutung schwer zu bestimmen ist. Dazu zählt etwa der Umstand, daß man viele aus dem jeweils »anderen Lager« kannte; daß man die Tätigkeit des anderen in der »legalen« Opposition, in der Duma, im Progressiven Block, in den Kriegsindustriekomitees, in der städtischen und ländlichen Selbstverwaltung oder sonstwo trotz aller politischen Meinungsverschiedenheiten respektierte; daß vermutlich nicht nur Fürst L'vov, Konovalov, Nekrasov, Tereščenko, sondern auch Kerenskij und Čcheidze der Freimaurerbewegung angehörten; daß sie alle zusammen den Krieg in Rußland erlebt hatten. Das schuf – wenn man das so forsch sagen darf – eine gewisse Bunkermentalität der Gemeinsamkeit; förderte die Bereitschaft auf der »Linken«, auch bei den eigentlich »Zimmerwaldern«, nach der Revolution in die Front der »Vaterlandsverteidiger« einzuschwenken; diese Gemeinsamkeit galt selbst noch für jene, die die Autokratie nach Sibirien verbannt hatte und die in einer ersten Welle im März zurückkehrten.[104] Aber ein deutlicherer Abstand war fühlbar, wenn die Heimkehrer den Krieg außerhalb des Landes, in der Emigration verbracht und so auch erst etwas später den Weg zurück nach Petrograd gefunden hatten.

a) Die Rückkehr der Emigranten

Unter diesen Emigranten waren besonders viele Bolschewiki. Das läßt sich unschwer erklären. Sie lehnten eine Beschränkung auf »legale« Opposition

---

[103] Die Verbindung von Kosmopolitismus mit dem Bemühen, Anwalt der sozial Schwächeren zu sein, hat man auch darauf zurückgeführt, daß ein doch überdurchschnittlicher Prozentsatz der russischen Sozialisten aus nichtrussischen Volksgruppen stammte, Georgier, Polen, Juden waren (vgl. dazu auch das Kollektivportrait der Menschewiki bei Galili, Menshevik Leaders, passim).

[104] Ein Beispiel dafür war etwa Cereteli, den man den »Sibirischen Zimmerwaldern« zurechnete; zurückgekehrt und ins Exekutivkomitee kooptiert, verstärkte er dort eher den Flügel der Vaterlandsverteidiger; das Konzept des »revolutionären Defensismus«, wie es der Rat seit April/Mai vertrat, ging wesentlich auch auf ihn zurück; vgl. etwa die Schilderungen Suchanows, Tagebuch der Revolution, S. 249 ff.; auch Russkoe političeskoe massonstvo 1906 – 1918 (Dokumenty iz archiva Guverovskogo instituta vojny, revoljucii i mira). Vstupitel'naja stat'ja i kommentarii V.I. Starceva, in: Istorija SSSR 1989 N° 6, S. 119 ff.; 1990 N° 1, S. 139 ff.

schon vor dem Krieg kategorisch ab, widersprachen entschieden der von
den Menschewiki verteidigten Mitarbeit in den Kriegsindustriekomitees
und verwarfen sie als Zusammenarbeit mit dem Klassenfeind, der Pluto-
kratie. Das machte sie zum besonderen Objekt geheimpolizeilicher Verfolgung, vor und nach 1914. Sie sprengte ihre Organisation, trieb ihre Mitglieder in den Untergrund und ihre Führung ins Ausland. So erlebte ein
Großteil ihrer späteren prominenten Repräsentanten den Ausbruch der Revolution fernab vom Zentrum: Lenin und Zinov'ev in der Schweiz, Bu-
charin und Trockij[105] in den USA, Kamenev, Sverdlov und Stalin in Sibirien.
Mithin fehlte den Bolschewiki während der Februartage gerade, was sie
von anderen sozialistischen Parteien unterscheiden sollte: ein klares Konzept, eine straffe Organisation und eine einheitliche Führung. Was der Vordenker in der fernen Schweiz zu den Ereignissen meinte, drang nicht bis zu
jenen vor, die hic et nunc zu entscheiden hatten. Das in Petrograd amtierende »Russische Büro« des bolschewistischen Zentralkomitees stand seinen Ansichten zwar nahe, aber dem Büro fehlte fast alles, um eine führende Rolle zu spielen. Erst im November 1916 wiedergegründet, waren seine
Mitglieder (Molotov, Šljapnikov, Zaluckij) eher Funktionäre aus dem zweiten Glied; so blieb sein Apparat klein und seine Reputation gering. Selbst
das Petrograder Stadtkomitee der Bolschewiki war nicht bereit, sich den
Anordnungen des Büros so ohne weiteres unterzuordnen und ging vielfach
seinen eigenen Weg. Als Koordinierungsinstanz verlor es seinerseits jede
Bedeutung, als die zaristische Polizei am 26. Februar fünf seiner führenden
Mitglieder verhaftete. Nun fiel die Initiative endgültig an die »Basis«, die
bolschewistischen Stadtteilkomitees, von denen das Vyborger die größte
Bedeutung erlangte.[106]
So waren die Töne, die man von den Bolschewiki in den Februartagen
hörte, zwar allesamt schrill, gemessen an den Menschewiki, aber auch dis-
sonant untereinander[107]; und wie die anderen Parteien, so mußten auch die

---

[105] Dabei war allerdings Lev Davidovič Trockij noch nicht Mitglied der Bolschewiki, er rechnete sich bis in den Sommer 1917 hinein den sog. »Mežrajoncy« zu, denen, die zwischen den
Parteiflügeln der Sozialdemokratie, den Menschewiki und den Bolschewiki standen.
Zusammengeschlossen seit Ende 1913 in der »Interdistriktorganisation«, seit Ende 1914
im »Interrajonskomitee Vereinigter Sozialdemokraten« (»Meždurajonnyj komitet ob"edi-
nënnych social-demokratov«), gehörten ihnen neben Trockij so prominente Parteimitglie-
der wie A.V. Lunačarskij, D.B. Manuilskij, A.A. Joffe und M.N. Pokrovskij an. Auf dem 6.
Parteitag der Bolschewiki im Juli 1917 trat das »Interrajonskomitee« (mit etwas über 4.000
Mitgliedern) formell der bolschewistischen Partei bei. Vgl. I.V. Zagoskina, Mežrajoncy, in:
SIÈ Bd. 9, Sp. 289 f.; Stichwort: Interdistrict Committee (Mezhraiontsy), in: G. Jackson / R.
Devlin (Hgg.), Dictionary of the Russian Revolution, New York / Westport, Connecticut /
London 1989, S. 269 f.
[106] Vgl. dazu im einzelnen Hasegawa, February Revolution, bes. S. 105 ff., 228 f., 239 f., 320 ff.
[107] Gleichzeitig waren die Grenzen zu anderen Gruppen wie den Mežrajoncy fließend, vgl.
E.N. Burdžalov, O taktike bol'ševikov v marte – aprele 1917 goda, in: Voprosy istorii 1956

Abb. 18:   Die Villa der Primaballerina Kšesinskaja: 1872 geboren, mit 18 Jahren ge-
feierte Tänzerin des Marientheaters und befreundet mit Nikolaus vor dessen Hoch-
zeit mit Alix von Hessen, hatte sie nach der Jahrhundertwende in Zentrumsnähe ein
komfortables Stadthaus bauen lassen, im »Stil modern«, mit einer Zimmerflucht aus
Wintergarten, großem Saal, Rotunde und Privatgemächern. Mitte März 1917 hatten
Soldaten der Panzerautodivision das Gebäude besetzt, dann waren das Zentralkomitee und das Petrograder Ortskomitee der Bolschewiki eingezogen, die Redaktionen von »Pravda« und »Soldatskaja pravda« folgten. Die Kšensinskaja klagte auf
Rückgabe, erhielt auch Recht, aber die Bolschwiki reagierten darauf nicht. Hier war
Anfang April Lenins erster Auftritt nach der Rückkehr aus dem Exil, hier versam-
melten sich Ende des Monats die Delegierten zur 7. bolschewistischen Parteikonferenz, hier residierte die Parteileitung während der Unruhen im Juli. Sie räumte das
Gebäude nach dem niedergeschlagenen Putschversuch.

Bolschewiki erst noch zu einer gemeinsamen Linie finden. Der Ausbau des Apparates schuf dazu die organisatorischen Voraussetzungen. So quartierte man sich im prächtigen Villenanwesen der Kšesinskaja ein[108], beschloß, eine Zeitung, die »Pravda« (Wahrheit), als gemeinsames Organ des »Russischen Büros« und des Petrograder Stadtkomitees herauszugeben (was seit 5. März auch geschah), und gründete als Unterabteilung des Stadtkomitees eine Militärkommission, die für die parteipolitische Betreuung der Soldaten zuständig sein sollte.

Mitte März kehrten erste Gruppen von Verbannten aus Sibirien zurück, unter ihnen die Bolschewiki L.B. Kamenev, M.K. Muranov und J.V. Stalin. Unter ihrem Einfluß schien die Partei auf einen gemäßigteren Kurs einzuschwenken: In der »Pravda« waren Artikel (von Stalin und Kamenev) zu lesen, die die Losung »Nieder mit dem Krieg« als wenig hilfreich verwarfen; solange der Friede nicht wiederhergestellt sei, müsse die Disziplin an der Front aufrecht erhalten und Kugel mit Kugel vergolten werden; zwar wurde weiterhin vom Sowjet als einer »entstehenden revolutionären Macht« gesprochen, aber das Verhältnis zur Provisorischen Regierung vorsichtiger mit der Formel einer »aufmerksamen Kontrolle« umschrieben; die dahinter sichtbar werdende Annäherung an die menschewistische Position des »revolutionären Defensismus« führte sogar zu Vorgesprächen, die die Möglichkeit einer Wiedervereinigung der beiden sozialdemokratischen Parteiflügel sondieren sollten.[109]

Lenin kehrte am 3. April zurück. Schon die Umstände machten seine Ankunft zu etwas Besonderem. Er kam aus der Schweiz auf dem Transitweg über Deutschland und Schweden; Berlin hatte ihm und seiner etwa 30köpfigen Begleitung die Durchfahrt gestattet. Eine Spitzendelegation der Partei fuhr ihm nach Finnland entgegen, und in Petrograd selbst war ein großer Empfang arrangiert, als sein Zug gegen 11 Uhr nachts in den Finnischen Bahnhof einfuhr. Das Parteifußvolk, Arbeiter und Soldaten,

---

N° 4, S. 38 ff.; M.G. Fleer, Peterburgskij komitet bol'ševikov v gody vojny 1914 – 1917, Leningrad 1927; Hasegawa, February Revolution, S. 133 f., 215 f., 240 f., 325 f.; M. Melançon, Who wrote what and when? Proclamations of the February Revolution in Petrograd, 23 February – 1 March 1917, in: Soviet Studies 40 (1988), S. 479 ff.; J.D. White, The February Revolution and the Bolshevik Vyborg District Committee (in responce to Michael Melançon), in: Soviet Studies 41 (1989), S. 602 ff., auch Pervyj legal'nyj Peterburgskij komitet bol'ševikov v 1917 g., Sbornik materialov i protokolov zasedanij Peterburgskogo komiteta RSDRP (b) i ego Ispolnitel'noj komissii za 1917 g., hg. von P.F. Kudelli, Moskau / Leningrad 1927.

[108] Zu den Beziehungen des Zaren zur M.F. Kšesinskaja, der gefeierten Ballerina, jetzt auch die Darstellung des Schriftstellers E. Radzinskij, wobei der Leser nicht zu unterscheiden vermag, was er den hier ausgewerteten Briefen und Tagebuchnotizen, was der schriftstellerischen Phantasie verdankt (Radsinski, Nikolaus II., S. 33 ff.). Das Anwesen der Kšesinskaja lag im Stadtteil Petrograd, wenige hundert Meter hinter der Peter-Pauls-Festung.

[109] Fundnachweise bei Rabinowitch, Prelude to Revolution, S. 35 f. bzw. 256.

stand auf dem geschmückten Bahnsteig Spalier, und draußen auf dem
stockdunklen Bahnhofsvorplatz blockierte ein Massenauflauf den Verkehr:
Menschen mit roten Fahnen, Militäreinheiten, Musikkapellen, dazwischen
gepanzerte Fahrzeuge, ein Scheinwerferwagen und über allem das goldbe-
stickte Banner des Zentralkomitees.

Auch die Sowjetführung hatte – wenngleich zögernd – eine kleine Delegation geschickt, den Ratsvorsitzenden Čcheidze und seinen Stellvertreter
Skobelev; ihnen hatte sich Suchanov als Mitglied des Exekutivkomitees angeschlossen. Sie begrüßten Lenin vorab, in den Zarengemächern des Bahn-
hofsgebäudes. In einer kleinen Ansprache hieß Čcheidze den Neu-
ankömmling im Namen des Petrograder Arbeiter- und Soldatenrates und
im Namen der ganzen Revolution willkommen. Er vergaß dabei nicht, ihm
sogleich einzuschärfen, daß es im Augenblick die Hauptaufgabe der revolutionären Demokratie sei, die Revolution gegen alle inneren und äußeren Anschläge zu verteidigen, und gab seiner Hoffnung Ausdruck, Lenin
werde mithelfen, dieses Ziel zu erreichen.

Doch dieser antwortete, als ob er gar nicht zugehört hätte. Er wandte
sich seinerseits an Soldaten, Matrosen und Arbeiter, begrüßte sie als Repräsentanten der »siegreiche[n] russische[n] Revolution« und »Avantgarde der
proletarischen Weltarmee«, sprach vom »imperialistischen Raubkrieg«, der
nun zum europäischen »Bürgerkrieg« zu werden beginne, und glaubte den
Anbruch einer »neue[n] Epoche« voraussagen zu dürfen: den »Zusammenbruch des europäischen Imperialismus«, »wenn nicht heute, so [doch]
morgen«, Vorboten der »sozialistischen Weltrevolution«, die er abschließend hochleben ließ.[110]

Es bedarf keiner großen Phantasie, um sich vorzustellen, wie diese
»Dankesrede« auf die Vertreter der Sowjetführung gewirkt haben muß: Da
kam einer wie Lenin, der sich seit Jahren im Ausland aufgehalten und Krieg
wie Revolution nicht miterlebt hatte; er war erst wenige Stunden im Land,
noch nicht einmal eine halbe Stunde in Petrograd und erlaubte sich ein Urteil, ohne noch ein rechtes Bild von den neuen Verhältnissen gewonnen zu
haben; er deutete alles im Sinne seiner »maximalistischen« Meinungen und
vorgefaßten Theorien, die das Ende des Weltkapitalismus bereits gekommen sahen; er stellte damit in Frage, was eben erst erreicht wurde (die
Zusammenarbeit mit dem liberalen Bürgertum), und gefährdete, was im
Augenblick das wichtigste schien (die Einheit aller demokratischen Kräfte).

Was Čcheidze und Skobelev nicht mehr hörten, war die Rede, die Lenin
noch in der gleichen Nacht im neuen Parteihauptquartier, dem Palais der

---

[110] Vgl. die farbige Schilderung des Empfanges bei Suchanow, Tagebuch der Revolution,
S. 277 ff.

Kšesinskaja, hielt; die Ausführungen umrissen, scheinbar zusammenhangs-
los, Grundpositionen künftiger bolschewistischer Politik und gingen dabei
noch weit über das hinaus, was Lenin am Bahnhof bereits angedeutet hatte. Da Lenin seine Kernforderungen als »Entwurf einer Parteiplattform«
ausgab und sie schon einen Tag später vor einem größeren Kreis wiederholte, wurden sie rasch in der ganzen Stadt bekannt.

Zieht man die Darlegungen zusammen, so enthielten sie folgende, von
nun an immer wiederkehrende programmatischen Aussagen:
• Die Provisorische Regierung sei Exponent einer Klassendiktatur und ver-
diene keinerlei Unterstützung durch das Proletariat. Sie stütze sich auf das
Blockbündnis von Großgrundbesitz und Bourgeoisie und regiere mit Hilfe des ererbten Apparats der Staatsmaschinerie, mit Heer, Polizei und Beamtenschaft. Sie setze den Krieg an der Seite der Westalliierten fort, sie sei
unfähig, die anstehenden Probleme zu lösen, und wann die Konstituierende Versammlung wirklich gewählt würde, völlig offen.
• Für Lenin verkörperte die Provisorische Regierung die Vergangenheit;
doch schon sei Rußland dabei, die Vergangenheit hinter sich zu lassen: Die
Zukunft gehöre den Räten, den Sowjets, und den Arbeitern, Bauern und
Soldaten, die hinter ihnen stünden. In den Räten sah er die Keimzelle eines
neuen Staatstypus, eines Staates ohne stehendes Heer, Polizei und privilegierte Beamtenschaft, fortschrittlicher und demokratischer als der bürgerliche Parlamentarismus.
• Die »Doppelherrschaft« sei Ausdruck des Übergangs, von der »bürgerlichen« zur »sozialistischen« Phase der Revolution, und den Übergang zu
beschleunigen, sollte Hauptziel der Parteipolitik sein. Die daraus abgelei-
teten Forderungen waren: »Keinerlei Unterstützung der Provisorischen
Regierung«, »Entlarvung der Verlogenheit ihrer Versprechungen«, »Übergang der gesamten Staatsmacht an die Räte«, »Abschaffung der Polizei, des
stehenden Heeres und der Beamtenschaft«, »Enteignung des Großgrundbesitzes«, »Nationalisierung der Banken«, »Unterstellung von Produktion und Distribution unter Sowjetkontrolle«, »Verbreitung dieser
Forderungen unter den Fronttruppen«, »Verbrüderung«.[111]
Lenins Auftritt gab den in der »bürgerlichen« Presse umlaufenden Mut-
maßungen und Gerüchten, er sei von der Berliner Regierung nicht ohne
Hintergedanken ins Land geschleust worden, vielleicht sogar ein deutscher
Agent, neue Nahrung. Doch man wird sich auch die Irritation, die diese
»Aprilthesen« im sozialistischen Lager ausgelöst haben müssen, nicht groß
genug vorstellen können. Da war die Sowjetführung eben dabei, eine ge-

---

[111] Vgl. Über die Aufgaben des Proletariats in der gegenwärtigen Revolution, geschrieben am
    4. und 5. April, veröffentlicht in der Pravda N° 26 vom 7. April 1917, abgedruckt in: Lenin,
    Werke, Bd. 24, S. 3 ff.

meinsame außenpolitische Linie zu finden, die die Forderung eines »Friedens ohne Annexionen und Kontributionen« mit der Bereitschaft, die neugewonnene Freiheit zu verteidigen, verband, da hielt ihr Lenin, gerade zwei Tage und mit deutscher Hilfe zurück, entgegen, die »revolutionäre Vaterlandsverteidigung« sei etwas »kleinbürgerliches«, ein »Betrug der Bourgeoisie an den Massen«, ja der »schlimmste Feind der weiteren Entwicklung«. Da hatten es die gemäßigten Sozialisten im Innern gerade geschafft, die Ordnung aufrecht, die Zentralverwaltung in Funktion, die Produktion am Laufen und die Front intakt zu halten, da wurden sie vom gleichen Kritiker mit der Forderung einer generellen Abschaffung von Armee, Polizei und Beamtenschaft konfrontiert, anscheinend ohne Rücksicht auf die Folgen. Da wurden von ihm Institutionen zu Keimzellen eines neuen Staatstypus hochstilisiert, auf die zuvor keine der sozialistischen Gruppierungen einen programmatischen Gedanken verschwendet hatte, Institutionen, die gerade fünf Wochen alt, weit davon entfernt waren zu funktionieren, und die in ihrer großen Mehrheit die ihnen angetragene Macht gar nicht haben wollten. Da machte sich jemand zum Fürsprecher der Massenspontaneität, der früher schlichtweg geleugnet hatte, daß diese Massen zu einem revolutionären Bewußtsein fähig wären, es sei denn, sie wurden von einer straff organisierten Kaderpartei von Berufsrevolutionären angeführt. Und dubios erschienen auch die Konzessionen an die Bauernschaft: Denn wie ernst war die Forderung zu nehmen, die Großgrundbesitzer zu enteignen und die Bestellung des Bodens den Bauern zu übertragen, wenn gleichzeitig im Parteiprogramm stand, daß die bäuerliche Familienwirtschaft keine Zukunft habe?

So war die Ablehnung, Empörung, ja das Entsetzen auch bei denen, die sich als Sozialisten verstanden, aber nicht den Bolschewiki angehörten, einhellig: Die Bewertungen schwankten zwischen »Geschwafel«, »politischem Irrsinn« und »primitivem Anarchismus«; mit ihm verlasse Lenin, so etwa der Menschewik und zweite Ratsvorsitzende Skobelev, den Boden der sozialdemokratischen Bewegung. Selbst Mitglieder der eigenen Partei äußerten sich irritiert. Zwar waren sie von Lenin und seiner Fähigkeit, die marxistische Theorie höchst flexibel den russischen Gegebenheiten anzupassen und daraus ungewohnte Rechtfertigungen für das politische Handeln abzuleiten, einiges gewöhnt. Doch die neue Wendung traf sie »wie ein Blitz aus heiterem Himmel«.[112] Kamenev, der sich soeben noch für eine differenzierte Haltung zum Krieg und zur Provisorischen Regierung eingesetzt hatte, hielt die Leninschen Thesen nicht für dessen letztes Wort und

---

[112] So die Beschreibung Suchanows, Tagebuch der Revolution, S. 277 ff.; bei ihm auch Stimmen zur Aufnahme des »Programms« bei den nichtbolschewistischen Parteien.

riet, erst einmal abzuwarten. Bei einer Sitzung im Büro des Zentralkomitees zwei Tage später widersprach er den Leninschen Vorgaben, unterstützt von Stalin, explizit, und er stand mit seiner Ablehnung offenkundig nicht allein: Auch das Petrograder Stadtkomitee verwarf das Programm am 8. April mit 13 zu 2 Stimmen. Am gleichen Tag charakterisierte Kamenev in einem »Pravda«-Artikel die Leninschen Thesen als dessen »persönliche Meinung« und lehnte die Auffassung, die bürgerliche Phase der Revolution sei vorbei, nun müsse rasch die sozialistische Revolution folgen, als »für uns inakzeptabel« ab.[113]

War das »für uns inakzeptabel« nicht einfach so dahin gesagt, so meinte Kamenev wohl: für uns Bolschewiki, für uns linke Sozialdemokraten, für uns, die wir in den Traditionen marxistischen Denkens politisch groß geworden sind. Doch wenn er das meinte, so unterschätzte er die politische Energie eines Lenin, der so schnell nicht zurücksteckte, wenn er mit seinen Ansichten auf Widerstand stieß; er übersah zugleich, daß mit Lenin und nach ihm weitere bolschewistische Emigranten aus dem Ausland zurückkamen, die ähnlich unberührt vom innerrussischen Patriotismus einen radikalen Kurs forderten; Kamenev entging wohl auch, daß die Partei selbst bereits in einem Wandlungsprozeß steckte. Die neue Anhängerschaft, die sie gefunden hatte, erwartete von ihr nicht eine stringente Theorie, sondern eine radikale Politik. Die neuen Mitglieder, die sich ihr anschlossen, wußten wenig vom Marxismus und noch weniger von den Programm- und Organisationsdebatten der vergangenen Jahre; sie waren unzufrieden mit dem Erreichten, wollten die Fortführung der Revolution. Ihnen kam das neue Leninsche Programm sehr weit entgegen. Bis Ende April hatte er die Parteigremien von seinen Hauptforderungen – »Keine Unterstützung für die Provisorische Regierung«, »Alle Macht den Räten« – überzeugt: Mitte des Monats stimmte ihnen – auf dem Höhepunkt der Miljukovkrise – die (1.) Petrograder Parteikonferenz zu, und Ende des Monats bekräftigte die (7.) Konferenz mit bolschewistischen Delegierten aus ganz Rußland die neue Strategie.

b) Die gescheiterte Offensive

Im November 1916 hatten sich England, Frankreich und Italien auf eine Koordinierung ihrer militärischen Operationen geeinigt; im Dezember hatte auch Rußland diesen Planungen zugestimmt. Zu den im Januar 1917 präzisierten Absprachen gehörte die Durchführung einer Frühjahrs-

---

[113] Vgl. Pervyj legal'nyj Peterburgskij komitet, S. 88; Burdžalov, O taktike bol'ševikov, S. 41.

offensive, die »die Entscheidung«, den endgültigen Durchbruch bringen sollte. Von diesen Absprachen und den damit verbundenen Verpflichtungen informierte im März der Generalstab die neue Provisorische Regierung. Doch die schob das Problem erst einmal zur Seite; auch die Sowjetführung zeigte wenig Neigung, die in den eigenen Reihen begonnenen hitzigen »theoretischen« Debatten über den Krieg mit »praktischen« Problemen, einer Diskussion über Art und Weise der Fortsetzung des Krieges zusätzlich zu belasten; erst recht, solange die Provisorische Regierung noch nicht einmal klargestellt hatte, wofür man kämpfte, einen »Frieden ohne Annexionen und Kontributionen«, wie die Sowjetführung forderte, oder die Miljukovschen expansiven Kriegsziele.

Doch nach der Klarstellung der Ziele, der Übernahme von Regierungsverantwortung und der Berufung eines Mitgliedes der Sowjetführung zum Kriegsminister mußte man sich – seit Anfang Mai – auch diesen Fragen stellen. Die Leitlinie der Militärpolitik war bereits im Koalitionspapier fixiert und am 6. Mai im Regierungsprogramm veröffentlicht worden: Danach zählte gleichberechtigt neben der Demokratisierung der Armee die Stärkung ihrer »offensiven und defensiven« Schlagkraft zu den »wichtigsten Aufgaben« der Provisorischen Regierung.[114] Auch und gerade in militärischen Kreisen wußte man, wie schwierig das letztgenannte Ziel zu erreichen war. Die Versorgungslage bei den Fronttruppen mußte als prekär bezeichnet werden, die Vorräte an Lebensmitteln und Munition reichten zumeist nur für ein, zwei Wochen. Da sich die Petrograder Ausbildungsregimenter Anfang März zusichern ließen, als »Stütze der Revolution« nicht abgezogen zu werden, kam auch der personelle Austausch ins Stocken.[115] Nach dem Befehl N° 1 war die Wahl von Soldatenkomitees nicht mehr aufzuhalten, der Verfall der Disziplin und der Offiziersautorität brachte die gesamte militärische Führungsstruktur ins Wanken. Sowjetführung und Provisorische Regierung mochten sich einig sein, daß die neue Demokratie verteidigt werden mußte; doch viele Soldaten sahen darin immer weniger eine Antwort auf die bohrende Frage, warum man jetzt noch, da die Freiheit gewonnen, die Lösung der Bodenfrage nahe war, sein Leben riskieren, sich zum Krüppel schießen lassen sollte. Die Friedensinitiative des Sowjet hatte diese Hoffnungen und Erwartungen verstärkt. So erwies sich der Patriotismus der Märztage als Strohfeuer, das an der Front noch schneller verglomm als im sicheren Petrograd.

---

[114] Vgl. Browder / Kerensky, Provisional Goverment, Bd. 3, S. 1277.

[115] Zwar erklärten sich einige der Petrograder Regimenter – angesteckt von der patriotischen Stimmung im März und auf drängendes Bitten von Frontdelegierten – bereit, Ersatzeinheiten zu schicken, doch der Gesamtumfang dieser Ersatzreserven hielt sich in äußerst bescheidenen Grenzen und blieb weit hinter den Sollgrößen zurück; vgl. Wildman, End of Russian Imperial Army, Bd. 2, S. 9.

Doch der neue Kriegsminister Kerenskij hoffte, das Blatt noch einmal wenden zu können. Er setzte dabei auf seine doppelte Autorität: Der militärischen Führung gegenüber konnte er als weisungsbefugter Kriegsminister, gegenüber den Soldaten als Mitglied des Sowjet und dessen stellvertretender Vorsitzender auftreten. So schob er die Bedenken des Generalstabs und seines Vorgängers Gučkov beiseite und setzte als eine seiner ersten Maßnahmen im Amt die von einer Sowjetkommission erarbeitete »Deklaration der Soldatenrechte« per Ministerbefehl in Kraft.[116] Allerdings strich er gleichzeitig die für die Komitees vorgesehene Kontrollfunktion bei allen Offiziersernennungen und bestätigte dem Kommandostab die alleinige Zuständigkeit für alle militärischen Operationen sowie die Ausbildung der Truppen, deren Dienstobliegenheiten, Inspektion und Versorgung – ein Eingriff, den sich wohl kein nichtsozialistischer Kriegsminister noch hätte leisten können. Dem kollektiven Rücktritt der militärischen Spitze baute Kerenskij vor, indem er Rücktritt in Kriegszeiten mit Desertion gleichsetzte. Auch den seit März schwelenden Streit um die Entsendung von Sowjetkommissaren zu den Fronttruppen wußte er zu beenden, in dem er sie juristisch dem Kriegsministerium unterstellte; dagegen konnte kaum jemand etwas sagen, weder die Armeeführung (denn natürlich stand es dem Minister frei, sich ein zusätzliches Kontroll- und Weisungsnetz zu schaffen) noch der Arbeiter- und Soldatenrat (solange er an der Auswahl der Kommissare beteiligt und der sozialistische Minister ihm gegenüber verantwortlich blieb).[117]

Mit diesen Entscheidungen im Rücken brach Kerenskij – am 12. Mai – zu einer dreiwöchigen Inspektionsreise an die Front auf. Er wußte um die allgemeine Stimmungslage bei der Truppe und war fest entschlossen, der weiteren Ausbreitung des Defaitismus, ja der Verbrüderung mit dem Feind Einhalt zu gebieten. Nur wenn dies gelang, war die geplante Frühsommeroffensive auch wirklich durchzuführen. Daß just zu diesem Zeitpunkt mehrere Soldatenkongresse stattfanden, auf denen die Befugnisse der Komitees besprochen und die Wahlen zum Ersten Allrussischen Sowjetkongreß vorbereitet werden sollten, schickte sich gut; Kerenskij nutzte sie als Foren und Multiplikatoren. Seine Rhetorik und seine Appelle, gestenreich und emotionsgeladen, verfehlten ihre Wirkung auf den Soldatenversammlungen nicht; Kerenskij, Vertreter des revolutionären Sowjet und Regierungsmitglied in einem, fand allerorts ein begeisterungsfähiges Publikum; seinen stürmischen Reden folgten zumeist ebenso stürmische Beifallsbekundungen und Treueschwüre; kritische, bolsche-

[116] Text in Revoljucionnoe dviženie v Rossii v mae – ijune 1917 g., S. 237 ff.
[117] Die entsprechenden Dokumente in englischer Übersetzung bei Browder / Kerensky, Provisional Government, Bd. 2, S. 876 ff.

wistische Stimmen blieben in der Minderheit, was sich auch bei den nachfolgenden Wahlen niederschlug. Doch es war ein Fehler, die Bedeutung der
Zustimmung zu überschätzen. Tatsächlich erreichte der Kriegsminister –
auch auf den Kongressen – nur einen winzigen Bruchteil der Frontsoldaten, und was von der emotionalen Kraft des patriotischen Augenblicks
übrig blieb, wenn die Delegierten zu ihren Einheiten zurückkehrten, in die
Schützengräben und in den Soldatenalltag, war völlig offen.[118]

Schon mit Hinblick auf die geplante Offensive und um seine Befehlsgewalt, den direkten Zugriff der neuen, demokratischen Regierung auf das
Militär zu unterstreichen, bildete Kerenskij Ende Mai die gesamte Armeeführung um: Der bisherige, noch aus der Zarenzeit übernommene
Chef des Generalstabes (General Alekseev) wurde von heute auf morgen
entlassen, durch General Brusilov ersetzt, und eine ganze Reihe weiterer
Umbesetzungen innerhalb des Kommandostabes folgte. Die Neuen wurden auch nach ihrer – vermeintlichen oder tatsächlichen – »demokratischen
Gesinnung« ausgewählt; ein Kriterium war dabei, wie sie mit den Soldatenkomitees ausgekommen waren. Um die Kampfkraft der Truppe zusätzlich zu stärken, wurden »Stoß-« und »Sturmabteilungen« (in Batail-
lons- und Kompaniestärke) aufgestellt, Freiwilligenverbände aus der
Etappe, so die Grundidee, die sich dem neuen, »revolutionären Rußland«
besonders verpflichtet fühlten. Das Echo war nicht sonderlich groß, aber
ihre Einrichtung verstärkte den Verdacht, daß die Regierung »etwas vor-
hatte«.[119]

Die hektischen Aktivitäten, die in den ersten Junitagen einsetzten, ließen
den Verdacht bald zur Gewißheit werden. Wie sollte man sich die umfangreichen Truppenbewegungen, die Nachschublieferungen, die die Straßen
verstopften, das Kanonen-in-Stellung-Bringen, die Aufklärungsballons
und -flüge sonst erklären? Doch je eindeutiger die Absicht, desto entschiedener wurde der Widerstand. Berichte von der Front, die noch Anfang
des Monats einen patriotischen Stimmungsumschwung gemeldet hatten,
erwiesen sich ein, zwei Wochen später bereits als Makulatur. Soldaten
und deren Komitees hinterfragten hartnäckig Sinn und Zweck jedes
Befehls, debattierten, was wohl der Sowjet zu all diesen Vorgängen sage,
und eine ganze Reihe von Regimentern verabschiedete Resolutionen,

---

[118] Vgl. dazu die Erinnerungen dreier Beteiligter, die Memoiren von Kerenskij, F. Stepun und
    V.B. Stankevič: Die Kerenski-Memoiren, S. 295 ff.; F. Stepun, Byvšee i nesbyvšeesja, 2 Bde.,
    New York 1956, bes. Bd. 2, S. 73 ff.; V.B. Stankevič, Vospominanija 1914 – 1919, Berlin 1920,
    S. 135 ff. Die beiden Letztgenannten waren Mitarbeiter im Politischen Stab des Kriegsmini-
    steriums, der u.a. die Tätigkeit der Sowjetkommissare bei der Truppe koordinieren sollte.
[119] Für den Gesamtzusammenhang und das Folgende: Wildman, End of Russian Imperial
    Army, Bd. 2, S. 78 ff.

die sich gegen eine Offensive zum gegenwärtigen Zeitpunkt aussprachen.[120]

Die militärische Führung (Kerenskij eingeschlossen) war irritiert, schwankte, ob sie den Beginn der Operationen vorverlegen oder in letzter Minute aufschieben sollte. Nach Tagen der Konfusion erfolgte am 16. Juni dann der Angriff.[121] Die Offensive konzentrierte sich auf einen 65 km langen Frontabschnitt in Galizien, südöstlich von Lemberg. Die Artillerie bereitete den Vorstoß mit einem zweitägigen Dauerbombardement vor, im Morgengrauen des 18. Juni verließ die Infanterie dann die Schützengräben und stürmte auf die feindlichen Linien zu. Tatsächlich gelang an dieser Stelle ein Durchbruch und bis Ende des Monats waren die russischen Truppen bis zu 30 km weit nach Westen vorgestoßen. Doch der Erfolg war bescheiden und nicht von Dauer. Anfang Juli überrannte – nördlich davon – die Gegenattacke der Mittelmächte die russische Front, und bis Ende Juli hatte Rußland sehr viel mehr Land verloren, als es im Juni hinzugewonnen hatte.[122] Die Kerenskijoffensive war gescheitert, und mit ihr der Versuch, nach außen Verteidigungsbereitschaft zu demonstrieren und mit einem militärischen Erfolg die Stellung der Regierung im Innern zu festigen.

c) Der Bruch der Koalition

Überparteiliche Orientierung am Staatsganzen, Konsolidierung der innenpolitischen Verhältnisse und Wahrung der Prinzipien der Rechtsstaatlichkeit – mit diesen Leitzielen waren die Kadetten in die Koalition eingetreten. Das hieß: vorerst keine weiteren Reformen, Sicherung des sozialen und nationalen Status quo, Vertagung aller Forderungen der unterprivilegierten Klassen und Schichten, die sich mehr von der Revolution erhofft und erwartet hatten, und eine Abfuhr auch für die nichtgroßrussischen Nationalitäten, die nun ihre Autonomie- oder Souveränitätswünsche zu formulieren begannen. Zwar versprach man gleichzeitig eine »vernünftige« Finanz- und Wirtschaftspolitik, die »Vorbereitung« der Landreform, den »Schutz« der Arbeiterinteressen. Doch es stellte sich bald heraus, daß man über »Vernunft« in der Finanz- und Wirtschaftspolitik ge-

---

[120] Dokumente dazu sowie zum wachsenden Einfluß der Bolschewiki vgl. in Revoljucionnoe dviženie v Rossii v mae – ijune 1917 g., S. 348 ff., v.a. auch 364 ff.; auch Bol'ševizacija fronta v predijul'skie dni 1917 g., in: Krasnyj archiv Bd. 58 (1933), S. 86 ff.

[121] Text des Angriffsbefehls in: Revoljucionnoe dviženie v Rossii v mae-ijune 1917 g., S. 259, ebenfalls sowie von begleitenden Sowjetappellen und Auszügen aus der Presse bei: Browder / Kerenskij, Provisional Government, Bd. 2, S. 942 ff.

[122] Zu den militärischen Operationen Wildman, End of Russian Imperial Army, Bd. 2, S. 89 ff., 112 ff.

teilter Meinung sein konnte, daß »Vorbereitung« der Landreform jedenfalls nicht ihre Durchführung meinte und der »Schutz« der Arbeiterinteressen etwas anderes war als deren Befriedigung.

Ein solches Moratorium mochte durchsetzbar sein, wenn die darauf auf-
bauende Politik rasch Erfolg hatte und das Ende des Moratoriums ab-
schätzbar war. Doch solche Erfolge waren im Mai und im Juni nicht in
Sicht, und der seit Anfang Juli absehbare Fehlschlag der militärischen Offensive verschärfte das Problem, schien die Erfüllung der sozialen und nationalen Forderungen in unabsehbare Ferne zu rücken.

Die Grunderfahrung der Monate Mai und Juni war, daß die Mängel im
Transportsystem nicht behoben, der Verfall der Wirtschaft nicht gestoppt
werden konnten; allein im Mai mußten 125 weitere Betriebe die Produktion einstellen. Die Talfahrt der Wirtschaft verschärfte auch das politische
Klima, belastete das Verhältnis zwischen Fabrikleitungen und Arbeit-
nehmern[123], zwischen Sowjetvertretern und kadettischen Mitgliedern der
Regierung. Während die Fabrikleitungen die hohen Lohnforderungen und
das Schalten und Walten der Fabrikkomitees für die Produktionseinbußen
mitverantwortlich machten, warfen Komitees und Arbeiterräte den Fabrikbesitzern vor, die Stillegung der Betriebe und deren Androhung als
Kampfmittel gegen die Arbeiterschaft zu benutzen. Da das aber so sei,
müsse der Staat Produktion und Distribution engmaschiger kontrollieren,
ja deren Lenkung selbst übernehmen, ein Vorschlag, dem die Fabrikbesitzer ebenso emphatisch widersprachen.

Beide Positionen fanden sich auch in der Regierung wieder: Während die
Sowjetvertreter darauf pochten, die staatliche Regulierung von Produktion, Handel, Transport und Verteilung zu verstärken, dabei die Unter-
nehmergewinne zu beschränken und den Arbeitern einen Mindestlebens-
standard zu garantieren (ein Plan, den der Menschewik Groman erstellt
und dessen Prinzipien ins Koalitionspapier Eingang gefunden hatten[124]),
lehnte der für Handel und Gewerbe zuständige Minister (Konovalov) das
ab und trat unter dem Druck des Sowjet Mitte Mai zurück. Als Nachfolger
rückte sein bisheriger Stellvertreter, der Kadett Stepanov auf und entwickelte ein Gegenkonzept, das dem Arbeiterradikalismus ein Ende setzen, der Zerstörung der Industrie Einhalt gebieten und allem vorbauen
sollte, was über das erforderliche Mindestmaß an staatlicher Regulierung
der Wirtschaft hinausging oder gar als Maßnahme der »Sozialisierung« gedeutet werden konnte.[125] Parteifreund Šingarëv stieß nach und eröffnete

---

[123] Vgl. dazu auch die Ausführungen in Teil III, Kap. 2.
[124] Vgl. dazu Galili, Menshevik Leaders, S. 231 ff.
[125] Rosenberg, Liberals in the Russian Revolution, S. 140 ff.

den Regierungsmitgliedern als neuer Finanzminister, daß der Staat praktisch bankrott sei und nur durch Anleihen, Kredite und eine progressive Einkommensbesteuerung weiter über Wasser gehalten werden könne. Dazu brauche man allerdings das Vertrauen des Auslands in eine »verantwortungsbewußte« Finanzpolitik und die Kooperationsbereitschaft der russischen Unternehmerschaft. Beides sei nur zu erreichen, wenn man den Geruch des Antikapitalismus sorgsam meide, klar sage, daß es allein um die Sicherung liberaler Grundwerte, um das »Vaterland« gehe.

Für die Sowjetvertreter in der Regierung waren eine solche Politik und ein solches politisches Bekenntnis inakzeptabel; es mochte schon sein, daß man damit die Bourgeoisie gewann, aber was half das, wenn man gleichzeitig die Unterstützung durch die »Massen«, die eigene Gefolgschaft, die Arbeiter und Bauern verlor. So widersprachen die sozialistischen Minister den Vorschlägen von Stepanov und Šingarëv, ohne ihre eigene Konzeption deshalb durchsetzen zu können. So blieben die Probleme im Kabinett ungelöst, und außerhalb des Kabinetts nahm die Härte der Auseinandersetzungen zu.

Auch auf dem Gebiet der Agrarpolitik wurde die Kluft rasch sichtbar.[126] Der neue Landwirtschaftsminister Černov, ein Sozialrevolutionär, tat ohnehin alles, um die »sozialistischen Züge« der neuen Regierung zu unterstreichen, und wenig, um sie zu verbergen. Er machte kein Hehl aus seiner Ansicht, daß der Boden den ausgebeuteten Bauern zustünde und die einzig »verantwortliche« Agrarpolitik wäre, den Transfer so schnell wie möglich zu vollziehen. Das sagte er im Mai auch auf dem 1. Allrussischen Bauernrätekongreß und fügte hinzu, daß Staat und Staatsbelange dabei nur eine untergeordnete Rolle spielen sollten, die eigentlichen Vorschläge zur Lösung »von unten« kommen müßten.[127] Erinnert man sich an die kadettischen Prinzipien, so wird man sich einen größeren Gegensatz kaum vorstellen können.

Zwar willigte Černov ein, daß die endgültige Lösung der Agrarfrage von der Konstituierenden Versammlung vorgenommen werden sollte. Doch er sah keine Veranlassung einzuschreiten oder zu widersprechen, wenn Bauernvertreter lauthals die »sofortige« Enteignung forderten; und er verlangte seinerseits, alle Landtransaktionen zu verbieten, um zu verhindern, daß die wahren Besitzverhältnisse verschleiert wurden oder die Gutsbesitzer durch massenhafte Aufnahme von Hypotheken die von den Bauern geforderte entschädigungslose Enteignung unterliefen. Die Kadetten lehnten das geforderte Verbot als Eingriff in die Eigentumsrechte ab; doch mit Hilfe des sozialistischen Justizministers (Pereverzev) ließ sich der glei-

---

[126] Dazu auch Teil III, Kap. 4.
[127] Rosenberg, Liberals in the Russian Revolution, S. 144 f.

che Effekt auch auf anderem Weg erreichen: dadurch, daß die notarielle Be-
urkundung der Bodentransaktionen Mitte Mai eingestellt wurde.

Man kann darüber streiten, ob die »verantwortungslose« Haltung der
sozialistischen Minister, die Verschleppungsstrategie der Kadetten, beide
oder keine von beiden daran schuld war, jedenfalls nahmen auch auf dem
Lande die Konflikte an Schärfe zu. Die noch unter kadettischer Ägide eingesetzten Landkomitees, die die Bodenverhältnisse registrieren und die
Landreform vorbereiten sollten, sahen sich in eine Rolle gedrängt oder
ließen sich in eine Rolle drängen, wer will das schon entscheiden, die für sie
gar nicht vorgesehen gewesen war: als Schlichter und Richter, wenn es zu
Auseinandersetzungen zwischen Gutsherrn und Bauern kam, bei der Fest-
setzung von neuen Pacht- und Leihgebühren, beim Streit über Waldrechte,
bei Konflikten um bisher ungenutzte Landflächen. Die Zahl der Fälle ging
rasch in die Hunderte, der Protest der Gutsbesitzer auch, doch zumeist
ohne nennenswerten Erfolg.

Wenn es Ziel der kadettischen Politik war, eine Konsolidierung der
innerstaatlichen Verhältnisse zu erreichen, mußten sie bald die Er-
folglosigkeit ihrer Bemühungen erkennen. Wenn sie »Staatlichkeit« und
»Verantwortungsbewußtsein« beschworen, hörten die Arbeiter und Bauern vor allem das »kein Weitertreiben der Revolution« heraus; für sie blieben die Kadetten die »buržui«, die Bourgeoisie. Wenn die Kadetten aber
ihre »Überparteilichkeit« unter Beweis zu stellen versuchten, durch progressive Besteuerung der besitzenden Klassen, waren sie nur dabei, sich
zwischen alle Stühle zu setzen. Wie stark ihnen der revolutionäre Wind ins
Gesicht blies, wie wenig ihre Appelle zum Maßhalten, ihre klassenübergreifenden Slogans (ihre Forderungen nach Arbeitsämtern, besseren Schulen, besserer medizinischer Versorgung, besseren kulturellen Einrichtungen) noch ankamen, mußten die Kadetten bereits Ende Mai bei den Wahlen
zu den Stadtbezirksparlamenten in Petrograd erfahren: Sie erreichten nur
21,9 % der Stimmen. Maß man das Ergebnis an der Wahlen zur 1. Duma
(1906) und zur 4. Duma (1912), als die Kadetten in Petersburg 61 bzw 58 %
erreicht hatten, so waren die jetzigen Wahlen ein Debakel, selbst wenn damals nach einem anderen Wahlrecht gewählt worden war.[128] Die mit ihnen
in der Regierung stehenden gemäßigten Sozialisten dagegen (in 10 der 12
Stadtbezirke zu einem Block zusammengeschlossen) hatten mehr als die
doppelte Anzahl der Stimmen (44,2 %) gewonnen. So waren die Kadetten
in Petrograd nicht viel stärker als die Bolschewiki (mit ihren 20,4 % der
Stimmen).

---

[128] Vgl. W.G. Rosenberg, The Russian Municipal Duma Elections of 1917. A Preliminary Com-
putation of Returns, in: Soviet Studies 21 (1969), S. 131 ff.

Die Stadtparlamentswahlen einen Monat später (Ende Juni) in Moskau bestätigten das Petrograder Ergebnis: Die Kadetten kamen auf 16,8 % und blieben damit weit hinter den Dumaergebnissen von 1906 (63 %) und 1912 (65 %) zurück. Das warf düstere Schatten voraus, ließ ahnen, was man von den Wahlen zur Konstituierenden Versammlung zu erwarten hatte, wenn auch noch die Bauern zur Urne gingen. Da war es nur ein schwacher Trost, daß man in Moskau die Menschewiki, die Vordenker im Sowjetblock, und die Bolschewiki, die erbittertsten Gegner auf der Linken, noch hinter sich ließ; die Menschewiki erreichten 12,6 %, die Bolschewiki 11,5 % der Stimmen. Zum großen Gewinner der Wahl aber wurden die Sozialrevolutionäre mit der absoluten Mehrheit (56,2 %) der Stimmen, eine Partei, die in der Regierung durch Landwirtschaftsminister Černov vertreten war. Das Ergebnis zeigte, wie populär ihre Forderung »Land und Freiheit« im Agrarstaat Rußland war, nicht nur bei den Bauern, sondern auch bei Soldaten und städtischer Bevölkerung – ein Umstand, der bei den vielfachen Verschränkungen zwischen Stadt und Land, Land und Armee nicht allzu verwunderlich ist.[129]

Man konnte auch ganz anders rechnen: Zählte man die Stimmen, die die Regierungskoalition in Petrograd und Moskau erreicht hatte, zusammen, so ergab sich eine üppige Zweidrittelmehrheit, komfortabel genug, um die Extremisten auf der Linken und Rechten in Schranken zu halten. Doch der Sinn der Koalition schien den Kadetten immer fraglicher zu werden. Denn auch auf einem dritten Problemfeld gerieten sie mehr und mehr ins Hintertreffen: im Bereich der Nationalitätenpolitik.[130] Seit Ende Mai hatte man aus Kiev die Forderung auf dem Tisch, die Ukraine müsse bei künftigen Friedensverhandlungen mit am Tisch sitzen, eigene Armee-Einheiten aufstellen und über ihre Steuereinnahmen selbst verfügen dürfen. Die Regierung in Petrograd lehnte ab und verwies auf die künftige Konstituierende Versammlung. Doch die Folge war nur, daß die ukrainische Rada am 10. Juni ihre alleinige Zuständigkeit für alle ukrainischen Angelegenheiten von sich aus erklärte, die Truppen eingeschlossen, und 10 Tage später, am 20. Juni, erklärte Finnland seine Unabhängigkeit.

Die »Izvestija«, das Organ des Sowjet, unterstützte die finnische Position[131], und obwohl die Kadetten heftig widersprachen, schickte die Provisorische Regierung eine Delegation zu Verhandlungen nach Kiev, beste-

---

[129] Zu den Moskauer Ergebnissen vgl. wiederum Rosenberg, Municipal Duma Elections, S. 136 ff.; geringfügig andere Zahlen bei Rosenberg, Liberals in the Russian Revolution, S. 164 ff.

[130] Dazu auch Teil IV dieser Darstellung.

[131] Vgl. Izvestija N° 106, vom 1. Juli 1917 (Editorial zur Finnischen Frage und Bericht über das Treffen einer Delegation des Zentralen Exekutivkomitees in Helsingfors [Helsinki] mit Finnischen Sozialdemokraten am 28. Juni 1917).

hend aus den sozialistischen Ministern Cereteli, Kerenskij und Tereščenko, denen sich der linke Kadett Nekrasov anschloß. Als sie am 2. Juli zurückkamen und klar wurde, daß sie den meisten ukrainischen Forderungen zugestimmt hatten, vollzogen die Kadetten den Bruch, den Auszug aus der Regierung.[132] Nach außen hin war die Ukrainische Affaire der Grund, tatsächlich jedoch allenfalls der Anlaß. Sie zogen die Konsequenz aus den Querelen über die Wirtschafts- und Agrarpolitik, aus den Wahlniederlagen in Petrograd und Moskau, aus den ersten Anzeichen, die auf ein Scheitern der militärischen Offensive hindeuteten, auf die man noch einmal alle Hoffnung gesetzt hatte.

Die Kadetten waren enttäuscht von der »mangelnden Reife«, die das russische Volk, seine Nationalitäten zeigten; und sie machten den sozialistischen Ministern zum Vorwurf, nur »Parteipolitiker« zu sein, sich nicht wirklich für die »Staatsautorität« und die »nationalen Ziele« einzusetzen. Da aber Rußland nichts dringender brauche als eine starke nationale Regierung und die Sozialisten sich weigerten, sie zu bilden, die Macht und Verantwortung allein zu übernehmen, müßten sie eben dazu gezwungen werden: durch den Rückzug der Bürgerlichen aus der Regierung. In einem hatten die Kadetten sicher recht: daß der Erfolg der gemäßigten Sozialisten auch damit zusammenhing, daß sie bei allen Forderungen ihrer Basis auf die Kadetten als Bremser und Buhmänner verweisen konnten, deren Widerstand es in zäher und geduldiger Arbeit zu brechen gelte. Doch wenn es den Kadetten wirklich einzig und allein um das Beste des Gesamtstaates ging, mußten sie das Rollenspiel akzeptieren, um »Schlimmeres« zu verhüten, auch um den Preis der Selbstaufgabe der Partei. Doch diesen Weitblick, soviel Staatskunst, solche Selbstlosigkeit konnte man allenfalls von anderen verlangen. Das »Schlimmere«, das es zu verhindern galt, deutete sich just in diesen Tagen an.

d) Die »Julitage«

Die immer undurchsichtiger werdende Wirtschaftslage; der offenkundig nicht aufzuhaltende Verfall des Transportsystems; der Mangel an Rohstoffen und Energie, der immer mehr Räder stillstehen ließ; die sprunghaft steigenden Preise für Lebensmittel, die die Lohnerhöhungen aufgefressen hatten, bevor sie durchgesetzt waren; die lang anstehenden Forderungen der Arbeiter und Bauern, deren Berechtigung von einem Teil der Regierung

---

[132] Ausführlich zur Nationalitätenfrage in der Zeit der ersten Koalitionsregierung und der Ukrainischen Krise Cereteli, Vospominanija, Bd. 2, S. 69 ff.

emphatisch verteidigt wurde, und das Warten auf die drohend bevorstehende neue Offensive – das alles ließ die Menschen auch in den Monaten Mai und Juni nicht zur Ruhe kommen. Materielle Not, das Gefühl, im Recht zu sein, und die Furcht, vertröstet zu werden, die Abstumpfung, die der Krieg mit sich brachte, und die Angst vor der Zukunft setzten die Hemmschwelle der Gewalt weit herab.

Gewalt gegen Personen und Institutionen, Raubüberfälle und Vandalismus, Plünderungen von Häusern und Geschäften, verbale und tätliche Angriffe auf Offiziere, eigenmächtige Verhaftungen und Lynchjustiz – die bürgerliche Boulevardpresse berichtete täglich von neuen Vorfällen. Auch auf dem Lande schienen die Kapital- und Eigentumsdelikte, die Brandstiftungen, das wilde Holzfällen, die »Requirierung« von Gutsvieh und Getreidevorräten ständig zuzunehmen. Die Soldaten in den Garnisonen des Hinterlands bestimmten selbst, wie weit sie sich an Dienst- und Disziplinarvorschriften hielten, und wurden nicht selten zur Plage für ihre Umwelt. Auch an der Front häuften sich die Fälle von Befehlsverweigerung und die militärischen Dienststellen waren nur zu oft machtlos, wenn sich Einheiten selbst einen Urlaub genehmigten, sich ins Hinterland absetzten, in die ohnehin überfüllten Eisenbahnen drängten oder die Passagiere aus den Waggons warfen.[133]

Die Querelen in der Koalition, die jede konsequente Politik zu verhindern schienen, wurden zwar im allgemeinen ihren »bürgerlichen« Mitgliedern angelastet; doch sie zehrten auch an der Reputation der Gesamtregierung. Sie stellten die »Zusammenarbeit« zwischen Bürgerlichen und Sozialisten als solche in Frage und waren damit Wasser auf die Mühlen der Radikalen, der Bolschewiki. Sie hatten dem Experiment schon im April widersprochen, sein Scheitern vorausgesagt, und seither jede Gelegenheit genutzt, dies zu wiederholen. Erst wenn die Unterstützung der Provisorischen Regierung eingestellt, die Macht den Räten übertragen, der Krieg beendet und die Revolution fortgesetzt werde, sei auch die Gefahr der Konterrevolution gebannt. Seit Ende April hatte andererseits der frühere Parlamentspräsident Rodzjanko mehrfach konservative Abgeordnete der 4. Duma zu »privaten Konferenzen« eingeladen, seit Mai gab es Kontakte zwischen dieser Gruppierung und der kadettischen Parteiführung, und im Juni wurde ihnen auch von rechtsaußen bestätigt, im Grunde sei die Duma das einzig autorisierte Staatsorgan.[134]

---

[133] Vgl. etwa die Schilderungen bei Suchanow, Tagebuch der Revolution, S. 373 ff.

[134] So brachte auch die kadettische Presse (z.B. die Zeitung Reč') in den Sommer hinein immer häufiger ausführliche Berichte aus der und über die Staatsduma; zum Gesamtzusammenhang A. Drezen (Hg.), Buržuazija i pomeščiki v 1917 godu, Moskau / Leningrad 1932; V.V. Komin, Kontr-revoljucionnaja dejatel'nost' Gosudarstvennoj dumy posle sverženija samoderžavija, mart – oktjabr' 1917 goda, in: Učennye zapiski Kalininskogo Gosudarstvennogo Pedagogičeskogo Instituta 34 (1963), S. 105 ff.

In einer Atmoshäre wachsender Polarisierung versuchte die bolschewistische Parteiführung, die Unzufriedenen hinter den eigenen Fahnen zu sammeln. So plante sie für den 10. Juni in Petrograd eine große Protestdemonstration. Kontakte mit anarchistischen Gruppen waren vorausgegangen[135], und auch der Unterstützung starker, bewaffneter soldatischer Verbände aus der Petrograder Garnison glaubte man sich sicher zu sein. Die bewaffnete Demonstration der Soldaten und Arbeiter sollte sich gegen die Aktivitäten der »zaristischen Duma«, die »zehn kapitalistischen Minister«, »gegen den Krieg«, »gegen die Einschränkung der Soldatenrechte« richten und für die Losung »Alle Macht den Räten« eintreten.[136]

---

[135] Die Gesamtzahl anarchistischer Aktivisten hat man für 1917/18 auf – landesweit – rd. 10.000 geschätzt. Solche Zahlenangaben sind freilich mit großer Vorsicht zu lesen, denn eine feste Organisation, mit Mitgliederregistrierung und obligatorischem Programm war ihre Sache gerade nicht und deshalb auch nur schwer eine Linie zwischen Aktivisten und Sympathisanten zu ziehen. Einigen Aufschluß über die Größe der Szene liefert die Auflagenhöhe (ca. 25.000) ihrer Tageszeitung »Burevestnik« (Sturmvogel) und der Wochenschrift »Golos Truda« (Stimme der Arbeit), sie reichte in die Fabrikkomitees ebenso hinein wie in Soldatenkreise. Offenkundig operierten in Petrograd im Frühsommer 1917 vor allem zwei anarchistische Gruppen: der Bund der Anarcho-Kommunisten und die Anarcho-Syndikalisten. Seit die Bolschewiki den Rätestaat auf ihre Fahnen geschrieben hatten, war der Übergang zu ihnen vor allem »an der Basis« fließend, und »anarchistische« wie »anarchosyndikalistische« Grundvorstellungen fanden sich ebenso, ja erst recht bei den Sozialrevolutionären (etwa in der Orientierung an der bäuerlichen Landgemeinde oder genossenschaftlichen Produktionsmodellen). Das war wohl auch ein Grund, warum die Zahl der »eigentlichen« Anarchisten, das heißt derjenigen, die sich auch als solche bezeichneten, relativ klein war. Zum Gesamtzusammenhang und ihrer weiteren Entwicklung P. Arschinoff, Geschichte der Machnobewegung 1918 – 1921, Berlin o.J., ND 1974; P. Avrich, Anarchism in Russia, in: MERSH Bd. 1, S. 206 ff.; ders., The Russian Anarchists, Princeton, N.J. 1967; ders. (Hg.), The Anarchists in the Russian Revolution, London 1973; A. D'Agostino, Marxism and the Russian Anarchists, San Francisco 1977; Dahlmann, Land und Freiheit; S.N. Kanev, Oktjabr'skaja revoljucija i krach anarchizma. Bor'ba partii bol'ševikov protiv anarchizma 1917 – 1922 gg., Moskau 1974; Volin(e), The Unknown Revolution, 1917-1921, Detroit / Chicago 1974.

[136] Entsprechende Pläne waren zunächst (seit der zweiten Hälfte des Mai) in der bolschewistischen Militärorganisation diskutiert und von ihr (Anfang Juni) an die übergeordneten Parteigremien, das Petrograder Stadtkomitee und das Zentralkomitee herangetragen worden. Eine Demonstration von etwa Hundert Kronstädter Matrosen zum Gedenken an die »toten Heroen der Februarrevolution« am 4. Juni auf dem Marsfeld, der sich – unter bolschewistischer Führung – Soldaten der Petrograder Garnison anschlossen, stärkte in der Parteiführung den Glauben, daß die »revolutionäre Stimmung« im Steigen sei und sich gegen die Regierung nutzen ließ. Die Ereignisse der kommenden Tage schienen dieses Kalkül noch zu bestätigten: Als der Justizminister nach bewaffneten anarchistischen Übergriffen deren »Hauptquartier«, die Durnovo-Villa im Vyborger Stadtbezirk, räumen lassen wollte und den Gruppen, die sich dort seit den Märztagen eingenistet hatten, ein auf 24 Stunden befristetes Ultimatum stellte, verhinderten Arbeiterstreiks, Demonstrationen und eine Abordnung von 50 bewaffneten Kronstädter Matrosen die Vollstreckung. Die Regierung sah sich gezwungen – unter Vermittlung des Exekutivkomitees – vorläufig zurückzustecken. Zu den Vorgängen vgl. die Berichte in den Zeitungen Delo naroda, Izvestija, Rabočaja gazeta, Reč' und Russkie vedomosti; zu den Zusammenhängen, Hintergründen und Diskussionen in der bolschewistischen Parteiführung, die sich zunächst durchaus nicht einig war, v.a. Rabinowitch, Prelude to Revolution, S. 54 ff.

Die Vorbereitungen liefen verdeckt; um die Regierung zu überraschen, sollten die Flugblätter und Zeitungen mit dem Aufruf zur Demonstration erst am 10. selbst verteilt werden. Doch das Sowjetexekutivkomitee bekam am Nachmittag des 9. Juni Wind davon, war aufs höchste alarmiert, befürchtete zurecht blutige Zusammenstöße und mobilisierte den Allrussischen Sowjetkongreß, der seit dem 3. Juni in der Hauptstadt tagte und eben erst der Regierung L'vov mit überwältigender Mehrheit seine Unterstützung zugesagt hatte. Da sich die bolschewistische Parteiführung schlecht gegen jene stellen konnte, denen sie die Macht angeblich übertragen wollte, blies sie die Demonstration in der Nacht vom 9. auf den 10. Juni ab. Was sie mit ihr konkret hatte erreichen wollen, ist nicht ganz klar, aber durchaus möglich, daß man das selbst nicht so genau wußte und erst einmal abwarten wollte, welchen Verlauf sie nahm.[137]

Die »Gemäßigten« und »Besonnenen« in der Sowjetführung hatten sich durchgesetzt, doch offenbar fühlten sie, daß die politische Gefahr damit nicht gebannt und die Situation nur zu bereinigen war, wenn es gelang, das verlorene Vertrauen und das Gesetz des Handelns zurückzugewinnen. So riefen sie – im Namen des Sowjetkongresses – nun ihrerseits alle Fabriken, Berufsorganisationen und politischen Parteien für den 18. Juni zu einer friedlichen Großkundgebung auf, die die Einheit der »revolutionären Demokratie« demonstrieren und an die gemeinsamen, großen Ziele erinnern sollte. »Allgemeiner Frieden ohne Annexionen und Kontributionen«, »Selbstbestimmung aller Völker« und »Wahrung der Einheit der revolutionären Bewegungen, von Arbeitern, Bauern und Soldaten« – das sollten ihre Losungen sein.[138] Während sich die Kadetten verweigerten, nahmen alle sozialistischen Parteien daran teil, auch die Bolschewiki. Doch sie einzubinden, mißlang: Sie brachten ihre eigenen Fahnen und Spruchbänder mit und unterliefen damit die ursprünglichen Absichten des Unternehmens. Ja, wohl organisiert und strategisch über den gesamten Demonstrationszug verteilt, dominierten sie dessen Erscheinungsbild, erweckten den Eindruck, als marschiere er im Grunde für bolschewistische Ziele, den Rücktritt der kapitalistischen Minister, den Sturz der Regierung, die Ausrufung des Rätestaates. Bolschewistische Parteiführer nahmen den Zug wie eine »Siegesparade« ab und die (dem rechtssozialistischen Lager zugerech-

---

[137] Rabinowitch, Prelude to Revolution, S. 66 ff.; vgl. auch die Schilderung bei Suchanow, Tagebuch der Revolution, S. 394 ff.; sowie die Aufrufe und Pressekommentare bei Browder / Kerensky, Provisional Government, Bd. 3, S. 1311 ff., und in dem schon wiederholt zitierten Dokumentenband Revoljucionnoe dviženie v Rossii v mae-ijune 1917 g., Ijun'skaja demonstracija, S. 481 ff.

[138] Vgl. die vom Sowjet für die Demonstration am 18. Juni ausgegebenen Losungen, in: Izvestija N° 95, vom 18. Juni 1917.

nete) Tageszeitung »Den'« (Tag) attestierte den Bolschewiki, der 18. Juni sei »ihr Tag« gewesen.[139]

An der Demonstration hatten sich – mit schwarzen Fahnen – auch anarchistische Gruppen beteiligt; freilich waren sie noch weniger als die Bolschewiki bereit, sich den Sowjetdirektiven oder irgendeiner anderen Autorität unterzuordnen. Einige nutzten obendrein die Gunst der Stunde, die Turbulenzen des Tages, um mit Waffengewalt Gesinnungsgenossen aus dem Gefängnis zu befreien (wobei gleichzeitig auch mehrere Hundert gewöhnliche Kriminelle freikamen, die ihrer Freude darüber noch am gleichen Tag in verschiedenen Teilen der Stadt mit Plünderungen und Ausschreitungen Luft machten). Anders als wenige Tage zuvor, als die Regierung zwar eine gewaltsame Druckereibesetzung durch bewaffnete Anarchisten rückgängig machte, aber vor konsequenter Strafverfolgung zurückschreckte, war sie nun zu hartem Durchgreifen entschlossen. Auf der Suche nach den Entwichenen ließ sie die im Stadtteil Vyborg gelegene, von Anarchisten okkupierte und als Kommunikationszentrum genutzte Durnovo-Villa stürmen, wobei ein Anarchist verletzt wurde, ein anderer zu Tode kam.[140]

Die Aktion heizte die Atmosphäre weiter an. Sie brachte – erneut – zutage, welch »beneidenswerte Popularität« (Suchanov) die anarchistische Hausbesetzerszene in gewissen proletarischen Kreisen, vor allem in der Vyborger Nachbarschaft genoß, mit ihren Aktionen gegen die überkommene Ordnung, gegen die Reichen und Besitzenden, unbeeindruckt von staatlicher Autorität, als Anwalt des »arbeitenden Volkes«, als dessen angestammtes »Eigentum« man die okkupierten Immobilien jeweils erklärte. Für sie verkörperte die Durnovo-Villa – ehemals das Sommerhaus eines hohen Staatsbeamten, das sich nun Anarchisten mit allen möglichen anderen Organisationen, der Gewerkschaft der Bäcker, der Sektion für Volksvorträge, der Organisation der Volksmiliz teilten – ein Stück neuer, mit der Revolution errungener »Freiheit«; die Räumung des Hauses durch Regierungstruppen war für sie ein »Angriff der Reaktion« und rief in Vyborger Betrieben entsprechend heftigen Protest hervor. Belegschaften streikten und zogen vor die Durnovo-Villa, und bei Einheiten, die mit den Anarchisten sympathisierten (wie dem 1. Maschinengewehrregiment), wurden sogar »bewaffnete Aktionen« erwogen. Selbst wenn man vorerst – auf Druck des Sowjet und Anraten der Bolschewiki – davon Abstand nahm, eine Beruhigung der Lage bedeutete dies nicht, allenfalls eine kurze Atempause.[141]

---

[139] Vgl. Schilderung bei Suchanow, Tagebuch der Revolution, S. 408 f.; Den' N° 89, vom 20. Juni 1917, hier zitiert nach Browder / Kerensky, Provisional Government, Bd. 3, S. 1325 f.

[140] Vgl. dazu die Schilderung der Aktion und ihrer Vorgeschichte bei Suchanow, Tagebuch der Revolution, S. 390 ff. (sowie auch die obigen Ausführungen S. 181 Anm. 136).

[141] Ebenda sowie Rabinowitch, Prelude to Revolution, S. 107 ff., 116 ff.

Abb. 19:   Dača Durnovo, die bis zur Februarrevolution dem Mitglied des Reichsrates und Generaladjutanten P.P. Durnovo gehörte; sein Name stand für konservative Politik, war doch der frühere Innenminister Peter N. Durnovo – ab 1907, bis zu
seinem Tod 1915 – Führer der rechten Fraktion im Reichsrat gewesen. Im Vyborger
Stadtteil gelegen, zogen nach der Februarrevolution diverse Gewerkschaftsorganisationen, ein Arbeiterklub und auch die Anarchisten-Kommunisten in das
Gebäude ein (dazu auch H.F. Jahn, The Housing Revolution in Petrograd 1917-
1920, in: Jahrbücher für Geschichte Osteuropas 38 (1990), S. 212 ff.). Der Versuch
des Justizministers, das Gebäude räumen zu lassen, führte im Juni 1917 zu heftigen
Auseinandersetzungen.

Dafür sorgten auch die neuen, sich überschlagenden Berichte von der Front, der neuen Offensive, die rasch alle Aufmerksamkeit auf sich zogen. Doch die Ruhephase banger Erwartung ging zu Ende, als sich der Fehlschlag abzuzeichnen begann. Eine Regierung, im Innern ohne Kraft und nach außen ohne Fortüne – das stärkte ihre Widersacher, gab ihrer Agitation neuen Aufwind. Gekonnt spielten sie auf der Klaviatur der Unzufriedenheit. Freilich, das Lied, das so entstand, blieb nicht ohne Folgen, erweckte Hoffnungen und Erwartungen; und je mehr es gesungen wurde, desto weniger war seine Wirkung zu kontrollieren, war zu verhindern, daß sein Refrain »Nieder mit der Provisorischen Regierung, Alle Macht den Räten« wörtlich, als Anweisung zum Handeln genommen wurde.

Am 3. Juli schlug das 1. Maschinengewehrregiment los. Spätestens seit der Durnovo-Affaire wußte man, daß es zu den besonders militanten Petrograder Regimentern zählte; nun gab der drohende Marschbefehl an die Front den letzten Anstoß zur Rebellion. Seit dem frühen Nachmittag schickte es Delegierte zu allen Regimentern, von denen es sich Unterstützung erhoffte, und forderte sie auf, gleich ihnen – ab 5 Uhr mit der Waffe in der Hand – in den Straßen Petrograds zu erscheinen, um den Sturz der »kapitalistischen« Minister und die Übertragung der Macht an den Rat der Arbeiter-, Soldaten- und Bauerndeputierten zu erzwingen. Weitere Delegationen gingen in die großen Rüstungsbetriebe, zu Novyj Pariajnen, Novyj Lessner, Russisch-Renault, Erikson, Baranovskij (im Vyborger Stadtbezirk) und in die Putilov-Werke (im Stadtbezirk Narva), um die Arbeiter aufzufordern, sich der bewaffneten Demonstration anzuschließen.[142]

Manche Einheiten lehnten das ab, wie die traditionsreichen Regimenter Litauen, Wolhynien und Preobraženskoe; andere – wie das Regiment Petrograd – versprachen wohlwollende Neutralität; und wieder andere folgten, unter ihnen die Regimenter Pavlovsk, Finnland, Moskau. Hinzukamen 10.000 bewaffnete Matrosen aus Kronstadt und 30.000 Arbeiter aus den Putilov-Werken. Sie strömten in die Stadtmitte, zum Marienpalast

---

[142] Zu den Vorgängen vor allem die Berichte in den Tageszeitungen (hier benutzt: Delo naroda, Izvestija, Rabočaja gazeta, Reč' und Russkie vedomosti) sowie die umfangreiche Dokumentation (einschließlich von Materialien der später eingesetzten Untersuchungskommission) von I. Tobolin, Ijul'skie dni v Petrograde, in: Krasnyj archiv Bd. 23 (1927), S. 1 ff.; Bd. 24 (1927), S. 3 ff. Darüber hinaus Materialien in: Revoljucionnoe dviženie v Rossii v ijule 1917 g., Ijul'skij krizis [=weiterer Teilband der Reihe Velikaja Oktjabr'skaja socialističeskaja revoljucija. Dokumenty i materialy], Moskau 1959, S. 13 ff.; Browder / Kerensky, Provisional Government, Bd. 3, S. 1335 ff. (u.a. mit Auszügen aus der Krasnyj-archiv-Dokumentation in engl. Übers.). Für die Darstellung vgl. vor allem: Chamberlin, Russische Revolution, Bd. 1, S. 153 ff.; S.A. Oppenheim, July Days, in: MERSH Bd. 15, S. 150 ff.; Rabinowitch, Prelude to Revolution, S. 135 ff.; ders., July Days, in: Jackson / Devlin, Dictionary of the Russian Revolution, S. 281 ff. Die sowjetische Sicht bei: Ju.S. Tokarev, Ijul'skie dni 1917, in: SIĖ Bd. 6, Sp. 718 f.; O.N. Znamenskij, Ijul'skij krizis 1917 goda, Moskau / Leningrad 1964 (jeweils mit Hinweisen auf weitere Literatur).

(dem Sitz des Ministerrates) und zum Taurischen Palais (dem Sitz des Sowjet), kamen zu Fuß, in PKWs und auf Militärlastwagen, vollgepackt mit
Waffen. Genaue Pläne und Vorstellungen, wie der Sturz der Regierung
eigentlich ablaufen sollte, gab es offenkundig nicht. Man hoffte, das werde
sich schon irgendwie finden, demonstrierte »grimmig-erschrocken« Stärke
und schoß mitunter auch wild in die Luft.

Die Aktion traf den Sowjet und seine Führung völlig unvorbereitet. Das
Exekutivkomitee war eben dabei, die nach dem Rücktritt der kadettischen
Minister entstandene Lage zu besprechen, als ihm der Anmarsch der bewaffneten Demonstranten gemeldet wurde. In der allgemeinen Verwirrung
gelang es bolschewistischen Delegierten, in der Arbeitersektion des Petrograder Sowjet – nach langem Hin und Her und Auszug der Menschewiki
und Sozialrevolutionäre – eine Resolution zu erwirken, die sich für die Unterstützung der Demonstranten und die Machtübernahme des Sowjet aus-
sprach.[143] Das Exekutivkomitee besprach ab Mitternacht die Forderungen
der Demonstranten, während ihre Zahl rund um das Taurische Palais auf 60
bis 70.000 angewachsen war. Gegen 5 Uhr morgens war die Sitzung zu
Ende[144], und nun entsandte das Exekutivkomitee die eigenen Mitglieder in
Fabriken und Kasernen, um die Entscheidung der Sowjetführung bekannt
zu geben und zu erläutern.[145] Sie widersetzte sich empört allen Versuchen,
ihr mit Gewalt den eigenen Willen aufzuzwingen, nannte die Aktionen eine
Schande für das revolutionäre Petrograd und forderte ihre sofortige und
vollständige Einstellung.

Doch die Situation der Sowjetführung und erst recht der Provisorischen
Regierung war nicht gerade günstig. Noch in der Nacht hatten die Aktio-
nen zu Exzessen, wilden Schießereien und Blutvergießen geführt, und noch
war kein Mittel in Sicht, wie man deren Fortsetzung verhindern konnte.
Die Zahl der Demonstranten, die am 4. Juli unter bolschewistischen Lo-
sungen erneut auf die Straße gingen, maß sich in Zehn-, wenn nicht
Hunderttausenden, die Schätzungen reichten bis zu einer halben Million.
Vergeblich blieben zunächst auch die Bemühungen des Exekutivkomitees,
Garnisonstruppen zum Schutz des Sowjet und der Regierung anzufordern,
sie stießen auf taube Ohren. Und während sich die Sowjetführung noch um
Unterstützung bemühte, wurden ihr weitere wilde Schießereien, weiteres

---

[143] Vgl. Bericht aus der »Arbeitersektion des Rates der Arbeiter- und Soldatendeputierten« in
Izvestija N° 108, 4. Juli 1917, S. 5.

[144] Kurzer Bericht über diese Sitzung und Auszug aus den Debatten ebenda (S. 3), ausführlichere Nachträge in Izvestija N° 110, 6. Juli 1917.

[145] Aufruf des Büros des Zentralen Exekutivkomitees »An alle Arbeiter und Soldaten der Stadt
Petrograd«, des Zentralen Exekutivkomitees »An alle Soldaten«, das Editorial »Die Revolution ist in Gefahr« sowie eine Schilderung der Ereignisse des 3. und der Nacht zum 4. Juli
in Izvestija N° 108, 4. Juli 1917, S. 1 f.

Abb. 20:   Der Marienpalast war in den Jahren 1839-44 (vom Architeken A.I. Štakenšnejder) für die Tochter Nikolaus I., Marija Nikolaevna, erbaut worden (daher der Name). In den 80er Jahren ging er in Staatsbesitz über und beherbegte den Reichsrat, die Staatskanzlei, das Ministerkomitee und (seit 1905) den Ministerrat. Im Vestibül des Marienpalastes erschoß im April 1902 der sozialrevolutionäre Terrorist Balmašёv Innenminister Sipjagin. Der Marienpalast wurde nach der Februarrevolution – neben dem Taurischen Palais – zum Haupttagungsort der Provisorischen Regierung. Nach den Juli-Unruhen verließ sie ihn (wie auch das Taurische Palais) und residierte künftig im Winterpalast. Und auch der Sowjet verabschiedete sich von der gemeinsamen Vergangenheit: Er zog vom Taurischen Palais in den Smol'nyj um. Der Marienpalast war im Herbst 1917 der Tagungsort des Provisorischen Rates der Republik (des sog. »Vorparlaments«), bevor am 25. Oktober Soldaten und Matrosen auf Befehl des Petrograder Militärischen Revolutionskomitees das Gebäude besetzten und seiner Tätigkeit ein gewaltsames Ende setzten. Nun zog die neue Planbehörde, der Oberste Volkswirtschaftsrat (VSNCH), hier ein – bis zum Umzug der Regierung nach Moskau (vgl. Sankt-Peterburg, Petrograd, Leningrad.Ènciklopedičeskij spravočnik, Moskau 1992, S. 363 f.).

Blutvergießen, schließlich der Anmarsch von mehreren Demonstrationszügen und »Kampfkolonnen« auf das Taurische Palais gemeldet.[146]

Als die ersten davon, Kronstädter Matrosen, die am Vormittag mit Schiffen herübergekommen waren, das Taurische Palais erreichten, wurden die
Türen eingetreten und verlangt, die sozialistischen Regierungsmitglieder
zu sprechen. Als man ihnen den sozialrevolutionären Landwirtschaftsminister Černov entgegensandte, der die Position der Regierung zu erklären und zu verteidigen suchte, wurde er beschimpft, in ein Auto gezerrt
und sollte als Geisel weggebracht werden. Nur mit Mühe gelang es, unter
Trockijs tätiger Mithilfe Černov wieder freizubekommen. Nach den Kron-
städtern kam der Zug der Putilovarbeiter und verstärkte die Belagerung des
Taurischen Palais.

Seit dem späten Nachmittag konferierte die Sowjetführung, und obwohl
sie »endlos« tagte, debattierte, Delegierte anhörte, in Rede und Gegenrede,
gelang es ihr, die Krise damit auszusitzen.[147] In der Nacht zogen sich die
Kronstädter zurück. Nach Mitternacht erschien das Garderegiment Izmajlovo in vollem Kampfanzug zum Schutz der Eingeschlossenen vor dem
Taurischen Palais, gefolgt von den Garderegimentern Semënovo und Preobraženskoe. Inzwischen hatte das Kriegsministerium Fronttruppen angefordert, und es sprach sich herum, daß starke Verbände im Anmarsch auf
die Hauptstadt waren. Und schließlich tat auch ein plötzlich umlaufendes,
halboffiziell lanciertes Gerücht seine Wirkung, es könne inzwischen als erwiesen gelten, daß Lenin, der Führer der Bolschewiki, in deutschem Auftrag und mit deutschem Geld zurück nach Rußland gekehrt war.[148]

Es war für alle sichtbar, daß die Aufstandsbewegung bolschewistischen
Parolen folgte. Unklar blieb jedoch, wieweit die Bolschewiki auch an Vorbereitung und Durchführung der Aktionen beteiligt waren, der Putschversuch auch in diesem Sinne als »bolschewistisch« bezeichnet werden
konnte.[149] Als gesichert kann gelten, daß sie von der bestehenden Absicht
wußten, vorab informiert wurden; daß Parteimitglieder in den Fabriken
und Garnisonen bei den zunächst noch vagen Vorplanungen eine führende
Rolle spielten und daß sie dabei von der bolschewistischen Militär-

---

[146] Vgl. dazu und zum folgenden die Schilderung bei Suchanow, Tagebuch der Revolution, S. 418 ff.
[147] Izvestija N° 110, 6. Juli 1917, S. 3 ff.
[148] Zur »Absurdität« der gegen die Bolschewiki gerichteten Beschuldigungen vgl. den Brief Ka-
menevs an Čcheidze vom 7. Juli 1917 (Pis'mo L.B. Kameneva N.S. Čcheidze [7 ijulja 1917
g.], in: Voprosy istorii KPSS 1990, N° 5, S. 44 ff.); daß Gelder von deutscher Seite flossen
(ohne daß Lenin damit zum »deutschen Agenten« wurde), bestätigen Novye dokumenty o
finansovych subsidijach bol'ševikam v 1917 godu. Sostaviteli N.A. Sidorov, E.S. Ul'ko.
Vstupitel'naja statja S. Ljandresa, in: Otečestvennaja istorija 1993 N° 2, S. 128 ff.
[149] Die sich darüber bereits zeitgenössisch entspinnenden Debatten in der Parteienpresse vgl.
etwa in Delo naroda N° 91 und 92, 4. und 5. Juli 1917; Reč' N° 155, 156 und 157, 5., 6. bzw.
7. Juli 1917 (samt Presserundschau).

kommission und vom Petrograder Parteikomitee unterstützt und gedeckt wurden. Ebenso sicher aber scheint, daß Lenin und die Mehrheit des bolschewistischen Zentralkomitees derartige Aktionen für verfrüht hielten und sie deshalb ablehnten. Doch als die Aktion anlief, stellte man sich hinter sie; das galt auch für Lenin, der während eines Kurzurlaubs in Finnland von den Aktivitäten erfuhr und nun eilends nach Petrograd zurückkehrte. Es scheint, daß er (zusammen mit anderen führenden Bolschewiki) am 4. Juli vorübergehend mit dem Gedanken einer bolschewistischen Machtergreifung – ohne, ja gegen den Sowjet – spielte, in der Nacht vom 4. auf den 5. Juli jedoch das Scheitern der Aktion erkannte und daraufhin dazu aufrief, sie zu beenden.[150]

Das Scheitern des Juliaufstandes wurde zu einem Debakel auch für die bolschewistische Partei. Am 6. Juli beschloß die Regierung, alle Organisatoren und Führer des bewaffneten Aufstandes zu verhaften und vor Gericht zu stellen; führende Bolschewiki (wie Lenin, Zinov'ev, Kamenev) und des Interrajonskomitees[151] (wie Trockij, Lunačarskij) wurden zur Fahndung ausgeschrieben. Während Lenin sich zunächst aufs Land absetzte, dann begleitet von Zinov'ev nach Finnland floh (das Foto im gefälschten Paß zeigt ihn glattrasiert und mit Perücke), wurden Kamenev, Trockij, Lunačarskij und eine ganze Reihe ihrer Gefolgsleute in den nächsten Tagen verhaftet. Alle an der Rebellion beteiligten Einheiten sollten entwaffnet und aufgelöst werden.[152] Die bolschewistischen Zeitungen (»Pravda«, »Soldatskaja pravda« [Wahrheit der Soldaten], »Golos pravdy« [Stimme der Wahrheit]) wurden verboten, die Stadtteil- und Betriebsbüros der Partei durchsucht und teilweise danach durch plündernden Mob verwüstet. Weil sie einen Sturm auf ihre Parteizentrale fürchteten, hatten die Bolschewiki das Kšesinskaja-Anwesen rechtzeitig geräumt.

Doch die Unzufriedenheit, die in den Aktionen des Juli zum Ausdruck kam, ließ sich so nicht aus der Welt schaffen und mußte für die Regierung alarmierend bleiben. Nur wenn es ihr gelang, damit fertig zu werden, war sie die bolschewistische Gefahr wirklich los.

---

[150] Rabinowitch, Prelude to Revolution, S.201 ff.
[151] Vgl. oben S. 163 Anm. 105.
[152] Entsprechende Beschlüsse u.a. veröffentlicht auf Seite 1 der Izvestija N° 111, 7. Juli; N° 112, 8. Juli 1917.

5. DER VERFALL DER STAATSMACHT

Außer der zeitlichen Koinzidenz hatten der Rücktritt der kadettischen Minister und der Juliaufstand nichts unmittelbar miteinder zu tun. Die Soldaten des 1. Maschinengewehrregiments hatten über die Rebellion schon gesprochen, bevor sie noch vom kadettischen Vorhaben wußten, und sie forderten am 3. Juli die Entlassung der »10 kapitalistischen Minister«, obwohl sechs bereits am Vortag ausgeschieden waren; es muß offen bleiben, wieweit sie davon wußten. Umgekehrt war der kadettische Rückzug keine Vorahnung auf den Putsch der Radikalen. Zwar liefen Gerüchte, die Bolschewiki planten etwas, schon des längeren um. Doch die Kadetten hielten die Gefahr wohl für nicht allzu groß, wie sie insgesamt dazu neigten, Lenin eher zu unterschätzen.

Obwohl beide Aktionen wenig mit einander zu tun hatten, potenzierten sie sich wechselseitig in ihrer Wirkung. Sie verhärteten die Fronten auf allen Seiten. Der bolschewistische Aufstand stärkte bei den Kadetten die Position jener, die gegen jedes Zugeständnis, gegen jede Öffung nach links aufgetreten waren. Umgekehrt machte die Sowjetführung – nicht ganz unberührt von den Reformforderungen der Demonstranten – einen Schritt nach links. Beides trug dazu bei, daß sich die Regierungskrise vertiefte, ja nur noch schwer beilegbar schien. Hatte der Februar mit dem sichtbaren Bruch der revolutionären Einheit, der Einheit der Revolution geendet, und das Frühjahr eine Politisierung der Interessen erlebt, so demonstrierte der Sommer den Verfall der Staatsmacht; was davon übrig blieb, usurpierten sich als unabhängig gerierende Militärkommandanten an der Front und lokale Komitees sowie Sowjets im Hinterland.[153]

a) Vom Interregnum zur 2. Koalition

Um die Voraussetzungen für die Neubildung einer Koalitionsregierung stand es denkbar schlecht. Miljukov und seine Anhänger in der Partei-

---

[153] Zum Rücktritt der kadettischen Minister und ihren internen Überlegungen Rosenberg, Liberals in the Russian Revolution, S. 170 ff.; Erklärungen und Reaktionen dazu in: Revoljucionnoe dviženie v Rossii v ijule 1917 g., S. 291 ff.; Browder / Kerensky, Provisional Government, Bd. 3, S. 1383 ff.

führung waren um eine Schuldzuweisung nicht verlegen. Verantwortlich
für die Juliunruhen seien nicht nur jene, die tatsächlich mit der Waffe in der
Hand auf die Straße gingen; wer die Bolschewiki so lange tolerierte, hätte
sich mindestens ebenso schuldig gemacht. Ja, ohne die vorausgehende Un-
terminierung der Staatsautorität, ohne den hartnäckigen Versuch der Sowjetvertreter, dem Land den eigenen Willen aufzudrängen, ihr partei-
politisches Süppchen zu kochen, seien weder der Bruch der Koalition noch
der Vorstoß der Bolschewiki zu begreifen.[154]

Die Sowjetvertreter verwahrten sich gegen solche Vorwürfe. Aus ihrer
Sicht stellte sich die Frage der Verantwortung völlig anders, hatten die Bolschewiki von der wachsenden Enttäuschung der Massen profitiert, die sich
von der Revolution mehr, einschneidende Reformen erwartet hatten. Die
aber waren von den kadettischen Ministern in der Koalition verhindert
worden. Und der Ausgang der Krise ließ manche in der Sowjetführung erneut fragen, ob man die Kadetten noch brauche oder nicht vielmehr selbst
die Alleinverantwortung übernehmen sollte. Hätte man auf ihren Rat
gehört, hätte man den Demonstranten, der »maximalistischen« Opposition
nachträglich recht gegeben. Aber nicht nur deshalb war die Mehrheit in der
Sowjetführung gegen die Übernahme der Alleinverantwortung. Man
glaubte noch immer an die kadettischen Verbindungen zur Armee, zu Handel und Gewerbe, zu Bürokratie und Aristokratie und fürchtete von ihrem
Ausschluß neue Feinde ringsum, den offenen Bürgerkrieg.[155]

So beschloß man, die von den Kadetten verlassenen Ministerposten vorläufig nicht neu zu besetzen, und in einer Grundsatzerklärung bekräftigte
das Rumpfkabinett am 8. Juli noch einmal die Prinzipien des Koalitions-
papiers von Anfang Mai. Doch wer genau las, sah, daß die – nun von den
Sozialisten dominierte – Regierung in einigen Punkten deutlich darüber
hinausging. So kündigte sie ein Gesetzesvorhaben an, das alle Standes-

---

[154] Das war und blieb auch der Tenor der kadettischen Presse. Sein Kern war der Vorwurf,
»Klasseninteressen« über die »allgemeinen Interessen«, die »Interessen des Vaterlandes« zu
stellen und – eng damit verbunden – »bloßen Wunschträumen« nachzujagen (etwa bei der
Forderung einer »raschen Beendigung des Krieges«, was nur einen »Sieg des deutschen Militarismus« und eine »Niederlage der europäischen Demokratien« zur Folge haben würde);
er bestimmte die kadettische Position (s.o.) schon im März und April, für die Kontinuität
vgl. auch Bericht der Reč' über eine Wahlveranstaltung der Kadetten am 17. August mit einem Auftritt Šingarëvs, Miljukovs u.a. in Reč' N° 194, 195, vom 19. bzw. 20. August 1917.

[155] Für den argumentativen Versuch, sich von Bolschewismus einer- und den Kadetten andererseits abzusetzen und die eigene Position als Politik der Vernunft darzustellen, vgl. etwa die
sozialrevolutionäre Zeitung Delo naroda, die im Bolschewismus vor allem den Maximalis-
mus sah, den es neben der leninistisch-kommunistischen Variante auch in der National- und
Agrarbewegung gebe; selbst bei den Kadetten meinte man einen solchen Zug entdecken zu
können, wenn man dort von der »Aussperrung des Proletariats« und der »Desorganisation
der materiellen Basis der Provisorischen Regierung« träume (Delo naroda N° 98, 12. Juli
1917).

unterschiede, einschließlich der Ränge, Titel und Orden abschaffen sollte; versprach den Entwurf eines Generalplanes für die Organisierung der Volkswirtschaft sowie die Ausarbeitung eines Maßnahmenkatalogs zur Regulierung des Wirtschaftslebens und zur Kontrolle der Industrie. Sie unterstrich, daß die geplante Bodenreform »auf dem Gedanken der Überführung des Bodens in den Besitz der Werktätigen« beruhen müsse, sprach vom »vollständigen Bruch mit der alten Agrarpolitik, die das Dorf ruinierte und desorganisierte«, bestätigte in der Sache die von Černov getroffenen Maßnahmen und kündigte für die allernächste Zukunft die Ausweitung des Systems der Landkomitees an.[156]

Diese Erklärung nahm Ministerpräsident L'vov zum Anlaß, um einen Tag später auch seinen Rücktritt zu erklären. Er bezog sich dabei auf Forderungen, die in der Endfassung der Regierungserklärung gar nicht enthalten waren[157]; doch man merkte, daß es nicht nur um Einzelforderungen, sondern um den Tenor des gesamten Dokuments ging, und über das Dokument hinaus um eine Politik, die – aus seiner Sicht – der Konstituierenden Versammlung vorgriff und »nationale und moralische Werte den Massen [opferte], im Namen von Demagogie und zur Befriedigung ihrer kleinkarierten, selbstsüchtigen Wunschvorstellungen«. Seine Hauptkritik galt der Agrarpolitik, die ruinöse Akte der Willkür decke und rechtfertige, und der Abhängigkeit, in die sich die sozialistischen Minister gegenüber dem Sowjet begeben hätten. So stellte L'vov am 9. Juli seinen Posten als Ministerpräsident und Innenminister zur Verfügung und schlug für die Nachfolge Kerenskij vor.

Inzwischen war die Nachricht vom Durchbruch der deutschen Gegenoffensive bekannt geworden. Am selben 9. Juli wandten sich die Exekutivkomitees der Südwestfront, der 11. Armee und der Militärkommissar der Provisorischen Regierung in gleichlautenden Telegrammen an den Kriegsminister, die Sowjetführung und den Oberkommandierenden der Armee. Ihr Inhalt war ein dramatischer Hilferuf: »Die deutsche Offensive, die am 6. Juli am Frontabschnitt der 11. Armee begann, ist dabei, den Charakter eines riesigen Desasters anzunehmen mit katastrophalen Folgen für das revolutionäre Rußland. In der Moral der Truppe, die sich noch vor kurzem

---

[156] Text der Deklaration der Provisorischen Regierung vom 8. Juli in Izvestija N° 113, 9. Juli 1917, S. 4; wiederabgedruckt in Revoljucionnoe dviženie v Rossii v ijule 1917 g., S. 295 ff.; engl. bei: Browder / Kerensky, Provisional Government, Bd. 3, S. 1386 f.; dt. in Hellmann, Russische Revolution, S. 256 ff.

[157] Dazu gehörte die Ausrufung Rußlands zur Republik sowie die Auflösung der Duma und des Staatsrates, die bei der Endberatung als Programmpunkte fallen gelassen worden waren. Text der Rücktrittserklärung in Revoljucionnoe dviženie v Rossii v ijule 1917 g., S. 291ff; bei: Browder / Kerensky, Provisional Government, Bd. 3, S. 1388 f.; vgl. auch Radkey, Agrarian Foes of Bolshevism, S. 286 ff.

dank des heroischen Bemühens einer pflichtbewußten Minderheit zu einer Offensive mitreißen ließ, ist ein jäher und verhängnisvoller Umschwung eingetreten. Ein Großteil der Militäreinheiten befindet sich im Zustand völliger Auflösung. Ihre Angriffsbegeisterung hat sich vollständig verflüchtigt, sie hören nicht mehr auf die Befehle ihrer Vorgesetzten, noch auf die Ermunterungen ihrer Kameraden, antworten darauf nur mit Drohungen und Schüssen. Manche haben ihre Positionen freiwillig geräumt, ohne noch das Kommen des Feindes abzuwarten... In Hunderten von Kilometern Länge ziehen Kolonnen von Deserteuren ins Hinterland, Männer von guter Gesundheit und robuster Konstitution, die jedes Schamgefühl verloren haben und spüren, daß sie das ungestraft tun können. Manchmal setzen sich so ganze Einheiten ab... Der Oberbefehlshaber der Südwestfront und der Befehlshaber der 11. Armee haben heute – mit Zustimmung der Kommissare und Komitees – Befehl gegeben, auf die Fahnenflüchtigen zu schießen...« Manche Zeitungen sahen bereits Kiev, Minsk und Petrograd bedroht.[158]

Die Sowjetführung reagierte, erklärte die Provisorische Regierung zur »Regierung für die Rettung der Revolution« und billigte ihr »unbegrenzte Vollmachten« bei der Wiederherstellung der militärischen Ordnung, im Kampf gegen Konterrevolution und Anarchie zu. Und weil hinter der neuen Regierung das »ganze Volk« stehen sollte, nahm Kerenskij Kontakte nach allen Seiten hin auf: zu den Moskauer Handels- und Industriekreisen, zur neu aus Linksliberalen gebildeten Radikaldemokratischen Partei, zu Moskauer Kadetten, ohne deren Parteiführung einzuschalten. Doch die Verhandlungen brachten nur die alten Positionen zutage: Handels- und Industriekreise verlangten, daß die Sozialgesetzgebung genau festgelegte Grenzen nicht überschreiten dürfe; die angesprochenen Kadetten unterstützten sie darin, forderten, daß die Fragmentierung der Staatsmacht rückgängig zu machen sei, daß jeder neuberufene Minister allein seinem Gewissen verantwortlich sein sollte (nicht irgendeinem Komitee oder einer sonstigen Organisation), daß alle Fragen von Krieg und Frieden mit den Alliierten abgesprochen werden müßten und alle Grundsatzentscheidungen von Staat, Wirtschaft und Gesellschaft bis zur Konstituierenden Versammlung zu vertagen seien.[159]

---

[158] Wortlaut des Telegramms bei Browder / Kerensky, Provisional Government, Bd. 2, S. 967 f.; dazu auch Suchanow, Tagebuch der Revolution, S. 479 f.

[159] Vgl. dazu den Privatbrief, den die in Aussicht genommenen Kadetten am 15. Juli an Kerenskij schrieben und der am 18. Juli in der Zeitung Reč' (N° 166, S. 2) veröffentlicht wurde; in engl. Übersetzung bei F. A. Golder, Documents of Russian History, New York 1927, S. 472 f., sowie bei Browder / Kerensky, Provisional Government, Bd. 3, S. 1401 f.; dazu auch Rosenberg, Liberals in the Russian Revolution, S. 181 ff.

Dazu waren die Sowjetvertreter weniger denn je bereit und sie fühlten sich in dieser Haltung durch die Ergebnisse der – Mitte/Ende Juli vielerorts staatfindenden – Kommunalwahlen bestätigt. Ob man nach Rostov, Tambov, Penza oder Saratov, Ufa oder Omsk, Kostroma, Nižnij Novgorod, Kursk oder Tula, Mogilëv, Minsk oder Vitebsk sah, überall das gleiche Bild: die gemäßigten Sozialisten gewannen die Wahlen und die Kadetten erlebten die gleiche bittere Enttäuschung wie zuvor in Petrograd und Moskau.[160] Da aber Kerenskij an der Absicht festhielt, sie an der Regierung zu beteiligen, zog sich der Koalitionspoker über drei Wochen hin. Die Groteske erreichte ihren Höhepunkt, als nacheinander erst Landwirtschaftsminister Černov, dann Außenminister Tereščenko und die übrigen Minister ihren Rücktritt erklärten, schließlich auch der designierte Ministerpräsident Kerenskij selbst sein Amt niederlegte. Das ganze geschah, während täglich neue Schreckensmeldungen von der Front eintrafen, wichtige Industriezentren nur noch die Hälfte von dem produzierten, was sie Anfang des Jahres hergestellt hatten, während über 200 weitere Fabriken ihre Produktion ganz einstellten und die Auseinandersetzungen in der Industrie wie in der Landwirtschaft an Schärfe und Härte weiter zunahmen.

So hatte die neue Regierung ihren Kredit schon verspielt, bevor sie noch gebildet war, und das, worauf sich eine Krisensitzung aus Parteien-, Sowjet- und Dumavertretern am 21. Juli im Malachitsaal des Winterpalastes einigte, befriedigte im Grunde niemanden: Die künftige Regierung sollte von Individuen, nicht von Parteien gebildet werden; auch die Sozialisten waren offiziell keine Repräsentanten des Sowjet mehr und offiziell ihm auch nicht mehr verantwortlich (selbst wenn sie sich ihm verantwortlich fühlten und Rechenschaft gaben); so galt auch die Deklaration vom 8. Juli nicht als Programm des Gesamtkabinetts (was wiederum nicht ausschloß, daß sozialistische Minister – wie Menschewiki und Sozialrevolutionäre vorab zu Protokoll gegeben hatten – daran festhielten, und den Kadetten die Möglichkeit gab, an ihrem – längst Fiktion gewordenen – Selbstverständnis von »Überparteilichkeit« festzuhalten).[161]

Auch die personelle Zusammensetzung des neuen Kabinetts, wie sie wenige Tage später bekannt gegeben wurde, zeigte, daß die Gräben tiefer waren denn je. Von den vier Kadetten, die Ministerämter bekleideten, galt kei-

---

[160] Zu den Ergebnissen der Wahlen vgl. den bereits genannten Aufsatz von Rosenberg, Russian Municipal Duma Elections of 1917, S. 140 ff.; sowie ders., Liberals in the Russian Revolution, S. 186 ff.

[161] Ausführlicher Bericht über die Notstandssitzung (zusammengestellt nach Zeitungsmeldungen aus Izvestija und Reč') bei Browder / Kerensky, Provisional Government, Bd. 3, S. 1419 ff.

ner als Repräsentant des linken Flügels, alle standen der Position der
Parteiführung, Miljukovs, nahe. Nekrasov hatte in der Partei kaum einen
Rückhalt mehr und rechnete sich nun den Radikalen Demokraten zu; ausgerechnet ihn aber hatte Kerenskij zu seinem Stellvertreter gemacht.
Während Cereteli, der anerkannte und eher auf Ausgleich bedachte Sprecher des Sowjet, nicht mehr dem Kabinett angehörte, war Landwirtschaftsminister Černov, lange heftig umkämpft, darin verblieben, und
weil Černov von der Richtigkeit und Notwendigkeit seiner Agrarpolitik
überzeugt war, sich durch die Erklärung vom 8. Juli und die Wahlerfolge
bestätigt fühlte, blieb auch der Kurs der alte. Wenn es am Verfall der Staatsmacht etwas aufzuhalten gab – dieses Kabinett war dazu nicht in der Lage.

b) Die Moskauer Staatskonferenz

Die im Februar geschaffene Regierung verstand sich als Provisorium; das
brachte schon ihre Benennung zum Ausdruck: Sie wollte die Staatsgeschäfte führen bis zum Zusammentritt der Konstituierenden Versammlung. Die Rätespitze hatte schon im Mai auf eine baldige Einberufung
der Konstituante gedrängt, und am 14. Juni verabschiedete die Regierung
ein Gesetz, das die Wahl für den 17. und die Eröffnung für den 30. September 1917 in Aussicht stellte. Doch schon Anfang Juli hörte man aus der
mit den Wahlvorbereitungen befaßten Kommission Zweifel, ob sich der
Termin werde halten lassen; bis Ende des Monats wurden die Zweifel, in
der Presse heftig und kontrovers diskutiert, zur Gewißheit, und Anfang
August gab schließlich auch die Regierung bekannt, die Wahl müsse
auf den 12. und die Einberufung auf den 28. November verschoben werden.[162]
    Je länger die Konstituante auf sich warten ließ, desto größer wurde das
Unbehagen. Die Ereignisse des Frühjahrs und Sommers hatten gezeigt, wie
dünn das Eis war, auf dem man sich bewegte. Parteienvertreter bildeten
eine Regierung, trafen nolens volens lebenswichtige Entscheidungen, stritten erbittert darüber, traten zurück und verhandelten über eine Umbildung
des Kabinetts; daß sie dazu legitimiert, berechtigt waren, wurde ihnen zusehends bestritten, von links und von rechts. Für die Bolschewiki waren die
Räte die einzig legitimen Organe, nur sie galten ihnen als wahrer Ausdruck
des Volkswillens; und die rechte Opposition forderte offen die Rück-
bindung an die Duma, kein Organ könne vorerst eine bessere Legi-

---

[162] Die entsprechenden Gesetze und Verlautbarungen bei Browder / Kerensky, The Provisional Government, Bd. 1, S. 434 ff., ebenso Auszüge über die Diskussion der Gründe und die
damit verbundenen Schuldzuweisungen.

timationsbasis nachweisen als sie.[163] Selbst wenn die Mehrheitsparteien diese Ansichten nicht teilten, ein Unbehagen blieb.

So entstand im Juli – Ministerpräsident L'vov war eben zurückgetreten, die Regierungsneubildung noch im Gange – der Plan, für Mitte August eine große Staatskonferenz nach Moskau einzuberufen; sie sollte alle »organisierten« Kräfte des Landes einmal zusammenbringen und der Regierung Gelegenheit geben, mit ihnen die allgemeine Lage zu erörtern. Die Einladung dazu richtete sich an Stadtparlamente, ländliche Selbstverwaltungsorgane, Universitäten, Genossen- und Gewerkschaften, Arbeiter-, Bauern- und Soldatenräte usf. und forderte sie auf, Vertreter der Politik, der Öffentlichkeit, der Nationalitäten, der Wirtschaft und der Armee, Vertreter der akademischen Institutionen und aller 4 Staatsdumen für den 12. August nach Moskau zu entsenden.[164]

Die Bolschewiki lehnten diese Versammlung von – wie sie sich ausdrückten – »Kaufleuten und Unternehmern, Gutsbesitzern und Bankleuten, Mitgliedern der zaristischen Duma und von domestizierten Menschewiki und Sozialrevolutionären« von vornherein ab; sie diene nur dazu, sich Zustimmung für eine »Politik des Imperialismus und der Konterrevolution« zu holen und die bewußte Verschleppung der Einberufung der Konstituierenden Versammlung zu bemänteln.[165] Da sich die bolschewistischen Vertreter in der Sowjetführung auch nicht an die Leitlinie des Exekutivkomitees halten wollten, keine persönlichen oder parteispezifischen Erklärungen abzugeben[166], wurden sie auch aus der Sowjetdelegation ausgeschlossen. Die Organisatoren dürften von der Haltung der Bolschewiki kaum überrascht gewesen sein, noch werden sie ihr Wegbleiben bedauert haben; schließlich waren seit den Juliereignissen erst sechs Wochen vergangen. Doch wie einflußreich die Bolschewiki noch immer oder schon wie-

---

[163] Vgl. die explizite Forderung des »Provisorischen Komitees der Staatsduma«, am Prozeß der Regierungsbildung beteiligt zu werden, veröffentlicht von der Zeitung Reč' am 8. Juli 1917, wieder abgedruckt in: Revoljucionnoe dviženie v Rossii v ijule 1917 g., S. 294 f.

[164] Aufruf, Redeauszüge und Stellungnahmen in: Browder / Kerensky, Provisional Government, Bd 3, S. 1451 ff.; M.N. Pokrovskij / Ja.A. Jakovlev (Hgg.), Gosudarstvennoe soveščanie, Moskau / Leningrad 1930; Revoljucionnoe dviženie v Rossii v avguste 1917 g., Razgrom Kornilovskogo mjateža [=Teilband der Reihe Velikaja Oktjabr'skaja socialističeskaja revoljucija. Dokumenty i materialy], Moskau 1959, S. 359 ff.; zur Bedeutung Chamberlin, Russische Revolution, Bd.1, S. 184 ff.; Jamie Cockfield, State Conference in Moscow, in: MERSH Bd. 37, S. 108 ff.; A. Rabinowitch, The Bolsheviks Come to Power. The Revolution of 1917 in Petrograd, New York 1978; Rosenberg, Liberals in the Russian Revolution, S. 212 ff.

[165] Erklärung des bolschewistischen Zentralkomitees vom 12. Juli 1917; diese sowie weitere, ähnliche bolschewistische Stellungnahmen vgl. Revoljucionnoe dviženie v Rossii v avguste 1917 g., S. 378 ff., hier 394.

[166] Die Direktive des Zentralen Sowjetexekutivkomitees in Izvestija N° 141, 11. August 1917, S. 4.

der waren, mußten die Teilnehmer an der Konferenz schon am Eröffnungstag erfahren: Keine Straßenbahn fuhr und die Restaurants blieben geschlossen. Die Bolschewiki hatten zu einem eintägigen Generalstreik aufgerufen, der weitgehend befolgt wurde. Und den Anmarsch der Delegierten verfolgten die zu Tausenden gekommenen Schaulustigen eher reserviert.[167]

Man tagte im festlich geschmückten Bol'šoj Theater. Von den rd. 2.400 Delegierten stellten die ehemaligen Dumaabgeordneten und die Vertreter von Räten und Komitees die größten Kontingente (mit fast bzw. über 500 Delegierten). Über 300 kamen von Genossenschaften, über 170 von den Gewerkschaften, 150 von Organisationen des Handels, der Banken und der Industrie und etwa noch einmal soviele als Vertreter der Städte. Das farbige Bild, das sie boten, hat William Henry Chamberlin im Anschluß an einen Augenzeugen recht anschaulich geschildert: Auf der Rechten konnte man »mit Orden behängte Generäle und Offiziere« bewundern, »einige in pittoresken kaukasischen Uniformen, solide Vertreter der Geschäfts- und Finanzwelt, Professoren und Schriftsteller, die mit den Kadetten sympathisierten und von denen viele in zaristischen Tagen als gefährlich fortschrittlich galten, die sich aber instinktiv auf die Seite der Rechten schlugen, als das Land die ersten Erschütterungen der sozialen Revolution durchmachte. Auf der Linken saßen freilich keine für die Julitage typischen Figuren, keine Kronstädter Matrosen, die der Bourgeoisie gerne den Garaus gemacht hätten, keine rußigen Arbeiter von der Putilover Roten Fabrikgarde, die nervös mit den ungewohnten Gewehren spielten. Vielmehr saß dort die Blüte der sich selbst so nennenden ›demokratischen Kräfte‹ des Landes: die Führer der gemäßigten Sozialistenparteien, die Organisatoren der Gewerkschaften, radikale Advokaten und Journalisten und last but not least eine recht erhebliche Zahl von Leutnants, Unteroffizieren, Gefreiten und Gemeinen, die die große Masse der Armee repräsentierten«.[168]

Die Sitzordnung deutete bereits an, was der Fortgang der Staatskonferenz in den nächsten drei, vier Tagen bestätigen sollte: Die Teilung des Staates, seiner Gesellschaft in zwei Gruppen. Jede Gruppe feierte die eigenen Vertreter mit stürmischem Applaus, ja Ovationen, und störte die Ausführungen der Gegenseite durch Zischen oder Zwischenrufe oder überging sie mit beharrlichem Schweigen. Dabei waren sich beide in der Beschreibung der katastrophalen Lage, in der sich Rußland befand, noch weit-

---

[167] Vgl. Bericht der Izvestija N° 143, 13. August 1917, S. 2; eher abwartend-reserviert die Berichterstattung in der sozialrevolutionären Zeitung Delo naroda N° 126, 13. August 1917; siehe auch die kadettische Reč' N° 189, 13. August 1917, mit Leitartikel und ausführlicher Wiedergabe der gehaltenen Reden über mehrere Seiten hinweg.

[168] Chamberlin, Russische Revolution, Bd. 1, S. 186 ff.; sein Gewährsmann ist dabei Milukov [sic!], Geschichte der zweiten russischen Revolution, Wien 1922.

Abb. 21:   Staatskonferenz im Moskauer Bol'šoj Theater: Mitte des 19. Jahrhunderts gebaut, bot es auf seinen fünf Rängen 4.000 Zuschauern Platz und dem geplanten Schauspiel nationaler Einheit einen festlichen Rahmen. Auch dem Korrespondenten des »Manchester Guardian« sind die Bilder im Gedächtnis geblieben: die Vertreter der vier Dumen und der Mittelparteien auf den rechten Sperrsitzen (»alles manierliche Leute im Frack und mit steifem Kragen«); auf der Linken die Sowjetdelegierten (»mit unrasiertem Kinn und im Arbeithemd«), darunter »ein paar bunte Uniformen gewöhnlicher Soldaten. In der Mitte, gleichsam zwischen zwei Mühlsteinen geklemmt, die Kooperativverbände und die der freien Berufe. In den Logen und Rängen saßen die Gruppen der kleinen Nationalitäten und verschiedene Offiziersverbände, in der vormals kaiserlichen Loge die diplomatischen Vertreter der auswärtigen Mächte und die Beamten der alliierten Militärmissionen. Auf der Bühne befanden sich die Minister der Provisorischen Regierung und hinter ihnen Pressevertreter und Gäste« (M. Philips Price, Die russische Revolution. Erinnerungen aus den Jahren 1917-1919, (erstmals 1921) ND Berlin 1977, S. 84). Doch statt nationaler Einheit demonstrierte das Spektakel – in fast schon opernhafter Zuspitzung – das Gegenteil; ihm folgte der Putschversuch von rechts (die »Kornilov-Affaire«).

gehend einig; doch völlig unterschiedlich hörten sich die Gründe an, die sie
dafür anführten, und die Folgerungen, die sie daraus gezogen wissen wollten.[169] Militärs gaben auf der Rechten, Sowjetvertreter auf der Linken den
Ton an. Ihre Differenzen mußten umso bedenklicher stimmen, als es
außerhalb des Saales noch einen erbitterten Gegner beider gab, die Bolschewiki.

Kerenskij versuchte in seiner Schlußansprache der Sache eine positive
Seite abzugewinnen: Die »ungeheure Bedeutung« der Konferenz liege darin, »daß sich die russischen Staatsbürger, gleich welcher Klasse, Partei oder
Nationalität, versammelten und frei ihre Gedanken darüber austauschten,
was man ihrer Meinung nach für den Staat tun muß, der sich nun tatsächlich in großer Gefahr befindet...«; und die Provisorische Regierung habe so
eine »Momentaufnahme der politischen Stimmungslage im Lande [erhal-
ten]. Die ganze Breite der Stimmungen, Schattierungen, Hoffnungen wurde ihr vorgeführt. An den Tag kam dabei nicht nur, was man sagte, sondern
auch, was man fühlte und was teilweise ungesagt blieb...« Das staatliche
Leben sei eben so, »daß es Interessen umfaßt, die zu einander passen, und
andere, die nicht zu einander passen, und es gibt auch manchmal solche, die
vollständig unversöhnbar sind...« Man kann darüber streiten, ob diese Sät-
ze noch irgendeine politische Aussage enthielten, in jedem Falle brauchte
man, um zu dieser Erkenntnis zu kommen und um die Breite der Stimmungslage kennenzulernen, keine Staatskonferenz. Und wer die Leerfor-
meln strich und nur nach der Substanz fragte, fand auch bei Kerenskij das
dürre Eingeständnis: Die Konferenz zeitigte keine »unmittelbaren, greif-
baren, konkreten Ergebnisse« und gab der Regierung nicht die (gewünschte) Rückendeckung.[170]

---

[169] Neben den genannten Zeitungen vgl. auch die 1930 (als Bd. 9 in der Reihe: 1917 god v dokumentach i materialach, hrsg. von M.N. Pokrovskij und Ja.A. Jakovlev) in der Sowjetunion
veröffentlichte, wortgetreue Wiedergabe der auf der Staatskonferenz gehaltenen Reden (wie
S. 198 Anm. 164); Auszüge in Revoljucionnoe dviženie v Rossii v avguste 1917 g., S. 364 ff.,
in engl. Übers. bei Browder / Kerensky, Provisional Government, Bd. 3, S. 1457 ff.). Dort
sind auch die jeweiligen Reaktionen, Zwischenrufe und Beifallsbekundungen vermerkt.
[170] Auszüge aus der Rede und die hier angeführten Zitate auch bei Browder / Kerensky, Provisional Government, Bd. 3, S. 1510. Wenn Kerenskij in der Schlußpassage versuchte, die Entschlossenheit des Staatsmanns zu demonstrieren, entbehrte das (zumindest für Zuhörer aus
dem anderen Lager) nicht einer gewissen unfreiwilligen Komik: »Man hat mir oft gesagt,
daß ich zu viel Vertrauen und zu viele Träume hätte. Nun, Mitglieder der Staatskonferenz
und Staatsbürger Rußlands, will ich nicht mehr träumen. Ich will versuchen, weniger Vertrauen zu haben ... Mag mein Herz zu Stein werden, mögen alle Bänder meines Glaubens an
den Menschen zerreißen, mögen alle meine Blumenträume vom Menschen verdorren (eine
Frauenstimme von oben: Nicht doch). Sie sind heute von diesem Rednerpult mit Hohn
überschüttet und mit Füßen getreten worden. Gut, will ich sie auch selbst mit Füßen treten.
Es wird sie nicht mehr geben (Frauenstimme von oben: Das können Sie nicht tun – Ihr Herz
wird es Ihnen nicht erlauben!) Ich will die Schlüssel zu diesem Herz wegwerfen und nur
noch an den Staat denken«. Ob es vor allem die Linke war, die Kerenskij (als ihren Vertre-

Die Kadetten waren schon vorher zum Gesamtunternehmen der Konferenz auf Distanz gegangen: Sie hatten ihr vorausgesagt, sie werde die wackelige Position der Provisorischen Regierung nicht stärken, sondern ihre inneren Widersprüche nur umso deutlicher zum Ausdruck bringen; es gebe nun einmal nur ein Entweder – Oder: entweder dem kadettischen, am Gesamtstaat orientierten Programm oder der Sowjetdeklaration vom 8. Juli zu folgen.[171] Freilich, eigentümlich war es schon, daß die Forderung nach Überparteilichkeit immer mit dem Hinweis auf das eigene Partei-Programm einherging, und das Pochen auf die Interessen des Gesamtstaates übersah geflissentlich, daß das Gesamtstaatsinteresse auch Kompromisse dringend erforderlich machen konnte. Zu Kompromissen aber schienen allenfalls noch die gemäßigten Sozialisten bereit; wer genau hinsah und hinhörte, konnte entsprechende, versöhnliche Gesten auch auf der Moskauer Staatskonferenz bemerken.[172] Wer Kompromisse nicht mehr für möglich hielt, hatte sich im Geist bereits mit dem drohenden Bürgerkrieg abgefunden.

c) Die »Kornilov-Affaire«

Am 18. Juli – die russische Offensive war bereits gescheitert, der deutsche Durchbruch in aller Munde – hatte Kerenskij General Kornilov (anstelle von Brusilov) zum neuen Oberkommandierenden ernannt. Kornilov hatte die Annahme des Amtes an Vorbedingungen geknüpft. So sollte der Oberkommandierende 1. künftig »nur seinem Gewissen und dem Volk als ganzem verantwortlich« sein; 2. verbat er sich »jede Einmischung in Befehle und Ernennungen«; 3. forderte er die »Ausdehnung der jüngst beschlossenen Disziplinarmaßnahmen auch auf das Hinterland«, wobei er mit den »Disziplinarmaßnahmen« die noch von seinem Vorgänger Brusi-

---

ter) wenig später mit minutenlangem Applaus feierte, ob er – aus anderen Gründen – auch Beifall von rechts bekam oder die Versammlung einfach »sein Gewäsch« nicht länger ertragen konnte, wie Chamberlin (Russische Revolution, Bd.1, S. 189) meint, muß offen bleiben. Miljukov hat, soweit ich sehe, als erster auf diese groteske Szene aufmerksam gemacht (die vom Wortprotokoll bestätigt wird), von daher fand sie auch Eingang in die Revolutionsdarstellungen von Trockij (Geschichte der russischen Revolution, Frankfurt am Main 1960, S. 415 f.) und Chamberlin (s.o.).

171 So die Stellungnahme der Zeitung Reč' N° 188, 12. August 1917; auch bei Browder / Kerensky, Provisional Government, Bd. 3, S. 1454; ähnlich die Verlautbarungen der Parteiführung.

172 Als eine solche symbolische Geste galt, daß der Sowjetsprecher Cereteli den nicht-sozialistischen Abgeordneten der 4. Duma und Vertreter von Handel und Industrie Bublikov umarmte und der Vorsitzende des Sowjet Čcheidze sich ausdrücklich für »das Interesse des gesamten Landes, der Revolution, über die Interessen von Klassen und Einzelgruppen der Bevölkerung hinweg« einsetzte; vgl. Rosenberg, Liberals in the Russian Revolution, S. 215.

lov durchgesetzte Wiedereinführung der Todesstrafe und mit »Hinterland« auch Petrograd meinte; und 4. brachte er eine Reihe weiterer Vorschläge zur Wiederherstellung der Disziplin und der Autorität der Offiziere in Erinnerung, die er wenige Tage zuvor auf einer Konferenz im Hauptquartier eingebracht hatte; die brisantesten Punkte waren dabei wohl, für die Dauer des Krieges Versammlungen jeder Art bei der Truppe zu verbieten, Delegationen und Agitatoren den Zugang zu verwehren und die Armeekomitees in ihrer Zuständigkeit auf Wirtschaftsfragen und Routineangelegenheiten zu beschränken.[173]

Nicht nur Rechtskreise unterstützten diese Forderungen. Auch der kadettischen Parteiführung waren sie aus dem Herzen gesprochen. Der 9. Parteitag, der am 23. Juli begann, machte sich für sie stark; sie im Kabinett durchzusetzen, sollte Ziel der kadettischen Minister in der Ende Juli gebildeten neuen Regierung sein. Um auf Militär und Militärpolitik stärkeren Einfluß zu gewinnen, hatte das kadettische Zentralkomitee schon ein, zwei Wochen zuvor eine Militärkommission gegründet, die nun auch Beziehungen zu anderen Organisationen aufnahm, mit denen sie sich in der Unterstützung der Kornilovschen Forderungen einig wußte.[174]

Die hier und andernorts angestellten Gedankenspiele kreisten dabei immer wieder um das Gleiche: Wolle Rußland als Großmacht überleben, sei die strikte Durchsetzung der Staatsautorität und die Wiederherstellung der militärischen Disziplin unverzichtbar. Beides sei nur möglich, wenn der Einfluß der Räte und der Soldatenkomitees unterbunden, zumindest ganz erheblich eingeschränkt werde. Strikten staatlichen Kontrollmechanismen müßten auch die Eisenbahnen und die militärischen Schlüsselindustrien unterworfen werden. Bei der Durchführung dieser Maßnahmen waren bolschewistische Unruhen, wie im Juli erlebt, zu erwarten. Die Staatsmacht sollte auch hierauf vorbereitet sein.

Nicht nur in militärischen Kreisen und »konterrevolutionären Zirkeln« wurde darüber diskutiert, nein, auch in aller Öffentlichkeit, in der Presse, auf dem Parteitag der Kadetten und auf der Moskauer Staatskonferenz, ja selbst im Kontakt zwischen ziviler und militärischer Führung sprach man über dieses Szenarium. Kerenskij hatte zwar Entgegenkommen gegenüber den disziplinarischen Forderungen der Militärs signalisiert, aber genaue Festlegungen vermieden. Auch auf zwei Treffen zwischen Kornilov und der Provisorischen Regierung (am 3. und am 10. August) hielt sich Kerenskij bedeckt.[175] So blieb

---

[173] Protokoll der Stavka-Konferenz vom 16. Juli (mit den telegraphischen Vorschlägen Kornilovs) in Browder / Kerensky, Provisional Government, Bd. 2, S. 989 ff., dort auch Materialien zur Vorgeschichte; zur Ernennung und den Reaktionen ebda., S. 1019 ff.

[174] Vgl. Rosenberg, Liberals in the Russian Revolution, S. 200 ff.

[175] Darüber die Berichte in der Izvestija, abgedruckt in Browder / Kerensky, Provisional Government, Bd. 2, S. 1021 ff.

für die Gegenseite offen, wie weit er wirklich für eine derartige Politik zu gewinnen war, und ein zusätzlicher Diskussionspunkt, was zu geschehen habe, wenn nicht.

Weil Kornilov bolschewistische Unruhen für Ende August/Anfang September befürchtete, zum Halbjahrestag der Revolution, hatte er schon Anfang des Monats Truppen in die Reichweite Petrograds und Moskaus verlegt. Wie weit er damit auch auf Gerüchte reagierte, die von einer bevorstehenden Entlassung wissen wollten, muß offen bleiben. Jedenfalls fand er sich durch die Moskauer Staatskonferenz Mitte August und den triumphalen Empfang, den ihm dort die Rechte bereitet hatte, eher bestätigt. Die Staatskonferenz war erst wenige Tage vorbei, da schienen zwei Ereignisse den Handlungsbedarf noch erheblich zu forcieren: Am 19. August mußten die russischen Truppen Riga räumen, der Vorstoß der Deutschen auf Petrograd schien nun nur noch eine Frage der Zeit. Und am 20. August wurde in Petrograd ein neues Stadtparlament gewählt, mit alarmierenden Ergebnissen. Obwohl das Wahlgebiet sogar noch erweitert worden war, gingen – wohl völlig enttäuscht von der Gesamtentwicklung – 30 % weniger zur Wahl als bei Stadtbezirkswahlen im Frühjahr, und von den abgegebenen Stimmen entfiel ein Drittel auf die – noch immer verbotenen – Bolschewiki; sie hatten gegenüber dem Frühjahr relativ und absolut hinzugewonnen und fast 184.000 Stimmen auf sich vereint.[176] Nun warteten gleichsam alle darauf, daß »irgendetwas« geschehen würde.

Kornilov hatte inzwischen die Überzeugung gewonnen, daß Kommissare und Komitees bei der Truppe völlig verschwinden müßten, und damit seine Forderungen (verglichen mit Mitte Juli) noch verschärft. Der stellvertretende Kriegsminister Savinkov vermochte ihn in einer Unterredung am 24. August dazu zu bringen, die Forderung fallen zu lassen und sich mit der strikten Festlegung der Komitees auf nicht-militärische Angelegenheiten zufrieden zu geben. Beide waren sich jedoch einig, daß schon dies

---

[176] Vgl. Delo naroda N° 134, 24. August 1917. Vergeblich hatte die liberale Reč' zuvor auf die Bedeutung der Wahlen hingewiesen (der Haushalt sei sprunghaft gewachsen, die Kommunalwirtschaft zerrüttet, in der Wohlfahrtspflege herrsche totale Anarchie – Ergebnis jener Kräfte, die nach der Revolution ans Ruder gekommen seien), vergeblich das geringe Interesse, die Gleichgültigkeit der Bürger gegenüber der Lokalpolitik beklagt und die »außerordentlich schlechte« Vorbereitung der Wahl durch die Stadtverwaltung gescholten (N° 186, 195 vom 10. bzw. 20. August). Da half es auch nichts, daß die sozialrevolutionäre Zeitung Delo Naroda nach der Wahl vor allem den eigenen Erfolg feierte, den der Bolschewiki als bloß »momentane Übergangserscheinung« abzutun versuchte und – mit einigem Recht – darauf verwies, daß die Petrograder Wahlen nicht als Mikrokosmos Gesamtrußlands anzusehen waren. Die Enttäuschung, daß die Petrograder Sozialdemokratie nach links maschierte, der Menschewismus (»dieser vernünftige, mütterliche Kern der Sozialdemokratie«) zerfiel, die rechten (»erfahrenen und uns vertrauten Vertreter des Proletariats«) Cereteli und Čcheidze dem Stadtparlament künftig nicht mehr angehörten, war unübersehbar (vgl. Leitartikel des Delo naroda N° 134, 24. August 1917).

genügen würde, die Linke aufs höchste zu erregen und eine neue Massendemonstration unter bolschewistischen Parolen nicht auszuschließen
war.[177] Dafür Truppen bereit zu stellen, lag in der Konsequenz dieser Politik.

Noch am gleichen Tag traf das frühere Regierungsmitglied L'vov (im ersten und zweiten Kabinett zuständig für den »Heiligen Synod«, und nicht
zu verwechseln mit dem gleichnamigen Ministerpräsidenten) im Hauptquartier ein, wohl um Kornilov zu versichern, daß die Ansichten Kerenskijs von denen der militärischen Führung so weit nicht entfernt lägen.
Bei Kontakten mit dem Ministerpräsidenten, so vermittelte er ihm, habe er
die Überzeugung gewonnen, daß dieser für eine Direktoriums-Lösung
oder eine Diktatur mit dem Oberkommandierenden der Armee als Leit-
figur zu gewinnen sei.[178] Kornilov muß nun offenkundig angenommen haben, daß die eben mit Savinkov getroffen Absprachen hinfällig seien, und
gab L'vov wohl zu erkennen, daß er seinerseits eine Militärdiktatur gegenüber einem Fortbestehen der Koalition vorziehe und Truppen für den
Fall von Unruhen bereits in Stadtnähe postiert habe.

Als nun L'vov nach Petrograd zurückeilte, um Kerenskij vom Ergebnis
seiner Unterredung zu informieren (eine Lösung der Staatskrise sei
in Sicht, der Notstand auszurufen, die Militär- und Zivilgewalt in die
Hand des Oberkommandierenden zu legen, unter seiner Leitung ein neues Kabinett zu bilden, ein Truppenkontingent, um Unruhen vorzubeugen,
bereits unterwegs), fiel dieser ob dieses Vorschlags aus allen Wolken.
Kerenskij ließ sich von Kornilov am Fernschreiber bestätigen, daß
der Oberkommandierende bereit sei durchzuziehen, was er L'vov
gesagt habe (ohne sich noch einmal explizit wiederholen zu lassen, was genau er zu L'vov gesagt hatte), und erklärte daraufhin – man schrieb den

---

[177] Denn auch Savinkov hatte, wie ihm die kadettische Presse genüßlich vorhielt, in einem Interview die »Doppelherrschaft« in der Armee, das Nebeneinander von militärischen Kommandeuren und politischen Kommissaren der Provisorischen Regierung für den Verfall der
Kampfkraft verantwortlich gemacht (Reč' N° 179, 2. August 1917). Ihre Forderung nach einem Ende der Doppelherrschaft (bei gleichzeitiger Aufwertung der Kommissare der
Zentralregierung) bezog sie nicht nur auf die Armee: Nur die »Schaffung einer einheitlichen,
von den Räten wirklich unabhängigen, starken, nationalen Staatsgewalt« wäre in der Lage,
der Armee neue Kraft zu geben und das Land vor den ihm drohenden Gefahren, vor Hunger und Kälte zu retten (Reč' N° 184, 8. August 1917).

[178] Alle diese Pläne waren für die Zeit vermutlich weniger außergewöhnlich als für den späteren Betrachter: Überlegungen zu einer Militärdiktatur waren bereits im Februar (s.o.) ange-
stellt worden; auch außerordentliche Vollmachten eines Einzelnen waren nichts so Unge-
wöhnliches, Kerenskijs Position während des Interregnums war davon so unterschiedlich
nicht; selbst die Direktoriumsidee war nicht neu; unter anderem hatte sie Savinkov Mitte Juli
Miljukov vorgetragen, wobei er dabei an ein Dreigestirn (Kerenskij, Kornilov und zusätzlich ein prominenter Kadett) dachte, ohne Miljukov überzeugen zu können (Rosenberg, Liberals in the Russian Revolution, S. 207).

26. August – L'vov für verhaftet und Kornilov zum Verräter an der Revolution.[179]

Die Aktion traf das Kabinett bereits im Zustand der Auflösung. Seit dem Fall Rigas hielten die Kadetten Kerenskij für unfähig, die Staatskrise noch zu lösen und forderten den Rücktritt der Regierungsspitze; darüber war am 24./25. August im Kabinett auch diskutiert worden. Als Kerenskij sie nun, aufs höchste erregt, mit Kornilovs »Ultimatum« konfrontierte und seinerseits außerordentliche Vollmachten verlangte, erklärten sie – ihren Rücktritt. Daß sie grundsätzlich mit den Zielen Kornilovs sympathisierten, war unübersehbar und erklärt ihr Verhalten doch nur zur Hälfte.

Die andere Hälfte der Erklärung waren – wenn wir einem einsichtigen Rekonstruktionsversuch des kadettischen Verhaltens folgen – Mißtrauen und Unsicherheit: Furcht vor dem Bürgerkrieg und die Überzeugung, daß die bisherige Regierung tatsächlich am Ende sei, abgelöst werden müsse. Die Kadetten mißtrauten Kerenskij, er könne die gewünschten Vollmachten zur Realisierung des Programms vom 8. Juli nutzen, und unsicher war ihnen offenkundig auch der Wahrheitsgehalt seiner Darstellung. Kornilov widersprach ihr, behauptete im Gegenzug, L'vov sei in Kerenskijs Auftrag zu ihm gekommen, nicht umgekehrt, das Ganze sei eine gigantische Provokation, lanciert von der bolschewistischen Sowjetmehrheit und im guten Einvernehmen mit den Plänen des deutschen Generalstabes, während er, Kornilov, Sohn eines kosakischen Bauern, nichts anders wolle als den Erhalt Groß-Rußlands und lieber auf dem Feld der Ehre sterben würde, als Rußland in Elend und Schande zu sehen. Wenn Kornilov aber keinen offenen Putsch plante, brauchte Kerenskij auch keine außerordentlichen Vollmachten und mußte vielmehr die Entlassung widerrufen. Dieses Kalkül war freilich hinfällig, seit Kerenskij seinen Verrätervorwurf erhoben hatte.

[179] Zum Gesamtvorgang Browder / Kerensky, Provisional Government, Bd. 3, S. 1568 ff.; auch Revoljucionnoe dviženie v Rossii v avguste 1917 g., S. 417 ff.; dieser Ablauf samt seiner Vorgeschichte und den Folgen ist noch einmal ausführlich dargestellt bei R. Pipes, Die Russische Revolution. Bd. 2: Die Macht der Bolschewiki, Berlin 1992, S. 193 ff.; vgl. ferner zu den unterschiedlichen Interpretationen: A.M. Andreev, Bor'ba sovetov s kontrrevoljuciej nakanune Velikogo Oktjabrja, in: Voprosy istorii 1976, N° 10, S. 33 ff.; A. Ascher, The Kornilov Affair, in: Russian Review 12 (1953), S. 235 ff.; ders., The Kornilov Affair. A Reinterpretation, in: Russian Review 29 (1970), S. 286 ff.; N.G. Dumova, Malo izvestnye materialy po istorii kornilovščiny, in: Voprosy istorii 1968, N° 11, S. 69 ff.; dies., Iz istorii kadetskoj partii v 1917 g., in: Istoričeskie zapiski 90 (1972), S. 109 ff.; N.Ja. Ivanov, Kornilovščina i eë razgrom. Iz istorii bor'by s kontrrevoljuciej v 1917 g., Leningrad 1967; G. Katkov, The Kornilov Affair, London / New York 1980; V.Ja. Laveryčev, Russkie monopolisty i zagovor Kornilova, in: Voprosy istorii 1964, N° 4, S. 32 ff.; L.I. Strakhovsky, Was There a Kornilov Rebellion? A Re-Appraisal of the Evidence, in: Slavonic and East European Review 35 (1955), S. 372 ff.; J.D. White, The Kornilov Affair. A Study in Counter-Revolution, in: Soviet Studies 20 (1968), S. 187 ff.

Nun mußte auch den Kadetten klar sein, daß er davon nicht zurück konnte, ohne sich vollständig lächerlich zu machen.[180]

Mit der Erkenntnis, daß der Bruch irreversibel war, wuchs die Gefahr des Bürgerkrieges. Kerenskijs Lage schien hoffnungslos. Es gelang ihm nicht, einen Nachfolger für Kornilov zu finden, während dessen Truppen auf Petrograd vorrückten. Der kadettische »Lösungsvorschlag« sah vor, daß Kerenskij zurücktrat und den Platz freimachte für einen neuen Ministerpräsidenten, dem Kornilov bereit wäre, sich unterzuordnen. Der Mann, den die Kadetten dafür vorschlugen, war General Alekseev (derselbe, den Kerenskij im Mai als Oberkommandierenden abberufen und durch General Brusilov ersetzt hatte). Die Mehrheit im Kabinett (einschließlich der sozialistischen Minister) schien, als der Vorschlag am 28. August eingebracht wurde, dafür zu gewinnen zu sein. Doch Kerenskij widersetzte sich, hielt am Anspruch auf die Regierungsführung fest und überzeugte seine sozialistischen Kollegen. Denn mittlerweile stellte sich allmählich heraus, daß man das Machtpotential Kornilovs überschätzt hatte.

Der Vormarsch der Truppen war zum Stehen gekommen, sollte Petrograd nie erreichen. Eisenbahner hatten für einen Zustand der Konfusion, der Desinformation und der Desorganisation gesorgt: Gleisanlagen unterbrochen, Züge falsch geleitet, telegraphische Anweisungen nicht weitergegeben, Soldaten in Diskussionen verwickelt und sie gegen ihre Offiziere aufgebracht.[181] Die Maßnahmen wurden koordiniert von einem »Sowjetkomitee für den Kampf mit der Konterrevolution«. Daran waren zum ersten Mal auch wieder Bolschewiki beteiligt. Der »Sieg über die Konterrevolution« war auch ihr Sieg und Grundstein für die Machtergreifung im Oktober.

Obwohl die ganze Affaire ohne einen Schuß beendet werden konnte, hinterließ sie einen politischen Scherbenhaufen.[182] Um die Handlungsfähigkeit der Staatsspitze war es geschehen, die Basis gegenseitigen Vertrauens in der Regierung geschwunden, ihre Glaubwürdigkeit draußen, vor der Öffentlichkeit zerstört. So prekär und undurchsichtig das Ge-

---

[180] Für das kadettische Kalkül Rosenberg, Liberals in the Russian Revolution, S. 221 ff.

[181] Vgl. W.R. Augustine, Russia's Railwaymen, July-October 1917, in: Slavic Review 24 (1965), S. 666 ff.; R. Pethybridge, The Spread of the Russian Revolution. Essays on 1917, Edinburg 1972, S. 1 ff.

[182] Auch im »Regierungslager« war man sich bewußt, daß die aktuellen Ereignisse nur ein tieferliegendes Problem zum Ausdruck brachten, für das es – aus seiner Sicht – vorerst keine Lösung gab: die Verstrickung von Krieg und Revolution. Der Leitartikel des Delo naroda (N° 138, 27. August 1917) brachte dies zum Ausdruck: Er beschrieb, wie die Revolution aus dem Krieg entstand, zugleich aber »mit sagenhafter Schnelligkeit und Leichtigkeit« soziale Kräfte entfesselte, die sich seit Jahrhunderten aufgestaut hatten. Die Demokratie zerfiel in feindliche Gruppen und Parteien, sie entfalteten zentrifugale Wirkung, Krieg und Revolution, innere und äußere Freiheit gerieten in Widerstreit. Wer dabei auf der Strecke bleibe, sei noch nicht ausgemacht, lasse in jedem Falle aber um die Zukunft Rußlands bangen.

schehen selbst war, so prekär und undurchsichtig war die Frage nach den Sympathisanten und Hintermännern.

Schwerer Verdacht richtete sich gegen die Kadetten. Alle Indizien, ihr Verhalten vor, während und nach dem Putsch sprachen gegen sie. Schließlich hatten sie Kornilovs Forderungen schon vorab, mit Nachdruck und in aller Öffentlichkeit unterstützt. Als er dann losschlug, seine Truppen auf die Hauptstadt vorrückten und Kerenskij im Kabinett um Hilfe bat, erklärten die kadettischen Minister kollektiv ihren Rücktritt. Sie machten damit deutlich, daß sie nicht bereit waren, die Regierung bei ihrem Kampf gegen die Putschisten bedingungslos zu unterstützen. Ja sie schlugen – als »Ausweg aus der Krise« – einen weiteren Militär, General Alekseev, als neuen Ministerpräsidenten vor und banden daran ihren weiteren Verbleib in der Regierung. Und als der Putsch endgültig gescheitert war, schienen es einige aus der kadettischen Parteiführung auffällig eilig zu haben, die Hauptstadt zu verlassen, so als könnten die Nachforschungen unangenehme Dinge zutage fördern. Mehr noch: von den gleichen Kadetten, die sich so vehement für die Wiedereinführung der Todesstrafe an der Front und in den Garnisonen des Hinterlandes eingesetzt hatten, zur Wiederherstellung der Disziplin unter den Soldaten, war nun zu hören, daß sie gegen die putschende militärische Führung nicht verhängt werden dürfe.[183]

Trotz alledem versuchte Kerenskij, die Koalition zu kitten. Doch je mehr er sich bemühte, desto dubioser wurde seine eigene Rolle. Schließlich erschien auch er über den Verdacht möglicher Querverbindungen und Verwicklungen keineswegs erhaben. Hatte er den Militärs nicht vorab Avancen gemacht? Sich mehrfach mit Kornilov getroffen? Und bei der Frage, wer sich an wen mit dem Vorschlag eines Notstandsregimes gewandt hatte, stand Aussage gegen Aussage. Rechte und Liberale sahen in ihm ohnehin nicht den Mann, mit den riesigen Problemen Rußlands fertig zu werden, nun wurde er auch den Linken zunehmend suspekt.

d) Die Agonie der Staatsmacht

Wer vermochte das Verwirrspiel auch noch zu durchschauen? Da hatte sich Kerenskij – auf dem Höhepunkt der Krise, am 27. August – nach Rücktritt aller Minister diktatorische Vollmachten übertragen lassen und auch den Oberbefehl über die Armee übernommen. Just in diesem Augenblick bot er seinerseits General Alekseev den Posten eines Chefs des Generalstabes an, jenem Alekseev, den er im Mai entlassen hatte und dessen Namen die

---

[183] Vgl. die Diskussion der »Verdachtsmomente« bei Rosenberg, Liberals in the Russian Revolution, S. 229 ff.

Kadetten jetzt wieder (als Regierungschef) ins Spiel gebracht hatten. Alekseev lehnte zunächst ab, besprach sich dann aber mit Miljukov und Savinkov und akzeptierte. Und wieder ein, zwei Tage später (am 30. August) präsentierte Kerenskij bereits ein neues Kabinett, dem 4 Kadetten, 4 Sozialdemokraten und 3 Sozialrevolutionäre angehören sollten.

Das ging auch vielen, die Kerenskij bisher die Stange gehalten hatten, zu schnell und zu weit. Kaum eine halbe Woche nach dem großen Krach eine neue Koalition mit den Kadetten – das Zentralkomitee der Sozialrevolutionäre lehnte das ab, der Petrograder Sowjet ebenso, und auch die Menschewiki gingen auf Distanz. Das Ergebnis war, daß die vorgesehene Regierungsbildung nicht zustande kam und Kerenskij bis auf weiteres als Chef eines »Direktoriums«, eines fünfköpfigen Rumpfkabinetts fungierte.[184] Zur Besprechung der entstandenen Lage sollte Mitte September eine neue gesamtstaatliche Versammlung einberufen werden, diesmal aber ohne die Rechte und ohne die Kadetten. Sie sollte die Linke – »alle demokratischen Kräfte des Landes«, wie es hieß – zur Verteidigung der neugewonnenen inneren Freiheit und gegen den äußeren Feind vereinen und auch ein Machtwort zur neuen Regierungsbildung sprechen.

Doch zur großen Demonstration der Einheit wurde die »Demokratische Konferenz«, als sie am 14. September in Petrograd zusammentrat, nicht.[185] Das prächtigste an ihr war die Tagungsstätte, das kaiserliche Aleksandrinskij Theater am Nevskij (nach den Plänen Rossis 1832 unter Nikolaus I. erbaut und nach der Frau des Herrschers, Aleksandra, benannt). Die 1.582 Delegierten – Vertreter der Räte, der städtischen und ländlichen Selbstverwaltungen, der Fabrik- und der Soldatenkomitees, der Genossen- und Gewerkschaften, der Angestellten in Handel und Industrie, der Lehrer, Ärzte und Journalisten – sie alle hatten die endlosen Reden und

---

[184] Der Begriff war der Geschichte der französischen Revolution entlehnt. Dem »Direktorium«, russ. »direktorija«, auch »sovet pjati« (Rat der Fünf) gehörten an: Kerenskij (als Ministerpräsident und Oberkommandierender), der parteilose M.I. Tereščenko (wie bisher: als Außenminister), der Menschewik A.M. Nikitin (wie bisher: Minister für Post und Telegraph) sowie General A.I. Verchovskij (als Kriegs-) und Admiral D.N. Verderevskij (als Marineminister). Das Direktorium wurde am 1. September 1917 geschaffen und endete mit der Bildung des 3. Koalitionskabinetts am 25. September; vgl. dazu Revoljucionnoe dviženie v Rossii v sentjabre 1917 g., Obščenacional'nyj krizis [=Teilband der Reihe Velikaja Oktjabr'skaja socialističeskaja revoljucija. Dokumenty i materialy], Moskau 1961, S. 215 ff.; Browder / Kerensky, Provisional Government, Bd. 3, S. 1659 ff.

[185] Ausführliche Berichterstattung zur »Allrussischen Demokratischen Konferenz« (russ. »Vserossijskoe Demokratičeskoe soveščanie«) in der Izvestija ab № 171, 15. September 1917, mit seitenlangen Auszügen aus den gehaltenen Reden; vgl. die Dokumentensammlung bei Browder / Kerensky, Provisional Government, Bd. 3, S. 1671 ff.; Kurzinformation bei G.N. Golikov, Demokratičeskoe soveščanie, in: SIÈ Bd. 5, Sp. 103 f. Zur Tagungsstätte V. Kurbatov, Peterburg. Chudožestvenno-istoričeskij očerk i obzor chudožestvennago bogatstva stolicy, St. Petersburg 1913, S. 341 ff.

Deklarationen rasch satt, weil im Grunde nur alte Positionen neu aufge-
wärmt wurden, zeigten bald mehr Interesse, wie ein Teilnehmer vermerkte,
an den Korridoren und am Imbißraum als an den Verhandlungen des Ple-
nums und der Ausschüsse.[186]

Maß man die Zusammensetzung nach Parteien, so war der »Regierungsblock« (aus Sozialrevolutionären und Menschewiki) eindeutig in der Mehrheit. Die bolschewistische Fraktion bildete nur eine relativ kleine Gruppe
(von weniger als 10 %); sie kritisierte die Demokratische Konferenz als
nicht repräsentativ, forderte statt dessen die rasche Einberufung eines neu-
en Sowjetkongresses und die Übertragung der Macht an ihn.[187] Doch der
»Regierungsblock« war eben längst kein »Block« mehr, und viele Delegierte (über ein Viertel) wollten sich überhaupt keiner der sozialistischen Gruppen zuordnen lassen. So wurde die Abstimmung über jene Frage, derent-
halben man eigentlich zusammengekommen war: die Bildung einer neuen
Koalitionsregierung, zu einem einzigen Fiasko. Zwar ergab sie zunächst
eine bescheidene Mehrheit für eine neue Koalition (mit 766 zu 688 Stimmen,
bei 38 Enthaltungen). Doch wenig später wurde (mit 595 gegen 483 Stimmen, bei 72 Enthaltungen) auch einer der »Zusatzanträge« angenommen,
der die Forderung enthielt, daß bei der neuen Koalition die Partei der Kadetten ausgeschlossen werden müßte. Jedem, der mitdachte, war klar, daß
die Grundentscheidung *für* die Koalition damit ihren Sinn verloren hatte,
und als deshalb noch einmal über den Grundantrag, ergänzt um den neuen
Zusatz, abgestimmt wurde, votierten nur 183 für, aber 813 gegen ihn.

So blieb dem Konferenzpräsidium nichts anderes übrig, als das »Fehlen« eines einheitlichen Willens zur Regierungsbildung zu konstatieren und am Tag
darauf einen eigenen Verfahrensvorschlag einzubringen; er sah vor, daß die
Konferenz, bevor sie auseinander ging, eine kleine, nur aus fünf Personen bestehende Gruppe mit der Regierungsbildung beauftragte und daß sie zugleich
aus ihrer Mitte einen Demokratischen Rat wählte, dem die künftige Regierung
rechenschaftspflichtig und verantwortlich sein sollte. Zum Regierungsprogramm wurde jene Deklaration bestimmt, die Čcheidze als Sowjetvorsitzender
auf der Moskauer Konferenz (am 14. August) vorgetragen hatte[188]; ausgehend
von diesem Programm und mit dem Ziel einer eventuellen Erweiterung des
Demokratischen Rates sollten auch Verhandlungen mit Organisationen der
besitzenden Schichten und Klassen aufgenommen werden. Diese Vorschläge
wurden von der Demokratischen Konferenz am 20. September angenommen.

---

[186] Vgl. Suchanow, Tagebuch der Revolution, S. 548.
[187] Die bolschewistische Position ist ausführlich dokumentiert in: Revoljucionnoe dviženie v
  Rossii v sentjabre 1917 g., S. 3 ff.
[188] Vgl. Gosudarstvennoe soveščanie, S. 77 ff.; Auszüge Browder / Kerensky, Provisional Goverment, Bd. 3, S. 1480 ff.

Abb. 22:   Das Aleksandrinskij Theater. Die Demokratische Konferenz dort wurde zur Demonstration der Uneinigkeit, der Handlungsunfähigkeit der gemäßigt-
linken, »demokratischen« Kräfte, unter dem Schatten Lenins, der Bolschewiki. Sie
geriet zu einer Farce. Die Demokratische Konferenz setzte ein Vorparlament ein,
das wiederum im Marienpalast tagte; ihr folgte der Putschversuch von links (die
»Oktoberrevolution«).

Es dauerte noch einmal eine Woche, bis sich die verschiedenen Gruppen zur Bildung einer neuen Koalition zusammengerauft hatten. Vor allem den umworbenen Kadetten war es schwer gefallen, sich damit abzufinden, daß das Sowjetprogramm Regierungsprogramm sein sollte, daß die Regierung einem neuen, ohne hinreichende Legitimationsbasis geschaffenen Gremium (dem »Allrussischen Demokratischen Rat«, den man auch »Rat der Republik« oder »Vorparlament« nannte[189]) verantwortlich war und Kerenskij schon Anfang des Monats von sich aus Rußland zur Republik[190] erklärt hatte. Das alles waren für sie Akte parteipolitischer Willkür, »Rechtswidrigkeiten«, »unerlaubte Vorgriffe« auf die Prärogativen der Konstituante. Sich dennoch zum Regierungseintritt zu entschließen, kostete sie einige Überwindung. Doch wer nahm diese späte Selbstverleugnung überhaupt noch wahr?

---

[189] Dieses »Vorparlament« wurde auf einer Sitzung des erweiterten Vorstands der »Demokratischen Konferenz« am 20. September beschlossen und sollte 15 % von jeder auf der »Demokratischen Konferenz« vertretenen Fraktion oder Gruppe umfassen, insgesamt 313 Personen; die »Demokratische Konferenz« stimmte dem am 22. September zu. Zu den unterschiedlichen Benennungen und Umbenennungen (»Allrussischer Demokratischer Rat«, »Provisorischer Rat der Russischen [Rußländischen] Republik«, »Vorparlament«) vgl. N.F. Slavin, Krizis vlasti v sentjabre 1917 g. i obrazovanie Vremennogo soveta respubliki (Predparlament), in: Istoričeskie zapiski 61 (1957), S. 31 ff.; ders., Predparlament, in: SIÈ Bd. 11, Sp. 525 f.; ders., Oktjabr'skoe vooružënnoe vosstanie i Predparlament, in: Lenin i Oktjabr'skoe vooružënnoe vosstanie v Petrograde, Moskau 1964; auch Browder / Kerensky, The Provisional Government, Bd. 3, S. 1714 ff.

[190] Text der Proklamation (vom 3. September 1917) sowie die (ablehnende) Reaktion der liberalen Zeitung Reč' und die (positive) der Narodnaja volja bei Browder / Kerensky, Provisional Government, Bd. 3, S. 1657 ff.

6. DER BOLSCHEWISTISCHE OKTOBERAUFSTAND

Die Deutschen hatten inzwischen die der Rigaer Bucht vorgelagerten Inseln besetzt, Basis – wie es schien – für den zu erwartenden Angriff auf Petrograd; die Industrie stand vor dem Zusammenbruch; auf dem Lande nahmen die Auseinandersetzungen um den Boden immer bedrohlichere Formen an; sie wiederum schlugen unmittelbar auf die Lebenshaltungskosten durch, die Preise für Nahrungsmittel stiegen und stiegen. Zu welcher Zeitung man auch griff, in einem Punkte waren sich fast alle einig: Das »schöne Antlitz der Revolution« verzerrte sich immer mehr »zur Grimasse der Anarchie«, statt der Losungen von »Freiheit, Gleichheit, Brüderlichkeit« hielten »Agrarunruhen«, »betrunkene Soldatenbanden« und »Judenpogrome mit unguter Erinnerung an die vorrevolutionäre Zeit«, Fälle von »Raub« und »Brandstiftung«, der »Plünderung von Ladenregalen, Versorgungsdepots und Eisenbahnzügen«, »Selbstjustiz gegenüber Offizieren der baltischen Flotte« sowie »Verhaftungen und Zwangsmaßnahmen gegenüber Fabrikbesitzern und technischem Personal« das Land in Atem.[191]

Das Herannahen des Winters ließ Schlimmstes befürchten; und das, was die von Kerenskij eingesetzte Untersuchungskommission zu den Hintergründen des Kornilov-Putsches zutage förderte und über undichte Stellen seinen Weg in die Presse fand, war kaum dazu angetan, Vertrauen in die Regierung zu wecken, Sympathien für den Ministerpräsidenten zu mobilisieren. Vergeblich hofften Regierung und Regierungschef auch auf die Unterstützung des Vorparlamentes, das am 7. Oktober schließlich im Marienpalast zu seiner ersten Sitzung zusammentrat. Die bolschewistische Fraktion nutzte, wie zwei Tage zuvor im Zentralkomitee beschlossen, die Chance zu einer Generalabrechnung mit der Regierung, erklärte, daß sie nichts gemein haben wolle mit einer »Regierung des Volksverrats« und ei-

---

[191] Vgl. Russkie vedomosti N° 224, 1. Oktober 1917, mit dem Zitat vom schönen Antlitz der Revolution, das sich zur Grimasse verzerre, und den Losungen der Revolution von Freiheit, Gleichheit und Brüderlichkeit, die zu Flegelhaftigkeit (chuliganstvo), Gemeinheit (chamstvo) und Räuberei (razboj) würden; ähnliche Situationsbeschreibung in Rabočaja gazeta N° 179, 6. Oktober 1917; ebenso in Reč' N° 232, 233, 234, vom 3., 4., 5. Oktober 1917; die Beispiele ließen sich unschwer vermehren.

nem Gremium, das die Augen vor der Konterrevolution verschließe, und zog unter Protest aus dem Vorparlament aus.[192] Der letzte Versuch, die Anhänger Lenins einzubinden, war gescheitert.

Schon im Frühjahr hatten die Bolschewiki der Provisorischen Regierung prophezeit, sie sei unfähig, die anstehenden Probleme zu lösen. Je länger der Krieg dauerte, der Verfall der Wirtschaft anhielt, die Sozialkonflikte an Umfang und Härte zunahmen, die Not in den Städten wuchs und die Wahl der »allesentscheidenden« Nationalversammlung auf sich warten ließ, desto mehr schien sich die Voraussage zu bestätigen. Seit der Kornilov-Affaire waren auch die bolschewistischen Warnungen vor der »drohenden Konterrevolution« nicht mehr so einfach von der Hand zu weisen, und je mehr von einer – möglichen, wahrscheinlichen oder tatsächlichen – Verstrickung der Kadetten, der Regierung, Kerenskijs in die Affaire berichtet, gesprochen und gemunkelt wurde, desto mehr gewann auch das bolschewistische Globalverdikt, sie »verrieten« alle zusammen und jeder für sich »die Revolution« und »die Interessen des Volkes«, an Glaubwürdigkeit.

a) Die Vorbereitung des bewaffneten Aufstandes

Am 31. August – die Kornilov-Affaire war gerade überstanden und Kerenskijs Entschluß bekannt geworden, eine neue Koalitionsregierung mit kadettischer Beteiligung zu bilden – gelang es den Bolschewiki zum ersten Mal, im Petrograder Sowjet eine Mehrheit für eine Resolution zu finden, die einen Großteil der Grundforderungen der Partei enthielt[193]: Die Regierung solle das Land zur Republik erklären, das Privateigentum an Land

---

[192] Damit hatte sich die Position Lenins innerparteilich durchgesetzt. Bei den Sitzungen des bolschewistischen Zentralkomitees Ende September war die Meinung noch geteilt gewesen. Vgl. die Protokolle des Zentralkomitees vom September und die Deklaration zum Auszug aus dem Vorparlament vom 7. Oktober in: Revoljucionnoe dviženie v Rossii v sentjabre 1917 g., S. 67, 71 f.; sowie Kommunisticěskaja partija Sovetskogo Sojuza v rezoljucijach i rešenijach s″ezdov, konferencij i plenumov CK, 10. Aufl. Moskau 1983, Bd.1, S. 610 ff.; zur Eröffnung des Vorparlamentes (Provisorischen Rates der Republik), Resonanz in der Presse und zum Auszug der Bolschewiki auch Browder / Kerensky, Provisional Goverment, Bd. 3, S. 1721 ff., sowie als Zeitzeuge Suchanow, Tagebuch der Revolution, S. 567 ff.

[193] Der Izvestija N° 159, 1. September 1917, war dieser Vorgang nur eine winzige Notiz (auf S. 5 unten) wert, ohne den Inhalt dieser Resolution mitzuteilen. Zwar ist Kerenskijs Bemerkung (Kerenski-Memoiren, S. 422), daß die Resolution bereits »das gesamte Programm der Oktoberrevolution enthielt«, nicht ganz zutreffend, aber daß sie richtungsweisend wurde, trifft sicher zu. Text in: Revoljucionnoe dviženie v Rossii v avguste 1917 g., S. 87 f.; ebenso in Kommunisticěskaja partija v rezoljucijach i rešenijach, Bd. 1, S. 601 f.; vgl. auch Suchanow, Tagebuch der Revolution, S. 530 ff.; sowie für die Zusammenhänge Rabinowitch, Bolsheviks Come to Power, S. 174 ff.

abschaffen, alle Geheimverträge veröffentlichen, sich hinter die Arbeiterkontrolle in den Fabriken stellen, die Staatsduma auflösen, die Klas-
senprivilegien beseitigen und den sofortigen Zusammentritt der Verfassungsgebenden Nationalversammlung veranlassen. Was zunächst wie
ein Zufallsergebnis aussah (nur ein verschwindender Teil, weniger als ein
Drittel der Delegierten war zur Sitzung erschienen), bestätigte sich wenige
Tage später; als das »gemäßigte« Präsidium (am 9. September) die
bolschewistische Resolution erneut zur Diskussion stellte und damit
die Vertrauensfrage verband, verlor es die Sowjetführung an die Bolschewiki.[194]
Etwa um die gleiche Zeit büßten die gemäßigten Sozialisten auch
ihre Führungsrolle in der Arbeitersektion des Moskauer Rates ein;
eine bolschewistische Resolution (die ähnliche Positionen wie die Petrograder vertrat und in der Forderung gipfelte, die Arbeiter zu bewaffnen
und eine Rote Garde aufzustellen) war am 5. September vorausgegangen
und hatte am 19. September die Neuwahl der Sowjetführung nach sich gezogen. Damit waren die wichtigsten Räteorgane in bolschewistischer Hand
und bolschewistische Resolutionen in Lokalsowjets und Fabrikkomitees auch außerhalb der beiden Hauptstädte bald keine Seltenheit
mehr.[195]
Bolschewistische Zeitungen durften seit der Kornilov-Affaire wieder
erscheinen, wichtige Funktionäre (wie zum Beispiel Lev Trockij) waren
aus der Haft entlassen worden. Am 10. und 24. September wurden
die Stadtparlamente in Pskov und Moskau neu gewählt, am 1. Oktober
in Samara und Tomsk. In Moskau, Samara und Tomsk wurden die
Bolschewiki zur stärksten Partei, ließen dabei selbst die Sozialrevolutionäre hinter sich, und erreichten in Moskau (wo es sich um Wahlen
zu den Stadtbezirksparlamenten handelte) satte 51 %. Verglich man
diese Stadtbezirkswahlen mit den Wahlen zur Moskauer Stadtduma, so
konnte man nur von einer erdrutschartigen Verschiebung sprechen: Hatten die Sozialrevolutionäre damals noch 56,2 % der Stimmen auf sich
vereinigen können, so waren es jetzt nur noch 14,4 %, während gleich-

---

[194] Dazu Izvestija N° 167, 10. September 1917; daß die Zeitung die Bedeutung des Vorgangs unterschätzte, weil sie die Nachricht und die Wiedergabe der gehaltenen Reden erst auf den
hinteren Seiten brachte, kann allenfalls vermutet werden; Auszüge bei Browder / Kerensky,
Provisional Goverment, Bd. 3, S. 1704 ff.; am 25. September wurde die Führung des Petrograder Sowjet völlig neu bestellt, nun übernahm Trockij auch offiziell den Vorsitz des Exekutivkomitees.
[195] Faktum und Resolution mitgeteilt in Izvestija N° 164, 7. September 1917, S. 5; auch Anweiler, Rätebewegung, S. 226 ff.; Übersicht über die Parteienmehrheiten und die Schlüs-
selentscheidungen im Moskauer Sowjet bei Koenker, Moscow Workers, S. 215 ff.

zeitig der bolschewistische Stimmenanteil von 11,5 auf 50,9 % hoch-
schnellte.[196]

Ohne allen Zweifel: Die Partei befand sich im politischen Aufwind. Aus
Sicht ihrer Gegner ließ das Böses ahnen. Denn für Ende Oktober war eine
neue, die zweite gesamtstaatliche Räteversammlung anberaumt, zu der Delegierte aus ganz Rußland in Petrograd erwartet wurden; und noch im
Herbst sollte auch – endlich – die Konstituierende Versammlung gewählt
werden. Bolschewistische und der Partei nahestehende Blätter warfen den
Regierungsparteien vor, die Wahlen zur Konstituante bewußt verschleppt
zu haben und forderten den Rätekongreß als Garanten, daß sie nun zum
angesetzten Termin wirklich erfolgten. Doch ihre Gegner bezweifelten diese Begründung; sie mutmaßten, mit dem 2. Sowjetkongreß wollten die Bolschewiki der Konstituante zuvorkommen und die Machtübernahme der
Räte in die Wege leiten.[197]

Doch sie trafen damit Lenins Kalkül nur zum Teil: Er wollte weder die
Konstituierende Versammlung noch den Rätekongreß abwarten. Aus seinem finnischen Versteck beschwor er in immer dringlicheren Briefen an
das Zentralkomitee, endlich loszuschlagen, mit dem »Aufstand zu beginnen«, die »Macht zu ergreifen«. Die »Krise« sei »herangereift«, die
»ganze Zukunft der russischen Revolution« stehe »auf dem Spiel«, die
»ganze Ehre der Partei der Bolschewiki« sei »in Frage gestellt«. Wer ab-
warte, sei »ein erbärmlicher Verräter an der Sache des Proletariats«, »an der
internationalen sozialistischen Revolution«, »an der Bauernschaft«, »an
der Demokratie und an der Freiheit«. Auf den Sowjetkongreß (und Mehr-

---

[196] Zahlenangaben bei: Rosenberg, Russian Municipal Duma Elections, S. 161: danach sah die
Stimmverteilung wie folgt aus:

Parteien	Wahl zu Moskauer Stadtduma 25. 06. 17	Wahl zu Moskauer Stadtbezirksdumen 24.09.17
Sozialrevolutionäre	56,2 %	14,4 %
Kleinere soz. Parteien	1,5 %	1,2 %
Bolschewiki	11,5 %	50,9 %
Menschewiki	12,6 %	4,1 %
Kadetten	18,0 %	26,6 %
Kleinere nichtsoz. Parteien	0,2 %	2,8 %

Aufschlüsselung der Wahlergebnisse nach den einzelnen Stadtbezirken bei Koenker,
Moscow Workers, S. 213.

[197] Vgl. zur Behauptung des bolschewistischen Rabočij put' und der in diesem Punkte mit den
bolschewistischen Forderungen konformen Novaja žizn' (wenn man nur gewollt hätte,
wären die Wahlen in 9 Wochen durchzuführen gewesen und der zweite Rätekongreß solle
die Wahlen sicherstellen) die Replik des sozialrevolutionären Delo naroda N° 169, 170, 172,
vom 1., 3. bzw. 5. Oktober 1917 (u.a. mit einem Artikel von Mark Višnjak), die die Verzögerung begründete, die eigene Einstellung zur Konstituante (als Exponenten des Volkswillens) und den Räten (als Klassenorgane) umriß und über die bolschewistischen Ziele entsprechende Vermutungen anstellte.

heiten dort) zu setzen, war für ihn eine »kindische« und »schändliche Formalitätsspielerei«. Jede Verzögerung wäre ein »Verbrechen«, »bedeutet den Tod«. »Die Macht den Sowjets, den Boden der Bauerschaft, Friede den Völkern, Brot den Hungrigen« müßten die Losungen des bewaffneten Aufstandes sein.[198]

»Abwarten wäre Verbrechen«, »Verzögerung Verrat an der Revolution« – das war schon eine merkwürdige Logik für jemanden, der angeblich an die Gesetzmäßigkeit und Unumkehrbarkeit des Geschichtsprozesses glaubte; und nicht weniger merkwürdig schien, was Lenin von der Autorität des Sowjetkongresses und indirekt auch vom Mehrheitsprinzip hielt. Für ihn, den Pragmatiker, für ihn, den Politiker, für eine Politik, der es um die russische Revolution und die Weltrevolution ging, waren marxistische Logik und Mehrheitsprinzipien offenbar zweitrangig, nur Mittel zum Zweck.

Nicht alle in der Partei dachten so wie er. In der entscheidenden Sitzung des Zentralkomitees, zu der er am 10. Oktober persönlich nach Petrograd herüberkam, stieß er mit seinem Drängen zum Aufstand, seiner Losung einer »Machtergreifung durch die Sowjets« nicht nur auf Zustimmung. Kamenev und Zinov'ev widersprachen ihm und ließen sich auch nicht umstimmen. Doch die Mehrheit folgte Lenin und hielt in ihrer Resolution fest, der »bewaffnete Aufstand [sei] unumgänglich«, die Situation »reif« und jede Parteiorganisation aufgefordert, »alle praktischen Fragen« unter diesem Gesichtspunkt »zu behandeln und zu entscheiden«.[199]

Gerüchte, die Bolschewiki planten etwas, waren schon vorher in die Öffentlichkeit gedrungen, nun waren sie bald in aller Munde. So hatte die sozialdemokratische (menschewistische) »Rabočaja gazeta« (Arbeiterzeitung) bereits am 8. Oktober den Auszug aus dem Vorparlament als Aufkündigung der letzten Gemeinsamkeiten gedeutet und Äußerungen Lenins im bolschewistischen »Rabočij put'« (Arbeiterweg) – wer sich »konstitutionellen Illusionen« hingebe, an die Einberufung der Konstituante »glaube«, den Rätekongreß »abwarten« wolle, sei ein »kläglicher Verräter der proletarischen Sache« – als offenen Aufruf zum Aufstand angeprangert.[200] Der gleiche Artikel hatte auch die liberale »Reč'« (Rede) alarmiert; sie sah die bolschewistischen Überlegungen, Lenins Drängen zum bewaffneten Aufstand, während an den Fronten noch gekämpft wurde, als

---

[198] Vgl. die Briefe zwischen 25. September und 14. Oktober 1917, u.a. abgedruckt in: W.I. Lenin, Das Jahr 1917. Eine Sammlung ausgewählter Aufsätze und Reden, Berlin 1957, S. 351 ff.; dazu auch Rabinowitch, Bolsheviks Come to Power, S. 191 ff.

[199] Dazu Protokoly Central'nogo komiteta RSDRP(b). Avgust 1917 – fevral' 1918, Moskau 1958, S. 83 ff., 87 ff.; Rabinowitch, Bolsheviks Come to Power, S. 202 ff.

[200] Artikel »Lenincy i Kornilovcy«, in: Rabočaja gazeta N° 181, 8. Oktober 1917.

»Vaterlandsverrat«.[201] Zwei Tage später reagierte darauf auch die sozialrevolutionäre Zeitung »Delo naroda« (Sache des Volkes). Sie unterstellte den Bolschewiki eine Doppelstrategie: Einerseits hoffe Lenin, auf dem 2. Sowjetkongreß mit den Linken Sozialrevolutionären in der Mehrheit zu sein und mit ihrer Hilfe den »großen Umbruch«, die »proletarische Revolution« einzuleiten; weil sich aber andererseits in Sowjetkreisen Widerstand gegen die Einberufung des Rätekongresses zeige, setze man nun auf den Aufstand der Massen.[202] So oder so, Mitte des Monats war für das Blatt zur Gewißheit geworden, daß man am Vorabend eines neuen bolschewistischen Aufstandsversuches stehe (»Die Bolschewiki bereiten sich auf den Aufstand vor – das ist ein Faktum«).[203] Das Geheimnis war keines mehr, als drei Tage später auch die Unterlegenen im bolschewistischen Zentralkomitee mit ihrem Wissen an die Öffentlichkeit gingen, eine entsprechende Erklärung in der Zeitung »Novaja žizn'« (Neues Leben) erschien (einem Blatt übrigens, dem man bisher eher Sympathien für die maximalistischen Forderungen der Bolschewiki nachgesagt hatte), und Maksim Gor'kij in einem nachmals berühmten Artikel (»Man darf nicht schweigen!«) das bolschewistische Zentralkomitee aufforderte, die Gerüchte zu dementieren, Szenen wie im Juli dürften sich nicht wiederholen. Doch nichts dergleichen geschah.[204]

Leitstelle der Aufstandsorganisation wurde das »Militärische Revolutionskomitee». Es war am 9. Oktober – also einen Tag vor dem CK-Beschluß – auf menschewistischen Antrag vom Petrograder Arbeiter- und Soldatenrat zur Verteidigung der Hauptstadt gegründet worden. Wenig später erweiterten die Bolschewiki sein Aufgabengebiet beträchtlich. Mit Billigung der Plenarversammlung des Petrograder Sowjet wiesen sie dem Komitee also nicht nur die Verteidigung der Hauptstadt gegen die Konterrevolution zu; sie forderten in der entsprechenden Resolution zugleich: die

---

[201] Reč' N° 237, 8. Oktober 1917, auch hier verbunden mit einem ausführlichen Bericht über die Eröffnung des Rates der Republik am Vortag und den Auszug der Bolschewiki.

[202] Delo naroda N° 176, 10. Oktober 1917; gleichzeitig sah die Zeitung die Polarisierung noch weiter zunehmen, die Nachfrage nach dem bolschewistischen Rabočij put' sei bereits wieder im Fallen, ein Teil der Anhängerschaft gehe zum Anarchismus über, ein anderer wende sich nach rechts, den Pogromisten zu, die Nachfrage nach dem Blatt der Schwarzhundertschaften Novaja rus' steige.

[203] Delo naroda N° 181, 15. Oktober 1917, Leitartikel.

[204] Die bolschewistische Parteiführung dementierte die Gerüchte nicht, indirekt wurden sie von einem Artikel Stalins in Rabočij put' (N° 41, 20. Oktober 1917) eher bestätigt, und Lenin warf den beiden Abtrünnigen in einem Brief an die Parteimitglieder am 18. Oktober »Streikbruch« und »Verrat« vor (in dt. Übersetzung: Artikel Gor'kijs wiederabgedruckt in: Maxim Gorkij, Unzeitgemäße Gedanken über Kultur und Revolution. Hg. von B. Scholz, Frankfurt am Main 1974, S. 86 ff.; Stalins Artikel in: J. Stalin, Werke, Berlin 1951, Bd. 3, S. 360; Lenins Brief in: Lenin, Werke, Bd. 26, S. 204 ff.; zur Verteidigung der von Lenin als »Streikbrecher der Revolution« Titulierten und die Veröffentlichung ihres Briefes in: V zaščitu »štrejkbrecherov revoljucii«. Sostavitel' K.V. Gusev, in: Otečestvennaja istorija 1993 N° 2, S. 143 ff.

Bewaffnung der Arbeiter, den Sturz der Provisorischen Regierung und die Errichtung der Sowjetherrschaft.[205] Die Absicht war klar, und die Menschewiki verließen darauf hin das Militärische Revolutionskomitee. Doch seinen weiteren Ausbau konnten sie damit nicht verhindern, und am 22. Oktober wagte das Komitee die Kraftprobe mit der Provisorischen Regierung. Es unterstellte die Soldaten des Petrograder Militärbezirks seiner Verfügungsgewalt und verlangte für alle Befehle des Stabes die Gegenzeichnung des Komitees.

Derart provoziert entschloß sich die Provisorische Regierung zum Gegenschlag: Sie ließ den Verlag zweier bolschewistischer Zeitungen schließen und verfügte die Absetzung der Kommissare des Militärischen Revolutionskomitees. Die Gegenseite war stärker. In der Nacht vom 24. auf den 25. Oktober besetzten militärische Einheiten und bewaffnete Arbeitertrupps (»Rote Garden«) auf Befehl des Militärischen Revolutionskomitees die strategischen Punkte der Stadt: das Telegraphenamt, die Brücken über die Neva, die Bahnhöfe, die Staatsbank und das Hauptpostgebäude.

Am nächsten Morgen – am 25. Oktober – verkündeten Flugblätter und Plakate: »Die Provisorische Regierung ist gestürzt. Die staatliche Gewalt ist in die Hände des Organs des Petrograder Rates der Arbeiter- und Soldatendeputierten, des Militärischen Revolutionskomitees übergegangen, das an der Spitze des Proletariats und der Garnison von Petrograd steht. Die Sache, für die das Volk gekämpft hat: unverzüglicher Abschluß eines demokratischen Friedens, Abschaffung des Eigentumsrechtes der Gutsbesitzer am Land, Arbeiterkontrolle über die Produktion, Schaffung einer Sowjetregierung – das alles ist gesichert«. Und die Unterschrift lautete: Das Militärische Revolutionskomitee des Petrograder Rates der Arbeiter- und Soldatendeputierten.[206]

---

[205] Vgl. Petrogradskij Voenno-Revoljucionnyj komitet. Dokumenty i materialy, 3 Bde., Moskau 1966; auch Moskovskij Voenno-Revoljucionnyj komitet, in: Krasnyj archiv Bd. 23 (1927), S. 64 ff.; übersichtliche Zusammenfassung der Vorgänge und Forschungsprobleme sowie für das Folgende vgl. vor allem auch Pietsch, Revolution und Staat, hier S. 29 ff.; Rabinowitch, Bolsheviks Come to Power, S. 224; ferner R.V. Daniels, Red October. The Bolshevik Revolution of 1917, New York 1967; M. Ferro, The October Rising, in: ders., October 1917. A Social History of the Russian Revolution, London / Boston / Henley 1976, S. 224 ff.; ausführliche Schilderung des Staatsstreichszenariums bereits bei Mel'gunov, Kak bol'ševiki zachvatili vlast'. Die sowjetische Sicht vgl. u.a. in dem Sammelband Oktjabr'skoe vooružennoe vosstanie v Petrograde. Sbornik statej, Moskau / Leningrad 1957, sowie die bereits genannte monumentale Darstellung von I.I. Minc, Istorija Velikogo Oktjabrja, Bd. 2: Sverženie Vremennogo pravitel'stva. Ustanovlenie diktatury proletariata, 2. Aufl. Moskau 1978, ins. S. 793 ff.

[206] Text u.a. in: Institut Marksizma-Leninizma pri CK KPSS / Institut istorii Akademii Nauk SSSR (Hgg.), Dekrety Sovetskoj vlasti, Bd. 1, Moskau 1957, S. 1 f.; in dt. Übers. u.a. in: H. Altrichter (Hg.), Die Sowjetunion. Von der Oktoberrevolution bis zu Stalins Tod. Bd. 1: Staat und Partei, München 1986, S. 26.

Abb. 23:   Die neue Zentrale der Macht: das Smol'nyj Institut, bewacht von Roten Garden. Seit Anfang August Sitz des Sowjet (des Petrograder Stadtsowjet und des Allrussischen Zentralen Exekutivkomitees), konstituierte sich hier am 9. Oktober auch das Petrograder Militärische Revolutionskomitee, wodurch der Smol'nyj wenige Tage später zum Zentrum der bolschewistischen Aufstandsvorbereitungen wurde. Lenin kam am Abend des 24. Oktober mit der Straßenbahn zum Smol'nyj, aus seiner letzten konspirativen Wohnung, getarnt durch eine grauhaarige Perücke, Brille und ein Tuch, das er sich, als ob er Zahnschmerzen hätte, um die Wange gebunden hatte; und verärgert über die Schaffnerin, die ihm erklärte, daß die Züge vorzeitig in das Depot zurückkehren müßten, weil man in der Stadt einen Umsturzversuch erwarte. So mußte er ein größeres Stück zu Fuß zurücklegen und wäre fast einer Patrouille in die Arme gelaufen (V.I. Starcev, Šturm Zimnego. Dokumental'nyj očerk, Leningrad 1987, S. 58 ff.).

Zu diesem Zeitpunkt befand sich das Zentrum der Stadt – mit dem Winterpalast, dem Stab des Petrograder Militärbezirkes, dem Gebäude des Generalstabs, dem Außenministerium, der Admiralität und dem Marienpalast, wo die Mitglieder des Vorparlaments tagten – noch immer in der Gewalt von militärischen Kräften, die der Provisorischen Regierung die Treue hielten. Doch abgeschnitten von Kontakten zur Außenwelt und ohne eine Verstärkung durch Fronttruppen schmolz diese Treue rasch dahin. Als in der Nacht zum 26. Oktober als letztes Refugium der Winterpalast besetzt und die Mitglieder der Provisorischen Regierung, soweit man ihrer habhaft werden konnte, verhaftet wurden, wurden sie nur noch von einigen Offiziersschülern und einem Frauenbataillon verteidigt.[207]

Daß wirklich der Sowjet die Macht übernommen hatte, wie es in den Verlautbarungen hieß, und nicht die Partei der Bolschewiki, wurde von ihren Gegnern heftig bestritten[208]; und daß »alles« bereits »gesichert« sei, schien zunächst nur eine kühne Behauptung; es gab nicht wenige Beobachter, die dem bolschewistischen Putsch kaum eine Überlebenschance ga-

---

[207] Der große »Sturm«, das Massenspektakel fand erst (10 Jahre) später im Kino statt, im berühmten Film »Oktober« von Sergej Ėjzenštejn; kein Wunder, daß sich selbst Teilnehmer an den Aktionen später mehr an den Film, als an die Wirklichkeit »erinnerten«, der auch besser zum offiziellen sowjetischen Bild der Ereignisse »paßte«; vgl. Geldern, Bolshevik Festvals, S. 1 ff. Das offizielle Bild noch bei N. Mitrofanov, Dni Velikogo šturma. Povest'-chronika o sobytijach pervych dnej Oktjabr'skoj revoljucii, 2. Aufl. Moskau 1987; dagegen bereits Suchanow, Tagebuch der Revolution, S. 647 ff. Zum »letzten Aufgebot« der Provisorischen Regierung, Maria Bočkareva, dem von ihr mitgegründeten »Frauentodesbataillon« und ihren Kontakten zu Rodzjanko, Kerenskij, Kornilov, Kolčak (u.a.) vgl. auch die jetzt veröffentlichten Auszüge aus den Verhörprotokollen: Protokoly doprosov organisatora Petrogradskogo ženskogo batai'ona smerti. Publikaciju podgotovil S.V. Drokov, in: Otečestvennye archivy 1994 N° 1, S. 50 ff.

[208] So schrieb die sozialdemokratische Rabočaja gazeta am 26. Oktober unter der Großüberschrift »Machtergreifung der Bolschewiki«: Das ganze sei weder eine Revolution noch ein Aufstand, sondern ein Militärkomplott (voennyj zagovor), nach Art der Jungtürken, dergleichen kenne man auch aus der spanischen Geschichte oder südamerikanischen Republiken. Die Massen, sogar das Proletariat, von dem behauptet werde, es maschiere hinter den Bolschewiki, habe an diesem pronunciamento nicht teilgenommen. Tags darauf nannte sie – im Leitartikel »Die Macht der Bonapartes« – die Behauptung von der »Sowjetmacht« eine »abscheuliche Lüge« und wußte sich im Urteil mit dem rechtssozialistischen Den' einig: »Keine Commune, kein Aufstand des Proletariats im Bund mit dem Kleinbürgertum gegen die reaktionäre Bourgeoisie und den äußeren Feind«, sondern eine kalt berechnete Verschwörung, um die Macht an sich zu reißen. Für das Delo naroda war die Machtergreifung der Bolschewiki ein Militärputsch und eine politische »Sabotage an der Konstituierenden Versammlung«; sie bringe obendrein Freiheit und Sozialismus in Mißkredit, etabliere eine offenkundige Minderheitenherrschaft und arbeite der Konterrevolution in die Hände. Die bürgerliche Presse sah es nicht anders, gab freilich auch den anderen sozialistischen Parteien eine Mitschuld. Vgl. Rabočaja gazeta N° 196, 197, 198, vom 26. – 28. Oktober; Delo naroda N° 189, 190, vom 26. bzw. 27. Oktober; Reč' N° 251, 252, vom 25. bzw. 26. Oktober; Russkie vedomosti N° 245 dito 245, 26. Oktober bzw. 8. November 1917, zwischendurch erschien die Zeitung offenkundig nicht.

ben.[209] Doch wer wollte der neuen, am 25. Oktober gebildeten Regierung noch bestreiten, daß sie eine Räteregierung war, zumal sie in dieser Funktion vom 2. Allrussischen Sowjetkongreß bestätigt wurde? Und wer dem Putsch kaum eine Überlebenschance gab, übersah, daß er nur der Auftakt für eine neue Revolution war, radikaler und tiefgreifender als die im Frühjahr. Die Bolschewiki setzten dabei, so wie sie es angekündigt hatten, auf die Unzufriedenen und Enttäuschten, die Soldaten, Arbeiter und Bauern; sie erfüllten ihre Forderungen nach Frieden, Land und betrieblicher Mitbestimmung und sicherten damit der neuen Regierung die Unterstützung, zumindest die Tolerierung, das Überleben.

Vermutlich war dabei die Beendigung des Krieges das Allerwichtigste: Das am 26. Oktober verabschiedete Dekret über den Frieden rief die »klassenbewußten« Arbeiter Englands, Frankreichs und Deutschlands zur Unterstützung auf; es gelte, die »Sache des Friedens und der Befreiung der werktätigen und ausgebeuteten Volksmassen von jeglicher Sklaverei und Ausbeutung« zu einem erfolgreichen Ende zu bringen. Doch es schlug zugleich allen kriegführenden Ländern und ihren Regierungen den sofortigen Abschluß eines gerechten und demokratischen Friedens vor und erklärte die bedingungslose Bereitschaft der Sowjetregierung, ohne jeglichen Aufschub in Friedensverhandlungen einzutreten. Während die erhoffte Reaktion des »Weltproletariats« ausblieb, gelang es noch vor Jahresende, mit den Regierungen Deutschlands und Österreich-Ungarns einen Waffenstillstand zu vereinbaren.

Selbst wenn die Friedensverhandlungen in Brest-Litovsk dann doch sehr schwierig wurden, die Mittelmächte harte Bedingungen stellten, ihre Annahme in der Partei und Sowjetregierung auf heftigsten Widerstand stieß, die Deutschen den Abbruch der Verhandlungen im Februar 1918 mit der Wiederaufnahme der Offensive beantworteten, die neue Rote Armee den Vormarsch nicht stoppen konnte und der schließlich unterzeichnete Friedensvertrag (mit der Anerkennung der Unabhängigkeit Finnlands, des Baltikums und der Ukraine) den Verzicht auf ein Viertel der Bevölkerung und des bebaubaren Landes, auf drei Viertel der Eisenindustrie und der Kohlebergwerke erzwang – ohne diesen Frieden war die neugewonnene Macht kaum zu sichern, das den Soldaten, Arbeitern und Bauern Versprochene

---

[209] Vgl. dazu nur die bekannten Schilderungen der beiden Journalisten John Reed, Zehn Tage, die die Welt erschütterten (Erstauflage 1926), 13. Aufl. Berlin 1975, S. 118 ff.; M. Philips Price, Die russische Revolution. Erinnerungen aus den Jahren 1917 – 1919 (Erstauflage 1921), Berlin 1977, S. 181 f.; aber auch die Zeitung Delo naroda rechnete (Ende Oktober) mit einer Liquidierung des bolschewistischen Putsches »in nächster Zeit« und machte sich Gedanken über die Bildung einer neuen Regierung, die breite(re) Autorität in den Massen genieße und sich nicht so leicht von Abenteurern aus dem Sattel hebeln lassen sollte wie die letzte (Delo naroda N° 193, 29. Oktober 1917).

nicht einzulösen, die neue, sozialistische Revolution nicht ins Werk zu set-zen.[210] Kehren wir damit zurück zum Oktober 1917.

b) »Alle Macht den Räten«?

In der Nacht vom 24. auf den 25. Oktober hatten die Bolschewiki die Re-gierung Kerenskij gestürzt und die Räterepublik ausgerufen. Als am dar-auffolgenden Abend der 2. Allrussische Sowjetkongreß zusammentrat, be-schloß er – auf bolschewistischen Antrag – die Einrichtung einer »Arbeiter- und Bauernregierung«. Alle vorgeschlagenen und vom Rätekongreß be-stätigten Regierungsmitglieder waren Bolschewiki. Zu diesem Zeitpunkt hatten die gemäßigten Sozialisten, die Menschewiki und rechten Sozial-revolutionäre, den Kongreß bereits verlassen – unter Protest gegen den bolschewistischen Putsch. Die zurückbleibenden linken Sozialrevolu-tionäre lehnten einen Eintritt in die Regierung ab, solange nicht auch die anderen sozialistischen Parteien beteiligt würden.[211]

Die neue Regierung sollte – so beschloß der 2. Sowjetkongreß – »Rat der Volkskommissare« heißen und das Land »provisorisch« bis zum Zusam-mentritt der Konstituierenden Versammlung verwalten. Zu jedem Zweig des staatlichen Lebens sollten Kommissionen gebildet werden, die – im en-gen Kontakt mit den Massenorganisationen – das vom Sowjetkongreß be-schlossene Regierungsprogramm verwirklichten. Die »Volkskommissare« waren als Vorsitzende dieser Kommissionen dem Sowjetkongreß und sei-nem Exekutivkomitee für ihre Amtsführung verantwortlich. Struktur und Namensgebung der Regierung waren neu und verhießen ein Programm: Die neue Regierung sollte demokratisch sein, »in engem Kontakt mit den Massenorganisationen der Arbeiter, Soldaten und Bauern« stehen; sie soll-te flexibel bleiben, sich auf »Kommissionen« stützen; die Vorsitzenden der Kommissionen erhielten als Volksbeauftragte, als »Volkskommissare«, außerordentliche Vollmachten.[212]

Die Übernahme der Regierungsgeschäfte durch den Rat der Volkskom-missare war zunächst nur Programm. Die Kommissionen, denen die Kom-

---

[210] Vgl. den Text des Dekretes über den Frieden in: Dekrety Sovetskoj vlasti, Bd. 1, S. 12 ff.; in dt. Übersetzung u.a. bei: Hellmann, Russische Revolution 1917, S. 312 ff.; zu den Friedens-verhandlungen und zum Brest-Litovsker Frieden: W. Baumgart, Deutsche Ostpolitik 1918, Wien / München 1966; R.K. Debo, Revolution and Survival. The Foreign Policy of Soviet Russia 1917-1918, Toronto 1979.

[211] Für das Folgende mit ausführlichen Hinweisen auf Quellen und weiterführende Literatur Altrichter, Staat und Revolution, S. 8 ff.

[212] Text des Dekretes in: Dekrety Sovetskoj vlasti, Bd. 1, S. 20 f.; in dt. Übersetzung u.a. bei Altrichter, Die Sowjetunion, Bd. 1, S. 26 f.; Hellmann, Russische Revolution 1917, S. 312.

missare laut Strukturplan vorstanden, existierten nicht, und die Fäden der Macht liefen nicht hier, sondern im Militärischen Revolutionskomitee zusammen. Auch nach dem Sturz der Provisorischen Regierung blieb es als Kommandozentrale unentbehrlich: Bereits wenige Tage nach dem Umsturz hatte das Militärische Revolutionskomitee Vertreter zu 113 militärischen Einheiten, in 18 Gouvernements des Reiches und in die 44 wichtigsten Städte entsandt; seine Kommissare saßen in den wichtigsten Zivilbehörden der Hauptstadt, organisierten den Objektschutz der Staatsbank und der Regierungsbehörden; Verbände des Revolutionskomitees verhafteten in den Wochen nach dem Umsturz Mitglieder antibolschewistischer Organisationen, besetzten die Druckereien bürgerlicher Zeitungen und lösten das Petrograder Stadtparlament, die Stadtduma, auf. Sie gingen im allgemeinen Chaos gegen Sabotage, Wucher und Unterschlagung (oder was sie dafür hielten) vor und halfen im Kampf gegen den Hunger, Beschaffung und Verteilung der Lebensmittel besser zu organisieren.[213]

Das Militärische Revolutionskomitee löste sich auf, als die öffentliche Ordnung weitgehend gesichert schien und die Aktionen des Komitees die planmäßige Arbeit der neuen Fachbehörden zu stören begannen. Am 5. Dezember 1917 übertrug es alle seine zivilen Funktionen den entsprechenden Abteilungen des Zentralen Exekutivkomitees, des Rates der Volkskommissare und des Petrograder Stadtsowjet. Als neues Kampforgan wurde einen Tag später die »Allrussische Außerordentliche Kommission« gegründet und dem Rat der Volkskommissare beigeordnet.[214]

Am Aufbau der neuen Zivilbehörden hatte das Militärische Revolutionskomitee – während der knappen zwei Monate seines Bestehens – entscheidenden Anteil. Es half bei der Suche nach geschultem Personal und bei der Beschaffung von Sachmitteln und Geld. Vor allem verschaffte es den neuen Volkskommissaren Zugang zu den alten Ministerien: Auf Befehl des Revolutionskomitees besetzten bewaffnete Verbände die Gebäude, konfiszierten die Schlüssel und drohten jedem mit Entlassung, der die Sowjetregierung nicht anerkannte. Noch im Lauf des November übersiedelten alle Volkskommissariate aus dem Smol'nyj, ihrem bisherigen Sitz, in die alten Fachbehörden. Viel mitzunehmen war nicht. Im Smol'nyj hatte die gesamte Regierung gerade zwei Zimmer, jeder Volkskommissar kaum seinen eigenen Schreibtisch besessen, und das gemeinsame Sekretariat war eben erst im Entstehen. Mit Hilfe des Militärischen Revolutionskomitees wurde der

---

[213] Petrogradskij Voenno-revoljucionnyj komitet, Bd. 1, S. 9, 452 ff.; E.N. Gorodeckij, Roždenie sovetskogo gosudarstva 1917 – 1918 g., Moskau 1965, S. 114.

[214] Gründungsdekret der Außerordentlichen Kommission (russ. črezvyčajnaja komissija, abgekürzt: ČK, davon eingedeutscht Tscheka) in: Hellmann, Russische Revolution, S. 334 f.; auch Altrichter, Die Sowjetunion, Bd. 1, S. 101.

Abb. 24:   Im Smol'nyj Institut konstituierte sich die neue Regierung, der »Rat der Volkskommissare«; sie sollte das Land »provisorisch« bis zum Zusammentritt der Konstituante verwalten, zu jedem Zweig des staatlichen Lebens »Kommissionen« bilden und »in engem Kontakt mit den Massenorganisationen« das vom Sowjetkongreß beschlossene Regierungsprogramm verwirklichen. Das klang nicht nur nach Improvisation, die Bolschewiki hatten tatsächlich zunächst kein festes Konzept, wie es nach dem Umsturz weitergehen, das Land regiert und verwaltet werden sollte.

Widerstand der Ministerialbürokratie gebrochen. Auf organisierten Widerstand und systematische Vernichtung von Dokumenten reagierte man mit Entlassung und Verhaftung. Die Beamten der Staatsbank, die der neuen Regierung die Gelder sperrten, wurden festgesetzt, und die Ministerialbeamten, die Ende Oktober im voraus ihre Gehälter bis zum Januar erhalten hatten und nun streikten, wurden unter Strafandrohung aufgefordert, zum Dienst zu erscheinen oder die erhaltenen Summen zurückzuzahlen. Das massive Vorgehen der neuen Machthaber und die Aussicht, Staatswohnungen und Pensionsansprüche zu verlieren, bewogen das Gros der Beamtenschaft, ihre Arbeit wieder aufzunehmen.[215]

Die »Kommissionen zu allen Zweigen des staatliche Lebens«, die die Entschließung des Sowjetkongresses als Grundlage der Arbeit der Volkskommissare vorgesehen hatte, bildeten sich nicht. Die Volkskommissariate übernahmen die alten Ministerien und gingen in ihnen auf. Vom ursprünglichen Konzept blieb, sofern es vorhanden war, nur der Name.

c) Die neue Revolution

Bereits einen Tag nach dem Putsch wurde – zusammen mit dem Friedensappell – das Dekret über Grund und Boden verabschiedet. Es erhob die Forderungen bäuerlicher Interessenvertreter zum Gesetz: Die Besitzungen des Adels und der Krone, der Kirche und der Klöster wurden samt Vieh und Inventar entschädigungslos enteignet und die Eigentumsrechte an Grund und Boden überhaupt abgeschafft. Organe der lokalen Selbstverwaltung sollten, wo sie bereits existierten, für die rasche Übergabe der Ländereien an die Bauern sorgen, etwaige Streitigkeiten regeln, Plünderungen und Zerstörungen verhindern. Ob sie dazu in der Lage waren, ist mehr als zweifelhaft. Es scheint, daß die Bauern die Umverteilung des Bodens vor allem selbst besorgten, jedes Dorf, jede Landgemeinde für sich und nach den ortsüblichen Normen. Was vor dem Oktober noch den Stempel der Illegalität trug, war nun per Dekret erlaubt. Wie rasch diese Umverteilung vor sich ging, richtete sich nach den örtlichen Verhältnissen. In manchen Gegenden Zentralrußlands war sie schon im Winter 1917/18 abgeschlossen, in anderen dauerte sie länger.[216]

---

[215] M.P. Irošnikov, Sozdanie sovetskogo central'nogo gosudarstvennogo apparata. Sovet narodnych komissarov i narodnye komissariaty (oktjabr' 1917 g. – janvar' 1918), Moskau / Leningrad 1966, S. 151 ff.

[216] Text des Bodendekretes in Dekrety Sovetskoj vlasti, Bd. 1, S. 17 ff.; deutsch u.a. in: H. Altrichter / H. Haumann (Hgg.), Die Sowjetunion. Von der Oktoberrevolution bis zu Stalins Tod. Bd. 2: Wirtschaft und Gesellschaft, München 1987, S. 25 ff; Hellmann, Russische Revolution, S. 315 ff.; zur Vor- und Wirkungsgeschichte vgl. unten S. 358 ff. Sozial-

Gab das Dekret über den Boden den Bauern freie Hand, so sicherte die Verordnung über die »Einführung der Arbeiterkontrolle« (vom 14. November 1917) den Belegschaften die Mitsprache in den Betrieben. Die Arbeiterkontrolle sollte durch die bereits eingeführten Wahlgremien (Betriebs- und Fabrikkomitees, Ältestenräte und dergleichen) ausgeübt werden und bezog sich auf alle innerbetrieblichen Entscheidungen, auf die Produktion ebenso wie auf An- und Verkauf, Preisgestaltung und Bilanzen. Sämtliche Korrespondenzen waren den Organen der Arbeiterkontrolle offenzulegen, das Geschäftsgeheimnis wurde abgeschafft. Über die innerbetriebliche Mitsprache hinaus wurden lokale, regionale und gesamtstaatliche Instanzen der Arbeiterkontrolle geschaffen.[217]

Für die planmäßige Leitung und Koordinierung der Gesamtwirtschaft wurde Anfang Dezember ein »Oberster Volkswirtschaftsrat« eingerichtet, mit regionalen Volkswirtschaftsräten und den Wirtschaftsabteilungen der Lokalsowjets als Unterinstanzen. Im Obersten Volkswirtschaftsrat saßen die Mitglieder des Allrussischen Rates der Arbeiterkontrolle neben Vertretern aus den Volkskommissariaten und eigens berufenen Sachverständigen (die allerdings nur mit beratender Stimme teilnehmen konnten). Alle zentralen und ökonomischen Leitstellen waren dem Obersten Volkswirtschaftsrat unterstellt, er regulierte und normierte ihre Arbeit und hatte dabei auch das Recht, »Konfiskationen, Requisitionen, Sequestrierungen, Zwangssyndikatisierungen verschiedener Zweige der Industrie und des Handels und andere Maßnahmen auf dem Gebiete der Produktion, der Verteilung und der Staatsfinanzen vorzunehmen«.[218] Gleichsam als flankierende Maßnahme wurden Mitte Dezember die Banken zur Staatsbank vereinigt und das Bankwesen zum Staatsmonopol erklärt.[219]

Revolutionär waren nicht nur die Eingriffe in die Wirtschaftsorganisation, sie betrafen auch die zentralen Institutionen der alten Gesellschaft: die Stände und ihre Organisationen, die orthodoxe Kirche und die Religion, Ehe und Familie, Pressewesen und Schule. Schon die Provisorische Re-

---

revolutionäre Zeitungen wurden nicht müde, darauf hinzuweisen, daß Lenins Bodendekret nichts anderes war als eine Zusammenstellung bäuerlicher Grundforderungen, wie sie im Sommer 1917 in der Izvestija des Allrussischen Rates der Bauerndeputierten erschienen war; und diese Zusammenstellung sei wiederum nichts anderes gewesen, als ein Auszug – »fast Wort für Wort« – aus dem sozialrevolutionären Agrarprogramm (vgl. etwa Delo naroda N° 193, 29. Oktober 1917).

[217] Text des Dekrets in: Dekrety Sovetskoj vlasti, Bd. 1, S. 77 ff.; Altrichter / Haumann, Die Sowjetunion, Bd. 2, S. 36 ff.; Hellmann, Die russische Revolution 1917, S. 327 f.

[218] Text des Dekretes vom 2. Dezember 1917 in: Dekrety Sovetskoj vlasti, Bd. 1, S. 172 ff.; dt. Übers. in: Altrichter / Haumann, Die Sowjetunion, Bd. 2, S. 38 ff.; Hellmann, Russische Revolution 1917, S. 330 f.

[219] Dekret vom 14. Dezember 1917, in: Dekrety Sovetskoj vlasti, Bd. 1, S. 225 ff.; dt. in: Altrichter / Haumann, Die Sowjetunion, Bd. 2, S. 43; Hellmann, Russische Revolution 1917, S. 337.

gierung hatte die Gleichheit aller Staatsbürger vor dem Gesetz verkündet, unabhängig von Standeszugehörigkeit, Religion und Nationalität. Die bolschewistische Regierung schaffte nun alle ständischen Privilegien und Beschränkungen, Einrichtungen und Bezeichnungen überhaupt ab und übertrug das Vermögen der ständischen Vertretungen den lokalen Selbstverwaltungsorganen.[220] Die Kirche wurde vom Staat getrennt und die Religion zur Privatsache erklärt. Steuerliche Zuwendungen an die Kirche sollte es künftig nicht mehr geben. Der Hinweis auf die Religionszugehörigkeit wurde aus allen staatlichen Registern gestrichen, der religiöse Eid oder Schwur abgeschafft und das Kirchenvermögen eingezogen.[221] Der Staat erkannte künftig nur noch Zivilehen an, das Verfahren der Eheschließung wurde vereinfacht, und ebenso einfach wie die Heirat wurde die Scheidung. Im Regelfalle genügten entsprechende Absichtserklärungen.[222] Bei Geburten verlor die Taufe jede rechtliche Bedeutung, und uneheliche Kinder wurden ehelichen gleichgestellt. Auch die Registrierung von Ehen, Geburten und Todesfällen wurde der Regierung genommen und den städtischen und ländlichen Selbstverwaltungen übertragen.

Schon in den ersten Tagen der Revolution hatten die Bolschewiki zahlreiche »bürgerliche« Presseorgane verboten und ihre Verlagshäuser geschlossen.[223] Die Zensur griff freilich rasch auch auf nichtbürgerliche, sozialistische Blätter über.[224] Was zunächst nur als vorübergehende Notmaßnahme ausgegeben wurde, erhielt bald eine »grundsätzliche« Rechtfertigung: Die Wiederherstellung der »sog. Pressefreiheit« wäre eine Kapitulation vor den »Kapitalisten als Vergiftern des Volksbewußtseins« und sei daher »kategorisch« abzulehnen.[225]

Wenn aber von Volksbewußtsein die Rede war, dann konnte ein anderer Bereich kaum übersehen werden: das Volksbildungswesen, insbesondere

---

[220] Dekret über die Aufhebung der Stände und staatsbürgerlichen Rangbezeichnungen vom 11. November 1917 in: Dekrety Sovetskoj vlasti, Bd. 1, S. 71 ff.; dt. in: Altrichter / Haumann, Die Sowjetunion, Bd. 2, S. 35 ff.

[221] Dekret vom 23. Januar 1918, Text in: Sobranie uzakonenij i rasporjaženij Raboče-krest'janskogo pravitel'stva (= SU RSFSR) 1918 Nr. 18 Art. 263; dt. in: Altrichter / Haumann, Die Sowjetunion, Bd. 2, S. 49 ff.; Hellmann, Russische Revolution 1917, S. 350 f.

[222] Dekret über die Zivilehe, die Kinder und die standesamtlichen Register vom 18. und über die Scheidung vom 16. Dezember 1917, in: Dekrety Sovetskoj vlasti, Bd. 1, S. 247 ff., 237 ff.

[223] Dekret des Rates der Volkskommissare über die Presse vom 27. Oktober 1917, in: Dekrety Sovetskoj vlasti, Bd. 1, S. 24 f; dt. in: Altrichter / Haumann, Die Sowjetunion, Bd. 2, S. 29 f.

[224] Vgl. als Beispiel für den scharfen Protest, den die nichtbolschewistische, sozialistische Presse gegen die bolschewistische Zensur und Gewaltmaßnahmen von Anfang an erhob, noch bevor sie selbst davon betroffen war, Delo naroda N° 190, 192, 195, vom 27., 28., 31. Oktober 1917.

[225] Resolution des Allrussischen Zentralen Exekutivkomitees zur Pressefrage vom 4. November 1917, in: Dekrety Sovetskoj vlasti, Bd. 1, S. 43 f.; dt. in: Altrichter / Haumann, Die Sowjetunion, Bd. 2, S. 31 f.

die Schule. In der Tat begannen schon in den ersten Monaten heftige Reformversuche an Haupt und Gliedern.[226] Mit dem Dekret über die Trennung von Kirche und Staat verlor die Kirche auch im schulischen Bereich jeden Einfluß. Die Überführung aller Schulen in den Kompetenzbereich des Volkskommissariats für Volksaufklärung, die Auflösung der alten Schulverwaltung, die Gründung von Volksbildungsabteilungen bei den Ortssowjets, die Errichtung »pädagogischer Räte« in den Schulen, Regelungen für die Wahl der Lehrer, Bestimmungen über die Abschaffung der Noten und die Einführung der Koedukation, das Verbot der Schuluniformen und die Streichung des Lateinischen aus dem Katalog der Pflichtfächer gingen der Trennung von Kirche und Schule voraus oder folgten ihr.[227]

Die Aufzählung der Einzelmaßnahmen erweckt leicht den Eindruck eines zielstrebigen, von langer Hand geplanten Vorgehens. Doch der Eindruck täuscht, und nicht nur kritisch-oppositionelle Beobachter erlebten die Revolutionsmonate anders. Die erlassenen Dekrete waren, wie die Regierung wußte, nichts weiter als Verlautbarungen; ob sie vor Ort auch zu realisieren waren, stand dahin.[228] Doch selbst für sich genommen ließen die neuen Gesetze – von der Ablehnung des Alten abgesehen – kein geschlossenes Konzept erkennen und viele Fragen offen. Nur ein Beispiel: Welche Kompetenzen sollten – unbeschadet der Arbeiterkontrolle – bei den Unternehmensleitungen verbleiben? Wo endete die innerbetriebliche Mitsprache, wo begannen die Zuständigkeiten der zentralen Planung? Die Fabrikkomitees legten ihre Rechte extensiv aus, bis zum Bruch mit den Unternehmensleitungen. Eine Welle von wilden Enteignungen war die Folge, ausgesprochen oder bestätigt von lokalen Räteorganen, obwohl dieses Recht eigentlich dem Obersten Volkswirtschaftsrat zustand. Nicht nur Großbetriebe waren davon betroffen, mehr noch Klein- und Kleinstunternehmen, deren Enteignung in der Regierungsplanung (zumindest

---

[226] Zum Gesamtzusammenhang: O. Anweiler, Die Geschichte der Schule und Pädagogik in Rußland vom Ende des Zarenreiches bis zum Beginn der Stalin-Ära, Berlin 1964; ders. / Klaus Meyer (Hgg.), Die sowjetische Bildungspolitik seit 1917. Dokumente und Texte, Heidelberg 1961.

[227] Vgl. die Texte der entsprechenden Dekrete und Verordnungen über die Reform der Mittelschule, die Aufhebung der alten Schulverwaltung und die Übertragung ihrer Kompetenzen an die Volksbildungsabteilungen der Sowjets, die Abschaffung der Uniformen und Abzeichen in allen Schulen, die Überführung aller Lehranstalten in die Verwaltung des Volkskommissariats für Volksaufklärung, die Abschaffung des Pflichtunterrichts der lateinischen Sprache und die Abschaffung der Noten (alle zwischen Ende November 1917 und Mai 1918) in: Altrichter / Haumann, Die Sowjetunion, Bd. 2, S. 38 ff.; teilweise auch bei Hellmann, Russische Revolution 1917, 38 ff.

[228] So Lenin auf dem 8. Parteitag am 23. März 1919 über Dekrete als Mittel der Propaganda, Hinweis bei Irošnikov, Sozdanie, S. 116; auch Trockij sah, ähnlich wie Lenin, anfangs den Rat der Volkskommissare mehr als Propagandastab denn als Regierung, vgl. ders., Mein Leben. Versuch einer Autobiographie, ND Frankfurt am Main 1961, S. 315.

vorläufig) gar nicht vorgesehen war. Sie wurden »nationalisiert«, »konfisziert« oder auch »sozialisiert«, wobei unsicher ist, ob die Form der Enteignung überhaupt realpolitische Bedeutung hatte; denn staatliche Stellen, die die nationalisierten Betriebe übernehmen konnten, fehlten oder waren erst im Entstehen.[229]

Die Parteiführung hatte den Dingen ihren Lauf gelassen und im Dezember und Januar den Arbeitern mehrfach bestätigt: Einen festen Plan für die Organisierung des wirtschaftlichen Lebens gebe es nicht und könne es nicht geben; das Proletariat müsse zur herrschenden Klasse werden und die Leitung des Staates übernehmen; es werde Fehler machen, aber den rechten Weg letztendlich schon finden.[230] Doch je weiter es ins Frühjahr ging, desto größer wurden die Zweifel, und ein neuer Kurswechsel bahnte sich an: Die Zeit des libertären Rätestaates neigte sich seinem Ende zu, das alte Leitbild vom zwangsverwalteten kommunistischen Wohlfahrtsstaat wurde wiederentdeckt, und der ausbrechende Bürgerkrieg erleichterte seine innerparteiliche Durchsetzung.

d) Das Nachspiel: Wahl und Auflösung der Konstituante[231]

Für Lenin war es der pure Anachronismus: Anfang Januar 1918 trat im Taurischen Palais die Konstituierende Versammlung zusammen[232] und be-

---

[229] Zu diesen Entwicklungen mit ausführlichen Hinweisen auf weiterführende Literatur Altrichter, Staat und Revolution, S. 83 ff., 94 ff.

[230] Vgl. Lenin, Rede über die wirtschaftliche Lage der Arbeiter Petrograds und die Aufgaben der Arbeiterklasse, sowie Rede auf dem 3. Allrussischen Sowjetkongreß, beide in: ders., Werke, Bd. 26, S. 362, 468 f.

[231] Zu den Ergebnissen der Wahl, bei denen die Bolschewiki nur ein knappes Viertel der Mandate (24 %) errangen, vgl. Tabelle 8 im Anhang.

[232] Zur Wahl und deren rechtlicher Grundlage sowie zur Tätigkeit und zur Auflösung der Konstituierenden Versammlung liegt eine ganze Reihe von Materialien und Darstellungen vor. Die folgenden Ausführungen stützen sich vor allem: auf das Mitteilungsblatt der Sonderkommission zur Ausarbeitung des Projektentwurfes einer Verordnung zur Wahl der Konstituante (Izvestija Osobago Soveščanija dlja izgotovlenija proekta položenija o vyborach v Učreditel'noe sobranie, 1. Nummer: 25. Mai / 7. Juni 1917); auf das Mitteilungsblatt der mit der Durchführung der Wahlen beauftragten Allrussischen Kommission, das von der Organisation und den Problemen der Wahl vor Ort berichtete (Izvestija Vserossijskoj po delam o vyborach v Učreditel'noe sobranie komissii, 1. Nummer: 6. September 1917); auf das im Auftrag des Zentralarchivs (Centrarchiv) von I.S. Malčevskij herausgegebene Protokoll der Sitzung vom 5. Januar 1918 Vserossijskoe Učreditel'noe sobranie, Moskau / Leningrad 1930; auf die Auswertung der Tageszeitungen Delo naroda, Izvestija, Rabočaja gazeta, Reč', Russkie vedomosti (solange sie jeweils erscheinen konnten); auf die Edition des Briefwechsels des Zentralkomitees der bolschewistischen Partei mit den lokalen Komitees draußen im Lande: Perepiska sekretariata CK RSDRP (b) s mestnymi partijnymi organizacijami. Sbornik dokumentov, Bd. 1: mart – oktjabr' 1917; Bd. 2: nojabr' 1917 g. – mart 1918 g., Moskau 1957; auf den Dokumentenband Triumfal'noe šestvie Sovetskoj vlasti Bd. 2, S. 301 ff.,

riet die künftige staatliche Ordnung Rußlands – so, als ob nichts geschehen wäre. Mehr als zwei Monate waren vergangen, seit die Bolschewiki die bürgerliche Koalitionsregierung gestürzt und die Räterepublik ausgerufen hatten. Längst hatte sich im Smol'nyj, am Sitz des Petrograder Sowjet und des Allrussischen Exekutivkomitees, eine neue Regierung, der »Rat der Volkskommissare«, gebildet. Längst waren Gesetze erlassen, die den Großgrundbesitz, die Kirche und die Klöster enteigneten, den Arbeitern die Kontrolle über die Fabriken übertrugen, die Banken verstaatlichten; und schon war man draußen im Lande dabei, die beschlossene politische und gesellschaftliche Flurbereinigung Wirklichkeit werden zu lassen. Nur die Konstituante, so sah es Lenin, nahm davon kaum Notiz: Ihre nicht-

---

in der Reihe: Velikaja Oktjabr'skaja socialistčeskaja revoljucija. Dokumenty i materialy; auf zeitgenössische Schriften, Erinnerungen und frühe Darstellungen wie: D.Ja. Chazan, Učreditel'noe Sobranie i Sovet Rabočich i Soldatskich Deputatov, Petrograd 1917; P. Rozental', Žizn' i smert' Učreditel'nych sobranij, Petrograd / Moskau 1918; S.N. Svjatickij, Itogi vyborov vo Vserossijskoe Učreditel'noe sobranie, in: God russkoj revoljucii 1917 – 1919 gg., Moskau 1918; A.N. Il'in-Ženevskij, Tragikomedija Učreditel'nogo sobranija, in: Krasnaja letopis' 1927 N° 3 (24), S. 115 ff.; N.P. Oganovskij, Dnevnik člena Učreditel'nogo sobranija, in: Golos minuvšego 1918 N° 4-6, S. 143 ff. (sozialrevolutionärer Abgeordneter des Wahlkreises Voronež); Vremennoe pravitel'stvo i Učreditel'noe sobranie (bearb. von N. Rubinštejn), in: Krasnyj archiv Bd. 28 (1928), S. 107 ff.; ders., K istorii Učreditel'nogo sobranija, Moskau / Leningard 1931; M. V. Višnjak, Vserossijskoe Učreditel'noe sobranie, Paris 1922; ders., Dan' prošlomu, New York 1954 (Višnjak vertrat als sozialrevolutionärer Abgeordneter den Wahlkreis Jaroslavl' und schrieb regelmäßig über diesen Gegenstand auch in Delo naroda); sowie die Darstellungen zur Gesamtproblematik und zu Einzelaspekten, insbesondere: O.H. Radkey, The Election to the Russian Constituent Assembly of 1917, Cambridge 1950, Neuauflage und mit einem Vorwort von Sheila Fitzpatrick unter dem Titel Russia Goes to the Polls. The Election to the All-Russian Constituent Assembley, 1917, Ithaca / London 1989; E.A. Skripilev, Vserossijskoe Učreditel'noe sobranie, Moskau 1982; L.M. Spirin, Klassy i partii v graždanskoj vojne v Rossii, Moskau 1968; O.N. Znamenskij, Vserossijskoe Učreditel'noe sobranie, Leningrad 1976; ferner: I.B. Berchin, Nekotorye voprosy istorii Učreditel'nogo sobranija v trudach V.I. Lenina, in: Istoričeskie zapiski 89 (1972), S. 52 ff.; S.S. Chesin, Flot golosuet za politiku Lenina (Vybory v Učreditel'noe sobranie po flotskim izbiratel'nym okrugam), in: Istorija SSSR 1970 N° 1, S. 112 ff.; W.A. Dando, A Map of the Election to the Russian Constituent Assembley of 1917, in: Slavic Review 25 (1966), S. 314 ff.; P.A. Golub, Partija, armija i revoljucija, Moskau 1967; Gorodeckij, Roždenie sovetskogo gosudarstva, S. 429 ff.; Ju.K. Kirienko, Itogi vyborov v Učreditel'noe sobranie na Donu, in: Istorija SSSR 1970 N° 1, S. 123 ff.; L. Kochan, Kadet Policy in 1917 and the Constituent Assembley, in: Slavonic and East European Review 45 (1967), S. 183 ff.; W.A. Kropat, Lenin und die Konstituierende Versammlung in Rußland, in: Jahrbücher für Geschichte Osteuropas 5 (1957), S. 488 ff.; I.I. Kuznecov, Taktika partii bol'ševikov po otnošeniju k Učreditel'nomu sobraniju (aprel' 1917 – janvar' 1918 g.), in: Kommunističeskaja partija v period podgotovki i provedenija Velikoj Oktjabr'skoj socialističeskoj revoljucii. Sbornik statej, Moskau 1958, S. 323 ff.; R.V. Layton, Constituent Assembley of 1918, in: MERSH Bd. 8, S. 22 ff.; V.V. Petraš, Vybory v Učreditel'noe sobranie po baltijskomu izbiratel'nomu okrugu, in: Gorod Lenina v dni Oktjabrja i Velikoj Otečestvennoj vojny 1941 – 1945 gg., Moskau 1964, S. 64 ff.; I.K. Rybalka, Rabočij klass Ukrainy na vyborach vo Vserossijkoe i Vseukrainskoe Učreditel'noe sobranie, in: Istorija SSSR 1965 N° 1, S. 114 ff.; O.N. Znamenskij, Stanovlenie sovetov i vopros ob Učreditel'nom sobranii mart – oktjabr' 1917 g., in: Istorija SSSR 1977 N° 1, S. 3 ff.

bolschewistische Mehrheit, die »bewußten und unbewußten Verteidiger, Kostgänger, Lakaien und Beschützer« der alten Ordnung weigerten sich, die Realitäten anzuerkennen und machten sich Gedanken zur Einführung eines parlamentarischen Systems nach westlichem Muster.[233]

Vom Rätesystem zum Parlamentarismus – für die Bolschewiki war dies ein nicht akzeptabler Rückschritt.[234] Schon im Frühjahr 1917 hatte Lenin die Arbeiterausschüsse und Soldatenkomitees zu Elementen einer neuen politischen und gesellschaftlichen Ordnung erklärt, fortschrittlicher und demokratischer als die westlichen parlamentarischen Staaten. Die Auffassung seiner »Aprilthesen« setzte sich als Parteilinie durch und die Losung »Alle Macht den Räten« wurde zur Kampfansage an die Provisorische Regierung, zur Rechtfertigung für deren Sturz im Oktober, zum Programm beim Neuaufbau des Staatsapparates. Daß die Wahlen zur Konstituierenden Versammlung im November den Bolschewiki und den sie unterstützenden Linken Sozialrevolutionären keine Mehrheit brachten, war nach Lenin kein Wählervotum gegen die neue Politik. Die Wahl, so argumentierte er, sei nach Listen erfolgt, die noch vor dem Oktober zusammengestellt waren und keine klare Abgrenzung zwischen Anhängern und Gegnern des neuen Kurses erlaubten. In Wahrheit wolle das Volk, wünschten die Massen der werktätigen Klassen, daß sich die Konstituante »auf den Boden der Sowjetmacht« stelle, nicht umgekehrt. Als ein entsprechender bolschewistischer Resolutionsentwurf, die »Deklaration der Rechte des werktätigen und ausgebeuteten Volkes«, abgelehnt wurde, zogen die Anhänger Lenins aus.[235] Tags darauf besetzten Rote Garden den Zugang zum Taurischen Palais, und ein Dekret des Rates der Volkskommissare erklärte die Konstituante für aufgelöst.[236]

---

[233] So Lenin am 5./6. Januar 1918, Lenin, Werke, Bd. 26, S. 431.

[234] Die Absetzbewegung der Parteiführung von der Konstituierenden Versammlung ist in Lenins Schriften nachzuverfolgen, etwa beim Versuch, die Sowjetpraxis der »permanenten« Neuwahlen auf die Konstituierende Versammlung zu übertragen und ein nachträgliches »Abberufungsrecht« einzuführen (Dekretentwurf vom 19. November), mit dem Verweis (auf dem 2. Gesamtrussischen Bauernkongreß am 1. Dezember), daß die Wahlen nicht den »Volkswillen« zum Ausdruck brachten und bringen konnten, durch die Zeitläufte überholt wurden, zur Forderung des Ausscheidens jener Abgeordneter der Konstituierenden Versammlung, die sich nicht auf den Boden der Beschlüsse des 2. Sowjetkongresses stellten, und Ablehnung eines »formaljuristischen« Standpunktes, der Verrat an der Sache des Proletariats darstelle (Thesen zur Konstituierenden Versammlung, geschrieben am 12. Dezember 1917), vgl. Lenin, Werke, Bd. 26, S. 332 f., 335 f., 355 f., 368 ff., 377 ff. Zunächst entschied man sich jedoch für eine Hinhaltetaktik, da die Konstituierende Versammlung recht populär schien und selbst in der eigenen Partei manche noch an sie glaubten, vgl. Auszüge aus dem Protokoll der Sitzung des Petersburger Komitees der RSDRP (b) vom 12. Dezember 1917, in: Triumfal'noe šestvie, Bd. 2, S. 326 ff.

[235] Vgl. dazu die Thesen über die Konstituierende Versammlung (geschrieben am 12. Dezember, veröffentlicht in der Pravda am 13. Dezember) und den Text der Deklaration der Rechte des werktätigen und ausgebeuteten Volkes in Lenin, Werke, Bd. 26, S. 377 ff., 422 ff.

[236] Dekret zur Auflösung der Konstituierenden Versammlung vom 6. Januar 1918 mit den Entwürfen Lenins in Dekrety Sovetskoj vlasti, Bd. 1, S. 329 ff.

Für Lenin war der Vorgang kaum weiter der Rede wert: Man hatte das Leichenschauhaus zugesperrt, in dem politische Mumien über die Zukunft sprachen.[237] Für seine Gegner aber hatte sich endgültig erwiesen, daß Lenin die Parteidiktatur über den Willen der Mehrheit des russischen Volkes stellte. Gehörte nicht die Forderung nach Einberufung einer frei gewählten verfassungsgebenden Versammlung zu den Grundforderungen aller demokratischen Parteien in Rußland seit ihrer Gründung Anfang des Jahrhunderts? Hatten sich darauf nicht auch im Frühjahr 1917 die Provisorische Regierung und der Petrograder Sowjet geeinigt? Hatten die Bolschewiki nicht am lautesten nach der Konstituante gerufen, ja noch im Oktober, nach dem Umsturz, den Rat der Volkskommissare zum bloßen Provisorium erklärt, als Notbehelf, bis die langgeplante Konstituierende Versammlung endlich zusammentrat? Trotz massiven Einsatzes, so rechneten Lenins Gegner vor, war es den regierenden Bolschewiki nicht gelungen, mehr als 25 % der Stimmen für sich zu gewinnen. War es da nicht blanker Hohn, mit dem Hinweis auf den »Volkswillen« von einer Verfassungsgebenden Versammlung zu verlangen, daß sie die Usurpartoren bestätigte und die »Realitäten« akzeptierte – noch bevor sie überhaupt in Verhandlungen eingetreten war? Schließlich: was sollte das Gerede über die vorrevolutionären Listen? Hatte, wer die bolschewistische Revolution unterstützen wollte, nicht die Möglichkeit, die bolschewistische Liste auch zu wählen?[238]

Die gegensätzlichen Positionen sind bekannt, die Vorgeschichte und die Folgen ebenso: Was die kritischen Geister in Rußland seit Jahren und Jahrzehnten bewegt hatte, die Einberufung einer Verfassungsgebenden Versammlung auf der Basis eines freien, allgemeinen und gleichen Wahlrechts, blieb in der revolutionären Entwicklung des Landes nur eine Episode. Der ersten Sitzung vom 5. Januar 1918 folgte keine weitere, die beschlossenen Dekrete

---

[237] Lenin sah sich, so in der schon einmal zitierten Notiz vom 5./6. Januar 1918, »aus der Mitte lebendiger Menschen in eine Gesellschaft von Leichen« versetzt, »Leichengeruch zu atmen, die Mumien des ›sozialen‹ Geschwätzes à la Louis Blanc, Černov und Cereteli wieder zu hören – das ist etwas Unerträgliches!«, ähnlich auch tags darauf in einer Sitzung des Zentralen Exekutivkomitees, vgl. Lenin, Werke, Bd. 26, S. 431 f., 437 ff.

[238] Die Widersprüche in der bolschewistischen Haltung und die Frage, welche Rolle sie der Konstituierenden Versammlung zudachten, beherrschten bereits die zeitgenössische Diskussion. Obwohl schon vor der Machtergreifung fraglich war und nach dem Wahlausgang immer unwahrscheinlicher wurde, daß die Parteiführung noch bereit sein könnte, sich dem Votum der Konstituante unterzuordnen, hielten die sozialistischen Oppositionsparteien an dieser »letzten Hoffnung« irgendwie fest. Jedenfalls blieben die Vorbereitung und die Durchführung der Wahl sowie das Drängen auf ihre Einberufung zentrale Themen ihrer Presseorgane. Vgl. etwa das sozialrevolutionäre Delo naroda, wo sich M. Višnjak, N. Svjatickij und N.S. Rusanov dieses Themas in einem langen Artikel annahmen (Einschätzung der »letzten Hoffnung« in ebenda N° 206, 11. November 1917), oder die sozialdemokratische Rabočaja gazeta mit ebenfalls ausführlicher Berichterstattung über Wahlvorbereitung und Durchführung.

wurden nie Realität. Die Auseinandersetzungen um die Auflösung der Konstituante gingen im Frühjahr 1918 in den offenen Bürgerkrieg über, der das Land für zwei Jahre zerriß und mit dem Sieg der Bolschewiki endete.

Doch obwohl nur Episode, geben Wahl und Auflösung der Konstituante Gelegenheit, nach der Meinung jener zu fragen, auf die sich beide Seiten beriefen, nach den Vorstellungen und Zukunftserwartungen der Wähler, nach dem politischen »Willen des Volkes«, den »Interessen der werktätigen Massen«. Vier Wege der Annäherung erscheinen dabei möglich: Der erste hat von den Bedingungen der Wahl auszugehen und von ihren möglichen Auswirkungen auf das Wahlergebnis. Der zweite führt von den Wahlergebnissen zur numerischen Zusammensetzung der Konstituante. Die dritte Annäherung untersucht die Versprechungen und programmatischen Entwürfe jener Parteien, denen das Wählervotum die Mehrheit verschaffte. Und die vierte rückt schließlich das Wählerverhalten in den Mittelpunkt, die Einstellung zur Wahl und zur Konstituante als politischer Institution. Zusammengenommen versprechen sie nicht nur ein genaueres Bild von Formen und Strukturproblemen politischer Willensbildung im Revolutionsjahr, sondern auch von Grundlagen, Methoden und Folgen bolschewistischer Machtbehauptung.

Die wichtigste Frage zuerst, die Frage nach den *Bedingungen der Wahl*: Wie frei, wie repräsentativ für den Wählerwillen waren die Wahlen noch? Hatten die Bolschewiki Ende Oktober / Anfang November nicht bereits alle Schaltstellen der Macht besetzt? Hatten sie nicht die Provisorische Regierung gestürzt und ihre Minister verhaftet, soweit sie ihrer habhaft werden konnten? Hatten sie nicht eine neue Regierung gebildet, die mit bolschewistischen Truppen und Roten Garden ihre Macht durchzusetzen begannen? Hatte man nicht schon unmittelbar nach dem Umsturz die wichtigsten oppositionellen Presseorgane – unter ihnen die kadettische Zeitung »Reč'« – verboten, Redakteure verhaftet und die freie Meinungsbildung massiv behindert, wenn nicht unmöglich gemacht? Und war man nicht schon dabei, den Oberkommandierenden des Heeres, General Duchonin abzulösen und durch den Fähnrich Krylenko zu ersetzen, um auch die letzte Bastion zu nehmen?[239]

---

[239] Zwar hatte der Rat der Volkskommissare bereits am 27. Oktober den Wahltermin vom 12. November bestätigt und alle Wahlkommissionen, Einrichtungen der örtlichen Selbstverwaltung, Räte und Soldatenorganisationen an der Front aufgefordert, »alle Anstrengungen« zu unternehmen, um eine »freie und ordnungsgemäße Durchführung« der Wahl zum angesetzten Termin sicherzustellen. Doch am gleichen Tag erließ auch die mit der Wahl zur Konstituierenden Versammlung betraute Allrussische Kommission eine Verordnung, in der sie feststellte, daß in Petrograd nach dem Putschversuch der Bolschewiki die Bedingungen für eine freie und reguläre Durchführung der Wahl nicht mehr gegeben seien; Text in Dekrety Sovetskoj vlasti, Bd. 1, S. 25 f.; Izvestija Vserossijskoj po delam o vyborach v Učreditel'noe sobranie komissii N° 16-17, 10. November 1917, S. 6; beide Texte auch abgedruckt in: Velikaja Oktjabr'skaja socialisti-českaja revoljucija. Triumfal'noe šestvie sovetskoj vlasti, Bd. 2, S. 301 f.; zum weiteren Schicksal dieser Kommission vgl. die Ausführungen im nächsten Absatz und in Anm. 240.

Nun, daß es keinen freien und fairen Wahlkampf gab, ist unstrittig; er fand vielerorts in einer Atmosphäre bürgerkriegsähnlicher, anarchischer Zustände statt. Unstrittig ist auch, daß die Bolschewiki den Wahlausgang massiv zu beeinflussen suchten; dabei schreckten sie vor politischem Terror, der Verhaftung oppositioneller Kandidaten und dem Verbot mißliebiger Presseorgane nicht zurück. Ein führendes Mitglied der Petrograder Parteiorganisation ließ – gleichsam erklärend – verlauten, man betrachte die Wahlen nicht als »parlamentarische Auseinandersetzung«, sondern unter dem Gesichtpunkt des »revolutionären Klassenkampfes«; und er fügte – zynisch und die Zukunft vorwegnehmend – hinzu, die Konstituante sei für die Bolschewiki auch kein »Fetisch«: Agitiere sie »gegen den Willen des Volkes«, stelle sich die »Frage eines neuen Aufstandes«. Und die für die Vorbereitung und Durchführung der Wahlen eingesetzte Allrussische Kommission, die nach dem Umsturz die Zustände in Petrograd, Moskau und anderen Städten als für das geplante Vorhaben »äußerst abträglich« bezeichnet hatte, verlor ihre bisherige Tagungs- und Arbeitsstelle im Marienpalast; ein Großteil ihrer Mitglieder wurde erst verhaftet, dann des Amtes enthoben, und die Einrichtung selbst in den Smol'nyj verbracht und unter das Kuratel der bolschewistischen Staatsführung gestellt.[240]

So wird man einen Teil des bolschewistischen Wahlerfolges wohl auf die neuen Verhältnisse verbuchen müssen. Verglich man jedenfalls ihre Ergebnisse vom Herbst mit den Wahlen zu den Stadtparlamenten im Sommer, so stachen die Unterschiede ins Auge: In Petrograd stieg die Zahl der bolschewistischen Stimmen von 184.000 auf 424.000 und in Moskau von 75.000 auf 374.000. Hatten die Anhänger Lenins im Sommer nur 33 % der Petrograder Stimmen errungen, so nun 45 %, und in Moskau stieg der Prozentanteil noch spektakulärer von 12 auf 48 %. Im gleichen Maße wie die

---

[240] Vergleiche etwa zu den Bedingungen der Wahl und ihrer Einschätzung durch die Allrussische Kommission Delo Naroda N° 195, 199, 200, 204, 205, vom 31. Oktober sowie vom 4., 5., 9., 10. November 1917; Lageeinschätzung der Allrussischen Kommission und Entzug ihrer Tagungs- und Arbeitstelle nach ihrer Weigerung, mit der neuen Regierung und dem von ihr bestellten Kommissar zusammenzuarbeiten, vgl. in: ebenda N° 204, 9. November; dies sollte Ende November zu ihrer Verhaftung sowie zur Absetzung des Vorsitzenden und Abberufung zahlreicher Kommissionsmitglieder führen (Russkie Vedomosti N° 258, 25. November); sie sollte künftig nur unter dem Vorsitz des Regierungskommissars Urickij tagen dürfen, vgl. Dekrety Sovestkoj vlasti, Bd. 1, S. 167 f.; Bericht über die Besetzung der Redaktionen von Reč', Birževye vedomosti, Utro, Volja naroda, Rabočaja gazeta, Edinstvo sowie über die Auflösung der Petrograder Stadtduma nach dem Sprengung einer Sitzung durch bolschewistische Arbeiter in Russkie Vedomosti N° 253, 18. November 1917; Zitat der Äußerung M.M. Volodarskijs (der später als Volkskommissar für die Presse zuständig werden sollte) in Delo naroda N° 205, 10. November 1917. Zur Frage, wie frei die Wahlen zur Konstituante noch waren, eingehend auch Radkey, Russia Goes to the Polls, S. 42 ff.

Bolschewiki hinzugewannen, verloren die Sozialrevolutionäre: Sie sackten in Petrograd von 47 auf 17 % und in Moskau von 58 auf 8 % ab.[241]

Aber es gewannen eben nicht nur die Bolschewiki. Auch die Kadetten konnten bei den Wahlen zur Konstituante ihre Stimmen in Petrograd und Moskau mehr als verdoppeln und wurden (mit 247.000 bzw. 265.000) in beiden Hauptstädten zur zweitstärksten Partei.[242] Nahm man die Wahlen in Petrograd und Moskau als Stimmungsbarometer, so traf der Umsturz besonders die Sozialrevolutionäre, die Rivalen im sozialistischen Lager, und trieb die gesamtgesellschaftliche Polarisierung beträchtlich voran.

Im Grunde zeigen schon die hauptstädtischen Erfolge der Kadetten, daß die Bolschewiki im Winter 1917/18 noch nicht in der Lage waren, alle und jede Opposition zu ersticken. Auch den noch (oder nach Unterbrechung wieder-) erscheinenden sozialrevolutionären, menschewistischen und liberalen Blättern war kaum vorzuwerfen, daß sie – mit der Schere im Kopf – in ihrer Kritik an den neuen Machthabern Zurückhaltung übten; für sie war das neue System »pseudodemokratischer Despotismus«, der sich um die Menschenrechte, »die Unverletzlichkeit der Person und der Wohnung, der Freiheit des Wortes und der Versammlung nicht scherte«, die Herrschaft »machthungriger Bonapartisten«, »Usurpatoren« und »Demagogen«, die in den Ruin führte, und deren Anhänger den rechtsradikalen »Schwarzhundertschaften artverwandt« waren. Auch Gor'kijs »Novaja žizn'« war inzwischen auf strikt antibolschewistischen Kurs eingeschwenkt und veröffentlichte die »unzeitgemäßen Gedanken« des Schriftstellers, in denen er sich für politisch Verfolgte einsetzte, über die »wilde Rohheit, die Grausamkeit, den Sadismus und die Unkultiviertheit der Bolschewiken« sprach und ihnen vorwarf, »am Volk ein scheußliches Experiment durchzuführen und die Arbeiterklasse zu vernichten«.[243]

---

[241] Zahlen hier nach Znamenskij, Učreditel'noe sobranie, S. 292 f.

[242] In Petrograd steigerten sie ihren Stimmenzahl von 114 auf 247 Tausend und erreichten einen Stimmenanteil von 26 %, in Moskau bei einer Steigerung von 109 auf 265 Tausend sogar 34 %; Zahlen ebenda. Für die Ergebnisse insgesamt vgl., Tabelle 8 im Anhang.

[243] Vgl. etwa die Zeitungen Delo naroda, Rabočaja gazeta, Russkie vedomosti (wobei offenkundig letztere zwei Wochen lang, zwischen 26. Oktober (8. November) und 8. (21.) November 1917 nicht erschien); Zitate Rabočaja gazeta N° 198, vom 28. Oktober; Delo naroda N° 195, vom 31. Oktober; Russkie vedomosti N° 245, 246, vom 8., 9. November 1917. Die (ebenfalls am 26. Oktober verbotene Reč' erschien seit 16. November 1917 als Naša reč', seit 19. November 1917 als Svobodnaja reč', seit 23. November 1917 als Vek, seit 28. November 1917 als Novaja reč', seit 31. Dezember 1917 bis in den Sommer 1918 unter dem Titel Naš vek, vgl. Periodičeskaja pečat' v Rossii v 1917 godu. Bibliografičeskij ukazatel', Leningrad 1987, 2 Bde; hier Titel 2645 »Naš vek«. Der Schwenk der Novaja žizn' vollzog sich in der ersten Dekade des November; Gor'kij-Zitat aus Novaja žizn' N° 103 (318) vom 17. (30.) [sic!] Mai 1918, hier nach Maxim Gorkij, Unzeitgemäße Gedanken über Kultur und Revolution, S. 216.

Was für die Hauptstädte galt, galt erst recht für die Provinz. Eine Verwaltungsorganisation, mit deren Hilfe es möglich gewesen wäre, die bolschewistische Macht rasch und wirksam durchzusetzen, existierte nicht. Die städtischen und ländlichen Selbstverwaltungen, denen die Durchführung der Wahl zur Konstituante oblag, waren erst im Aufbau begriffen. Daß sich dieser Prozeß so lange hinzog, war ein Grund, warum die Wahlen seit dem Frühsommer immer wieder verschoben werden mußten; und als die Selbstverwaltungen endlich leidlich funktionierten, waren sie mehrheitlich keineswegs bolschewistisch eingestellt.

In den Sowjets, die der Rat der Volkskommissare zu den neuen Staatsorganen erklärt hatte, war der bolschewistische Einfluß zwar bedeutend größer, aber sie bildeten kein zusammmenhängendes, willfähriges Ganzes. Noch im Frühjahr 1918 war Räte-Rußland eine Ansammlung »unverbundener, einfacher örtlicher Sowjets«, die nur der gemeinsame Haß gegen die alte Ordnung zusammenhielt – so hat es, durchaus zutreffend, ein Mitglied des Volkskommissariats des Innern beschrieben.[244] Die Räte regelten ihre lokalen Belange weitgehend autonom, erhoben Steuern, belegten durchfahrende Güter mit Abgaben oder konfiszierten sie für den eigenen Bedarf; was außerhalb des eigenen Territoriums vor sich ging, kümmerte sie in der Regel wenig. Und was noch hinzukam: Auf dem Lande, im Dorf fehlten die Sowjets bis zum Herbst 1917 fast völlig.

Es bleibt: die bolschewistische Partei. Doch das Bild von der weitsichtig planenden und alles umfassenden, straff organisierten Revolutionspartei ist, einmal mehr sei das hier gesagt, Legende und von der Forschung längst widerlegt. Von der offiziellen Parteihistorie in die Welt gesetzt und in westlichen Publikationen – mit anderen Vorzeichen – lange wiederholt, gab es mehr den Anspruch als die Wirklichkeit wider. Die Bolschewiki waren im Herbst 1917 eher das große Sammelbecken der Unzufriedenen, zwischen Anarchismus, Syndikalismus und Staatskapitalismus hin- und herschwankend, als eine geschlossene Organisation mit eindeutigen Zielen.

Auch wer die verfügbaren Quellen zur Geschichte der Parteiorganisation auf die Wahlen zur Konstituante hin durchsieht, stößt auf diesen Tatbestand. Je weiter man sich offenkundig vom Zentrum entfernte, desto unbekannter war die Partei, desto spärlicher ihre Organisation, noch im Herbst 1917 und vor allem auf dem Lande. Die permanente stereotype Bitte der lokalen Parteistellen um Unterstützung ist da ein beredtes Zeugnis. Der Briefwechsel des Zentralkomitees mit seinen Provinzorganisationen ist voll davon, und nicht selten verbarg sich hinter der Bitte um Zeitungen,

---

[244] V. Tichomirnov, 1-yj punkt sovetskoj konstitucii, in: Vlast' sovetov. Organ Narodnogo komissariata vnutrennych del 1918, N° 27, S. 12 ff.

Flugblätter und die Entsendung eines Agitators das Eingeständnis, daß man selbst nicht genau wußte, was die Parteiführung plante, welche Ziele man gemeinsam verfolgte.[245]

Man mußte sich gar nicht so weit vom Zentrum entfernen, um auf solche Zustände zu stoßen. Aus dem Smolensker Gouvernement berichtete im September ein Parteimitglied, daß es zwar viel propagandistische Arbeit gebe, aber kaum Leute, die dazu geeignet wären. Vor allem auf dem flachen Land stünde es damit denkbar schlecht.[246] Aus dem nordwestlich angrenzenden Pskover Gouvernement meldete ein Agitator, daß er bei der Vorbereitung der Bauern auf die Wahlen zur Konstituante auf keinen einzigen Bolschewiken gestoßen sei, weder im Volost'-Komitee noch im Kreissowjet. Bei einer Versammlung in der Kreishauptstadt wurde nur die Liste der Sozialrevolutionäre vorgestellt, so daß niemand Liste und Kandidaten der Bolschewiki kenne.[247] Zum gleichen Zeitpunkt – Ende Oktober 1917 – gab es in der Kreisstadt Bežeck des Tverer Gouvernements weder einen Bolschewiken noch im umliegenden Landkreis eine Parteiorganisation. Auch Wahlplakate und Broschüren waren unbekannt und im Sowjet saßen allein die Sozialrevolutionäre.[248] Im Donec-Becken – so war einem weiteren Bericht des Monats Oktober zu entnehmen – fehlten der Partei zwar nicht die Mitglieder, aber eine feste Organisation war sie auch dort nicht: Die Arbeiter kamen nicht zu Versammlungen und allein in einer Grube mußten 300 Mitglieder ausgeschlossen werden, weil sie seit drei Monaten keine Beiträge gezahlt hatten.[249]

Zufallsbefunde aus den Gouvernements und Gebieten von Kursk, Poltava und Cherson, Samara, Ufa und Orenburg, Omsk und Tomsk, Astrachan', Kars und auf der Krim zeigen, daß – offenbar gar nicht so selten – Menschewiki und Bolschewiki bis in den September / Oktober hinein eine gemeinsame Parteiorganisation bildeten. Anscheinend waren den Mitgliedern die Differenzen unbekannt oder sie schätzten die Gemeinsamkeiten höher ein als die Unterschiede.[250] Daß die Zustände in den Metropolen und Großstädten nicht ungeprüft auf die Provinz übertragen werden durften, war das Jahr über auch bei den Wahlen zu den örtlichen Selbstverwaltungsorganen zu beobachten. Bis Ende August waren die Dumen in 126 Städten neu gewählt worden. Dabei traten die Bolschewiki nur in 29

---

[245] Vgl. Perepiska sekretariata CK RSDRP (b) s mestnymi partijnymi organizacijami, hier die Bände 1 und 2 (über den Zeitraum 1917/18).
[246] Perepiska sekretariata CK RSDRP (b), Bd. 1, S. 295 f.
[247] Perepiska sekretariata CK RSDRP (b), Bd. 1, S. 406 f.
[248] Perepiska sekretariata CK RSDRP (b), Bd. 1, S. 408 f.
[249] Perepiska sekretariata CK RSDRP (b), Bd. 1, S. 356 f.
[250] Perepiska sekretariata CK RSDRP (b), Bd. 1, S. 310 f., 318, 319, 323, 341, 353, 358, 360 f., 366, 387, 389 f., 390 und öfter.

Städten mit einer eigenen Liste auf, erreichten nur in 13 mehr als 10 % der Abgeordneten und stellten nur in 5 die größte Fraktion (wobei deren Anteil dort zwischen 21 und 48 % variierte). Überraschender noch als diese Details erscheint der Umstand, daß sie in 77 % der Städte, sofern es sie als gesonderte Gruppe überhaupt gab, in einem Bündnis mit den Menschewiki oder auch gemeinsam mit allen anderen sozialistischen Parteien (die Sozialrevolutionäre eingeschlossen) auftraten, sei es weil für ein anderes Vorgehen die organisatorischen Voraussetzungen fehlten oder es dem eigenen Anhang nicht zu vermitteln gewesen wäre.[251]

Was die Beispiele für die Physiognomie der Partei im Herbst 1917 aussagen, soll hier nicht im Einzelnen vertieft werden. In jedem Falle passen sie nicht in das Bild einer geschlossenen, alles beherrschenden Organisation, die in der Lage gewesen wäre, den Wahlen zur Konstituante landesweit ihren Stempel aufzudrücken. Und wenn es noch eines zusätzlichen Beweises bedürfte: Alle Parteien protestierten gegen die Bedingungen der Wahl; aber bei keiner waren die Bedenken so groß, daß sie die Ergebnisse insgesamt als irregulär bezeichnet hätte.

Das führt zur zweiten Frage: *Wie entschieden die Wähler?* Zur Durchführung der Wahl wurde Rußland in 80 Wahlkreise aufgeteilt, wobei die Kreise im wesentlichen den Verwaltungs- oder Gouvernementsgrenzen entsprachen. Gewählt wurde nach Listen, die von jeder Partei in jedem Wahlkreis aufzustellen waren. Die Anzahl der Abgeordneten bestimmte sich nach dem Verhältnis der Listenstimmen. Die Wahlen sollten am Sonntag, den 12. November, beginnen und zweieinhalb Tage dauern. Tatsächlich begannen sie jedoch nur in gut der Hälfte der Wahlkreise pünktlich, die meisten übrigen zogen mit ein-, zwei- oder dreiwöchiger Verspätung nach. Ein offizielles Bulletin zum Wahlausgang wurde nie veröffentlicht. Resultate und Statistiken liegen nur aus 70 Wahlkreisen vor. Wie – wenn überhaupt – der Rest wählte, ist unbekannt; vor allem in den Randgebieten gibt es viele weiße Flecken. Doch wie das Wählervotum im europäischen Rußland und in Sibirien ausfiel, ist unstrittig und durch die vorhandenen Unterlagen nahezu lückenlos belegt.[252]

---

[251] Vgl. dazu den Überblick in der sozialrevolutionären Zeitung Delo naroda Nº 137, 26. August 1917.

[252] Die umfangreichen Vorschriften der Wahlordnung, zur Wahlkreiseinteilung, zur Stimmenauswertung sowie den speziellen Regelungen für die Durchführung der Wahl bei Heer und Flotte in Izvestija Osobago Soveščanija dlja izgotovlenija proekta položenija o vyborach v Učreditel'noe sobranie, vgl. Nº 64 (27. Juli), 78 (10. August), Nº 96 (6. September), Nº 97 (7. September), Nº 98 (8. September), ein imponierendes juristisches Gesamtwerk mit über 200 Paragraphen unter kadettischer Federführung, das ahnen läßt, warum die Ausarbeitung so viel Zeit in Anspruch nahm, zugleich aber nach dem Realitätsbezug seiner Schöpfer fragen läßt und ihnen schon zeitgenössisch den Vorwurf des Überperfektionismus einbrachte. Zu diesem Vorwurf und seiner Diskussion in der Presse die Zeitung Delo naroda Nº 172, 174, 5.

Nachträgliche Ergänzungen und Korrekturen bestätigen im Grunde nur die Ergebnisse, wie sie eine erste Wahlanalyse schon 1918 – auf der Basis von 54 Wahlkreisen – zu Tage gefördert hatte: Danach entschieden sich knapp 24 % der Wähler für die Bolschewiki und knapp 60 % für Gruppierungen sozialrevolutionärer Ausrichtung; 2-3 % wählten landesweit die Menschewiki und etwas über 4,5 % die Konstitutionellen Demokraten, die Kadetten. Selbst wenn man zu den bolschewistischen Stimmen noch jene hinzurechnete, die auf linke Sozialrevolutionäre entfallen waren, reichte es nur zu einer starken Minderheit von 30 %. Die Mehrheit der Wähler hatte nicht die Regierungsparteien, sondern ihre Gegner unterstützt und die Sozialrevolutionäre mit über der Hälfte der Wählerstimmen zur stärksten Gruppierung gemacht. Überraschend war nicht nur das schwache Abschneiden der Menschewiki, sondern auch der bürgerlichen Parteien: Selbst für die größte, die Kadetten, hatten landesweit nur rund zwei Millionen Wähler gestimmt.[253]

Die Bolschewiki hatten ihren stärksten Rückhalt in den Industriezentren, in den Städten überhaupt, an den wichtigsten Fronten im Norden, Westen und bei der baltischen Flotte sowie in den Garnisonen des Hinterlandes. Sieht man auf die 68 Gouvernementstädte, aus denen Unterlagen vorliegen, und rechnet die Teilergebnisse zusammen, so waren die Bolschewiki mit einem Stimmenanteil von 36,5 % eindeutig die stärkste Gruppierung. Noch imponierender war ihre Stellung in den Hauptstädten, in Moskau und Petrograd, wo sie – wie erwähnt – über 46 % erreichten. An der Nord- und Westfront sowie bei der baltischen Flotte stimmten gar 62,1 % bolschewistisch und bei den 92 Garnisonen im Hinterland war es nicht viel anders: Hier entschieden sich fast 58 % für die Bolschewiki.[254]

---

bzw. 7. Oktober 1917 (die das Wahlgesetz gegen diesen Vorwurf verteidigt). Zu den Gründen der Verzögerung der Artikel Mark Višnjaks in ebenda N° 202, 7. November. Zu den Wahlergebnissen v.a. Radkey, Russia Goes to the Polls, S. 80 ff. und 148 ff., dabei konnten zusätzlich zur 1. Ausgabe knapp 2,4 Millionen weitere Stimmen ermittelt werden (Radkey selbst gibt die neue Gesamtzahl ermittelter Stimmen mit 44.218.555 an, rechnet man jedoch für die einzelnen Gruppierungen ausgewiesenen Posten zusammen, so ergibt sich eine Zahl von 44.072.546 Stimmen). Zu sehr ähnlichen Ergebnissen kommen auch Gorodeckij, Roždenie sovetskogo gosudarstva, S. 437 ff.; Spirin, Klassy i partii, S. 416 ff.; Znamenskij, Učreditel'noe sobranie, S. 270 ff.

[253] Vgl. dazu die Aufschlüsselung in Tabelle 8 im Anhang; ein Vergleich der Ergebnisse Svjatickijs (Itogi vyborov, S. 76 f.) aus dem Jahr 1918 mit späteren Ermittlungen ermöglicht die Aufstellung bei Radkey, Russia Goes to the Polls, S. 18 f.; die in der zweiten Auflage neu ermittelten Stimmen änderten nichts an den Grundaussagen zum Stärkeverhältnis, sie decken sich weitgehend auch mit den in sowjetischen Darstellungen (bei Gorodeckij, Spirin, Znamenskij) gegebenen Daten zur Parteienstärke.

[254] Chesin, Flot golosuet, S. 118; Golub, Partija, armija i revolujucija, S. 204 ff.; Gorodeckij, Roždenie sovetskogo gosudarstva, S. 437; Radkey, Russia Goes to the Polls, S. 25 ff., 37 f., 40; Znamenskij, Učreditel'noe sobranie, S. 272 ff.

Das Wählervotum bestätigte den bolschewistischen Anspruch, Partei des Proletariats zu sein. Die überwiegende Mehrheit der städtischen Arbeiterschaft hatte sie gewählt. Die Bolschewiki waren am entschiedensten für die Rechte der Fabrikkomitees eingetreten, hatten ihre Forderung, die Kontrolle der Betriebe zu übernehmen, mit Nachdruck unterstützt. Das trug jetzt offenkundig Früchte. Und daß die bolschewistische Partei – nahezu bedingungslos – auch für die Beendigung des Krieges eingetreten war, sicherte ihr den Einfluß bei den Soldaten, in den Garnisonen zumal, wo man – wie noch darzustellen sein wird – längst des Krieges überdrüssig dem nächsten Fronteinsatz entgegenbangte.

Mehrheitlich hatten die Wähler aber nicht für die Bolschewiki, sondern für Kandidaten »kleinbürgerlicher« (wie die späteren sowjetischen Historiker sagten), sozialrevolutionärer Ausrichtung gestimmt, über 25 von rund 45 Millionen. Waren die Bolschewiki eine Partei der Stadt, so hatten die Sozialrevolutionäre ihre Bastionen auf dem Lande bei den Bauern. Lokale und regionale Mehrheiten von 70, 80 und mehr Prozent waren keine Seltenheit, was zeigt, daß die Partei nicht auf bestimmte Schichten festzulegen war. Ihre Losung »zemlja i volja«, »Land und Freiheit«, verfing bei armen wie wohlhabenderen Bauern. Aber nicht nur das Dorf wählte die Sozialrevolutionäre, auch in der Armee war der Großteil der Mannschaften ja bäuerlicher Herkunft und der Einfluß der SRy – trotz aller Radikalisierung – nie ganz verloren gegangen. Nahm man nicht nur die Nord- und Westfront sowie die baltische Flotte, wo der bolschewistische Anhang überwog, sondern alle 6 Militärwahlkreise zusammen, so kam der sozialrevolutionäre den bolschewistischen Stimmenanteil fast gleich.[255]

Die Weigerung Lenins, die Wahlen als Ausdruck der Volksstimmung zu akzeptieren, weil die Kandidatenlisten noch vor dem Oktoberumsturz zusammengestellt worden waren und keine Unterscheidung zwischen linken und rechten Sozialrevolutionären erlaubten, mag politisch plausibel erscheinen, sie findet in den Wahlergebnissen jedoch nicht unbedingt Rückhalt. Denn dort, wo die linken Sozialrevolutionäre tatsächlich eigene Listen aufstellten, erzielten sie nur minimale Erfolge, und auch, wo die Linken in der sozialrevolutionären Gesamtorganisation den Ton angaben, wie etwa in Petrograd, lagen die Ergebnisse deutlich unter dem Landesdurchschnitt; sie konnten hier die Niederlage nicht verhindern, wer gegen die Provisorische Regierung war, ihren Sturz begrüßte und die neue Politik unterstützen wollte, wählte lieber gleich bolschewistisch.[256]

---

[255] Radkey, Russia Goes to the Polls, S. 25 ff., 38 ff.; Znamenskij, Učreditel'noe sobranie, S. 280 ff.
[256] Zu den Ergebnissen in Petrograd und Moskau sowie zum Problem insgesamt Radkey, Russia Goes to the Polls, S. 36 ff., 54 ff., 73 f. u.ö.

Am Anfang der Wahl, als alle Aufmerksamkeit sich auf die Städte konzentrierte, glaubten manche noch an ein Kopf-an-Kopfrennen zwischen Bolschewiki und Kadetten. In Petrograd gingen die Wähler zwischen 12. und 14. November an die Urnen, wobei sich in den – rasch ausgezählten – Innenstadtbezirken (Admiraltejskij, Kazan'skij, Spasskij, Litejnyj, Kolomenskij, Moskovskij, Roždestvenskij) die Mehrzahl für die Kadetten entschied und unter Einschluß der Arbeitervorstädte die Partei auf 26 % kam. In Moskau konnten sie eine Woche später ihren Erfolg wiederholen, gemessen an den Wahlen im Sommer und Herbst rd. 140.000 Stimmen hinzugewinnen und einen Anteil von 36 % für sich verbuchen. Die Kadetten wurden damit in beiden Metropolen zur zweitstärksten Partei, im Durchschnitt der 68 Gouvernementsstädte ebenso. In manchen Provinzstädten wie Kaluga, Rjazan', Nižnij Novgorod, Voronež, Kursk, Orël, Vjatka, Perm', Vologda und Novgorod am Ilmensee ließen sie sogar die Bolschewiki und die Sozialrevolutionäre hinter sich und wurden – mehr oder minder deutlich – zur stärksten politischen Kraft.[257] Offenkundig stimmten nicht allein und nicht einmal in erster Linie Handel und Gewerbe für sie, sie war noch viel mehr die Partei der liberalen bürgerlichen Intelligenz, der Lehrer und Ärzte, der Professoren, Ingenieure und Rechtsanwälte. Die Gesamtabrechnung aber ergab, daß diese Schicht landesweit nur eine schmale Minderheit (von rund 5 %) ausmachte, zu klein, um angesichts der Polarisierung der Gesamtgesellschaft noch merklichen Einfluß ausüben zu können.

So einfach, wie eben dargestellt, lagen die Verhältnisse freilich nur in den großrussischen Kernlanden. Im Westen und im Baltikum, an der mittleren Wolga und an deren Unterlauf, in der Ukraine und im Kaukasus fiel ein Großteil oder gar die Mehrheit der Stimmen auf andere politische Gruppierungen. Wo es sich – wie bei den ukrainischen Sozialrevolutionären – um nationale Varianten handelte, konnten sie mit einigen Abstrichen in das Parteienspektrum eingeordnet werden. Andere aber lagen quer dazu, vertraten mehr nationalpartikulare als politische und soziale Interessen und fungierten nach ihrer Selbsteinschätzung vor allem als Repräsentanten von Minderheiten, der jüdischen und polnischen, der lettischen und estnischen, armenischen und čuvašischen, baškirischen und muslimischen Volksgruppen. Daß sie so viele Stimmen erhielten und – grob gerechnet – rund 80 Abgeordnete in die Konstituierende Versammlung schickten, zeigte, daß die

---

[257] Vgl. Russkie vedomosti N° 250, 251, 257, vom 15. 16. und 24. November 1917; die Aufstellung über die Provinzstädte bei Gorodeckij, Roždenie sovetskogo gosudarstva, S. 437 ff. Die Prozentanteile für Moskau und Petrograd schließen die Garnisonsstimmen nicht ein; rechnet man sie hinzu, so reduziert sich der kadettische Anteil auf 24 bzw. 34 %; so auch die Zahlen bei Znamenskij, Učreditel'noe sobranie, S. 292.

Nationalitätenprobleme mit dem Sturz der Autokratie nicht beigelegt waren, sondern offener denn je zu Tage traten.[258]

Faßte man die Ergebnisse der Wahl zusammen und markierte auf einer Landkarte jene Gebiete, wo die Bolschewiki als stärkste Partei aus den Wahlen hervorgegangen waren, so ergab sich eine deutliche Konzentration um die beiden Hauptstädte Moskau und Petrograd, nach Westen, nach Weißrußland ausgreifend. Im südlich angrenzenden Schwarzerdegebiet, an der Wolga, im Nordosten, im Ural und in Sibirien dominierten die Sozialrevolutionäre. Im Süden und Südwesten, im baškirisch-kazachischen Gebiet von Orenburg stellten nationale Minderheiten die stärksten Gruppierungen. Zog man die Grenzen zwischen bolschewistischen und nichtbolschewistischen Gebieten durch, so waren die Fronten des kommenden Bürgerkriegs damit abgesteckt.[259]

Wie sah die Zusammensetzung der Konstituierenden Versammlung also aus und *für welches Programm* standen *die Mehrheitsparteien*? So wie es keine offizielle Wahlstatistik gibt, fehlt auch ein Verzeichnis aller gewählten Deputierten. Die noch immer vollständigste Aufstellung stammt vom Ende der 20er Jahre und vermerkt 707 Namen: 370 Sozialrevolutionäre, 175 Bolschewiki, 40 Linke Sozialrevolutionäre, 86 Vertreter nationaler Minderheiten, 17 Kadetten, 2 Volkssozialisten und 1 Abgeordneter unbekannter Parteizugehörigkeit.[260] Der schleppende Gang der Wahl und der Wahlbestätigung machten bald deutlich, daß die gesetzliche Frist für die Eröffnung der Konstituante – 14 Tage nach der Wahl, also am 28. November 1917 – nicht eingehalten werden konnte. Der weite Anreiseweg mancher Deputierten kam hinzu. Am 26. November verschob eine Verordnung des Rates der Volkskommissare die Eröffnung, bis mindestens 400 Mitglieder in Petrograd zugegen seien, ohne einen genauen Termin zu nennen.[261] Die um sich greifende Unruhe in den anderen Parteien beendete die bolschewistische Regierung Ende Dezember 1917, indem sie nun den 5. Januar 1918 als Eröffnungstag bekanntgab.[262] Auch die genaue Zahl der-

---

[258] Vgl. dazu Tabelle 8 im Anhang; zum Problem auch Radkey, Russia Goes to the Polls, S. 20 ff., 120 ff.; sowie ausführlich im IV. Teil dieser Darstellung, S. 395 ff.

[259] Zusammengestellt bei Dando, A Map, in: Slavic Review 25, N° 2, S. 314 ff., nach den Angaben bei Radkey, The Election to the Russian Constituent Assembly of 1917, Cambridge, Mass. 1950; obwohl die 2. Aufl. des Radkey-Buches einige Ergänzungen nachträgt, betreffen sie nicht die in der Karte enthaltenen Kernaussagen; vgl. Karte 6 im Anhang.

[260] Zusammengestellt im Anhang der Edition des Tagungsprotokolls der Sitzung vom 5. Januar 1918: Malčevskij, Vserossijskoe Učreditel'noe sobranie, S. 115 ff.

[261] Text des Dekrets zur Eröffnung der Konstituierenden Versammlung vom 26. November 1917 in: Dekrety Sovetskoj vlasti, Bd. 1, S. 159.

[262] Resolution des Allrussischen Exekutivkomitees vom 22. Dezember und Telegramm des VCIK an alle Räte, Armee- und Frontkomitees vom 23. Dezember 1917, beide abgedruckt in Dekrety Sovetskoj vlasti, Bd. 1, S. 276 ff, 284 f. Zu den Vorgängen Skripilev, Učreditel'noe sobranie, S. 183 ff; Znamenskij, Učreditel'noe sobranie, S. 297 ff.

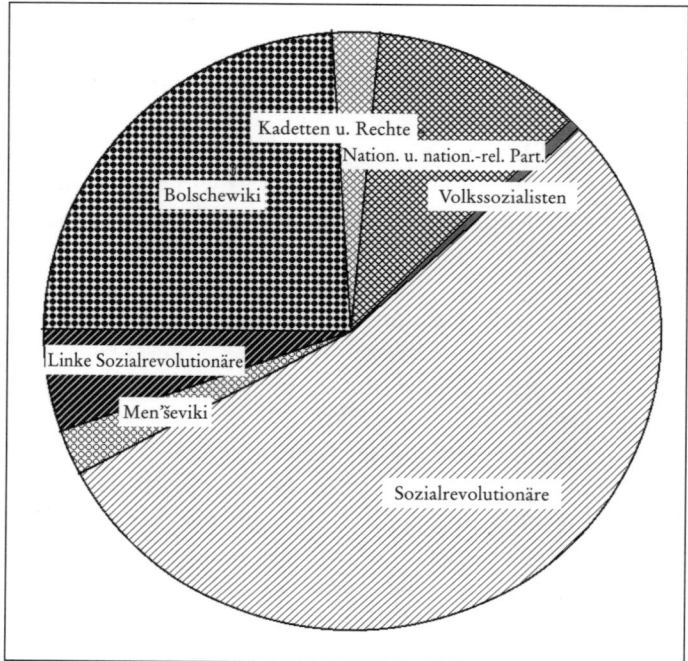

Abb. 25 Mandatsverteilung nach Parteien innerhalb der Konstituierenden Versammlung

jenigen, die sich am 5. Januar gegen 16 Uhr im Weißen Saal des Taurischen
Palais versammelten, ist nicht bekannt. Es spricht viel dafür, daß sie knapp
über dem Quorum von 400 lag; unter den Versammelten befanden sich ca.
240 Sozialrevolutionäre, 110-120 Bolschewiki und 30-35 linke Sozialrevolutionäre. Die Zusammensetzung des Rumpfparlamentes entsprach so im
Großen dem Stimmenanteil der einzelnen Parteien. Nur die Kadetten fehlten; ein Dekret des Rates der Volkskommissare hatte ihre Führer schon
Ende November zu Volksfeinden erklärt und ihre Verhaftung und Abur-
teilung durch Revolutionstribunale verfügt.[263]

Daß die Regierungsparteien, Bolschewiki und Linke Sozialrevolutionäre, auch im Rumpfparlament in der Minderheit waren, erwies sich rasch.
Statt der von ihnen vorgeschlagenen Marija Spiridonova wählten die Ver-

---

[263] Dekrete des Rates der Volkskommissare vom 28. November 1917; sie beschuldigten die Kadetten der Putschplanung mit Miljukov, Kaledin, Kornilov, erklärten sie zu Volksfeinden
und ordneten an, ihre Führer zu verhaften und dem Gericht der revolutionären Tribunale zu
überstellen; für Volksfeinde, Grundbesitzer und Kapitalisten sei auch kein Platz in der Konstituierenden Versammlung; Text in Dekrety Sovetskoj vlasti, Bd. 1, S. 162 ff., dt. Übersetzung bei Altrichter, Die Sowjetunion, Bd. 1, S. 62 ff.; dazu auch Lenin auf einer Sitzung des
VCIK am 1. Dezember 1917, vgl. Lenin, Werke, Bd. 26, S. 349 ff.

sammelten – mit großer Mehrheit – Viktor Černov zum Vorsitzenden, den Parteiführer der Sozialrevolutionäre und ehemaligen Landwirtschaftsminister der Provisorischen Regierung.[264] Schon diese Wahl war ein Programm und es war auch keine Überraschung, daß die Versammelten, wie erwähnt, die bolschewistische »Erklärung der Rechte des werktätigen und ausgebeuteten Volkes« ablehnten. Die Erklärung verlangte en bloc die Zustimmung zur bolschewistischen Regierungspolitik: zur Verleihung aller Macht an die Sowjets, zur Abschaffung des Privateigentums an Land, zu den Bemühungen um einen allgemeinen demokratischen Frieden, zur Anullierung der Staatsanleihen, zur Nationalisierung der Banken, zur Errichtung der Arbeiterkontrolle in den Betrieben.[265] Mit der Ablehnung dieses Katalogs war ein Akt der Abgrenzung vollzogen.

Welche Staats- und Gesellschaftsordnung wollten die Mehrheitsparteien aber stattdessen? Mit welchen Vorstellungen und Versprechungen hatten sie die Mehrheit der Bevölkerung hinter sich gebracht? In welche Zukunft führten sie Rußland, wenn man ihnen Gelegenheit gab, den Wählerauftrag zu erfüllen? Beste Fingerzeige geben die drei Entschließungen, die die Konstituante in ihrer ersten und einzigen Sitzung verabschiedete: der Appell an die verbündeten Regierungen, die Verordnung über den Staatsaufbau und das Gesetz über Grund und Boden. Wer mehr wissen will, kann noch auf die Wahlplattform der Mehrheitsparteien zurückgreifen, mit denen sich sie sich der Abstimmung, der Wahl zur Konstituante stellten. Obwohl der weite Weg vom Programm zu seiner Verwirklichung nicht unterschätzt werden soll, sind die Grundrichtung und das Ziel daran doch ablesbar.[266]

Die Sozialrevolutionäre wie die – freilich sehr viel kleinere – Gruppe der Menschewiki hatten in ihren Wahlplattformen der Beendigung des Krieges oberste Priorität eingeräumt. Mit Sozialrevolutionären und menschewistischen Stimmen verabschiedete die Konstituante in der Nacht vom 5. auf den 6. Januar auch ihre Resolution zur Friedensfrage. In einem Appell an die verbündeten Regierungen gab sie dem »unbeirrbaren Willen des

[264] Für Černov stimmten 244, gegen ihn 151 Abgeordnete; vgl. Malčevskij, Vserossijskoe Učreditel'noe sobranie, S. 7 ff.
[265] Verlesung und Diskussion vgl. bei Malčevskij, Vserossijskoe Učreditel'noe sobranie, S. 4 ff., 55 ff.; dt. Übersetzung der »Deklaration« bei Altrichter, Die Sowjetunion, Bd. 1, S. 140 ff.
[266] Alle abgedruckt im Anhang des Tagungsprotokolls bei Malčevskij, Vserossijskoe Učreditel'noe sobranie, S. 112 ff., 156 ff. Wiedergabe der Wahlplattform der Menschewiki auch in Rabočaja gazeta N° 192, 21. Oktober; während des Oktober informierte auch das sozialrevolutionäre Delo naroda nochmals ausführlich über Bestimmungen und Ziele der Wahl, vgl. etwa N° 174, 7. Oktober 1917; Auskunft gaben schließlich auch die Flugblätter, einige aus dem menschewistisch-sozialrevolutionären Lager veröffentlicht in Men'ševistskie i éserovskie listovki 1917 – 1918 godov. Sostavitel' G.I. Zlokazov, in: Otečestvennaja istorija 1993 N° 1, S. 156 ff.

[russischen] Volkes zur sofortigen Beendigung des Krieges und zum Abschluß eines allgemeinen, gerechten Friedens« Ausdruck. Der Appell regte an, ohne weiteren Aufschub die Friedensbedingungen bekanntzugeben, und verlangte, daß diese Bedingungen für alle kriegführenden Völker annehmbar sein müßten. Darüber hinaus waren die Mehrheitsparteien bereit, mit den sozialistischen Parteien aller kriegführenden Staaten zu einer Konferenz zusammenzukommen, um gemeinsam das weitere Vorgehen zu beraten. Separatfriedensverhandlungen, wie sie die Bolschewiki mit dem kaiserlichen Deutschland begonnen hatten, lehnten Sozialrevolutionäre und Menschewiki aber ab.[267]

Noch deutlicher fiel die Abgrenzung in der Frage des künftigen Staatsaufbaues aus. Die bolschewistische Losung »Alle Macht den Räten« hatten Sozialrevolutionäre und Menschewiki seit jeher verworfen; für sie waren die Sowjets Übergangserscheinungen, Interessenvertretungen der Arbeiter und Soldaten, nicht mehr. Hatten die Bolschewiki im Oktober den Sowjetstaat ausgerufen, so verkündete die Konstituante nun die russische [rußländische] demokratische Bundesrepublik. Dabei sollten, so hatten Sozialrevolutionäre und menschewistische Wahlplattform übereinstimmend versprochen, die Rechte der Minoritäten gewahrt, der zaristische Zentralismus abgeschafft und die Selbstverwaltung in Stadt und Land ausgebaut werden. Sie propagierten damit die Fortsetzung einer Politik, wie sie die Provisorische Regierung – mit der Reorganisation der Stadtparlamente und der ländlichen Zemstvo-Organisationen – bereits begonnen hatte. Ziel war ohne allen Zweifel ein parlamentarischer Staat nach westlichem Muster, die Grundrechte der Gewissens-, Rede-, Presse- und Versammlungsfreiheit sowie das Streikrecht eingeschlossen.[268]

Damit hörten die Mehrheitsparteien freilich nicht auf, sozialistische Parteien zu sein. Ihr Grundziel war – so hatten die Sozialrevolutionäre in ihrer Wahlplattform noch einmal unterstrichen – die Klassengliederung der Gesellschaft in arm und reich, die Unterschiede zwischen Ausbeutern und Ausgebeuteten ein für allemal aufzuheben; Arbeiter wie Bauern waren dabei gleichermaßen die Adressaten. Schon einen wirksamen Kampf gegen den Zerfall der Wirtschaft konnten sich die Sozialrevolutionäre nur mit »sozialistischen Maßnahmen« vorstellen: Preisfestsetzungen und staatliche Monopole für die wichtigsten Industrieprodukte waren im Kampf gegen Spekulationen und kapitalistische Politik ebenso wichtig wie progressive Besteuerung der Besitzenden. Beim Neuaufbau der Industrie räumte man

---

[267] Malčevskij, Vserossijskoe Učreditel'noe sobranie, S. 113, 161, 165.
[268] Malčevskij, Vserossijskoe Učreditel'noe sobranie, S. 113, 161 f., 165 f.; zur Frage Konstituante und Räte aus sozialrevolutionärer Sicht eingehend auch Delo naroda N° 173, 6. Oktober 1917.

dem genossenschaftlichen Zusammenschluß der Arbeiter eine Schlüsselrolle ein; Produktion auf korporativer Basis mußte in jeder Form geschützt und gefördert werden. Eine staatliche Kontrollinstanz für die Produktion sollte ins Leben gerufen und die Arbeiterschaft daran beteiligt werden. Und alle Anstrengungen, so sagte man, versprachen nur dann Erfolg, wenn auch die Selbstherrlichkeit der Unternehmer in den Fabriken gebrochen wurde. Dazu war es nötig, die Rechte und Interessen der Arbeitenden abzusichern: mit der Einführung des 8-Stunden-Tages, mit einer staatlichen Krankenversicherung, mit der Festlegung eines Mindestlohns, mit der Einrichtung von Arbeitsvermittlungsstellen und der Einleitung eines staatlichen Beschäftigungsprogrammes bei Massenarbeitslosigkeit. Alle diese Forderungen wurden übrigens so oder so ähnlich auch von den Menschewiki erhoben – wenn man von den Genossenschaftsplänen einmal absieht.[269]

Das wichtigste Problem war für die Sozialrevolutionäre jedoch die Agrarfrage, und radikal ihr Vorschlag zur Lösung. Nur wenn das Land den Großgrundbesitzern, Kaufleuten und Kulaken genommen und unverzüglich denen gegeben werde, die es mit ihrer Hände Arbeit bebauten, sei auf eine gedeihliche Fortentwicklung von Staat, Wirtschaft und Gesellschaft zu hoffen. Ob sie es im Rahmen der alten Landgemeinde, als Genossenschaft oder Einzelpersonen nutzten, sollte den Bauern freigestellt werden; auf alle Fälle aber sollte die Umverteilung ohne Entschädigungszahlungen erfolgen. Der Boden sollte überhaupt nie mehr als Ware behandelt, gekauft oder verkauft werden können. Ein von der Konstituante verabschiedetes Bodengesetz schuf dafür die Voraussetzungen: Es hob alle Eigentumsrechte an Grund und Boden für alle Zeiten auf und übertrug die Verfügungsgewalt dem Staat und den Organen der örtlichen Selbstverwaltung.[270]

In ihrer Wahlplattform erhoben die Sozialrevolutionäre – zu Recht – den Anspruch, als erste die Forderung der »Sozialisierung des Bodens« vertreten zu haben. Doch als die Konstituante im Januar 1918 ihr Landgesetz beschloß, war der Anspruch nur mehr eine wertlose politische Reminiszenz. Noch im Oktober hatten die Bolschewiki den Bauern zugestanden, wogegen sich die Provisorische Regierung so lange gesträubt hatte: den freien Zugriff auf das Land des Adels und der Krone, der Kirche und der Klöster. Schon war draußen im Lande die – so lang ersehnte – Umverteilung in vollem Gange: Äcker, Wiesen und Wälder wechselten den Besitzer, Bauern holten den Gutsherren das Vieh aus dem Stall und Landgemeinden nahmen blutige Rache an denen, die wenige Jahre zuvor aus dem Dorfverband aus-

---

[269] Malčevskij, Vserossijskoe Učreditel'noe sobranie, S. 161 ff., 166 ff.
[270] Malčevskij, Vserossijskoe Učreditel'noe sobranie, S. 112.

geschieden waren, zwangen sie zurück in die obščina.[271] Nahm überhaupt jemand wahr, daß nun auch die Konstituante die Landnahme tolerieren wollte? War es ein Wunder, daß diese zweite Bauernbefreiung sich bald mehr mit dem Namen der bolschewistischen Regierung als dem der Sozialrevolutionäre oder der Konstituante verband?

Mit den sozialrevolutionären Versprechungen an die Arbeiterschaft stand es ähnlich. Was waren die schönen Worte über 8-Stunden-Tag und Genossenschaftsforderung wert, angesichts der Tatsache, daß die Bolschewiki – im soeben erlassenen Dekret über die Arbeiterkontrolle – ihr zusätzlich die Mitwirkung in allen wichtigen Betriebsentscheidungen einräumten, zumindest gleichberechtigt, wenn nicht übergeordnet den Unternehmern? Angesichts der neuen rechtlichen Regelungen, die die proletarischen Interessenvertretungen, wie Fabrikkomitees und Gewerkschaften, zu Trägern der neuen Wirtschaftsordnung zu machen versprachen? Angesichts der Erfahrungen, daß die Bolschewiki immer hinter den Arbeiterkomitees standen und im Konfliktfall auch die Übernahme der Betriebe durch die Belegschaft deckten?[272]

Auch das Fundament, auf dem die Konstituante den neuen Staat errichten wollte, erschien wenig tragfähig, um von hier aus den Kampf mit den Sowjets aufzunehmen. Das zaristische Verwaltungssystem von den Gouverneuren bis zu den adeligen Bezirkshauptleuten in den ländlichen Amtsbezirken war vollständig zusammengebrochen und die städtischen und ländlichen Selbstverwaltungskörperschaften hatte man – wie erwähnt – erst im Sommer und Herbst auf demokratischer Basis neu gewählt. Sie hatten bei der Arbeiterschaft, die bisher von der Wahl ausgeschlossen war, keine Tradition, und in den ländlichen Amtsbezirken wurden sie ohnehin erst neu eingeführt.

Schließlich: die Friedensfrage. Auch hier war die Haltung der Konstituante – so ehrbar sie auch sein mochte – eher halbherzig, gemessen am Vorgehen der Bolschewiki. Zwar unterstützte die Versammlung die Forderung nach sofortiger Beendigung des Krieges und wollte den Waffenstillstand nicht aufkündigen, wie er von den Bolschewiki ausgehandelt worden war. Aber weitere Schritte sollten nur im Einvernehmen mit den verbündeten Regierungen unternommen werden, die bolschewistischen Separatfriedensverhandlungen mit den Deutschen lehnte man ab. Mußte man nicht befürchten, daß die Kampfhandlungen neu aufgenommen wurden, wenn man sich mit den Partnern nicht einigen konnte?[273] Hellsichtig hatte

---

[271] Vgl. dazu die Ausführungen unten S. 358 ff.

[272] Dazu unten S. 297 ff.

[273] Auf diese Unsicherheit setzte auch die Agitation der bolschewistischen Partei, wie das Beispiel der Resolution der außerordentlichen Sitzung der Mitglieder des Petersburger Komitees und der Funktionäre der Stadtbezirksorganisationen der RSDRP (b) vom 8. November 1917 zeigt, in: Triumfal'noe šestvie, Bd. 2, S. 303 ff.

die oppositionelle Zeitung »Delo naroda« das Kalkül der Bolschewiki schon vor den Wahlen, Anfang November 1917 so beschrieben: Sie nahmen der Bevölkerung den »Glauben an die Konstituante«, als »Herrin« über Stadt und Land, die mit mächtiger Stimme eine neue soziale und politische Ordnung schuf; sprachen von ihr nur noch herabsetzend in der Verkleinerungsform, vom »Konstituantchen« (učredilka); und schufen damit die Voraussetzung, sie nach Belieben auseinanderzujagen. Die weitere Entwicklung gab ihrer Prognose recht.[274]

Damit sind wir bereits bei der vierten Frage, nach dem *Verhältnis der Wähler zur Konstituante*. Soweit Wahlergebnisse ausfindig gemacht werden konnten, gingen etwas über 44 Millionen zur Wahl, etwa 90 Millionen waren dazu berechtigt. Zieht man die Gebiete ab, für die keine Unterlagen vorliegen, so ergibt sich eine Wahlbeteiligung von 50-60%. Aber Durchschnittszahlen besagen – angesichts der starken Schwankungen – wenig.[275]

In Petrograd und Moskau war die Wahlbeteiligung hoch. In Moskau gingen fast, in Petrograd über 70% zur Wahl; dabei machte es keinen Unterschied, ob es sich um »Arbeiter-« oder sogenannte »bessere Viertel« handelte. Im Gegenteil, beide beteiligten sich überdurchschnittlich stark an der Wahl, die Anhänger der Kadetten in Erwartung eines besseren Wahlergebnisses und die bolschewistischen Arbeiter in der Hoffnung auf die Mehrheit. Aber die Lage der Hauptstädte ließ sich nicht verallgemeinern, in vielen anderen Städten war die Beteiligung eher mäßig und in manchen fiel sie gar auf 30% ab.[276]

Läßt man die Städte als Sonderfall beiseite und schaut aufs Land, wo die überwiegende Mehrheit der Bevölkerung lebte, so waren die Verhältnisse dort noch verwirrender. Betrug die Wahlbeteiligung in einem Landkreis nur 25-30%, so konnte sie schon im nächsten bei 70-80% liegen und gelegentlich auch auf über 90% steigen.

Verwirrend wie die Zahlen sind auch die Berichte über das Wahlverhalten der Bauern und die Begleitumstände der Abstimmung. Folgt man der Darstellung Višnjaks, eines Sozialrevolutionärs, der die Wahl als Beteiligter und Betroffener miterlebte, so zeigte die Masse der Bauern einen geradezu »mystischen Glauben« an die Konstituante. Sie beging den Wahltag als Feiertag, weithin hallten die Kirchenglocken, und die Bauern bekreuzigten sich mehrmals, wenn sie den Wahlzettel in die Urne warfen.[277] Aus dem Gouvernement von Jaroslavl' berichtete dagegen noch Ende Oktober ein

---

[274] Vgl. den Leitartikel des Delo naroda vom 11. November 1917 (N° 206).
[275] So die übereinstimmenden Endzahlen bei Radkey, Russia Goes to the Polls, S. 97 ff.; Znamenskij, Učreditel'noe sobranie, S. 294 ff.
[276] Znamenskij, Učreditel'noe sobranie, S. 294 f.
[277] Višnjak, Učreditel'noe sobranie, S. 93.

bolschewistischer Agitator, die Bauern wüßten kaum, was es mit der Konstituierenden Versammlung auf sich habe, welches ihre Aufgaben seien und
wie sie gewählt würde.[278] Auch im Ržever Landkreis des Tverer Gouvernements wußten die Bauern – Mitte Oktober – wenig von der Konstituante, und das Bemühen, mehr zu erfahren, war gering.[279]

Wenn Višnjak erzählt, wie der Bauer seinen Wahlschein in die Urne warf,
beschreibt er den gesetzlichen Regelfall. Ob der Regelfall auch der Normalfall war, erscheint ungewiß. Es kam – so ist mehrfach belegt – vor, daß
überhaupt keine gedruckten Listen vorlagen, dann mußten die entsprechenden Nummern eigenhändig auf den Wahlzettel geschrieben werden –
vorausgesetzt, man war dazu fähig.[280] Es kam ebenso häufig vor, daß der
Wahlvorstand oder die Ortslehrerin die Bauern beriet, wen sie wählen sollten; ja daß sie böse wurden, wenn die Bauern ihrem Ratschlag nicht folgten. Und es kam vor, daß einer für mehrere oder eine Gruppe für ein ganzes
Dorf wählte oder die Bauern nach mehr oder minder ausführlicher Debatte geschlossen für eine Liste stimmten. Die Stimmung unter den Bauern
war meist sozialrevolutionär, oft bolschewistenfeindlich; aber wenn ein
bolschewistischer Agitator es verstand, die Diskussion auf die Agrarpolitik
und das Landdekret zu bringen, dann konnte es durchaus sein, daß die sozialrevolutionäre Mehrheit kippte.[281]

Daß diese Zustände keine bolschewistische Erfindung waren, belegt auch
der Erfahrungsbericht eines sozialrevolutionären Agitators aus dem Norden
und Nordosten. Ende November 1917 hatte er sie in der Zeitung des All-

---

[278] Bericht des Revaler Parteimitglieds Bogomolov, den man ins Jaroslavler Gouvernement geschickt hatte, vgl. Perepiska sekretariata CK RSDRP (b), Bd. 1, S. 421 f.; übrigens war das
sozialrevolutionäre Delo naroda Anfang Oktober »im Herzen Rußlands« (v glubinoj Rossii) auf ähnlich »dunkle Zustände« (temnota) gestoßen: »ganze Landkreise« würden sich zu
den bevorstehenden Wahlen »indifferent und gleichgültig« verhalten; »einigen Dörfern« sei-
en die Wahlen nicht nur »gleichgültig«, sie würden dazu sogar eine »negative« Haltung ein-
nehmen; merkwürdigerweise war der Verfasser auch hier M. Višnjak (Delo naroda
N° 172, 5. Oktober 1917).

[279] Podgotovka i provedenie velikoj oktjabr'skoj socialističeskoj revoljucii. Sbornik dokumentov i materialov, Kalinin 1960, S. 257 ff.

[280] Vgl. Bericht aus dem Dorf Bol'šoj Klepovec des Novgoroder Gouvernements in: Perepiska
sekretariata CK RSDRP (b), Bd. 2, S. 252 f.; Presse und Allrussische Kommission für die
Wahlen zur Konstituante hatten auf dieses Problem schon vorab aufmerksam gemacht und
dem Oktoberaufstand zumindest eine Teilschuld zugewiesen: teilweise waren die technischen Vorbereitungen dadurch unterbrochen oder zurückgeworfen worden (etwa durch die
Beschießung des Hauses der Moskauer Stadtduma, die einen Teil der Unterlagen zerstörte);
außerdem erschwerten auch die um sich greifenden anarchischen Zustände einfachste Maßnahmen der Vorbereitung und Durchführung, wie die Versorgung der Wahlkreise mit Papier und die Herstellung gedruckter Wahllisten und -scheine; vgl. Delo naroda N° 202, 204,
vom 7. bzw. 9. November; Russkie vedomosti N° 246, 9. November 1917.

[281] Perepiska sekretariata CK RSDRP (b), Bd. 2, S. 252 f.; sowie Zusammenstellung entsprechender Nachrichten in der »Izvestija« N° 251 (14. Dezember 1917) S. 17, wieder abgedruckt in: Triumfal'noe šestvie, Bd. 2, S. 330 ff.

russischen Bauernsowjets auf die Formel gebracht: Die Bevölkerung wähle, wie es ihr gerade einfalle, hier für die eine, dort für die andere Liste. Was das für eine Liste sei, welche Partei sie aufgestellt habe, man wisse es nicht, richte sich eher nach dem Ratschlag derer, deren Meinung im Orte etwas gelte. Auch von der eigentlichen Bedeutung der Wahl habe man keine Ahnung, man betrachte sie irgendwie als Pflicht, und recht wohl sei keinem dabei.[282]

Die »Unregelmäßigkeiten« waren zu zahlreich, um sie einzelnen Wahlleitern anzulasten, und die »Mißverständnisse« prinzipieller Natur. Im Grunde demonstrierten sie die Schwierigkeiten, in einer bestenfalls halb alphabetisierten Bauernschaft allgemeine, gleiche, direkte und geheime Wahlen durchzuführen. Wahlen dieser modernen Art setzten eine aufgeklärte informierte Staatsbürgergesellschaft voraus, nicht Landgemeinden, deren Gedanken sich lokalistisch um Dorf, Hof, und Familie drehten. Es begann schon mit den Formen. Es wurde nach Parteilisten gewählt, die – auf Gouvernementsebene zusammengestellt und mit der jeweiligen Parteiführung abgestimmt – aus der Sicht der Bauern draußen nur unbekannte Namen enthielten.[283] War es dann verwunderlich, wenn man sich von vertrauenswürdigen Leuten, deren Meinung etwas galt, beraten ließ, sofern man sie nicht schon für die technische Seite, die Entzifferung benötigte? Und es war ebenso wenig verwunderlich, wenn man das Verfahren der Dorfversammlung, der kollektiven Beratung und Beschlußfassung auf die Wahlen übertrug – und damit den Grundsatz der Vertraulichkeit verletzte.

Gewiß, es erleichterte die Entscheidung, daß die Listen Parteinamen enthielten. Und im Dorf wußte man »irgendwie«, daß die Sozialrevolutionäre die traditionelle Bauernpartei waren, vielleicht noch, daß sie seit jeher die Landgemeinde in den Mittelpunkt ihrer politischen Aktivitäten und Zukunftsplanungen stellten und die Enteignung des Großgrundbesitzes, die Übertragung des Landes an die Bauernschaft forderten. Aber die Vorstellungen waren eher vage, und wo es den Bolschewiki gelang, die Bauern davon zu überzeugen, daß sie das Gleiche zu geben bereit waren, waren Einbrüche möglich, zumal nach dem Umsturz, als man bereits auf die Einlösung der Versprechungen verweisen konnte. Mystisches Verhältnis zur Wahl und Unkenntnis – sie ergänzten

---

[282] Mitteilung des sozialrevolutionären Funktionärs A. Suetin an die Izvestija Vserossijskogo Soveta krest'janskich deputatov (N° 170, 25. November 1917), Hinweis bei Znamenskij, Učreditel'noe sobranie, S. 263; vgl. auch Mitteilungen aus dem Belozersker Landkreis des Novgoroder Gouvernements, aus dem Spassko-Kamensker Landkreis des Tambover Gouvernements und aus dem Landkreis Starica des Tverer Gouvernements, alle abgedruckt in: Triumfal'noe šestvie, Bd. 2, S. 307 ff.

[283] Zum Problem Radkey, Russia Goes to the Polls, S. 53 ff., 10 ff.; Znamenskij, Učreditel'noe sobranie, S. 264 ff.; zu den Kandidatenlisten Kap. 5 der Wahlordnung (Art. 42 ff.), in: Izvestija Osobago Soveščanija dlja izgotovlenija proekta položenija o vyborach v Učreditel'noe sobranie, N° 64 vom 27. Juli 1917, S. 7 ff.; Auszüge in engl. Übersetzung bei Browder / Kerensky, Provisional Government, Bd. 1, S. 460 ff.

einander. Sicher, man hatte den Bauern immer gesagt, daß die Konstituante
»alles« entscheide. Aber was blieb übrig, nachdem der Zar abgesetzt und die
Landfrage geregelt war? Daß man im Dorf mit dem Streit um Parlament und
Räte etwas anzufangen wußte, ist, nach allem, was wir wissen, höchst un-
wahrscheinlich, und daß man sich im Dorf Gedanken über die künftige Staatsform machte, ebenso. Man nahm hin, was die Obrigkeit verordnete.[284]

Wenn dem aber so war, dann wurde die Frage Parlamentarismus oder Rätestaat nicht im Dorf entschieden. Lenin hat diesen Schluß gezogen – aufgrund
der Wahlen zur Konstituante. Die Mehrheit im Proletariat, die Unterstützung
in der Armee, an den wichtigsten Fronten, der Wahlausgang in den Städten
und das Kräfteverhältnis in Zentralrußland waren für ihn entscheidende Voraussetzungen, um sich über die »formalen Mehrheiten« in der Konstituante
hinwegzusetzen: Der »bewußteste«, »tatkräftigste«, »revolutionärste Teil«,
die »wirkliche Avantgarde des Volkes« stünde hinter den Bolschewiki.[285]
Nicht die Bauern, sondern die Haltung der Armee und die organisierte Arbeiterschaft, so wußte er, sicherten das Überleben im innenpolitischen Machtkampf. Voraussetzung für das Gelingen war freilich, daß die Partei die elementaren Forderungen der gesellschaftlichen Gruppen befriedigte und jedem
das Seine versprach: den Soldaten den Frieden, den Bauern das Land und den
Arbeitern die Kontrolle über die Fabriken. Erst die weitere Entwicklung enthüllte, daß damit die sozialen Gegensätze nur verdeckt, die Lösung der Probleme verschoben und die Fragen des künftigen Neuaufbaus nicht beantwortet waren. Die Auseinandersetzungen hierüber lösten Anfang der 20er Jahre
die Kämpfe um den innenpolitischen Machterhalt ab und bestimmten das folgende Jahrzehnt der sowjetischen Entwicklung. Erst unter Stalin wurden sie
endgültig erstickt, nachdem die Entscheidung für den Aufbau des Sozialismus
in einem Lande, für die Forcierung der Industrialisierung und die Kollektivierung der Landwirtschaft gefallen war – ein Programm, das – 1917 zur Diskussion gestellt – sicherlich nicht die Zustimmung »des russischen Volkes«, der
»Masse der werktätigen Klassen« erhalten hätte.

---

[284] Vgl. Radkeys Überlegungen zu »Did the people know what they were doing?« (Russia Goes
to the Polls, S. 53 ff), auch die Ausführungen unten zur Bauernbewegung, S.330 ff.; als Fallstudie zur bäuerlichen Mentalität, allerdings vor allem bezogen auf die 20er Jahre, Altrichter, Die Bauern von Tver.

[285] Ganz ähnlich bereits die Argumentation, mit der sich Lenin im Herbst 1917 für die Organisation des bewaffneten Aufstandes eingesetzt hatte, sowie die Schrift »Können die Bolschewiki die Staatsmacht behaupten?«, alle in Lenin, Das Jahr 1917, Berlin 1957, S. 351 ff.,
354 ff., 382 ff., 386 ff., wiederaufgenommen in den Thesen zur Konstituierenden Versammlung und in der Rede zu ihrer Auflösung sowie in der Schrift »Die Wahlen zur Konstituierenden Versammlung und die Diktatur des Proletariats«, ebda. Bd. 26, S. 537 ff., 572 ff.;
Bd. 30, S. 242 ff.

III.
EINE GESELLSCHAFT IN AUFRUHR: DIE BEWEGUNGEN DER ARBEITER, SOLDATEN, BAUERN UND BÜRGER

1. REVOLUTIONSGESCHICHTE ALS SOZIALGESCHICHTE

Der Blick auf St. Petersburg, dort wo die großen Entscheidungen fielen – auf die Auseinandersetzungen zwischen zarischer Regierung und Dumaopposition; dann auf die »Doppelherrschaft« von Provisorischer Regierung und Sowjet; schließlich auf die Parteien und Positionen, die hinter den Richtungskämpfen standen – dieser Blick hat etwas Faszinierendes an sich. Er gibt den Vorgängen »Sinn« und »Deutung«, macht das komplexe Geschehen durchschau- und erklärbar. Kein Wunder, daß auch die Historiker, deren Profession es ist, historische Vorgänge und Ereignisse durchschau- und erklärbar zu machen, so lange an ihm hängen blieben.

Fixiert auf die Führungsgruppen und ihre Widersacher, erscheint die »breite Masse« der Bevölkerung vor allem als *Objekt* ihrer Politik: als Adressat ihrer Mahnungen und Versprechungen; als Resonanzboden ihrer Schlagworte und Parolen; ja unfähig, sich dem direkten oder indirekten Einfluß ihrer politischen Ideengeber zu entziehen, erscheint sie auch dort von ihnen abhängig, von ihnen »manipuliert«, wo sie meinte, im eigenen Interesse und im eigenen Namen zu handeln.

a) Vom Objekt zum Subjekt der Geschichte

So verführerisch einfach diese Deutung zwischen Führern und Geführten, Tätern und Opfern scheidet, die Grenzen ihrer historischen Erklärungskraft liegen auf der Hand:

• Schließlich fragten die hauptstädtischen *Arbeiter* nicht erst bei ihren Führungen nach, als sie im Februar 1917 zu Zehntausenden auf die Straße gingen. Im Gegenteil: Das Lager der vehementesten Regimegegner war von der Plötzlichkeit des Geschehens ebenso überrascht worden wie die zarische Autokratie. Noch im Januar 1917 hatte Lenin bei einem Vortrag – zum Jahrestag der Revolution von 1905 – im fernen Zürich gemeint, vielleicht werde seine Generation die »entscheidenden Schlachten der kommenden Revolution« gar nicht mehr miterleben. Zwei Monate später hatte die Revolution das autokratische Regime gestürzt und Lenin alle Eile, nach Rußland zurückzukehren, was ihm erst im April, als die erste revolutionäre Welle bereits vorüber war, gelang.

• Mitte Juni 1917 gab die Provisorische Regierung den Truppen am südwestlichen Frontabschnitt den Befehl zur Offensive; sie versuchte damit, nach außen Verteidigungsbereitschaft zu demonstrieren und ihre Stellung im Innern mit einem militärischen Erfolg zu festigen. Inzwischen waren auch Menschewiki und Sozialrevolutionäre in die Regierung eingetreten, der Kriegsminister ein Sozialist, und die Sowjetführung appellierte an die Armee, »für die Freiheit und das Wohlergehen Rußlands« zu kämpfen. Doch Regierung wie Sowjetführung hatten die Grundstimmung der *Soldaten* falsch eingeschätzt: Als der deutsche Gegenstoß einsetzte, meuterten ganze Regimenter und verließen ihre Stellungen. Der Mißerfolg beschleunigte den Autoritätsverfall der Provisorischen Regierung und betraf auch jene sozialistischen Parteien, die die Offensive im Kabinett und in der Sowjetführung mitgetragen hatten.

• Ein drittes Beispiel für die Eigenständigkeit der Massenbewegungen war das Verhalten der *Bauern* im Herbst. Das bolschewistische Dekret über den Boden verfügte die Konfiszierung des Adels- und Kron-, Kloster- und Kirchenlandes. Doch bei der Neuordnung der ländlichen Besitzverhältnisse scherten sich die Bauern wenig darum, daß nach den Vorstellungen der Bolschewiki die Landwirtschaft im Sozialismus »eigentlich« genossenschaftlich verfaßt und großbetrieblich organisiert sein sollte. Statt ihre Höfe zu »Kollektivwirtschaften« zusammenzuschließen, beharrten sie auf deren Selbständigkeit im Rahmen der Landgemeinde; und statt sich die Ansätze großbetrieblicher Bodenbestellung und Viehwirtschaft, die adeligen und nichtadeligen Farmen und Güter zum Vorbild zu nehmen, wurden sie, wo es nach dem Willen der Bauern ging, in kleine Parzellen zerschnitten und verteilt. Zurückblieb ein Meer von kleinen und kleinsten Familienwirtschaften, deren erste und wichtigste Aufgabe es schien, für das Auskommen ihrer Betreiber zu sorgen.

Es ist kaum zu bestreiten, daß die drei Vorgänge Eck- und Wendepunkte der Revolution markieren; gleichwohl »passen« sie nicht in das obige Modell von »Führern« und »Geführten«, scheinen die Rollen dabei doch merkwürdig vertauscht: Die Entwicklung der Massenbewegungen kam hier für die politischen Führungsgruppen völlig unerwartet oder verlief sogar quer zu ihren Planungen. Wo sie – ob als Provisorische Regierung, kadettische, menschewistische oder sozialrevolutionäre Partei – gegen alle Widerstände an ihren Überzeugungen und Zielvorgaben festhielten, auf die Fortsetzung des eingeschlagenen Kurses pochten, scheiterten sie damit. Und ein Gutteil des Erfolges der Bolschewiki bestand gerade darin, daß sie sich auf die Massenbewegungen »einstellten«, ihr Programm neu definierten und ergänzten: Sie nahmen als zentrale Forderung auf, was vorher nie ein Punkt für sie gewesen war (wie die Losung »Alle Macht den Räten«); sie akzeptierten, daß die Bauern – zumindest vorerst – für ihr Agrarprogramm nicht zu gewinnen waren; und sie wichen auch in der Friedensfrage entscheidend von früher eingenommenen Positionen ab (hatte Lenin vordem kompromißlos die Umwandlung des »imperialistischen Krieges« in einen »Bürgerkrieg« gefordert, so schloß er nun einen Separatfrieden mit dem kaiserlichen Deutschland).

Löst man sich von der Perspektive, die Massenbewegungen der Arbeiter, Soldaten und Bauern nur »von oben« zu betrachten, so dokumentierte sich ein gutes Stück »Eigenständigkeit« auch darin, daß sie sich eigene Organe und Organisationen schufen: die Fabrikkomitees, Milizen und Arbeiterräte in den Betrieben, Stadtteilen und Städten; die Soldatenausschüsse und Soldatensowjets in den Garnisonen und an der Front; und auch die Bauern hatten ihre eigenen Organe, im Dorf und im ländlichen Amtsbezirk, ob sie sich nun einfach »Dorfkomitee« und »Bezirkskomitee« oder »Landkomitee«, »Revolutionäres Komitee«, »Komitee der Volksmacht«, »Komitee der öffentlichen Sicherheit« oder noch einmal anders nannten. Gewiß, der Anstoß ging oft von Vertretern oder Sympathisanten sozialistischer Parteien aus. Aber zu unterstellen, daß die Organisation auf diese Weise das entsprechende Parteiprogramm mitübernahm, hieße, den Parteieneinfluß und die Parteienfixierung zu überschätzen; die Stimmung an der Basis war in dauernder Bewegung, und permanente Neuwahlen sorgten dafür, daß sie auch in der Zusammensetzung der Führung zum Ausdruck kam.

So machten die Massenbewegungen selbst eine Entwicklung durch. An ihrem Anfang stand die Enttäuschung über den unglücklichen Verlauf des Krieges, sie ließ die anfängliche patriotische Aufbruchsstimmung bald in sich zusammenfallen. Im gleichen Maße, wie auch die Probleme im Innern wuchsen, formierte sich die Opposition. Doch im gemeinsamen Widerstand gegen das autokratische Regime schwang von Anfang an der alte Grundgegensatz der Gesellschaft, der Konflikt zwischen »unten« und »oben« mit; ja er verlieh dem Protest »unten« seine soziale Komponente und je spezifische Stoßrichtung, gegen den »buržuj« (Bourgeois), »pomeščik« (Gutsbesitzer) und Offizier (der im Zivilleben »buržuj« oder »pomeščik« gewesen war). Doch nichts festigte Bemühungen mehr als der Erfolg, die Erfahrung der eigenen, kollektiven Stärke bei der Durchsetzung von politischen und ökonomischen Forderungen. Sie machten im Verlauf des Jahres aus sozialem Protest und politischer Opposition organisierte Massenbewegungen. Es waren Beobachtungen dieser Art, die eine jüngere, sozialgeschichtlich orientierte Forschung veranlaßten, sie als eigenständige politische Größe herauszustellen und zu beschreiben.[1]

---

[1] Vgl. dazu etwa die Studien von V. Bonnell, L. Engelstein, G. Gill, D. Koenker, D. Mandel, St. Smith u.a.m., die zum Teil oben bereits genannt wurden und auf die noch ausführlich in den folgenden Kapiteln eingegangen wird.

b) Klassenbildung und soziale Identitäten

So wichtig diese Korrektur am lange vorwaltenden Bild der Revolution war, so wenig wird man die Festigkeit des so Entstandenen überschätzen und seine politische Eigenständigkeit verabsolutieren dürfen. Die beschriebenen Phänomene blieben »Bewegungen«, etwas per se »Unstetes«, »Unfertiges«, »Mobiles«. Das hing schon damit zusammen, daß das soziale Substrat, das sie ausmachte, die gesellschaftlichen Gruppen, die sie bildeten, selbst etwas Sich-Wandelndes, Im-Flusse-Befindliches blieben. Das galt für »die Arbeiter«, »die Bauern« wie »die Soldaten«. Da sie aber als Gruppen so klar kaum zu »definieren«, von einander abzugrenzen waren, wird man mit dem Begriff »Klasse« vorsichtig sein müssen. Rigide angewandt, verstellt er den Blick für die gesellschaftlichen Realitäten und das Verständnis für die weitere Entwicklung. Manches wird einfacher, wenn man ihn beiseite läßt und die Frage nach der Gruppenzugehörigkeit und den sozialen Identitäten neu, unvoreingenommen stellt.

So waren die Soldaten vor allem Bauern in Uniform, mobilisiert in mehreren Wellen seit dem Sommer 1914. In patriotischer Begeisterung hatten sie auf einen raschen Sieg gehofft, doch je mehr der Krieg zum Stellungskrieg erstarrte, desto sinnloser schien seine Fortsetzung, desto stärker wurde die Sehnsucht, das Soldatendasein aufzugeben, endlich wieder ins eigene Dorf, zu Haus und Hof zurückzukehren, wieder Bauer zu werden.

Das galt selbst dann, wenn vom »Bauersein« allein viele Höfe kaum noch leben konnten, einen Nebenverdienst suchen mußten. Sie waren zu klein, um der seit 1861 auf das Doppelte angewachsenen Bevölkerung noch Arbeit und Brot zu geben. So groß die regionalen Unterschiede dabei waren, nahm man Rußland als Ganzes, so hatten fast zwei Drittel der Höfe einen nichtlandwirtschaftlichen Zuerwerb, der mehr als die Hälfte der Männer im arbeitsfähigen Alter beschäftigte.[2]

So hatte in manchen Regionen Zentralrußlands die ländliche Hausindustrie bereits Tradition. Es gab Dörfer und Bezirke, die für ihre »kustari«, Schuhmacher, Sattler, Gerber oder Kürschner, Tischler oder Böttcher, Leinenweber oder Seiler, ihre Wollproduktion und Wollverarbeitung geradezu »berühmt« waren. Die Rohstoffe – Flachs, Hanf, Wolle, Leder und Holz – konnten vom Bauern selbst hergestellt oder unschwer beschafft werden; und die nahen Städte sicherten einen aufnahmefähigen Markt.[3]

Doch nicht nur die Bauern selbst, sondern auch Adelige und Kaufleute hatten frühzeitig diese Chance erkannt. So wurden oft schon vor den gro-

---

[2] Zahlen nach Rašin, Formirovanie, S. 308, 311.

[3] Zur kustar'-Industrie mit Hinweisen auf weitere Literatur O. Crisp, Labour and Industrialization in Russia, in: Cambridge Economic History of Europe, vol. VII, part 2, Cambridge / London / New York / Melbourne 1978, hier S. 335 ff.

ßen Reformen der 1860er Jahre auf dem Lande Manufakturen gegründet und mit bäuerlicher Arbeitskraft, »eigenen« oder »zugeschriebenen« Bauern betrieben. Ganz abgesehen von jenen berühmten, aber doch wohl eher Einzelfällen, in denen bäuerliche kustari selbst zu Unternehmern aufstiegen und zu Hunderten Standesgenossen beschäftigten. Bekanntestes Beispiel waren dafür die »alten« Textilmanufakturen in der Osthälfte des sog. »Zentralen Gewerbegebietes«, einer Region, die grob durch das Städtedreieck Moskau – Jaroslavl' – Nižnij Novgorod beschrieben werden kann.[4]

Es gab diese ländlichen Großbetriebe jedoch nicht nur im Textilgewerbe, es gab sie ebenso, was überraschender ist, in der Schwerindustrie. Ein Beispiel dafür waren Bergbau, Hüttenindustrie und Metallverarbeitung im Ural. Hier lebten noch um die Jahrhundertwende fast drei Viertel der in Bergbau- und Fabrikindustrie Beschäftigten auf dem Lande, nur etwas mehr als ein Viertel in Städten (in Orten mit mehr als 3.000 Einwohnern). Dabei war ein Großteil der in der metallurgischen Industrie Tätigen mit Waldarbeiten und Fuhrdiensten (der Her- und Bereitstellung von Holzkohle und Erzen) beschäftigt, eine Arbeit, die kaum zusätzliche Qualifikationen erforderte, saisonal verrichtet werden konnte und denjenigen, der sie verrichtete, Bauer bleiben ließ.[5]

In jedem Falle hatte, wer »Industrie« mit »Stadt« verband und »groß« mit »neu« gleichsetzte, in Rußland nur bedingt recht. Nach einer Statistik aus dem Jahre 1903 waren fast 40 % der Fabrikbetriebe mit mehr als 1.000 Beschäftigten »alte«, d.h. vor 1861 gegründete Unternehmen (rechnete man die Betriebe mit mehr als 500 hinzu, so waren es sogar über 70 %), und diejenigen, die in der Stadt lagen, beschäftigten nur 30 % der entsprechenden »Arbeiterschaft«.[6] Schon die geschilderten Verhältnisse zeigen, wie schwer es war, Stadt und Land, Bauernschaft und Arbeiterschaft von einander abzugrenzen.

Aber selbst wenn man das Land und die »alten« Gewerberegionen beiseite ließ, sich ganz auf die Metropolen (St. Petersburg und Moskau) und die »modernen« Industriegebiete (um St. Petersburg und das »neue« schwerindustrielle Zentrum in Südrußland) konzentrierte, wurden die Ver-

---

[4] Vgl. dazu das Kapitel über die Erbguts- und Possessionsfabrik bei M. Tugan-Baranovskij, dessen »Geschichte der russischen Fabrik«, ins Deutsche übersetzt, 1900 in Berlin erschien; hier S. 120 ff.

[5] D.V. Gavrilov, Rabočie Urala v period domonopolističeskogo kapitalizma, 1861-1900. Čislennost', sostav, položenie, Moskau 1985, S. 45, 64; zum angesprochenen Gesamtproblem auch N.N. Alevras, Agrarnaja politika pravitel'stva na gornozavodskom Urale v načale XX veka, Čeljabinsk 1996.

[6] Angaben bei Crisp, Labour and Industrialization, S. 346 f.; N.A. Ivanova, Struktura rabočego klassa Rossii, 1910–1914, Moskau 1987, S. 72.

hältnisse nicht »eindeutig«, blieben die Übergänge zwischen den »Klassen« fließend. So gab es in den Städten zwar ein Handwerk (»remeslo«), das – im Vergleich zum ländlichen Kleingewerbe – nicht saisonal, sondern ganzjährig betrieben wurde und für seine Betreiber die Haupteinnahmequelle bildete. Doch abgesehen davon, daß dem städtischen Handwerk die westliche »Zunfttradition« fehlte, es im Umfang wie in der Reputation eher »unterentwickelt« blieb – ihrem rechtlichen Status nach waren viele »remeslenniki« immer noch Bauern, und erst recht galt das wohl für einen erheblichen Teil der »Lohnarbeiter«, die sie beschäftigten: Sie rekrutierten sich vor allem aus bäuerlichen Wanderarbeitern (»otchodniki«), die – selbst wenn sie sich ganzjährig verdingten – keineswegs mit dem Dorf bereits gebrochen hatten.[7]

Der Unterschied zwischen städtischem Kleingewerbe (remeslo) und städtischer Fabrikindustrie war zunächst nur ein statistisch-administrativer: Zur Fabrikindustrie zählte, was der Aufsicht der Fabrik- bzw. Bergbau- und Hütteninspektion unterstand; »Fabrik« war dabei (nach einer Instruktion des Finanzministeriums aus dem Jahre 1901) jeder Betrieb mit »20 oder mehr« Arbeitern, unabhängig von seinem Mechanisierungsgrad, eine größere Bäckerei mit 20 Angestellten also ebenso wie ein Metallgigant mit mehreren Tausend.[8] Doch auch in der Realität scheint der Übergang fließend gewesen zu sein, wechselten Arbeiter von der Kleinindustrie in die Fabrik und umgekehrt, und auch die Bindung ans Dorf setzte sich in der Fabrikarbeiterschaft fort.

Um nur zwei der bekanntesten Beispiele anzuführen: In der großen Moskauer Baumwollspinnerei Cindel' waren (nach einer Untersuchung aus dem Jahre 1900) von den fast 1.600 Arbeitern weniger als 6 % keine Bauern. Von den 1.335 befragten männlichen Bauern hatten nur etwa 5 % keinen Besitz mehr im Dorf, weitere 4 % dort zumindest noch Haus und Gartenland; davon waren die meisten schon 1861 leer ausgegangen, nur

---

[7]   Grundzüge und Zahlenangaben dazu bei Crisp, Labour and Industrialization, S. 339 ff.; Rašin, Formirovanie, S. 141 ff.; Kruze, Položenie rabočego klassa, S. 43. Sie beziffern die Zahl der im städtischen Handwerk beschäftigten Lohnarbeiter (für 1910) auf ca. 1 Million; Zahlenangaben in doppelter Höhe beziehen offenkundig die Besitzer mit ein.

[8]   Vgl. Bonnell, Roots of Rebellion, S. 25 f. (dort auch das Beispiel); Crisp, Labour and Industrialization, S. 341 ff. Die Fabrikinspektoren (eingerichtet durch Gesetz vom 1. Juni 1882) sollten sich um die Gestaltung der Löhne und Arbeitsbedingungen kümmern, die Einhaltung der staatlichen Fabrikgesetzgebung überwachen und die Regierung mit entsprechendem Datenmaterial über die Entwicklung von Industrie und Arbeiterschaft versorgen. Dahinter stand die Absicht, Auseinandersetzungen zwischen Fabrikbesitzern und Arbeiterschaft vorzubeugen und, wo sie ausgebrochen waren, schlichtend einzugreifen. Die Fabrikinspektion unterstand bis 1905 dem Finanzministerium, danach dem Ministerium für Handel und Industrie. Nicht der Fabrikinspektion unterstanden Staatsbetriebe (fehlten somit oft auch in den entsprechenden offiziellen Statistiken). Soweit es sich dabei um Rüstungsbetriebe handelte, unterstanden sie entsprechenden militärischen Stellen.

0,5 % hatten zwischenzeitlich ihren Bodenbesitz aufgegeben. Von denen aber, die noch über Parzellen verfügten, bestellten 78 % den Boden mit Hilfe von Familienmitgliedern (12,6 % kehrten dazu selbst noch ins Dorf zurück), 14 % hatten den Boden verpachtet und 7 % zur Bestellung fremde Hilfe angeheuert, was alles zeigt, wie eng die Verflechtung noch immer war.[9]

Mochte die Textilindustrie seit jeher als »rückständig« gelten, vom Druckgewerbe war das kaum zu behaupten. Doch auch von den Moskauer Arbeitern im Druckgewerbe waren 1907 fast zwei Drittel auf dem Dorf geboren, und die Hälfte hatte die Landwirtschaft nicht aufgegeben. Von denjenigen, die ohne Familie nach Moskau gekommen waren (mehr als die Hälfte der auf dem Dorf Geborenen), schickten fast 90 % einen erheblichen Teil ihres Lohnes nach Hause. Und selbst im »fortschrittlichen« St. Petersburg hatte im gleichen Jahr noch mehr als die Hälfte der Drucker Beziehungen zum Dorf, sei es daß sie von Familienmitgliedern die Landwirtschaft fortführen ließen, sei es daß sie noch Haus und Parzelle besaßen, ohne sie selbst zu bestellen, sei es daß sie – zumindest – Geld an ihre Verwandten schickten.[10]

Gewiß legen die Statistiken nahe, daß diese Bindungen ans Dorf langfristig eher ab- als zunahmen. Doch sie zeigen auch, daß diese Mittelstellung des Arbeiters »zwischen Feld und Fabrik« über Generationen vererbt werden konnte und am Vorabend der Revolution noch immer ein soziales Faktum war.[11] Sie als bloßes »Überbleibsel« zu marginalisieren, steht im eklatanten Widerspruch zur Realität. Wer als nachgeborener Sohn das Dorf verließ, sich in der Stadt ein neues Auskommen suchte und einen Teil des Ersparten nach Hause schickte, tat es nicht selten in der Erwartung und Absicht, »irgendwann« einmal ins Dorf zurückzukehren.[12] Und ganz jenseits aller Erfahrung war das sicher nicht: Die große Volkszählung von 1897 hatte ergeben, daß 80 % der Arbeiter in Fabriken und Betrieben jünger als 40 Jahre war. Ganz ähnliche Ergebnisse brachten die schon genannte Un-

---

[9] P.M. Šestakov, Rabočie na manufakture tovariščestva ›Emil' Cindel'‹ v Moskve. Statističeskoe issledovanie, Moskau 1900; Ergebnisse wiedergegeben bei Crisp, Labour and Industrialization, S. 370 f.; ausführlich diskutiert auch bei: Johnson, Peasant and Proletarian, S. 40 f.

[10] A. Svavickij / V. Šer, Očerk položenija rabočich pečatnago dela v Moskve, St. Petersburg 1909; die wichtigsten Ergebnisse mitgeteilt bei Crisp, Labour and Industrialization, S. 371; Johnson, Peasant and Proletarian, S. 42, 48 f.; Hinweise auch schon bei Robinson, Rural Russia under the Old Regime, S. 249.

[11] Dazu Crisp, Labour and Industrialization, S. 375; Johnson, Peasant and Proletarian, S. 39 ff., 62 ff.; Koenker, Moscow Workers, S. 48 f.; v. Laue, Russian Labor between Field and Factory, S. 35 ff.

[12] Für diese Erwartung und das Leben eines nachgeborenen Sohnes vgl. anschaulich R.E. Zelnik (Hg.), A Radical Worker in Tsarist Russia. The Autobiography of Semën Ivanovich Kanatchikov, Stanford 1986.

tersuchung der Cindel'schen Textilfabrik[13], Erhebungen unter der Moskauer Arbeiterschaft (1902) und auf der Baltischen Werft in St. Petersburg (1906) zutage. Und im Süden des Landes, in den Erzgruben von Krivoj Rog waren (Anfang des Jahrhunderts) sogar 95 % der Arbeiter nicht älter als 35.[14]

So blieb wohl für viele, die in der Stadt Arbeit und Brot fanden, die Existenz als »Arbeiter« nur eine Zugehörigkeit auf Zeit; das Dorf ein Refugium für das Leben danach; die Verbindungen dorthin nicht abreißen zu lassen, eine Art Sozialversicherung, nicht nur bei Alter und Krankheit, auch in Zeiten der Krise. Und da Krisen die Fabrikindustrie im allgemeinen noch stärker betrafen als das Kleingewerbe, waren gerade Fabrikarbeiter darauf angewiesen. Das hatte sich in Zeiten der Depression gezeigt, und sollte sich in Revolution und Bürgerkrieg erneut bewahrheiten: als sich die Städte entleerten und viele Arbeiter aufs Dorf flohen.

c) Aufstieg und Niedergang der Massenbewegungen

So zeigt die Revolution das – nur scheinbar paradoxe – Schauspiel vom Aufstieg und Niedergang der Massenbewegungen. Die Soldatenbewegung zerfiel, als sie ihr Hauptziel erreicht hatte: den Frieden; und auch die Bewegungen der Arbeiter und Bauern büßten mit ihren Erfolgen, dem Wegfall ihrer Gegner, des »buržuj« und des »pomeščik«, wesentliche Teile ihres Zusammenhalts ein.

Was sie nicht erreicht hatten, war, den wirtschaftlichen Niedergang zu stoppen, ja ihre revolutionären Erfolge verschärften die Krise. Die Versorgungsprobleme wurden nicht geringer, die Inflation galoppierte, der Verfall des Transportsystems setzte sich fort, Energie- und Rohstoffmangel zwang immer mehr Betriebe, ihre Produktion einzustellen. Das alles betraf nicht nur jene bäuerlichen Wanderarbeiter, die in der Stadt einen saisonalen Zuerwerb suchten; es gefährdete erst recht die Existenz jener, für die der Lohn die Haupteinnahmequelle darstellte. Grund genug für beide, sich wo möglich aufs Dorf zurückzuziehen, bei der bevorstehenden Umverteilung des Bodens die alten Ansprüche zu erneuern, wieder Bauer zu werden, wie dies schon vordem die Soldaten getan hatten.

Der Exodus markierte auch das Ende der eigenständigen Arbeiterbewegung. Der Verfall wurde am sichtbarsten an ihren Organisationen. Die Fa-

---

[13] Vgl. S. 256 Anm. 9; in der Cindel'schen Fabrik waren in den späten 1890er Jahren von den annähernd 1.600 Arbeitern nur 3,4 % über 50, nur 13 % über 40 und 71 % unter 30; vgl. Crisp, Labour and Industrialization, S. 366.

[14] Zahlen bei Crisp, Labour and Industrialization, S. 366; Rašin, Formirovanie, S. 281 ff.

brik- und Betriebskomitees sollten nach und nach durch Einmannlei-
tungen ersetzt werden, und auch die Räte büßten ihre Bedeutung ein. Ein
Großteil ihrer politischen und ökonomischen Obliegenheiten (beim
»Kampf gegen die Konterrevolution«, auf dem Gebiet von Militärverwaltung und Transport, bei der Verteilung der Ressourcen und der Versorgung) wurde anderen Organen übertragen, jeweils verbunden mit einer
straffen Zentralisierung der Entscheidungsstrukturen. Funktionslos geworden, lösten sich die Räte auf, am Ende des Bürgerkrieg waren von ihnen – einst als Bausteine des neuen, demokratischen Staates gepriesen – nur
noch Bruchstücke vorhanden.

Es ist auch fraglich, ob – wenn sie es je taten – die Bauern noch eine einheitliche Bewegung bildeten. Allenfalls, wo es galt, neue Ansprüche des
Staates bzw. Ansprüche des neuen Staates abzuwehren. Im übrigen hatten
auch sie erreicht, was sie erreichen wollten, und schon dies verstärkte das
Bestreben, sich auf ihre ureigenste Lebenssphäre, das Dorf, die Landgemeinde zurückzuziehen, ein Zug, eine Tendenz, die ihren Aktionen und
Organisationen von Anfang an innewohnte.

So vertiefte die Revolution die Kluft zwischen Stadt und Land, Region
und Region, Landgemeinde und Landgemeinde. Die Beseitigung des Bourgeois und Gutsbesitzers, der Zerfall der Soldaten- und der Arbeiterbewegung hinterließ eine Gesellschaft in Auflösung. Dieses Machtvakuum
war Voraussetzung für den Aufstieg der Partei zum neuen Mittelpunkt von
Staat und Gesellschaft, so sehr sie auch selbst von den Zerfallsprozessen
mitgezeichnet war. Sie machte sich anheischig, die Interessen der Arbeiter,
Bauern und Soldaten fortan ganzheitlich zu vertreten.

Die geschilderten Zusammenhänge bilden den Rahmen für die auch in
sich recht komplexe und wechselhafte Entwicklung der Arbeiter-, Sol-
daten- und Bauernbewegungen im Revolutionsjahr.

2. DER AUFSTAND DER ARBEITER

In allen drei Revolutionen spielten die hauptstädtischen Arbeiter eine führende Rolle. Ihre Aktionen, ihre Streiks und Demonstrationen bildeten jeweils die Speerspitze der Protestbewegung. Sie setzten die Signale – im Januar 1905 ebenso wie im Februar 1917. Ihr Krisenausschuß, ihr »Rat«, Streikkomitee und Interessenvertretung in einem, gewann beide Male rasch gesamtstaatliche Bedeutung und wurde zum Vorbild für die Rätebildung draußen im Lande. Und auf sie beriefen sich die Bolschewiki, als sie im Herbst 1917 die Provisorische Regierung stürzten und die »Räterepublik« ausriefen.

Wodurch kamen die Petersburger Arbeiter zu dieser Schlüsselrolle, was unterschied sie von ihren Kollegen andernorts? Die numerische Stärke, der Bildungsgrad, die Geschlossenheit der Organisation, das »Klassenbewußtsein«? Wem standen sie nahe, welche Ziele verfolgten sie, und wer stand hinter ihren Aktionen? Die Forschung hat darauf Antworten zu geben versucht. In vorsichtiger Annäherung entwarf sie ein detailliertes und facettenreiches Sozialprofil der hauptstädtischen Arbeiterschaft und ihrer Entwicklung im letzten Jahrzehnt vor dem großen Umbruch. Sie beschrieb die sektorale Gliederung der Petersburger Industrie und die Berufs- und Beschäftigungsfelder der in ihr Tätigen. Sie ermittelte die Altersstruktur und den Bildungsgrad, die ständische Zugehörigkeit und die regionale Herkunft, die Arbeits- und Existenzbedingungen derer, die in den Statistiken als »Arbeiter« (»rabočie«) ausgewiesen wurden. Sie skizzierte die Rolle der Arbeiterparteien und der Gewerkschaftsbewegung, kommentierte die Ausschläge der Streikbewegung in der Vorkriegszeit und verfolgte die Entwicklung der Petrograder Arbeiterschaft unter den Bedingungen des Weltkrieges, vom Kriegsausbruch bis zur Februarrevolution und in der Zeit zwischen Februar und Oktober.[15]

Dabei trat zutage, wie sehr, wie hartnäckig sich der Gegenstand gegen einfache Ableitungen und rasche Erklärungen sperrt, ja wie problematisch

---

[15] Vgl. vor allem die – zum Teil andern Orts bereits genannten – Studien von Bonnell, Roots of Rebellion; È.È. Kruze, Peterburgskie rabočie v 1912 – 1914 gg., Moskau / Leningrad 1961; dies., Promyšlennoe razvitie Peterburga v 1890-ch – 1914 gg., in: Očerki istorii Leningrada, Bd. 3, S. 9 ff.; Mandel, The Petrograd Workers and the Fall of the Old Regime; ders., The Petrograd Workers and the Soviet Seizure of Power; Th. Steffens, Arbeiter von Petersburg 1907 bis 1917; Smith, Red Petrograd.

es ist, die Arbeiterschaft als »Einheit« zu sehen, und wie schwierig, sie als »Klasse« auszumachen: Die Grenzen zur Handwerkerschaft waren fließend und die Unterschiede in der Tätigkeit, in der Qualifikation, in der Bezahlung, in der Sicherheit des Arbeitsplatzes enorm. Sie differierten von Branche zu Branche, von Betrieb zu Betrieb, aber auch innerhalb eines Unternehmens – etwa zwischen Männern und Frauen, neuankommenden Anfängern und alteingesessenen Fachkräften – erheblich. Gewiß waren die Produktions- und Lebensbedingungen in Petersburg katastrophal, gemessen an unserem Standard, doch im Vergleich mit der Provinz standen die hauptstädtischen Arbeiter (beim Lohnniveau, den Arbeitszeiten, der Versorgung) eher besser da – ihre materielle Not erklärt also nicht unmittelbar ihr politisches Verhalten. Die – sprunghaft wachsende – Industriearbeiterschaft rekrutierte sich vor allem aus ländlichen Zuwanderern; der Versuch, exakt zu bestimmen, wieweit sich diese wirklich vom Land lösten, aufhörten, »Bauern« zu sein, und begannen, ein »proletarisches« Bewußtsein zu entwickeln, erwies sich als schwierig und demonstrierte stets aufs Neue, wie viele Bindungen ans Dorf erhalten blieben.

Bei solchen Voraussetzungen fiel es den sozialistischen Parteien nicht eben leicht, »die Massen« in ihrem Sinne zu lenken und zu leiten. Das Ausmaß der Nichtberechenbarkeit, der Spontaneität blieb groß. Daß die Sozialisten untereinander auch noch zerstritten waren, daß der Staat sie – seit Sommer 1907 – zunehmend wieder in die Illegalität trieb, und daß die zaristische Geheimpolizei es schaffte, in nahezu alle Führungsgremien Agenten und Spitzel einzuschleusen, machte erfolgreiche und kontinuierliche Parteiarbeit schwierig. Vor den gleichen oder zumindest ähnlichen Problemen standen auch die Gewerkschaften. Ihr Einfluß, etwa auf die Streikbewegung, hielt sich in engen Grenzen. Obwohl die Arbeitskämpfe disziplinierter wurden – so ganz verloren sie ihre »vormodernen«. »spontanistischen« Züge nie, und immer blieb ihnen etwas vom Geist des ländlichen Revoltismus (»buntarstvo«). War die Streikbewegung zwischen 1908 und 1911 fast zum Erliegen gekommen, so strebte sie in den beiden letzten Vorkriegsjahren einem neuen Höhepunkt zu, eine Entwicklung, die durch den Kriegsausbruch nur vorübergehend gestoppt werden konnte.

Vergleichbare Studien zur Arbeiterschaft in Moskau, in Südrußland, im Ural ergänzten und modifizierten dieses Bild, ohne jedoch seine Grundzüge in Frage zustellen.[16] Zusammengenommen geben sie zumindest Teil-

---

[16] Vgl. die genannte Arbeit von Bonnell, Roots of Rebellion, die gerade auf die Unterschiede zwischen der Petersburger und Moskauer Arbeiterschaft abhebt; Koenker, Moscow Workers and the 1917 Revolution; dies. / Rosenberg, Strikes and Revolution; Friedgut, Iuzovka and Revolution, 2 Bde.; L.S. Gaponenko, Rabočij klass Rossii v 1917 godu, Moskau 1970; Gavrilov, Rabočie Urala v period domonopolističeskogo kapitalizma 1861 – 1900;

antworten auf die eingangs gestellten Fragen. Auf sie stützen sich auch die nachfolgenden Ausführungen: zum Entwicklungsstand von Industrie und Arbeiterschaft an der Jahreswende 1916/17; zur nachfolgenden Revolution in den Fabriken; zur Entwicklung der Streikbewegung zwischen Frühjahr und Herbst; und zu den Folgen des Oktoberaufstands.

a) Industrie und Arbeiterschaft an der Jahreswende 1916/17

Ein Versuch, unter Verwendung des verfügbaren statistischen Materials die Größe der russischen »Arbeiterschaft« vor dem Ersten Weltkrieg zu bestimmen, erbrachte die Zahl von 17,5 Millionen. Ermittelt wurden dabei 3,1 Millionen Arbeiter in Fabriken und Bergwerken, 3 Millionen in der Hausindustrie und im Handwerk, 1,5 Millionen im Bau, 1,3 Millionen im Transportwesen, 4,5 Millionen in der Landwirtschaft und 4,1 Millionen in Handel und Gaststättengewerbe, häuslichen Diensten und anderen vergleichbaren Funktionen.[17] Obwohl diese Zahlen nicht unwidersprochen blieben, bewegen sich die meisten Schätzungen in vergleichbaren Größenordnungen[18]; sie können daher auch uns als erstes Richtmaß gelten. Geht man von ihnen aus, so zeigt sich, daß die »Arbeiterschaft« zwischen 1860 und 1914, also zwischen dem Beginn der Reformära und Kriegsausbruch noch sehr viel stärker wuchs als die Gesamtbevölkerung; im gleichen Zeitraum, in dem sich die Bevölkerung mehr als verdoppelte, wuchs die Arbeiterschaft auf das über Vierfache an.[19]

Freilich, hierbei wurde ein recht weiter Begriff von »Arbeiter« zugrunde gelegt, und die größte Gruppe mit dem stärksten Zuwachs war dabei ausgerechnet jene, die am wenigsten in das landläufige Bild des »Arbeiters« passen will: die Gruppe der »Arbeiter in der Landwirtschaft«. Es

---

ders. (Hg.), Rabočij klass Urala v period kapitalizma (1861 – 1917), Sverdlovsk 1988; L.M. Ivanov (Hg.), Rabočij klass i rabočee dviženie v Rossii, 1861-1917, Moskau 1966; N.A. Ivanova, Struktura rabočego klassa Rossii, 1910-1914, Moskau 1987; I.I. Kir'janov, Rabočie juga Rossii (1914 – janvar' 1917), Moskau 1971; ders. / M.S. Volin (Hgg.), Rabočij klass Rossii ot zaroždenija do načala XX v., 2. Aufl. Moskau 1989; Ju. Kondufor (Hg.), Istorija rabočich Donbassa, Bd. 1, Kiev 1981; Kruze, Položenie rabočego klassa Rossii v 1900-1914 gg.; Rašin, Formirovanie rabočego klassa Rossii.

17 Vgl. Rašin, Formirovanie, S. 172; abgedruckt und diskutiert bei Crisp, Labour and Industrialization, S. 332 f; von dort wiedergegeben auch im Anhang dieses Buches, vgl. Tabelle 14.

18 Vgl etwa Gaponenko, Rabočij klass, S. 72 (allerdings bezogen auf 1917); sowie N.A. Ivanova, Struktura rabočego klassa, S. 41. Eine Ausnahme bildet dabei die schon genannte Studie von Ėl'za Kruze (Položenie rabočego klassa, S. 42 f.), die die Größe des Arbeiterschaft mit 22,6824 Millionen beziffert, ohne daß wir hier auf ihre Begründung (S. 11 ff.) näher eingehen können.

19 Vgl. dazu Tabelle 1 und Tabelle 14 im Anhang.

spricht vieles dafür, daß es sich dabei zu einem Großteil nicht um Dauer-
kräfte, sondern um kleinere Bauern handelte, die bei ihrem reicheren
Nachbarn oder auf den Gütern des Adels ein Zubrot suchten und die sich
kaum als »Arbeiter«, als »Proletarier« gefühlt haben dürften.[20] Argumen-
tiert man mit dem »Bewußtsein«, so wäre der Vorbehalt sicherlich auf die
zweitstärkste Gruppe, die Angestellten im Handel, Gaststättenwesen und
häuslichen Diensten, zu erweitern. Und klimabedingt, war auch der Bau-
sektor zu einem Gutteil Saisongeschäft und entsprechend bäuerlich geprägt, was sich an den Daten zur ländlichen Wanderarbeit nachverfolgen
läßt.[21]

Daß Saisonalität und ländliche Prägung sich in der Kleinindustrie, im
ländlichen und städtischen Handwerk fortsetzten, ja auch erheblichen Teilen der russischen Fabrik-, Bergbau- und Hüttenindustrie ihren besonderen Charakter gaben, wurde bereits erwähnt. Zweifellos kamen jedoch die
hier Beschäftigten unserer – an westlichen, industriekapitalistischen Pro-
duktionsverhältnissen orientierten – Grundvorstellung vom »Arbeiter«
noch am nächsten.

Bei allen Zahlenspielen wird man sich bewußt bleiben müssen,
daß es sich dabei nur um mehr oder minder grobe Annäherungen handelt.
Etwas größere Exaktheit können nur die Angaben über die Beschäftigten
in der Fabrik-, Bergbau- und Hüttenindustrie für sich in Anspruch nehmen, weil hier die Fabrik- sowie die Bergbau- und Hütteninspektion, bei
den staatlichen Rüstungsbetrieben die entsprechenden militärischen
Dienststellen darüber Buch führten.[22] Angesichts der Komplexität der
Beschäftigungsverhältnisse war schon die zeitgenössische Datenerhebung

---

20 Dazu auch Crisp, Labour and Industrialization, S. 333 f. Dazu würden auch Einzelbefunde
passen, daß mitunter (z. B. im Gouvernement Kursk 1910) bis zu einem Drittel der bäuerlichen Wanderarbeiter in landwirtschaftliche Dienste gingen (mitgeteilt ebenda); ähnlich
für Tambov bei Rašin, Formirovanie, S. 388. Beim Versuch, deutlicher zwischen den Wirt-
schaftssektoren zu unterscheiden und die Beschäftigten im nicht-landwirtschaftlichen Sektor zu ermitteln, kam eine Kommission des Finanzministeriums für das Jahr 1900 und die
50 europäischen Gouvernements auf eine Zahl von 10,4 Millionen, was bei einer Gesamtzahl von 44,6 Millionen 23,3 % aller Erwerbstätigen ausmachte. Dabei entfielen auf Beschäftigte

	in Millionen	in %	in % zu erwerb. Bev.
in Fabriken und Bergwerken	1,9	18,2	4,4
in kustar'-Gewerbe u. remeslo	4,6	44,2	10,3
in versch. Formen nichtlandw. Besch.	3,7	35,5	8,3

mitgeteilt bei Crisp, S. 333.
21 Vgl. Crisp, Labour and Industrialization, S. 334; Rašin, Formirovanie, S. 338; P.G. Ryndzjunskij, Krest'jane i gorod v kapitalističeskoj Rossii vtoroj poloviny XIX veka, Moskau
1983, S. 109.
22 Doch selbst hier waren die Kriterien so einheitlich nicht und wurden landesweit auch nicht
einheitlich angewandt, vgl. Crisp, Labour and Industrialization, S. 341 f.; aufbauend auf die

schwierig, die Neigung der Bauern, Nebeneinkünfte anzugeben, aus Furcht vor ihrer Besteuerung nicht sonderlich groß, und da auch die sowjetische Forschung mehr an der Groß- als an der Kleinindustrie interessiert war, wird der Umfang von städtischem und ländlichem Handwerk noch erheblich größer gewesen sein, als es in obiger Aufstellung erscheint.[23]

Dennoch kann man auch ihr entnehmen, daß sich Handwerk und Kleingewerbe gegen die Fabrikkonkurrenz zu behaupten wußten, ja daß sie in den Jahren zwischen 1861 und 1914 sogar stärker wuchsen als der größere Bruder und der Anteil der Fabrikarbeiter innerhalb der Gesamtgruppe der lohnabhängigen Beschäftigten leicht zurückging.[24] Berücksichtigt man die genannten Mängel in der Statistik, so scheint manches für die Annahme zu sprechen, daß von der Arbeiterschaft im engeren Sinne zwei Drittel auf ländliche und städtische Kleinindustrie und nur ein Drittel auf die Fabrikindustrie entfiel.[25]

Innerhalb der Fabrikindustrie (einschließlich Bergbau und Hüttenindustrie) war noch immer die Textilbranche der wichtigste Arbeitgeber; sie beschäftigte (1908) 36,5 % aller Fabrikarbeiter, gefolgt von der Schwer- und der Nahrungsmittelindustrie mit einem Anteil von 24,5 bzw. 17,1 % an der Gesamtzahl der Beschäftigten. Gemessen am Produktionswert lag die Nahrungsmittelindustrie sogar vor Textil und Metall.[26] Regional verteilten sich die Industriearbeiter vor allem auf vier Gewerbeschwerpunkte: den

Zahlenangaben bei Rašin (Formirovanie, S. 62 f.) kommt sie dabei für die Entwicklung der Fabrikarbeiterschaft zwischen 1900 und 1913 zu folgender Aufstellung:

	Zahl der Arbeiter (in Tausend)		Zuwachs 1900 – 1913	
	1900	1913	in Tausend	in %
1. Unterstellt der Fabrikinspektion	1.692,3	2.282,1	589,8	34,9
2. Unterstellt der Bergwerksinspektion	506,5	647,7	141,2	227,9
Summe aus 1 und 2	2.198,8	2.929,8	731,0	33,2
3. Hilfsarbeiter in Bergbau- und Hütten-ind., nicht registriert unter 2 (1908)	-	72,0	-	-
4. Arbeiterschaft in Betrieben unter Marineaufsicht (1908)	-	22,4	-	-
5. Arbeiterschaft in Betrieben unter Aufsicht des Kriegsminist. (1908)	-	37,3	-	-
Summe aus 1 bis 5	-	3.061,5	-	-

[23] So mit einleuchtenden Argumenten Crisp, Labour and Industrialization, S. 330 ff., 342 ff.; das gilt insbesondere auch für das ländliche Kustargewerbe vgl. Ivanova, Struktura rabočego klassa, S. 44 f.

[24] Vgl. Tabelle 14 im Anhang. Expliziter Hinweis darauf bei Crisp, Labour and Industrialization, S. 350.

[25] Entsprechende Überlegungen ebenda sowie bei Ivanova, Struktura rabočego klassa, S. 44.

[26] Vgl. dazu die Aufstellung in Tabelle 15 im Anhang. Bei gleicher Reihenfolge mit etwas anderen Zahlen Kruze, Položenie rabočego klassa, S. 26.

Zentralbereich um Moskau, die »Neurußland« genannte Region ganz im Süden, den Ural im Osten und St. Petersburg im Nordwesten, auf das Baltikum ausstrahlend. Auf diese vier Gebiete entfielen 70 bis 75 % der Industriearbeiter des europäischen Rußland.[27]

Noch immer die größte Industrieregion war – gemessen an der Zahl der Beschäftigten – das sog. »Zentrale Gewerbegebiet« um Moskau; wie schon in den 60er Jahren des 19. Jahrhunderts entfiel fast ein Drittel aller Fabrikarbeiter auf diese Region. 1913 waren es um die 800.000, davon in Moskau selbst rd. 160.000.[28] Trotz mancher neuer, moderner Züge in der wirtschaftlichen Entwicklung der Region hatte sie vieles von ihrer »traditionellen« Prägung behalten: Hier dominierte noch immer die Textilindustrie, mit ihrer starken Bindung ans Land, relativ niedriger Produktivität und entsprechend bescheidenen Löhnen. Drei Viertel aller Textilprodukte Rußlands kamen aus dem Zentralen Gewerbegebiet, vor allem aus den Gouvernements von Moskau, Vladimir und Kostroma. In der Stadt und im Gouvernement Moskau beschäftigte das Textilgewerbe 1913 zwar nicht mehr fast 90 % (wie Mitte des 19. Jahrhunderts), aber immer noch rund zwei Drittel aller Arbeiter (erst mit weitem Abstand folgte das Metallgewerbe)[29], und verglich man die in der Industrie gezahlten Löhne mit denen in Petersburg, so waren sie in Moskau rd. ein Drittel, in Vladimir und Kostroma sogar um die Hälfte niedriger als dort.[30]

Als altes Industriegebiet galt auch der Ural, obwohl es sich dort nicht um Textil-, sondern um Schwerindustrie drehte; ja der südliche Ural war die älteste Bergbauregion Rußlands überhaupt. Abgesehen von der schon seit dem 17. Jahrhundert betriebenen Salzgewinnung, wurde die Region im 18. Jahrhundert dank ihrer Eisen- und Kupfererze und ständig wachsender staatlicher Nachfrage zum Zentrum der russischen Schwerindustrie und gewann im 19. Jahrhundert zusätzliche Bedeutung durch ihre Gold-, Sil-

---

[27] Aufstellung bei Rašin, Formirovanie, S. 192; vgl. auch Karte 2 im Anhang. Hält man sich an die übliche Regionaleinteilung, so entfielen auf die genannten Gebiete knapp 70 % der Industriearbeiter, rechnete man das Baltikum zur Petersburger Großregion, gut 75 %. Wiedergegeben auch in Tabelle 16 des Anhangs. Wie schon bei der Berechnung der Branchenstärke kommt Kruze auch bei der regionalen Verteilung zu etwas anderen Zahlen, schon weil sie ein anderes Gliederungsschema zugrunde legt; vgl. Kruze, Položenie rabočego klassa, S. 47 f.

[28] Nach Rašin (Formirovanie, S. 192) waren es in Moskauer Industriegebiet 818.200, im Gouvernement Moskau (die Stadt eingeschlossen) 389.100; nach Kruze (Položenie rabočego klassa, S. 47, mit anderer Territorialgliederung) im Gebiet 771.012, im Gouvernement 384.129; da beide – siehe oben – ohnehin nur als Annäherungen zu betrachten sind, sind die Unterschiede für uns unerheblich.

[29] Rašin, Formirovanie, S. 199; danach entfielen 1858 auf die Textilindustrie 89,3 %, auf die Metallverarbeitung und Maschinenbau 2,6 % der Arbeiter; für 1913 nennt er die Vergleichszahlen 64,7 % und 13,8 %.

[30] Steffens, Arbeiter von Petersburg, S. 117, was zu einem Gutteil auf die dominierende Stellung der Textilbranche zurückzuführen ist, wo »traditionell« die niedrigsten Löhne gezahlt wurden.

ber- und Platinminen. Neben seinen Bodenschätzen verfügte der Ural über umfangreichen Waldbestand, der zum wichtigsten Energielieferanten für die ansässige Industrie wurde. Daß die Arbeitskräfte zunächst »unfreie« Bauern waren und die ländlich-bäuerliche Prägung der Fabrikregion auch nach der »Bauernbefreiung« erhalten blieb, wurde oben bereits ausgeführt. Antiquierte Produktionsmethoden und mangelnde Verkehrsanbindung führten die Uralindustrie in der zweiten Hälfte des 19. Jahrhunderts jedoch in die Krise. Mitte des 19. Jahrhunderts noch zweitwichtigstes Industriegebiet (nach Moskau), war seine gesamtstaatliche Bedeutung im 20. Jahrhundert stark zurückgegangen.[31]

Vor allem lief dem Ural nun »Neurußland« (nach heutigen Begriffen müßte man von der südlichen Ukraine sprechen) den Rang ab. Mit Hilfe ausländischen Kapitals, vor allem aus Frankreich und Belgien, war hier ein neues schwerindustrielles Zentrum im Entstehen, das die Verhüttung nicht mehr mit Holzkohle, sondern mit verkokster Steinkohle betrieb und in seiner Produktivität die Uralindustrie schnell in den Schatten stellte. Mitte des 19. Jahrhunderts noch unbedeutend, lieferte das Donecbecken 1913 87 % der Kohle, 74 % des Gußeisens und 63 % des Stahls.[32] Dabei wiesen die Metallkombinate einen hohen Konzentrationsgrad auf; sie lagen in den Städten oder wurden, wie im Falle Juzovkas, Kern einer neuen Stadt.[33] Dagegen befanden sich die Kohlegruben außerhalb der städtischen Siedlungspunkte und wurden mit Hilfe der dort ansässigen Bevölkerung betrieben.

Auch die Hauptstadt und ihr Umland hatten 1913 – gemessen an der Zahl der Arbeiter – den Ural bereits überholt; rechnete man das Baltikum hinzu, so war die Petersburger Industrieregion sogar schon die zweitgrößte im Lande. Je nach Gliederungsschema zählte man in ihr etwas über 300.000 bzw. über 450.000 Arbeiter.[34] Damit war sie zwar noch immer deutlich kleiner als das Moskauer Gewerbegebiet (mit seinen rd. 800.000 Arbeitern), aber im direkten Stadtvergleich hatte St. Petersburg Moskau bereits überflügelt. Gab es dort rd. 160.000 Arbeiter, so waren es hier bereits 228.000, und während in Moskau noch immer die Textilindustrie do-

---

[31] V.V. Adamov, Ob original'nom stroe i nekotorych osobennostjach gornozavodskoj promyšlennosti Urala, in: Voprosy istorii kapitalističeskoj Rossii, Sverdlovsk 1972, S. 225 ff.; Istorija Urala v period kapitalizma, Moskau 1990.

[32] Angaben nach Kruze, Položenie rabočego klassa, S. 78 (Prozentangaben gelten dabei, wie die meisten obigen Zahlen, für das europäische Rußland, ohne die polnischen Gebiete).

[33] Vgl. dafür die oben bereits genannte Studie T.H. Friedgut, Iuzovka and Revolution. Vol. I: Life and Work, vol. II: Politics and Revolution in Russia's Donbass, 1869 – 1924.

[34] Vgl. Rašin, Formirovanie, S.192; Kruze, Položenie rabočego klassa, S. 46 ff., wobei sie zur Region folgende Gouvernements rechnet (nach dem russ. Alphabet): Archangel'sk, Vitebsk, Kurland, Livland, Novgorod, Olonec, Petersburg, Pskov, Tver', Estland.

minierte, waren es hier Metall und Maschinenbau.[35] Beides wies auf strukturelle Unterschiede hin: St. Petersburg war die »modernere« Industrieregion, nicht nur was die Branchen, sondern auch was die »Verstädterung« anging.

Verglich man das Petersburger mit dem Moskauer Gouvernement, so lagen im Moskauer Gouvernement fast die Hälfte der Betriebe mit insgesamt 60 % der Arbeiter auf dem Lande, während bei St. Petersburg 74 % der Betriebe und 84 % der Industriearbeiter »städtisch« waren.[36] Und da in St. Petersburg die moderneren Branchen zu Hause waren, wuchs die Industriearbeiterschaft hier im Vergleich mit Moskau auch doppelt so schnell[37], wobei neben der Leitbranche Metall und Maschinenbau auch maschinelle Holzverarbeitung und Gummiindustrie überproportionale Zuwachsraten aufwiesen und den Trend zum modernen Großbetrieb verstärkten: 1913 waren 55 % der Petersburger Arbeiter in Großbetrieben (mit mehr als 1.000 Arbeitern) beschäftigt, fünf Jahre zuvor waren es 45 % gewesen, was zeigt, daß es sich bei der Konzentration hier um ein neues Phänomen handelte.[38]

Aus dem Gesagten wurde bereits deutlich, daß die Unterschiede zwischen den Wirtschaftsregionen (»alt« und »modern«, »arm« und »reich«) zu einem Gutteil auf branchenspezifischen Unterschieden beruhten und sich daher innerhalb der Wirtschaftsregionen fortsetzten: Dabei wurden, wie sich etwa am Beispiel der Petersburger Arbeiter zeigen läßt, in der Metallbranche oder in der Druckindustrie generell erheblich höhere, ja fast doppelt so hohe Löhne gezahlt wie in der Textil- und Lebensmittelbranche.[39] Es versteht sich von selbst, daß auch innerhalb eines Industriezweiges, von Betrieb zu Betrieb unterschiedliche Löhne gezahlt wurden, noch mehr aber fielen die betriebsinternen Lohndifferenzen, zwischen Arbeitern unterschiedlicher Qualifikation ins Gewicht: Wenn man wiederum

---

[35] Aufstellung über die Zusammensetzung der Industriearbeiterschaft nach Branchen in St. Petersburg und Moskau in: Kruze, Peterburgskie raboč̌ie v 1912 – 1914 gg., S. 69, und Rašin, Formirovanie S. 201, wiederabgedruckt bei Bonnell, Roots of Rebellion, S. 362 f.; auch Steffens, Arbeiter von Petersburg, S. 51.

[36] Nach einer bei Rašin (Formirovanie, S. 209) abgedruckten Erhebung aus dem Jahre 1902; vgl. auch Ivanova, Struktura raboč̌ego klassa, S. 73.

[37] Zu errechnen aus den Angaben bei Bonnell, Roots of Rebellion, S. 362 f.; auch Steffens, Arbeiter von Petersburg, S. 51.

[38] Aufstellung bei Kruze, Peterburgskie raboč̌ie, S. 71, wieder abgedruckt bei Bonnell, Roots of Rebellion, S. 364; darin noch nicht einmal berücksichtigt: die großen Staatsbetriebe. Aufstellung zu den Konzentrationsprozessen als Tabelle 19 im Anhang; daß sich dabei zwei Entwicklungen überlagerten: die »vormoderne« Konzentration der Textilproduktion in Großmanufakturen und die »neuen« Konzentrationsprozesse in der Schwerindustrie, wurde oben bereits angesprochen.

[39] Vgl. Kruze, Peterburgskie raboč̌ie, S. 349; wiedergegeben auch bei Steffens, Arbeiter von Petersburg, S. 118, und in Tabelle 18 im Anhang dieses Buches.

vom Petersburger Beispiel ausgeht, zeigt sich, daß in der Metallbranche ein Facharbeiter (ein Monteur oder Dreher, Hobler oder Fräser) im Monat durchaus das Vierfache von dem verdiente, was ein Hilfsarbeiter (ein Gießer- oder Zuschlägergehilfe) ausbezahlt bekam.[40]

So wies die hauptstädtische Arbeiterschaft – und nicht nur diese – eine »Polarisierung« zwischen »besser verdienenden« Metallern und »armen« Textilarbeitern, »alteingesessenen« Fach- und »neuen« Hilfsarbeitern auf, die sich – zumindest in der Spitze – auch in einem entsprechenden Statusbewußtsein niederschlug. Und da in den schlechter bezahlten Jobs, unter den Textilarbeitern und neuankommenden Hilfsarbeitern der Frauenanteil überproportional hoch war, fand sich in den Unterschieden zwischen den Branchen und Lohngruppen auch der Unterschied zwischen den Geschlechtern wieder.[41]

Der Krieg ebnete diese Unterschiede – zwischen den Lohngruppen, Branchen und Wirtschaftsregionen – keineswegs ein, im Gegenteil: Er stärkte aus einsichtigen Gründen die Führungsrolle der Schwerindustrie; da sie mehr denn je gebraucht wurde, war ihre Facharbeiterschaft von den Rekrutierungen weit weniger betroffen als andere Schichten der Bevölkerung; zusätzliche Bezahlung und bessere Versorgung sollten als Produktionsanreiz dienen und der Fluktuation vorbeugen; weil die vorhandenen Kräfte nicht ausreichten, mußten neue angeworben werden; es handelte sich bei ihnen vor allem um Frauen, Jugendliche und ältere Arbeitnehmer, die neu vom Land in die Stadt kamen oder aus anderen Sparten der Beschäftigung in die Industrie wechselten; und in den schwerindustriellen Zentren des Südens und des Ural wurden zusätzlich – zu Hunderttausenden – Kriegsgefangene eingesetzt.[42]

Das alles prägte die Lage in der Hauptstadt auf besondere Weise. Obwohl auch in St. Petersburg ca. 40.000 Arbeiter eingezogen wurden, wuchs die Arbeiterschaft bis von 242.000 auf 385.000, vor allem deshalb, weil die Zahl der Beschäftigten in der Metallindustrie von 100.000 auf 235.000 stieg,

---

[40] Einige Beispiele davon gibt Kruze, Položenie rabočego klassa, S. 171 ff., darauf aufbauend auch Aufstellung bei Steffens, Arbeiter von Petersburg, S. 124.

[41] Nach den Berechnungen Kruzes (Položenie rabočego klassa, S. 98 f.) erhöhte sich der Frauenanteil unter der Arbeiterschaft von 1900 bis 1913 von 27 % auf 31 %. Dabei war er 1913 am höchsten in der Textilindustrie (mit 54 %), gefolgt von der Chemie- und Papierindustrie, die sämtlich eher zu den Niedriglohnbranchen zählten; in der Metall- und Druckindustrie war der Frauenanteil (mit 6 % bzw. 12 %) am geringsten, wobei beide s.o. gerade am anderen Ende der Lohnskala angesiedelt waren.

[42] Zum Problem insgesamt: Sidorov, Ėkonomičeskoe položenie; in der Endsumme wurden, nach seinen Angaben, 1,6 Millionen Kriegsgefangene zur Arbeit eingesetzt; die Zahl derer, die man in die Industrie schickte und in den Gouvernements Perm, Don und Ekaterinoslav zum Einsatz brachte, beziffert er auf 376.500 (S. 419 f.); zu jenen, die in der Landwirtschaft halfen, vgl. Ausführungen unten in Kap. 4, S. 330 ff.

während sie in anderen Bereichen (wie in der Textil-, Nahrungsmittel-, Papier- und Druckindustrie) stark zurückging oder zumindest stagnierte.[43] Sicher, als Trend zeichneten sich diese Entwicklungen auch in den anderen Wirtschaftsregionen (im Zentrum, im Süden und im Ural) ab:[44] Dank kräftiger Förderung löste in Moskau erstmals die Metallindustrie die Textilindustrie als wichtigsten Arbeitgeber ab, und obwohl die »Arbeiterkader« des Südens und des Ural offenkundig stärker von den Einberufungen betroffen wurden, wuchs die Zahl der in den Gruben und Hütten Beschäftigten auch dort.[45] Doch an keinem Fleck war das Wachstum so stürmisch wie in Petrograd.

Ein erheblicher Teil der Petrograder Rüstungsbetriebe waren Staatsunternehmen, die der Artillerieabteilung des Kriegsministeriums bzw. dem Marineministerium unterstanden. Insgesamt beschäftigten sie 1917 rd. 90.000 Arbeiter. Hinzu kamen die Putilov-Werke (mit ca. 30.000) und die Nevskij Werft (mit über 6.000 Beschäftigten); beide hatte der Staat 1916 »sequestriert« und ein neue Firmenleitung bestellt, ohne sie direkt in Staatseigentum überzuführen. Doch nicht nur sie, auch ein Großteil der privaten Metallbetriebe produzierte für den Krieg; insgesamt waren es 81 % der Metallunternehmen mit 98 % der Metallarbeiterschaft, die von Rüstungsaufträgen lebten. Die Sogwirkung, die sie alle auf den Arbeitsmarkt ausübten, beschleunigte die Entwicklung zum Großbetrieb: 77,9 % aller Petrograder Arbeiter waren 1917 in Betrieben mit mehr als 500 Beschäftigten tätig, 67,9 % in Großunternehmen (mit mehr als 1.000 Beschäftigten).[46] Auch hierbei nahm die Hauptstadt eine Spitzenposition ein.

Wegen der besonderen Bedeutung der Metallindustrie wurden in ihr auch deutlich höhere Löhne gezahlt; dabei wuchs noch der schon vor dem Krieg bestehende Abstand zu anderen Branchen. Hatten die Löhne der Petersburger Metaller 1913 schon 63 % über den Löhnen in der Textilindustrie, 49 % über dem Durchschnittslohn in der Nahrungsmittelindustrie und 42 % über den Chemielöhnen gelegen, so verdienten sie 1917 106 %, 109 % bzw. 51 % mehr als ihre Kollegen in den entsprechenden anderen Branchen. Und während bei diesen bereits mit Kriegsbeginn ein Rückgang des Reallohnes einsetzte, scheinen die Petrograder Metaller bis zum Herbst

---

[43] Zahlen bei Rašin, Formirovanie, S. 83, so auch wiedergegeben bei Koenker, Moscow Workers, S. 25 f.; geringfügig andere Zahlen (Steigerung auf 393.000) bei Z.V. Stepanov, Rabočie Petrograda v period podgotovki i provedenija Oktjabr'skogo vooružёnnogo vosstanija, Moskau 1965, S. 29, denen sich Smith, Red Petrograd, S. 10, anschließt. In der Kernaussage, daß die Zunahme vor allem auf die Expansion der Metallindustrie zurückzuführen ist, stimmen beide überein.
[44] Einige Zahlenbeispiele dazu bei Rašin, Formirovanie, S. 72 ff.
[45] Vgl. Koenker, Moscow Workers, S. 25 f.; Rašin, Formirovanie, S. 79 ff.; Sidorov, Ėkonomičeskoe položenie, S. 417 f.
[46] Vgl. Smith, Red Petrograd, S. 9, 11.

1916 auch real mehr verdient zu haben als vor dem Krieg.[47] Wohl ebenfalls ein Unikum in Rußland.

Zumindest in der Metallindustrie erweiterte sich auch noch die Lohnschere zwischen der »alten« Facharbeiterschaft und den »neuen« Ungelernten. Die Zahl derer, die während des Krieges neu als Arbeiter nach Petrograd kamen, wird auf etwa 190.000 geschätzt.[48] Darunter waren kaum Kriegsgefangene wie in Südrußland und im Ural, dagegen rd. 32.000 Minderjährige und 68.000 Frauen, was den Frauenanteil in Textil- und Nahrungsmittelindustrie auf zwei Drittel und selbst in der Metallbranche von 2,7 auf 20,3 % ansteigen ließ. Entsprechend weit klafften nun Lohngruppen auseinander: Während im Januar 1917 54,2 % der Frauen in der Metallindustrie pro Monat zwischen 60 und 89 Rubel verdienten, fand man in der gleichen Lohngruppe nur 8,8 % der männlichen Kollegen (fast zwei Drittel verdienten zumindest das Doppelte). Und erst recht wurde der Abstand deutlich, wenn man die Metaller mit anderen Branchen verglich: In der Wollfabrik »Neva« und in der Schuhfabrik »Skorochod« verdienten 83,6 bzw. 54,2 % der weiblichen Angestellten unter 60 Rubel, ein Lohn, für den in der Metallbranche offenkundig kaum jemand einen Finger krumm gemacht hätte.[49]

Die Unterschiede zwischen privilegierten Metallern und schlechtbezahlten Arbeitern aus anderen Branchen waren wohl nirgends so kraß, und das Nebeneinander von intakten »alten« Facharbeiterkadern und ungelernten, unerfahrenen »Neuen« nirgends so eng wie in der Hauptstadt. Die besondere Brisanz der Lage bestand darin, daß der Staat von den einen, als tragenden Säulen der Kriegswirtschaft, abhing und daß die anderen, ihre Hilfs- und Zuarbeiter, eben weil sie keine Kriegsgefangenen waren, sich so ohne weiteres nicht herumkommandieren ließen. Daß die Gefahr »akut« wurde, hing mit den wachsenden Schwierigkeiten zusammen, die Millionenmetropole zu ernähren; seit Herbst 1916 schlugen die Versorgungsprobleme auch auf die bisher »Bessergestellten« durch, machten aus dem Nebeneinander ein explosives Gemisch, das nicht nur den sozialen Frieden, sondern die Regierung gleich mit hinwegsprengte.

---

[47] So zumindest die Berechnungen S.G. Strumilins, Zarabotnaja plata i proizvoditel'nost' truda v russkoj promyšlennosti, 1913 – 22 gg., Moskau 1923; Zusammenfassung der hier referierten Ergebnisse bei Smith, Red Petrograd, S. 46 f. Wie weit sich auch diese Befunde für Rußland als Ganzes verallgemeinern lassen, ist unsicher.

[48] Dabei wird davon ausgegangen, daß zum Zuwachs von rd. 150.000 weitere 40.000 hinzuzurechnen sind, die einberufen wurden und ersetzt werden mußten. So I.P. Lejberov, Petrogradskij proletariat v gody pervoj mirovoj vojny, in: Istorija rabočich Leningrada, Bd. 1, Leningrad 1972, S. 461 ff.; ders. / O.I. Škaratan, K voprosu o sostave Petrogradskich rabočich v 1917 godu, in: Voprosy istorii 1961, N° 1, S. 42 ff.; für das weitere auch Stepanov, Rabočie Petrograda, hier S. 34.

[49] Vgl. Lohnübersicht bei Smith, Red Petrograd, S. 71.

Es spricht einiges dafür, daß es gerade diese Gemengelage, dieses Zusammentreffen von »alten« und »neuen« Arbeitern, die Verbindung von Erfahrung und Spontaneität war, die dem Aufbegehren zum Erfolg, der Revolution zu ihrem Durchbruch verhalf. Daß beide, hungernde Frauen und organisierter Arbeiterprotest, in den Rüstungsbetrieben in den Februartagen eine herausragende Rolle spielten, wurde im zweiten Teil der Darstellung bereits beschrieben.

b) Der Februar in den Fabriken

Innerhalb nur weniger Tage hatte die hauptstädtische Arbeiterschaft mit Streiks und Demonstrationen die Autokratie gestürzt. Die zaristische Regierung verlor ihre Macht, ein neues Übergangskabinett trat an ihre Stelle, verkündete Rede-, Presse-, Vereins- und Versammlungsfreiheit, erklärte die Standesunterschiede für abgeschafft und versprach die Neubesetzung der Selbstverwaltungsorgane auf der Grundlage allgemeiner, gleicher, direkter und geheimer Wahlen. Gleichzeitig hatte sich ein »Arbeiterrat« gebildet, der darüber wachen sollte, daß diese Versprechungen auch eingehalten wurden.

Als die Arbeiter den Aufrufen von Provisorischer Regierung und Sowjet[50] folgten und in der zweiten Märzwoche in die Fabriken zurückkehrten, waren sie entschlossen, die gleiche, neue Ordnung auch dort durchzusetzen. Dazu gehörte, daß erstens Personen, die als Repräsentanten, Helfershelfer, Zuträger der alten Unterdrückungsmaschinerie galten, ihren Posten verloren, daß zweitens neue Vertretungskörperschaften geschaffen wurden, die für die Mitsprache der Belegschaften in den Betrieben sorgten und ihre Interessen auch nach außen vertraten, und daß drittens die alten »Grundforderungen« der Arbeiterschaft endlich erfüllt wurden, wozu neben kräftigen Lohnerhöhungen als Inflationsausgleich der 8-Stundentag und die Mitsprache bei Einstellungen und Entlassungen ebenso gehörten wie die Einführung eines Mindestlohnes und eines bezahlten Urlaubs.

Manches war davon bereits auf den Weg gebracht. Die Forderung nach personellen Konsequenzen galt vor allem jenen staatlichen und halbstaatlichen Betrieben, deren Leitungen von oben bestellt und deren Belegschaften der Disziplinargewalt militärischer Dienststellen unterworfen gewesen waren. So verloren in den ersten drei »Tagen der Freiheit« in den sequestrierten Putilov-Werken über 40 Personen der Firmenleitung ihren

---

[50] Abgedruckt in Browder / Kerensky, Provisional Government, Bd. 2, S. 709 ff.

Posten; auf den staatlichen Werften Admiralität, Neue Admiralität und der Werft auf den Galernye Inseln »entließen« die Belegschaften 49 Mitglieder des bisherigen Managements; auf der Baltischen Schiffswerft waren es mindestens 60; und in der großen staatlichen Kugelfabrik wurden 80 % des technischen Führungspersonals von ihren Posten vertrieben.

Dabei betrafen die Säuberungsaktionen nicht nur die Führungsetagen selbst, sondern tendenziell alle Personen, die sich als Vorgesetzte oder Kollegen mißliebig gemacht, tatsächlich oder vermeintlich »despotisch« benommen, ihre Amtsstellung mißbraucht, Bestechungsgelder angenommen oder als Polizeispitzel gedient hatten. Manche setzten sich rechtzeitig ab, manche wurden mit Gewalt ihres Postens enthoben. So wurden in den Putilov-Werken der Direktor und sein Adlatus von Arbeitern ermordet, ihre Leichen in den Obvodnyj-Kanal geworfen und ein gewisser Puzanov, einstiger Anführer der berüchtigten Schwarzhundertertruppe[51] im Betrieb, mit roter Bleifarbe übergossen, auf einem Schubkarren aus dem Fabrikgelände gefahren und auf die Straße gekippt. Dieses Ritual, mit dem mißliebige Vorgesetzte gedemütigt, ehemals Mächtigen ihre nunmehrige Ohnmacht demonstriert werden sollte, war schon früher in Auseinandersetzungen praktiziert worden, nun griff man darauf zurück – und das Putilov-Beispiel machte Schule.[52] Dabei blieben dergleichen Aktionen nicht auf die Staatsbetriebe beschränkt; es gab sie durchaus auch bei Privatunternehmen. Es deutet aber vieles darauf hin, daß sie dort kein vergleichbares Ausmaß annahmen.[53]

Bei den Aktivitäten in den Riesenunternehmen hatte sich rasch herausgestellt, daß Generalversammlungen der Belegschaft zu groß und schwerfällig waren, um sich um alles und jedes zu kümmern. Das zwang zur Konzentration, zur Bildung von Belegschaftsausschüssen. Aus ihnen sollten die berühmten »Fabrik-und-Betriebskomitees« (in der russischen Abkürzung »fabzavkomy«) hervorgehen. Dabei konnten ihre Organisatoren – teilwei-

[51] Schwarze Hundertschaften (černosotency) wurden zwischen den Revolutionen von 1905 und 1917 rechtsradikale Terrorgruppen genannt, die – vom »Bund des Russischen Volkes«, einer rechtsradikalen Partei, organisiert – eine ganze Reihe von Judenpogromen und zahlreiche Morde an oppositionellen Politikern verübt hatten; die Bezeichnung war die ihrer liberalen und sozialistischen Gegner; sie selbst nannten sich »Kampfgemeinschaften« (boevye družiny); vgl. I. Avakumovic, Black Hundreds, in: MERSH Bd. 4, S. 197 ff.; H.-D. Löwe, Antisemitismus und reaktionäre Utopie. Russischer Konservatismus im Kampf gegen den Wandel von Staat und Gesellschaft, Hamburg 1978, S. 100 ff.; H. Rogger, Was There a Russian Fascism? The Union of the Russian People, in: Journal of Modern History 1964, S. 398 ff.; ders., Russia, in: ders. / E. Weber (Hgg.), The European Right. A Historical Profile, Berkeley / Los Angeles 1965, S. 443 ff.
[52] Alle Beispiele bei Smith, Red Petrograd, S. 54 ff.
[53] Hinweise ebenda.

se zumindest – an frühere Erfahrungen anknüpfen: an die Wahl von »Werkstattobleuten« (starosty), an die Entsendung von Vertretern in die Krankenkassen und in die Kriegsindustriekomitees sowie an die Bildung von Streikausschüssen.[54]

In Privatunternehmen beschränkten sich die neuen Organe der Arbeiterschaft, trotz mancher Kraftproben über die Ausstellung mißliebiger Vorarbeiter, im wesentlichen auf »wirtschaftliche« Belange, auf die Verbesserung der Lohnverhältnisse und Arbeitsbedingungen, was – um das Spektrum der Probleme anzudeuten – von der Vertretung von Lohnforderungen und der Regelung von Arbeits-, Ruhe- und Ausfallszeiten über die Mitsprache bei Ein- und Ausstellungen bis zu Fragen der Arbeitsdisziplin, der Verbesserung der medizinischen Versorgung und der Organisierung eines Werkschutzes reichte. In den großen staatlichen Rüstungsbetrieben fiel ihnen darüber hinaus – nach Vertreibung wesentlicher Teile des Managements – vorübergehend sogar die faktische Firmenleitung zu; dabei setzten sie, um den Betrieb am Laufen zu halten, »Exekutivkomitees« ein, die neben Arbeitervertretern auch Ingenieure und sonstige technische Fachkräfte umfaßten, in manchen Fällen sogar Mitglieder der alten Verwaltung.[55]

---

[54] So Smith, Red Petrograd, S. 57 ff., für die Hauptstadt; wenn sich Betriebsausschüsse nun mitunter »Ältestenräte« nannten (oder »Ältestenräte«, als Versammlung der Obleute aus den einzelnen Werksabteilungen, neben den »Betriebskomitees« existierten) wurde etwas von diesen Traditionslinien sichtbar. Zur Vorgeschichte auch die noch immer lesenswerte Darstellung von A.M. Pankratova, Fabzavkomy v bor'be za socialističeskuju fabriku, Moskau 1923 (dt. Ausgabe: Fabrikräte in Rußland. Der Kampf um die sozialistische Fabrik, Frankfurt am Main 1976).

[55] Einblick in die Arbeitsweise der fabzvakomy (auf der Admiralitätswerft, der Baltischen Werft, in den Putilov-Werken, in der Sestrorecker Waffenfabrik, im Arsenal Peters des Großen, in der Petrograder Kugelfabrik) bieten unter anderem die beiden Dokumentenbände Fabrično-zavodskie komitety Petrograda v 1917 godu. Protokoly, hg. von B.D. Gal'perina / E.M. Balašov, Moskau 1979/1982, sowie die ältere, von einer Kommission zur Erforschung der Geschichte der Gewerkschaftsbewegung des VCIK (des Allrussischen Zentralen Exekutivkomitees) besorgte Edition aus den 20er Jahren Oktjabr'skaja revoljucija i fabzavkomy. Materialy po istorii fabrično-zavodskich komitetov, 2 Bde., Moskau 1927, die anders, als der Titel anzudeuten scheint, vor allem die Zeit zwischen Februar- und Oktoberrevolution behandelt (NA hg. und eingeleitet von S.A. Smith, als N° 6 der Publications of the Study Group on the Russian Revolution, Millwood / London / Schaan 1983); ferner die Kapitel über die »Arbeiterbewegung« in den Dokumentenbänden Revoljucionnoe dviženie Rossii posle sverženija samoderžavija (S. 455 ff.) und Revoljucionnoe dviženie v Rossii v aprele 1917 g. (S. 333 ff.); jüngster Überblick, mit kritischer Distanz zu den neueren, sozialgeschichtlichen, »revisionistischen« Studien, und zugleich Versuch, das Spannungsverhältnis von Arbeitern, Fabrikkomitees, Gewerkschaften und sozialistischen Parteien in den Mittelpunkt zu rücken, G. Shkliarevsky, Labor in the Russian Revolution. Factory Committees and Trade Unions, 1917-1918, New York 1993; für die Hauptstadt R.J. Devlin, Petrograd Workers and Workers' Factory Committees in 1917. An Aspect of the Social History of the Russian Revolution, Ph.D. State University N.Y., Ann Arbor / London 1976; Mandel, The Petrograd Workers and the Fall of the Old Regime, S. 100 ff.; Smith, Red Petrograd, S. 80 ff.; Z.V. Stepanov, Fabzavkomy Petrograda v 1917 godu, Leningrad 1985; den Vergleich mit Moskau ermöglicht Koenker, Moscow Workers, S. 145 ff.

Obwohl der Schwerpunkt der Arbeit eindeutig auf dem eigenen Betrieb lag, versuchten die Fabrikkomitees darüber hinaus, die Stoßrichtung ihrer Aktivitäten auch überbetrieblich abzustimmen: Vom 30. Mai bis 3. Juni 1917 tagte in Petrograd eine erste gesamtstädtische Konferenz der Fabrik-komitees, aus der ein »Zentralrat« der Petrograder Fabrikkomitees her-vorging; weitere Stadtkonferenzen der Fabrikkomitees folgten, nicht nur in Petrograd, auch in vielen anderen Industriezentren Rußlands, bevor dann am 17. Oktober 1917 die erste allrussische Konferenz der fabzav-komy in Petrograd zusammentrat.[56]

Waren die Fabrikkomitees besonders in den großen staatlichen Rüstungskonzernen stark, so ging die Neubelebung der Gewerkschaften offenbar mehr von den städtischen Handwerkern und kleineren Industrie-betrieben aus, die im übertrieblichen Zusammenschluß numerische Stärke und kollektive Kraft zu gewinnen suchten. Statistischen Angaben zufolge verzeichneten auch sie einen rasanten, kontinuierlichen Aufschwung: So seien schon im März und April 91 Gewerkschaften neu- oder wiederge-gründet worden (wobei nicht ganz sicher ist, auf welches Gebiet sich diese Angabe bezieht). Im Mai hätten sich 30 weitere im Petrograder Zentral-büro und 38 zum Moskauer Gegenstück zusammengeschlossen; im sibiri-schen Irkutsk schrieben sich, wenn wir diesen Zahlenreihen folgen, bis zum Sommer etwas über 8.000 Arbeiter bei 20 Gewerkschaften ein, und in Baku gab es sogar 27 Gewerkschaften, wobei schon die Gewerkschaft der Seeleute 4.800 und die der Ölarbeiter 3.000 Mitglieder zählte. Als im Juni die Allrussische Gewerkschaftskonferenz zusammenkam (es war bereits die dritte!), existierten landesweit schon ca. 1.000, nach anderen Zählungen sogar bereits 2.000 Gewerkschaften.[57]

Doch solche Angaben sind stark interpretationsbedürftig. Mitunter be-standen die aufgelisteten Gewerkschaften nur aus wenigen Personen, Vete-ranen der Arbeiterbewegung, die sich zum Führer einer entsprechenden Gewerkschaft erklärten, vor allem am Anfang. Den Beschäftigten klar zu machen, daß die Fabrikkomitees sie »angingen«, bei der tagtäglichen Ar-beit im Betrieb, war nicht sonderlich schwer; noch dazu erfolgte diese Ver-tretung »gratis«, war der Generalversammlung der Belegschaft rechen-

---

[56] V.B. Butt, Fabrično-zavodskie komitety, in: SIÈ Bd. 14, Sp. 939 ff.; Devlin, Petrograd Wor-kers, S. 20 ff.; Ja. Fin, Fabrično-zavodskie komitety v Rossii. Kratkij očerk ich vozniknove-nija i dejatelnosti, Moskau 1922; J.L.H. Keep, The Russian Revolution. A Study in Mass Mobilization, London 1976, S. 78 ff.; Oktjabr'skaja revoljucija i fabzavkomy, Bd. 1, S. 63 ff.; Pankratova, Fabrikräte, S. 180 ff.; Stepanov, Fabzavkomy Petrograda, S. 34 ff.

[57] Zu den verschiedenen, divergierenden Zahlenangaben vgl. nur V.P. Butt / V.P. Ivanov, Pro-fessional'nye sojuzy v dorevoljucionnoj Rossii i SSSR, in: SIÈ Bd. 11, Sp. 656; L.S. Gapo-nenko, Rabočij klass Rossii v 1917 godu, Moskau 1970; S.A. Smith, Trade Unions. Februa-ry-October 1917, in: Blackwells Encyclopedia, S. 23.

schaftspflichtig und konnte de facto jederzeit abgewählt werden. Sehr viel schwerer war es, den Beschäftigten beizubringen, daß es notwenig sei, sich mit Betrieben der gleichen Branche oder als Arbeiterschaft insgesamt gewerkschaftlich zusammenzuschließen; und daß man für die Mitgliedschaft auch noch bezahlen sollte, ohne engmaschig kontrollieren zu können, welche Politik man damit finanzierte. So setzte das Bemühen, eine »Massenbasis« zu gewinnen, beharrliche Aufbau- und Aufklärungsarbeit voraus, und der Erfolg hielt sich oft in engen Grenzen: Manchmal vereinte eine Gewerkschaft tatsächlich einen Industriezweig, manchmal zerfiel er auf viele Einzelgewerkschaften (so gab es in der Petrograder Metallindustrie 24 von einander unabhängige Verbände), in manchen Regionen kam die Zahl der Gewerkschaften der der Betriebe gleich, und ihre Reputation war oft nicht allzu groß.[58]

Daß die Gewerkschaften mit dem Aufbau einer »Massenbasis« Schwierigkeiten hatten, hing auch damit zusammen, daß es noch eine dritte Organisation gab, die sich das Ziel gesetzt hatte, die Interessen der Arbeiterschaft zu vertreten: die Organisation der »Räte«. Als überbetriebliche Streikausschüsse im Revolutionsjahr 1905 entstanden, hatten sie damals rasch an politischem Einfluß und Ansehen gewonnen; obwohl sie im Grunde nur wenige Wochen im Mittelpunkt des politischen Geschehens standen, die Niederlage der Revolution ihrer Existenz bereits im Winter 1905/06 wieder ein Ende setzte, blieb ihnen der Nimbus, die Fähigkeit der Arbeiterschaft zur »Selbstverwaltung« gezeigt und ihren »politischen Willen« unverfälscht zum Ausdruck gebracht zu haben. Wie viel von dieser Erinnerung fortlebte, zeigte sich im Februar 1917, als in Petrograd erneut ein »Arbeiterrat« gebildet und zum Vorbild für die Rätebildung draußen im Lande wurde: Schon im Frühjahr gab es in jeder größeren Stadt einen »Rat«, und ihre Zahl stieg von 400 im Mai über 600 im August auf 900 im Oktober.

In zwei wesentlichen Punkten unterschied sich freilich die Rätebewegung des Jahres 1917 von den Räten des Jahres 1905. Erstens griff sie anders als damals auf die Soldaten über, was ihren Einfluß zweifellos stärkte; da-

---

58 Allgemein zum Problem und speziell für die Entwicklung in Petrograd und Moskau: U. Brügmann, Die russischen Gewerkschaften in Revolution und Bürgerkrieg 1917 – 1919, Frankfurt am Main 1972; Devlin, Petrograd Workers, S. 164 ff.; P.A. Garvi, Professional'nye sojuzy v Rossii v pervye gody revoljucii 1917 – 1921, New York 1958; Keep, Russian Revolution, S. 96 ff.; Koenker, Moscow Workers, S. 147 ff.; V.L. Meller / A.M. Pankratova (Hgg.), Raboče dviženie v 1917 godu, Moskau / Leningrad 1926; A. M. Pankratova, Fabzavkomy i profsojuzy v revoljucii 1917 goda, Moskau / Leningrad 1927; Professional'noe dviženie v Petrograde v 1917 godu. Sbornik statej, Leningrad 1928; Shkliarevsky, Labor in the Russian Revolution, passim; Smith, Red Petrograd, S. 103 ff.; J.B. Sorenson, The Life and Death of Soviet Trade Unionism 1917 – 1928, New York 1969.

Abb. 26: Arbeiterdemonstration zum 1. Mai 1917 auf dem Petrograder Schloß-platz: Die neuerklärten Freiheiten erlaubten, den »Internationalen Tag der Arbeit« groß, festlich, in Massenversammlungen zu begehen. Spruchbänder ließen ihn hochleben, ebenso den »Sozialismus« und die neue »Demokratische Republik « (so die Transparente der Arbeiter des Münzhofes auf obigem Bild). An der Vorbereitung hatten sich auch Künstlergruppen beteiligt, und wenn es nach ihnen gegangen wäre, hätte man das Fest in völlig neuer Manier, als »soziales Mysterienspiel« gefeiert, das die brüderliche Verbundenheit beschwor (vgl. J. v. Geldern, Bolshevik Festivals. 1917-1920, Berkeley / Los Angeles / London 1993, S. 18 f.). Vor allem im Frühjahr und Sommer waren die Aktivitäten vielfältig und die Bereitschaft, in entsprechenden Vertretungskörperschaften mitzuarbeiten, groß. Die Krise der Wirtschaft wurde im Sommer und Herbst auch zur Krise der gewerk-schaftlichen Organisationen, der Selbstverwaltungsorgane, der gesamten Ar-beiterbewegung.

bei bildeten Arbeiter und Soldaten manchmal einen gemeinsamen Rat (wie in Petrograd), manchmal schlossen sie sich im Laufe des Jahres zusammen, manchmal blieben sie organisatorisch getrennt (wie in Moskau). Der zweite Unterschied zu 1905 bestand darin, daß die Initiative zur Gründung diesmal nicht »von unten«, sondern von sozialistischen Dumaabgeordneten, Intellektuellen und Parteienvertretern ausging; sie waren es, die Ende Februar, als die Revolution bereits gesiegt hatte, in Petrograd zur Bildung des ersten Rates aufriefen – was den Parteieneinfluß hier wie anderswo von vornherein sehr viel stärker sein ließ als damals. Gleichgeblieben war allerdings, daß die Wahl »direkt« in den Fabriken (und nun auch Garnisonen) erfolgte und die »Deputierten« abberufen werden konnten, wenn man mit ihrer Politik nicht mehr einverstanden war.[59]

Wie im zweiten Teil der Darstellung bereits beschrieben, wurden die Räte im System der »Doppelherrschaft« zu Organen einer »proletarischen Gegengewalt«: Sie etablierten sich in den Städten als Parallel- und Kontrollinstanz zu den »Stadtparlamenten« (den »Stadtdumen«); wo es (wie in den Millionenmetropolen Petrograd und Moskau) unterhalb des Stadtparlaments noch Bezirksparlamente gab, wurden auch auf dieser Ebene Räte (»Bezirksräte«) gebildet.[60] Dem Petrograder Sowjet kam zugleich – als Kontrollinstanz für die »Provisorische Regierung« – gesamtstaatliche Bedeutung zu. Auf Regionaltagungen wurde im Frühjahr 1917 der weitere Ausbau des Rätenetzes besprochen, bevor dann im Juni der »1. Allrussische Sowjetkongreß« in Petrograd zusammentrat; er gründete sein eigenes 250 Mann starkes »Allrussisches Exekutivkomitee«, samt einem Präsidium (mit 9 Mitgliedern), einem Büro (mit 50 Mitgliedern) und 18 Fachabteilungen, die jedoch mit dem Apparat des Petrograder Stadtsowjet personell und organisatorisch eng verbunden blieben.[61]

Nicht zuletzt dank der Stärke ihrer Organisation erzielte die Arbeiterschaft bei der Durchsetzung ihrer Grundforderungen rasche Erfolge. Vor allem in St. Petersburg: Hier hatten die Fabrikkomitees der meisten Großbetriebe schon Anfang März den 8-Stundentag beschlossen, oft ohne die formelle Zustimmung der Unternehmer einzuholen, und beachtliche

[59] Aus der Fülle an Literatur sei für unseren Zusammenhang nur verwiesen auf: A.M. Andreev, Mestnye sovety i organy buržuaznoj vlasti (1917 g.), Moskau 1983; ders., Sovety rabočich i soldatskich deputatov nakanune Oktjabrja. Mart – oktjabr' 1917 g., Moskau 1967 (engl. Ausg. 1971); O. Anweiler, Rätebewegung, S. 127 ff. u.ö.; Keep, Russian Revolution, S. 113 ff. u.ö.: Z.L. Serebrjakova, Oblastnye ob"edinenija sovetov Rossii mart 1917 – dekabr' 1918, Moskau 1977.
[60] Einblick in ihre Funktion bieten die Bände Rajonnye sovety Petrograda v 1917 godu. Protokoly, rezoljucii, postanovlenija obščich sobranij i zasedanij ispolnitel'nych komitetov, 3 Bde., Moskau / Leningrad 1964.
[61] Zur Entwicklung im einzelnen mit Hinweisen auf weitere Literatur vgl. Altrichter, Staat und Revolution, S. 39 ff.

Lohnsteigerungen zwischen 35 und 50 % erreicht. Dabei wuchs das Einkommen der unteren Lohngruppen nicht selten stärker als das der Spitze, was die Extreme etwas zusammenrücken ließ; in die gleiche Richtung wiesen Bemühungen um die Festlegung eines Minimallohnes. Am 10. März vereinbarten der Petrograder Sowjet und die Petrograder Gesellschaft der Fabrikbesitzer und Unternehmer die Einführung des 8-Stundentages bei vollem Lohnausgleich sowie die Institutionalisierung der Fabrikkomitees als gewählter Arbeitervertretung; zugleich verständigten sie sich darauf, zur Beilegung von Mißhelligkeiten zwischen Firmenleitung und Belegschaft in allen Betrieben paritätisch besetzte Schlichtungskammern einzurichten und die Durchführung der Wahl der Arbeitervertreter in die Hände der Fabrikkomitees zu legen.[62]

Die Provisorische Regierung zog nach, führte die neuen Arbeitsbedingungen nun auch formell in allen Staatsbetrieben ein und ging daran, die Kompetenzen der fabzavkomy und die Organisation der Schlichtungskammern auf eine gesetzliche Grundlage zu stellen.[63] Gleiches für den 8-Stundentag zu tun, zögerte sie jedoch, nachdem das Ansinnen einer obligatorischen Einführung – entsprechend der Modellvereinbarung zwischen Sowjet und Petrograder Großindustrie – in Handwerk und Kleingewerbe und bei den Industriellen außerhalb Petrograds auf erhebliche Widerstände gestoßen war. Ohne krönenden Abschluß blieben auch die Bemühungen, die Mitsprache bei Einstellungen und Entlassungen, wie sie im Frühjahr vor allem in den Staatsbetrieben von Belegschaften und fabzavkomy de facto ausgeübt worden war, rechtlich absichern zu lassen. Privatunternehmer lehnten dies als Eingriff in ihre ureigensten Rechte ab, und die Regierung gab ihnen Recht. Ja sie versuchte nun auch ihrerseits, nach der Reorganisation der zuständigen Aufsichtsbehörden, die Leitungsfunktionen der fabzavkomy in den Staatsbetrieben zurückzuschneiden und deren Mit-

---

[62] Vereinbarung abgedruckt auf Seite 1 der »Izvestija« N° 12 vom 11. März 1917. In englischer Übers. bei Browder / Kerensky, Provisional Government, Bd. 2, S. 712 f.; die Petrograder Gesellschaft der Fabrikbesitzer und Unternehmer informierte ihre Mitglieder davon in einem Zirkularschreiben am 12. März; ergänzender Zirkularbrief vom 14. März in: Ėkonomičeskoe položenie Rossii nakanune Velikoj Oktjabr'skoj socialističeskoj revoljucii. Dokumenty i materialy, mart – oktjabr' 1917, Bd. 2, Moskau / Leningrad 1957, S. 511; er forderte die Mitglieder auf, den 8-Stundentag einzuführen, dies sei »eine der wichtigsten Maßnahmen zur weiteren geistigen Entwicklung der Arbeiterklasse, weil auf diese Weise der Arbeiter Zeit für die eigene Weiterbildung und für die Entwicklung von Gewerkschaftsorganisationen erhält, deren Ziel die Herstellung korrekter, rechtlicher Beziehungen zwischen Arbeit und Kapital« sein müßten; zur Entwicklung in Petrograd vor allem Mandel, The Petrograd Workers and the Fall of Old Regime, S. 85 ff.; Smith, Red Petrograd, S. 54 ff., 74 ff.

[63] Das Statut über die fabzavkomy erhielt am 23. April 1917 Gesetzesform, die Organisation der Schlichtungskammern am 5. August 1917; Auszüge aus beiden Gesetzestexten bei Browder / Kerensky, Provisional Government, Bd. 2, S. 718 ff., 742 f.

wirkung bei der Bestellung des Führungspersonals auf ein einfaches Vetorecht zu begrenzen.[64]

Insgesamt gesehen überwogen jedoch – bis in den Sommer hinein – die Erfolge: bei den Tarifauseinandersetzungen, bei der Etablierung der fabzavkomy als Organe der innerbetrieblichen Mitbestimmung, beim allmählichen Aufbau der Gewerkschaftsorganisation, bei der Anerkennung der Räte als proletarische Kontrollorgane. Dabei waren die Lohnerhöhungen das Spektakulärste, vor allem in der Hauptstadt. Um die obigen Beispiele wieder aufzugreifen: Die besonders schlecht bezahlten Arbeiterinnen in der Textilfabrik »Neva« und in der Schuhfabrik »Skorochod« bekamen im Juni das Zweieinhalbfache von dem, was sie im Januar verdient hatten. Schätzungen zufolge war dies nicht einmal ungewöhnlich, sondern entsprach nur dem hauptstädtischen Durchschnitt. Rechnet man die Einführung des 8-Stundentages bei vollem Lohnausgleich hinzu, so stieg in manchen Bereichen der Stundenlohn sogar noch stärker, und entsprechend dürften die Löhne das Vier- bis Fünffache früherer Jahre betragen haben.[65] Sicher, die genannten Zahlen sind voller Probleme. Sie beziehen sich auf Nominallöhne; setzte man sie zur Inflation in Beziehung, fielen die Lohnsteigerungen weit weniger spektakulär aus; schon in Moskau blieben die Tarifentwicklungen offenkundig hinter den Petrograder Spitzenwerten zurück; und hier wie dort differierten sie stark nach Branche und Qualifikation. Dennoch deutet vieles darauf hin, daß die Löhne im ersten Halbjahr 1917 im Durchschnitt stärker wuchsen als die Inflation und somit ein Plus (von schätzungsweise 10-20 %) für die Arbeitnehmer übrigblieb.[66] Nur war es eine Illusion zu glauben, daß die wirtschaftliche Talfahrt damit bereits gestoppt und ein Neuanfang gemacht sei. Das Gegenteil war der Fall. Über das ganze Jahr berechnet ging die Industrieproduktion gemes-

---

[64] Vgl. für diesen Zusammenhang Smith, Red Petrograd, S. 62 ff.; Stepanov, Fabzavkomy Petrograda (S. 62 ff.) zeigt, wie sich im Fortgang des Jahres der Schwerpunkt der Aktivitäten der fabzavkomy verschob, hin auf Fragen der Arbeiterkontrolle über Produktion und Verteilung, den Kampf gegen den Zerfall der Wirtschaft und Fabrikstillegungen, die Teilnahme an politischen Kampagnen; auch V.I. Selickij, Massy v bor'be za rabočij kontrol', Moskau 1971.

[65] Beispiele nach Smith, Red Petrograd, S. 70 f.

[66] Vgl. die Zahlenangaben bei I.A.Baklanova, Rabočie Petrograda v period mirnogo razvitija revoljucii, mart – ijun' 1917 g., Leningrad 1978, S. 3; Koenker, Moscow Workers, S. 118 f., 130 f.; I.A. Serebrovskij, Revoljucija i zarabotnaja plata metalličeskoj promyšlennosti, Petrograd 1917, S. 9; Smith, Red Petrograd, S. 71, 117 (mit Wiedergabe der Daten von Baklanova, Serebrovskij, Stepanov); Z.V. Stepanov, Rabočie Petrograda v period podgotovki i provedenija Oktjabr'skogo vooružënnogo vosstanija, Moskau 1965, S. 54 f. (bei dem auch die branchenspezifischen Unterschiede besonders deutlich werden: so sanken die Reallöhne der »Ungelernten« offenkundig bereits seit Jahresbeginn und erreichten im Oktober nur noch 43 % des Standes vom Januar, obwohl auch bei ihnen die Nominallöhne kräftig gestiegen waren). Freilich gilt auch hier, daß es sich um Durchschnittszahlen, um Annäherungen handelt, die in ihrer »Exaktheit« auch nicht überschätzt werden dürfen.

sen am Vorjahr (1916) um 36,4 % zurück und erreichte nur noch 77,3 % des Jahres 1913. In den kriegswichtigen Branchen, Bergbau und Hüttenindustrie sowie Metallverarbeitung, war der Rückgang (gegenüber 1916) mit 43,8 % bzw. 35,8 % besonders dramatisch. Bei gleichem Basisjahr und umgerechnet auf die Zahl der Arbeiter erreichte die Produktivität nur knapp 62 %.[67]

Diese alarmierende Entwicklung zeichnete sich in den Sommer hinein immer deutlicher ab. So wurden im Donecbecken im Juni 17,6 %, im August 27,3 % weniger Kohle gefördert als noch im Januar 1917.[68] Die Zahl der Hochöfen, die aus Mangel an Brennstoff still gelegt werden mußten, hatte sich landesweit bis Juni um über 40 % erhöht.[69] Der Mangel an Energie und Rohstoffen schlug unmittelbar auf die metallverarbeitende Industrie durch und wurde verschärft durch die Lage im Transportwesen. Der dafür in der Eisenbahnverwaltung Zuständige nannte sie Mitte Juli schlichtweg »anarchisch« und »zum Verzweifeln«. Blieben Rohstoffe und Energie aus, waren nicht nur die industrielle Produktion und die Versorgung der Front gefährdet; verfielen Industrie und Transportsystem, zog dies auch unübersehbare Folgen für den Bestand von Arbeitsplätzen und die Versorgung der Städte mit Nahrungsmitteln nach sich.[70]

Je deutlicher die Konjunkturdaten nach unten zeigten, desto mehr fanden in der Unternehmerschaft jene Gehör, die schon im Frühjahr vor »zu weitreichenden« Konzessionen gewarnt und gegen den Schmusekurs der Petrograder Industriellen opponiert hatten. Für die Arbeiterschaft näherte sich damit die Zeit der raschen Erfolge dem Ende; was bis zum Frühsommer nicht erreicht war, ließ sich kaum noch durchsetzen. Bei langwierigen Tarifauseinandersetzungen drohten die ursprünglichen Forderungen von der munter fortschreitenden Inflation überholt zu werden; das galt auch für Bemühungen um die Festlegung eines Minimallohnes. Schließlich: was halfen alle Kämpfe und Errungenschaften, wenn die Unternehmer nach dem »Sieg« – mit dem Hinweis auf mangelnde Kapazitätsauslastung, fehlende Rohstoffe oder Energie – Entlassungen oder die Schließung der Fabrik verfügten?[71]

Die neue Lage rief in der Arbeiterschaft Unsicherheit hervor. Ihr folgte die Enttäuschung. Sie galt zunächst der Regierung und den sie stützenden

---

[67] Sidorov, Ėkonomičeskoe položenie, S. 350 ff.
[68] Ėkonomičeskoe položenie Rossii, Bd. 2, S. 86.
[69] Ėkonomičeskoe položenie Rossii, Bd. 2, S. 108; die Hochofenkapazität wurde im ersten Halbjahr nur zu 54 % genutzt (1916 waren es 72 % gewesen).
[70] Vgl. dazu Dokumente mit Zahlenangaben in Ėkonomičeskoe položenie Rossii, Bd. 2, S. 94 ff., 143 ff., 211 ff., 233 ff.
[71] Galili, Menshevik Leaders, S. 367 ff.; Koenker, Moscow Workers, S. 317 ff.; Koenker / Rosenberg, Strikes and Revolution, S. 265 ff.; Mandel, The Petrograd Workers and the Soviet Seizure of Power, S. 264 ff.; Smith, Red Petrograd, S. 68 ff.

Parteien, gleich ob bürgerlicher (kadettischer) oder sozialistischer (menschewistischer, sozialrevolutionärer) Provenienz; sie übertrug sich aber offenbar auch auf die eigenen Organe, sei es, weil sie von den gleichen Parteien beherrscht wurden, sei es, weil die sinkenden Erfolgsaussichten generell an ihrem Nutzen zweifeln ließen. Sah man aber erst einmal ihre Erfolgsaussichten skeptisch, mußte es als reine Verzettelung der eigenen Kräfte und Verschwendung von Ressourcen erscheinen, daß sogar drei Organisationen (Betriebskomitees, Gewerkschaften, Räte) nebeneinander existierten, ohne klare Trennung der Zuständigkeiten, ja mit großenteils identischen Aufgabenfeldern. So oder so, es scheint, daß das Interesse an ihnen deutlich sank und seit Sommer die Zahl jener Fälle stieg, daß Sitzungen und Versammlungen anberaumt, aber mangels Beteiligung vertagt werden mußten, was nicht immer garantierte, daß beim neuen Termin der Besuch besser und Beschlußfähigkeit erreicht wurde.[72]

Sie waren Anzeichen einer um sich greifenden Apathie, ein Phänomen, auf das wir bereits in anderem Zusammenhang stießen: Als am 20. August in Petrograd das Stadtparlament gewählt wurde, gaben, obwohl das Wahlgebiet sich noch erweitert hatte, über 235.000 weniger ihre Stimmen ab als bei den Wahlen zu den Stadtbezirksparlamenten Ende Mai. In der Hauptstadt schlug das Pendel immer am weitesten aus, doch bei Wahlen in Provinzstädten machten Vologda, Voronež, Vjatka, Ekaterinburg im späten Juli und August ganz ähnliche Erfahrungen. Und als am 24. September in Moskau die Stadtbezirksparlamente zur Wahl anstanden, gingen auch hier 40 % (260.000) weniger zur Wahl als bei den Wahlen zum Moskauer Stadtparlament Ende Juni.[73]

Von den Arbeiterorganisationen hatten es die Gewerkschaften wohl am schwersten, sich zu behaupten. Ihre Bemühungen, auf Zeit zu setzen und einen leistungsfähigen Apparat aufzubauen, gerieten leicht in den Geruch, sich nur um die eigene Bürokratie zu kümmern und darüber die Sorgen der Arbeiter zu vergessen. Je weiter der Verfall der Wirtschaft fortschritt und das Chaos um sich griff, desto mehr versuchten Fabrikkomitees, der Rat- und Machtlosigkeit entgegenzutreten, ihre Kontrollfunktionen weit auszulegen, sich mit darum zu kümmern, daß der Nachschub klappte, Reserven an Rohstoffen oder Energie im eigenen Betrieb oder anderswo aufzuspüren und für die Produktion verfügbar zu machen. Ja im Extremfall wurde mitunter versucht, den Betrieb auch dann noch am Laufen zu halten, wenn der Unternehmer die Stillegung verfügte. Doch in der Regel geschah das dann vor allem, um die Arbeitsplätze zu erhalten, nicht weil man

---

[72] Dafür mit mehreren Beispielen aus Moskau und unter dem Schlagwort »die Malaise der Organisation« eindringlich und überzeugend Koenker, Moscow Workers, S. 171 ff.
[73] Zahlen bei Rosenberg, Russian Municipal Duma Elections, S. 158 ff.

ein festes ideologisches Ziel vor Augen gehabt hätte, das da hieß, den »Sozialismus zu verwirklichen«.[74]

Um zumindest seinen Protest gegen die entstandene Lage zum Ausdruck zu bringen, blieb noch ein anderer Weg: Jene aus den Arbeitervertretungen abzuwählen, denen man eine Mitschuld daran gab. Auf diese Weise verloren die Menschewiki nicht nur ihre ehemals dominierende Stellung in den fabzavkomy der großen Staatsbetriebe, sondern zusammen mit den Sozialrevolutionären auch die Mehrheit in den hauptstädtischen Sowjets; und so gewannen jene dort das Sagen, die einen Weg aus der Ausweglosigkeit mit einem radikal anderen Kurs versprachen: die Bolschewiki. Dennoch: bilanziert man die Zeichen neuer militanter Kampfesbereitschaft mit denen der Ratlosigkeit und Resignation, so bleibt fraglich, ob »die Arbeiterbewegung« im Herbst 1917 tatsächlich bereits wieder und von sich aus einem neuen Höhepunkt zustrebte, jetzt, da die Hoffnungen des Frühjahrs verflogen waren und ihr der Wind der Konjunktur ins Gesicht blies. Selbst Lenin war da offenkundig skeptisch; sonst hätte er sich nicht so vehement dafür eingesetzt, daß die Partei den »bewaffneten Aufstand« ihrerseits in Szene setzte, denn »abzuwarten« bedeute »den Tod«.[75]

c) Die Entwicklung der Streikbewegung

Auf dem Höhepunkt der Auseinandersetzungen, der Demonstrationen und Streiks hatten die Arbeiter in den Großbetrieben die Fabrikkomitees als Koordinierungsinstanz gewählt; die neu- oder wiedergegründeten Gewerkschaften versuchten nach dem Februar, mit dem Ausbau ihrer Organisation die Voraussetzungen für überbetriebliche Tarifverhandlungen zu schaffen; und die Räte schienen nun die geeignete Instanz, über den politischen Einsatz von Streiks zu befinden. Doch die Arbeiter gaben damit das Mittel des Streiks keineswegs aus der Hand: In letzter Instanz entschieden sie immer noch selbst, ob, wann, mit welchen Zielen und für welche Zeit sie gemeinsam die Arbeit niederlegten.

Zwar übernahmen dabei häufig die zuständigen Organe – innerbetrieblich das Fabrikkomitee, überbetrieblich die Gewerkschaftsorganisation, politisch der Sowjet – die Führung. Sie taten es freilich zumeist auch dann,

---

[74] Koenker, Moscow Workers, S. 151 ff.; Mandel, The Petrograd Workers and the Soviet Seizure of Power, S. 278 f.; Smith, Red Petrograd, S. 168 ff.; zum allgemeinen Problem: M.L. Itkin, Rabočij kontrol' nakanune Velikogo Oktjabrja, Moskau 1984; V.I. Selickij, Massy v bor'be za raboči kontrol', Moskau 1971.

[75] Darauf wurde wiederholt und meines Erachtens zu recht verwiesen; vgl. dazu noch einmal B. Bonwetsch, Die Russische Revolution 1917. Eine Sozialgeschichte von der Bauernbefreiung 1861 bis zum Oktoberumsturz, Darmstadt 1991, S. 190.

wenn sie nicht hinter der Entscheidung standen, sich bis zum Schluß widersetzt, sie zu vertagen, zu verhindern versucht hatten.[76] Daß es solche Fälle von Anfang an gab und daß sie ins Jahr hinein immer häufiger wurden, ist hinreichend belegt. Weil das aber so war, blieben die Streikaktivitäten eine Art unmittelbares »Stimmungsbarometer«, das Auskunft gab über die Einstellungen der Arbeiterschaft zu Staat und Regierung, zur politischen und wirtschaftlichen Entwicklung des Landes.

Dabei waren die Möglichkeiten, Meinungen zu äußern, Stimmungen auszuleben, so groß wie nie zuvor. Die Februarrevolution hatte alte Hindernisse aus den Weg geräumt; sie machte es möglich, daß der Streik zum »Fest der Freiheit« werden, sein Ritual der Versammlungen und Demonstrationen mit Spruchbändern und Parolen entfalten, zur kollektiven Selbsterfahrung der Arbeiterschaft, inner- und überbetrieblich, beitragen konnte.[77] Die enormen Fortschritte der neuen Ordnung erkannten selbst jene an, die sie bekämpften.[78] Um allerdings vor falschen Rückschlüssen zu warnen: Mehr als nur »dumpfer Protest gegen wachsende Unsicherheit und Verelendung« waren die Streiks auch schon vorher gewesen.

Wie wäre sonst ihre Entwicklung der letzten zehn Jahre vor 1917 zu erklären? Sie setzten – nach der Niederlage in der Revolution 1905/06 – erst mit beginnender Hochkonjunktur wieder ein, erreichten bei boomender Wirtschaft im ersten Halbjahr 1914 einen Spitzenwert, und die führende

---

[76] Dabei wird man die »Führungsrolle« wohl auch nicht überschätzen dürfen. In Moskau ließ sich nur in der Hälfte der 269 ermittelten Streiks eine »Streikführung« ausmachen; in 86 Fällen lag dabei die Streikführung in den Händen von Gewerkschaftsorganisationen; bei 21 Streiks trat explizit das Fabrikkomitee als Streikführer auf, in 8 weiteren ein Streikkomitee auf Fabrikebene vgl. Koenker, Moscow Workers, S. 151, 154; eine andere Einschätzung bei A.M. Liseckij, Bol'ševiki vo glave massovych staček (mart – oktjabr' 1917 g.), Kišinëv 1974.

[77] Zur »Dramaturgie« des Streikes als »Fest der Freiheit«, bei dem die Arbeiterzusammenkünfte mit Flaggen und Bannern, mit Frauen und Kindern zur Grundlage der Solidarität werden, der Information ebenso dienen wie der Mobilisierung, für das Revolutionsjahr Koenker / Rosenberg, Strikes and Revolution, S. 110 ff.; zum allgemeinen Problem der Streik- und Arbeiterkultur, auf das hier nicht näher eingegangen wird: R. Gray, The Aristocracy of Labour in Nineteenth-Century Britain, 1850 – 1914, London 1981; M.G. Hanagan, The Logic of Solidarity. Artisans and Industrial Workers in Three French Towns, Urbana 1980; G.A. Ritter (Hg.), Arbeiterkultur, Meisenheim 1979 (überarbeitete deutsche Ausgabe des Heftes »Workers' Culture« des Journal of Contemporary History 13 (1978) N° 2); E. Shorter / Ch. Tilly, Strikes in France, 1830-1968, Cambridge 1974; K. Tenfelde / H. Volkmann (Hg.), Streik. Zur Geschichte des Arbeitskampfes in Deutschland während der Industrialisierung, München 1981; H. Volkmann, Modernisierung des Arbeitskampfes. Zum Formwandel von Streik und Aussperrung in Deutschland 1864-1955, in: H. Kaelble / H. Matzerath / H.-J. Rupieper / P. Steinbach / H. Volkmann (Hgg.), Probleme der Modernisierung in Deutschland. Sozialhistorische Studien zum 19. und 20. Jahrhundert, Opladen 1978, S. 110 ff.

[78] Bekannt ist das Leninsche Wort bei der Rückkehr nach Petrograd im April 1917, Rußland sei »zur Zeit von allen kriegführenden Ländern das freieste Land der Welt«, in: Lenin, Werke, Bd. 24, S. 4.

Rolle spielten dabei jene Regionen und Branchen (die Hauptstadt St. Petersburg und die Metallbranche), wo ohnehin die Arbeitsplätze am sichersten und die Löhne am höchsten waren. Hatte der Krieg die Streikaktivitäten vorübergehend unterbrochen, so lebten sie seit Sommer 1915 erneut auf und wieder übernahmen die Hauptstadt und die Metallbranche dabei eine Leitfunktion. Da Staat und Wirtschaft auf ihr Wohlverhalten angewiesen waren, war das Risiko staatlicher Repressionen, Verlust des Arbeitsplatzes und Abkommandierung an die Front hier am geringsten.[79]

Damit sind die Koordinaten angedeutet, zwischen denen sich die Streiks im Revolutionsjahr bewegten: zwischen »dumpfem Protest« und zweckrationaler Tarifauseinandersetzung, neuer Freiheit und dem Vorwurf, sie als Spielwiese zu mißbrauchen. Und nimmt man die Zeit zwischen Februar und Oktoberaufstand als Einheit, so bestätigte sie erneut die »eingespielten« Verhaltensmuster: die Hauptstädte, die Industriearbeiterschaft und in ihr vor allem die Metaller gingen voran, die Provinz, die nichtindustrielle Arbeiterschaft und die minderbezahlten Branchen folgten, verliehen der Bewegung die Wucht, die Breiten- und Tiefenwirkung.[80]

Eine solche Charakterisierung verwischt freilich etwas den Tatbestand, daß die Streikentwicklung selbst mehrere Phasen durchlief. Was sich im Februar abgespielt hatte, setzte sich zunächst ins Frühjahr hinein fort: Petrograd blieb der Mittelpunkt des Streikgeschehens. An den 59 Streiks, die man in den Monaten März, April, Mai und Juni hier zählte, nahmen rd. 350.000 Arbeiter teil; das war mehr als die Hälfte der Streikenden überhaupt, und so groß wie in Petrograd waren die Streiks nirgendwo sonst. Nahm man Moskau hinzu, so

---

[79] Zur Entwicklung der Streikbewegung vor 1917: L. Haimson, The Problem of Social Stability in Urban Russia, 1905 – 1914, in: Slavic Review 23 (1964), S. 619 ff.; 24 (1965), S. 1 ff.; ders. / R. Petrusha, Two Strike Waves in Imperial Russia (1905 – 07, 1912 – 14). A Quantitative Analysis, in: L.H. Haimson / Ch. Tilly (Hgg.), Strikes, Wars, and Revolutions in an International Perspective. Strike Waves in the Late Nineteenth and Early Twentieth Centuries, New York 1989, S. 101 ff.; Koenker / Rosenberg, Strikes and Revolution, S. 57 ff.

[80] Die Angaben über die Anzahl der Streiks gehen weit auseinander. Die Fabrikinspektion registrierte in den ihr unterstehenden Unternehmen (Betrieben mit mehr als 15 Beschäftigten, ohne Staatsbetriebe) zwischen März und September 576 Streiks (monatliche Aufstellungen mit branchenspezifischer und regionaler Auflistung wieder abgedruckt in: Revoljucionnoe dviženie posle sverženija samoderžavija, S. 592 ff.; Revoljucionnoe dviženie v aprele, S. 476 ff.; Revoljucionnoe dviženie v mae – ijune, S. 294 ff., 324 ff.; Revoljucionnoe dviženie v ijule, S. 388 ff.; Revoljucionnoe dviženie v avguste, S. 250 ff.; Revoljucionnoe dviženie v sentjabre, S. 350 ff.). Dabei blieben neben den Staatsbetrieben offenkundig auch die hauptstädtischen Streiks unberücksichtigt. Im Zuge der nachträglichen Auswertung zusätzlicher Quellen und Presseberichte erhöhte sich schrittweise die Zahl der ermittelten Streiks. In ihrer jüngst erschienenen Studie zählten Diane Koenker und William Rosenberg (Strikes and Revolution) zwischen 3. März und 25. Oktober 1.019 Streiks mit 2,44 Millionen Beteiligten. In mehreren zentralen Punkten weisen die verschiedenen Zahlenangaben jedoch Gemeinsamkeiten auf. Das Folgende vor allem nach Koenker, Moscow Workers; Koenker / Rosenberg, Strikes and Revolution; Mandel, The Petrograd Workers; Smith, Red Petrograd; auch Liseckij, Bol'ševiki vo glave massovych staček.

entfielen auf die beiden Hauptstädte fast die Hälfte der Streiks (44,9 %) und mehr als vier Fünftel (84,9 %) der streikenden Arbeitnehmerschaft. Etwa der gleiche Prozentsatz an Streikenden (84,8 %) entfiel auf den industriellen Sektor (14 % auf den Dienstleistungssektor), und unter den streikenden Industriearbeitern standen (mit einem Anteil von 71,5 %) die Metaller mit weitem Abstand an erster Stelle (gefolgt von den Textilarbeitern mit 6,6 %).[81]

Von einigen politischen Großstreiks abgesehen, ging es den Streikenden vor allem um wirtschaftliche Belange: Dabei standen an allererster Stelle die Löhne, wobei man stets aufs neue versuchte, mit der rasch vorwärts schreitenden Inflation Schritt zu halten. Hinzu kamen Auseindersetzungen um die Verbesserung der Arbeitsbedingungen (vor allem um die Durchsetzung des 8-Stundentags), das Verlangen nach einer »würdigen« Behandlung am Arbeitsplatz (die Anrede mit »Sie«, die Gleichstellung von Mann und Frau) und Forderungen nach verstärkten »Kontrollfunktionen« in den Betrieben (die Mitwirkung bei Einstellungen und Entlassungen, die Kompetenzen der fabzavkomy und Gewerkschaften). Doch in über 70 % der Streiks ging es zunächst einmal um Löhne, in nur 7,8 % bzw. 17,3 % waren explizit auch Fragen der »Würde« bzw. der »Kontrolle« Gegenstand der Auseinandersetzung. Nur ganz wenige Lohnstreiks endeten mit einem völligen Fehlschlag, nahezu 50 % mit einem Sieg oder Kompromiß für die Arbeitnehmerschaft, und ähnlich gut war die Erfolgsquote bei Auseinandersetzungen, bei denen es um »mehr« ging als bloße Lohnfragen.[82]

Im Hochsommer veränderte sich dieses Bild völlig. Die Streiktätigkeit ging nun in Petrograd rapide zurück, und auch in Moskau zeigte sie nach einem letzten dramatischen Höhepunkt im Juli fallende Tendenz. Der Hintergrund war die Konjunkturentwicklung, die sich in Petrograd frühzeitiger als anderswo bemerkbar machte und es wohl überlegt sein ließ, ob ein Produktionsstop letztendlich nicht den eigenen Arbeitsplatz gefährdete. Das galt selbst für die erfolgsverwöhnten Metaller. So verlagerte sich der Schwerpunkt der Streiktätigkeit geographisch von Petrograd auf Moskau und die Provinz, und statt der Metallarbeiter streikten nun Branchen, die bisher eher im Schatten der anderen gestanden waren. Dazu zählten etwa 16.000 Chemiearbeiter, 14.000 Bauarbeiter, 110.000 Lederarbeiter, die in Moskau und Umgebung zwischen 7. und 16. August auf die Straße gingen, wozu noch einmal etwa genau so viel kamen, die am 12. August eintägig gegen die Tagung der Moskauer Staatskonferenz protestierten.[83]

---

[81] Übersichten bei Koenker / Rosenberg, Strikes and Revolution, S. 156 ff.

[82] Koenker / Rosenberg, Strikes and Revolution, S. 162 ff.

[83] Zu Petrograd knapp Mandel, The Petrograd Workers and the Soviet Seizure of Power, S. 284 ff.; zu Moskau: Koenker, Moscow Workers, S. 295 ff.; für den Gesamtzusammenhang Koenker / Rosenberg, Strikes and Revolution, S. 245 ff.

Zwar standen – bei sich beschleunigender Inflation – Lohnforderungen mehr denn je an erster Stelle; doch unter den Streikenden verstärkte sich die Tendenz, sie nun im Verbund mit all den anderen Problemen zu sehen, den »grundsätzlicheren« Fragen der Arbeitsbedingungen, der Stellung der Arbeiter in den Betrieben und ihrer Mitwirkung bei allen Betriebsentscheidungen. Daß Streiks aus dem Ruder zu laufen, die Grenzen der »üblichen« Tarifauseinandersetzungen zu sprengen drohten, bekamen auch Fabrikkomitees und Gewerkschaften zu spüren. Wenn sie – angesichts der allgemeinen Wirtschaftsentwicklung – zu einem vorsichtigeren Kurs rieten und die »Schlichtung« ansteuerten, wählte sich die Basis mitunter ein Streikkomitee, das sich über solche Bedenken einfach hinwegsetzte. Vor dem gleichen Problem stand auch die Regierung: Bemühungen um Vermittlung liefen sich zunehmend an der Militanz beider Seiten fest. Dies alles erschwerte eine friedliche Lösung, wobei die deutlich sinkenden Erfolgsaussichten zur weiteren Verhärtung der Fronten beitrugen.[84]

In den Herbst hinein beschleunigte sich noch die Talfahrt der Konjunktur, und immer länger wurde die Liste von Unternehmen, die aus Mangel an Rohstoffen und Energie die Produktion eingestellt oder nach einer Unterbrechung durch Arbeitskämpfe nicht wieder aufgenommen hatten.[85] Beides entwertete den Streik als Kampfmittel für Tarifverhandlungen und zwang die Arbeiterschaft auf eine schmale Gratwanderung, die stillschweigende Lohnentwertung durch die Inflation hinzunehmen oder mit einem – möglicherweise langen und erfolglosen – Tarifkampf den Arbeitsplatz selbst zugefährden. Selbst in den Hauptstädten waren die Aussichten, sich durchzusetzen, gering. Die Arbeitgeber wehrten sich generell gegen brancheneinheitliche Tarifabsprachen. Auch dort, wo sich entsprechende Gespräche und Verhandlungen schon lange hinzogen, fielen sie den Herbstentwicklungen zum Opfer. Selbst ehemals »führende« Branchen waren davon betroffen; so scheiterte etwa der Versuch, das Petrograder Metalltarifabkommen vom August auf Kiev und Char'kov zu übertragen; als die Metaller daraufhin mit Streik antworteten, drohten die Unternehmer im Gegenzug mit Produktionsstillegungen.

So zeigten alle Gruppen industrieller Arbeitnehmer, die etwas zu verlieren hatten, Scheu, sich auf einen Konflikt, den sie kaum gewinnen konnten, einzulassen, und die Trägergruppen der Streiks wechselten noch einmal. Waren es im Frühjahr die Metallfacharbeiter und im Sommer die zumindest angelernten Lederarbeiter gewesen, so nun die am wenigsten qualifizierten Berufsgruppen, die folglich auch am untersten Ende der Lohnska-

---

[84] Koenker / Rosenberg, Strikes and Revolution, S. 253 ff.
[85] Vgl. die entsprechenden Aufstellungen und Dokumente in Ėkonomičeskoe položenie Rossii, Bd. 2, S. 36 ff.

la rangierten: die Holz- und Textilarbeiter. Wenn im September 300.000 in der Textilregion von Ivanovo-Kinešma die Arbeit niederlegten, wird man darin am ehesten einen Akt der Verzweiflung, des dumpfen Protestes sehen müssen, kaum noch das Resultat einer wohlkalkulierten Kosten-Nutzen-Rechnung; und wenn sie auch unter bolschewistischer Führung standen, wollten sie doch vor allem eins: höhere Löhne.[86] Daß zusätzlich 700.000 staatliche Eisenbahnarbeiter in den Ausstand traten, um lang versprochene Gehaltsaufbesserungen einzutreiben, ließ die Streikziffern noch einmal mächtig ansteigen. Doch hinter den Zahlen standen eher aufsässige Ratlosigkeit und trotzige Enttäuschung als ein klarer Wille und eine entschlossene Strategie.[87]

Die im Frühjahr inner- und überbetrieblich geschaffenen Instrumente der Schlichtung erwiesen sich immer häufiger als wirkungslos und stumpf. Daß manche Unternehmer nun auch von früher gemachten Zusagen abrückten, ja sich an bestehende Absprachen nicht mehr gebunden fühlten, schien denen recht zu geben, die – wie die Bolschewiki – nach radikalen Lösungen verlangten. Für Fabrikkomitees und Gewerkschaftsvertreter, die sich diesen Forderungen nicht anschlossen, wurde es immer schwieriger, den Arbeitern innerhalb der bestehenden Ordnung noch eine Perspektive zu geben. Hielten sie still, brauchten sie sich darüber, daß die Arbeiterschaft – wie oben beschrieben – das Interesse an ihnen verlor, nicht zu beklagen. Mahnten sie aber ständig zum Maßhalten, zu Opferbereitschaft und zu einer Linie der Vernunft, riskierten sie, abgewählt zu werden. So hatte auch die Eisenbahnergewerkschaft lange gebremst und mit ihrem Streikaufruf im September nur dem immer stärker werdenden Druck der Basis nachgegeben.

Die Regierung sah ein, daß ihr der Boden unter den Füßen wegzubrechen drohte. In der Warnung vor Anarchie und Chaos war sie sich mit den Unternehmern einig. Doch wenn sie sich – auf deren Bitten und um der Front den Nachschub zu sichern – in Tarifauseinandersetzungen einmischte, verstrickte sie sich mehr darin, als ihr lieb sein konnte. Sie lief Gefahr, daß aus Sicht der Arbeiter Regierung und Unternehmerschaft immer enger zusammenrückten, eins wurden, und erlag ihr. Und während die Regierung ihren Rückhalt »bei den arbeitenden Massen«, sofern davon noch die Rede

---

[86] W.B. Husband, Local Industry in Upheaval: The Ivanovo-Kineshma Textile Strike of 1917, in: Slavic Review 47 (1988), S. 448 ff.

[87] Für die Herbstentwicklung insgesamt vgl. Koenker / Rosenberg, Strikes and Revolution, S. 265 ff., mit etwas anderer Gewichtung der Zahlen. Wenn man von einem neuen Aufschwung, ja Höhepunkt der Streikbewegung spricht, wird man sich bewußt bleiben müssen, daß es vor allem um zwei Großstreiks ging, wobei die einen Streikenden, die Eisenbahnergewerkschaft, gerade nicht bolschewistisch waren, und die anderen (die Textilarbeiter) eher die »Nachhut« als die Avantgarde der Arbeiterbewegung bildeten.

sein konnte, vollends verspielte, wandte sich auch die Unternehmerschaft von ihr ab, in der Hoffnung und Erwartung, daß nur noch »rechte Kräfte« dem Umsichgreifen von Anarchie und Chaos ein Ende setzen könnten.[88]

d) Triumph und Auflösung

Arbeiter, die sich für Politik interessierten, taten vor allem eins: Sie gingen zu Versammlungen, und deren gab es viele. Vor und nach der Arbeit, in den Essenspausen, am Anfang traf man sich mitunter sogar zweimal am Tage. Hier erfuhr man das Neueste, von den Delegierten, die in den Fabrik-komitees, den Gewerkschaften, den Sowjets saßen; hier wurden sie be-stätigt oder abgewählt und mit neuen Instruktionen versehen. Insofern bil-deten Versammlungen die Grundlage der gesamten Organisation. Oft war, was man den Delegierten mit auf den Weg gab, nicht nur für diese selbst be-stimmt. Dann wurden Abschriften des gemeinsamen Beschlusses, der ge-faßten Resolution auch an den Stadtsowjet und die Presse weitergeleitet.

Gesammelt und ausgewertet, wie das für Moskau geschehen ist[89], geben die Resolutionen Hinweise darauf, was dem aktiven Teil der Arbeiterschaft übers Jahr sowie über Partei- und Institutionsgrenzen hinweg wichtig und wesentlich erschien. Dabei spiegelt der Wechsel der Themen noch einmal jenen Prozeß der Polarisierung, der Radikalisierung, des wachsenden Mißtrauens der Arbeiterschaft gegen die »bessere Gesellschaft« wider, des-sen Ausschläge schon in den vorausgegangenen Kapiteln registriert wur-den.

War im März noch die Durchsetzung des 8-Stundentages das Hauptthe-ma, so lief ihm im April die Diskussion um Krieg und Kriegsziele rasch den Rang ab. Sie hatte sich im Vormonat bereits angebahnt und kulminierte nun im Proteststurm gegen die Miljukovsche Note. Sie gab nicht nur Anlaß, sich mit dem Sowjet und seinem Friedensappell solidarisch zu erklären, sondern darüber hinaus die Offenlegung der Bündnisverpflichtungen, die Ablehnung der neuen Kriegsanleihe oder gar die unmittelbare Einleitung von Friedensgesprächen zu verlangen. Die rapide Verschlechterung der Konjunktur verschob im Mai und Juni alle Aufmerksamkeit auf die Wirt-schaft. Wenn es nach den Resolutionen der Arbeiterschaft ging, mußte die Regierung die liberal-kapitalistische Laissez-faire-Politik schnellstens be-

---

[88] Koenker / Rosenberg, Strikes and Revolution, S. 281 ff.
[89] Vgl. Koenker, Moscow Workers, S. 228. Als Grundlage diente dabei vor allem die Presse. Insgesamt erbrachte ihre Durchsicht sowie die einiger weiterer Quellen 1.051 Resolutionen zu rd. 400 unterschiedlichen Themen und Gegenständen zutage; eingehend zu den quellen-kritischen Überlegungen ebenda S. 231 ff.

enden und die Regulierung des Wirtschaftsprozesses, einschließlich der Löhne und Preise in die Hand nehmen. Noch immer glaubte man freilich, daß den riesigen Problemen innerhalb der bestehenden Strukturen, im Zusammenwirken von Regierung und Sowjet beizukommen sei.

Als diese im Juli in Petrograd zu den Massendemonstrationen unter bolschewistischen Parolen führten, die Regierung im Gegenzug die bolschewistischen Zeitungen verbot und der Petrograder Sowjet ein Demonstrationsverbot verhängte, sahen das die Moskauer Arbeiter, ihren Resolutionen nach zu schließen, mit durchaus gemischten Gefühlen. Ihre Hauptsorge war offenkundig, daß die Demonstrationen zum Anlaß genommen wurden, Errungenschaften der Revolution wie Presse- und Versammlungsfreiheit überhaupt rückgängig zu machen; wenn man sozialistische Parteien wie die Bolschewiki verbot, gleichzeitig die Todesstrafe an der Front wieder einführte, sahen sie darin Vorboten der »Konterrevolution«. Die Ereignisse des August, die »Moskauer Staatskonferenz« und die Kornilovaffaire schienen diese Befürchtungen zu bestätigen; sie machten die »wachsende Gefahr der Konterrevolution« zum ceterum censeo aller Versammlungen und den Widerstand gegen sie, gegen die Todesstrafe und jede Einschränkung der Presse- und Versammlungsfreiheit zum Refrain aller Resolutionen. Sie blieben es auch im September und wurden nun zusätzlich überlagert von den sich zuspitzenden wirtschaftlichen Problemen.

Das Fiasko der »Demokratischen Konferenz« schließlich demonstrierte, daß die amtierende Regierung keine Grundlage, kein Konzept, keine Kraft mehr hatte, um das Staatsschiff in immer schwerer werdender See noch auf Kurs zu halten. Ihren Kredit in der Moskauer Arbeiterschaft hatte sie jedenfalls restlos verspielt, und jede zweite Resolution lief im Oktober (noch vor dem bolschewistischen Aufstand) darauf hinaus, daß die Sowjets die Macht übernehmen sollten. Was im Frühjahr noch die Forderung einer kleinen militanten Minderheit, von Maschinenbau- und Metallarbeitern gewesen war, wurde nun in jenen Industriezweigen übernommen, die lange Zeit nur mäßiges Interesse an der politischen Entwicklung gezeigt hatten – ein Stafettenlauf, wie er auch in der Streikbewegung zu beobachten gewesen war. Sie taten es weniger »aus Prinzip«, denn aus Verzweiflung: Die Räte waren die letzte Hoffnung, und eine Alternative, wie die politischen und ökonomischen Probleme bewältigt werden konnten, ohne daß die Interessen der Arbeiterschaft dabei auf der Strecke blieben, nicht in Sicht.[90]

---

[90] Zum Vorstehenden eingehender und differenzierter, als es hier wiedergegeben werden kann, Koenker, Moscow Workers, Kap. 6, S. 228 ff.

Die Moskauer Ergebnisse lassen sich mit einiger Vorsicht verallgemeinern. Jedenfalls war die Stimmung im aktiven Teil der Petrograder Arbeiterschaft offenkundig ähnlich: Auch hier war es allgemeine Überzeugung, daß die Regierung abgewirtschaftet habe, die Lebensbedingungen nicht weiter tragbar seien und als letzte Hoffnung zur Bewältigung der Krise nur die Sowjets blieben. Doch hier wie dort hieß das noch nicht, daß man bereit gewesen wäre, für diese Forderung auch auf die Barrikaden zu gehen. Die sich vertiefende Wirtschaftskrise hatte, so beobachteten die Zeitzeugen, große Teile der ehemals politisch aktiven Facharbeiterschaft entmutigt; das Risiko einer totalen Aussperrung ließ sie zögern, die drohende Gefahr eines Bürgerkrieges, die Furcht, sich zu isolieren und zu unterliegen, lähmte sie. Und viele der Ungelernten, der Hilfsarbeiter, vor allem jene, die die Konsequenzen der Niederlage im Juli mitbekommen hatten, waren des erfolglosen politischen Kampfes leid, der ganzen Debatten überdrüssig; sie trafen eher Anstalten, dorthin zurückzukehren, von wo sie vor nicht allzu langer Zeit hergekommen waren: ins Dorf.[91]

Das war die Chance einer kleinen Minderheit, der Bolschewiki und ihres Führers Lenin, die schon seit dem Frühjahr die Machtübernahme der Sowjets gefordert hatten. Sie durften nun davon ausgehen, daß entsprechende Aktionen in weiten Teilen der »hauptstädtischen Massen« auf Wohlwollen stoßen würden. So bedurfte es denn auch nur einiger hundert – eher mäßig – bewaffneter Mitglieder von Arbeiterbrigaden (mehr auszurüsten, hätte der Bestand an Gewehren und Pistolen gar nicht gereicht), um die wichtigsten Stellen der Stadt zu besetzen, die Regierung zu verhaften und die Räterepublik auszurufen. Und auch in Moskau, wo sich die Kämpfe länger hinzogen, erwies sich die Teilnahme des Proletariats bei näherem Zusehen als nachträglicher Mythos: Ein Großteil der Arbeiterschaft blieb in den Vorstädten, in den Fabriken, und diskutierte die neuesten Entwicklungen, während sich in der Innenstadt Kriegsveteranen und Offiziersschüler blutige Feuergefechte lieferten und ein »Militärisches Revolutionskomitee« (aus Mitgliedern des Sowjet) und ein »Komitee für öffentliche Sicherheit« (aus Mitgliedern des Stadtparlaments) um die Macht stritten.[92]

Wieviel sie immer dazu beigetragen hatte, der Ausgang wurde in weiten Teilen der Arbeiterschaft auch als »ihr« Sieg empfunden. Die Taktik der Bolschewiki erleichterte diese Identifizierung. Obwohl sie die Initiative er-

---

[91] Zur Stimmungslage in Petrograd, aufbauend auf die Schilderungen Suchanovs oder auch des Metallarbeiters Naumov, der am 15. Oktober 1917 das bolschewistische Parteikomitee entsprechend informierte, Mandel, The Petrograd Workers and the Soviet Seizure of Power, S. 293 ff.

[92] Für Petrograd Mandel, The Petrograd Workers and the Soviet Seizure of Power, S. 306 ff.; Koenker, Moscow Workers, S. 329 ff.

griffen und die entscheidenden Weichen gestellt hatten, vermieden sie es
geschickt, als Partei über Gebühr in Erscheinung zu treten. Das Petrograder Militärische Revolutionskomitee, das die Räterepublik ausrief, tat es
als Organ des Petrograder Sowjet – selbst wenn die Bolschewiki in beiden
die Mehrheit hinter sich hatten. Das kam allen entgegen, die zwar eine
Räte-, aber keine bolschewistische Parteiherrschaft wollten. Daß die neue
Räteregierung, der Rat der Volkskommissare, »bis zur Einberufung der
Verfassungsgebenden Versammlung« amtieren sollte, »paßte« auch jenen
ins Konzept, die die Räteherrschaft nur als Übergangserscheinung und die
Durchführung der Wahlen zur Konstituante als eine ihrer wichtigsten Aufgaben sahen. Und eine perfekte Regie sorgte dafür, daß der Umsturz am
Tag vor dem Zusammentritt des 2. Allrussischen Sowjetkongresses erfolgte, um dessen Mehrheiten man in der bolschewistischen Parteiführung
zwar bis zuletzt gebangt hatte, der sich nun aber – nach dem vorschnellen
Auszug der »gemäßigten« Sozialisten – in seiner großen Mehrheit hinter
den coup stellte, die neue Räteregierung bestätigte, den ersten »Dekreten
der Sowjetmacht« seinen Segen gab und damit beiden eine breitere Legitimation verschaffte.[93]

Doch das Verhältnis der eben ausgerufenen »Räterepublik« zur Konstituante, der Bolschewiki zu den anderen sozialistischen Parteien und der
Partei- zur Räteherrschaft harrte damit erst noch einer Klärung und die
möglichen Konflikte waren nur aufgeschoben. Sie endeten binnen Jahres-
frist mit der Auflösung der Konstituante, der Verdrängung der übrigen
Parteien aus den Räten und dem Verlust der Räteautonomie. Es liegt auf
der Hand, daß diese Entwicklung der politischen Arbeiterbewegung ihre
bisherigen Grundlagen entzog.

Die Frage, wie dies möglich war oder wurde, lenkt den Blick auf die andere Seite der Arbeiterbewegung, die Entwicklungen *innerhalb* der Fabriken. Die Bolschewiki hatten ihrem proletarischen Anhang die Durchsetzung der »Arbeiterkontrolle« versprochen und diese Absicht unmittelbar
nach der Machtübernahme bestätigt. Die Beratungen über ein entsprechendes Dekret wurden noch am 26. Oktober aufgenommen und führten
über mehrere Zwischenentwürfe am 14. November 1917 zur »Verordnung
über die Arbeiterkontrolle«.[94] Sie sah vor, daß »Arbeiterkontrolle« in »allen Industrie-, Handels-, Bank-, Landwirtschafts-, Transport-, Genossen-

---

[93] Vgl. dazu oben S. 226 ff.

[94] Abdruck der Zwischenentwürfe sowie der Verordnung selbst in Dekrety Sovetskoj vlasti,
Bd. 1, S. 77 ff; zur Vorgeschichte Smith, Red Petrograd, S. 209 ff, zu den Folgen knapp
Altrichter, Staat und Revolution, S. 85 ff, jeweils mit Hinweisen auf weitere Literatur;
Grundzüge der weiteren »Arbeiterpolitik« D.A. Baevskij, Rabočij klass v pervye gody So-
vetskoj vlasti (1917 – 1921 gg.), Moskau 1974.

schafts-, Produktionsgesellschaften und anderen Betrieben, die Lohnarbeiter beschäftig[t]en oder Heimarbeit verg[a]ben« eingeführt wurde,
ohne weitere Spezifizierung zur Zahl der Lohnarbeiter oder Größe des Be-
triebes, und jeweils von den Beschäftigten des Unternehmens über ihre
Wahlgremien (Fabrik- und Betriebskomitees, Ältestenräte oder andere vergleichbare Einrichtungen) ausgeübt wurde.[95] Sie war, wir dürfen an oben
Gesagtes erinnern, zuständig »für die Produktion, den An- und Verkauf
von Produkten und Rohstoffen, ihre Lagerung, aber auch für die finan-
zielle Seite der Unternehmen«. Ihre Organe hatten dabei das Recht, Einsicht in den gesamten Geschäftsbriefwechsel zu nehmen, und die Besitzer
der Unternehmen wurden verpflichtet, ihre Bücher und Abrechnungen offen zu legen. Das Geschäftsgeheimnis wurde abgeschafft und die Entscheidung der Arbeiterkontrollorgane für verbindlich erklärt.

Mit dem Ziel einer »planmäßigen Regulierung der Volkswirtschaft« war
für jede größere Stadt, für jedes Gouvernement und jede Industrieregion
ein örtlicher »Rat der Arbeiterkontrolle« vorgesehen, der sich »als Organ
des Sowjets der Arbeiter-, Soldaten- und Bauerndeputierten« aus Vertretern der Gewerkschaften, der Betriebs- und Fabrikkomitees sowie von
Arbeiterkooperativen zusammensetzte. Die Spitze der Organisation sollte
ein »Allrussischer Rat der Arbeiterkontrolle« bilden, in dem neben der
Sowjetspitze vor allem auch die vielen Gewerkschaftsverbände vertreten
sein sollten. Als im Dezember ein »Oberster Volkswirtschaftsrat« gegründet wurde, ging der Allrussische Rat der Arbeiterkontrolle in seinen
Bestand ein.[96] Seine Funktion sollte die Organisation der gesamten Volks-
wirtschaft und die Aufsicht über die Staatsfinanzen sein, wozu er nach
Möglichkeit einen »Plan« erstellte, die Tätigkeit aller zentralen und lokalen
Schaltstellen der Wirtschaft koordinierte (die »Organisationen der
Arbeiterklasse« eingeschlossen) und darüber hinaus – wie eine Verordnung
Ende des Monats verfügte – seine eigene Organisation, lokale und regio-
nale Volkswirtschaftsräte aufbaute. Ihm oblag es auch, über die Kon-
fiskation, Requirierung, Sequestrierung oder Zwangssyndikatisierung von
Unternehmen und Industriezweigen zu entscheiden.[97]

Mit der Verordnung über die Arbeiterkontrolle hatte die neue Regierung
eingelöst, was die erste Petrograder Konferenz bereits im Juni 1917 gefordert und die Bolschewiki vor dem Oktober wiederholt versprochen hat-

---

[95] Lenins Entwurf, der zwischen 26. und 31. Oktober niedergeschrieben wurde, war noch von
   einer Mindestzahl von 5 Angestellten und Arbeitern sowie einem Jahresmindestumsatz von
   10.000 Rubeln ausgegangen vgl. Lenin, Werke, Bd. 26, S. 269 f.
[96] Text Dekrety Sovetskoj vlasti, Bd. 1, S. 172 ff.; in deutscher Übers. bei Altrichter / Haumann, Die Sowjetunion, Bd. 2, S. 38.
[97] Dazu mit Hinweisen auf weiterführende Literatur Altrichter, Staat und Revolution, S. 94 ff.

ten. Obwohl ihre Anfänge bereits in den Februar zurückreichten, schon die Provisorische Regierung sich im März an einer rechtlichen Verankerung versucht hatte, waren die Kompetenzen nun so weit gefaßt wie nie zuvor. Während die zuständigen Gremien noch um die rechte Auslegung stritten[98], gab die verfügte, generelle Einführung der Arbeiterkontrolle den Fabrik- und Betriebskomitees mächtig Auftrieb. In kleinen und mittleren Unternehmen übernahmen die Betriebskomitees diese Aufgabe selbst, in Großunternehmen setzten sie spezielle Kontrollausschüsse ein. Sobald sie daran gingen, den rechtlich vorgegebenen Rahmen auszufüllen und tatsächlich alle Sphären der Produktion und Administration unter ihre Aufsicht zu nehmen, Selbstkosten und Gewinne zu ermitteln, Einblick in die Bücher und Geschäftskorrespondenz zu nehmen, war der Konflikt nur eine Sache der Zeit. Dabei war es eher sekundär, ob die Betriebskomitees sich »aus Prinzip« einmischten oder um eine drohende Stillegung der Produktion zu verhindern, einer weiten Auslegung der Verordnung oder nur ihrem Wortlaut folgten. Der Petrograder Unternehmerverband sah darin in jedem Falle und nicht ohne Grund einen Eingriff in die Eigentümer-

---

[98] Mit Hilfe der Betriebskomitees ließ sich, so hoffte man in der bolschewistischen Parteiführung, die politische und ökonomische Macht der Unternehmer brechen und der kapitalistische Wirtschaftsapparat in die Dienste des proletarischen Staates nehmen. Doch die Arbeitermitsprache sollte – wie der Name schon sagte – »Kontrolle« bleiben; selbst wenn das Dekret nur auf die Verpflichtungen, nicht auf die Rechte der Unternehmer zu sprechen kam, war an eine grundsätzliche Aufhebung kapitalistischer Eigentumsverhältnisse offenkundig nicht gedacht. Betriebsleitungen und technisches Personal sollten als unverzichtbare »Spezialisten« – zumindest vorerst – erhalten bleiben und unter strenger Aufsicht von Betriebskomitees und Sowjetorganen ihre Tätigkeit fortsetzen.
Auch eine zweite Einschränkung hatte die Verordnung – wohl nicht ohne Absicht – getroffen. Ging es nach ihrem Wortlaut, so verfolgte die Einführung der Arbeiterkontrolle das »Ziel einer planmäßigen Regulierung der Volkswirtschaft«; daß sie auch dem Zweck diente, die Mitsprache, die Mitbestimmung in den Betrieben zu erweitern, mochte man unterstellen, die Rede war davon nicht. So waren die Amtspersonen (die Delegierten der Volkskommissariate und Gewerkschaften) sowie die sachverständigen Spezialisten in den Führungsgremien der »Arbeiterkontrolle« auch sehr viel stärker vertreten als die »Basis«, die Delegierten der fabzavkomy; und auf der gleichen Linie lag, wenn die fabzavkomy Anfang des Jahres der Gewerkschaftsorganisation eingegliedert und zu deren Betriebszellen erklärt wurden.
Nahm man alles zusammen, so ließen die Dekrete und Verordnungen mehrere Deutungen zu und entsprechend weit gingen die Auslegungen auseinander. Sie spiegelten wider, daß die Bolschewiki zwar die Nationalisierung des Bodens, der Banken und der Schlüsselindustrien gefordert und durchgesetzt hatten, darüber hinaus aber kein ausgefeiltes Konzept besaßen, wie es wirtschaftspolitisch weitergehen sollte; die Differenzen reichten hinauf bis in die Parteiführung, die mal »proletarischer Selbstbestimmung und Kreativität«, mal einem »planwirtschaftlichen und staatskapitalistischen System« das Wort redete – und den Dingen im übrigen ihren Lauf ließ. Da sich die übergeordneten Gremien erst allmählich bildeten, waren die Fabrikkomitees ohnehin zunächst weitgehend auf sich allein gestellt; vgl. jeweils mit Hinweisen auf weiterführende Literatur: Altrichter, Staat und Revolution, S. 85 ff.; Brügmann, Gewerkschaften, S. 130 ff.; Gorodeckij, Roždenie, S. 213 ff.; Smith, Red Petrograd, S. 209 ff.

rechte und hatte seinen Mitgliedern anempfohlen, entsprechende Versuche mit der Fabrikschließung zu beantworten.[99]

Vermutlich bedurfte es dieser Empfehlung gar nicht. Für viele Eigentümer und Fabrikleitungen war es schlicht undenkbar, ihren bisherigen Beschäftigten in alles Einblick, über jedes Rechenschaft zu geben. Dies wurde spätestens dann verlangt, wenn Arbeiter entlassen, die Fertigung eingeschränkt, ein Produktionszweig stillgelegt werden sollte. Das Ritual war dann stets das gleiche: Die Belegschaften erzwangen die Rücknahme der Entscheidung, und die Unternehmer hatten dem wenig entgegenzusetzen. Kündigten sie die Zusammenarbeit auf und setzten sich ab, stellten die Kontrollorgane den Antrag auf »Nationalisierung« und führten den Betrieb ohne sie weiter.

Oft war der Triumph jedoch nur von begrenztem Wert: Was half es, einen bankrotten oder stillgelegten Betrieb »wiederzueröffnen«, wenn ihm tatsächlich die Rohstoffe und die Energie fehlten? Wenn niemand wußte, wie die Löhne weitergezahlt werden sollten? Wenn die produzierten schwerindustriellen Güter keiner mehr haben wollte? Und wie wollte man die Fortexistenz des eigenen Unternehmens sichern, wenn sein Umfeld zusammenbrach? Die Betriebskomitees waren mit dieser Aufgabe überfordert.[100]

So hatten sich zwar bis Mitte 1918 die Kontrollorgane in weiten Teilen der Industrie etabliert. In 87,4 % aller Betriebe mit mehr als 200 Arbeitern existierten Betriebskomitees, in 70,5 % sogar spezielle Kontrollorgane, nur in den Betrieben mit weniger als 50 Arbeitern blieb die Arbeiterkontrolle deutlich hinter dem organisatorischen Soll zurück. Im Gouvernement Petrograd lag die Präsenz der Kontrollorgane noch über dem Landesdurchschnitt: Hier hatten sich schon zwischen Februar und Oktober 1917 in 244 Werken Fabrikkomitees gebildet; Ende März 1918 war ihre Zahl auf 330, die der speziellen Kontrollorgane auf 159 gestiegen, darunter praktisch alle Großbetriebe.[101]

Aber welchen Nutzen hatte diese Leistungsbilanz für die verfaßte Arbeiterschaft, wenn man dagegen hält, daß zwischen Januar 1917 und 1. April 1918 231 Petrograder Unternehmen dicht gemacht hatten, die Zahl der hauptstädtischen Arbeiter im gleichen Zeitraum von rd. 350.000 auf knapp 150.000 gefallen war, in den ersten drei Monaten des Jahres 1918 allein um rd. 50.000, bei weiter steigender Tendenz? Gewiß, der wirtschaft-

---

[99] Zur Entwicklung in Petrograd speziell: Mandel, The Petrograd Workers and the Soviet Seizure of Power, S. 364 ff.; Smith, Red Petrograd, S. 230 ff.

[100] Dazu eindringlich am Beispiel Petrograd die bereits genannten Darstellungen von Mandel und Smith.

[101] Zahlen zur Entwicklung der Arbeiterkontrollorgane und der Betriebskomitees nach V. Z. Drobižev, Socialističeskoe oboobščestvlenie promyšlennosti v SSSR. Po materialam promyšlennoj perepisi 1918g., in: Voprosy istorii 1964 N° 6, S. 47 ff.

liche Verfall hatte längst vor dem Oktober begonnen, aber die Arbeiterkontrolle war auch nicht in der Lage, ihn aufzuhalten.[102]

Besonders waren davon die großen Rüstungsbetriebe betroffen, die Werften, die Metall-, Maschinenbau- und Chemiekombinate, jene Werke also, von denen die Revolution 1917 ihren Ausgang nahm. Hatte es im Januar 1917 in Petrograd noch 213 Metallunternehmen gegeben, so stellten bis zum 1. April 1918 109 ihre Produktion ein, und von vormals 167.000 Metallern verloren drei Viertel, in Zahlen: 124.000, ihren Arbeitsplatz. Im Schiffs-, Waggon- und Fahrzeugbau waren von 39 Betrieben 11 stillgelegt worden, wiederum vor allem die großen, was sich im Rückgang der Beschäftigten von fast 30.000 auf 8.000 niederschlug. Und als am 28. Februar 1918 die großen Treugolnik-Gummiwerke ihre Tore schlossen, reduzierte sich die Belegschaft binnen Wochen von ehedem 15.000 auf 756. Die Städte entvölkerten sich, in den ersten sechs Monaten des Jahres 1918 verließen über eine Million Menschen Petrograd. Während die »Arbeiterklasse« in den Fabriken »siegte«, war sie gleichzeitig dabei, sich aufzulösen.[103]

Ähnlich zwiespältig waren die Erfolge im »Kampf gegen kapitalistische Eigentumsverhältnisse«. Zwar zählte man – bei einer Erhebung in 31 zentralrussischen Gouvernements – bis Ende März 1918 bereits 538, bis Ende Juli 1.222 enteignete Unternehmen. Doch ein Großteil davon waren Klein- und Mittelbetriebe, die Auswahl planlos erfolgt und die Verfahren von Institutionen durchgeführt worden, die dazu gar nicht das Recht hatten.[104] So war Lenin schon im Mai zur Auffassung gekommen, nur Blinde könnten übersehen, daß man mit dieser Attacke auf das Kapital mehr »nationalisiert, konfisziert, zerschlagen und zerbrochen« habe, als man zu erfassen und zu verwalten vermochte. Sein Vorwurf richtete sich an die Basis, er verlangte von ihr eine Rückkehr zu Disziplin und Ordnung und forderte insbesondere ein Umdenken in den Fabriken: »Linken Kindereien« müsse ein Ende gemacht und die »unbedingte«, »strengste« und »widerspruchslose« Unterordnung unter den Willen eines Einzelnen als Notwendigkeit anerkannt werden.[105] Das lief auf eine Beendigung der Experimente mit »kollektiver Führung«, ihre Ersetzung durch die Einmannleitung hinaus.

---

[102] M.N. Potechin, Pervyj sovet proletarskoj diktatury, Leningrad 1966; wiederabgedruckt bei Smith, Red Petrograd, S. 245.

[103] Vgl. Drobižev, Socialističeskoe obobščestvlenie, S. 52; Smith, Red Petrograd, S. 243 f.

[104] Zahlen nach Drobižev, Socialističeskoe obobščestvlenie, S. 62; Zahlen wiederabgedruckt in Altrichter / Haumann, Die Sowjetunion, Bd. 2, S. 58, 62; und in Tabelle 26 im Anhang.

[105] Lenin in zwei Zeitungsartikelserien über »Die nächsten Aufgaben der Sowjetmacht« und »Über ›linke‹ Kinderei und über Kleinbürgerlichkeit«, erschienen zunächst im April und im Mai 1918 in Pravda und Izvestija, Text in Lenin, Werke, Bd. 27, S. 225 ff., 315 ff.; Auszüge bei Altrichter / Haumann, Die Sowjetunion, Bd. 2, S. 53 ff.

Lenin griff damit eine Kritik auf, wie sie schon Mitte Januar 1918 – auf dem 1. Allrussischen Kongreß der Gewerkschaften – namentlich von bolschewistischer Seite an Fabrik- und Betriebskomitees geäußert worden war: In ihrer bisherigen Form seien die Belegschaftsausschüsse zur Regulierung der Wirtschaft ungeeignet; ihr Unternehmensegoismus, ihre Klientelfixierung stehe einfach im Wege, wenn es um die vernünftige Verteilung verbliebener Reserven oder um die anstehende Demobilisierung ganzer Industriezweige gehe; außerdem sei es Zeit, die »Kräfte des Proletariats« zu bündeln und mit der Parallelexistenz zweier Organisationen endlich Schluß zu machen. Obsolet geworden, blieb den Komitees nur noch, die »nützlichste Form des Selbstmordes« zu wählen, wobei der Vorschlag darauf hinauslief, sie zu den Basiszellen der Gewerkschaften in den Betrieben zu machen. Als Resolution verpackt, stellte sich die Mehrheit des Kongresses hinter diese Forderungen. Doch umdenken sollten nun auch die Gewerkschaften: Nachdem die sozialistische Revolution gesiegt und eine Arbeiter- und Bauernregierung die Leitung der Staatsgeschäfte übernommen hatte, zogen Regierung und Gewerkschaften fortan an einem Strick, mußten die Gewerkschaften selbst von Klassen- zu Staatsorganen werden. Und auch in diesem Punkt war sich die Mehrheit des Kongresses einig.[106]

Trotz dieser Mehrheitsvoten war die Wirklichkeit davon im Januar 1918 noch weit entfernt. Erst als sich im Frühjahr auch die Parteiführung immer stärker für diesen Weg einsetzte, wurde der Kurswechsel spürbar – und die Enttäuschung der Arbeiterschaft offenkundig.[107] Der Ausbruch des Bür-

---

[106] Pervyj Vserossijskij s"ezd professional'nych sojuzov, 7-14 janvarja 1918 g., Moskau 1918; ausführlich geht darauf ein Brügmann, Gewerkschaften, S. 158 ff.; kürzer auch Smith, Red Petrograd, S. 216 ff.

[107] Während des Frühjahrs 1918 verloren die Bolschewiki in 19 von 30 Gouvernementszentren und wichtigen Industriestädten ihre Mehrheit in den Räten an die Opposition aus Sozialrevolutionären und Menschewiki, gleichzeitig stellte eine neue, von Petrograd ausgehende und unabhängige Bewegung von »Arbeiterbevollmächtigten« die Legitimität der bolschewistischen Herrschaft zunehmend in Frage, eine Entwicklung, gegen die sich die Bolschewiki zunehmend nur durch Gewalt (Auflösung von Räten als »konterrevolutionär«, Zerschlagung der Arbeiterbevollmächtigten-Bewegung) zur Wehr setzen und behaupten konnten; vgl. dazu G. Aronson, Ouvriers russes contre le bolchevisme, in: Le Contrat social 10 (1966), S. 202 ff.; ders., Rossija v ėpochu revoljucii, New York 1966; M.S. Bernštam (Hg.), Nezavisimoe rabočee dviženie v 1918 godu. Dokumenty i materialy, Paris 1981; ders. (Hg.), Ural i Prikam'e, nojabr' 1917 – janvar' 1919, Dokumenty i materialy, Paris 1982; V.N. Brovkin, Behind the Front Lines of the Civil War. Political Parties and Social Movements in Russia, 1918 – 1922, Princeton, N.J. 1994; ders., The Mensheviks after October. Socialist Opposition and the Rise of the Bolshevik Dictatorship, Ithaca / London 1987; ders., The Mensheviks' Political Comeback. The Elections to the Provincial City Soviets in Spring 1918, in: The Russian Review 42 (1983), S. 1 ff.; ders., The Mensheviks Under Attack. The Transformation of Soviet Politics, June – September 1918, in: Jahrbücher für Geschichte Osteuropas 32 (1984) S. 378 ff.; ders., Workers' Unrest and the Bolsheviks' Response in 1919, in: Slavic Review 49 (1990), S. 350 ff.; zu der von ihm ausgelösten Diskussion, W.G. Rosenberg, Russian Labour and Bolshevik Power after October; M. Lewin, More Than

gerkriegs erleichterte die Durchsetzung des neuen Kurses, inner- und außerhalb der Partei. Die Notwendigkeit einer »einheitlichen« Führung in den Fabriken, verbunden mit der Wiedereinführung des Akkordlohns und dem Erlaß einer straffen Disziplinarordnung, wurde nun auch von vielen akzeptiert, die sich bisher gegen Trockijs Zentralismus und Lenins Staatskapitalismus zur Wehr gesetzt hatten. Sie war nur zur verwirklichen, wenn der Einfluß der Belegschaftsausschüsse »eingedämmt« wurde und die Gewerkschaften als »Transmissionsriemen« staatlicher Entscheidungen Rückendeckung gaben. Auflösung der Arbeiterschaft und Autonomieverlust ihrer Organisationen, die beiden Prozesse ergänzten sich und bildeten auch den Hintergrund für jene Entwicklungen, wie sie oben bereits angesprochen wurden: die Verdrängung der anderen sozialistischen Parteien aus den Räten und der Räte durch die Parteiherrschaft.[108]

One Piece is Missing in the Puzzle; V. Brovkin, Politics, Not Economics was the Key, alle in: Slavic Review 44 (1985), S. 213 ff.; S. 239 ff.; 244 ff.

[108] Zum Gesamtzusammenhang Altrichter, Staat und Revolution, S. 98 ff., mit Hinweisen auf weitere Literatur.

3. DIE REBELLION DER SOLDATEN

Der Krieg machte aus der Armee eine Massenorganisation und aus Millionen von Bauern, Arbeitern, meščane und sonstigen Staatsbürgern Soldaten. Ende des Jahres 1916 standen an der Nord-, der West-, der Südwest-, der Rumänien- und der Kaukasusfront sowie bei der Ostsee- und der Schwarzmeerflotte 6,9 Millionen Mann unter Waffen. Zu dieser Feldarmee kamen noch einmal 2 Millionen, die in den Garnisonen des Hinterlandes Dienst taten, Ausbildungstruppen und Reserven.[109]

Damit war die Zahl der Soldaten nicht geringer als die der Industriearbeiter, und hier wie dort war das politische Gewicht nicht nur eine Sache der numerischen Größe. Bestand die besondere Bedeutung der Arbeiterschaft darin, daß der Krieg ohne sie, ihren persönlichen Einsatz und ihre Loyalität nicht fortzusetzen war, so galt das für die Soldaten erst recht, und auch, was die topographische Nähe zur Politik, ihre massive hauptstädtische Präsenz betraf, standen die Soldaten der Arbeiterschaft keineswegs nach. Die Petrograder Garnison umfaßte 180.000 Mann, zählte man die Kasernen, Marinebasen und Militärschulen der Außenbezirke hinzu, waren es noch einmal 150.000, und sie verteilten sich geradezu »strategisch« über die ganze Stadt.[110]

Wie ein Blick auf einen zeitgenössischen Stadtplan zeigt, lagen Winterpalast, Generalstab und Admiralität zwischen den Kasernen des Pavlovsker und Keksholmer Regiments; das Taurische Palais (der Sitz der Duma und dann auch des Sowjet) grenzte an die Unterkünfte des 6. Sappeur-Bataillons sowie der Regimenter Preobraženskoe, Litauen und Wolhynien; der Finnische Bahnhof befand sich in Sichtweite der Michailer Artillerieakademie, die Panzerwagendivision nicht weit vom Nikolaj-Bahnhof (wo die Züge aus Richtung Moskau ankamen); das Elektrizitätswerk und die Eisenbahn nach Carskoe Selo waren binnen weniger Minuten vom Jägerregiment und vom Regiment Semënovo zu erreichen, und wer etwa von

---

[109] Zahlen zur Rekrutierung Golovin, The Russian Army, S. 48 ff; auf Golovin gestützt auch Wildman, The End, Bd. 1, S. 95 ff.

[110] Damit war der Bestand der Petrograder Garnison zweieinhalb mal größer als zu Friedenszeiten; vgl. dazu Burdžalov, Vtoraja russkaja revoljucija. Vosstanie v Petrograde, S. 226 ff.; G.L. Sobolev, Petrogradskij garnizon v 1917 g., in: Istoričeskie zapiski 88 (1971), S. 60 ff.; ders., Petrogradskij garnizon v bor'be za pobedu Oktjabrja, Leningrad 1985 (wobei diese Darstellung auch die Zeit vor dem Oktober behandelt); Aufstellung über die Bestände im einzelnen, z.T. gestützt auf die beiden Genannten bei Wildman, The End, Bd. 1, S. 124 Anm. 6.

den Putilov- oder Treugolnik-Werken im Südwesten der Stadt in Richtung Innenstadt wollte, kam an den Kasernen der Regimenter Petrograd und Izmajlovo vorbei, die ganz in der Nähe des Baltischen und des Warschauer Bahnhofs lagen.

Die Beobachtung galt allgemein, wo sich große Industrieunternehmen oder Werften befanden, war in der Regel auch die nächste Kaserne nicht weit. So lag das 1. Infanteriereserveregiment neben der Ochta-Schiffswerft, beheimatete der Vyborger Stadtbezirk neben den großen Rüstungsbetrieben wie Lessner, Parviajnen, Erikson, Nobel, Promet und dem Arsenal Peter der Große auch das Regiment Moskau und das 1. Maschinengewehr-Regiment; und auf der Vasilevskij-Insel waren nicht nur das Kabel- und das Röhrenwerk, Siemens-Halske, Siemens-Schuckert und die Baltische Schiffswerft zu Hause, sondern ebenso das 180. Reserveinfanterieregiment, das Regiment Finnland und das Kadettenkorps. Ganz abgesehen davon, daß die Innenstadt binnen ein, zwei Stunden auch von der Marinebasis und Garnison Kronstadt zu erreichen war, wo allein 80.000 Mann lagen.[111]

Damit fiel den Soldaten – ganz gleich, wie sie sich verhielten – im hauptstädtischen Geschehen eine Schlüsselstellung zu. Daß sie sich am 27. Februar 1917 weigerten, auf die demonstrierenden Arbeiter zu schießen, und sich am Tag darauf hinter die Demonstranten stellten, gab dem Geschehen in Petrograd die entscheidende Wende. Das Schicksal der Autokratie war endgültig besiegelt, als die Rebellion über die Stadtgrenzen hinaus die übrigen Garnisonen des Hinterlands ergriff und sich selbst an der Front – überraschend genug – kaum eine Hand zur Verteidigung der »alten Ordnung« erhob.

Erklärlich war das nur auf Grund des Zustands, in dem sich die russische Armee im Winter 1916/17 bereits befand, und auf Grund der Hoffnungen und Erwartungen, die man – an der Armeespitze wie in den Schützengräben – in den Wechsel setzte. Dabei deckten sich die Erwartungen von »oben« nicht mit den Hoffungen »unten« – und im Grunde erfüllte die Revolution keine von beiden, weder die Erwartung einer erfolgreicheren Fortsetzung, noch die Hoffung einer raschen Beendigung des Krieges. So wich der anfängliche verhaltene oder offene Triumph recht rasch der Enttäuschung. Daran änderten auch die Versuche der neugewählten Armeeorgane nichts, zwischen »oben« und »unten« zu vermitteln, ja, je mehr sie sich bemühten, liefen sie Gefahr, der eigenen Basis fremd zu werden.

---

[111] Vgl. etwa die Stadtpläne in: K. Baedeker, Rußland. Handbuch für Reisende, 5. Aufl. Leipzig 1901, S. 69 ff.; auch: Atlas zur Geschichte Bd. 2: Von der Großen Sozialistischen Oktoberrevolution 1917 bis 1976, Gotha 1982, S. 2; Illustrierte Geschichte der Großen Sozialistischen Oktoberrevolution, Berlin 1977, S. 131; Rabinowitch, Prelude to Revolution, S. 2; Wildman, The End, Bd. 1, S. 140, sowie auf dem Vorsatzblatt dieses Buches.

So schwankten beide Seiten zwischen neuerlicher Rebellion und Resignation. Die Miljukov-Note und ihre Folgen, die mißglückte Sommeroffensive und die anschließenden hauptstädtischen Julidemonstrationen, die Auseinandersetzungen um die Wiedereinführung der Todesstrafe an der Front und die Kornilov-Affaire waren Teile eines Läuterungs- und Polarisierungsprozesses, ohne daß dessen Ende, eine Entscheidung so oder so bereits abzusehen gewesen wäre. In jedem Falle aber war klar, daß die Bolschewiki für weite Teile der Soldatenschaft sprachen, wenn sie lautstark forderten, den Krieg, das sinnlos gewordene Gemetzel endlich zu beenden und mit der Bodenreform zu beginnen.

Das sicherte ihnen nach dem Oktoberaufstand nicht nur die Zustimmung der »soldatischen Massen«, die Umsetzung der Versprechungen bedeutete zugleich das Ende der »alten Armee«, samt ihrer nach dem Februar neugeschaffenen Organisation, ihrer »Komitees« und »Sowjets«, ja der »Soldatenbewegung« als solcher.

a) Die Armee an der Jahreswende 1916/17

Auch für die Armee, die Soldaten und Matrosen, gab es an der Jahreswende 1916/17 Gründe genug, mit der eigenen Lage unzufrieden zu sein. Der unglückliche Verlauf des Krieges stand dabei oben an. Der Vorstoß in den Westen war, wie bereits ausgeführt, im Herbst und Winter 1914/15, in den Schlachten bei Tannenberg und an den masurischen Seen gescheitert; Anfang Mai 1915 gelang den Mittelmächten der Durchbruch bei Gorlice-Tarnów, er machte auch die gegen Österreich-Ungarn erzielten Anfangserfolge wieder zunichte. Sie besetzten Zentralpolen, Galizien, Litauen, Kurland und große Teile Weißrußlands. Erst im Herbst kam die Offensive zum Stehen. Die Front verlief nun hunderte von Kilometern diesseits der ehemaligen Reichsgrenze, im eigenen Land, westlich von Riga quer durch Weißrußland über Wolhynien und Ostgalizien zur Bukowina. Die Stabilisierung der Front brachte zugleich das Ende des Bewegungskrieges, er erstarrte in Schützengräben.

Von den militärischen und politischen Folgen des Desasters (der Vernichtung eines Großteils des alten Kaderbestandes der Armee, der Krise der Autokratie, der Bildung des oppositionellen »Progessiven Blocks« in der Duma, der Gründung der »Kriegsindustriekomitees« und der Übernahme des militärischen Oberbefehls durch den Zaren) war oben bereits die Rede. Immerhin konnten bis zum Folgejahr einige Ursachen der Niederlage, die ärgsten Mängel beim Nachschub, in der Ausrüstung mit Gewehren und Munition behoben werden.

So setzte die Staatsführung im Frühsommer 1916 alles auf einen neuen großen Versuch, die militärische Initiative an sich zu reißen und das Blatt zu wenden. Es sollte ihr letzter sein, auch die weitangelegte Brusilovoffensive scheiterte. Die Anfangserfolge mußten mit hohen Verlusten bezahlt werden, die durch die eilig herangeschafften Reserven nicht ersetzt werden konnten. Sie bestanden aus notdürftig ausgebildeten, unerfahrenen jungen Rekruten, aus Übervierzigjährigen, die sich nur äußerst widerwillig von ihren Familien wegreißen und an die Front schicken ließen, und aus einem letzten Aufgebot an Offizieren, darunter nicht wenige, die vor dem Krieg, als Studenten »radikaler Ideen« verdächtigt oder als Mitglieder »progressiver Zirkel« aktenkundig geworden waren. Die Regierung mißtraute ihnen immer noch, bei den Mannschaften besaßen sie nur begrenzt Autorität, und wenn sie obendrein wenig Neigung zeigten, für die nichtgeliebte alte Ordnung zu sterben, war das nur zu verständlich. So blieb der Vorstoß bald stecken, trotz der eineinhalb Millionen, die dafür gefallen, verwundet oder in Kriegsgefangenschaft geraten waren.[112]

Zum ersten Mal kam es im Herbst 1916 – beim Befehl zur Attacke oder Anweisungen zur Vorbereitung eines Angriffs – zum Aufbegehren ganzer Regimenter. Selbst wenn sie nur Einzelfälle blieben, die meisten Einheiten Ruhe wahrten, den offenen Konflikt vermieden und ihren Dienstpflichten irgendwie weiterhin nachkamen, zeitigten die Erfahrungen des Sommers Folgen. In der ganzen Armee. In der Truppe war die Kampfmoral gebrochen. Im Offizierskorps, vom Fähnrich bis hinauf in die höheren Ränge wurde das Versagen der politischen Führung, so vermerkte die Ochrana, zum Tagesgespräch und die Vermutung von Inkompetenz, Cliquenwirtschaft, Verrat und deutschfreundlichen Sympathien selbst an höchster Stelle zur gemeinsamen Überzeugung. Sogar in der Generalität, selbst im Generalstab debattierte man nun – mitunter ziemlich offen – über die Möglichkeiten eines Staatsstreichs, über Pläne, die dazu in Dumakreisen oder sonstwo angeblich oder tatsächlich bereits kursierten, unter Einschluß von höchsten Kommandeuren, Generälen und Admirälen.

Aber während man in »besseren«, »gehobenen« Kreisen, in der Dumaopposition und in der Armee noch über Verrat und Verräter spekulierte und die unfähige Kriegsführung der zaristischen Regierung monierte, waren die »gewöhnlichen«, »einfachen« Leute, die Bauern, Arbeiter und meščane, in Uniform oder auch nicht, immer mehr des Krieges selbst leid. In Briefen nach Hause, die von der Geheimpolizei abgefangen wurden und dem Zensor zum Opfer fielen, kam diese Stimmung zum Ausdruck, und auch im Hinterland meinte die Ochrana, im Herbst 1916 auf die Miß-

---

[112] Golovin, Russian Army, S. 241 ff. u.ö.; Wildman, The End, Bd. 1, S. 105 ff.

stimmung städtischer Unterschichten als wachsendes revolutionäres Potential hinweisen zu müssen.[113]

Doch es waren nicht die Soldaten, sondern die Arbeiter, die im Februar 1917 losschlugen, was mahnt, den Zerfallsprozeß der Armee, die Erosion der Befehlsstrukturen, von Patriotismus und nationaler Identifikation mit dem Staatsganzen nicht zu überzeichnen; und nicht die Frontarmeen, sondern die Garnisonen des Hinterlandes, voran die der Hauptstadt, kamen der Arbeiterschaft »zu Hilfe« und schlossen sich als erste der Revolution an, also jene Gruppen, denen es noch vergleichsweise besser ging. Die Gründe werden durchschaubar, wenn man die explosive Zusammensetzung bedenkt, die sich hier in Ausbildungs- und Reserveeinheiten versammelte: jene Mischung aus Berufssoldaten und Reserveoffizieren, eben Neurekrutierten, Lazarettentlassenen und Veteranen, die ihrem ersten oder Wieder-Einsatz an der Front entgegenbangten.

b) Der Februar in den Garnisonen und an der Front

Soweit sie das »politische Geschehen« in der Hauptstadt betrafen, wurden die Grundzüge der Soldatenrevolte bereits skizziert.[114] So braucht nur dar-

---

[113] Soldatskie pis'ma v gody mirovoj vojny (bearb. von O.A. Čaadaeva), in: Krasnyj archiv Bd. 65/66 (1934), S. 118 ff.; Doklad petrogradskogo Ochrannogo otdelenija osobomu otdelu departamenta policii, oktjabrja 1916 g., in: Krasnyj archiv Bd. 17 (1926), S. 3 ff; A.L. Sidorov (Hg.), Revoljucionnoe dviženie v armii i na flote v gody pervoj mirovoj vojny. 1914 – fevral' 1917. Sbornik dokumentov, Moskau 1966; das Gesamtproblem mit weiteren Hinweisen diskutiert auch bei Wildman, The End, Bd. 1, S. 107 ff.

[114] Vgl. oben S. 110 ff. Zur Entwicklung der Soldatenbewegung vgl. die Dokumente und Materialien bei Browder / Kerensky, Provisional Governemnt, Bd. 2, S. 845 ff.; L.S. Gaponenko (Hg.), Revoljucionnoe dviženie v russkoj armii v 1917 g., 27 fevralja – 24 oktjabrja. Sbornik dokumentov, Moskau 1925; N.E. Kakurin (Hg.), Razloženie armii v 1917 godu (in der Reihe: Centrarchiv, 1917 god v dokumentach i materialach), Moskau / Leningrad 1925; Ju.I. Korablev (Hg.), Revoljucionnoe dviženie v voennych okrugach, mart 1917 g. – mart 1918 g., Moskau 1988; E.P. Voronin / L.M. Gavrilov / E.A. Elpatev'skaja (Hgg.), Voenno-revoljucionnye komitety dejstvujuščej armii, 25 oktjabrja 1917 g. – mart 1918 g., Moskau 1977; sowie in den Bänden des Krasnyj archiv: Revoljucionnaja propaganda v armii v 1916 – 1917 gg. (mit einem Vorwort von I.R. Gelis), in: Krasnyj archiv Bd. 17 (1926), S. 36 ff.; V carskoj armii nakanune fevral'skoj buržuazno-demokratičeskoj revoljucii (bearb. von P. Bilyk), in: Krasnyj archiv Bd. 81 (1937), S. 105 ff.; Fevral'skaja revoljucija v Baltijskom flote. Iz dnevnika I.I. Rengartena, in: Krasnyj archiv Bd. 32 (1929), S. 99 ff.; Bol'ševizacija fronta v predijul'skie dni 1917 g., in: Krasnyj archiv Bd. 58 (1933), S. 86 ff.; Oktjabr' na fronte (bearb. von I. Tobolin), in: Krasnyj archiv Bd. 23 (1927), S. 149 ff.; Bd. 24 (1927), S. 71 ff.; Oktjabr'skaja revoljucija v Baltijskom flote. Iz dnevnika I.I. Rengartena (mit einem Vorwort von A. Drezen), in: Krasnyj archiv Bd. 25 (1927), S. 34 ff.; ferner in den Quellenbänden der Reihe Velikaja oktjabr'skaja socialističeskaja revoljucija (jeweils die Abschnitte: Revoljucionnoe dviženie v armii i flote); an Darstellungen vgl. A.M. Andreev, Soldatskie massy garnizonov russkoj armii v Oktjabr'skoj revoljucii, Moskau 1975; M. Ferro, The Russian Soldier in 1917: Undisciplined, Patriotic, and Revolutionary, in: Slavic Review 30 (1971), S. 483 ff.;

an erinnert zu werden, wie die Massenmeuterei am 27. Februar begann: Das Garderegiment Wolhynien verweigerte den Einsatz gegen die um sich greifenden Streiks und Straßendemonstrationen und entwaffnete die eigenen Offiziere; andere Regimenter schlossen sich an, und tags darauf hatte der Aufruhr praktisch die ganze Garnison erfaßt: Soldaten brachten die Kasernen ihre Gewalt, öffneten die Waffenkammern, verteilten Gewehre und Munition an die Demonstranten, halfen »Widerstandsnester« auszuheben und strategische Punkte (Brücken und Plätze, Post- und Telegraphenämter, Polizei- und Eisenbahnstationen) zu besetzen.

Sie demonstrierten ihre neue Macht, indem sie einzeln oder in Gruppen durch die Straßen zogen, in die Luft schossen oder Offiziere entwaffneten, wenn diese sich noch blicken ließen. Manche feierten ihren Erfolg auch dadurch, daß sie Autos in ihren Besitz brachten, sie mit roten Bannern schmückten und damit ziellos durch die Stadt fuhren. Und wieder andere nutzten die ersten Tage der neuen Freiheit, indem sie in Lagerhäuser oder Geschäfte eindrangen und sich »sinnlos« betranken. Dabei lösten die militärischen Einheiten sich weitgehend auf, verschmolzen die Soldaten mit den städtischen Unterschichten, mit denen sie den Frust über die katastrophale Versorgung und die Inflation, die Aversion gegen Polizisten und Gendarme, Beamtenschaft und Regierung, den Haß auf das »alte System« und seine Repräsentanten teilten.

Als radikale Intellektuelle und Arbeitervertreter zur Gründung eines »Rates« schritten, forderten sie die Kasernen zur Beteiligung auf: Neben den Fabriken sollten auch alle Truppen, die »sich auf die Seite des Volkes gestellt« hatten, ihre Vertreter wählen und in den Sowjet entsenden. Man sah die Soldaten als Teil des Volkes, mit dem sie gemeinsame Sache gemacht

M. Frenkin, Russkaja armija i revoljucija, München 1978; ders., Zachvat vlasti bol'ševikami v Rossii i rol' tylovych garnizonov armii. Podgotovka i provedenie Oktjabr'skogo mjateža, Jerusalem 1982; L.M. Gavrilov, Soldatskie komitety v Oktjabr'skoj revoljucii (dejstvujuščaja armija), Moskau 1985; Getzler, Kronstadt; P.A. Golub, Bol'ševiki i armija v trěch revoljucijach, Moskau 1977; ders., Partija, armija i revoljucija, Moskau 1967; Katkov, The Kornilov Affair; E. Mawdsley, The Baltic Fleet and the Kronstadt Mutiny, in: Soviet Studies 24 (1973), S. 506 ff.; ders., Revolution and Baltic Fleet; ders., The Soldiers and Sailors, in: Service (Hg.), Society and Politics, S. 103 ff.; Mayzel, Generals and Revolutionaries; V.I. Miller, Fevral'skaja revoljucija i vozniknovenie soldatskich komitetov na fronte, in: Sverženie samoderžavija. Sbornik statej, Moskau 1970, S. 166 ff.; ders., Soldatskie komitety russkoj armii v 1917 g. (Vozniknovenie i načal'nyj period dejatel'nosti), Moskau 1974; ders., Stavka i soldatskie komitety v marte 1917, in: Oktjabr' i graždanskaja vojna v SSSR, Moskau 1966, S. 62 ff.; V.V. Petraš, Morjaki Baltijskogo flota v bor'be za pobedu Oktjabrja, Moskau 1966; Saul, Sailors in Revolt; G.L. Sobolev, Petrogradskij garnizon v 1917 g., in: Istoričeskie zapiski 88 (1971), S. 60 ff.; L. Graf Spannocchi, Das Ende des kaiserlich russischen Heeres. Aus offiziellen russischen und anderen Quellenwerken zusammengestellt und bearbeitet, Wien / Leipzig 1932; Stone, Eastern Front 1914 – 1917; G. Wettig, Die Rolle der russischen Armee, passim; Wildman, Soldiers and Soldier's Committees, in: Jackson / Devlin, Dictionary, S. 537 ff.; ders.,The End, Bd. 1 und 2.

hatten, und überließ ansonsten alle Militärfragen dem Dumakomitee und der ihm zugeordneten Fachkommission.[115]

Eine Trennung beider Bewegungen wurde, wie oben bereits dargelegt, erst vollzogen, als am 1. März eben diese Militärkommission versuchte, die Rückkehr der Offiziere in die Kasernen durchzusetzen, und eine Gruppe empörter Soldaten eine Sitzung des Sowjet stürmte. Das Ergebnis war die Gründung einer eigenen Soldatensektion und jener berühmte Befehl N° 1, der die Soldaten in allen politischen Fragen dem Sowjet, vertreten durch seine Soldatensektion unterstellte; vorsah, daß bei jeder Kompanie oder vergleichbaren Einheit aufwärts ein Komitee gewählt wurde, das die Soldateninteressen vertrat und auch die Kontrolle der Waffen übernahm; und außerdem leitete der Befehl die Demokratisierung der Umgangsformen ein, Soldaten sollten künftig mir »Sie« (statt mit »Du«), die Offiziere mit ihrem Dienstgrad (statt mit »Euer Wohlgeboren«, »Exzellenz« o.ä.) angesprochen werden und die Soldaten auch sonst in ihren Rechten allen übrigen Staatsbürgern gleichgestellt sein.[116]

Obwohl die militärische Führung zaghafte Versuche unternahm, es zu verhindern: Telegraphen, Eisenbahnen, Zeitungen sorgten dafür, daß im Land rasch bekannt wurde, was sich in der Hauptstadt ereignet hatte, und obwohl der Befehl N° 1 zunächst nur an die Petrograder Garnison gerichtet war, machte sein Text, zu Tausenden gedruckt, schnell die Runde. So wiederholten sich an den Eisenbahnknotenpunkten, in den Garnisonen des Hinterlandes, in den Marinebasen und an der Front jene Szenen, wie sie Petrograd wenige Tage zuvor erlebt hatte: die Übernahme von Bahnstationen, Gendarmerieposten, Kasernen und Waffendepots durch meuternde Soldaten; die Verhaftung von Stationsvorstehern, Polizeibeamten, mißliebigen Offizieren und Garnisonskommandeuren; die Verweigerung von Ehrenbezeugungen und die Nichtbefolgung von Befehlen; die Ausschreitungen und die Fälle von Lynchjustiz; die Jubelszenen und Feiern zum Sieg; dabei zog man voll Stolz rote Armbinden an, sang die Marseillaise, das republikanische Kampflied, und dekorierte Gebäude, Fahrzeuge und Geschütze.[117]

---

[115] Schilderungen der Vorgänge bei Burdžalov, Vosstanie v Petrograde, S. 183 ff., 207 ff.; Hasegawa, February Revolution, S. 278 ff., 313 ff.; Wildman, The End, Bd. 1, bes. S. 142 ff., 159 ff.

[116] Zur Entstehung J. Boyd, The Origins of Order No. 1, in: Soviet Studies 19 (1967), S. 359 ff.; Burdžalov, Vosstanie v Petrograde, S. 293 ff.; Wildman, The End, Bd. 1, S. 182 ff.; sowie die obige Darstellung.

[117] Offenkundig dauerte es nur wenige Stunden, bis sich die Nachricht von den Vorgängen in Petrograd nach Kronstadt und zu den übrigen Ostseehäfen durchsprach; bereits ein, zwei Tage später wußte davon auch die Nordfront, zur Südwest- und Rumänienfront war der Weg naturgemäß etwas weiter. Zur Wirkungsgeschichte des Befehls N° 1 und der Revolution an der Front aus der Sicht der Soldaten und des Kommandostabes sei nur verwiesen auf Kakurin, Razloženie armii, S. 25 ff.; Revoljucionnoe dviženie posle sverženija samoderžavija, S. 603 ff.; Miller, Soldatskie komitety, S. 35 ff., 55 ff., 59 ff.; Wildman, The End, Bd. 1, S. 202 ff., 228 ff. (u.a. mit zahlreichen Hinweisen auf Memoirenliteratur).

Welche Formen die Auseinandersetzungen zwischen einfachen Soldaten und Kommandeuren annahmen, ob Aktion und Reaktion eskalierten,
hing von vielen Faktoren ab. Im allgemeinen scheinen die Ausschreitungen, die Fälle blanker Gewalt mehr das Hinterland als die Front, mehr die
Marine als das Heer betroffen zu haben: Während die Garnisonskom-
mandeure so gut wie alle ihren Posten verloren, blieb der Frontstab weitgehend intakt; und während es in den Ostsee-Marinebasen Kronstadt,
Helsingfors (finn. Helsinki), Reval und Åbo (finn. Turku) über 150 Tote
gab und Offiziere zu Hunderten verhaftet wurden, blieben den meisten
Heeresfrontverbänden vergleichbare Exzesse erspart. Doch offenbar gab
es nicht nur zwischen Heer und Flotte, sondern auch innerhalb der Marine erhebliche Unterschiede: So taten sich mit Akten der Brutalität vor allem die Matrosen in Helsingfors und Kronstadt hervor, während in Reval
und Åbo die Auseindersetzungen erheblich glimpflicher abliefen und
bei der Schwarzmeerflotte eine ähnliche Eskalation vermieden werden
konnte.[118]

Auch was die Organisation betraf, machte das Vorbild der Hauptstadt
Schule: Wie in Petrograd wählten die Soldaten auch in den Garnisonsstädten des Hinterlandes ihren »Rat«, wobei es sein konnte, daß er eine spezielle »Sektion« in einem gemeinsamen »Arbeiter- und Soldatensowjet« bildete oder völlig separat blieb. Die Notwendigkeit, die eigenen Aktionen zu
koordinieren, und die rasche Verbreitung des Befehls N° 1 trugen dazu bei,
daß bei manchen Einheiten nebenher Soldatenausschüsse entstanden. Und
mitunter glaubte man sich auch im Recht, wenn man statt der verhafteten
oder untergetauchten Offiziere neue wählte, wie es Petrograder Einheiten
vorgemacht hatten, selbst wenn dieses »Recht« sich nicht unmittelbar aus
dem Befehl N° 1 ableiten ließ.

Die militärische Führung hatte bereits Anfang März einsehen müssen,
daß sich die Revolution auch von der Armee nicht fernhalten ließ. Die Anweisung an die Telegraphenbüros, Nachrichten zurückzuhalten, nährte
nur das Mißtrauen und die wilden Gerüchte. Augenzeugen, Soldaten, die
von der Etappe an die Front zurückkehrten, »Agitatoren« und selbst-

---

[118] Für die Entwicklungen in der Flotte vor allem die oben bereits genannten Darstellungen von
Mawdsley, Revolution and Baltic Fleet, sowie Saul, Sailors in Revolt; zum unterschiedlichen
Eskalationsgrad vgl. etwa Zahlenangaben bei Petraš, Morjaki Baltijskogo flota, S. 52 ff.: Danach verloren beim Aufstand 76 Offiziere der baltischen Flotte ihr Leben, 45 allein in Helsingfors und 24 in Kronstadt, 5 in Reval und 2 in Petrograd; von den 650 Verhaftungen (in
Helsingfors, Kronstadt, Reval, Åbo) entfielen rd. 500 auf Kronstadt. Das Russische übernahm mit Helsingfors (finn. Helsinki) und Åbo (finn. Turku) die schwedische Bezeichnung,
transliterierte sie nur (Gel'singfors, Abo); Kronstadt wurde im Russischen Kronštadt wiedergegeben; Reval ist russisch Revel', estnisch Tallinn; hier werden Helsingfors/Helsinki,
Åbo, Reval und Kronstadt in der im Deutschen üblichen Form wiedergegeben; allgemein
zum Problem der Städtenamen vgl. unten S. 400, Anm. 6.

ernannte Sendboten der Revolution ließen sich davon ohnehin nicht beeindrucken. So schwenkte die militärische Führung um: Am 4. März ordnete der Generalstab an, die Abdankungsurkunden des Zaren und seines Bruders bei allen Kompanien, Eskadronen, Batterien und Kommandos zu verlesen. Ein Teil der Front-, Armee- und Korpskommandeure verband damit die Ermahnung, Disziplin und Ordung zu wahren und der Vaterlandspflicht weiter nachzukommen.[119]

Auch die neugebildete Regierung nahm sich der Armee, der Front besonders an, schickte prominente oppositionelle Politiker als Kommissare zu den wichtigsten Truppenteilen, um ihnen ihre Absichten zu erklären und die Wogen der Erregung möglichst rasch zu glätten. Soldaten wurden für ihre Insubordination im allgemeinen nicht belangt. Obwohl der Befehl N° 1 auf Drängen der Armeeführung widerrufen wurde, beeilte sich der neue Kriegsminister, in zwei, am 7. und 9. März nachgeschobenen Befehlen alle Restriktionen, die den Soldaten in der Wahrnehmung seiner Staatsbürgerrechte beeinträchtigten, aufzuheben, die Demokratisierung in den Umgangsformen zu bestätigen und eine Revision aller entsprechenden Richtlinien und Statuten anzukündigen.[120]

In der richtigen Erkenntnis, daß die Bildung der Soldatenkomitees und die Etablierung der »Doppelherrschaft« auch an der Front nicht aufzuhalten war, entschloß sich die Militärführung Ende März, diese neuen Vertretungskörperschaften formell als reguläre Instanzen anzuerkennen. Armeekommandeure waren fortan mit darum bemüht, daß auf allen Ebenen bis hinunter zu den Regimentern und Kompanien Komitees gebildet wurden, wobei die unteren Organe direkt gewählt, die Bildung der oberen nach dem Delegationsprinzip erfolgte. Neben der Aufgabe, die Kommissare der Provisorischen Regierung zu überwachen, sollten sie auch Routineangelegenheiten übernehmen, vor allem aber sich um die Vermittlung bei Konflikten zwischen Soldaten und Offizieren bemühen. Anders als in den Räten waren in den Komitees – nach mehr oder minder festem Schlüssel – neben einfachen Soldaten auch Offiziere vertreten. Was sich in der ersten Hälfte des März spontan und unter dem Zeichen des Aufruhrs entwickelt hatte, gewann Endes des Monats allmählich eine flächendeckende, nun

---

[119] Fevral'skaja revoljucija 1917 goda, in: Krasnyj archiv Bd. 21 (1927), S. 3 ff.; Bd. 22 (1927), S. 3 ff.; hier bes. Bd. 22, S. 21 ff., 42 ff.

[120] Zum Befehl N° 2 siehe oben S. 141 ff. Dieser sowie die Befehle N° 114 und 115 (vom 7. und 9. März 1917) in englischer Übers. bei Browder / Kerensky, Provisional Government, Bd. 2, S. 851 ff.; die sog. Polivanov-Kommission, die Kriegsminister Gučkov mit Befehl N° 115 ins Leben gerufen hatte, schuf neue Statuten, die mit Befehl N° 213 am 16. April bekannt gegeben wurden; Text in Revoljucionnoe dviženie v aprele 1917, S. 312 f.; engl. bei Browder / Kerensky, Provisional Government, Bd. 2, S. 876 f.; dazu Miller, Soldatskie komitety, S. 103 ff.; kurz auch Wildman, The End, Bd. 1, S. 264 f.

Abb. 27:   Improvisierte Soldatenversammlung an der Front. Daraus gingen noch im März Soldatenkomitees hervor, deren Bildung auch die militärische Führung unterstützte. Unübersehbar aber war, daß sie damit andere Hoffnungen und Erwartungen verband, als das Gros der Soldaten. Sie wollte verhindern, daß die blutigen Entwicklungen, wie sie sich in der Hauptstadt und in den Garnisonsstädten des Hinterlandes abspielten, auf die Front übergriffen, die militärische Führung auch hier zu einer labilen »Doppelherrschaft«, faktisch lahmgelegt wurde. Bis zu einem gewissen Grade ist ihr das sogar gelungen: Die Front hielt – trotz aller Verfallserscheinungen – bis in den Oktober hinein.

auch »offizielle« Struktur und von eilends einberufenen »Armeekongressen« den demokratischen Segen.[121]

c) Zwischen Rebellion und Resignation

Armeeführung und Mannschaften verbanden mit den neugegründeten Komitees von Anfang an unterschiedliche Erwartungen. Für die Armeeführung sollten sie helfen, das um sich greifende »Chaos« einzudämmen, die »anarchischen Zustände« zu beenden und tragfähige Geschäftsbeziehungen zwischen Soldaten und Offizieren wiederherzustellen; nur so schien der militärischen Führung eine erfolgreiche Fortsetzung des Krieges bis zum siegreichen Ende möglich. Für die Soldaten waren die Komitees vor allem Ausdruck ihrer neugewonnenen Macht. Sie sahen den Sturz der Dynastie zugleich als Niederlage all jener Kräfte, die in der Vergangenheit die Macht besessen und im Namen der Autokratie oder mit ihrer Rückendeckung ausgeübt hatten: als Niederlage der Gutsbesitzer (der pomeščiki) und der ländlichen Polizei, der »bürgerlichen« Staatsdiener und der »Bourgeoisie«.

So war es für die Soldaten keine Frage, daß der Machtwechsel möglichst rasch auch soziale Folgen zeitigen mußte, was für die große Mehrheit der Soldaten, die Bauern in Uniform, identisch mit der Erfüllung ihres »jahrhundertealten« Traumes, einer Neuverteilung des Landes, war. Komitees, die sich der Erwartungen und politischen Prioritäten ihrer Wählerschaft bewußt blieben, hatten folglich alles zu vermeiden, was den Krieg verlängerte und damit die Sozialreformen hinausschob oder auch nur den Anschein erweckte, als würde der innergesellschaftliche Machtwechsel, wozu auch die Armee gehörte, rückgängig gemacht.

Im Kern schlossen beide Erwartungen sich aus: Die Revolution und der Sturz der Monarchie hatten ja Rußland dem Endsieg noch keinen Schritt näher gebracht; sie lösten noch nicht die aktuellen Wirtschafts-, Versorgungs- und Transportprobleme, Grundvoraussetzung für eine erfolgreichere Fortsetzung des Krieges; »rasch« und »siegreich« war der Krieg also nicht zu beenden; und wenn zur Fortsetzung des Krieges die Wiederherstellung der Disziplin »unabdingbar« schien, war es ebenso »unabdingbar«, daß mit ihr ein Stück »alter Ordnung« zurück kehrte, da trotz Revolution die Struktur der Armee erhalten, der Kommandostab im wesentlichen der alte geblieben war. Es dauerte es auf beiden Seiten eine Zeit,

---

[121] Miller, Stavka, in: Oktjabr' i graždanskaja vojna v SSSR, S. 70 ff.; ders. Soldatskie komitety, passim; zur ersten Hälfte des März: ders., Vozniknovenie, in: Sverženie samoderžavija, S. 166 ff.; Wildman, The End, Bd. 1, S. 246 ff.

bis man sich der eigenen und der fremden Erwartungen bewußt wurde, ihre Unvereinbarkeit erkannte. Doch der militärische »Alltag« wie die »große Politik« lieferten zahlreiche Anlässe, die konfligierende Interessenstruktur abzuklären.

Im »Alltag« entschied sich, wie weit die »neue Freiheit« wirklich ging, ob sie ungeschmälert erhalten blieb oder ob versucht wurde, sie stückweise wieder rückgängig zu machen. Daß die Soldaten das Recht der Versammlungsfreiheit besaßen, war unstrittig. Aber durften darüber »Dienstpflichten« vernachlässigt werden? Von Anfang an hatten die Frontkomitees darauf bestanden, sich unabhängig zu informieren, Delegationen in die Hauptstadt zu schicken, um sich ein Bild von der politischen Lage zu machen. Was jedoch, wenn dieses Recht auch einzelne Soldaten für sich in Anspruch nahmen, sich unerlaubt von ihrer Einheit entfernten, etwa um zu Hause nach dem Rechten zu sehen? Ein Massenphänomen, gerade in den ersten Wochen der Freiheit.[122] Und wenn schon das Recht auf Versammlung vom Recht auf Information und freier Meinungsäußerung nicht zu trennen war, galt es auch für regierungsfeindliche, defaitistische Ansichten, Agitatoren und Parteien?[123]

Vielleicht noch grundsätzlicher war die Frage, ob, wie und auf wen die »neue« Armee »vereidigt« werden sollte – ebenfalls ein Punkt, der im Frühjahr für Diskussionen und Verunsicherung sorgte. Ferner: was hatte es zu bedeuten und wie mußte man reagieren, wenn die Regierung im Hochsommer die Todesstrafe an der Front wieder einführte und damit eine »Errungenschaft« des Frühjahrs widerrief? Schließlich hing es auch unmittelbar mit diesen konfligierenden Interessen zusammen, wenn Kommandeure das ganze Jahr hindurch nicht unerhebliche Schwierigkeiten hatten, Schanz- und Ausbesserungsarbeiten an den Schützengräben zu

---

[122] Nach den Untersuchungen des Generals Golovin, der sich dabei auf die offiziell veröffentlichten Zahlen stützte, schnellte die Monatsrate der Desertionen nach der Revolution von 6.300 auf 34.000 hoch; insgesamt hätten 1917 fast 2 Millionen die Armee eigenmächtig verlassen, Ausdruck einer »spontanen Selbstdemobilisierung« der Armee (vgl. N.N. Golovin, Voennye usilija v mirovoj vojne, 2 Bde., Paris 1939, hier Bd. 1, S. 205 ff.; ders., Russian Army, S. 107 ff., 195 ff., 259 f.; Zahlen in: Rossija v mirovoj vojne, S. 26). Dazu Ferro, Soldier, S. 507 ff.; Frenkin, Russkaja armija, S. 25 f.; Stone, Eastern Front 1914 – 1917, S. 300 f.; Wettig, Die Rolle der russischen Armee, S. 194 ff.; Razloženie armii, S. 20 ff. Dagegen hat Wildman (The End, Bd. 1, S. 363 ff.) kritisch eingewandt, daß die Globalzahlen und der sie bestätigende Augenschein (der überfüllten Züge, die in Richtung Heimat fuhren) wohl mehr die Etappe betrafen als die Front, in den Mikrobefunden der Fronteinheiten jedenfalls keine rechte Entsprechung finden; hier wird man eher von einem (erheblich niedrigeren) Verlust von Kampfkraft in den ersten zehn Wochen nach der Revolution (zwischen 1 und 1,5 %) ausgehen und berücksichtigen müssen, daß von denen, die ihre Einheit verließen, um zu Hause nach dem Rechten zu schauen, ein erheblicher Teil wieder zurückkehrte.

[123] Diese Frage stellte sich besonders anläßlich des Verbotes bolschewistischer Zeitungen und Agitation nach den Juliunruhen; zu vergleichbaren Reaktionen bei den Arbeitern, die mit dem Verbot zugleich Errungenschaften der Revolution bedroht sahen, vgl. oben S. 298.

erzwingen, ja wenn sich Soldaten in den Herbst hinein weigerten, Vorsorge für den Winter zu treffen, und sogar Warenlager mit der Winterausrüstung geplündert wurden. Ob nur verfrühte Hoffung, Weigerung, das Mögliche zu denken, Sich-Sperren gegen bessere Einsicht oder bewußte politische Tat – die entschlüsselte Botschaft lautete in jedem Falle, daß die Regierung zum Friedensschluß gedrängt, ein weiterer Kriegswinter unmöglich gemacht werden sollte.[124]

Der beschriebene Interessenkonflikt trennte nicht nur Soldaten und militärische Führung, er setzte sich innerhalb der Komitees fort. Wenn sie sich – was laut Statuten ihre Aufgabe war – allzusehr »für die Wahrung der russischen Armee als Organisationseinheit«, »für die Erhaltung von Disziplin und Ordnung« und für die »Vermittlung« bei Meinungsverschiedenheiten zwischen Offizieren und Mannschaften einsetzten, gerieten sie leicht in Gefahr, sich von der eigenen Basis zu entfernen und den Einfluß auf sie zu verlieren. Taten sie es nicht, setzten sie sich dem Vorwurf aus, ihren »gesetzlichen« Auftrag zu verfehlen und nur auf der Woge der Massenstimmung mitzuschwimmen. Es bedarf keiner weitschweifigen Erklärungen, warum die Kompanie- und Bataillonskomitees, von den Soldaten direkt gewählt, mehr dem zweiten Verhaltensmuster zuneigten, die höheren Komitees, von der Regimentsebene bis hinauf zu den Armeen und Fronten, mehr dem ersten; nach dem Delegationsprinzip bestellt, mit statuarisch höherem Anteil an Offizieren und in ihrer sozialen Zusammensetzung häufig von nichtbäuerlichen, nichtproletarischen »Elementen« bestimmt, lieferten sie oft gleich mehrfachen Anlaß, von den Soldaten nicht als ihresgleichen, sondern als Teil der Armeeverwaltung angesehen zu werden.[125]

Doch nicht nur der »soldatische Alltag«, erst recht trug die »große Politik« im Ablauf des Jahres das Ihre dazu bei, sich der eigenen und der fremden Erwartungen bewußt zu werden. So zeigte die Miljukov-Note, daß es der neuen Regierung und ihrem »bürgerlichen« Außenminister in erster Linie nicht um eine rasche, sondern um eine siegreiche Beendigung des Krieges ging. Sie erschütterte den anfänglichen »naiven Defensismus« der Komitees und ihrer soldatische Basis, brachte sie auf Gegenkurs; sie übernahmen die Sowjetformel vom »Frieden ohne Annexionen und Kontributionen« und erhofften sich davon eine Erleichterung und Beschleunigung in der Aufnahme von Friedensgesprächen.[126]

---

[124] Siehe unten S. 325 f.

[125] Zum Gesamtproblem Miller, Soldatskie komitety, insb. S. 248 ff., 285 ff.; Wettig, Die Rolle der russischen Armee, S. 229 ff.; Wildman, The End, Bd. 1, S. 246 ff. u.ö.

[126] Für die Zusammenhänge vgl. oben Teil II, Kap. 3b; zu den hier skizzierten Entwicklungen Wettig, Die Rolle der russischen Armee, S. 288 ff.; Wildman, The End, Bd. 1, S. 291 ff.; die Miljukov-Krise verhinderte, so Wildman, daß die Komitees Teil der Kommandostruktur

Gleichwohl blieben die Komitees – in der ganzen ersten Hälfte des Jahres – ein wichtiger Ordnungsfaktor und nicht wegzudenkendes Element der militärischen Befehlsstruktur. Von den Kommandeuren leidlich respektiert, waren sie auch ihrerseits bestrebt, akzeptable Arbeitsbedingungen aufrecht zu erhalten. Ob man deshalb von den Klagen militärischer Stellen über den Verfall der Disziplin und das um sich greifende Chaos tatsächlich ableiten kann, daß die Fälle von Insubordination, die Desertionen und Verbrüderungen an der Front – in den Sommer hinein – noch zunahmen, erscheint unsicher. Wahrscheinlicher ist, daß sie nur nicht entscheidend weniger wurden, damit die Grundbefindlichkeit, die Gemütslage in der Armee widerspiegelten, und die Klagen der militärischen Führung die Enttäuschung darüber zum Ausdruck brachten. Auch der Umstand, daß Anfang Mai ein prominenter Sozialist (Aleksandr Kerenskij) das Kriegsministerium übernahm, sich zum Anwalt von Disziplin und Ordnung machte und Petrograder Sowjet wie höhere Armeekomitees ihm dabei den Rücken stärkten, brachte nicht den von ihm selbst und der militärischen Führung erhofften, tiefgreifenden Stimmungswandel.

Das trat schon in der Vorbereitung der großen Offensive zutage, als die bange Skepsis überwog und Strohfeuer der Begeisterung meist rasch wieder verglühten; erst recht wurde es an den Folgen sichtbar. Anfang Juli erlebte Petrograd Großdemonstrationen gegen die amtierende Regierung, wie sie seit den Februartagen nicht mehr zu sehen gewesen waren. Daß Soldaten sie ausgelöst und der Marschbefehl an die Front den Anstoß gegeben hatte, war ebenso offensichtlich, wie daß die Agitation gegen den Krieg auf eine breite Resonanz stieß, in der Hauptstadt wie an der Front. Gewiß, die Bolschewiki hatten die Massenstimmung geschürt, für die eigene Partei zu nutzen versucht, doch daß die ganze Kriegsmüdigkeit nur ihre Erfindung, nur ihre Inszenierung war, ließ sich kaum ernsthaft behaupten, was nicht ausschloß, es dennoch zu tun.[127]

---

wurden und in dieser Funktion aufgingen. Darauf schien alles hinauszulaufen, nachdem erst ein Konsens erreicht worden war über die Fortsetzung des Krieges und die volle Mobilisierung des Hinterlandes, die Revolte gegen Offiziere, die der »Konterrevolution« oder prodeutscher Sympathien verdächtigt wurden, unter Kontrolle gebracht werden konnte, der Kommandostab von der Stavka bis hinunter zum einfachen Leutnant seine Loyalität gegenüber der Provisorischen Regierung erklärt hatte und in Resolutionen immer wieder beteuert wurde, man sei bereit, das neue freie Rußland bis zum letzten Blutstropfen zu verteidigen. Schließlich hatte sich auch der Sowjet in die Komiteebildung kaum eingemischt. Doch der Versuch der militärischen Führung und der bürgerlichen Presse, daraus politisches Kapital zu schlagen, die Revolution zu spalten, einen Keil zwischen Soldatenschaft und Arbeitern zu treiben und die moralische Autorität des Sowjet zu neutralisieren, scheiterte und drängte die Basisorganisationen der Komitees gerade in die andere Richtung: auf die Linie des Sowjet einzuschwenken und sich als Teil der Gegenautorität zu verstehen.

[127] Dazu die Skizzierung der politischen Zusammenhänge oben in Teil II, Kap. 4; dort auch Hinweise auf Quellenbelege und Literatur.

Freilich, die neuerliche Rebellion war nur eine mögliche Reaktion. Näher lag es wohl zu resignieren, zumal sich der im Juni tagende 1. Allrussische Sowjetkongreß, sein Allrussisches Exekutivkomitee, der Petrograder Sowjet, der Großteil der sozialistischen Parteien und die meisten höheren Armeekomitees hinter die Regierungspolitik gestellt hatten und nun für das Verbot der bolschewistischen Partei und die entschiedene Stärkung der Staatsautorität eintraten. Damit nicht genug: Am 6. Juli wurde auf Drängen Kerenskijs ein Gesetz erlassen, das allen Militärpersonen, die zum Ungehorsam gegenüber rechtmäßig erlassenen militärischen Befehlen aufriefen, androhte, sie wie Verräter zu behandeln; am 7. Juli rief er in einem Armeebefehl dazu auf, alle Agitatoren, die in Wort oder Schrift zur Gewaltanwendung, Sturz der Regierung, Desorganisation der Armee oder Anarchie im Lande aufriefen, zu verhaften und der Strafverfolgung zuzuführen; zugleich wurden alle bolschewistischen Presseorgane in der Armee verboten; am 9. Juli drohte er Einzelpersonen oder Truppenteilen, die Befehlen nicht unverzüglich nachkamen, Konsequenzen an, wobei man auch vor dem Gebrauch der Waffe nicht zurückschrecken werde; und am 12. Juli führte ein Gesetz der Provisorischen Regierung die Todesstrafe an der Front (für Desertion, eigenmächtiges Verlassen einer Kampfesposition, Überlaufen zum Feind, Befehlsverweigerung, tätliche Angriffe auf Vorgesetzte und anderes mehr) wieder ein und regelte die Bildung von Feldgerichten.[128]

Tatsächlich wurden nicht nur Todesurteile verhängt, sondern auch vollstreckt, und es fehlt nicht an Beispielen, daß ganze Divisionen gewaltsam entwaffnet, aufgelöst, die rebellischen Soldaten in andere Einheiten gesteckt und die Rädelsführer vor Gericht gestellt wurden. Doch zu Massenerschießungen kam es nicht, und wichtiger als die praktische war die symbolische Wirkung: Die Regierung steuerte einen harten Kurs, das Allrussische Exekutivkomitee unterstützte sie darin, hatte ihr noch am 9. Juli in einer Resolution »unbegrenzte Vollmachten zur Wiederherstellung von Disziplin und Ordnung in der Armee« erteilt, und selbst die höheren Front- und Armeekomitees verteidigten die neuen, strengen Maßnahmen als unumgänglich, so wie sie vordem die Offensive moralisch und politisch mitgetragen hatten.[129]

So sahen sich die Soldatenausschüsse auf unterer und mittlerer Ebene immer stärker in die Defensive gedrängt. In seinem Befehl vom 9. Juli hatte

---

[128] Alle genannten Gesetze und Befehle in: Revoljucionnoe dviženie v ijule 1917 g., S. 290, 293, 298, 300 f.

[129] Das Protokoll der Sitzung mit einer Wiedergabe der Reden wurde am 11. Juli 1917 in der Izvestija N° 114 veröffentlicht; Resolution ebda., S. 6; Auszüge in englischer Übersetzung bei Browder / Kerensky, Provisional Government, Bd. 3, S. 1390 ff.

Kerenskij allen Komitees untersagt, operative und personelle Verfügungen des Kommandostabes zu diskutieren oder sich gar in sie einzumischen. Einzelne Kommandeure wie General Kornilov, der zu diesem Zeitpunkt noch die 8. Armee an der Südwestfront befehligte, gingen sogar noch weiter: Ohne dazu autorisiert zu sein, verbot er alle Versammlungen im Frontabschnitt und drohte bei Zuwiderhandlungen, sie mit Waffengewalt aufzulösen. Und der amtierende Oberkommandierende, General Brusilov, untersagte den Komitees am 12. Juli, sich mit Dingen zu befassen, die in den geltenden Richtlinien nicht ausdrücklich aufgeführt waren, verbot ihnen noch einmal »kategorisch« jede Einmischung in Befehle und operative Angelegenheiten und wies sie wie das Offizierskorps an, ihre Tätigkeit ganz auf das eine Ziel zu konzentrieren: aus der Russischen Armee eine geschlossene Einheit und schlagkräftige Organisation zu machen. Weitere restriktive Anordnungen folgten.[130]

Anders als im Frühjahr sahen die Komitees sich nun dem Gegendruck der Kommandeure ausgesetzt. Die Konflikte nahmen zu, der Ton der Auseinandersetzungen wurde merklich schärfer, manchmal die Kooperation und Kommunikation ganz eingestellt. Fälle, in denen Divisionskomitees, ja das Komitee einer ganzen Armee, einfach aufgelöst, die Geschäftspapiere beschlagnahmt, Anläufe zur neuen Organisation von Armeekongressen unterbunden wurden, zeigten an, daß der Wind jetzt aus einer anderen Richtung wehte. Doch es war nicht nur der Druck »von oben«. Offenkundig hatten auch weite Teile der Soldatenschaft, enttäuscht von der Gesamtentwicklung, das Interesse an den Komitees bereits verloren, wußten nicht, was sie taten, ja ob sie überhaupt noch existierten. Passivität und Lethargie kennzeichneten die Grundstimmung der »soldatischen Massen«. Sie machten das Geschäft jenen leicht, denen die Komitees von Anfang an ein Dorn im Auge gewesen waren.[131]

Die Berufung General Kornilovs zum neuen Oberkommandierenden (am 19. Juli) machte überdeutlich, daß Kerenskij den eingeschlagenen Weg fortsetzen wollte.[132] Erst als sich zeigte, daß sein Kalkül, den General und die militärische Führung in die »patriotische Front« einzubinden, nicht aufging; ihn selbst immer weiter nach rechts führte; die neuen Partner sich mit den Konzessionen nicht zufrieden gaben; daß sie immer mehr zum Kristallisationspunkt einer anderen Politik und anderen Koalition, rechts von

---

[130] Texte in Revoljucionnoe dviženie v ijule 1917 g., S. 298, 302 f; sowie Revoljucionnoe dviženie v russkoj armii, S. 267 f., 275 f., 278 ff.

[131] Für diesen Gesamtzusammenhang vgl. Wildman, The End, Bd. 2, S. 148 ff.

[132] Vgl. dazu auch die Zusammenkunft Kerenskijs mit dem Kommandostab der Armee (im Hauptquartier von Mogilëv) am 16. Juli; Protokoll veröffentlicht in: Krasnaja letopis' 6 (1923), S. 19 ff.; Auszüge daraus in engl. Übers. bei Browder / Kerensky, Provisional Government, Bd. 2, S. 989 ff.

der Mitte wurden; ihre neu- oder wiedergewonnene Macht auf der Moskauer Staatskonferenz demonstrierten; und schließlich nach der Gewalt im Staate griffen – erst da löste sich die lähmende Geschlossenheit, mit der Regierung und Sowjetspitze dem Kurs des Ministerpräsidenten gefolgt waren.[133]

Die Kornilov-Affaire wirke auch in der Armee wie ein Schock. Sie gab den offiziersfeindlichen Stimmungen in den Heeres- und Flottenverbänden mächtig Auftrieb. Aufgestaute Aggressionen entluden sich in einer Vielzahl von Willkürakten gegen Mitglieder des Kommandostabes. Ihr einzig erkennbares Ziel war, die Vorgesetzten zu demütigen und die eigene Macht zu demonstrieren.[134] Die Welle der Gewalt untergrub die bisherigen Bemühungen zur Schaffung einer starken, einheitlichen Befehlsgewalt, spülte sie hinweg. Komitees sahen sich plötzlich gedrängt, kommunikative und operative Aufgaben zu übernehmen, von denen man sie eben erst zu entbinden, fernzuhalten versucht hatte. Mancherorts erhoben sie ihrerseits Gegenforderungen, nach der Entfernung aller reaktionären Offiziere aus dem Dienst, der Wiedereinsetzung der Komitees in ihre Rechte bis hin zur Gegenzeichnung von Instruktionen und Befehlen. Doch erneut feste Strukturen aufzubauen und die Soldaten wieder dauerhaft an sich zu binden, gelang ihnen offenkundig nicht mehr, und statt des Gespenstes der Konterrevolution sahen sie nun die drohende Gefahr einer nicht mehr steuerbaren Entwicklung, bestimmt von Lethargie und Anarchie auf sich zukommen.[135]

Am 23. September verabschiedete die Provisorische Regierung ein Gesetz, das die Durchführung der Wahlen zur Konstituante bei den Heeres- und Flottenverbänden regelte. Wenige Tage darauf veröffentlicht, übertrug es die Prozedur im wesentlichen den Komitees. Fast gleichzeitig gab das Allrussische Räteexekutivkomitee bekannt, daß für den 20. Oktober ein neuer (2.) Allrussischer Sowjetkongreß zusammentreten sollte, wobei die Armee aufgefordert wurde, ihre Delegierten auf zwischenzeitlich abzuhal-

---

[133] Daran ändert auch der Umstand wenig, daß das Allrussische Exekutivkomitee – aus politischen wie grundsätzlichen Gründen – bereits Mitte August gegen die Wiedereinführung der Todesstrafe protestiert und statt der Repression die konsequente Fortsetzung der Demokratisierung gefordert hatte; vgl. Izvestija N° 148, 19. August 1917, S. 4.

[134] Zur Verwicklung der militärischen Führung in die Affaire vgl. Wildman, Officers of the General Staff and the Kornilov Movement, in: E. R. Frankel / J. Frankel / B. Knei-Paz (Hgg.), Revolution in Russia: Reassessments of 1917, Cambridge / New York / Port Chester / Melbourne / Sydney 1992, S. 76 ff.; daß das Scheitern des Kornilov-Putsches, mit dem konservative »Generalstäbler« die politische Macht an sich zu reißen versuchten, zugleich die Ausschaltung des Generalstabs als eigenständigen Machtfaktor markierte, betont Mayzel, Generals and Revolutionaries, S. 103 ff.; Auswirkungen auf das Heer vgl. Wildman, The End, Bd. 2, S. 184 ff.; auf die Flotte kurz Saul, Sailors in Revolt, S. 147 f.

[135] Beispiele bei Wildman, The End, Bd. 2, S. 204 f.

tenden Armeekongressen zu bestimmen. Deren Spitzenorganisationen, Front- und Armeekomitees waren über diese Koinzidenz nicht glücklich und betrieben die Vorbereitung zu den Sowjetwahlen, wenn überhaupt, schleppend; wohl weniger, weil das formelle Verbot von Kongressen an der Front noch nicht wieder aufgehoben war; vielmehr fürchteten sie, daß schon die Vorbereitungen der Wahlen, erst recht der Sowjetkongreß selbst den Radikalen, den Bolschewiki, als Plattform für ihre Parolen und Versprechungen »Schluß mit dem Krieg«, »Weg mit der Regierung«, »Alle Macht den Räten« und »Sofortige Bodenreform« dienen würden. So konzentrierten sie sich ganz auf die Wahlen zur Konstituante.

Die bolschewistischen Vertreter nutzten die Chance; sie protestierten, stellten Mißtrauensanträge und forderten Nach-, Neuwahlen der Soldatenvertretungen. Ihr Aufruf, die bisherige Komiteeführung abzuwählen, weil sie versagt hatte, verhallte bei den kriegsmüden Mannschaften nicht ohne Resonanz; vor allem auf den Basen der baltischen Flotte, an der Nord- und Westfront, weniger im Südwesten und Süden fanden sie regen Zuspruch. Und wenn es ihnen auch nicht gelang, überall feste Mehrheiten hinter sich zu bringen, so zumindest die Positionen ihrer Gegner entscheidend zu schwächen, vorzubeugen, daß die Armee und ihre Vertreter auf dem 2. Sowjetkongreß einen festen Block gegen die Bolschewiki bildeten.[136]

d) Der Oktober und das Ende der »alten Armee«

Wenn die Soldaten nach den Kapriolen der wechselnden Kabinette, nach dem Fehlschlag der Sommeroffensive und der Kornilov-Affaire, den Versprechungen und enttäuschten Erwartungen überhaupt noch an etwas glaubten, so war es die Überzeugung, daß endlich Frieden geschlossen werden müsse – beinahe um jeden Preis. Der Krieg mußte endlich aufhören, bevor der nächste Winter kam. Wenn es die Regierung nicht schaffte oder nicht wollte, dann eben der Sowjet. Und wenn dessen Führung sich sträubte, die Bolschewiki. Selbst wer Resolutionen generell mißtraute und sie für »parteipolitische Machenschaften« hielt, konnte kaum daran vorbei, daß die Friedenssehnsucht – mehr als alles andere – die Tagesgespräche und -verrichtungen an der Front beherrschte. Die Frontkommissare berichteten der Regierung und den militärischen Dienststellen davon, und wenn die Soldaten sich weigerten, Winterunterstände zu bauen, ihre warme Klei-

---

[136] Zu den politischen Zusammenhängen Rabinowitch, Bolsheviks Come to Power, S. 168 ff.; Wahlgesetz u.a. in: Izvestija Vserossijskoj po delam o vyborach v Učreditel'noe sobranie komissii, N° 7 (28. September 1917), Sp. 3 ff.; zur Agitation der Bolschewiki an der Front und ihren Erfolgen Wildman, The End, Bd. 2, S. 248 ff., 255 ff., 274 ff.

dung verkauften, Eisenbahnwaggons mit Wintervorräten geplündert und die Komitees mit Anträgen überschwemmt wurden, »wegen Familienangelegenheiten« heimfahren zu dürfen, so sprach auch dies ein klare Sprache: Die Soldaten waren nicht bereit, sich darauf einzustellen, einen weiteren Winter draußen in den Schützengräben zu verbringen.[137]

In den genannten Berichten der Frontkommissare spielen dagegen, so hat sich zeigen lassen, Desertionen kaum die große Rolle, die man ihnen im Rückblick immer wieder zugesprochen hat (anknüpfend an das Leninwort, die Bauern hätten »mit den Füßen« abgestimmt); selbst im Spätherbst, im September und Oktober erreichten sie noch nicht Massencharakter, vielleicht auch deshalb, weil man auf einen raschen Frieden hoffte und sich nicht leichtfertig dem Risiko aussetzen wollte, als Deserteur aufgegriffen zu werden (ein Delikt, das seit Juli wieder mit dem Tod bestraft werden konnte).[138] Mehr noch: eine größere Gefahr für die Schlagkraft der Armee sah der Kommandostab in den frischen, aus den Garnisonen des Hinterlands an die Front verlegten Verbänden: Schlecht ausgebildet und hochpolitisiert, zerstörten sie – mit ihren klaren Schuldzuweisungen an die Adresse der Staatsführung und des Ministerpräsidenten, an die Kornilovadepten, die Bourgeoisie und die Kadettenpartei – das letzte Quäntchen Regierungsautorität und Kampfmoral, öffneten dem »Defaitismus«, der »Anarchie«, der »Bolschewisierung« der Front Tür und Tor.

Denn sie trafen auf eine Soldatenschaft, der – desillusioniert und verunsichert – »Patriotismus« fast völlig abhanden gekommen war; die inzwischen der gesamten Politik, allen Autoritäten und Institutionen mißtraute; die nicht ausschloß, was man ihr glauben zu machen versuchte, daß der Krieg nur eine Infamie der herrschenden Klassen sei und andauere, um »dem Volk« die Errungenschaften der Revolution vorzuenthalten; und da die Konstituante noch immer auf sich warten lasse, stets aufs neue vertagt werde, sei der einzig verbleibende Ausweg die Machtübernahme des Sowjet. Es war diese Prädisposition, die die Bolschewiki an der Front wie in den Garnisonen des Hinterlandes immer stärker werden ließ, und das Geheimnis ihres Erfolgs war einmal mehr die Fähigkeit und Bereitschaft ihrer Führung und ihrer Funktionäre, Massenstimmungen zu erfassen und sich von ihnen tragen zu lassen. Dazu brauchte man, anders als das Lenin noch

---

[137] Hierzu wie für das folgende auf eigenen Archivstudien aufbauend Wildman, The End, Bd. 2, S. 244 ff.

[138] Wenn man Wildman (The End, Bd. 2, S. 142 ff., 230 ff.) folgt, wird man den »Zerfall« der Armee generell nicht überzeichnen dürfen, schließlich hielt die Front bis in den Herbst hinein, und obwohl die »Bolschewisierung« der Flotte noch weiter fortgeschritten war, zeigte auch sie noch – wie Mawdsley und Saul betonten – ein erstaunliches Ausmaß an Kampfkraft (Mawdsley, Baltic Fleet, S. 89 ff.; ders., Soldiers and Sailors, S. 113 f.; Saul, Sailors in Revolt, S. 158 ff.).

1902/03 geglaubt hatte, keine straffe Kaderorganisation und mußte gleichzeitig bereit sein, sich von den engen Fesseln eines marxistischen Parteiprogramms zu lösen. Wichtiger als eine Kaderorganisation war die Suggestion, die von den Forderungen »Friede«, »Land« und »Arbeiterkontrolle« ausging, und wirksamer als deren »marxistische Begründung« war der Glaube an einen Mythos: Die »Sowjetmacht« werde alle Probleme lösen.[139]

Wie sehr diese Strategie auch an der Front verfing, zeigte sich nach dem Oktoberaufstand. Obwohl die Bolschewiki, so hat es ein Kenner des Problems beschrieben, bis zur Mitte des Monats dort noch keine »Bastion« besaßen, die in ihrer Größenordnung mit Kronstadt, dem Vyborger Stadtbezirk oder den komfortablen Mehrheiten in manchen Lokalsowjets vergleichbar gewesen wäre, und der Wiederaufbau der Parteiorganisation noch im Gange war, ohne bereits den Umfang des Frühsommers zu erreichen, gelang es ihnen, nach dem Aufstand innerhalb von acht, zehn Tagen die Soldatenkomitees an der Nord- und Westfront unter ihre Kontrolle zu bringen, und binnen eines Monats auf Armeekongressen der Südwest-, der Rumänien- und der Kaukasusfront eine feste Basis für sich zu gewinnen, stark genug, um zu verhindern, daß Kommandeure oder Vertreter der »alten« Komiteemehrheiten sich zu Verteidigern aufschwangen und den militärischen Widerstand gegen die neuen Machthaber organisierten.[140]

Sicher, es gibt genügend Anzeichen, die darauf hindeuten, daß ein Großteil der Frontsoldaten, wenn man sie gefragt hätte, wohl noch immer eine sozialistische Allparteienregierung einem bolschewistischen Alleingang vorgezogen hätte. Doch wichtiger für das Überleben der neuen Regierung war, daß sie sogleich daranging, die den Soldaten gemachten Versprechungen einzulösen. So wurde, wie oben bereits berichtet, am Tage nach dem Oktoberumsturz ein »Dekret über den Frieden« vorgelegt, das allen

---

[139] Überzeugend dazu aus der Perspektive »von unten« Wildman, The End, Bd. 2, S. 262 ff.; aus anderer Sicht Frenkin, Russkaja armija, S. 494 ff., 504 ff., 521 ff. u.ö.; einige Schlaglichter auf die Stimmung in der Soldatenschaft werfen die Dokumente der Bände Revoljucionnoe dviženie v sentjabre 1917 g., S. 389 ff., sowie Revoljucionnoe dviženie nakanune Oktjabr'skogo vooružennogo vosstanija, S. 353 ff., wobei sie besonders den bolschewistischen Einfluß zu erhellen, ins rechte Licht zu setzen suchen; desgleichen hebt die Bedeutung der Parteiorganisation hervor der Sammelband: Ju.I. Korablev (Hg.), Voennye organizacii partii bol'ševikov v 1917 godu, Moskau 1986.

[140] Zur Entwicklung bei der Frontarmee Wildman, The End, Bd. 2, S. 262 ff.; L.M. Gavrilov, Soldatskie komitety v oktjabr'skoj revoljucii (dejstvujuščaja armija), Moskau 1985, S. 102 ff., 138 ff.; bedeutend stärker war der bolschewistische Einfluß noch bei der Flotte, obwohl auch hier die Verhältnisse nicht einheitlich waren; während die Kronstädter Matrosen schon vor dem Aufstand »geschlossen« hinter den Bolschewiki standen, war ihre Position bei der Schwarzmeerflotte sehr viel schwächer, gingen noch bei den Wahlen zur Konstituante die Sozialrevolutionäre als klarer Sieger hervor (im direkten Vergleich mit den Bolschewiki entschieden sich doppelt so viele Matrosen für die SRy); zur Entwicklung bei der Flotte: Mawdsley, Baltic Fleet, S. 112 ff.; Saul, Sailors in Revolt, S. 176 ff.; speziell zu den Verhältnissen in Kronstadt Getzler, Kronstadt, S. 153 ff., 205 ff.

kriegführenden Ländern den sofortigen Abschluß eines gerechten und demokratischen Friedens vorschlug und die bedingungslose Bereitschaft der Sowjetregierung erklärte, ohne jeglichen Aufschub in Friedensverhandlungen einzutreten. Die bisherigen Verbündeten, England und Frankreich, verhielten sich abwartend: Für sie war die Oktoberrevolution nur ein Putsch, und sie erkannten die neue Regierung nicht an. Das hinderte die Sowjetregierung nicht, mit den Mittelmächten (Deutschland und Österreich-Ungarn) einen Waffenstillstand zu vereinbaren und noch im Dezember mit Friedensverhandlungen zu beginnen.[141]

Parallel zum »Dekret über den Frieden« hatte man am 26. Oktober vom 2. Allrussischen Sowjetkongreß auch eine Verordnung beschließen lassen, die bei allen Armeen die Einrichtung »Revolutionärer Komitees« vorsah, die »Wahrung der revolutionären Ordnung« und die »Stabilität der Front« in ihre Hände legte und den Kommandostab anwies, ihren Anordnungen Folge zu leisten; ferner wurden alle Kommissare der Provisorischen Regierung abberufen und durch Bevollmächtigte des Sowjetkongresses ersetzt.[142] War die alte Kommandostruktur damit bereits ausgehebelt, so entzogen ihr zwei Dekrete Mitte Dezember vollends die Grundlage: Sie verfügten die Abschaffung der Ränge und Dienstbezeichnungen in der Armee, vom Gefreiten bis hinauf zum General, mit ihnen auch der Orden und Uniformabzeichen und stellten alle »Militärpersonen« in ihren Rechten einander gleich. Sie sollten sich künftig ihre Vorgesetzten selbst wählen, wobei die Macht, die Letztentscheidung in jedem Truppenteil in den Händen der entsprechenden Soldatenkomitees und Sowjets lag. Damit gab es die alte Armee noch vor ihrer vollständigen Auflösung im Grunde nicht mehr.[143]

Vermutlich sah ein Großteil der Mannschaften das ganze nur noch als Schlußstrich unter eine Vergangenheit, als Abwicklung ihrer Hinterlassenschaft. Ob sie überhaupt zur Kenntnis nahmen, daß an höherer Stelle be-

---

[141] Text des Dekretes »Über den Frieden« u.a. in: Dekrety Sovetskoj vlasti, Bd. 1, S. 12 ff.; Hellmann, Russische Revolution, S. 312 ff.; zur weiteren Entwicklung und den tastenden Anfängen einer sowjetischen Außenpolitik R.K. Debo, Revolution and Survival. The Foreign Policy of Soviet Russia 1917 – 1918, Toronto 1979, sowie ders., Survival and Consolidation. The Foreign Policy of Soviet Russia 1918 – 1921, Montreal / London / Buffalo 1992 (mit Hinweisen auf weitere Literatur).

[142] Verordnung des 2. Allrussischen Sowjetkongresses »Über die Bildung von provisorischen Revolutionskomitees« in der Armee vom 26. Oktober 1917, Text in: Dekrety Sovetskoj vlasti, Bd. 1, S. 21, deutsch in Altrichter, Die Sowjetunion, Bd. 1, S. 97.

[143] Vgl. die beiden Dekrete des Rates der Volkskommissare vom 16. Dezember 1917 »Über die Angleichung der Rechte aller Militärpersonen« und »Über die Wählbarkeit und die Organisation der Macht in der Armee«, Texte in: Dekrety Sovetskoj vlasti, Bd. 1, S. 242 ff.; deutsch bei Altrichter, Die Sowjetunion, Bd. 1, S. 101 ff. (dort mit der Zeitangabe nach dem »neuen Stil«, 29. Dezember).

reits über eine neue Armee, eine »Rote Arbeiter- und Bauernarmee« diskutiert wurde, demokratisch in ihrem Aufbau von unten nach oben, keine »Kaderarmee« mehr, sondern die »Bewaffnung des Volkes«, organisiert nach den Prinzipien einer »Territorialmiliz«, erscheint unsicher.[144] Denn die Gedanken der Soldaten waren bereits ganz wo anders. Sie dachten – zumindest wenn sie bäuerlicher Herkunft waren, und das waren ja die meisten – an Haus und Hof und die große Umverteilung des Bodens. Nachdem das bolschewistische Landdekret vom 26. Oktober den Zugriff auf das Land des Adels, der Kirche und der Klöster freigegeben hatte, war sie zu Hause bereits in vollem Gange.

Da fiel es auch schwer, Verständnis dafür aufzubringen, daß sich die mit Deutschland in Brest-Litovsk begonnenen Friedensverhandlungen über Wochen hinzogen, Trockij als Außenkommissar den harten deutschen Forderungen mit seiner Devise »Weder Krieg noch Frieden«, einer Hinhalte- und Verzögerungstaktik zu begegnen suchte. Doch nicht die deutsche, sondern die sowjetische Regierung geriet damit unter Druck: Ihr liefen die Soldaten weg, die Front löste sich auf, zumal als die Deutschen im Februar 1918 die militärische Offensive wieder aufnahmen und Petrograd bedrohten. So wurde am 3. März 1918 in Brest-Litovsk der Vertrag unterzeichnet, der endgültig einen Schlußstrich unter den Krieg mit den Mittelmächten zog.[145]

---

[144] Zu diesen Plänen und ihrer weiteren Entwicklung, als die rasch aufgestellten Verbände nicht in der Lage waren, die von den Deutschen wiederaufgenommene Offensive zu stoppen, die ursprünglichen Pläne aufgegeben wurden und die Staatsführung zur Kaderarmee zurückkehrte zusammenfassend: Altrichter, Staat und Revolution, S. 165 ff.; F. Benvenuti, The Bolsheviks and the Red Army, 1918 – 1922, New York / New Rochelle / Melbourne / Sydney 1988 (ital. Ausg. 1982); G. Gorodeckij, Demobilizacija armii v 1917 – 1918 gg., in: Istorija SSSR 1958, N° 1, S. 3 ff.; ders., Roždenie, S. 353 ff.; M.v. Hagen, Soldiers in the Proletarian Dictatorship. The Red Army and the Soviet Socialist State, 1917 – 1930, Ithaca / London 1990, S. 21 ff.; G. Ritter, Das Kommunemodell und die Begründung der Roten Armee im Jahre 1918, Berlin 1965; zu den Vorformen der »Roten Garden« C.A. Cypkin / R.G. Cypkina, Krasnaja gvardija – udarnaja sila proletariata v Oktjabr'skoj revoljucii, Moskau 1977; A.M. Konev, Krasnaja gvardija na zaščite Oktjabrja, Moskau 1978; V.J. Starcev, Očerki po istorii Petrogradskoj Krasnoj armii i rabočej milicii, mart 1917 – aprel' 1918 g., Moskau / Leningrad 1965; R.A. Wade, Red Guards and Workers' Militias in the Russian Revolution, Stanford 1984; ders., The Red Guards: Spontaneity and the October Revolution, in: Frankel / Frankel / Knei-Paz, Revolution in Russia, S. 54 ff.; zur Verwendung der alten Offiziere in der neuen Armee: A.G. Kavtaradze, Voennye specialisty na službe respubliki sovetov 1917 – 1920 gg., Moskau 1988.

[145] Baumgart, Deutsche Ostpolitik 1918; Debo, Revolution and Survival.

4. DIE REVOLTE DER BAUERN

Es war nicht zuletzt der Hunger gewesen, der die hauptstädtischen Arbeiter im Januar / Februar 1917 auf die Straße getrieben hatte. Kriegsbedingt ging die Getreideproduktion seit 1914 erheblich zurück, während der Armeebedarf auf das Fünf- bis Sechsfache stieg. Im Spätherbst 1916 spitzte sich die Lage dramatisch zu. Petrograd erhielt im November / Dezember nur jeweils 15% der geplanten Getreidelieferungen. Das trieb die Lebensmittelpreise noch einmal in die Höhe. Waren schon vorher Fleisch, Schinken und Wurst vom Speiseplan der ärmeren Schichten geschwunden, so schien nun auch die Notversorgung, aus Kohlsuppe und Brot, bedroht.[146]

Für ihre Misere machte die Arbeiterschaft Produzenten und Händler gleichermaßen verantwortlich, die Kapital aus ihrer Not zu schlagen suchten; den Hauptschuldigen aber sah sie in der zaristischen Regierung, die sich als unfähig erwies, mit den anstehenden Problemen fertig zu werden. So gingen wirtschaftliche und politische Forderungen unversehens ineinander über. Im Laufe des Februar wurden die Arbeitsniederlegungen zum Generalstreik und die Demonstrationen zum Aufstand – als die eingesetzten Truppen sich weigerten, auf die Demonstranten zu schießen. Sie brachten die zaristische Regierung zu Fall und den Monarchen zur Abdankung. Ein vor allem von Vertretern bürgerlicher Parteien neugebildetes Kabinett übernahm »provisorisch« die Staatsgeschäfte, nachdem sein Regierungsprogramm zuvor die Billigung des Sowjet, der Vertretung der hauptstädtischen Arbeiter erhalten hatte; er machte sich anheischig, die Arbeiterinteressen auch fortan zu vertreten und zu kontrollieren, ob die Regierung das vereinbarte Programm einhielt.[147]

An all dem war die noch immer weitaus größte Gruppe der Bevölkerung, die Bauernschaft, nicht beteiligt. Das läßt sich mit der besonderen Rolle des Zentrums, der Größe des Landes, Mängeln im Kommunikationssystem erklären. Doch wohl nur zum Teil. Sich darauf zu beschränken, ließe außer acht, daß die Versorgungsprobleme, die die hauptstädtischen Arbeiter auf die Straße gebracht hatten, die Bauern weit weniger tangierten; ja daß es nicht an Stimmen fehlte, die dem Dorf am Elend der Städte eine Mitschuld

---

[146] Vgl. dazu die Lageberichte der Ochrana bei Hasegawa, February Revolution, S. 199 ff.
[147] Dazu oben S. 110 ff.

gaben, nicht nur den Gutsbesitzern, auch größeren Teilen der Bauernschaft. Fremd war den Bauern an dieser Februarrevolution nicht nur
der Anlaß; ungewohnt war für sie, sofern sie es mitbekamen, auch die Art
und Weise, wie sie sich vollzog: das Auf-die-Straße-Gehen mit Fahnen,
Spruchbändern und Parolen; die kollektive Arbeitsniederlegung in den Fabriken; die Bildung von Streikausschüssen, aus denen Betriebskomitees
hervorgingen, und von »Räten«, in denen Parteienvertreter von Anfang an
eine wichtige Rolle spielten; das Bestreben, sich »politisch« zusammenzuschließen, um Einfluß auf die neugebildete Regierung nehmen zu können
und die Probleme überregional, gesamtstaatlich zu regeln. Wie fern den
Bauern diese Denkungsweise stand, zeigt sich schon daran, daß die »Rätebildung« kaum auf das Dorf übergriff und die Bauern offenkundig auch im
Nachhinein keinerlei erkennbare Anstrengungen unternahmen, auf die
Zusammensetzung der Regierung Einfluß zu nehmen, selbst dort, wo es
um den für sie wichtigsten Posten, das Amt des Agrarministers ging. Nicht,
daß die Monarchie im Dorf noch eine feste Bastion gehabt hätte. Als sich
die Kunde vom Sturz des Zaren verbreitete, blieben promonarchische Manifestationen ausgesprochen selten und die anfängliche skeptische Unsicherheit, wie die Sache wohl weiter gehen würde, wich rasch der Überzeugung, daß die Vorgänge in der Hauptstadt auch die Bauern der Erfüllung
ihrer Ziele, Wünsche und Träume näher brachten. Doch das allein machte
aus ihnen noch keine »natürlichen Verbündeten des Proletariats«, und was
sich im Februar bereits angedeutet hatte, sollte sich im Jahresfortgang
bestätigen: Die Bauern verfolgten ihre eigenen Interessen, zunächst noch
etwas vorsichtig, unter Berufung auf gesamtstaatliche Interessen und die
erklärten Ziele der Provisorischen Regierung; doch bald streiften sie diese
Rücksichtnahme ab. Aus den Einzelaktionen wurde ein Massenphänomen
und aus dem Aufruhr in den Herbst hinein eine Revolution. Gelegentlich
mochten sich ihre Ziele mit denen des Proletariats treffen, doch in der Regel konfligierten die Interessen, und ähnlich »eigensinnig« wie die Ziele
waren auch die Organisationsformen und der Zeitplan. In ihren Auswirkungen trieb die Agrarrevolution den Bruch zwischen Stadt und Land, den
Zerfall der Verkehrswirtschaft, die Atomisierung des Gesamtstaates weit
voran.[148]

---

[148] Zur Entwicklung auf dem Dorf vgl. an Quelleneditionen die oben bereits vielfach heran-
gezogenen Dokumentenbände Velikaja Oktjabr'skaja socialističeskaja revoljucija. Doku-
menty i materialy (Moskau 1957 ff.), die den Zeitraum ab Frühjahr (in Monatsschritten) do-
kumentieren, jeweils auch Abschnitte über die »Bauernbewegung« enthalten und trotz der
Einseitigkeit der Auswahl und Ausrichtung auf die Oktoberrevolution bislang durch nichts
Vergleichbares zu ersetzen sind; zur Ergänzung die drei, ebenfalls bereits mehrfach zitierten
Bände Browder / Kerensky, Russian Provisional Government, hier bes. Bd. 2, S. 523 ff.;
K.G. Kotel'nikov / V.L. Meller (Hgg.), Krest'janskoe dviženie v 1917 godu (Centrarchiv.

a) Das Dorf an der Jahreswende 1916/17

Zum 1. August 1914 wurden fast 4 Millionen Männer zur Armee eingezogen. Bis zum 1. März 1917 war ihre Zahl auf 13,5 Millionen gestiegen. Sie kamen zu über 95 % aus ländlichen Gegenden. Umgerechnet auf die 50 Gouvernements und Gebiete des europäischen Rußland war dies ein knappes Viertel aller Männer und fast die Hälfte aller Männer im arbeitsfähigen Alter.[149] So

---

1917 god v dokumentach i materialach), Moskau / Leningrad 1927; Ėkonomičeskoe položenie Rossii, Bd. 3; auch Agrarnoe dviženie v 1917 g. (mit einem Vorwort von M. Martynov), in: Krasnyj archiv Bd. 14 (1926), S. 182 ff.; Bor'ba za zemlju v 1917 g., in: Krasnyj archiv Bd. 78 (1936), S. 85 ff.; Sojuz zemel'nych sobstvennikov v 1917 godu (bearb. von O. Čaadaeva), in: Krasnyj archiv Bd. 21 (1927), S. 97 ff.; an Darstellungen seien vor allem genannt: D.G. Atkinson, Russian Land Commune; dies., End of the Russian Land Commune; J. Channon, The Peasantry in the Revolution of 1917, in: Frankel / Frankel / Knei-Paz, Revolution in Russia, S. 105 ff.; ders., The Bolsheviks and the Peasantry: The Land Question during the First Eight Months of Soviet Rule, in: Slavonic and East European Review 66 (1988), S. 593 ff.; V.P. Danilov / M.P. Kim / N.V. Tropkin (Hgg.), Sovetskoe krest'janstvo. Kratkij očerk istorii (1917 – 1970), 2. Aufl. Moskau 1973; S.M. Dubrowski, Die Bauernbewegung in der Russischen Revolution, Berlin 1929 (russ. Ausg. Moskau 1927); Figes, Peasant Russia, Civil War; ders., The Russian Peasant Community in the Agrarian Revolution, 1917 – 18, in: R. Bartlett (Hg.), Land Commune and Peasant Community in Russia, London 1990, S. 237 ff.; G.J. Gill, Peasants and Government; ders., The Failure of Rural Policy in Russia, February – October 1917, in: Slavic Review 37 (1978), S. 241 ff.; ders., The Mainsprings of Peasant Action in 1917, in: Soviet Studies 30 (1978), S. 63 ff.; V.V. Kabanov, Agrarnaja revoljucija v Rossii, in: Voprosy istorii 1989 N° 11, S. 28 ff.; ders., Oktjabr'skaja revoljucija i krest'janskaja obščina, in: Istoričeskie zapiski 111 (1984), S. 100 ff; J.L.H. Keep, The Agrarian Revolution of 1917 – 1918 in Soviet Historiography, in: The Russian Review 36 (1977), S. 405 ff.; ders., The Russian Revolution, S. 153 ff., 383 ff; Kitanina, Vojna, chleb i revoljucija; L.T. Lih, Bread and Authority in Russia, 1914 – 1921, Berkeley / Los Angeles / Oxford 1990; A.D. Maljavskij, Krest'janskoe dviženie v Rossii v 1917 g., mart – oktjabr', Moskau 1981; L.A. Owen, The Russian Peasant Movement, 1906 – 1917, London 1937; M. Perrie, The Peasants, in: R. Service (Hg.), Society and Politics in the Russian Revolution, London 1992, S. 12 ff.; P.N. Peršin, Agrarnaja revoljucija v Rossii, 2 Bde., Moskau 1966; Radkey, Agrarian Foes of Bolshevism; A.V. Šestakov, Očerki po sel'skomu chozjajstvu i krest'janskomu dviženiju v gody vojny i pered Oktjabrëm 1917 g., Leningrad 1927; I.M. Volkov / V.P. Danilov / N.A. Ivnickij / V.V. Kabanov / V.I. Kostrikin (Hgg.), Oktjabr' i sovetskoe krest'janstvo 1917 – 1927 gg., Moskau 1977 (künftig: Oktjabr' i sovetskoe krest'janstvo); darin unter anderem der Beitrag V.I. Kostrikin, Krest'janskoe dviženie nakanune Oktjabrja, S. 10 ff.

[149] Die genauen Zahlen der Rekrutierten nach dem statistischen Sammelband Central'noe statističeskoe upravlenie (Hg.), Rossija v mirovoj vojne 1914 -1918 goda (v cifrach), Moskau 1925, S. 17, 20:

zum 1. August 1914	3.915
zum 1. Februar 1915	6.295
zum 1. März 1916	10.450
zum 1. März 1917	13.500

(Angaben in Tausend). Dabei kamen nach einer Erhebung des Sommers 12.861,4 Millionen aus den ländlichen Gegenden von 75 Gouvernements und Gebieten, aus den 47 europäischen Gebieten 10.932,6, was 47,4 % der Männer im arbeitsfähigen Alter entspricht (ebda., S. 49). Auf diese Zahlen gestützt auch Anfimov, Rossijskaja derevnja v gody pervoj mirovoj vojny (1914 – fevral' 1917 g.), Moskau 1962, hier S. 188 f.

markierte der Krieg auch für die Bauernschaft, das dörfliche Leben, die Landwirtschaft einen tiefen Einschnitt.

Beschränkt man sich auf den letzten, den ökonomischen Aspekt, so wäre zum Ausfall an männlichen Arbeitskräften noch der Verlust an Zugvieh hinzuzurechnen: Bis zum Frühjahr 1917 wurden etwa 2,6 Millionen Pferde für den Kriegsbedarf requiriert.[150] Es ist einsichtig, daß der Mangel an Arbeits- und Zugkraft beim Entwicklungsstand der Volkswirtschaft nicht durch verstärkten Maschineneinsatz ausgeglichen werden konnte. Im Gegenteil. War die maschinelle Ausstattung der Landwirtschaft – so bescheiden sie im Vergleich mit Westeuropa auch immer sein mochte – von der Jahrhundertwende bis 1914 auf das Vierfache gestiegen, so setzte jetzt eine rasche Rückentwicklung ein. Das lag zum einen daran, daß Rußland vor dem Krieg die Nachfrage nach landwirtschaftlichen Maschinen und Gerätar fast zur Hälfte mit Importen, nicht zuletzt aus Deutschland, gedeckt hatte und diese Einfuhren nun entfielen. Verschärfend kam aber hinzu, daß auch die heimische Produktion zurückging, da immer mehr Fabriken, schon um sich die Belieferung mit Rohstoffen und Energie zu sichern, ihre Warenpalette ganz auf den Armeebedarf umstellten. So konnten nicht einmal die notwendigen landwirtschaftlichen »Ersatzinvestitionen« getätigt werden, der »Maschinenpark«, wenn dieses große Wort erlaubt ist, verfiel.[151] Ganz ähnliches galt auch für die Anwendung von Kunstdünger.[152]

Die schwierigen Kriegsbedingungen – der Ausfall an Arbeitskraft und Zugvieh, die mangelnde Belieferung mit Maschinen und Kunstdünger – schlugen sich in der Einschränkung der Aussaat und im Rückgang der Getreidebruttoproduktion nieder. Wenn man die Anfang der 20er Jahre von der Statistischen Hauptverwaltung veröffentlichten Zahlen zugrunde legt, wurden 1916 fast 10 Millionen ha Land weniger bestellt als noch zwei Jahre zuvor und 700 Millionen Pud[153] weniger Getreide eingefahren als 1914; gemessen an 1913 betrug der Rückgang sogar 1.480 Millionen Pud. Diese Einbußen konnten auch durch den Wegfall der Getreideausfuhren nicht

---

[150] Anfimov, Rossijskaja derevnja, S. 113 ff.; Kitanina, Vojna, chleb i revoljucija, S. 9 ff.; zur allgemeinen ökonomischen Entwicklung während des Krieges auch Haumann, Kapitalismus im zaristischen Staat, S. 72 ff.; A.L. Sidorov, Ėkonomičeskoe položenie Rossii v gody pervoj mirovoj vojny, Moskau 1973.

[151] 1913 hatte Rußland landwirtschaftliche Maschinen und Gerätar im Wert von 60,5 Mill. Rubel produziert, im Gegenwert von 48,7 Mill. Rubel importiert. 1916 betrugen die entsprechenden Investitionen nur 12,6 Mill., somit nur noch einen Bruchteil des Vorkriegsniveaus. Zahlen nach Anfimov, Rossijskaja derevnja, S. 64, 133.

[152] Auch hier stockte der Import mit Kriegsbeginn, mit der deutschen Besetzung Polens und von Teilen des Baltikums gingen wichtige Standorte der Eigenproduktion verloren, und so fiel die Anwendung von Kunstdünger auf unter 10 % des Vorkriegsvolumens; vgl. Anfimov, Rossijskaja derevnja, S. 67 ff., 134 ff.

[153] Dabei entspricht 1 pud 16,38 kg.

wettgemacht werden. Denn im gleichen Zeitraum, in dem der Getreideexport von 642 Mill. Pud (1913/14) auf 42 Mill. Pud (1915/16) schrumpfte, stieg der Armeeverbrauch von 86 auf 598 Mill. Pud an. Das heißt, daß der Großteil des Produktionsrückgangs auf die Versorgung der Zivilbevölkerung durchschlug, von ihr getragen werden mußte.[154]

Dabei war, wie oben bereits angemerkt, das Leben auf dem Lande immer noch leichter als in der Stadt. Selbst die genannten, hochaggregierten Zahlen zur Getreidestatistik lassen dies erkennen: Während 1916/17 fast ein Drittel weniger Getreide auf den Markt kam als 1913/14, fiel der Anteil des Getreides, der im Dorf verblieb, nur um gut ein Viertel, obwohl dort jetzt 10 Millionen weniger zu versorgen waren als vor dem Krieg.[155] Den gleichen Tatbestand konnte man freilich auch aus anderer Perspektive sehen: Je länger der Krieg dauerte, desto weniger verfingen im Dorf noch patriotische Parolen; desto schwerer waren die bäuerlichen Erzeuger dazu zu bringen, bei rückläufiger Gesamtproduktion einen wachsenden Anteil an die staatlichen und privaten Getreideaufkäufer zu veräußern; denn die konnten als Gegenwert nur Geld bieten, für das es immer weniger zu kaufen gab, da die Industrie bald nur noch für den Kriegsbedarf produzierte und zivile Produkte folglich immer teurer wurden.

Die Regierung stand damit vor einem politischen wie ökonomischen Problem, das zunehmend an Brisanz gewann. Mit der Verschärfung des Drucks ließen sich nur kurzfristig Erfolge erzielen; langfristig steigerte sie die bäuerliche Unzufriedenheit; vor allem in jenen Regionen des Südens und Südostens, von wo der Großteil des Marktgetreides kam und die schon traditionell als »unruhig« galten; von ihrem Wohlverhalten war die zaristi-

---

[154] Zahlen nach Central'noe statističeskoe upravlenie (Hg.), Statističeskij sbornik za 1913–1917 gg., 2 Bde (Trudy CSU tom 7 vyp. 1+2), Moskau 1921/22, hier Bd. 2, S. 5 f., 25; auch bei Anfimov, Rossijskaja derevnja, S. 296, mit der folgenden Tabelle zu »Bruttoproduktion und Marktanteil von Getreide während der Kriegsjahre« *(in Mill. Pud / in %)*:

Jahre	Brutto-produktion	Marktgetreide					Verbleib im Dorf
		Stadt	Industrie	Armee	Export	Insgesamt	
1913–1914	5.449	393,0	58,3	85,6	642,3	1.179,2	4.269,8
1914–1915	4.660	360,4	21,8	316,7	33,1	732,0	3.938,0
1915–1916	4.800	328,0	10,4	598,0	42,3	978,7	3.831,3
1916–1917	3.968	295,4	10,4	486,3	2,7	794,8	3.173,2
			in %				
1913–1914	100	100	100	100	100	100	100
1914–1915	85,7	97,1	37,4	370	5,2	62,1	92,2
1915–1916	88,3	83,5	17,8	699	6,6	83,0	89,7
1916–1917	72,8	75,2	17,8	568	0,4	67,4	74,3

[155] Vgl. die Tabelle in Anm. 154.

sche Regierung – jetzt mitten im Krieg – abhängiger denn je. Da half es
auch nichts, auf den alten Widerpart der Bauern, die »Gutsbesitzer«, zu setzen; denn die Gutsbesitzer (selbst wenn man darunter alle Formen der
»privaten« Landwirtschaft des Adels, von Kaufleuten, Ehrenbürgern, natürlichen und juristischen Personen zusammenfaßt) lieferten nur noch ein
Viertel des Marktgetreides; und insgesamt gesehen fiel es ihnen eher noch
schwerer, unter den Kriegsbedingungen ihre Produktion aufrecht zu erhalten, als den Bauern.

Sicher, die Einberufungen zur Armee und die Requirierung des Zugviehs
trafen am schwersten die Zwergwirtschaften, in denen eine Kleinfamilie
mit einem oder gerade mal zwei Pferden sich über Wasser zu halten suchte. Sie verloren wesentliche Teile ihrer Existenzgrundlage. In vielen Gouvernements waren im Sommer 1917 bis zu einem Drittel der Höfe ohne
männliche Arbeitskraft, und auch die Zahl der Höfe ohne Arbeitsvieh und
Aussaat wuchs während des Krieges nicht unerheblich.[156] Und doch kamen
viele Bauernhöfe mit der neuen Lage besser zurecht als die großen Güter.
Wo die Männer zur Armee eingezogen wurden, übernahmen häufig die
Frauen die Führung des Hofes. Nach einer Untersuchung im europäischen
Teil Rußlands aus dem Jahr 1917 ruhten nun die Aufgaben der Landwirtschaft zu fast drei Vierteln auf ihren Schultern.[157] Wo die Familie größer
war und Mitglieder bisher ihr Auskommen außerhalb der Landwirtschaft
gesucht hatten, konnte es sein, daß sie nun, da ihre Arbeitskraft wieder gebraucht wurde, auf den Hof zurückkehrten; in der Statistik schlug sich dieser Tatbestand im rapiden Rückgang von Wanderarbeit und Zusatzge-
werbe nieder.[158] Und so hoch die Zahl der requirierten Pferde auf den
ersten Blick schien, gemessen am Gesamtbestand waren es nur 8 %.

Nach der gleichen ökonomischen Logik, die die großen Güter früher
vom Arbeitskräfteüberschuß auf dem Lande profitieren ließ, ging nun die
Verknappung zu ihren Lasten, und die Flexibilität, mit der sich die Bauern
auf die neue Situation einstellten, Wanderarbeit und Tagelöhnertum einstellten, um sich dem eigenen Familienbetrieb zu widmen, vergrößerte
noch ihre Probleme. Ja es ist davon auszugehen, daß die landwirtschaftli-

---

[156] Dazu die Angaben bei Anfimov, Rossijskaja derevnja, S. 204, 225 (die auf Grund einer sample-Untersuchung eine Steigerung der Wirtschaften ohne Arbeitspferd von 25,7 auf 30,7 %,
der Wirtschaften ohne Aussaat von 6,4 auf 13,5 % diagnostizieren); zu den Höfen ohne
männliche Arbeitskraft vgl. ebda., S. 189. Zwar zahlte die Regierung eine gewisse Entschädigung für das requirierte Zugvieh und die zemstva bemühten sich um Erleichterungen für Familien, deren Väter zur Armee eingezogen wurden; doch naturgemäß ging das über den Versuch eines Lastenausgleichs nicht hinaus.
[157] Wiedergegeben bei Anfimov, Rossijskaja derevnja , S. 191 f.
[158] Hatten vor dem Krieg 58,2 % der Höfe Einkünfte aus einem (Neben-)Gewerbe bezogen, so
1917 nur noch 24,8 %, wobei im europäischen Rußland der Rückgang sogar noch dramatischer ausfiel: von 62,4 % auf 26,6 % (vgl. Anfimov, Rossijskaja derevnja, S. 248 ff.).

chen Güter zusätzlich Lohnarbeiter an den gewerblich-industriellen Bereich verloren, da in der Stadt schon immer höhere Löhne gezahlt wurden als auf dem Lande und der Arbeitskräftemangel auch dort neue Chancen bot.[159] Politisch an ihrem Überleben ebenso interessiert wie am Produkt ihrer Arbeit[160], versuchte die Regierung den Gutsbesitzern unter die Arme zu greifen: So stellte sie ihnen, um die ärgsten personellen Lücken zu füllen, Kriegsgefangene zur Verfügung, die noch dazu erheblich billiger waren als normale Tagelöhner; Flüchtlinge erhielten von den zuständigen staatlichen Stellen ihre Lebensmittelration nur dann, wenn sie sich – gegen ein meist sehr niedriges Entgelt – zum Arbeitseinsatz auf den Gütern zur Verfügung stellten; und in frontnahen Gouvernements wurden mitunter auch Soldaten zur Einbringung der Ernte abkommandiert.[161]

Obwohl der Ernteeinsatz von Kriegsgefangenen und Flüchtlingen Jahr für Jahr in die Hunderttausende ging, sie 1916 auf den Gütern mehr als ein Viertel (auf den ganz großen bis zu 40 %) aller Lohnarbeiter stellten[162] und diese massive Unterstützung die umliegenden Bauern, die auf eine vergleichbare staatliche Hilfe nicht hoffen durften, erregte, waren die Maßnahmen nur ein Notbehelf, unzureichend, um die nicht nach Hunderttausenden, sondern nach Millionen zählenden Ausfälle an Arbeitskraft auszugleichen. Die Güter waren dazu umso weniger in der Lage, als auch andere kriegsbedingte Einbußen wie die ausbleibende Belieferung mit Maschinen und Künstdünger vor allem sie traf. Naturgemäß spielte der Maschineneinsatz auf den Gütern eine sehr viel größere Rolle als bei den bäuerlichen Familienwirtschaften, und die künstliche Düngung war dort praktisch unbekannt.[163] Zumindest genannt sei auch noch das Verbot der Schnapsbrennerei, das die Güter einer zusätzlichen Einnahmequelle beraubte.

Selbstredend versuchte auch der private Landbesitz sich auf die neue Situation umzustellen, den Anbau von Winter- und Sommerweizen, die

---

[159] Anfimov führt hierfür das Beispiel einer sample-Untersuchung von 5 Amtsbezirken des Tulaer Gouvernements an: War man 1910 in 43 % der Höfe einer Wanderarbeit nachgegangen, so 1917 nur noch in 8 %. Doch noch sehr viel stärker als die Wanderarbeit insgesamt war dabei die Zahl derer zurückgegangen, die sich in der Landwirtschaft verdingten; Anfimov, Rossijskaja derevnja, S. 94; als Fallstudie vgl. auch R. Munting, Outside Earnings in the Russian Peasant Farm. The Case of Tula Province 1900 to 1917, in: The Journal of Peasant Studies 3 (1976), S. 428 ff.

[160] Schließlich war auf den Gütern der Eigenverbrauch sehr viel geringer als in den Bauernwirtschaften und die »Marktquote« entsprechend hoch.

[161] Entsprechende Zahlenangaben bei Anfimov, Rossijskaja derevnja, S. 95 ff., 107 ff.

[162] Anfimov, Rossijskaja derevnja, S. 98 f; dabei wird (für 1916) die Zahl der eingesetzten Kriegsgefangenen mit 283.600, die der Flüchtlinge auf 98.700 beziffert.

[163] Allerdings war auch auf den Gütern – verglichen mit Westeuropa und den USA – die künstliche Düngung eher unterentwickelt, vgl. Anfimov, Rossijskaja derevnja, S. 66 f.

vor allem für den Export bestimmt waren, einzuschränken, den Haferanbau, wie von der Armee gewünscht, zu forcieren und arbeitsintensive durch weniger aufwendige Kulturen zu ersetzen. Doch auf Dauer fiel es ihm immer schwerer, die Produktion im bisherigen Umfang aufrecht zu erhalten. 1916 ging seine Saatfläche gemessen am Vorjahr um über 12 % zurück, bei den kleineren Gütern (bis zu 250 Desjatinen[164]) betrug der Rückgang sogar über 20 %.[165] Sofern die Möglichkeit dazu bestand, wurden ungenutzte Ländereien in Pacht gegeben. Doch das neue Überangebot an Pachtland ließ die Preise schon seit Kriegsbeginn sinken. 1915 betrugen sie – inflationsbereinigt – nur noch etwas mehr als die Hälfte, 1916 nur noch ein gutes Drittel des Vorkriegsstandes.[166] Das traf auch jene, die bereits früher den Eigenbetrieb ganz oder teilweise aufgegeben und ihr Land in Pacht gegeben hatten.

So hatte der Krieg nicht nur die Stellung der Bauern gegenüber dem Staat gestärkt, er hatte auch den ländlichen Widerpart der Bauern, den privaten Grundbesitz entscheidend geschwächt. 1916 bestellte er nur noch zwischen 10 und 11 % der gesamten Saatfläche, der Rest war, sofern er nicht brach lag, aufgrund von Besitzrechten oder Pachtvereinbarungen in bäuerlicher Hand.[167] Diese starke Stellung der Bauernschaft sollte – nach dem Sturz der Monarchie – auch die neue Provisorische Regierung zu spüren bekommen.

b) Die Agrarpolitik der Provisorischen Regierung

Die zaristische Regierung hinterließ ihrer Nachfolgerin – auch auf dem Dorf – ein schwieriges Erbe. Zunächst war ganz rasch ein neuer, funktionierender Verwaltungsapparat aufzubauen, der möglichst bis hinunter in den ländlichen Amtsbezirk reichte. Denn *dort* entschied sich, ob es gelang, die Versorgungsprobleme in den Griff zu bekommen, die der alten Regierung zum Verhängnis geworden waren. Mehr Produkte zur Versorgung der Armee, der Städte und jener Gebiete, die sich nicht selbst ernähren konnten, waren im Dorf nur zu erhalten, wenn die Bauern im Austausch auch mehr Erzeugnisse der industriellen Produktion erhielten, zu akzeptablen Preisen. Noch wichtiger, ja entscheidend war, den Bauern die Überzeugung zu vermitteln, daß die Regierung bei der anstehenden Neure-

---

[164] 1 Desjatine gleich 1,09 ha.
[165] Dabei zugrunde gelegt die Angaben bei Anfimov, Rossijskaja derevnja, S. 138.
[166] Anfimov, Rossijskaja derevnja, S. 154.
[167] Anfimov, Rossijskaja derevnja, S. 91.

gelung der Besitzstrukturen auf ihrer Seite stand und eine rasche Lösung
suchte; geradezu verheerend mußte es sich auswirken, wenn der Eindruck
entstand, die Bauernschaft werde nur vertröstet und die Entscheidung auf
die lange Bank geschoben.

Der Aufbau einer neuen Verwaltung, die Frage der Versorgung und der
Neuverteilung des Landes – die Probleme in dieser Reihenfolge anzugehen,
machte Sinn: Ohne einen neuen Apparat draußen im Lande verhallten die
Regierungsappelle ungehört, blieben die beschlossenen Gesetze und Verordnungen folgenlos. Wenn es der neuen Regierung nicht gelang, rasch Fortschritte in der Versorgungsfrage zu erzielen, war ihr Überleben nur eine
Frage der Zeit. Fortschritte in der Versorgung aber hingen vom Wohlverhalten der Bauernschaft ab; dieses Wohlverhalten hatte seinen Preis und
war nur durch vertrauensbildende Maßnahmen zu erhalten.

Schon der Aufbau einer neuen *Verwaltungsstruktur* glich einem Balanceakt.
Einerseits mußte ein deutlicher Schlußstrich unter die Vergangenheit gezogen
werden; andererseits war die Personaldecke dünn und die Zahl derer, die
draußen in der Provinz für eine Verwaltungsfunktion die notwendigen Sach-
kenntnisse mitbrachten, klein. Die Regierung markierte den Wechsel, indem
sie am 5. März – durch Zirkularerlaß des neuen Innenministers – die Gouverneure und Vizegouverneure ihres Postens enthob.[168] In allen Gouvernements
(gubernii) und Kreisen (uezdy) sollten die Vorsitzenden der jeweiligen Zem-
stvaorgane »kommissarisch« an die Spitze der Verwaltung treten, entsprechende Gouvernements- und Kreiskomitees bilden und sich um den Aufbau
einer neuen Miliz kümmern. In den Amtsbezirken (volosti) verloren die adeligen Landeshauptleute ihre administrativen und judikativen Funktionen; die
Rechtsprechung sollte auf Zeit ernannten Richtern übertragen werden, die
Verwaltung in die Hände der Kreiskommissare übergehen; Gouvernements-
und Kreiskommissare waren aufgefordert, auch auf Amtbezirksebene Komitees ins Leben zu rufen, sofern ihnen das notwendig schien.[169]

Mit den getroffenen Maßnahmen verfolgte die Regierung erklärtermaßen das Ziel, »den existierenden Verwaltungsmechanismus, soweit als
möglich, intakt zu halten, damit es weiterhin möglich blieb, im Lande ein
normales Leben zu führen«.[170] Es mochte dabei wie eine weise Selbstbe-

---

[168] Der entsprechende Beschluß der Provisorischen Regierung vom 4. März in Revoljucionnoe
dviženie v Rossii posle sverženija samoderžavija, S. 422, der Zirkularerlaß in englischer
Übersetzung bei Browder / Kerensky, Provisional Government, Bd. 1, S. 243.

[169] Zirkularerlasse des Innenministers vom 14. und 20. März vgl. Revoljucionnoe dviženie v
Rossii posle sverženija samoderžavija, S. 440; Browder / Kerensky, Provisional Government,
Bd. 1, S. 243 f.; Bd. 2, S. 524.

[170] So wörtlich der Beschluß der Provisorischen Regierung vom 4. März, in Revoljucionnoe
dviženie v Rossii posle sverženija samoderžavija, S. 422.

schränkung erscheinen, daß sie sich beim Neuaufbau der Verwaltung zunächst auf die Gouvernements- und Kreisebene konzentrierte; der Preis war freilich, daß die neue Verwaltung kopflastig und stadtsässig blieb und in ihrer Zusammensetzung vor allem das nichtbäuerliche Element repräsentierte. Sofern Gouvernements- und Kreiskommissar es für nötig hielten, ein Amtsbezirkskomitee ins Leben zu rufen, geschah auch dies »von oben«, wobei die Regierung dazu anhielt, die lokalen Gutsbesitzer und die Dorfintelligenz daran zu beteiligen und nach Möglichkeit aus letzterer den Vorsitzenden zu bestimmen.[171]

Das alles machte es den Bauern schwer, sich mit der neuen Verwaltung zu identifizieren, schien die Regierung doch mehr auf Kontinuität (die Gutsbesitzer, die Dorfintelligenz, die alten Amtspersonen) zu setzen, als einen wirklichen Neuanfang zu suchen. Zwar hatten die Kommissare und provisorischen Komitees die Amtsgeschäfte nur so lange zu führen, bis sie von demokratisch gewählten Selbstverwaltungsorganen auf Gouvernements-, Kreis- und Amtsbezirksebene abgelöst wurden, und diese Wahl vorzubereiten, war eine ihrer Aufgaben. Doch die Vorbereitungen zogen sich in die Länge, und als dann im Spätsommer in den Amtsbezirken die neuen Selbstverwaltungsorgane tatsächlich gewählt werden konnten, war das bäuerliche Interesse daran längst erloschen und die Wahlbeteiligung gering.[172]

Die mangelnde Akzeptanz der neuen Verwaltungsbehörden machte es von vorneherein schwer, in der *Versorgungsfrage* dauerhafte Fortschritte zu erzielen. Dabei hatte die Regierung diesen Problemkomplex entschlossen angegangen: Kaum einen Monat im Amt, verkündete sie, am 25. März 1917, ein staatliches Getreidemonopol und erließ am gleichen Tag ein erstes Statut für die Organisation der neuen Versorgungsorgane.[173]

Nach dem Gesetz vom 25. März war alles Getreide früherer Jahre, des Jahres 1916 und der bevorstehenden Ernte von 1917 in die Verfügungsgewalt des Staates zu überführen; es durfte künftig nur noch von speziellen staatlichen Versorgungsorganen veräußert werden. Die Ablieferungspflicht bezog sich auf Roggen, Weizen, Dinkel, Hirse, Buchweizen, Linsen,

---

[171] Vgl. die Regierungsverordnung zur Einrichtung der Volost'-Behörden vom 19. März, abgedruckt in Revoljucionnoe dviženie v Rossii posle sverženija samoderžavija, S. 440.

[172] Zur Vorbereitung und Durchführung der Wahlen zu den volost'-zemstva vgl. das Material in Browder / Kerensky, Provisional Government, Bd. 1, S. 282 ff.

[173] Vom 27. Februar bis 9. März hatte sich ein gemeinsamer Ausschuß von Dumakomitee und Sowjet um die Verbesserung der Versorgungssituation bemüht; danach war ein Staatskomitee für Versorgung unter dem Vorsitz des Agrarministers beauftragt worden, sich der Dinge anzunehmen. Das Ergebnis waren die genannten Gesetze; zum Gesamtzusammenhang Gill, Failure of Rural Policy, S. 249 ff.; ders., Peasants and Government, S. 46 ff.; Lih, Bread and Authority, S. 57 ff., 82 ff.; Material bei Browder / Kerensky, Provisional Government, Bd. 2, S. 615 ff.

Bohnen und Erbsen, Mais, Gerste und Hafer, als Rohsubstanz und in Form von Mehl, Kleie und Ölkuchen, und ausgenommen davon war nur jene Mindestmenge, die am Hofe des Produzenten selbst – für die Neuaussaat, den Unterhalt der Familie und Beschäftigten sowie als Viehfutter – unmittelbar gebraucht wurde. Für seine dem Staat überlassenen Güter erhielt der Produzent einen Festpreis; kam er seiner Lieferpflicht nicht nach, sollten die Versorgungsorgane selbst vorstellig werden und die anfallenden Mehrkosten von der Gesamtsumme abziehen.[174]

Obwohl sie keinen Bezug darauf nahm, wußte die neue Regierung natürlich, daß schon ihre Vorgängerin 1916 – mit geringem Erfolg – ein staatliches Getreidemonopol durchzusetzen versucht hatte. Wenn sie nun selbst hoffte, damit nicht ebenfalls Schiffbruch zu erleiden, setzte sie vor allem auf drei Momente: der Fixpreis, den die Bauern für ihr Getreide erhielten, wurde gegenüber 1916 um 60 % heraufgesetzt; parallel dazu sollte die Belieferung des Dorfes mit Massengebrauchsartikeln verbessert werden; schließlich wollte man die Durchführung des Getreidemonopols speziellen, erst noch zu schaffenden Versorgungsorganen anvertrauen, die – in sich hierarchisch strukturiert – Querverbindungen nach allen Seiten hin hatten.

War am 9. März ein »Staatskomitee für Versorgung« unter dem Vorsitz des Agrarministers beauftragt worden, Leitprinzipien zu formulieren und einen Staatsplan auszuarbeiten, so regelte nun ein erstes Organisationsstatut die Bildung von Unterorganen auf Gouvernements- und Kreis-, Stadt- und Amtsbezirksebene. Für ihre personelle Zusammensetzung bildete das Staatskomitee das Vorbild, bei dem versucht worden war, Vertreter aus möglichst vielen einschlägigen staatlichen und halbstaatlichen Organisationen an einen Tisch zu bringen: des Dumakomitees und der Sowjets, des Städtetages und des Zemstvoverbandes, der Produktions-, Konsum- und Kreditgenossenschaften, der Kriegsindustriekomitees, des Rates der Kongresse von Vertretern des Handels und der Landwirtschaft, der Landwirtschaftskammer und des Fachverbandes der Statistiker. Nach gleichem Grundmuster sollten nun auch die Versorgungsorgane auf den unteren Verwaltungsebenen zusammengestellt werden.[175] Ihre Aufgabe war, das beschlossene staatliche Getreidemonopol vor Ort durchzusetzen, wobei man stets auch auf den zweiten Teil ihres Programms verwies, sie werde sich um die Versorgung der ländlichen Bevölkerung mit Massengebrauchsartikeln industrieller Provenienz wie Eisenwaren, Textilien, Le-

---

[174] Text u.a. in: Ėkonomičeskoe položenie Rossii, Bd. 2, S. 327 ff.; Auszüge daraus bei Browder / Kerensky, Provisional Government, Bd. 2, S. 617 f.

[175] Organisationsstatut im Auszug bei Browder / Kerensky, Provisional Government, Bd. 2, S. 620 f.

der und Petroleum kümmern; dabei sollten ebenfalls Festpreise angesetzt werden.[176]

Die Regierung rechtfertigte ihre Maßnahmen als unumgänglich, um die Versorgung der Armee und der Zivilbevölkerung sicherzustellen, als ersten Schritt, um das zerrüttete Wirtschaftsleben wieder in Ordnung zu bringen. Von diesem eingeschlagenen Kurs wollte sie sich auch durch aufrührerische Bauern und obstinate Gutsbesitzer nicht abbringen lassen. So verurteilte sie alle vandalistischen Übergriffe auf gutsherrlichen Besitz scharf, stellte den Gutsbesitzern anheim, staatlichen Schutz für die Aussaat anzufordern, beauftragte damit noch im April die lokalen Versorgungskomitees und stellte für den Fall, daß Übergriffe nicht verhindert werden konnten, staatliche Entschädigung in Aussicht. Sie suchte dem Grundbesitz zu signalisieren, daß es keinen Grund gab, die Saatfläche einzuschränken; tat er es dennoch, sollte das brachliegende Land in die Verfügungsgewalt der Versorgungsorgane übergehen, die die Aussaat selbst bewerkstelligen oder den Boden weiterverpachten konnten, wobei an den Grundeigentümer ein fairer Preis zu zahlen war.[177]

So wie die Regierung die Produktion in den Griff zu bekommen versuchte, bemühte sie sich auch um eine Regulierung des Verbrauchs. Schon seit Ende März war eine Verordnung in Kraft, wonach Brot an die Stadtbewohner nur noch gegen Lebensmittelkarten abgegeben wurde; wer sie noch nicht hatte, wurde aufgefordert, sich an die zuständigen Stellen zu wenden; Militärpersonen erhielten ihre Ration bei ihrer Einheit.[178] Eine Anordnung des Agrarministers vom 29. April gab hierfür einige Leitlinien vor, eine Musterinstruktion für das Lebensmittelkartensystem und detailliertere Angaben über die Zuteilungsmengen (nach Berufsgruppen) folgten im Juni.[179]

Angesichts der gesamtstaatlichen Bedeutung des Problemkomplexes hatte die Provisorische Regierung bereits Anfang Mai beschlossen, die Versorgungsangelegenheiten aus dem Agrarministerium auszugliedern und sie sowie alle damit zusammenhängenden Fragen einem neuzugründenden

[176] Vgl. Verordnung der Provisorischen Regierung vom 10. März und ihre Verlautbarung vom 28. März, in: Revoljucionnoe dviženie v Rossii posle sverženija samoderžavija, S. 434; Browder / Kerensky, Provisional Government, Bd. 2, S. 621. Als Beratungsorgan in allen damit zusammenhängenden Fragen wurde Ende April eine eigene, hochrangig besetzte Kommission gegründet, Gesetzestext ebda., S. 658 ff.

[177] Text in: Revoljucionnoe dviženie v Rossii v aprele 1917 g., S. 254; Auszüge in engl. Übers. bei Browder / Kerensky, Provisional Government, Bd. 2, S. 621 f.; dort dazu auch Pressestimmen.

[178] Vgl. Aufruf des Staatskomitees für Versorgung vom 25. März, abgedruckt in: Browder / Kerensky, Provisional Government, Bd. 2, S. 616 f.

[179] Ėkonomičeskoe položenie Rossii, Bd. 2, S. 330 ff; Browder / Kerensky, Provisional Government, Bd. 2, S. 627 f.

Versorgungsministerium zu übertragen. Es sollte zum 1. Juni (also rechtzeitig vor der neuen Ernte) seine Tätigkeit aufnehmen.[180] Der Kurs blieb
der alte und bewegte sich wie bisher zwischen Drohgebärden und Versprechen: So wurde zur maximalen Nutzung der vorhandenen Produktionsmittel die Verfügungsgewalt der Versorgungsorgane auf brachliegende Gerätschaften ausgedehnt; die Anstrengung zur Versorgung der
ländlichen Bevölkerung mit Massengebrauchsartikeln verstärkt; und Ende
August – wider allen bisherigen, anderslautenden Beteuerungen – der Ge-
treideaufkaufpreis verdoppelt.[181]

Alle Maßnahmen brachten nicht den erhofften großen Durchbruch.
Nach gutem Beginn im März fielen die Getreidelieferquoten bereits im
April wieder scharf ab, auf 5 Millionen Pud pro Woche, wie der Versor-
gungsminister im Juni dem 1. Allrussischen Sowjetkongreß erläuterte,
während 17 Millionen nötig gewesen wären.[182] Da die Ernte im Sommer
1917 um 300 Millionen Pud niedriger ausfiel als im Vorjahr, sank die
Lieferbereitschaft noch einmal. In den Städten und bei der Armee hatten
sich die Versorgungsprobleme Ende August dramatisch zugespitzt und
ließen die Regierung für den Winter Böses ahnen.[183] Sucht man nach den
Gründen, so standen die Versorgungsorgane wohl vor den gleichen Problemen wie die neugegründeten Verwaltungskomitees: Sie vermochten von
der Spitze bis hinunter zu den Kreisen die Kluft zwischen Stadt und Land
kaum zu überwinden; für das Dorf verkörperten sie erneut vor allem den
Anspruch des Staates, der Stadt, der Nichtbauern, umso mehr als die versprochenen Massengebrauchsartikel ausblieben und die Preisschere trotz
der Erhöhung des Fixpreises für Getreide blieb, ja offenkundig nicht einmal durch die im August verfügte Verdoppelung ausgeglichen wurde.[184]
Selbst wenn es den Bauern gelang, den Versorgungskomitees auf Amtsbezirksebene ihren eigenen Stempel aufzudrücken, sie zu Anhängseln ihrer
»eigenen« Organe zu machen, markierte dies nur die Gräben, statt sie zu
überbrücken.

Daß die anfänglich mancherorts gezeigte Begeisterung schwand, daß
bäuerliche Solidaritätsbekundungen abnahmen, an Bedingungen geknüpft

---

[180] Browder / Kerensky, Provisional Government, Bd. 2, S. 629.
[181] Vgl. Browder / Kerensky, Provisional Government, Bd. 2, S. 638 f., 641 ff.
[182] Izvestija N° 85, 7. Juni 1917, S. 13 ff.
[183] Vgl. Regierungsbegründung für die Verdoppelung des Getreidepreises, in: Ėkonomičeskoe
    položenie Rossii, Bd. 2, S. 343 f.
[184] Während Petroleum und Zündhölzer im Herbst 1917 das Fünffache dessen kostete, was man
    1916 dafür zahlen mußte, war der Eisenpreis allein zwischen Februar und Oktober auf das
    Dreifache gestiegen, vgl. P.V. Volobuev, Ėkonomičeskaja politika Vremennogo pravitel'stva,
    Moskau 1962, S. 254; N.A. Kravčuk, Massovoe krest'janskoe dviženie v Rossii nakanune
    Oktjabrja, Moskau 1971, S. 194; Hinweis bei Gill, Mainsprings of Peasant Action, S. 73
    Anm. 29.

wurden, die Bereitschaft, den staatlich festgesetzten Lieferverpflichtungen
nachzukommen, spürbar schwand, das alles brachte die allgemeine Stimmungslage innerhalb der Bauernschaft zum Ausdruck. Ihre wachsende
Ungeduld und Enttäuschung hing nicht zuletzt damit zusammen, daß in
der dritten, für sie »alles entscheidenden« Frage keine sichtbaren Fortschritte erzielt wurden: Die *Neuregelung der Besitzstrukturen* ließ auf sich
warten. Zwar hatte die Provisorische Regierung nie ein Hehl daraus gemacht, daß sie die Lösung der Agrarfrage, die Neuverteilung des Landes
gerade wegen ihrer grundlegenden Bedeutung der frei gewählten Konstituierenden Versammlung vorbehalten wollte, und sie hatte dabei zunächst
von allen Seiten Zustimmung erfahren. Doch war man insgeheim wohl davon ausgegangen, die Wahl würde schneller erfolgen, und je öfter der Wahltermin nun verschoben wurde, desto mehr machte sich im Dorf Mißver-
gnügen breit, bestärkt von lauter werdenden Stimmen, die eine sofortige
Lösung der Agrarfrage forderten, versprachen.

Zwar meinte die Provisorische Regierung ein Zeichen zu setzen, indem
sie am 16./17. März, gerade zwei Wochen im Amt, in zwei Erlässen das gesamte Land, das sich im Besitz der kaiserlichen Familie befand, sowie alle
damit zusammenhängenden Unternehmen und Kapitalien zu Staatseigentum erklärte.[185] Und zwei, drei Tage später, am 19. März, veröffentlichte sie
eine Erklärung, in deren ersten Sätzen die Agrarfrage als allerwichtigstes
innerstaatliches Problem und ihre Lösung als vorrangige Aufgabe »des gegenwärtigen historischen Augenblicks« bezeichnet wurde. Freilich waren
für die Bauern die beiden erstgenannten Erlasse allenfalls von symbolischer
Bedeutung[186], und wer die Erklärung vom 19. März weiter las, sah schnell,
daß mit einer raschen Entscheidung in der Agrarfrage nicht zu rechnen
war: Eine Lösung sei nur auf recht- und gesetzmäßigem Wege, durch Beschluß einer dazu legitimierten Volksvertretung möglich. Die Verabschie-
dung eines solchen Gesetzes habe umfangreiche Vorstudien, die Fixierung

---

[185] Text in: Ėkonomičeskoe položenie Rossii nakanune Velikoj Oktjabr'skoj revoljucii. Dokumenty i materialy. Čast' tret'ja: Sel'skoe chozjajstvo i krest'janstvo, Leningrad 1967, S. 207;
Auszug Browder / Kerensky, Provisional Government, Bd. 2, S. 523 f.; der erste Erlaß betraf die ›udel'-‹, der zweite die ›kabinet‹-Länder; sie unterstanden unterschiedlichen Verwaltungsbehörden. Udel'-Länder wird häufig auch mit Apanage-Länder übersetzt, weil sie
explizit dem Unterhalt des Zaren und seiner Familie dienen sollten und Ende des 18. Jahrhunderts einer speziellen Apanagenverwaltung unterstellt wurden; auch die kabinet-Länder
– im Altaj, Sibirien, Transkaukasien, Polen – befanden sich im Besitz der kaiserlichen Familie, ihre Verwaltung hatte im 18. Jahrhundert das kaiserliche Kabinett übernommen; vgl.
Stichworte: ›Kabinetskie zemli‹ und ›Udel'nye zemli‹ in: SIĖ Bd. 6, Sp. 252; Bd. 14, Sp. 655;
Amburger, Behördenorganisation Rußlands, S. 102 ff.

[186] Selbst wenn es dabei um einige Millionen ha ging, in Relation zum gesamten Boden bzw.
wichtiger noch: zur Saatfläche war der Anteil des kabinet- und udel'-Landes eher unbedeutend, ganz abgesehen davon, daß unsicher war, welche Auswirkungen der Transfer des Ei-
gentumstitels auf den Staat eigentlich hatte.

des Ist-Zustandes zur Voraussetzung. Dafür sollte beim Agrarministerium ein spezielles Landkomitee geschaffen werden. Die Regierung machte aber auch klar, was sie für keinen gangbaren Lösungsweg hielt: Sie verurteilte entschieden bäuerliche Übergriffe auf gutsherrlichen Besitz als Akte der Willkür, von Raub und Gewalt.

Für die Provisorische Regierung war der weitere Weg bis zur Letztentscheidung durch die Konstituierende Versammlung damit vorgezeichnet: Am 21. April gab sie bekannt, daß neben dem zentralen Landkomitee auch lokale Komitees auf der Ebene der Gouvernements, Kreise und Amtsbezirke eingerichtet werden sollten, wobei ein spezielles Statut ihre Zusammensetzung regelte.[187] Ihre Aufgabe, die Höfe und Güter (mit ihrem Personen- und Viehbestand sowie den Nutzungsflächen und -formen) zu registrieren, war Teil eines gesamtstaatlichen Zensus, der auch die Stadt mit einschloß. Er sollte, so die erklärte Absicht, 1. Grunddaten für den aufzustellenden gesamtstaatlichen Versorgungsplan, 2. für die Vorbereitung des Agrargesetzes liefern, womit das zeitliche Nacheinander noch einmal bestätigt wurde.[188]

Offenkundig kam die Arbeit der Landkomitees nur langsam in Gang. Als das zentrale Landkomitee (»Hauptlandkomitee«) in der zweiten Hälfte des Mai zu seiner ersten Session zusammentrat, existierten die Lokalinstanzen noch nicht, und als man sich Anfang Juli zur zweiten Session traf, klagte der Vorsitzende, daß die Provinzinstanzen kaum Vertreter nach Petrograd entsandt hatten; gerade ihre Teilnahme – von Personen, die mit den Lokalverhältnissen vertraut waren – wäre für die Tagung äußerst wichtig gewesen, um ein Bild von den Agrarverhältnissen und -problemen vor Ort, in ihrer Unterschiedlichkeit, Vielfalt und Komplexität zu bekommen. Als sie zur dritten Session kamen, fanden manche deren Ausführungen langatmig und zusammenhanglos und hatten bereits alle Hoffung aufgegeben, daß noch etwas Sinnvolles herauskommen würde.[189]

Hinter den unterschiedlichen Einschätzungen der Arbeit des zentralen Landkomitees standen wohl auch politische Differenzen, Meinungsverschiedenheiten über Kompetenzen und Aufgaben der Institution: Inzwischen hatte eine Unterkommission sich intern mit der Auflösung des Großgrundbesitzes befaßt und dafür einige Richtlinien entwickelt; sie

---

[187] In Ėkonomičeskoe položenie Rossii, Bd. 3, S. 215 ff.; Auszüge sowie der begleitende Appell der Provisorischen Regierung in: Browder / Kerensky, Provisional Government, Bd. 2, S. 527 ff.

[188] Vgl. die entsprechende Verlautbarung des Agrarministeriums vom 9. Mai, in: Browder / Kerensky, Provisional Government, Bd. 2, S. 536 ff.

[189] Überhaupt standen die Tagungen des Hauptlandkomitees unter keinem glücklichen Vorzeichen: Die zweite Session wurde vorzeitig beendet durch die Julitage, und als man sich Ende August zur 3. Session zusammenfand, geriet sie in die Kornilov-Wirren. Auszüge aus den Sitzungsprotokollen bei Browder / Kerensky, Provisional Government, Bd. 2, S. 638 ff.

suchten festzulegen, welche Großbetriebe (Unternehmen mit überregionaler Bedeutung, Wirtschaften mit Modellcharakter, Tierzucht- und Saatgutanstalten) erhalten und wie groß die zukünftigen Betriebsgrößen sein sollten. Wieder andere wie Landwirtschaftsminister Černov forderten, nicht zuletzt auf den Tagungen des zentralen Landkomitees, aus den Erhebungen bereits unmittelbare Folgen zu ziehen: Die Komitees vor Ort hätten zusammen mit den Versorgungsorganen darauf zu sehen, daß kein Ackerland (mit Ausnahme der Brache) ohne Aussaat, keine Ährengarbe ungeerntet bleibt, keine Fuhre Heu verdirbt; vor allem aber sollten sie verhindern, daß der Ist-Zustand der Landbeziehungen, den sie registrieren sollten, einseitig verändert wird, etwa Boden mit Hypotheken belastet, an Banken abgetreten, an Ausländer verkauft werden kann, um sie dem möglichen, späteren staatlichen Zugriff zu entziehen. Dabei hatte er die Mehrheit des Kabinettes gegen sich, was ihn aber nicht hinderte, seine Forderungen weiterhin zu vertreten und entsprechende Instruktionen herauszugeben.[190]

Doch die Arbeit der Landkomitees scheiterte nicht an der Spitze, sondern an der Basis: Sie konnte die Ausbreitung der Bauernunruhen nicht stoppen. Zwar hatte die Regierung die bäuerlichen Übergriffe wiederholt scharf verurteilt und sogar die Anwendung von Gewalt angedroht. Doch sie konsequent anzuwenden, fehlten ihr die Mittel wie die Entschlossenheit: Hatte sie – die von sich selbst sagte, zur Lösung der Agrarfrage fehle ihr die Legitimation – das Recht, etwas mit Gewalt durchzusetzen, wenn sie dabei die Mehrheit der Bevölkerung, die Bauern gegen sich hatte? Wo sie es – eher vereinzelt[191] – tat, bekräftigte sie das bäuerliche Vorurteil, auch die neue Staatsspitze stehe auf der anderen, der nichtbäuerlichen Seite. Wo sie aber darauf verzichtete und der Drohung keine Taten folgen lies, und das war sehr viel öfter der Fall, demonstrierte sie nur ihre eigene Machtlosigkeit.

c) Die Entwicklung der »Bauernunruhen«

Im März 1917 hatte das Innenministerium seine »Kommissare« in den Gouvernements angewiesen, über alle wichtigeren Vorfälle nach Petrograd zu berichten; diese gaben die Anweisung nach unten weiter. Die aus der

---

[190] Zu den Auseinandersetzungen in der Regierung und der sozialrevolutionären Partei selbst vgl. Radkey, Agrarian Foes of Bolshevism, bes. S. 212 ff., 252 ff., 297 ff.; I. Cereteli, Rossijskoe krest'janstvo i V.M. Černov v 1917 godu, in: Novyj žurnal 29 (1952), S. 215 ff.; Viktor Černov selbst in: V. Chernov, The Great Russian Revolution, New York 1966, S. 233 ff.; Ėkonomičeskoe položenie Rossii, Bd. 3, S. 225 ff., 235 ff.; Browder / Kerensky, Provisional Government, Bd. 2, S. 538 ff., 558 ff.; sowie oben S. 176 ff.

[191] Vgl. dazu die Zahlenhinweise bei Gill, Failure of Rural Policy, S. 245, Anm. 18.

Provinz eintreffenden Telegramme, Bittgesuche, Klagen und allgemeinen Informationen wurden von der Hauptverwaltung der Miliz gesichtet und ausgewertet. Einen wichtigen Komplex bildeten dabei Meldungen über ländliche Rechtsbrüche. Sie demonstrierten der Regierung, wie Übergriffe auf gutsherrlichen Besitz in den Sommer hinein immer mehr zu einer Massenerscheinung wurden, der man – je länger desto weniger – entgegenzusetzen hatte.

Teile aus diesen Milizunterlagen, die Bauernunruhen betreffend, wurden Ende der 20er Jahre ediert und bilden für den Historiker noch immer eine wichtige Quellenbasis, trotz ihrer nicht zu leugnenden Probleme.[192] Mitarbeiter des neuen Polizei- und Verwaltungsapparates, der Versorgungs- und der Landkomitees oder auch Betroffene brachten die Vorfälle zur Anzeige. Es ist davon auszugehen, daß in ihre Berichte bewußt und unbewußt Wertungen mit eingingen; jeder Informant mußte, schon weil genauere Vorgaben fehlten, bei jedem »Vorkommnis« selbst entscheiden, was die Regierung daran interessieren würde oder auch interessieren sollte. Bei ihrer Auswertung der Anzeigen teilte die Miliz die Delikte in bestimmte Kategorien ein, unglücklicherweise wechselte sie jedoch die Rubrizierung während des Zeitraums.[193] Man wird außerdem unterstellen dürfen, daß in den Herbst hinein, mit dem Verfall der Regierungsautorität, die Bereitschaft, »Vorkommnisse« noch nach Petrograd zu melden, eher nachließ – sei es, daß sich die Betroffenen nichts mehr davon versprachen, sei es, daß lokale Verwaltungsstellen mit den aufrührerischen Bauern bereits gemeinsame Sache machten, durch Wegschauen, Tolerierung und offene Unterstützung.

So hat denn auch die sowjetische Forschung viele zusätzliche »Vorkommnisse« ausfindig gemacht und den Katalog »bäuerlichen Protestverhaltens« gewaltig erweitert: Wurden in den Milizberichten zwischen März und Oktober 1917 über 4.117 bäuerliche Rechtsbrüche registriert, so listete eine Studie Anfang der 80er Jahre 16.298 entsprechende Vorfälle auf und schlug zur Beschreibung und Einordnung des bäuerlichen Protestverhaltens neben 6 Hauptkategorien 44 Unterformen vor.[194] Sie illustrierte einmal mehr, was man im Grunde schon vorher wußte: Zur Anzeige kam nur

---

[192] Kotel'nikov / Meller, Krest'janskoe dviženie; Hinweise zur Entstehungsgeschichte das Vorwort, ebda., S. XVII ff.; zu den Problemen etwa Gill, Peasants and Government, S. 197 f., Anm. 47; Keep, Russian Revolution, S. 187 f.; Perrie, Peasants, S. 13 ff.

[193] Der Umstand schlug sich nieder in der statistischen Aufstellung im Anhang bei Kotel'nikov / Meller, Krest'janskoe dviženie.

[194] Vgl. A.D. Maljavskij, Krest'janskoe dviženie v Rossii, S. 64 f., 374 ff.; die Daten der Milizerhebung werden von unterschiedlichen Autoren unterschiedlich ausgezählt; vgl. A.V. Šestakov, Očerki po sel'skomu chozjajstvu, S. 142 und V.I. Kostrikin, Krest'janskoe dviženie nakanune Oktjabrja, S. 40 f.; Zahlenangaben hier nach Kostrikin. Zu den Untersuchungen von Kravčuk und Kostrikin, die in den 70er Jahren 5.416, 7.298 bzw. 11.364 Fälle bäuerlicher Unruhen ermittelten, siehe unten.

ein Bruchteil der tatsächlichen Fälle; und sieht man genauer hin, entdeckt man im bäuerlichen Protestverhalten viele Nuancen. Behält man allerdings im Gedächtnis, daß es in Rußland über 17 Millionen Bauernhöfe, fast eine halbe Million Siedlungspunkte, über 300.000 Landgemeinden und über 12.000 Amtbezirke gab, wird man sich hüten, den statistischen Wert der neuen Zahlen zu überschätzen; und ohne hier auf inhaltliche Dinge eingehen zu wollen:[195] ob eine Einteilung in 44 Unterformen sinnvoll ist, darf schon mit Hinblick auf die Quellenlage bezweifelt werden. Schließlich: wer eine Antwort auf die Grundfrage nach Zielen und Aktionsformen der bäuerlichen Proteste sucht, findet die von der Miliz registrierten Fälle noch immer am vergleichsweise besten dokumentiert. Deshalb erscheint es gerechtfertigt, weiterhin von ihnen auszugehen, freilich nicht ohne ihre Befunde mit den Ergebnissen neuerer Studien zu vergleichen.

Überträgt man, um eine Vorstellung von der *Entwicklung der Bauernunruhen im Jahresverlauf* zu bekommen, die Milizdaten auf einen monatlichen Zeitraster, so zeigt sich, daß die Ausbreitung offenkundig wellenförmig verlief[196]:

März	April	Mai	Juni	Juli	Aug.	Sept.	Okt.
16	193	253	562	1.100	665	599	729

---

[195] Zu den methodischen Problemen vgl. auch die Literaturhinweise S. 331 f. Anm 148.

[196] Zu einem ähnlichen Ergebnis führt der Vergleich der Milizdaten mit drei sowjetischen Studien aus den 70er Jahren:
Entwicklung der Bauernbewegung zwischen März und Oktober 1917

Monat	Milizdaten (1917)	Studie 1 (1971)	Studie 2 (1975)	Studie 3 (1977)
März	16	183	190	257
April	193	445	508	879
Mai	253	580	682	1.232
Juni	562	836	1.036	1.809
Juli	1.100	900	1.358	1.860
August	665	569	856	1.461
September	599	693	1.033	1.690
Oktober	729	1.210	1.635	2.176
insgesamt	4.117	5.416	7.298	11.364

Aufstellung bei Atkinson, The End of the Russian Land Commune, S. 163; dabei steht Studie 1 für das Buch von Kravčuk, Massovoe krest'janskoe dviženie, S. 88, 107, 178; Studie 2 für Kostrikin, Zemel'nye komitety v 1917 godu, Moskau 1975, S. 224, 269; Studie 3 für Kostrikin, Krest'janskoe dviženie nakanune Oktjabrja, hier S. 40 f.; in dieser Studie sind auch noch einmal monatsweise die Milizangaben zusammengestellt. Nicht möglich ist dagegen, die in der oben genannten Studie von Maljavskij (Krest'janskoe dviženie v Rossii, S. 374 ff) ermittelten 16.298 Fälle auf Monate umzurechnen, da eine ganze Anzahl von Angaben sich auf mehrere Monate beziehen. Worin sich die Angaben der sowjetischen Studien von den Milizstudien vor allem unterscheiden, ist der steile Anstieg im Herbst; neben den oben bereits ausgeführten Gründen steckt dahinter auch der Versuch, den Oktober als Fortsetzung und notwendige Folge des Herbstes erscheinen zu lassen.

Sei es, weil sich die Kunde vom Sturz des Zaren und seiner Regierung erst
allmählich bis ins letzte Dorf durchsprach, sei es, weil die Bauern zunächst
noch auf den guten Willen der neuen Regierung setzten, oder einfach, weil
sie mögliche Repressionen fürchteten, jedenfalls blieben die Rechtsbrüche
im März noch überschaubare Einzelfälle. Erst im April, Mai und Juni
schaukelten sich die Unruhen allmählich hoch und erreichten ihr Jahres-
maximum im Juli, was mit dem Wegfall von Furcht und Hoffnung gleichermaßen zu erklären wäre. Aus den genannten Variablen ist dagegen nicht
abzuleiten, warum die Unruhen im August spürbar zurückgingen und erst
im Herbst wieder einem neuen Höhepunkt zustrebten.

Offenkundig war das bäuerliche Verhalten nicht nur von Begehrlichkeit,
Hoffnung und Furcht bestimmt. Ihm waren auch Grenzen durch die Belange des eigenen Hofes gesetzt, durch die »elementare« Notwendigkeit,
dafür zu sorgen, daß ausgesät, das Land bestellt und die Ernte eingebracht
wurde. Mit anderen Worten: die Revolution hatte sich einzufügen in den Ar-
beitsjahreszyklus der Landwirtschaft, wo sie Subsistenzcharakter hatte zu-

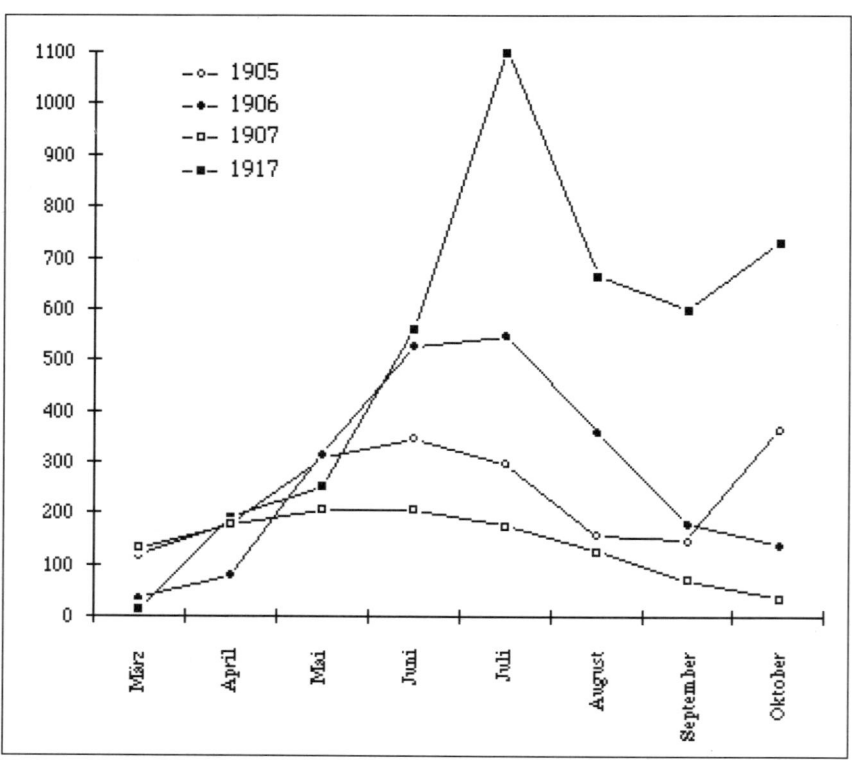

Abb. 28: Jahreszeitliche Verteilung der Bauernunruhen.

mal, das war schon bei den Agrarunruhen 1905-07 so gewesen und galt jetzt
erneut (vgl. Schaubild nebenstehend). Als sich die Nachricht vom Sturz des
Zaren im Dorf verbreitete, ging der Winter gerade zu Ende. War der Boden
erst aufgetaut, mußte er umgepflügt und geeggt und das Vieh auf die Weide
getrieben werden. Dann waren die Kartoffeln zu stecken und die Aussaaten
auf den Feldern auszubringen, je nach Region die verschiedenen Arten des
Sommergetreides, der Buchweizen, der Flachs und der Klee. Da blieb wenig
Zeit für die Revolution. Die Situation entspannte sich etwas Ende Mai, im
Juni und im Juli, bevor dann die hektische Hochsaison begann, in der alle
Hände für die Einbringung der Ernte, die Vorbereitung und Ausbringung
der Wintersaat, das Ausdreschen des Getreides gebraucht wurden. Erst in
den Spätherbst hinein blieb dann wieder viel Muße für anderes.[197]

Ein Blick auf die *Geographie der Unruhen* zeigt, daß sie keineswegs gleich-
mäßig das ganze Land erfaßten. Sie nahmen ganz allgemein von Norden nach
Süden zu und waren am intensivsten in jenen Regionen, die bereits 1905-07 zu
den unruhigsten gezählt hatten.[198] Damals wie auch jetzt lag ihr Zentrum im
Zentralen Schwarzerdegebiet, an der Mittleren Wolga, in Kleinrußland und im
Südwesten. Mehr noch: 1917 entfiel fast die Hälfte der bäuerlichen Rechtsbrüche auf 12 der 50 Gouvernements im europäischen Teil Rußlands. Auf eine
Karte übertragen, zeigt sich, daß sie einen fast lückenlosen Landgürtel bildeten, der sich vom Ostabhang der Karpaten bis an den Mittellauf der Wolga erstreckte, günstige Voraussetzungen, daß sich die Unruhen auch 1917 wieder
wie ein Flächenbrand ausbreiten konnten.[199]

---

[197] Vgl. etwa den Jahreskalender, wie ihn Fenomenov für das in den Waldaihöhen (auf der
Strecke zwischen Moskau und Novgorod) gelegene Dorf Gadyši ermittelt hat, in: M.Ja. Fe-
nomenov, Sovremennaja derevnja. Opyt kraevedčeskogo obsledovanija odnoj derevni, 2
Bde., Leningrad / Moskau 1925, hier Bd. 1, S. 73 ff.

[198] Vgl. zur regionalen Verteilung der Agrarunruhen und dem Vergleich zwischen 1905-07 und
1917 Gill, Peasants and Government, S. 157 ff., M. Perrie, The Russian Peasant Movement
of 1905-1907. Its Social Composition and Revolutionary Significance, in: Past and Present
57 (1972), S. 123 ff., hier S. 128 sowie die Tabelle 9 im Anhang.

[199] Karte 10 im Anhang. Angaben nach Gill, Peasants and Government, S. 157 ff. (wiederum
fußend auf den Milizangaben); Kartenvorlage bei Perrie, Russian Peasant Movement, S. 133;
Angaben nicht immer ganz übereinstimmend mit den Untersuchungen Kostrikins (Krest'-
janskoe dviženie nakanune Oktjabrja, S. 40 f.) und Maljavskijs (Krest'janskoe dviženie
v Rossii, S. 374 ff.), die teilweise in den angrenzenden Gouvernements (Nižnij Novgorod,
Voronež, Simbirsk, Char'kov, Saratov, Astrachan' und Bessarabien) ähnlich hohe oder noch
höhere Zahlen ausgemacht haben. Im Grunde bestätigen sie damit aber nur die hier skizzierte Schwerpunktbildung. Um Mißverständnisse zu vermeiden: die in der Karte ausgewiesenen Wirtschaftsregionen »Weißrußland« und »Kleinrußland« decken sich nicht mit den
weißrussischen bzw. kleinrussischen (modern gesprochen: ukrainischen) Siedlungsgebieten;
so war das ukrainische Siedlungsgebiet erheblich größer, das weißrussische kleiner als die hier
umrissenen Wirtschaftregionen. Gleiches gilt für die Karte 9 im Anhang.

Doch der Hinweis auf die »traditionelle« Aufmüpfigkeit und Konflikt-
bereitschaft der Regionen erklärt noch nicht, was sie so konfliktbereit und
aufmüpfig machte. Ohne auf die – mitunter recht erheblichen – Unterschiede innerhalb und erst recht zwischen den einzelnen Wirtschaftsregionen eingehen zu können[200], scheinen doch zumindest drei Dinge bei allen
zusammengekommen sein: 1. der hohe Stellenwert, der der Bodenbestellung innerhalb der dörflichen Ökonomie zukam; 2. die geringe Ausstattung der Bauernwirtschaften mit Land; und 3. der noch immer relativ hohe Anteil, den die Gutsbesitzer an der gesamten Saatfläche besaßen. Alle
drei Momente hingen eng zusammen.

Zwar war die ländliche Überbevölkerung ein allgemeines Problem und
der Zwang, nach einer Beschäftigung neben der Landwirtschaft zu suchen,
überall im Wachsen. Dennoch blieben deutliche, »traditionelle« Unterschiede zwischen den Regionen bestehen. Schaute man auf das Kerngebiet
des Moskauer Staates, auf die Region zwischen alter und neuer Hauptstadt,
so verfügten um die Jahrhundertwende im St. Petersburger Gouvernement
95,6 %, im Moskauer 94 % und in Gouvernements von Vladimir, Kostroma und Jaroslavl' 89,9 %, 88,9 % bzw. 86,7 % aller Höfe über nichtlandwirtschaftliche Nebeneinkünfte. Sie machten in Jaroslavl' 30 %, in Kostroma 50 % des bäuerlichen Budgets aus. Dagegen nahm die Bedeutung der
nichtlandwirtschaftlichen Nebentätigkeit nach Süden hin merklich ab,
selbst wenn auch hier die in der Landwirtschaft anfallende Arbeit wesentlich weniger Hände erfordert hätte, als zur Verfügung standen. Der Weg in
die Gewerbezentren des Zentrums wurde immer weiter, eine eigenständige handwerkliche Tradition fehlte zumeist, und wo es sie gab, wie am Mittellauf der Wolga, war sie – unter dem Druck der industriellen Konkurrenz
– in die Krise geraten.[201]

---

[200] Vgl. dazu die vorzügliche Übersicht bei A. Moritsch, Landwirtschaft und Agrarpolitik in
Rußland vor der Revolution, Wien / Köln / Graz 1986, S. 119 ff.

[201] Zur hohen Verbreitung der gewerblichen Nebentätigkeit vgl. die Angaben bei: Anfimov,
Ėkonomičeskoe položenie krest'jan Evropejskoj Rossii, S. 15 ff., insb. 29 ff.; Rašin, Formirovanie, S. 306 ff; Erhebungen in rd. zwei Dutzend der Gouvernements des europäischen Rußland zeigten, daß im Durchschnitt 61,8 % der Höfe über nichtlandwirtschaftliche Nebeneinkünfte verfügten; diejenigen, die dieser Tätigkeit nachgingen, 19,4 % der Bevölkerung
vor Ort ausmachten; und die Umrechnung der erwachsenen Gewerbetreibenden auf die
männliche Bevölkerung im Arbeitsalter einen Anteil von 59,5 % ergab. Die regionale Verteilung belegte dabei das oben angesprochene Nord-Süd-Gefälle. Etwas abweichende, aber in
die gleiche Richtung gehende Zahlen bei Moritsch, Landwirtschaft und Agrarpolitik, S. 122
ff., dem ein Teil der obigen Beispiele entnommen ist (S. 129 f.). Seine Angaben belegen, daß
auch im Zentralen Schwarzerdegebiet die ländliche Überbevölkerung ein Problem, das
Nebengewerbe dennoch weniger verbreitet war als im Norden; die Arbeit suchten, gingen
entweder als landwirtschaftliche Saisonarbeiter noch weiter in den Süden oder als gewerbliche Wanderarbeiter in die Zentren des nördlich angrenzenden Zentralen Gewerbegebietes.
Das Ausmaß der Überbevölkerung illustriert der Umstand, daß nach einer Berechnung des
Jahres 1901 im Gouvernement Orël von den 1.130.800 arbeitsfähigen Männern, die städtische

Trotz der Bedeutung der Feldwirtschaft für die bäuerliche Ökonomie waren die bäuerlichen Betriebsgrößen im Zentralen Schwarzerdegebiet, in Kleinrußland und im Südwesten besonders klein.[202] Der Grund lag in der Güte des Bodens. Er machte den gutsherrlichen Eigenbetrieb wie auch die Verpachtung zu einem rentablen Geschäft. Der Adel hatte daher hartnäckig und durchaus erfolgreich versucht, bei der Trennung von gutsherrlichem und bäuerlichem Land (nach 1861) möglichst viel für sich selbst zurückzubehalten. So besaßen die Bauern in der Regel nach ihrer »Befreiung« weniger Land zur Nutzung als zuvor, und noch 1916 war im Südwesten, dem Zentralen Schwarzerdgebiet und Kleinrußland der Anteil an Saatfläche, der auf Gutswirtschaften entfiel, besonders hoch (obwohl auch hier viel Adelsland inzwischen an die Bauern verkauft worden war).[203]

Die beschriebenen Entwicklungen brachten es mit sich, daß die Besitzunterschiede zwischen den Bauernhöfen auf der einen und den Gutswirtschaften auf der anderen Seite (gemessen in Saatfläche) in den hier zur Diskussion stehenden Regionen besonders kraß ausfielen: Während im Südwesten ein Bauernhof im Durchschnitt 2,3, an der Mittleren Wolga 4,1 und im Zentralen Schwarzerdgebiet 4,2 des. Ackerkulturen bestellte, verfügte ein Gutshof in der gleichen Region über 170, 110 bzw. 80 des. Zwar waren im Zentralen Gewerbegebiet und im Norden die Bauernhöfe mit 1,9 des. Ackerfläche noch sehr viel kleiner als im Schwarzerdgebiet oder an der Mittleren Wolga, aber erstens hatte dort das bäuerliche Nebengewerbe schon lange einen viel höheren Stel-

---

Bevölkerung nicht mit einbezogen, nur 239.900 nötig gewesen wären, um die landwirtschaftliche Arbeit zu bewältigen; und die Verbreitung der Nebentätigkeit wurde für das angrenzende Gouvernement Voronež ermittelt: 1911 gingen 158.900 Bauern einer Wander- bzw. Saisonarbeit nach, das waren 10 % der arbeitsfähigen bäuerlichen Bevölkerung und damit deutlich weniger als der Landesdurchschnitt (Moritsch, S. 147).

[202] Während 1905 im europäischen Rußland ein bäuerliches Anwesen im Durchschnitt über 10,6 des. Anteilsland verfügte, waren es im Südwesten 5,5, in Kleinrußland 6,1 und im Zentralen Schwarzerdgebiet 7,5 des. (im Gegensatz zum Norden mit 13,7, im Ural mit 16,0 und an den Seen mit 17,1 des.); vgl. Moritsch, Landwirtschaft und Agrarpolitik, S. 252; zur Einschätzung ihrer Aussagekraft ebenda S. 206; Gill (Peasants and Government, S. 192) gibt die Größe des landwirtschaftlich nutzbaren Eigenlandes (in des.), über das die Bauernhöfe 1917 – umgerechnet pro Person und aufgeschlüsselt nach Regionen – verfügten, wie folgt an:

in Kleinrußland und Südwest 0,8
im Zentralen Schwarzerdegebiet 0,9
im Norden 1,1
an der Mittleren Wolga 1,2
in Weißrußland und Litauen 1,2
in Neurußland 1,3
im Zentralen Gewerbegebiet 1,5
im Ural 2,3
an der unteren Wolga 2,5
an den Seen 2,7
im Durchschnitt 1,3

[203] Vgl. Karte 9 im Anhang; nach Anfimov, Rossijskaja derevnja, S. 279.

lenwert inne und zweitens besaßen dort auch die Gutswirtschaften, wo es sie gab, mit 5,5 bzw. 12,1 des. Ackerland keine dem Süden vergleichbaren Dimensionen.[204] Doch zurück zum Zentralen Schwarzerdegebiet, zur Mittleren Wolga und zum Südwesten: Gekoppelt mit der »Erinnerung«, bei der Regulierung der Besitzverhältnisse nach 1861 Boden verloren zu haben, sorgten die Besitzunterschiede hier für gefährlichen politischen Zündstoff.[205]

Dem Gesagten sind bereits die *Ziele der Bauerunruhen* zu entnehmen: Es ging ihnen in der Hauptsache ums Land. Ob man vorerst »nur« gegen hohe Pachtpreise rebellierte und sie selbstherrlich neu »festlegte«, die auf den Gütern eingesetzten Kriegsgefangenen vertrieb, den Gutsbesitzer aufforderte, die Arbeit schön selbst zu machen, und mit Berufung auf die Regierung und zum Heil des Vaterlands brachliegende Äcker für sich reklamierte oder dann offen das Gutsland unter den Pflug nahm, das eigene Vieh auf die gutsherrlichen Wiesen trieb, das Holz aus dem Herrenwald und die Ernte vom fremden Feld holte, in der Sache lief beides auf das gleiche hinaus. Selbst wo Gutsherrn gelyncht und Güter samt Wirtschaftsgebäuden und Inventar niedergebrannt wurden, wird man hinter blanker Aggression und blinder Zerstörungswut bisweilen noch die dumpfe Absicht vermuten dürfen, eine Weiterführung der Gutswirtschaft und eine Rückkehr der Gutsherrn »für immer« zu verhindern.[206]

---

[204] Nach den Angaben bei Moritsch, Landwirtschaft und Agrarpolitik, S. 254; ausführlicher dazu die Tabelle 10 im Anhang; die Aufstellung zeigt ein hohes Maß an Korrelation zwischen Besitzunterschied und Konfliktträchtigkeit, freilich auch, daß die eine nicht unmittelbar aus dem anderen abzuleiten ist. Dabei sind auch andere, hier nicht angeführte Umstände mitzubedenken, etwa daß das Baltikum zu den frontnahen Gebieten gehörte, was sich auch auf das revolutionäre Geschehen auswirkte.

[205] Es wäre freilich voreilig, ungeprüft zu unterstellen, daß die Bauern hier auch absolut am ärmsten waren und unter den Kriegseinwirkungen am meisten litten. Der Umstand, daß das nichtlandwirtschaftliche Nebengewerbe während des Krieges auf weniger als die Hälfte zurückgegangen war und dieser Umstand naturgemäß besonders die zentralen und nördlicheren Regionen betraf, widerspricht dieser Annahme; vgl. dazu Anfimov, Rossijskaja derevnja, S. 241 ff., insb. 250.

[206] Nach der Milizstatistik standen denn auch in fast allen Regionen die Übergriffe auf das gutsherrliche Land, die offene Aneignung von Ackerfläche und Wiesen an der Spitze aller bäuerlichen Rechtsverstöße. Rechnete man (ausgehend von der Aufstellung bei Gill, Mainsprings of Peasant Action, S. 70 Anm. 18) zur Aneignung von Land die Streitigkeiten um die Pacht und seine Bestellung (Vertreibung von angestellten Arbeitskräften) hinzu, so machten die direkten und indirekten Landstreitigkeiten jeweils 40 % und mehr aller bäuerlichen Rechtsverstöße aus. Dabei sei noch einmal auf das allgemeine Problem der Kategorisierung der »ländlichen Rechtsverstöße« hingewiesen. Schon die Milizstatistik versuchte sich damit, hat ihre Einteilung aber mit dem Fortgang der Ereignisse mehrfach geändert. Ihre Unterscheidung in bis zu 21 Deliktarten war für historische Untersuchungen kaum handhabbar, schon die Untersuchungen von Šestakov und Dubrovskij hatten das Spektrum in wenigen Grundformen zusammenzufassen versucht. Die sowjetischen Historiker der 70er und 80er Jahre verfolgten, wie gesagt, eher die gegenläufige Tendenz; so unterschied Kostrikin 32, Maljavskij gar 44 verschiedene Formen. Zu den Formen bäuerlicher Rechtsverstöße in den einzelnen Regionen, ihrem Prozentanteil an den jeweils registrierten Fällen vgl. die Tabellen 11a und 11b im statistischen Anhang.

Die Veränderungen im Fortgang des Jahres betrafen nicht das Grundziel, sondern die Mittel und Wege, auf denen es erreicht werden sollte. So durchliefen die Bauernunruhen mehrere Phasen. Die Spannungen entluden sich zunächst in einer Welle offener Gewalt, bei der augenscheinlich angestaute Aggressionen ausgelebt und alte Rechnungen blutig beglichen wurden. Doch danach gingen die Bauern im allgemeinen eher vorsichtig, ja »strategisch« zu Werke: Die Gutswirtschaft war ebenso lahmzulegen, wenn man ihr die Arbeiter verjagte; handelte es sich dabei um Kriegsgefangene, wie in diesen Jahren gar nicht so selten, traf man damit nicht einmal den ärmeren Dorfgenossen, der auf dieses Zubrot angewiesen war. Auch bei der einseitigen Veränderung von Pachtvereinbarungen saßen die Gutsbesitzer am kürzeren Hebel. Um das Land selbst zu bestellen, fehlten ihnen die Leute, und es brachliegen zu lassen, lieferte den Bauern nur die Handhabe, es zu »übernehmen«. Wo sie es bereits im Frühjahr taten oder auch das Inventar »borgten«, rechtfertigten sie sich mitunter noch mit Hinweis auf die von der Regierung ausgegebenen Maximen. Doch solche Vorsicht schien im Fortgang des Jahres immer weniger vonnöten. Und so gingen die »verdeckten« Vorgehensweisen (Gill) zunehmend in Formen der offenen Landaneignung über.[207]

So wie sich die Intensität der bäuerlichen Unruhen im Wechsel der Jahreszeiten veränderte, tat dies übrigens auch ihre Stoßrichtung. Noch im März / April hatten die Bauern damit begonnen, ihre durch den Winter erschöpften Holzvorräte im gutsherrlichen Wald wieder aufzufüllen, ein Delikt mit steigender Tendenz bis in den Sommer hinein, schließlich brauchte man Holz nicht nur zum Heizen, sondern auch zum Kochen und Bauen; erst im August ging der Holzdiebstahl vorübergehend etwas zurück. Im Juni / Juli übten die Wiesen und Weiden eine besondere Anziehungskraft auf die bäuerliche Begehrlichkeit aus; ob sie sich nun die Heuernte holten oder ihr Vieh auf die gutsherrlichen Weiden trieben, Verstöße dieser Art führten im Juli die Milizstatistik an. Daß die offene Aneignung von Ackerland im Juli / August ihren Höhepunkt erreichte, hing wohl nicht nur mit dem Autoritätsverfall der Regierung, sondern ebenso mit dem Umstand zusammen, daß das Neugewonnene noch in die Winter-

---

[207] Am ausführlichsten dazu Gill, Mainsprings of Peasant Action, S. 39 ff.; ders., Peasants and Government, S. 68 ff.; Keep, Russian Revolution, S. 186 ff.; Maljavskij, Krest'janskoe dviženie v Rossii, S. 55 ff.; aber auch schon Dubrowski, Bauernbewegung in der russischen Revolution, bes. S. 100 ff. Festzuhalten bleibt freilich auch, daß Gewalt ein Signum der Gesamtentwicklung blieb, mit erheblich steigender Tendenz in den Herbst hinein, und daß auch die Bauern nicht überall, wo sie sich Land, brachliegend oder nicht, aneigneten, es tatsächlich bestellten oder bestellen konnten. Aber auch das kam offenkundig vor: Daß sie sich mit aller Energie darauf stürzten, um möglichst viel aus ihm herauszuholen, bevor womöglich der Gutsbesitzer zurückkam (Gill, Peasants and Government, S. 40).

aussaat einbezogen werden sollte; sonst wäre nicht zu erklären, warum dergleichen Fälle im September / Oktober eher zurückgingen. An erster Stelle der Milizstatistik stand jetzt, da der Winter nahte, wieder das wilde Holzschlagen. Freilich: auch Terror und Zerstörung meldeten sich nun zurück, und die Exzesse des Herbstes übertrafen noch die des Frühjahrs.[208]

Der von der Regierung neugeschaffene Verwaltungsapparat war nicht in der Lage, dieser Entwicklung Einhalt zu gebieten. Er konnte es nicht, weil er gar nicht bis ins Dorf hinunter reichte. Hier hatten sich die Bauern ihre eigenen *Organe* geschaffen. Wo sie in Landgemeinden (obščiny) zusammengelebt hatten, erwies diese Institution ihre unverminderte Stärke und blieb der Orientierungsrahmen; und wenn vorher die Dorfversammlungen (schody), mit dem Dorfältesten (dem starosta) an ihrer Spitze, die wichtigsten Fragen entschieden hatten, gingen jetzt auch die neuen Organe irgendwie aus ihnen hervor.[209]

Sie füllten rasch die Lücke und nutzten den Freiraum, den der Zusammenbruch der zaristischen Administration hinterlassen hatte: Auf Versammlungen der Gemeinde wurden die neuen Dinge ausführlich beredet, und Vergleichbares geschah auf Amtsbezirksebene, wo die Bezirksversammlung (volostnoj schod) jetzt ohne den adeligen Bezirkshauptmann schalten und walten konnte.[210] Beschloß man die Bildung eines neuen »Dorf-«, »Bezirks-«, »Volks-«, »Land-«, »Revolutions-«, »Sicherheitskomitees« (oder wie man den Ausschuß sonst noch nennen mochte), so meist, ohne seine Kompetenzen von denen des alten schod irgendwo abzugren-

---

[208] Die Entwicklungen spiegeln sich noch wieder in einer Aufstellung, die die Milizanzeigen Monat pro Monat nach den Hauptformen, ihren jeweiligen Prozentanteilen an der Gesamtzahl der Delikte aufschlüsselt:

	März	Apr.	Mai	Juni	Juli	Aug.	Sept.	Okt.
Landaneignung	2,6	24,9	34,3	37,0	34,5	35,8	23,6	18,2
Zerstörung	51,3	8,0	6,7	3,6	4,3	10,0	19,7	23,4
Gewalt	7,7	12,7	10,6	9,1	7,1	11,2	12,3	7,5
Wegnahme des Ernteertr.	7,7	1,9	2,6	7,8	23,7	22,2	11,9	11,3
illeg. Holzschlagen	25,6	20,2	19,9	17,9	10,9	11,0	26,7	32,6
Wegnahme von Gerät	-	4,7	8,6	10,1	9,6	6,0	3,9	5,1
eigenm. Pachtfestsetz.	2,5	5,6	3,8	1,0	0,8	0,7	0,2	0,2
Vertreibung von Arb.	2,6	22,1	13,4	13,5	9,1	3,2	1,6	1,1

Hier nach: Gill, Mainsprings of Peasant Action, S. 68 Anm. 12; vgl. auch die absoluten Zahlen mit etwas anderer Einteilung bei Šestakov, Očerki po sel'skomu chozjajstvu, S. 142.

[209] Zur Verbreitung und Tradition der obščina-Verfassung sowie zum (vergeblichen) Versuch der Regierung nach 1905/06, die Landgemeinde als Rechts- und Wirtschaftseinheit aufzulösen vgl. oben die Ausführungen S. 58 ff.

[210] Dazu Gill, Peasants and Government, S. 28 ff.; ders., Mainsprings of Peasant Action, S. 79 ff.

zen. Wozu auch? Und wie die Namensgebung, so wechselten Größe und Mitgliedschaft, von Ort zu Ort, von volost' zu volost'.[211]

Oft behielten der Dorfälteste und der bisherige Vorsitzende der Bezirksversammlung (volostnoj staršina) in der obščina und in der volost' das Sagen.[212] Aber es kam in den ersten Wochen auch vor, daß jemand anderes, der aus der Stadt oder von der Front kam, die neuesten Nachrichten mitbrachte und den Bauern die Zusammenhänge »erklärte«, vorübergehend alle Aufmerksamkeit auf sich zog und in den neuen Komitees eine führende Rolle spielte. Verwunderlich ist das nicht, war das Dorf doch nicht selten auf diese Zuträgerdienste angewiesen, um sich ein Bild zu machen von dem, was in Petrograd geschah. In jedem Falle war es die einfachste Art, sich zu informieren. Denn was nutzte eine Zeitung, wenn man sie nicht lesen konnte? Und selbst wenn man zur Not in der Lage war, sie zu entziffern, blieb es schwierig – bei der Vielzahl der Meldungen – den Überblick zu wahren und das Wichtige vom weniger Wichtigen zu unterscheiden.[213]

Ob es nun mehr die Gerüchte und ihre Verbreiter aus Stadt und Armee oder die neuen Verwaltungsstellen der Regierung waren, die die Bauern davon überzeugen konnten, daß der Zar tatsächlich gestürzt war, sei dahin-

---

[211] Darüber eingehend Keep, Russian Revolution, S. 217 ff. Exakte Angaben zu machen, ist auch deshalb so schwierig, weil sich der Vorgang – wie viele andere Vorgänge im Dorf – im allgemeinen der Schriftlichkeit entzog; einiges dazu liefern – indirekt – die in den Sammelbänden Revoljucionnoe dviženie v Rossii posle sverženija samoderžavija, S. 667 ff.; Revoljucionnoe dviženie v Rossii v aprele 1917 g., Aprel'skij krizis, S. 565 ff.; A.V. Šestakov, Sovety krest'janskich deputatov i drugie krest'janskie organizacii, 2 Bde., Moskau 1929, sowie in: Mart – maj 1917 g. (mit einem Vorwort von Ja.A. Jakovlev, in: Krasnyj archiv Bd. 15 [1926], S. 30 ff.) zur Entwicklung der Bauernbewegung abgedruckten schriftlichen Dokumente. Allerdings mahnt gerade der Umstand, daß viele Vorgänge im Dorf eben nicht schriftlich abliefen, zur steten Überprüfung und Nachfrage, was an den hier abgedruckten Dokumenten wirklich als typisch angesehen werden darf (ganz abgesehen davon, daß die Editoren mit ihrer Auswahl unübersehbar auch eine politische Botschaft an den Leser zu bringen versuchten).

[212] Beispiele bei Revoljucionnoe dviženie v Rossii posle sverženija samoderžavija, S. 669; Revoljucionnoe dviženie v Rossii v aprele 1917 g., S. 598 f.; V. Krasnov, Iz vospominanij o 1917 – 1921 gg., in: Archiv russkoj revoljucii, Bd. 8 (1922), S. 122 (Hinweise bei Gill).

[213] Gill, Peasants und Government, S. 31 ff.; für die Schwierigkeiten der Bauern, die Vorgänge zu deuten, sich zurechtzufinden, vgl. Krasnyj archiv, Bd. 15, S. 37, 43; A.V. Šestakov, Sovety krest'janskich deputatov i drugie krest'janskie organizacii, hier Bd. 2, S. 12 f., 134 u.ö.; in diesen Erklärungszusammenhang passen auch die zunächst eher seltsam klingenden Bitten von Bauernversammlungen um »Agitatoren« und »Organisatoren«, in: Revoljucionnoe dviženie v Rossii posle sverženija samoderžavija, S. 671, 675, sowie Revoljucionnoe dviženie v Rossii v aprele 1917 g., S. 592 ff.; wenn sie aber kamen, brachten sie die städtische Sicht und die Sprache der Parteien mit, was manche dörfliche Resolution in Inhalt und Ausdruck mit erklären könnte: Gill verweist zugleich auf Fälle, daß diese »Agitatoren« zur Verschärfung der Auseinandersetzungen beitrugen; Beispiele dafür bei Kotel'nikov / Meller, Krest'janskoe dviženie, S. 3; I. Vermeničev (Hg.), Krest'janskoe dviženie meždu Fevral'skoj i Oktjabr'skoj revoljucijami (in der Reihe: V.P. Miljutin [Hg.], Agrarnaja revolucija v četyrëch tomach, Bd. 2: Krest'janskoe dviženie v 1917 godu), Moskau 1928, S. 186.

Abb. 29:   Die Rätebildung griff kaum auf das flache Land über, und die Dorfversammlungen bewiesen ihre Lebenskraft, auch als es im Sommer um die Wahrung
bäuerlicher Ansprüche, im Herbst um die Neuverteilung des Bodens (des Adels, der
Kirche und der Klöster) ging. Schon dieser Umstand zeigt, daß das »eigensinnige«
Dorf noch immer eine Welt für sich war, mit spezifischen »Diskursen«, Zielsetzungen und Traditionen.

gestellt. In jedem Falle stieg in den Sommer hinein ihr Selbstbewußtsein und mit der wachsenden Enttäuschung über die Agrarpolitik der Regierung auch ihre Überzeugung, die Durchsetzung ihrer Interessen in die eigenen Hände nehmen zu müssen. Das veränderte ihr Verhältnis zu möglichen Ortsfremden in den neuen Organen ebenso wie zu den Nichtbauern. Sie spielten darin im Sommer und Herbst kaum mehr eine führende Rolle. Wenn Priester, Dorfschullehrer oder der Besitzer eines Kramladens im Frühjahr noch mit in das neue Komitee gewählt worden waren, standen sie jetzt häufig unter Druck, sich bedingungslos hinter die bäuerlichen Forderungen zu stellen – oder abgewählt zu werden und jeden Einfluß im Dorf zu verlieren. Das gleiche galt für die volost'-Komitees, und im Grunde auch für die Versorgungs- oder Landkomitees auf Amtsbezirksebene; machten sie sich die bäuerliche Sicht der Dinge zu eigen, so hörten sie praktisch auf, Regierungsorgane zu sein und verschmolzen mit den Bauernkomitees. Vor diesem Hintergrund sind auch die bei der Miliz zunehmend eingehenden Klagen zu sehen, daß bei den Auseinandersetzungen (um Äcker, Wiesen, Pachtverträge und Inventar) örtliche Landkomitees sich auf die Seite der Bauern stellten und sich zu deren verlängertem Arm machen ließen.[214]

Wieviel vom Guts-, Kloster- und Kirchenland die Bauern schon vor dem Oktober in ihren Besitz gebracht hatten, ist mit Exaktheit nicht zu sagen; die Verhältnisse wechselten von Region zu Region, ja von Ort zu Ort, und zwischen offener Okkupation und den eher versteckten Formen der Aneignung gab es viele Facetten.[215] Unstrittig aber ist, daß der eigentliche Dammbruch erst im Herbst erfolgte.

d) Die »große Umverteilung« und ihre Ergebnisse

Als sich am Tage nach dem Oktoberumsturz der 2. Allrussische Sowjetkongreß versammelte, legte ihm Lenin seinen Gesetzentwurf zur Neuordnung der ländlichen Besitzverhältnisse vor. Er übernahm in vollem Wort-

---

[214] So der einleuchtende Erklärungsduktus bei Gill, Peasants and Government, S. 149; es scheint dabei nicht immer möglich, die geschilderte Entwicklung so engmaschig zu belegen, wie dies in anderen Bereichen für das Jahr 1917 möglich ist; zu den Grundproblemen vgl. S. 355 Anm. 211, 213.

[215] Unter Auswertung von Unterlagen einer Fragebogenaktion des Volkskommissariats für Landwirtschaft, mit Daten über 533 Amtsbezirke aus 6 Gouvernements (Novgorod, Penza, Rjazan', Saratov, Smolensk und Tver') kam eine sowjetische Studie Ende der 70er Jahre zur Einschätzung, daß wohl 15 % des Gutsbesitzerlandes bis zum Oktober von den Bauern aquiriert wurden; vgl. S.L. Makarova, K voprosu o vremeni likvidacii pomeščič'ego zemlevladenija. (Po materialam oprosnych listov Narkomzema i Mosoblispolkoma), in: Oktjabr' i sovetskoe krest'janstvo, S. 112 ff.; ihre Ergebnisse in Tabelle 12 im Anhang.

laut den Grundkanon bäuerlicher Forderungen, wie er – unter Auswertung
der Resolutionen von 242 lokalen Bauernversammlungen – im August
1917 zusammengestellt und in einer zentralen Bauernzeitung veröffentlicht
worden war.[216] Die Delegierten nahmen den Entwurf in der Nacht vom 26.
auf den 27. Oktober mit nur einer Gegenstimme an.[217]

Gleich Artikel 1 brachte den Bauern die ersehnte Botschaft: »Das Eigentumsrecht der Gutsbesitzer an Grund und Boden wird unverzüglich und
ohne Entschädigungszahlungen aufgehoben«. Die gutsherrlichen Besitzungen, aber auch alle der Krone, der Kirche und den Klöstern gehörenden
Ländereien sollten samt ihrem lebenden und toten Inventar konfisziert und
in die Verfügungsgewalt der Bezirkslandkomitees und der Kreissowjets der
Bauerndeputierten überführt werden. Die Kreissowjets der Bauerndeputierten sollten auch entscheiden, von welcher Größe an Grundbesitz
enteignet wurde, und außerdem dafür sorgen, daß bei der Konfiszierung
der gutsherrlichen Besitzungen strikteste Ordnung herrschte; denn dieser
Grund und Boden, samt allen Baulichkeiten, Vieh und Vorräten war künftig »Volkseigentum«. Ausdrücklich von der Konfiskation ausgenommen
war nur der Boden der »einfachen Bauern und Kosaken«.

Für alles weitere verwies das Dekret auf den bäuerlichen Forderungskatalog vom Sommer; er erhielt damit Gesetzeskraft. Dort stand wortreich
zu lesen, daß das Eigentumsrecht an Boden überhaupt abgeschafft wurde;
Land künftig weder verkauft noch gekauft, verpachtet oder verpfändet
werden konnte; der gesamte Boden Volkseigentum war, und das Recht zur
Nutzung jeder Staatsbürger besaß, der die Absicht hatte, ihn mit seiner
Hände Arbeit zu bebauen; daß die Bodenbestellung im Familienverband
erfolgen oder genossenschaftlich organisiert sein konnte, doch dieses Nut-
zungsrecht nur galt, solange die eigenen Kräfte reichten; es erlosch bei
dauerhafter Arbeitsunfähigkeit, infolge von Alter oder Invalidität; Lohnarbeiter einzustellen, war verboten.

Die Verteilung des Bodens, so hieß es in diesem Forderungskatalog weiter, wird durch die lokalen und zentralen Selbstverwaltungen vorgenommen,

---

[216] Es handelte sich dabei, wie erwähnt, um die »Izvestija«, das Zentralorgan des »Allrussischen
  Rates der Bauerndeputierten«. Der Allrussische Rat der Bauerndeputierten und sein Zentrales Exekutivkomitee gingen aus dem Allrussischen Kongreß der Bauerndeputierten hervor,
  der vom 4. bis 28. Mai 1917 in Petrograd tagte, bevor es überhaupt Bauernsowjets in nen-
  nenswerter Anzahl gab. Entsprechend schwach war die demokratische Legitimation und politische Reputation seiner Organe. Immerhin: die Diskussion der Bauernforderungen auf dem
  Kongreß und nachfolgend im neuen Zentralorgan »Izvestija« sollte unerwartete Folgewir-
  kungen zeitigen; zur Entstehung dieser »semi-mythical« Institution vgl. Keep, Russian Revolution, S. 229 ff. Bei der Zusammenstellung dieses Kataloges bäuerlicher Grundforderungen
  hatten Parteienvertreter federführend mitgewirkt, allerdings nicht der Bolschewiki, sondern
  der Sozialrevolutionäre.
[217] Text des Dekrets in Dekrety Sovetskoj vlasti, Bd. 1, S. 17 ff.; dt. Übers. u.a. in: Altrichter /
  Haumann, Die Sowjetunion, Bd. 2, S. 25 ff.; Hellmann, Russische Revolution, S. 315 ff.

beginnend unten in den Gemeinden und endend in den zentralen Gebiets-
einrichtungen; sie erfolgt, unter Berücksichtigung der örtlichen Verhältnisse
nach Arbeits- und Konsumnormen. Dabei hat die Verteilung nichts Endgül-
tiges: Sie wird periodisch der Bevölkerungs- und Produktivitätsentwicklung
angepaßt und der Boden dann entsprechend umverteilt. Der Anteil aus-
scheidender Mitglieder fällt in die Gesamtmasse zurück, wobei das erste An-
recht auf die Nutzung der Grundstücke die nächsten Verwandten der Aus-
scheidenden oder von letzteren benannte Personen haben.

Die Form der Nutzung sollte »völlig frei« sein: Ob man die Hof-, Aussied-
ler-, Landgemeinde- oder Artelverfassung[218] wählte, sollte in den Dörfern und
Ansiedlungen selbst entschieden werden. Festgehalten war im Forderungskatalog auch, daß hochentwickelte Kulturwirtschaften (Gärten, Plantagen,
Treibhäuser, Pflanz- und Baumschulen), Gestüte und Viehzüchtereien sowie
die Vor- und Gemüsegärten der Bauern und Stadtbewohner als ganzes erhalten und nicht in die Umverteilung einbezogen werden sollten.

Die Zielvorstellungen der neuen Agrarpolitik waren damit umrissen. Bei
ihrer Umsetzung versuchte die neue bolschewistische Regierung, ihren
Führungsanspruch zu behaupten und die Entwicklung nicht völlig aus den
Händen gleiten zu lassen.[219] Die noch von der Provisorischen Regierung
ins Leben gerufenen Landkomitees sollten ihr dabei helfen. So verfügte sie
eine Woche nach dem Umsturz, daß auch in den Amtsbezirken solche Organisationen einzurichten waren, und übertrug ihnen als »eigenständigen
Organen« die Registrierung und Verteilung des Landes.[220] Eine weitere
Verordnung entwarf Anfang Dezember die Grundzüge einer Reorganisation des Gesamtapparates von den Lokalorganen bis an die Spitze und
instruierte die Landkomitees ausführlich, wie sie ihre Aufgabe bei der
Neuordnung der Agrarbeziehungen wahrzunehmen hatten.[221] Ein Dekret

---

[218] Der Begriff bezeichnet eine spezielle Form einer Produktionsgenossenschaft.

[219] Das begann schon damit, daß sie – mit einem Aufwand wie bei keinem anderen Dekret (nach
dem Zeugnis von Lenins Sekretär Bonč-Bruevič) – für eine rasche und weite Verbreitung des
Beschlossenen sorgte: Der Text wurde nicht nur an alle Petrograder Zeitungen geschickt, anderen Städten per Post und Telegraph übermittelt, als Broschüre gedruckt und kostenlos
verteilt; die Regierung schickte gleichzeitig »Tausende von Emissären« (so Sverdlov) in die
Provinz, die den Bauern die Absichten erklären und die Lokalinstanzen entsprechend in-
struieren sollten; siehe Danilov / Kim / Tropkin, Sovetskoe krest'janstvo, S. 41 f.

[220] Vgl. die Instruktion vom 3. November 1917, abgedruckt in: Sbornik dokumentov po zemel'nomu zakonodatel'stvu SSSR i RSFSR, 1917 – 1954, Moskau 1954, S. 13 f.; wo es die volost'-zemstva noch nicht gab, sollten die neuen Landkomitees aus allgemeinen, gleichen,
direkten und geheimen Wahlen hervorgehen, ansonsten von der volost'-zemstvo-Versamm-
lung gewählt werden.

[221] Verordnung über die Landkomitees und über die Regulierung der landwirtschaftlichen Beziehungen durch sie vom 4. Dezember 1917 mit nachfolgender Instruktion zur Regulierung
der Land- und Landwirtschaftsbeziehungen durch die Landkomitees, in: Sbornik dokumentov po zemel'nomu zakonodatel'stvu, S. 16 ff.

des Zentralen Räteexekutivkomitees übertrug am 19. Februar 1918 einen
Großteil ihrer Kompetenzen den Landabteilungen der Räte, und unternahm zugleich den Versuch, den zuständigen Stellen genauere »Konsum-
und Arbeitsnormen« für die Zuteilung von Land an die Hand zu geben.[222]
Noch im Lauf des Frühjahr wurden die Landkomitees aufgelöst oder gingen in die Räteadministration über.[223]

Ob das Landdekret das Chaos vor Ort noch steigerte oder die Entwicklung in geordnetere Bahnen lenkte (wie die sowjetische Forschung
stets betonte), ist schwierig zu entscheiden, Einzelbeispiele belegen, daß
lokal und regional beides vorkam.[224] Doch wie dem auch sei, man wird in
keinem Fall den Einfluß der Bolschewiki, der von ihnen eingesetzten Organe und der eben aufgezählten Gesetzesbestimmungen überschätzen
dürfen: Über die Modalitäten der Neuverteilung des Landes entschieden
die Dorfbewohner selbst; ebenso eigenständig setzten sie ihre Entscheidungen um. Hierzu brauchten sie keine Landkomitees und keine Vorgaben der Regierung über Konsum- und Arbeitsnormen. Einmal mehr bestätigte sich dabei – zumindest in Zentralrußland – die Stärke der
Landgemeinde, als Aktionseinheit und Orientierungsmuster, nach Innen
wie nach Außen.

Innerhalb der Gemeinde, auf Dorfversammlungen oder in den von ihnen
bestellten Komitees fielen die wichtigsten Entscheidungen; selbst wenn
sich das eine oder andere Komitee jetzt »Rat« (»sovet«) nannte, blieb der
Einfluß übergeordneter Instanzen gering, sei es daß es die übergeordneten
Rätegremien (etwa die im Dekret genannten »Kreisbauernräte«) gar nicht
gab oder daß sie nur auf wackeligen Beinen standen. Die Entscheidungen
der Dorfgremien betrafen den Gutsbesitzer in ihrer Mitte, das Land ihrer
eigenen Kirche, das Kloster von nebenan. Aber auch jene Bauern, die sich
in der Stolypinära von der Gemeinde separiert und ihr Land dabei mit-
genommen hatten; sie wurden nun, auch mit Gewalt, in die obščina zu-
rückgeholt. Das Land, das sie alle verloren, wurde innerhalb der Gemeinde umverteilt; wenn man spätere, am regionalen Ausschnitt gewonnene
Zahlen verallgemeinern darf, kamen dabei 61 % vom Adel, 19 % von (Ein-
zel-) Bauern, 10 % von Kirche und Klöstern und der Rest von anderen
natürlichen oder juristischen Personen. Konkurrierende Ansprüche zwi-

---

[222] Dekret über die Sozialisierung des Landes, in: Sbornik dokumentov po zemel'nomu zako-
    nodatel'stvu, S. 23 ff.
[223] Das Hauptlandkomitee war schon am 19. Dezember 1917 aufgelöst worden, vgl. E.A.
    Luckij, Zemel'nye komitety, in: SIĖ Bd. 5, Sp. 661.
[224] Vgl. etwa Positionen und Beispiele bei P.N. Peršin, Agrarnaja revoljucija, Bd. 2, S. 155 ff.;
    V.P. Kopylov, Likvidacija pomeščič'ego zemlvladenija v Central'no-promyšlennom rajone,
    in: Leninskij Dekret ò zemle v dejstvii, S. 59 ff.; E.A. Luckij, K istorii konfiskacii
    pomeščič'ich imenij v 1917 – 1918 gg., in: Izvestija AN SSSR 1948, N° 6, S. 503 ff.

schen verschiedenen Gemeinden sorgten für Spannungen, ein Ausgleich über Amtsbezirksgrenzen hinweg blieb die Ausnahme.[225]

Bei der Neuverteilung innerhalb der Gemeinde behielten die kleineren und mittleren Bauern offenkundig meist die Bodenstreifen, die sie vor der Revolution besessen hatten, und nur das konfiszierte Land der größeren Besitzer wurde neu verteilt.[226] Dabei wurden die Landanteile zumeist nach der Zahl der Esser berechnet, manchmal auch nach der Anzahl der männlichen Arbeitskräfte.[227] Die Bauern erhielten das Neuland oft nur für ein Jahr, höchstens für eine Saatfolge (bei Dreifelderwirtschaft drei Jahre). Der Grund war zunächst, daß auch Lenins Landdekret die endgültige Entscheidung der Konstituierenden Versammlung vorbehalten hatte.[228] Doch auch als im Januar 1918 die Konstituierende Versammlung nach nur einer Sitzung aufgelöst wurde und der Vorbehalt stillschweigend entfiel, sah man im Dorf kaum eine Möglichkeit, längerfristige Entscheidungen zu treffen: Die Rückflut demobilisierter Soldaten hielt an und wurde verstärkt von Familien, die vor dem Hunger aus den Städten flohen; auch sie beanspruchten Bodenanteile. Sie konnten ihnen kaum verweigert werden; denn auch die aufs Land flüchtenden Städter stammten oft vom Land und hatten den Kontakt zu ihrer Gemeinde nie ganz abreißen lassen.[229] Wo die Nationali-

---

[225] Zur Umsetzung des Landdekrets in den verschiedenen Regionen vgl. (aus sowjetischer Sicht) den Sammelband Leninskij dekret o zemle v dejstvii, passim; kritisch, was frühere sowjetische Lehrmeinungen, den Anteil der Bolschewiki und die Größe des enteigneten Landes betrifft: Kabanov, Agrarnaja revoljucija v Rossii (1988); kurze Zusammenfassung der Vorgänge und Herkunftszahlen (auf Grund von Daten aus 29 Gouvernements, nach Vestnik statistiki 1923, N° 1-3, S. 131-153) bei Atkinson, End of the Russian Land Commune, S. 175 f.; eingehend bei Keep, Russian Revolution, S. 394 ff., 408 ff.

[226] Lediglich im Schwarzerdegebiet scheint es häufiger zu einer vollständigen Neuordnung, der legendären »schwarzen Umverteilung« (černyj peredel) gekommen zu sein, die auch vor dem bäuerlichen Besitz nicht halt machte; wie häufig sie bereits im Winter 1917/18 oder auch während des Jahres 1918 vorkam, ist schwer zu sagen. Die Behauptung, daß das Bauernland überhaupt nie (Jakovcevskij, Agrarnye otnošenija, S. 68) dem allgemeinen »Landfond« zugeschlagen wurde, wird sich trotzdem kaum halten lassen. Zum Versuch – aufbauend auf die Untersuchungen Peršins die regionale Häufigkeit des černyj peredel etwas genauer zu bestimmen, vgl. Keep, Russian Revolution, S. 402 ff.

[227] Nach einer sample-Untersuchung der Zentralen Statistischen Verwaltung erfolgte die Zuweisung an die einzelnen Haushalte in 88 % nach der Zahl der Esser, in 9 % nach der Anzahl der Männer, in 2 % aller Arbeitskräfte (unabhängig vom Geschlecht) und in 1 % nach den alten »Revisionsseelen« (den registrierten erwachsenen männlichen Steuerzahlern); Ergebnisse wiedergegeben bei Atkinson, Russian Land Commune, S. 159.

[228] Das Bodendekret hatte seine Wirksamkeit ausdrücklich auf die Zeit bis zum Zusammentritt der Konstituierenden Versammlung begrenzt; auch der bäuerliche Forderungskatalog war von der Maxime ausgegangen, daß die Frage von Grund und Boden in vollem Umfang nur von der Konstituierenden Versammlung gelöst werden könne.

[229] Nach Atkinson (Russian Land Commune, S. 156, wiederum im Anschluß an entsprechende Erhebungen der Zentralen Statistischen Verwaltung) kehrten in jedes Dorf durchschnittlich 6 Familien (40 Personen) zurück, in manchen Gegenden sogar 19 Familien pro Dorf. Daß die regionalen Unterschiede hier besonders groß waren, braucht wohl nicht hinzugefügt zu werden.

sierung in geordneten Bahnen verlief, konnten ehemalige Gutsbesitzer am Ort bleiben und so viel Land behalten, um sich und ihre Familien zu ernähren. Meist dauerte dieser Zustand nur bis zum Bürgerkrieg, dann ging der Restbesitz verloren. Vieh und Maschinen teilten die ärmeren Schichten unter sich auf, und aus den Häusern der Expropriierten wurden Schulen oder andere öffentliche Gebäude.[230]

1919 waren 96,8 % der landwirtschaftlich nutzbaren Fläche in bäuerlicher Hand. Die Güter des Adels waren enteignet, und drei Millionen bisher Landlose hatten Bodenanteile erhalten. Viele bäuerliche Wirtschaften hatten sich geteilt, um die zulässige Höchstgrenze nicht zu überschreiten, und andere taten das gleiche, um sich zusätzliche Landanteile zu sichern. So gab es erheblich mehr Bauernhöfe als vor der Revolution und die krassen Besitzunterschiede waren verschwunden. Es dominierten die Klein- und Kleinstwirtschaften, über 10 Desjatinen Land hatte nurmehr eine Minderheit (1,56 %). Die Revolution hatte, wie gesagt, auch jene, die sich in der Stolypinära als chutor- oder otrub-Bauern[231] selbständig gemacht hatten, in die Gemeinde zurückgezwungen, sofern sie sie nicht überhaupt wie die Gutsbesitzer expropriierte, und die Gemeinde insgesamt in ihren Rechten bestätigt und restituiert. Die Landgemeinde, der Dorfverband (oder wie man sonst die nahezu synonymen Begriffe obščina und mir übersetzen mag) entschied kollektiv wie vor der Revolution über die Zuteilung der Bodenstreifen an die einzelnen Bauernhöfe und beriet in periodischen Abständen über die Neuverteilung, wobei alle wichtigen Entscheidungen auf allgemeinen Versammlungen der Gemeinde, der Hofbesitzer oder – seltener – der gesamten erwachsenen Bevölkerung fielen.[232]

Die Erfüllung eines alten bäuerlichen Traums? Wenn damit die Verteilung allen Landes an die Bauern und die Wiederherstellung der Landge-

---

[230] Kopylov, Likvidacija pomeščič'ego zemlevladenija, S. 48 ff.; E.A.Luckij, K istorii konfiskacii pomeščič'ich imenij, S. 503 ff.; ders., Peredel zemli vesnoj 1918 g., in: Izvestija AN SSSR 1949 N° 3, S. 227 ff.; Beispiel eines regionalen Ausschnitts: N.S. Žuravlëva, Konfiskacija pomeščič'ich imenij v Tverskoj gubernii v 1917 – 1918 gg., in: Istoričeskie zapiski 29 (1949), S. 58 ff.; allgemein: Keep, Russian Revolution, S. 398 ff.

[231] Bei den otrub-Bauern waren, wenn sie aus der Dorfgemeinschaft ausschieden, Haus und Hof am alten Fleck und das Dorf als Siedlungsgemeinschaft erhalten geblieben; die chutor-Bauern dagegen verließen die Siedlungsgemeinschaft, um sich inmitten ihrer Felder (als »Aussiedler«) neu niederzulassen.

[232] Zur Nivellierung der ländlichen Besitzverhältnisse vgl. Tabelle 13 im Anhang. Zur Entwicklung der obščina Atkinson, Russian Land Commune, passim; V.P. Danilov, Ob istoričeskich sud'bach krest'janskoj obščiny v Rossii, in: Ežegodnik po agrarnoj istorii, Bd. 6, Vologda 1976, S. 102 ff.; für die weitere Entwicklung D.J. Male, Russian Peasant Organisation before Collectivisation. A Study of Commune and Gathering 1925 – 1930, Cambridge 1971, hier bes. S. 15 ff. Zum Problem und zur Entwicklung der Schichtung in der Bauernschaft Th. Shanin, The Awkward Class, S. 145 ff.

meinde gemeint war, wohl schon. Aber wer sich von beidem zugleich die Lösung aller wirtschaftlichen Probleme erhofft hatte, war einer Illusion nachgehangen. Auch diese Erkenntnis stellte sich rasch ein. Das hing zum einen damit zusammen, daß es weit weniger zu verteilen gab, als man ungeprüft lange unterstellt hatte. Zwar war bei der »Bauernbefreiung« weit über die Hälfte des Landes in der Hand des Staates, der Krone und des Adels verblieben[233]; doch das Staats- und Apanageland bestand zum Großteil aus Wald, der 1917 zwar zum »Volkseigentum«, aber im allgemeinen nicht an die Bauern verteilt wurde; und was den Adel anging, so besaß er 1917 nicht mehr, was er 1861 besessen hatte: Er hatte zwischen 1862 und 1911 die Hälfte seines Grundeigentum bereits veräußert.[234]

So nahmen sich die Erfolgsmeldungen auch nur auf den ersten Blick imponierend aus, etwa die, daß in jenen Regionen, die unter bolschewistischer Herrschaft standen, bereits zum Herbst 1918 an die 17 Mill. des. Land, die sich vorher vornehmlich im Besitz des Adels, des Staates und der Kirche befunden hatten, an die Bauern verteilt worden waren, und daß bis Ende 1919 / Anfang 1920 die Zahl sogar auf rd. 24 Mill. des. stieg. Denn stellt man in Rechnung, daß im europäischen Teil Rußlands 1916 etwas über 15 Millionen Bauernhöfe gezählt wurden, daß ferner angeblich 3 Millionen Landlose nun erstmals Boden erhielten, viele größere Wirtschaften sich teilten und die Gesamtzahl entsprechend stieg, wird man davon ausgehen müssen, daß für die bereits bestehenden Höfe nicht allzu viel übrig blieb. Dabei läßt die Globalzahl noch offen, wieviel davon schon vorher (über Pachtverträge) von den Bauern genutzt wurde und welcher Anteil vom gesamten Neuland auf Ackerflächen (für den Anbau von Getreide, Mais, Kartoffeln, Sonnenblumen, Zuckerrüben usf.) entfiel.[235]

---

[233] Das Land der Kirche und der Klöster war dagegen gesamtwirtschaftlich unbedeutend.

[234] Vgl. dazu die Aufstellungen bei Moritsch, Landwirtschaft und Agrarpolitik, S. 252 ff., sowie dazu die Erläuterungen S. 204 ff.

[235] Diese oder ganz ähnliche Zahlen bei Agrarnaja politika Sovetskoj vlasti, 1917 – 1918 gg., Dokumenty i materialy, Moskau 1954, S. 498 ff.; Atkinson, End of the Russian Land Commune, S. 179 f.; dies., Russian Land Commune, S. 156; Kabanov, Agrarnaja revoljucija, S. 29; für die Hofzählung: N.P. Oganovskij (Hg.), Sel'skoe chozjajstvo Rossii v XX veke. Sbornik statistiko-ėkonomičeskich svedenij za 1901 – 1922 gg., Moskau 1923, S. 20 f. Die erstgenannten Zahlen beziehen sich, wie vermerkt, nur auf die von den Bolschewiki zu diesem Zeitpunkt kontrollierten Gebiete. Zur Frage, wieviel Land insgesamt an die Bauern fiel, sind nur Annäherungswerte möglich. Nirgends mehr ernsthaft diskutiert wird heute die Zahl von 150 Mill. des. (als Summe des bäuerlichen Landzuwachses zwischen 1917 und 1927), wovon Jahrzehnte die sowjetische Forschung ausging. Dazu bereits kritisch V.P. Danilov, Pereraspredelenie zemel'nogo fonda Rossii v rezul'tate Velikoj Oktjabr'skoj revoljucii, in: Leninskij Dekret o zemle v dejstvii, S. 261 ff.; doch auch seiner Reduktion (auf 89 Mill. des.) wurde 1989 widersprochen: Im schon genannten Aufsatz macht Kabanov die Rechnung auf, daß der Adel 1917 noch 44 Mill. des. besaß, wovon ca. 20 Mill. bereits an die Bauernschaft verpachtet waren und lediglich der Rest als tatsächlicher Gewinn verbucht werden könne. Auf diese Zahlen aufbauend Versuch einer Berechnung auch bei Bonwetsch, Russische Revolu-

Vor diesem Hintergrund wird erklärlich, warum gerade in jenen Gebieten, die 1917 das Zentrum der Unruhen gewesen waren, die Enttäuschung über ihre Ergebnisse besonders groß ausfiel; das ergab eine Befragung der Zentralen Statistischen Verwaltung Anfang der 20er Jahre. Nicht nur die bessergestellten Schichten des Dorfes waren unzufrieden, nein gerade auch die Mittel- und Kleinbauern.[236] Ihre Enttäuschung dürfte durch die Erfahrung vertieft worden sein, daß die Ansprüche des Staates an die Bauernschaft nicht geringer geworden waren, ja sich nach dem Ausbruch des Bürgerkrieges noch dramatisch verschärften. Im Mai 1918 hatte die neue, bolschewistische Regierung das staatliche Getreidemonopol erneuert und die Bauern eindringlich dazu aufgerufen, nur das Nötigste für den persönlichen Bedarf und die nächste Aussaat zu behalten, ansonsten alle Vorräte und Überschüsse zu Festpreisen an den Staat zu verkaufen. Ein Volkskommissariat für Versorgung war an die Stelle des Versorgungsministeriums getreten und im gleichen Monat mit »außerordentlichen Vollmachten« ausgestattet worden, um einen zentral geleiteten Beschaffungsapparat aufzubauen und gegen »Getreidespekulation« vorzugehen.[237]

Im Juni 1918 versuchte die Regierung, den »Klassenkampf aufs Dorf« zu tragen und die sozial Schwachen und bei der Landverteilung zu kurz Gekommenen gegen die Bessergestellten zu mobilisieren. »Komitees der Dorfarmut« sollten helfen, gehortete Vorräte zu entdecken und für den Staat zu requirieren, wofür ihnen ein Teil zu besonders günstigen Bedingungen überlassen wurde. Anfang 1919 verschärfte die Regierung noch den Kurs und bestimmte fortan »von oben«, ohne Rücksicht auf den bäuerlichen Eigenbedarf, wieviel die einzelnen Gouvernements an »Über-

---

tion, S. 184 ff. Umgelegt auf die Zahl der Höfe ergibt sich, daß pro Hof kaum viel mehr als eine Desjatine und pro Kopf der ländlichen Bevölkerung nur ein Bruchteil davon herauskam. Doch solche Zahlen besagen im Grunde wenig, da die Unterschiede von Region zu Region, ja von Ort zu Ort erheblich waren und auch zwischen dem Nutzwert der Böden erhebliche Unterschiede bestanden. Für die Größe der Saatfläche bleibt an den Umstand zu erinnern, daß nach einer statistischen Erhebung des Jahres 1916 der Gutsbesitz nur noch 7,7 Mill. des. Saatfläche bestellte, vgl. Anfimov, Rossijskaja derevnja, S. 91.

[236] Mitgeteilt, auf Grund einer Befragung der Zentralen Statistischen Verwaltung 1922, in: Vestnik statistiki 1923 N° 1–3, S. 146; darauf Bezug nehmend: V.P. Danilov, in: Istorija sovetskogo krest'janstva i kolchoznogo stroitel'stva v SSSR, Moskau 1963, S. 139; in kritischer Abschätzung dazu Atkinson, Russian Land Commune, S. 162 f.

[237] Dekrete des Rates der Volkskommissare und des Zentralen Räteexekutivkomitees zur Verleihung von außerordentlichen Vollmachten an das Versorgungskommissariat (beide vom 13. Mai 1918), Aufruf an die Petersburger Arbeiter zur Bildung von Versorgungsabteilungen (vom 21. Mai 1918) und Dekret über die Reorganisation des Volkskommissariats für Versorgung und der lokalen Versorgungsorgane (vom 27. Mai 1918), alle in: Dekrety Sovetskoj vlasti, Bd. 2, S. 261 ff., 298 ff., 307 ff.; Auszüge in dt. Übers. bei Altrichter / Haumann, Die Sowjetunion, Bd. 2, S. 56 ff.

schüssen« aufzubringen hatten.[238] Der bäuerliche Widerstand gegen die staatliche Requisitionspolitik schlug im Sommer 1920 in offene Rebellion um. Tausende schlossen sich dem Partisanenführer Antonov an und lieferten den staatlichen Beschaffungsorganen blutige Gefechte.[239]

Enttäuscht war aber zweifellos auch die staatliche, bolschewistische Seite, über das Ergebnis der »großen Umverteilung« wie über die politische Haltung der Bauern. Die Agrarrevolution hatte den Großgrundbesitz zerschlagen und ein Meer von Klein- und Kleinstwirtschaften hinterlassen, hauptsächlich orientiert an der eigenen Subsistenz, mit der Familie als Produktionseinheit und der Landgemeinde als Rahmen. Das war weit weg von jener Zielvorstellung landwirtschaftlicher Großbetriebe, hochtechnisiert und genossenschaftlich organisiert, wie sie jahrelang von den Bolschewiki propagiert worden waren und im Parteiprogramm ihren Niederschlag gefunden hatten. Partei- und Staatsführung konnten sich ausrechnen, daß damit der bäuerliche Eigenverbrauch stieg, weniger Getreide auf den Markt kam als vordem, der wirtschaftspolitische Spielraum der Regierung enger wurde und die Abhängigkeit vom Wohlwollen der Bauernschaft wuchs. Der Bürgerkrieg bestätigte diese Befürchtung und ließ die politische Führung frühzeitig nach neuen Wegen in der Agrarpolitik Ausschau halten. Das Ergebnis ist bekannt: Ende der 20er Jahre schloß sie die nach Millionen zählenden Höfe zu »Kollektivwirtschaften« zusammen und schrieb ihnen en detail vor, was sie künftig zu produzieren und an den Staat abzuliefern hatten. Sie setzte damit einen Schlußpunkt hinter die Agrarrevolution des Jahres 1917, hinter jenen egalitären und libertären Tagtraum von bäuerlicher Wirtschaft und Selbstbestimmung im Rahmen der obščina und den Bemühungen, ihn Wirklichkeit werden zu lassen.

---

[238] Dekrete über die Organisation und Versorgung der Dorfarmut (vom 11. Juni 1918) und zur Reorganisation des Zwangsbeschaffungssystems vom 11. Januar 1919, in: Dekrety Sovetskoj vlasti, Bd. 2, S. 412 ff.; Bd. 4, S. 292 ff.; Auszüge bei Altrichter / Haumann, Die Sowjetunion, Bd. 2, S. 68 ff., 86 ff.

[239] O.H. Radkey, The Unknown Civil War in Soviet Russia. A Study of the Green Movement in the Tambov Region 1920 – 1921, Stanford 1976; R.G. Suny, Antonov Peasant Rebellion, in: MERSH Bd. 2, S. 49 ff.

5. DIE OPPOSITION DER BÜRGER

Im Juni 1920 suchte Anatolij Lunačarskij, Volkskommissar für das Bildungswesen, den Schriftsteller Vladimir Korolenko in Poltava auf. Der Grund war dessen anhaltende und heftige Kritik am Treiben der bolschewistischen Sicherheitsorgane in der Ukraine. Die »Anregung« zu dieser Zusammenkunft war wohl von ganz oben, von Lenin ausgegangen, und der Volkskommissar nahm das Gespräch »sehr ernst«. Schließlich war Korolenko ein hochangesehener Autor und für viele, gerade »fortschrittliche« Kreise, eine politisch-moralische Institution: 1853 geboren und geprägt von den Ideen der »Volkstümler«, hatten Kritik, Aufklärung und der Kampf gegen die Ungerechtigkeiten der politischen und gesellschaftlichen Ordnung in Rußland nicht nur sein literarisches Schaffen bestimmt. In Artikelserien war Korolenko – als publizistischer Anwalt der Schwachen und Unterdrückten – immer wieder Fällen von Korruption, Polizeiwillkür und Amtsmißbrauch nachgegangen, in Gerichtsreportagen hatte er gegen Antisemitismus und Judenpogrome Stellung bezogen, mit Aufrufen und offenen Briefen gegen Folterungen, Todesstrafe und Standgerichte protestiert. Mehrfach war er dabei selbst mit der zaristischen Zensur und Polizei in Konflikt geraten, verhaftet, eingesperrt und verbannt worden. Nun – am Ende seines Lebens – prangerte Korolenko mit gleicher Schärfe die Greuel des Bürgerkriegs an, protestierte gegen bolschewistische Pogromhetze, Geiselnahmen und Massenerschießungen, schrieb Bittgesuche an die neue »Obrigkeit« und scheute sich nicht, die Gegenwart mit der Vergangenheit, mit zaristischen Zeiten zu vergleichen.

Der Schriftsteller und der Politfunktionär vereinbarten in Poltava, ihre Meinungsverschiedenheiten in einem Briefwechsel auszutragen. Korolenko brachte seine Ansichten zwischen Juni und September 1920 in sechs längeren Schreiben zu Papier. Nach eigenem Bekunden erhielt Lunačarskij nur drei davon, die übrigen seien wohl auf dem langen Weg nach Moskau verloren gegangen. Doch selbst die erhaltenen ließ Lunačarskij unbeantwortet, und vergeblich wartete Korolenko auch auf die in Aussicht genommene Veröffentlichung. Die vom Schriftsteller entwickelten Positionen waren dem Volkskommissar wohl zu radikal, sie waren in der Tat unvereinbar mit den Ansichten der Bolschewiki, und was Korolenko kritisierte, anprangerte, ablehnte, waren letztendlich nicht nur die »Entgleisungen« des Bürgerkrieges, sondern die bolschewistische Revolution als solche.

Korolenko machte seine Kritik an konkreten Fällen fest: am Schicksal zweier Mühlenbesitzer etwa, die wegen angeblicher »Spekulation« verhaftet und ohne Gerichtsverfahren per administrativem Bescheid durch die Tscheka hingerichtet wurden. Er nahm sie zum Anlaß, daran zu erinnern, daß derartige Fälle – selbst zu Zeiten des Zaren selten – nun zur »systematischen Praxis« geworden waren; daß die Beweislage oft nur äußerst dürftig und die vorgegebene Rechtfertigung (»für das Wohl des Volkes«) für ihn keine war; daß selbst ein derartiges Ziel nicht jedes Mittel rechtfertigen konnte; und so wie einst »die Adelsdiktatur« die Bauern als Säufer und Nichtstuer charakterisierte, habe auch das neue System seine Gesellschaftsordnung auf eine Lüge gegründet: indem sie »dem aufständischen und erregten Volk suggeriert[e], die sogenannte Bourgeoisie (»der Bourgeois«) sei lediglich eine Klasse von Faulenzern, Dieben und Couponschneidern, und nichts weiter!«

Mehr noch: daß sich die Bolschewiki mit ihren »maximalistischen Forderungen« durchsetzen konnten, war – so Korolenko – nicht Zeugnis der Reife, sondern der Zurückgebliebenheit des Landes. So leicht ließ sich in Rußland der »Kapitalismus« nur deshalb besiegen und die »Bourgeoisie« von der Macht verdrängen, weil sie noch schwach und unterentwickelt waren. Das gleiche galt für die Entwicklung der Industrie, für die Grundrechte der Menschen und für die Freiräume der Individuen. Sie wurden zerstört, aufgehoben, beseitigt, ohne daß man sich gewahr wurde, daß damit auch fiel, was Grundlage des Sozialismus sein sollte, der – wolle er mehr als »schematisches Experimentieren« und »Kasernen-Kommunismus« sein – »Eigeninitiative«, »Freiheit« und »Unantastbarkeit« des Privatlebens zur Voraussetzung habe. Gerade weil Westeuropa weiter war als Rußland, schloß sich sein Proletariat – so Korolenko – dem russischen nicht an, und was die Bolschewiki mit dem Vorwurf des »Verrates« belegten, war für ihn nur Ausdruck der Reife, Realitätssinn und Einsicht in die Komplexität der Entwicklungszusammenhänge.[240]

[240] Wladimir Korolenko, Ohne Freiheit keine Gerechtigkeit. Briefe an den Volkskommissar Lunatscharski (1920). Mit Texten zu Person und Schaffen Korolenkos von Anatoli Lunatscharski und Wladimir Bontsch-Brujewitsch. Hrsg. und mit einem Vorwort versehen von Michael Harms, Berlin 1993. Für die Bolschewiki waren diese Vorwürfe – verglichen mit der großen, heroischen Revolution, »ihrer Bitterkeit und ihrem Ruhm« – »Kleinigkeiten«, »langweilige Schmähreden«, das »Moral-Gewäsch« eines »weichen Herzens«, in dem »der Zorn eines Landkreis-Propheten« zum Ausdruck kommt; was bedeutet seine »Menschenliebe« schon »im Vergleich zu dem schöpferischen Gewitter des revolutionären Hasses, das mit Donner und eiserner Faust das Tor zu einer neuen Welt öffnet?« So hatte Lunačarskij 1918 in einem Artikel zum 65. Geburtstag Korolenkos geschrieben, und ähnlich, wenn auch

Korolenko sprach ein großes Thema an: Es war gerade die Unreife Rußlands, die Unterentwicklung von Kapitalismus und Industrie, der »Bourgeoisie« und der »bürgerlichen« Gesellschaftsordnung, ihrer Grundrechte und Werte, die die Bolschewiki siegen ließ; und sie zerstörten damit, worauf eine »sozialistische« Wirtschafts- und Gesellschaftsordnung, ihre Propheten beim Wort genommen, eigentlich aufbauen wollte.

a) Wer gehört zum »Bürgertum«?

Schon mit dem Wort tat sich das Russische schwer. Die Nomenklatur der überkommenen ständischen Ordnung hatte für »Bürgertum« keinen Begriff, und wer im politischen Alltag von »Bourgeois« und »Bourgeoisie« (buržuj und buržuazija) sprach, benützte Lehnwörter aus dem Französischen mit deutlich negativem Unterton.[241]

Wer das Phänomen »Bürgertum« und seine russische Erscheinungsform genauer zu umschreiben suchte, mußte dafür andere Wortfelder bemühen. Er fand sie etwa in einer politischen Terminologie, die der Autokratie und »Staatsmacht« (vlast') – mit wachsendem Selbstbewußtsein während des 19. Jahrhunderts – eine »Gesellschaft« (obščestvo) und »öffentliche Meinung« (obščestvennost') gegenüberstellte und diese nicht mehr nur »als staatliche Veranstaltungen« betrachtete. Träger der »öffentlichen Meinung« war die »Schicht der Gebildeten« (intelligencija); oft adeliger Abkunft, aber auch Aufsteiger aus anderen Ständen, hatten sie den »aufklärerischen« staatlichen Bildungsauftrag ernst genommen und wandten ihn nun kritisch *gegen* den autokratischen Staat. Sie entdeckten dabei – seit der Mitte des 19. Jahrhunderts – das einfache »Volk« (narod), sahen es verkörpert vor allem in der Bauernschaft, und beschlossen, im Dienste der neuen

---

etwas moderater, drückte er sich im Nachruf auf den Schriftsteller 1921 aus. So bedeutend Korolenko als Literat gewesen sei, so wenig habe er – der naive Humanist und gläubige Demokrat, noch in der Vergangenheit lebend – das Neue, die Revolution verstanden. Korolenko hatte im Herbst 1920 Kopien seiner Briefe an den Volkskommissar einem amerikanischen Korrespondenten übergeben, sie erschienen zwei Jahre später in Paris. Ihre Lektüre zeigt, wie früh, wie hellsichtig der greise Korolenko die Probleme, ja das Grunddilemma des entstehenden Sowjetstaates beschrieb, und wie wenig er die bolschewistische Führung damit beeindrucken konnte. Für den smarten Volkskommissar für das Bildungswesen blieb er ein großartiger Dichter; doch die in den Werken bewunderte Humanität und Liberalität machte ihn auch – da gab Lunačarskij Lenin ganz recht – politisch unzurechnungsfähig, zum »typischen Spießer«.

241 Zum Problem und seiner Vorgeschichte: Hildermeier, Bürgertum und Stadt in Rußland, sowie für die Rolle in der Revolution: Ch. Read, The Cultural Intelligentsia; H. White, The Urban Middle Classes, beide Beiträge in: Service (Hg.), Society and Politics in the Russian Revolution, S. 64 ff., 86 ff.

Werte, von Vernunft, Freiheit und Gleichheit Aufklärung und Bildung auch aufs Dorf zu bringen.[242]

Es waren nicht zuletzt die staatlichen Reformen (die neuen Agrar-, Verwaltungs- und Justizgesetze) gewesen, die den Angehörigen der intelligencija, der akademischen und freien Berufe seit den 60er Jahren – als Landvermesser, Ingenieure und Agronomen, Lehrer, Ärzte und Veterinäre, Rechtsanwälte und Richter – ein breiteres Betätigungsfeld eröffneten. In den neu eingerichteten ländlichen Selbstverwaltungsorganen bildeten sie neben adeligen Gutsbesitzern und Bauern ein gleichsam überständisches »drittes Element« (tret'ij element).[243]

Obwohl sich die ursprünglich mit dem »Gang ins Volk« (narodničestvo) verknüpften Hoffnungen und Erwartungen nicht erfüllten, die »Volkstümler« im Dorf auf Ablehnung stießen, schärften die damit verbundenen Erfahrungen das soziale Bewußtsein: den Blick für die gewaltigen Unterschiede zwischen dem einfachen Volk und den besitzenden Schichten. Sofern sie sich zum Fürsprecher des Volkes machten, sprachen sie von sich selbst als »demokratische« Intelligenz und benutzen den Begriff der »Demokratie« (demokratija) und »revolutionären Demokratie« (revoljucionnaja demokratija) auch, um damit die Gesamtheit der Interessen des einfachen Volkes und ihrer »Massenorganisationen« (Parteien und Gewerkschaften, im Revolutionsjahr auch Räte, Fabrik- und Soldatenkomitees) zu umschreiben.[244]

---

[242] Die Entstehung der Intelligencija und ihr Verhältnis zum Staat sind Themen für sich, die hier – nicht einmal in den Grundzügen – nachzuzeichnen sind. Zur weiteren Information sei nur verwiesen auf: D.R. Brower, The Problem of Russian Intelligentsia, in: Slavic Review 1967, S. 638 ff.; D. Geyer, »Gesellschaft« als staatliche Veranstaltung. Sozialgeschichtliche Aspekte des russischen Behördenstaates im 18. Jahrhundert, in: Jahrbücher für Geschichte Osteuropas 14 (1966), S. 21 ff.; ders., Zwischen Bildungsbürgertum und Intelligencija. Staatsdienst und akademische Professionalisierung im vorrevolutionären Rußland, in: W.Conze / J. Kocka (Hgg.), Bildungsbürgertum im 19. Jahrhundert. Teil 1: Bildungssystem und Professionalisierung im internationalen Vergleich, Stuttgart 1985, S. 207 ff.; V.R. Lejkina-Svirskaja, Intelligencija v Rossii vo vtoroj polovine XIX veka, Moskau 1971; dies., Russkaja intelligencija v 1900 – 1917 godach, Moskau 1981; O.W. Müller, Intelligencija. Untersuchungen zur Geschichte eines politischen Schlagwortes, Frankfurt am Main 1971; R. Pipes (Hg.), Die russische Intelligentsia, Stuttgart 1962; M. Raeff, Origins of the Russian Intelligentsia. The Eighteenth Century Nobility, New York 1966; Ch. Read, Religion, Revolution and the Russian Intelligentsia 1900 – 1912. The Vekhi Debate and its Intellectual Background, London / Basingstoke 1979; Wegzeichen. Zur Krise der russischen Intelligenz (1. russische Ausg. 1909, NA eingeleitet und aus dem Russischen übersetzt von K. Schlögel), Frankfurt am Main 1990.

[243] Zum Problemkomplex D. Field, The End of Serfdom. Nobility and Bureaucracy in Russia, 1855-1861, Cambridge, Mass. 1976; T. Emmons, The Russian Landed Gentry and the Peasant Emancipation of 1961, Cambridge 1968; T. Emmons / W.S. Vucinich (Hgg.), The Zemstvo in Russia. An Experiment in Local Self-Government, Cambridge / London / New York / New Rochelle / Melbourne / Sydney 1982; F.B. Kaiser, Die russische Justizreform von 1864, Leiden 1972; S.F. Starr, Decentralisation and Self-Government in Russia, 1830-1870, Princeton, N.J. 1972.

[244] C.A. Frierson, Peasant Icons. Representations of Rural People in Late 19th Century Russia, New York / Oxford 1993; A. Gleason, Young Russia. The Genesis of Russian Radicalism in the 1860s, New York 1980; Venturi, Roots of Revolution.

Mit den Besitzunterschieden differierten die politischen Rechte, was sich in der terminologischen Unterscheidung von einfachem »Volk« (narod) und »besserer Gesellschaft«, Normal- und »Zensus«-Bevölkerung (cenzovye) niederschlug. Zu diesen »Bessergestellten« gehörten nicht mehr nur Angehörige der traditionellen Führungsschichten, adelige Gutsbesitzer und Staatsdiener. Zu ihnen zählte man auch jene kleine, aber wachsende Schicht von Nichtadeligen, die es geschafft hatten, in Handel und Gewerbe ihren Weg zu machen. Sie konnten, aber mußten keineswegs dem »Kaufmannsstand« entstammen. Es gab, wie oben bereits erwähnt, auch findige »Bauern« und handwerklich Begabte aus der »städtischen Unterschicht« (meščane, meščanstvo), die es zu Wohlstand, einem ansehnlichen Haus- und Grundbesitz gebracht hatten.

Wie schon bei der »Schicht der Gebildeten« (der intelligencija) fiel auch beim gewerblichen Unternehmertum eine ständische Zuordnung schwer, zumal nichts Adelige daran hinderte, ihrerseits einem – im westlichen Sinne – »bürgerlichen« Gewerbe nachzugehen und dabei Startvorteile zu nutzen, die ihnen die Guts- und Forstwirtschaft, die Verfügung über ländliche Arbeitskräfte und agrarische Rohstoffe bot. Das galt besonders für die alte Hüttenindustrie des Ural, die mit abhängiger bäuerlicher Arbeitskraft aufgebaut worden war, und für die Zuckerraffinerien des Südwestens, wenn auch aus anderen Gründen. Moskau wiederum war das traditionelle Zentrum des Textilgewerbes und seine Unternehmerschaft geprägt von altgläubigen Familiendynastien, die der »Kaufmannschaft«, mitunter auch der leibeigenen Bauernschaft entstammten und einen patriarchalischen Führungsstil zu pflegen verstanden. St. Petersburg und der Süden galten dagegen als Standorte einer modernen Schwerindustrie, die auch im Management westlichen Standards entsprach, wobei in der Hauptstadt der Staat (als Unternehmer und Auftraggeber), im Süden ausländische Investoren und Kapitalgesellschaften ihren Einfluß geltend machten.[245]

Irgendwo in der Mitte der sich überschneidenden Kreise, von intelligencija und Zensusbevölkerung, hervorgegangen aus Adel, Kaufmannschaft

---

[245] Die Literatur zu diesem Thema ist Legion. Ihre Grundzüge und weiterführende Literaturhinweise bei W.L. Blackwell, The Old Believers and the Rise of Private Industrial Enterprise in Early Nineteenth-Century Moscow, in: Slavic Review 24 (1965), S. 407 ff.; I.F. Gindin, Russkaja buržuazija v period kapitalizma, eë razvitie i osobennosti, in: Istorija SSSR 1963, N° 2, S. 57 ff.; N° 3, S. 37 ff.; Haumann, Kapitalismus im zaristischen Staat, v.a. S. 39 ff; M.C. Kaser, Russian Entrepreneurship, in: The Cambridge Economic History of Europe Bd. 7 (II), S. 416 ff.; Th.C. Owen, Capitalism and Politics in Russia. A Social History of the Moscow Merchants, 1855 – 1905, Cambridge / London / New York / New Rochelle / Melbourne / Sydney 1981; A.J. Rieber, Merchants and Entrepreneurs in Imperial Russia, Chapel Hill 1982; ders., The Moscow Entrepreneurial Group. The Emergence of a New Form in Autocratic Politics, in: Jahrbücher für Geschichte Osteuropas 25 (1977), S. 1 ff.; H. Rosovsky, The Serf Entrepreneur in Russia, in: Explorations in Entrepreneurial History 6 (1953/54), S. 207 ff.

und anderen Ständen, wird man jene Angehörigen freier Berufe und eines russischen Unternehmertums ausmachen müssen, die man im Westen als »Besitz- und Bildungsbürgertum« bezeichnete und deren Ideen- und Interessenwelt man das Modell eines liberalen, parlamentarischen Rechts- und Verfassungsstaates zuordnete.

b) Bürgerliche Gruppen und Organisationen

Die Angehörigen dieser »bürgerlichen« Mittelschichten, der freien Berufe und des Unternehmertums blieben keineswegs vereinzelt. Schon 1885 hatten etwa die Mediziner die »Pirogov Gesellschaft russischer Ärzte« ins Leben gerufen, an deren Kongressen und Konferenzen vor dem Ersten Weltkrieg bis zu 2.000 (und mehr) Berufskollegen teilnahmen. Es kamen ländliche Zemstva-, Krankenhaus- und Militärärzte, Niedergelassene aus der freien Praxis und Angestellte aus der staatlichen Gesundheitsverwaltung, Professoren und Assistenten, um über drängende medizinische Probleme, wie die Bekämpfung der Kindersterblichkeit, der Cholera, der Tuberkulose, der Syphilis und des Alkoholismus zu reden. Doch die Gesellschaft setzte sich auch für gesellschafts- und allgemeinpolitische Probleme ein, wobei das Spektrum von der Verbesserung der Ärzteausbildung und des staatlichen Gesundheitswesens über den Kampf gegen Analphabetismus, Aberglauben und Körperstrafen bis zum Einsatz für die Freiheit der Person, der Rede und der Versammlung und für die Toleranz gegenüber jüdischen Mitbürgern reichte.[246]

Auch die Lehrer versuchten bereits vor dem Ersten Weltkrieg, die Vereinzelung zu durchbrechen. So wurde 1905 ein Lehrerverband gegründet, der die Regierung zu einer Reform des Bildungswesens, aber auch zu allgemein politischen Reformen drängen wollte; bis Sommer 1907 hielt er vier Kongresse ab. Obwohl der Verband die Reaktionszeit nicht überlebte und die Regierung überregionale Veranstaltungen der zemstva-Organe zu verhindern suchte, hielt dies die Volksschullehrer nicht davon ab, Ende

---

[246] Dabei stieg die Zahl der Mediziner stetig, 1912 wurden 22.800 zivile Ärzte, 1914 31.300 Inhaber medizinischer Titel und 5.800 Zahnärzte gezählt. Zum Problem allgemein: zur Pirogov-Gesellschaft und der Entwicklung der Ärzteschaft: N.M. Frieden, Pirogov-Society, in: MESRH Bd. 28, S. 87 ff.; dies., Russian Physicians in an Era of Reform and Revolution, 1856 – 1905, Princeton 1981; dies., The Politics of Zemstvo Medicine, in: T. Emmons / W.S. Vucinich, Zemstvo in Russia, S. 315 ff.; J.F. Hutchinson, Society, Corporation or Union? Russian Physicians and the Struggle for Professional Unity (1890 - 1913), in: Jahrbücher für Geschichte Osteuropas 30 (1982), S. 37 ff.; P.F. Krug, Russian Public Physicians and Revolution. The Pirogov Society, 1917 – 1920, Diss. Wisconsin 1979; S.C. Ramer, The Zemstvo and the Public Health, in: Emmons / Vucinich, Zemstvo in Russia, S. 279 ff.

1913 einen 1. Allrussischen Volksschullehrerkongreß abzuhalten, dem noch im gleichen Jahr der 1. Allrussische Volksbildungskongreß folgte. Was über das Anwachsen der Ärzteschaft gesagt wurde, galt im übrigen auch und erst recht für die Lehrer. Gab es Mitte der 90er Jahre etwa 54.000 ländliche Grundschulen, so hatte sich ihre Zahl bis 1914 verdoppelt, wozu noch die städtischen Volksschulen und die Gymnasien hinzuzurechnen wären; waren – nach Angaben des Bildungsministeriums – im Grundschulbereich 1914/15 im europäischen Rußland rd. 157.000 (im Gesamtreich 187.000) Lehrpersonen tätig, belief sich die Zahl im mittleren Schuldienst auf etwa 37.000.[247]

Als ein drittes Beispiel wären die Anwälte zu nennen, die als Gruppe vielleicht die größte Nähe zur Politik besaßen. Über 11.000 gab es von ihnen am Vorabend des Ersten Weltkrieges, etwa die Hälfte davon »vereidigte Vollanwälte«, die nach Abschluß des juristischen Studiums mindestens fünf Jahre in der Justizverwaltung oder als »Gehilfe« in einer Anwaltskanzlei praktiziert hatten, die übrigen waren eben solche »Gehilfen«; beide unterstanden der Aufsicht ihrer Standesvertretungen, den Anwaltskammern, deren Bildung mit der Justizreform von 1864 möglich geworden war. Freilich gab es daneben auch 2.000-3.000 (vom Gericht beglaubigte) freie »Privatanwälte«, die nicht studiert oder ihr Studium nicht abgeschlossen hatten und auch nicht Mitglieder der Anwaltskammern waren; doch ihre Zahl war im Sinken.[248]

Wie die freien Berufe hatten auch die Unternehmer ihre Organisationen. Seit die Minenbesitzer des Südens 1874 in Taganrog ihren ersten Kongreß abgehalten hatten, sich 1880 in Char'kov wieder trafen und ein kleineres Gremium wählten, das bis zum nächsten Kongreß die Geschäfte führen sollte, gingen auch andere Industriezweige verstärkt dazu über, »Kongresse« abzuhalten und Branchenbüros aufzubauen, in der Hauptstadt wie draußen in der

---

[247] Zahlen nach J. Brooks, The Zemstvo and the Education of the People, in: Emmons / Vucinich, Zemstvo in Russia, S. 243 ff., hier 250, 270; V.R. Lejkina-Svirskaja, Russkaja intelligencija, S. 60 f.; auch All-Russian Congress on National Education sowie All-Russian Teachers' Union, in: MERSH Bd. 1, S. 167 f., 173; J. Brooks, When Russia Learned to Read. Literacy and Popular Literature, 1861 – 1917, Princeton, N.J. 1985; H.-H. Nolte / G. Schramm, Die Schulen und Hochschulen, in: Hellmann / Zernack / Schramm, Handbuch der Geschichte Rußlands, Bd. 3, S. 1578 ff.; V. Rudakov, Gimnazija, in: Brokgauz-Efron, Ènciklopedičeskij slovar, Bd. 8, S. 698 ff.; S.J. Seregny, Revolutionary Strategies in the Russian Countryside. Rural Teachers and the Socialist Revolutionary Party on the Eve of 1905, in: Russian Review 44 (1985), S. 221 ff.

[248] Vgl. J.W. Atwell, Bar Association in Russia and the Soviet Union, in: MERSH Bd. 3, S. 98 ff.; Geyer, Bildungsbürgertum, S. 222 ff.; E.E. Huskey, The Formation of the Soviet Advokatura, Princeton, N.J. 1986; S. Kucherov, The Legal Profession in Pre- and Postrevolutionary Russia, in: American Journal of Comparative Law 5 (1965), S. 443 ff.; V.R. Lejkina-Svirskaja, Russkaja intelligencija, S. 78 f.; V. Rabe, Die Justiz, in: Hellmann / Zernack / Schramm, Handbuch der Geschichte Rußlands, Bd. 3, S. 1528 ff.

Provinz. Meist geschah dies in Tuchfühlung mit den zuständigen staatlichen Stellen (der Abteilung für Handel und Industrie des Finanzministeriums), denen man bei der Besetzung von Schlüsselpositionen oft ein Mitspracherecht einräumte. 1896 fand der Allrussische Kongreß für Handel und Industrie in Novgorod statt, auf dem der Staat einmal mehr seine Verbundenheit mit der heimischen Industrie zum Ausdruck brachte. Der Zar sagte seine Teilnahme zu und erschien im Gewand eines altrussischen Kaufmanns.[249]

Zur Gründung einer gesamtstaatlichen und branchenübergreifenden Organisation, eines Dachverbandes der Industrieverbände, kam es jedoch erst 1906, auf dem 1. »Kongreß von Vertretern von Industrie und Handel« (s"ezd predstavitelej promyšlennosti i torgovli); er wählte einen Vorsitzenden und einen Stellvertreter, umgab sie mit einem kleineren Komitee und setzte einen permanenten »Rat« (sovet) ein, der bis zum nächsten Kongreß die Interessen von Industrie und Handel vertreten und künftig auch ein eigenes Publikationsorgan, das Journal »Industrie und Handel« (Promyšlennost' i torgovlja) herausgeben sollte. Stimmberechtigte Mitglieder waren die lokalen, regionalen und branchenspezifischen Industrieverbände, dazu kamen Vertreter aus Handel, Banken und Versicherungen, und mit beratender Stimme konnten sich auch Einzelunternehmen beteiligen. Die Zahl der stimmberechtigten korporativen Mitglieder stieg zwischen 1906 und 1917 von 37 auf 67, die Zahl der (mit beratender Stimme angeschlossenen) Einzelbetriebe von 55 auf 588. Ließ man diese Besonderheiten beiseite und schaute nur auf die Zahl der repräsentierten Firmen, so belief sich ihre Zahl schon vor dem Ersten Weltkrieg auf fast 28.000. Die Industrie- und Handelskongresse fanden faktisch jährlich statt, und versuchten jeweils die Eckwerte der Verbandspolitik vorzugeben: nicht nur gegenüber dem Staat, sondern auch gegenüber der Arbeiterschaft, wenn es zu Streiks kam und eine einheitliche »Gegenstrategie« abgesprochen werden sollte.

Dem Dachverband war es zwar nach den Statuten verboten, sich mit Politik zu befassen oder politische Themen zu diskutieren. Das hieß aber nicht, daß er nicht versucht hätte, überall dort, wo die Politik eigene Interessen berührte, massiv Einfluß zu nehmen: bei Zoll- und Außenhandelsverträgen, bei steuer- und finanzpolitischen Entscheidungen, Fragen der Wirtschaftsförderung, des Transports, der Sozialpolitik und der Fabrikgesetzgebung. Das konnte über die 6 Vertreter geschehen, die für Industrie und Handel im

---

[249] A. Ermanskij, Krupnaja buržuazija do 1905 goda, in: L. Martov / P. Maslov / A. Potresov (Hgg.), Obščestvennoe dviženie v Rossii, Bd. 1, St. Petersburg 1909, S. 332 ff.; V.Ja. Laveryčev, Krupnaja buržuazija v poreformennoj Rossii (1861 – 1900 gg.), Moskau 1974; Ja.I. Livšin, »Predstavitel'nye« organizacii krupnoj buržuazii v Rossii v konce XIX – načale XX vv., in: Istorija SSSR 1959, N° 2, S. 95 ff.; H. Rogger, Russia in the Age of Modernisation, S. 123; H. Seton-Watson, The Russian Empire, 1801 – 1917, 1. Aufl. 1967, Reprint Oxford 1989, S. 522 f.

Reichsrat saßen und die zugleich Mitglieder des Dachverbandes waren. Der Verband unterstützte auch eine entsprechende Arbeitsgemeinschaft (für Fragen des Handels und der Industrie) in der Duma. Doch der größte Einfluß wurde über direkte Kontakte zu Regierungsstellen, vor allem zum neugegründeten Ministerium für Handel und Industrie ausgeübt.[250]

Was die parlamentarische Interessenvertretung anging, galten zunächst vor allem die »Oktobristen« (die sich offiziell »Bund des 17. Oktober« nannten) als Partei der Industrie, saßen in ihrem Zentralkomitee 1905/06 doch 11 Bankiers und Industrielle, 6 Großgrundbesitzer und 5 Angehörige freier Berufe, und der Gründer und langjährige Parteivorsitzende war einer von ihnen: Aleksandr Gučkov.[251] Als Partei von Handel und Gewerbe konnten auch die »Progressisten« gelten, die sich 1906/07 zur Fraktionsgemeinschaft zusammenmentaten, damals noch Anhänger der »Friedlichen Erneuerung« nannten und seit 1912 als eigenständige Partei auftraten; zu ihren Leitfiguren zählten die prominenten, millionenschweren Unternehmer P.P. Rjabušinskij und A.I. Konovalov.[252] Zu den »bürgerlichen« Parteien waren schließlich auch und nicht zuletzt die »Kadetten« zu rechnen, und während Oktobristen und Progressisten vor allem Handel und Gewerbe vertraten, dominierten bei den Kadetten die freien Berufe. So waren von den 26 Mitgliedern, die 1905 ins Zentralkomitee gewählt wurden, 9 Anwälte und 9 Professoren, und P.N. Miljukov, der die Partei mitgegründet hatte, sie über Jahre führte und prägte, ursprünglich Hochschullehrer, Historiker gewesen, bevor er in die Politik ging, Dumamitglied und Chefredakteur der Zeitung »Reč'« wurde.[253]

---

[250] C. Goldberg, The Association of Industry and Trade, 1906 – 1917. The Successes and Failures of Russia's Organized Businessmen, Diss. University of Michigan 1974; J.H. Hartl, Die Interessenvertretungen der Industriellen in Rußland 1905 – 1914, Wien 1978; R.A. Roosa, Congresses of Representatives of Industry and Trade, in: MERSH Bd. 7, S. 242 ff.; dies., The Association of Industry and Trade, 1906 – 1914. An Examination of the Economic Views of Organized Industrialists in Prerevolutionary Russia, Diss. Columbia University 1967; dies., The Russian Industrialists and »State Socialism«. 1906 – 1917, in: Soviet Studies 23 (1972), S. 395 ff.

[251] Dazu E. Birth, Die Oktobristen (1905 – 1913). Zielvorstellungen und Struktur. Ein Beitrag zur russischen Parteiengeschichte, Stuttgart 1974; L. Menashe, Alexander Guchkov and the Origins of the Octobrist Party. The Russian Bourgeoisie in Politics, 1905, Diss. New York 1966; N.B. Weissman, Octobrist Party, in: MERSH Bd. 25, S. 181 ff.

[252] H. Heilbronner, Progressive Party, in: MERSH Bd. 52, S. 1 ff.; L.W. Lerner, The Progressists in the Russian State Duma, 1907 – 1913, Diss. University of Washington 1976; J.L. West, The Moscow Progressists. Russian Industrialists in Liberal Politics, 1905 – 1914, 2 Bde., Princeton, N.J. 1975.

[253] Zu den Kadetten vgl. oben S. 123, 145 ff., 174 ff., 192 ff. u. ö., für den Parteiführer die knappe Lebensgeschichte mit Hinweisen auf weiterführende Literatur J.E. Good, Miliukov, Pavel Nikolaevich, in: MERSH Bd. 22, S. 110 ff.; zur Rolle der Kadetten in der Revolution auch die Erinnerungen von V.A. Obolenskij (Moja žizn' i moi sovremenniki), der selbst Mitglied des kadettischen Zentralkomitees war; Auszüge druckt ab Fevral'skaja revoljucija v Petrograde (Iz vospominanij knjazja V.A. Obolenskogo); Vremennoe pravitel'stvo u vlasti (Iz vospominanij knjazja V.A. Obolenskogo); Bol'ševiki prichodjat k vlasti (Iz vospominanij knjazja V.A. Obolenskogo); in: Sovetskie archivy 1991 N° 1, S. 55 ff.; N° 2, S. 48 ff.; N° 3, S. 38 ff.

An »bürgerlichen« Gruppen und Organisationen fehlte es demnach nicht, und wie sie in den Kriegsjahren versuchten, mit der Gründung des »Progressiven Blocks« und der »Kriegsindustriekomitees« ihren Einfluß auf die Regierungspolitik zu verstärken, wurde oben – bei der Vorgeschichte der Februarrevolution – bereits dargestellt. Die Vielfalt der Gruppen dokumentierte freilich auch die Schwäche, die Fragmentierung des »Bürgertums«, und gerade die Kriegserfahrung hinterließ zwiespältige Eindrücke, zehrte an ihrer politischen Glaubwürdigkeit, als unabhängiger, eigenständiger, ernstzunehmender Kraft, der es um mehr ging, als nur um die Wahrung der eigenen, vornehmlich wirtschaftlichen Interessen unter dem Schutzmantel der Autokratie.

Denn berufsständische Organisationen allein machten ihre Mitglieder noch nicht zur handlungsfähigen politischen Einheit. So führten die Erfahrungen der 1905er-Revolution – das Engagement, das sie auslöste, die Repressionen, die ihm folgten – in der Pirogov-Gesellschaft gerade zur umgekehrten Entwicklung, zur Zersplitterung der Ärzteschaft, zum Versanden ihrer Aktivitäten.[254] Bei der Lehrerschaft war es mit der Überwindung der Vereinzelung ohnehin nicht weit her: Die großen Unterschiede zwischen Gymnasial- und Dorfschullehrer blieben bestehen; und abgesehen davon, daß es innerhalb der Dorfschullehrerschaft noch einmal einen Unterschied machte, ob die Schule der ländlichen Selbstverwaltungskörperschaft, der Kirche oder dem Bildungsministerium unterstand, dürften viele Dorfschullehrer die Vereinzelung auch ganz elementar erfahren haben; zu einem hohen Prozentsatz waren sie in einklassigen Zwergschulen tätig, schlecht bezahlt obendrein, was eine Familiengründung kaum zuließ und nahelegte, den Beruf aufzugeben, wenn sich etwas besseres bot.[255] Und die gleiche soziale Fragmentierung, die die Pädagogenschaft in Grundschul- und Gymnasiallehrer teilte, gab es auch in der Anwaltschaft, zwischen Volljuristen und unstudierten Rechtsbeiständen, und bei den Medizinern zwischen Ärzten und bloßen »Badern« (feld'šery) sowie Hebammen.

Sie alle zum »Bildungsbürgertum« zusammenzufassen, übersah, daß 1. der postulierten bildungs- und berufsständischen Zugehörigkeit nur sehr begrenzt ein vergleichbarer Lebensstil entsprach, noch weniger aber 2. aufgrund der Zurechnung bereits ein entsprechendes und gleichförmiges politisches Bewußtsein unterstellt werden darf. Dem widerspricht schon die

---

[254] Vgl. die Kapitel 2 und 3 bei Krug, Russian Public Physicians and Revolution; auch J.F. Hutchinson, Science, Politics and Alcohol Problem in Post-1905 Russia, in: Slavonic and East European Review 58 (1980), S. 232 ff.

[255] Statistisch kamen diese Umstände auch darin zum Ausdruck, daß das Durchschnittsalter der Dorfschullehrer relativ niedrig, zwei Drittel Frauen und die allermeisten von ihnen unverheiratet waren; vgl. J. Brooks, The Zemstvo and the Education of the People, in: Emmons / Vucinich, Zemstvo in Russia, S. 253 ff.

bekannte Tatsache, daß ein Teil dieser »Bildungsbürger« – Hochschul-
absolventen, Ärzte, Rechtsanwälte – sich explizit von der »bürgerlichen«
Lebenswelt distanzierte, sich der »demokratischen« Intelligencija zurechnete und zum Vordenker sozialistischer Ideen wurde; man denke nur an die
Juristen Viktor M. Černov, Aleksandr F. Kerenskij und Vladimir I. Ul'janov (Lenin) und ihre jeweilige Rolle in der revolutionären Bewegung.

Die Fragmentierung setzte sich beim »Besitzbürgertum« fort. Die Gründung des industriellen Dachverbandes 1906 konnte kaum verdecken, daß die
regionalen und branchenspezifischen Differenzen im Unternehmertum (und
natürlich auch in ihren Organisationen) fortbestanden, ja neue hinzukamen.
Wurde von Vertretern der Geschäftswelt öffentlich Protest erhoben gegen
staatlichen Interventionismus, die allzu starke Einmischung der Regierung
in Belange der Wirtschaft, die Entwicklung »staatskapitalistischer« Strukturen; gegen das Verbot von Gewerkschaftsorganisationen und überzogene
staatliche Repressionspolitik, gerade auch gegenüber der Arbeiterschaft und
ihren Vertretungen; gegen ethnische und religiöse Diskriminierung, kam er
in der Regel aus der »Moskauer« Ecke. Hier wo man u.U. als Altgläubiger
Diskriminierung am eigenen Leibe erfahren hatte, für den Konsum produzierte, an der Stärkung der Massenkaufkraft interessiert war und weniger
von staatlichen Aufträgen lebte, hatte man seit jeher ein distanzierteres Verhältnis zum autokratischen Staat und seinen traditionellen Führungsschichten. Organisatorischer Mittelpunkt dieser »altmoskauer« Ansichten war und
blieb das Moskauer »Börsenkomitee« (birževoj komitet).[256]

Es war ja auch 1912 im Moskauer Börsenclub gewesen, daß der hier ansässige Großindustrielle und Zeitungsverleger P.P. Rjabušinskij, der selbst
einer altgläubigen Familie entstammte, die Innen- und Außenpolitik der
Regierung scharf kritisierte und die eigenen Standesgenossen ermahnte,
stolz auf ihren Beruf zu sein, statt nur nach staatlichen Titeln und der No-
bilitierung zu schielen, und endlich – als Unternehmer – die ihnen zustehende Führungsposition im Staate einzunehmen.[257] Es war ebenfalls ein
Moskauer Industrieller mit altgläubigem Familienhintergrund, der Textil-
fabrikant A.I. Konovalov, der 1914 – reichlich verzweifelt über den Regie-
rungskurs – die Konfrontation zwischen Staat und Gesellschaft wachsen
sah, eine neue Revolution für unausweichlich hielt und Kontakt zu den sozialistischen Parteien, die Bolschewiki eingeschlossen, suchte.[258] Und es

---

[256] Vgl. dazu zusammenfassend Haumann, Kapitalismus im zaristischen Staat, S. 41 ff., sowie
die auf S. 371 Anm. 245 genannte Literatur.
[257] Vgl. V.N. Kokovtsov, Out of My Past, Stanford / London 1935, S. 307.
[258] V.Ja. Laveryčev, Po tu storonu barrikad. Iz istorii bor'by Moskovskoj buržuazii s revoljuciej,
Moskau 1967, S. 104 ff.; I.Z. Rozental', Russkij liberalizm nakanune pervoj mirovoj vojny i taktika bol'ševikov, in: Istorija SSSR 1971 N° 6, S. 52 ff.; West, Moscow Progressists, Bd. 2, S. 457 ff.

waren wiederum Moskauer Kreise, die – nach den ersten schweren Kriegs-niederlagen – im Frühjahr 1915 lautstark forderten, die Planungen zu ver-bessern, die Wirtschaft daran zu beteiligen und nach Möglichkeit auch die Arbeiterschaft in die gemeinsame, patriotische Aufgabe einzubinden; eben diesem Zweck sollte die landesweite Bildung von »Kriegsindu-striekomitees« dienen, die vor Ort und in der Region alle produktiven Kräfte (aus Gewerbe, Handel und Wissenschaft, aus Stadt und Land) für die Kriegführung mobilisierten und deren Tätigkeit durch ein »Zentrales Kriegsindustriekomitee« in Petrograd koordiniert wurde.[259] Parteipoli-tisch fanden all diese Vorstellungen und Forderungen ihren stärksten Rückhalt bei den Progressisten, was bei identischen Leitfiguren auch nicht weiter verwunderlich ist, ihr Organ war die Moskauer Zeitung »Rußlands Morgen« (Utro Rossii), und nach Kriegsbeginn bemühten sie sich auch um die Schaffung einer Allrussischen »Union von Handel und Industrie«, nachdem es nicht gelungen war, den bestehenden Dachverband auf ihre Linie zu bringen (wobei neben S.I. Četverikov, S.N. Tret'jakov, N.D. Morozov und E.V. Morozov wiederum Konovalov und Rjabušinskij zur Initiativgruppe gehörten).[260]

Da die »Moskauer« Zuordnung weniger als regionale Exklusivität, denn als Typus zu begreifen ist, gab es – in diesem Sinne – »Moskauer« Indu-strielle auch in St. Petersburg, wenngleich hier die Industrie, wie oben be-reits erwähnt, eine andere Grundorientierung aufwies. Schwerindustriell in der Ausrichtung und in sehr viel höherem Grade von Staatsaufträgen ab-hängig, lag Staatsnähe hier im wohlverstandenen Eigeninteresse. So hatten sie eine wesentlich andere Einstellung zur Autokratie, zum Zaren, seinen Ministern und der Rolle des Staates im Industrialisierungsprozeß. Aber nicht nur das, auch ihre sozialpolitischen Vorstellungen differierten: Sie setzten, verkürzt gesagt, auf Stechuhren, Stücklohn und Rationalisierung, und waren auch gegen Schlichtungsanstrengungen des Staates, die nur neue Forderungen nach sich ziehen würden.

Im übrigen konnten die »Petersburger« durchaus darauf verweisen, daß das Unternehmertum als ganzes mit dem Schutz der Autokratie öko-nomisch nicht schlecht fuhr: Der Staat war bestrebt, den Interessen der heimischen Industrie, wo er konnte, entgegenzukommen, Investitionen anzuregen und den Mangel an Kapital, die schwierigeren Start- und Ex-istenzbedingungen, die fehlende Nachfrage im noch immer unterent-wickelten Land auszugleichen; die Autokratie bot Schutz gegenüber »un-erfüllbaren« Forderungen der Arbeiterschaft und sollte, wenn es nach den

---

[259] Siehe oben S. 105 ff.
[260] Vgl. Kapitel 9 (Social Fragmentation) bei Rieber, Merchants and Entrepreneurs, S. 372 ff.

»Petersburgern« ging, auch bei diesem strikten Kurs bleiben; die Profite waren gut, die Steuern und Abgaben gemäßigt; es gab keine Einkommensteuer bis 1916, die an den Fiskus zu entrichtenden Abgaben (die Besteuerung von Geschäftseigentum und -gewinnen, von Renditen aus Versicherungen, Bankeinlagen und Erbschaften, von Land, Stadthäusern, Gewerbescheinen) schienen tragbar, und die indirekten Steuern belasteten ungleich mehr die unteren Einkommensschichten.[261]

Das schloß Verteilungskämpfe nicht aus, vor allem in Rivalität zu Gruppen, auf deren Loyalität die Regierung ebenfalls angewiesen war (z.B. den Agrariern), reichte aus Sicht der »Petersburger« aber nicht aus, zum autokratischen Staat auf Distanz und auf die Arbeiterschaft zuzugehen, wie das manche »Moskauer« propagierten. Sie befürchteten, daß eine solche Politik nur die Autokratie schwächen, jedes Entgegenkommen die Revolutionäre begünstigen und beides zusammen die eigene, unternehmerische Position untergraben würde.[262]

Letztendlich bestimmte die »Petersburger« Haltung wohl mehr das Bild, das die breite Öffentlichkeit von der Rolle der »Industrie«, der »Bourgeoisie« im Zarenreich besaß: Um des eigenen, kleinlichen Vorteils willen kusche sie vor Willkür und Gewalt und sei – schwach und feige zugleich – zu einem bloßen Anhängsel des Despotismus geworden. Der Krieg vertiefte diesen Eindruck. Er nahm die »Moskauer« in die patriotische Pflicht und ließ »Petersburger« (Rüstungs-) Industrie und autokratischen Staat noch enger aneinanderrücken als je zuvor. Ja, je länger der Krieg dauerte, desto mehr verfestigte sich in den breiten Schichten der Bevölkerung die Gewißheit, von ihm profitiere nur »die Bourgeoisie«. Während die Versorgungslage immer prekärer wurde, Inflation und Staatsverschuldung wuchsen, wurden für Rüstungsgüter Höchstpreise bezahlt und immense Gewinne eingefahren; und während die Gestellungspflicht Bauern- und Arbeitersöhne an die Front holte, »diente« von den gebildeten und be-

---

[261] In Sonderheit wurden solche Ansichten von der »St. Petersburger Gesellschaft der Fabrik- und Betriebsbesitzer« vertreten. Aber auch die »Vereinigung der südlichen Kohle- und Stahlproduzenten« und bestimmte Teile des Moskauer Unternehmertums standen ihnen dabei nahe. Vgl. Versuch einer Gesamtwürdigung der Rolle des Unternehmertums Rogger, Russia in the Age of Modernisation, S. 117 ff.; für die Fragmentierung Owen, Capitalism and Politics, S. 173 ff. (bezogen auf Moskau und die Revolution von 1905); Rieber, Merchants and Entrepreneurs, S. 372 ff.

[262] Zur Entwicklung und Entwicklungsfähigkeit des politischen Systems A.Ja. Avrech, Carizm i tret'eijun'skaja sistema, Moskau 1966; V.S. Djakin, Samoderžavie, buržuazija i dvorjanstvo 1907 – 1914 gg., Leningrad 1978; Haumann, Kapitalismus im zaristischen Staat, S. 44 ff., 49 ff.; G.A. Hosking, The Russian Constitutional Experiment. Government and Duma 1907 – 1914, Cambridge 1973; H.-D. Löwe, Das System des dritten Juni und seine Entwicklung, sowie ders., Die neue Ordnung und ihre Chancen, in: Hellmann / Zernack / Schramm, Handbuch der Geschichte Rußlands, Bd. 3, S. 384 ff., 455 ff.

sitzenden Schichten – ein offen und häufig diskutierter Tatbestand – nur ein Bruchteil, sei es daß sie einen »kriegswichtigen« Verwaltungsposten bekleideten oder in den aufgeschwollenen Apparaten gemeinnütziger Organisationen Unterschlupf fanden: in den Kriegsindustriekomitees, beim Roten Kreuz oder den Wohlfahrtsorganisationen der städtischen und ländlichen Selbstverwaltungskörperschaften.[263]

c) Die Rolle der Bürger in der Revolution

»Wie ein gewaltiger geologischer Umsturz spielend die dünne Schicht der späteren Kulturaufschichtungen niederreißt und die längst bedeckten Schichten, die an das graue Alter, an die längst verflossenen Epochen der Geschichte der Erde erinnern, an das Tageslicht bringt, so entblößte die russische Revolution unsere historische Struktur, die nur schwach mit einer Schicht der jungen kulturellen Errungenschaften bedeckt war.«[264] Mit diesen Worten umschrieb P.N. Miljukov, der Kadettenführer, die Urgewalt der Revolution. Ihn erinnerten die vaterlandslosen Gesellen, die Lenin und Trockij hinterherliefen, an die Bauernaufstände des 17. und 18. Jahrhunderts, an die anarchischen Massen, die hinter Bolotnikov, Razin und Pugačëv sengend und brennend durchs Land zogen. Sie zeigten, wie wenig der »Staatsgedanke« in Rußland noch immer entwickelt und wie schwach die »oberen sozialen Schichten [waren], die so leicht ihren Platz abtraten und nachher durch den Volksstrom an die Seite geworfen wurden«. Sie demonstrierten aber auch, so Miljukov, daß in Rußland ein Bürgertum »im eigentlichen Sinne« fehlte, selbst wenn der Volksmund jeden, der »einen steifen Kragen und einen Hut« trug, abschätzig zum »buržuj« erklärte.[265]

In dieser Titulierung steckte wohl noch etwas mehr: Sie brachte zum Ausdruck, daß man jeden »mit steifem Kragen und Hut«, jeden »Bürger« im Zweifelsfall eher den oberen sozialen Schichten als der eigenen Lebenswelt zurechnete; und politisch sprach aus ihr der Vorbehalt, die »buržui« als Partner, als Teil der »revolutionären Bewegung« anzuerkennen. Es wa-

---

[263] Zum Problem, dem Ausmaß und den Klagen über die »Freistellungen« bzw. die »belobiletniki« vgl. Rossija v mirovoj vojne 1914–1918 goda, S. 24 f.; Golovin, Voennye usilija v mirovoj vojne, Bd. 1, S. 99, 113; Wildman, The End, Bd. 1, S. 102 f.; zu den Kriegsgewinnen, den »Räuberpreisen für Gegenstände der Kriegsindustrie«, der »kolossalen Hinterlandsarmee, die auf Staatskosten lebte« und »aus dem Volkselend, der Zerrüttung des Landes und des Transportwesens« außerordentliche Gewinne erzielte, wozu er allerdings auch Teile der (in der Rüstungsindustrie beschäftigten) Arbeiterschaft rechnet, auch Milukow [sie!], Geschichte der Zweiten Russischen Revolution, S. 25.
[264] Milukow, Geschichte der Zweiten Russischen Revolution, S. 11.
[265] Ebda., S. 12.

ren erklärtermaßen die Arbeiter und Soldaten gewesen, die die Revolution
gemacht hatten. Trotz aller Kritik an den Fehlern des Regimes vorab, hatten die Vertreter der »bürgerlichen Parteien« in der Duma zunächst mit
äußerster Zurückhaltung auf die sich ausweitenden Unruhen reagiert. Ob
sie nur den Zeitpunkt ablehnten oder die Revolution als solche, die Interessen des Gesamtstaates vor Augen hatten oder nur die eigenen – es war offenkundig, daß das Mißtrauen blieb und durch die Übernahme der Regierungsgewalt (die Bildung des provisorischen Kabinetts, was als –
zumindest – nachträgliche Parteinahme für die Revolution gedeutet werden konnte) kaum geringer wurde.[266]

Die Kabinettsliste las sich wie ein Verzeichnis von Persönlichkeiten des
öffentlichen Lebens, prominenten Vertretern des »Besitz-« und »Bildungs-
bürgertums« sowie Repräsentanten gesellschaftlicher Organisationen, die
sich mit ihrer Kritik am alten Regime einen Namen gemacht hatten. Fürst
L'vov und Miljukov, Gučkov und Konovalov, Nekrasov und Tereščenko
– wer sich schon bisher für Politik interessierte, kannte diese Namen, wußte welche Rolle sie in der Kadetten-, Oktobristen- oder Progressistenpar-
tei, in den ländlichen und städtischen Selbstverwaltungskörperschaften
oder in den Kriegsindustriekomitees gespielt hatten. Doch selbst wenn
man unterstellt, daß dieses »Wissen« in der Bevölkerung weiter verbreitet
war, als man kritischen Blicks annehmen darf – es überbrückte noch nicht
die soziale Kluft, das skizzierte Grundmißtrauen gegenüber diesen neuen
Ministern, von denen zwei Rechtsanwälte, zwei Professoren, zwei Ärzte,
drei Industrielle, einer Ingenieur und einer Gutsbesitzer war. Wie anders
wäre zu erklären, daß neben der Regierung als »Kontrollorgan der revolutionären Demokratie« jener Sowjet der Arbeiter- und Soldatendeputierten
entstand und sich in den kommenden Wochen und Monaten wachsender
Reputation erfreute.[267]

Wer der Regierung aber von vorneherein mißtraute, sie in den Fußstapfen
der alten sah, hatte es ins Jahr hinein nicht schwer, das eigene Vorurteil –
trotz aller Reformaktivitäten – bestätigt zu finden. Dreh- und Angelpunkt
war ihre – im Grunde nie ernsthaft in Frage gestellte – Entscheidung, den
Krieg fortzusetzen. Gewiß, dafür gab es in jeder Phase nachvollziehbare
Gründe. Sie tat es zunächst, weil sie es für ihre »patriotische Aufgabe« hielt;
dann in der Hoffnung, mit einem militärischen Erfolg ihr schwindendes Ansehen wieder zu festigen; schließlich nur noch aus Schwäche, aus Furcht, mit
dem Eingeständnis der Niederlage den eigenen Untergang zu beschleunigen

---

[266] Zum Verhalten der bürgerlichen Parteien und Dumamitglieder eingehend Galili, Menshevik
Leaders, S. 21 ff., sowie oben S. 111 ff., 128 ff.

[267] R.Wittram, Studien zum Selbstverständnis des 1. und 2. Kabinetts der russischen Provisorischen Regierung (März bis Juli 1917), Göttingen 1971, Ŝ. 15 ff.

und zu besiegeln. Sie erbte damit jedoch auch die Versorgungsprobleme, an denen die alte Regierung im Frühjahr gescheitert war; band sich wirtschaftspolitisch mit der Konzentration auf den Krieg beide Hände; und schöpfte Wasser auf die Mühlen derer, die noch immer die alten »imperialistischen« Kräfte am Werke sahen. Das alles wurde oben bereits dargestellt.

Doch dem äußeren Scheitern der »bürgerlichen« Regierung entsprach auch ein innerer Erosionsprozeß, in dem erneut die Fragmentierung des »Bürgertums« zum Ausdruck kam. Wer – wie der neue kadettische Außenminister Miljukov – mit dem Glauben in die Regierung eingetreten war, sie werde in der Lage sein, den Krieg siegreich fortzuführen und zu beenden, stellte ihre Legitimation bereits in Frage, als das Ziel des Siegfriedens aufgegeben wurde und der Glaube an die neue Stärke schwand. Er sah sie als Bestätigung seiner grundsätzlichen Skepsis, die ihm die Unruhen von vorneherein suspekt gemacht hatte: Den Revolutionären fehlte es an Patriotismus, an Verantwortungsgefühl für den Gesamtstaat; sie waren unfähig zu einer Politik der »gosudarstvennost'«, die Staatskunst und Überparteilichkeit vereinte – was im Nachhinein die Revolution wohl fast in die Nähe des Landesverrates rückte.

Ob sie der siegreichen Beendigung des Krieges oberste Priorität einräumten oder nicht, Hauptziel der Innenpolitik war für die bürgerlichen Regierungsmitglieder in jedem Falle, den Sturz in Anarchie und Chaos zu vermeiden und rechtsstaatliche Strukturen aufzubauen. Das hieß: Verkündung der Grundrechte, Abschaffung ständischer, religiöser und nationaler Diskriminierung, Demokratisierung der Verwaltungsstrukturen und Vorbereitung der Wahlen zu einer Verfassungsgebenden Versammlung, die alles weitere entscheiden sollte, ergänzt durch eine politische Amnestie. Das hieß aber auch, dafür zu sorgen, daß die neue rechtsstaatliche Ordnung eingehalten wurde, auf der Basis des sozialen und nationalen status quo. Und dies wiederum hieß: Vertagung aller Forderungen der unterprivilegierten Klassen und Schichten, die sich in jedem Falle mehr von der Revolution erhofft und erwartet hatten, und eine Abfuhr auch für alle nicht-großrussischen Nationalitäten, die nun ihre Autonomie- oder Souveränitätswünsche zu formulieren begannen.

Zum Problem wurde dieses Programm spätestens, als Anfang Mai die Koalitionsverhandlungen mit den »gemäßigten« Sozialisten begannen. So unstrittig es war, daß das »Bürgertum« – gerade wegen der eigenen Schwäche und mangelndem Rückhalt in den breiten Schichten der Bevölkerung – auf diese Koalition angewiesen war, so schwer zu verwinden blieb es doch, daß die künftigen Partner Zielvorgaben formulierten, die zum Teil erheblich von den eigenen Vorstellungen abwichen bzw. darüber hinaus gingen. Auf ihrer Wunschliste stand – neben dem Abschluß eines »Friedens ohne Annexionen und Kontributionen« – auch die »Demokratisierung« der Armee, die Verstärkung der staatlichen Kontrolle über Produktion und Verteilung, der Ausbau der Arbeitsschutzbestimmungen, eine Landwirtschaftspolitik, die die Interessen der Bauernschaft im Auge behält, und eine Steuerreform mit progressiver Belastung von Einkommen, Vermögen und Kriegsgewinnen. Ein Dauerkonflikt deutete sich an, der sich in den Sommer hinein mit dem Streit über die Landwirtschafts- und die Nationalitätenpolitik noch verschärfte. Die bürgerlichen Parteien reagierten darauf, indem sie der Regierung mehr und mehr die Rückendeckung entzogen, die Oktobristen überhaupt ausschieden und die verbleibenden kadettischen und progressistischen Kabinettsmitglieder nur noch sich selbst, nicht mehr ihre Partei vertraten, sofern sie nicht ihre alte Partei verließen und eine neue gründeten.

Den gleichen Erosionsprozeß wie im politischen Lager erfuhr die Provisorische Regierung auch in der Unternehmerschaft. Noch im Frühjahr war es gelungen, den drohenden Sozialkonflikt in den Fabriken durch Zugeständnisse der Arbeitgeberseite zu entschärfen. Die Hauptstadt ging dabei mit gutem Beispiel voran. So vereinbarten in der ersten Märzhälfte der Petrograder Sowjet und die Petrograder Gesellschaft der Fabrik- und Betriebsbesitzer die Einführung des 8-Stundentages bei vollem Lohnausgleich sowie die Institutionalisierung der Fabrikkomitees als gewählter Arbeitervertretung; zugleich verständigten sie sich darauf, zur Beilegung von Mißhelligkeiten zwischen Firmenleitung und Belegschaft in allen Betrieben paritätisch besetzte Schlichtungskammern einzurichten und die Durchführung der Wahl der Arbeitervertreter in die Hände der Fabrikkomitees zu legen. In fast allen Betrieben wurde der Minimallohn erheblich hinaufgesetzt und eine spürbare Besserstellung aller Lohngruppen erreicht.

Das lag ganz auf der Linie des neuen Ministers für Handel und Industrie, Konovalov, der eine ähnliche Politik, die Förderung autonomer Arbeitervertretungen und die Verbesserung ihrer materiellen Lage, namentlich die Einrichtung von Ältestenräten und Essenskantinen sowie die landesweite Etablierung von Schlichtungskammern schon auf den Kongressen der Kriegsindustriekomitees gefordert hatte. Er war damals nicht nur auf den Widerstand der »Petersburger«, sondern – was die Arbeiterautonomie betraf – auch auf Ablehnung bei vielen progressistischen »Moskauer« Freunden gestoßen (so hatten sich Rjabušinskij und Tret'jakov im Frühjahr 1916 aus der Organisation der Kriegsindustriekomitees zurückgezogen). Nun waren es gerade viele »Petersburger«, die sich – neben Unternehmern des Südens und aus der Provinz – dem Appell, Opfer zu bringen und die »eigene« Regierung zu unterstützen, anschlossen.[268]

---

[268] Vgl. dazu oben S. 286 ff., sowie eingehend Galili, Menshevik Leaders, S. 69 ff.

Doch die erhofften raschen Erfolge blieben bekanntlich aus, und mit der beiderseits wachsenden Enttäuschung verschlechterte sich bald auch das sozialpolitische Klima. Mit ihm schwand auf Arbeitgeberseite der Glaube an Konovalovs optimistische Zukunftsprognosen; die Regierungsbeteiligung der Sozialisten, ihre Forderung nach staatlicher Regulierung des Wirtschaftsprozesses, und daß sich die Regierung in ihrer Erklärung vom 6. Mai darauf einließ, weckten zusätzliche Ängste. So kamen die alten Vorbehalte und Überzeugungen wieder zum Vorschein. Man setzte nicht länger auf die wohltuende Wirkung höherer Löhne und kürzerer Arbeitszeiten, lehnte neue Zugeständnisse ab, ja versuchte frühere nach Möglichkeit zurückzunehmen.[269]

In der Tat wurde vor dem Hintergrund der sich zuspitzenden ökonomischen Krise, gestiegener Löhne und Rohstoffpreise, der Handlungsspielraum auch auf Unternehmerseite immer enger; in manchen Betrieben schien die Belastungsgrenze erreicht oder bereits überschritten; und die Entwicklung nahm sich umso dramatischer aus, wenn man an hohe Profite gewöhnt gewesen war. Doch es ging dabei nicht nur um betriebswirtschaftliche Fragen, es ging auch um die innerbetriebliche Macht: Aus Sicht der Unternehmer wuchs die Begehrlichkeit der Arbeiter ins Grenzenlose, die Fabrikkomitees mischten sich immer tiefer in die Belange der Unternehmer ein, und drohend stand im Raum, die Arbeiter könnten es mit ihrer Forderung ernst meinen, erst die Profite, dann die Unternehmen selbst zu enteignen. Zweifel gab es schließlich am künftigen Kurs der Wirtschaftspolitik. Zwar wurde die angekündigte Globalsteuerung der Wirtschaft auch von Unternehmerseite begrüßt; schließlich hatte es sie schon unter dem alten Regime, während der Kriegsjahre, gegeben. Doch inwieweit würden sich dabei die Sozialisten moderieren, die Sowjets domestizieren lassen? Und inwieweit würden ihre Intentionen auch auf die geplante Steuerreform, die neuen Arbeits- und Sozialgesetze durchschlagen?

So änderte sich in den Sommer hinein der Ton der Auseinandersetzung, mit dem Tarifpartner, aber auch mit der Regierung. Für die Haltung der Arbeiter fand man in der Unternehmerpresse die Formel: »Ignoranz«, »Mangel an Problembewußtsein« und Beharren auf einem »egoistischen Klassenkampf-Standpunkt«. Der Regierung warf eine Konferenz von Industriellen im Süden Ende Mai vor, sie habe bei der Aufgabe, die gesetzliche Ordnung aufrecht zu erhalten und den Rechten der Eigentümer Respekt zu verschaffen, versagt. Eine Versammlung von Großindustriellen beschuldigte sie Anfang Juni, für die Anarchie im allgemeinen und die Arbeiterforderungen im besonderen verantwortlich zu sein. Und die Vor-

---

[269] Galili, Menshevik Leaders, S. 216 ff.

würfe der »Moskauer« waren eher noch härter: Hatte Rjabušinskij schon im März – auf einem 1. Kongreß für Handel und Industrie – auf die Staatsbelange der Verteidigung verwiesen, die die Erfüllung von »Klassenforderungen«, auch der Arbeiter, verböten, und hatte er die Aufgaben von Handel und Industrie darin gesehen, einen Schutzwall um die Regierung gegen die »elementaren Massen« zu bilden, so mahnte er im August – auf dem 2. Kongreß – die »gegenwärtige Revolution [sei] eine bürgerliche«, woraus mit unausweichlicher Logik folge, daß diejenigen, die in der Regierung säßen, »bürgerlich« zu denken und zu handeln hätten; doch statt die Politik Männern aus der Geschäftswelt zu übertragen, werde sie von »Scharlatanen« gemacht.[270]

Der Chor der Industriellen blieb vielstimmig, weiter wirkte eine Unzahl von Einzelpersonen, Verbänden und Organisationen auf Konferenzen, Versammlungen und in Presseorganen neben-, mit- und gegeneinander. Doch was die Lage der Wirtschaft im allgemeinen und die Regierungspolitik und die Arbeiterforderungen im besonderen betraf, wurden sie sich immer mehr einig. Sie hatten das Vertrauen in die Regierung verloren, entzogen ihr die Unterstützung; und das Verhältnis zur organisierten Arbeiterschaft hatte Rjabušinskij – auf dem schon erwähnten 2. Kongreß für Handel und Industrie Anfang August – mit einem berühmt-berüchtigten Satz umschrieben, der bald in aller Munde war: So leid es ihm tue, das Land brauche »die knochige Hand des Hungers und allgemeinen Elends, damit sie die falschen Freunde des Volkes, die Mitglieder diverser Komitees und Räte an der Gurgel packt und sie zur Vernunft bringt...«[271] Der Redner erntete »stürmischen Applaus«. Doch er konnte sicher sein, daß seine markigen Worte auf der anderen Seite ebenso wirkten: als Bestätigung der Kluft, die Unternehmer und Arbeiter, »Bourgeoisie« und »Volk« (buržuj und narod) trennte.

So wenig sich der »Bürger« als gesellschaftlicher Typus und als politische Einheit in Rußland fassen läßt, so wenig eindeutig ist, wie jüngst gezeigt wurde, der politische Begriff des »buržuj«. Er bezog sich keineswegs nur auf eine bestimmte »Klasse«: Für den Bauern war ein »buržuj« jeder »vornehme Herr«, auch ein Lehrer, wenn er sich wie die aus der Stadt kleidete; für den Arbeiter der »Fabrikbesitzer«, für den Ungelernten schon der »Facharbeiter«; für den Rekruten der »Offizier«, für den Frontsoldaten der im Hinterland, für den Infanteristen der Artillerist. Was die Verwendung

---

[270] Für diese und weitere Einzelbeispiele vgl. Galili, Menshevik Leaders, S. 89, 223 ff.; Rede Rjabušinskijs in: Ėkonomičeskoe položenie Rossii, Bd. 1, S. 196 ff.
[271] Velikaja Oktjabr'skaja socialističeskaja revoljucija, chronika sobytij, Bd. 3, S. 81 f. (mit Auszug aus Russkoe slovo N° 179 vom 6. August 1917), Text der Rede vom 3. August 1917, wie eben erwähnt, in: Ėkonomičeskoe položenie Rossii, Bd. 1, S. 196 ff.

des Begriffs verband, war die negative Besetzung und die Vorstellung eines ubiquitären, ungerechten Oben und Unten.[272] Darauf setzten die Bolschewiki, wenn sie an Arbeiter, Bauern und Soldaten (die nizy) appellierte, sich deren Vorbehalte gegen die da oben (die verchi«), die »bessere«, die »Zensus«-Gesellschaft zunutze machten.

Damit ließ sich bolschewistischerseits auch »erklären«, daß es ein Akt volksfeindlicher »Konterrevolution« war, wenn der Allrussische Lehrerbund aus Protest gegen den Oktoberputsch am 2. Dezember 1917 die Moskauer Pädagogen zum Streik aufrief, 4.000 sich beteiligten und drei Monate im Ausstand verharrten; wenn auch die Mittel- und Hochschullehrer die Machtergreifung als »Usurpation« verurteilten und die Zusammenarbeit mit der neuen Regierung ablehnten; wenn die Pirogov Gesellschaft der Mediziner im Januar/Februar 1918 ähnlich verfuhr und, wie die neuen Machthaber ihr vorwarfen, in Kauf nahm, daß neben Hunger in Moskau auch Grippe und Typhus grassierten; Zirkel der künstlerischen Intelligencija den Umsturz besonders heftig verurteilten, Vorstellungen aus Protest ausfallen ließen und diejenigen Kollegen, die zur Zusammenarbeit bereit waren, als »Verräter« attackierten; wenn schließlich die Allrussische Union der Ingenieure die Überlegung, das neue Regime geschlossen zu sabotieren zwar verwarf, aber sich auch von Ideologie und Taktik der Bolschewiki distanzierte.[273]

d) Das Scheitern der Idee des liberalen Rechtsstaates

Was die bürgerliche Opposition von den Aktionen der Arbeiter, Bauern und Soldaten, die liberalen Kadetten von den sozialistischen Parteien unterschied, läßt sich mit Programmzielen und Aktionen nur unzureichend beschreiben. Daß sie das Revolutionsjahr anders erlebten, ist ihren Erinnerungen zu entnehmen. Eine davon, die erstmals 1922 in der russischsprachigen, von Emigranten herausgegebenen Dokumentationsreihe »Archiv der Russischen Revolution« erschien, hat uns Vladimir Na-

---

[272] Vgl. dazu B.I. Kolonitskii, Antibourgeois Propaganda and Anti-»Burzhui« Consciousness in 1917, in: Russian Review 53 (1994), S. 183 ff., hier 190 f.; damit weitgehend identisch B.I. Kolonickij, Antiburžuaznaja propaganda i »antiburžujskoe« soznanie, in: Otečestvennaja istorija 1994 N° 1, S. 17 ff. Allgemein zum Problem der Identität L.H. Haimson, The Problem of Social Identities in Early Twentieth Century Russia; sowie W.G.Rosenberg, Identities, Power, and Social Interaction in Revolutionary Russia, beide in: Slavic Review 47 (1988), S. 1 ff., 21 ff.; dem entsprach auf der Gegenseite irgendwo der Vorwurf, der Begriff des »Pöbels«, des »Mobs« (čern', sbrod), der sich in vielen »bürgerlichen« Erinnerungen über das Revolutionsjahr findet; vgl. dazu nur die im folgenden Abschnitt referierten Belege.

[273] Beispiele bei S. Fedyukin, The Great October Revolution and the Intelligentsia. How the Old Intelligentsia Was Drawn into the Building of Socialism, Moskau 1976, S. 24 ff.

bokov hinterlassen, der Vater des bekannten, gleichnamigen Schriftstellers.[274]

Nabokov war eine Ausnahmeerscheinung, doch in vielem auch typisch für die Partei der Kadetten. 1870 als Sohn eines Justizministers und einer Baronesse von Korff geboren, von französischen und englischen Gouvernanten, deutschen und russischen Hauslehrern erzogen, absolvierte er das Gymnasium mit Auszeichnung und ebenso sein Jurastudium. Mit 26 war er Dozent an der Kaiserlichen Schule für Jurisprudenz in St. Petersburg, mit 35 Vorsitzender der russischen Sektion der Internationalen Gesellschaft für Kriminologie (und übersetzte zum eigenen Amusement und fremden Erstaunen auf internationalen Kongressen russische und englische Reden ins Deutsche und Französische oder umgekehrt). Die Aussichten auf eine glänzende Karriere im Staatsdienst hielten ihn nicht davon ab, Artikel gegen die Exzesse der zaristischen Polizei zu schreiben, was ihn den Hoftitel (Kammerherr) kostete.

Seit 1906 war er Mitherausgeber der bedeutendsten liberalen Tageszeitung »Reč'« (für die er hunderte von Beiträgen schrieb) und zog im gleichen Jahr als kadettischer Abgeordneter in die Duma ein. Eine Ausnahmeerscheinung – gewiß, doch von den 26 Mitgliedern, die 1905 ins kadettische Zentralkomitee gewählt wurden, waren bekanntlich 9 Professoren, 9 Anwälte, ein wirklicher Geschäftsmann war keiner. Daß Nabokov nach Auflösung der 1. Duma mit Kollegen (im berühmten »Vyborger Appell«) zum Steuerboykott aufrief, beendete seine parlamentarische Karriere: Er wurde zu drei Monaten Haft verurteilt.[275]

Doch Opposition war offensichtlich eine, die patriotische Pflicht eine andere, noch wichtigere Sache. Im 1. Weltkrieg diente Nabokov als aktiver Offizier, Anfang 1917 im Asiatischen Ressort des Generalstabes. In der Wahrnehmung seiner Amtspflichten versuchte er sich auch durch die ausbrechenden Februarunruhen nicht beeinträchtigen zu lassen, obwohl es mitunter schwierig war, die Dienststelle noch zu erreichen. Nach dem Sturz der Monarchie wurde ihm das Amt des finnländischen Generalgouverneurs angeboten, doch er zog es vor, Kanzleichef der neuen Provisorischen Regierung zu werden: Die Aufgabe, die ihn dabei lockte, war, der Regierungstätigkeit möglichst rasch »einen festen Rahmen« und eine Basis zu geben, die Übernahme der unbelasteten Beamtenschaft (in der Verwaltung, bei der Justiz, auch bei der Polizei) zu regeln und in die Wege zu lei-

---

[274] Archiv russkoj revoljucii, Bd. 1, S. 9 ff. Seine Erinnerungen ans Jahr 1917 wurden Anfang der 90er Jahre auch ins Deutsche übertragen: W. Nabokow, Petrograd 1917. Der kurze Sommer der Revolution, Berlin 1992; hiernach wird im folgenden auch zitiert.

[275] Davon berichtet der Sohn in seiner Einleitung zur deutschen Ausgabe, ebda., S. 7 ff.; ergänzend N. Smith, Nabokov, Vladimir Dmitrievich, in: MERSH Bd. 24, S. 31 ff. (mit Hinweisen auf weitere Literatur).

Abb. 30:   Die Opposition der Bürger pochte auf rechtsstaatliche Formen: Schon 1908 hatte der liberale Dumaabgeordnete V. Nabokov nicht gezögert, seine Gefängnisstrafe abzusitzen, die er sich mit der Unterstützung des illegalen Aufrufs zur Steuerverweigerung eingehandelt hatte (hier auf dem Weg ins Gefängnis). Die gewalttätige Austragung der Interessengegensätze und der Zusammenbruch der Idee des bürgerlichen Rechtsstaates – das war die (vielfach belegbare) bürgerliche Bilanz, ihre »Grunderfahrung« einer Revolution, die man so nicht gewollt hatte, in der Ausnahmesituation des Krieges schon gar nicht. Die Ablösung der zarischen Macht, den Übergang zu modernen Gesellschaftsformen, hatten sich die liberal-akademischen Kreise der Intelligencija, zu denen auch Nabokov gehörte, ganz anders vorgestellt. Mit Berufung und im Vertrauen auf die eigene Professionalität sollte dem autokratischen Staat die soziale Ordnungs- und Regelungskompetenz nach und nach entwunden werden – so hat L. Engelstein am gebildeten »Diskurs« über Sexualität und Geschlecht als zentralen gesellschaftlichen Kategorien zu zeigen versucht (L. Engelstein, The Keys to Happiness. Sex and the Search for Modernity in Fin-de-Siècle Russia, Ithaca / London 1992).

ten, unter Berücksichtigung der Verdienste und der erworbenen Pensions-ansprüche. Mit einem Wort: den Machttransfer vorzunehmen, wie ihn sich die Kadetten vorstellten, orientiert an der Staatsraison, rechtsstaatlich, ge-ordnet und juristisch einwandfrei.[276]

Die Realität sah jedoch rasch anders aus: Die Bürokratie wurde samt Po-lizei und Justiz hinweggefegt, die Regierung stemmte sich, wie Nabokov es sah, der »unbegabte[n], gedankenlose[n], aufständische[n] Elementargewalt« nicht entschieden genug entgegen, ließ sich, was für ihn ein Fehler war, auf Kompromisse ein, reagierte chaotisch und hilflos, offenkundig überfordert, »die zwei wichtigsten Aufgaben zu erfüllen: den Krieg fort-zusetzen und das Land wohlbehalten zur Konstituierenden Versammlung zu führen«.[277] Die Hauptschuld lastete er dabei Aleksandr Kerenskij an, der – politisch aus dem »gemäßigt sozialistischen« Lager und von Profession Anwalt – dem Kabinett, wie dargestellt, zunächst als Justizminister an-gehörte, noch im Frühjahr Kriegsminister und im Sommer schließlich Pre-mier wurde. Für Nabokov war er ein »vom Größenwahn besessener Psy-chopath«, Demagoge und Populist, der die Ecken seines gestärkten »stutzerhaften« Kragens abriß, um ihnen ein »proletarisches Aussehen« zu geben und sich von den Massenstimmungen hochtragen ließ, ohne Rück-sicht darauf, daß er damit der »Anarchie« Tür und Tor öffnete.[278]

Die »Anarchie« enthüllte, so Nabokov, ihr »abstoßende[s], wutverzerr-te[s] Gesicht« nicht erst im Juli oder gar Oktober, sondern schon Ende April, als gegen den Krieg demonstriert und Miljukov zum Rücktritt ge-zwungen wurde.[279] Selbst wenn er das Wort nicht gebrauchte, anarchisch muteten ihm sicher auch die Zustände an, die am Sitz der Provisorischen Regierung, dem Marienpalais herrschten. Seine farbige Schilderung spricht für sich: Unter dem Zaren Sitz des Staatsrates, des Ministerkomitees und der zu ihnen gehörigen Kanzleien, war das Palais bisher »ein Heiligtum der obersten Bürokratie« gewesen. In den »prachtvollen Sälen des Schlosses, ausgelegt mit Samtteppichen, mit schweren Vorhängen drapiert, mit ver-goldeten Möbeln eingerichtet, liefen lautlos stattliche Lakaien in bestickten Livrees und weißen Strümpfen umher«, nun aber »Massen zerzauster, nachlässig gekleideter Menschen ... in Jacketts und Kitteln von allerprole-tarischstem Aussehen«; an die Stelle der vormaligen »prickelnden Feier-lichkeit« war nun »lärmende Geschäftigkeit« getreten.[280] Und wer ver-gleicht, wie Nabokov die Gesichter der aufständischen Soldaten und

---

[276] Nabokow, Petrograd 1917, S. 44 ff.
[277] Ebda., S. 126.
[278] Ebda., S. 29.
[279] Ebda., S. 15.
[280] Ebda., S. 129 f.

Matrosen beschreibt, in der Februarrevolution, während der Julitage und dann im Oktober, wird die Parallelen kaum übersehen können.[281]

Nein, so Unrecht hatten die Gegner der Kadetten nicht, wenn sie ihnen vorwarfen, im Grunde die gesamte Revolution abzulehnen; wenn sie daran erinnerten, daß die Bürgerlich-Liberalen sich der Februarrevolution erst angeschlossen hatten, als an deren Sieg nicht mehr zu zweifeln war; wenn ihnen nur schwer verständlich war, daß die Kadetten sich weigerten, die Tatsache anzuerkennen, daß diejenigen, die den Februaraufstand getragen hatten, damit ihre eigenen Ziele verbanden; und die hießen nunmal nicht, zumindest nicht nur Parlamentarismus und Rechtsstaatlichkeit, sondern Schluß mit dem Krieg und Sozialreformen. Die Kadetten wiesen diese Forderungen zurück, ohne sich freilich einzugestehen, daß die von ihnen dabei in Anspruch genommene »Überparteilichkeit« von den Adressaten sehr wohl als politische Parteinahme empfunden wurde. Auch Nabokovs Ausführungen spiegeln diese kadettische Grundbefangenheit wider; zeigen das mangelnde Bemühen, vielleicht auch das Unvermögen, die Politik der gemäßigten Sozialisten, der Sozialrevolutionäre und der Menschewiki, zu verstehen; den Erwartungsdruck, der auf ihnen lastete, zur Kenntnis zu nehmen; deshalb stand die mit ihnen eingegangene Koalition von Anfang an auf schwachen Füßen.

Als Kanzleichef ausgeschieden, war Nabokov im Sommer und Herbst 1917 unter anderem Mitglied des Rechtsausschusses, der Kommission zur Revision und Inkraftsetzung des Strafgesetzbuches und in jenem Gremium, das den Auftrag erhielt, die Wahlen für die Konstituierende Versammlung juristisch und organisatorisch vorzubereiten. Dieses Gremium setzte seine Tätigkeit, wie oben bereits dargestellt, auch nach der bolschewistischen Machtergreifung fort, bis es im Taurischen Palais (dem Sitz der Duma) verhaftet und in den Smol'nyj (den Sitz des Sowjet) überführt wurde. Die Wahlen wurden dennoch abgehalten und Nabokov für die Kadetten in die Konstituierende Versammlung gewählt; doch die Aussichten, das Mandat auch wahrnehmen zu können, schwanden. Am gleichen Tage, an dem die Bolschewiki die Partei der Kadetten verboten, setzte sich Nabokov auf die Krim ab. Hier schrieb er die vorliegenden Erinnerungen, und wurde, als die Deutschen die Krim im November 1918 räumten, vorübergehend Innenminister der dortigen Regionalregierung. 1919 floh er vor der einrückenden Roten Armee in die Emigration. Er starb 1922 in Berlin, als er sich bei ei-

---

[281] Ebda., S. 28, 138, 153. Schon im Frühjahr stieß er im Taurischen Palais auf »Soldaten, Soldaten, Soldaten – mit müden, stumpfen, selten mit guten oder fröhlichen Gesichtern; überall Spuren eines improvisierten Feldlagers, Schmutz, Stroh und dicke Luft«. Die Gesichter der bewaffneten Arbeitermassen im Juli schienen ihm »düster, böse«. Im Oktober fand er im Marienpalast »die gesamte Treppe und das erste Vorzimmer im Obergeschoß dicht von bewaffneten Soldaten und Matrosen besetzt ... Die gleichen stupiden, blöden und böswilligen Physiognomien wie sonst«.

nem Handgemenge mit einem russischen Monarchisten vor seinen ehemaligen Parteivorsitzenden Miljukov stellte und erschossen wurde.

An viel weniger prominenter Stelle erlebte Jurij Vladimirovič Got'e das Revolutionsjahr. Er war Professor für Geschichte an der Moskauer Universität und stellvertretender Direktor des Rumjancev-Museums.[282] Doch auch bei ihm findet sich bis in die Formulierungen hinein das gleiche Deutungsmuster, die Erfahrung der Revolution als Sturz in die Anarchie, die Katastrophe. Die Revolution, so notierte Got'e im Juli 1917 in sein Tagebuch, habe die Situation »in jeder Hinsicht verschlechtert, sogar im Vergleich mit Nikolaus II. unseligen Angedenkens«. Der Triumph der Revolution habe aus der Armee einen »Haufen indoktrinierter Banditen«, Aleksandr Kerenskij zum »größten der bösen Geister« gemacht und die Bolschewiki zum »wahren Symbol« des russischen Volkes: eine »Mischung aus Dummheit, Vulgarität, ungehobelter Willkür, Prinzipienlosigkeit und Hooliganismus«. Auch er gab die Revolution bereits im Sommer 1917 verloren, sah den Oktoberaufstand nur noch als Kampf zweier sozialistischer Sekten, der Sozialrevolutionäre und der Bolschewiki, und weinte der Auflösung der Konstituante keine Träne nach.[283]

Hatten schon seit dem Frühjahr 1917 die Randvölker – unzufrieden mit der angebotenen Autonomie – volle Souveränität von der Regierung in Petersburg gefordert (die Finnen und die Polen, die Ukrainer und die Weißrussen, die muslimischen und die Kaukasusvölker), so mußte Got'e bald mit ansehen, wie der Bürgerkrieg Zentralrußland in verschiedene Heerlager zerriß, in »Rote« und »Weiße«, und gegen beide formierte sich im Süden die »grüne« Bewegung der Bauern.[284] Mit Empörung, fassungslosem Kopfschütteln, Verbitterung und Trauer verfolgte er diese Entwicklung. Ihn empörte der Fanatismus der Revolutionäre; fassungslos registrierte er die »absolute Gleichgültigkeit«, mit der das russische Volk die Entwicklung einfach hinnahm, ja wie es sich daran beteiligte; es blieb ihm

---

[282] Time of Troubles. The Diary of Jurii Vladimirovich Got'e. Translated, Edited, and Introduced by Terence Emmons, Princeton, N.J. 1988. Jahrzehntelang schlummerte das Manuskript in den Beständen des Hoover-Instituts in Stanford, bevor es wiederentdeckt und Jurij Vladimirovič Got'e zugeordnet werden konnte. Got'e hatte die Anwesenheit der amerikanischen Hilfsorganisation (während der Hungerkatastrophe von 1921/1922) dazu benutzt, das Manuskript außer Landes bringen zu lassen. Der Plan, selbst zu emigrieren und die Veröffentlichung des Tagebuchs als Startkapital zu benutzen, wurde nicht realisiert; Got'e starb 1943 in Moskau. Die innersowjetische Entwicklung machte es möglich, daß das Tagebuch Anfang der 90er Jahre auch in der russischen Originalfassung erscheinen konnte, als Fortsetzungsreihe in der Fachzeitschrift »Fragen der Geschichte« (Voprosy istorii, ab Heft 6 des Jahrgangs 1991); die gleiche Zeitschrift hatte Anfang 1990 (ab N° 2) mit dem Abdruck der Memoiren Chruščëvs begonnen.

[283] Vgl. etwa Time of Troubles, S. 27 ff., 75 ff.

[284] Die Ausführungen darüber bilden ein Leitmotiv des Tagebuchs.

unverständlich, daß die Bevölkerung, die Bauern zumal, andere Dinge, der Boden, das Land und die Preise der Lebensmittel zum Beispiel, mehr beschäftigten als die großen patriotischen Aufgaben; verbittert nahm er den Separatismus der Nationalitäten zur Kenntnis, und seine ganze Trauer galt dem Untergang des großen russischen Staates.

Noch weiter weg von den großen Fragen und Schauplätzen der Politik erlebte Aleksej Vasil'evič Babin die Revolution: Er war Landesschulinspektor hoch im Norden, im Gouvernement von Vologda, verlor diese Stellung im Frühjahr, im Zuge der revolutionären Neuordnung der Schulverwaltung, und fand im Herbst eine neue Anstellung als Lektor für Englisch an der Universität von Saratov. Hier schrieb er auf, wie Staat und Gesellschaft nach der Absetzung des Zaren jeden Halt zu verlieren begannen; wie nach und nach das Verkehrsnetz und die Versorgung zusammenbrachen; wie bewaffneter Pöbel, betrunkene Offiziere, marodierende Soldaten, Bandenkriminalität und Lynchjustiz die Straße beherrschten; wie die Bürger Saratovs, um einen Rest von Ruhe und Ordnung aufrecht zu erhalten, nächtliche Blockwachen organisierten; wie die Machtübernahme der Bolschewiki in der Stadt die sozialen Auseinandersetzungen verschärfte, die Furcht der reicheren Schichten vor einer »Bartholomäusnacht« entstehen ließ und die Grenzen zwischen einfachem Raub und politisch legitimierter »Requirierung« fließend machte.[285]

Auch Babins Tagebuch ist die Darstellung eines Untergangs, einer Katastrophe: Sie begann mit der Entlassung aus dem Amt im Frühjahr 1917, die offenkundig verbunden war mit dem Vorwurf, als loyaler Untertan des alten Regimes Karriere gemacht zu haben; doch die persönliche Katastrophe war es nicht allein. Ihr folgte die Katastrophe der bürgerlich-privilegierten Schichten, denen er inzwischen angehörte: Fassungslos registrierte er, wie sie ihre Wohnungen in der Stadtmitte räumen mußten, ihren Besitz verloren, zum Kampf ums nackte Überleben gezwungen waren. Mit Ruhe und Ordnung gerieten auch Staat und Gesellschaft aus den Fugen, sie zerfielen in Klassen und Schichten, Stadt und Land, Regionen und Nationalitäten. Diese Grunderfahrung verbindet Babins Tagebuch mit den beiden erstgenannten: Sie spiegeln die Erfahrungen von Bürgern wider, die die Revolution als Katastrophe des Bürgertums und Untergang ihrer Vision eines liberalen Rechtsstaates erlebten.[286]

---

[285] Vgl. A Russian Civil War Diary. Alexis Babine in Saratov, 1917 – 1922. Edited by D.J. Raleigh, Durham / London 1988, hier bes. S. 19 ff., 26 ff., 36 ff., 54 ff., 69 ff.

[286] Als 1921 die Hoover-Hilfsorganisation zur Bekämpfung der Hungersnot an die untere Wolga kam, trat Babin in ihre Dienste. Diese Anstellung ermöglichte ihm 1922 die Flucht in die USA. Sein Tagebuch, das er seit September 1917 geführt hatte, brachte er mit. Er ergänzte es (aufgrund von Notizen) um die Monate März bis September, doch weil er Folgen für die im Tagebuch Genannten fürchtete, zögerte er mit der Publikation. Nach seinem Tod (1930) ging das Manuskript in den Besitz der Library of Congress über. Hier lagerte es, bis Donald J. Raleigh es wiederentdeckte und 1988 ausgiebig kommentiert herausgab.

IV.
EIN REICH IM ZERFALL: DIE SEZESSION DER NATIONALITÄTEN

Während sich im Zentrum diejenigen, die auf »Staatsinteressen« und »patriotische Pflichterfüllung« pochten, immer mehr ins politische Abseits redeten, während sich – zumindest aus ihrem Blickwinkel – im Lande ungehindert »Klassenegoismen« breitmachten und Rußland in den Abgrund trieben, wurde in den Randgebieten der »patriotische« Ruf nach »Einheit und Selbstbestimmung« immer lauter. Nur galt er hier – in Polen und Finnland, auf dem Baltikum und in der Ukraine, am Mittel- und Unterlauf der Wolga, im Kaukasus und in den mittelasiatischen Steppengebieten – nicht »Rußland«, dem »Reich als ganzem«, sondern der eigenen ethnischen Gruppe. Er appellierte an die Gemeinsamkeiten in der Sprache und Religion, Kultur und Wirtschaftsweise, gab sich mit der im März allen Nationalitäten versprochenen Freiheit und Gleichheit nicht zufrieden, forderte Autonomie, ja Unabhängigkeit von Rußland.

Sprachliche, religiöse, kulturelle und ökonomische Gemeinsamkeiten allein schaffen noch kein »Nationalbewußtsein«, das der Gruppenloyalität höchste Priorität einräumt und die Gruppeninteressen nur in einem separaten »Nationalstaat« zu verwirklichen sieht.[1] Wenn der Ruf 1917 nicht

---

[1] Die folgenden Ausführungen profitieren, mehr als es Einzelhinweise deutlich machen können, von einer – gerade in den letzten Jahren und vor dem Hintergrund aktueller Ereignisse von Historikern und historisch orientierten Sozialwissenschaftlern erneut geführten – Diskussion über die Entstehung und Formierung moderner Nationen (nationbuilding). Sie hat nachdrücklich vor Augen geführt, daß man ihren Kern verfehlt, wenn man sie nur als etwas seit jeher Gegebenes, gleichsam Urwüchsiges betrachtet. Viel eher ist Nations- (wie auch Klassen-) Bildung als eine Art »Lernprozeß« zu begreifen, indem die vorhandenen ethnischen Unterschiede, der Sprache, Kultur und Religion (vice versa: die Verfügungsgewalt über die Produktionsmittel) eine neue, sehr viel größere, ja zentrale »Bedeutung« gewinnen, nach deren »Sinnstiftung« die Welt nur aus Nationen (Klassen) zu bestehen und die Nations- (Klassen-) Zugehörigkeit mehr als alles andere die »Identität« des einzelnen zu prägen scheint. Vgl. dazu B. Anderson, Imagined Communities. Reflections on the Origin and Spread of Nationalism, London 1983 (dt.: Die Erfindung der Nation. Zur Karriere eines folgenreichen Konzepts, 2. Aufl. Frankfurt am Main / New York 1993); K.W. Deutsch, Nationalism and Social Communication. An Inquiry into the Foundations of Nationality, 2. Aufl. Cambridge, Mass. 1966; ders., Nationalism and its Alternatives, New York 1969 (dt.: Der Nationalismus und seine Alternativen, München 1972); E. Gellner, Nations and Nationalism, Oxford 1983 (dt.: Nationalismus und Moderne, Hamburg 1995); E.J. Hobsbawm, Nations and Nationalism since 1780. Programme, Myth, Reality, Cambridge / New York / Melbourne 1990 (dt.: Nationen und Nationalismus. Mythos und Realität seit 1790, 2. Aufl. Frankfurt am Main / New York 1992); H. Seaton-Watson, Nations and States. An Enquiry into the Origins of Nations and the Politics of Nationalism, London 1977; H.A. Winkler (Hg.), Nationalismus, Königstein, Ts. 1978. Da der deutsche Ausdruck »Nationalismus« (anders als engl. »nationalism«) eindeutig pejorativ besetzt ist, wird der mentale Prozeß im folgenden als »Ausbildung eines Nationalbewußtseins« bezeichnet, selbst wenn das den ideologischen Charakter weniger deutlich zum Ausdruck bringt. Für den mentalen Prozeß

folgenlos verhallte, so hatte das – vom aktuellen Anlaß abgesehen – seine Vorgeschichte. Dabei wies die Entwicklung des »Nationalbewußtseins« bei den Völkern des Russischen Reiches Parallelen, aber auch erhebliche Unterschiede zu den westeuropäischen Vorbildern auf.[2] Die folgenden Ausführungen versuchen diese Gemeinsamkeiten und Unterschiede zu beschreiben und vor diesem Hintergrund einen abschließenden Blick auf die Hauptschauplätze der »nationalen« Auseinandersetzungen im Revolutionsjahr zu werfen: auf Finnland und die Ostseeprovinzen; auf Polen, die Ukraine und den Westen; auf die Ereignisse im Transkaukasusgebiet; und jene im muslimischen Südosten und Osten. Dabei bleibt allerdings ein Großteil dieser Entwicklung außerhalb unserer Betrachtung; er vollzog sich nicht mehr 1917, sondern in den Monaten und Jahren nach der Machtergreifung der Bolschewiki, in der Zeit des offenen Bürgerkriegs.

der Klassenbildung vgl. das inzwischen schon »klassische« Werk von E.P. Thompson, The Making of the English Working Class, London 1963 (dt.: Die Entstehung der englischen Arbeiterklasse, 2 Bde., Frankfurt am Main 1987); dazu S. Desan, Crowds, Community, and the Ritual in the Work of E.P. Thompson and Natalie Davis, in: L. Hunt (Hg.), The New Cultural History, Berkeley / Los Angeles / London 1989, S. 47 ff.; W.H. Sewell, Jr., How Classes are Made. Critical Reflections on E.P. Thompson's Theory of Working-Class Formation, in: H.J. Kaye / K. McClelland (Hgg.), E.P. Thompson. Critical Perspectives, Philadelphia 1990, S. 50 ff.; sowie allgemein auch I. Mészáros (Hg.), Aspects of History and Class Consciousness, London 1971 (dt.: Aspekte von Geschichte und Klassenbewußtsein, München 1972); R.S. Neale (Hg.), History and Class. Essential Readings in Theory and Interpretation, Oxford 1983.

2   Zu den Unterschieden zwischen den »großen, alten Nationen« Westeuropas und den »kleinen, neuen Völkern« des europäischen, ostmittel- und osteuropäischen Raums sowie zum folgenden überhaupt vgl. vor allem M. Hroch, Das Erwachen kleiner Nationen als Problem der komparativen sozialgeschichtlichen Forschung, in: Th. Schieder (Hg.), Sozialstruktur und Organisation europäischer Nationalbewegungen, München 1971, S. 121 ff. (wiederabgedruckt in: Winkler, Nationalismus, S. 155 ff., im folgenden nach dieser Fassung); ders., Die Vorkämpfer der nationalen Bewegung bei den kleinen Völkern Europas. Eine vergleichende Analyse zur gesellschaftlichen Entwicklung der patriotischen Gruppen, Prag 1968; ders., Social Preconditions of National Revival in Europe. A Comparative Analysis of the Social Composition of Patriotic Groups among the Smaller European Nations, Cambridge 1985; dazu auch: Th. Schieder, Der Nationalstaat in Europa als historisches Phänomen, Köln 1964; ders., Typologie und Erscheinungsformen des Nationalstaates in Europa, in: Historische Zeitschrift 202 (1966), S. 58 ff. (wiederabgedruckt bei Winkler, Nationalismus, S. 119 ff.); G. Stökl, Die kleinen Völker und die Geschichte, in: Historische Zeitschrift 212 (1971), S. 19 ff.; sowie den Sammelband M. Alexander / F. Kämpfer / A. Kappeler (Hgg.), Kleine Völker in der Geschichte Osteuropas. Festschrift für Günther Stökl zum 75. Geburtstag, Stuttgart 1991; beste Darstellungen und Zusammenfassungen jetzt: A. Kappeler, Rußland als Vielvölkerreich. Entstehung, Geschichte, Zerfall, München 1992; R.G. Suny, The Revenge of the Past. Nationalism, Revolution, and the Collaps of the Soviet Union, Stanford 1993; beiden Studien verdankt die folgende Darstellung zahlreiche Informationen, Hinweise, Anregungen.

1. DIE ENTWICKLUNG
DES NATIONALBEWUSSTSEINS
BEI DEN »KLEINEREN VÖLKERN«

a) Die Voraussetzungen

Die Entwicklung eines »Nationalbewußtseins« war bei den »großen, alten Nationen« Westeuropas an spezifische Voraussetzungen gebunden gewesen: Sie war, auf eine einfache historische Formel gebracht, Teil und Faktor eines gesamtgesellschaftlichen Wandels, in dem ein »aufsteigendes Bürgertum« dem »ancien régime«, der »alten ständisch-feudalen Ordnung«, den Kampf ansagte und diesen Kampf im Namen der »Befreiung der Nation« führte, wobei es für sich selbst, den »dritten Stand«, die Führung reklamierte, sofern es sich nicht überhaupt mit »der Nation« gleichsetzte; erklärtes Ziel war die Schaffung einer neuen Gesellschaft, beruhend auf gemeinsamer Sprache, Kultur und Geschichte, gemeinsamen Werten und Interessen, einer Gesellschaft, in der nicht ständische Herkunft und Privilegien, sondern individuelle Leistungen zählten.[3]

Auch im Russischen Reich gab es »große, alte Nationen«, deren Entwicklung – trotz aller Unterschiede – in ähnlichen Bahnen verlief; dazu zählten die Polen, die Russen selbst und mit Abstrichen auch die Georgier. Die Mehrzahl der ethnischen Gruppen im Reich gehörte aber eher zu den »kleinen und jungen Völkern«, bei denen die Voraussetzungen für die Ausbildung eines vergleichbaren Nationalbewußtseins bis weit ins 19. Jahrhundert, ja mitunter bis hinein in die Zeit der Revolution fehlten. So waren die Finnen, Esten, Letten, Litauer, Weißrussen und Ukrainer zu Beginn des 19. Jahrhunderts weitgehend »Bauernvölker« geblieben, die keine »eigene« Oberschicht besaßen. Als Finnland 1808/09 an das Russische Reich fiel, war der Adel schwedisch, und auch die estnischen und lettischen Bauern in den Ostseeprovinzen hatten meist fremde, deutsche, gelegentlich schwedische Herren. In Litauen, Weißrußland und im nördlichen wie westlichen Teil der Ukraine (oder genauer gesagt in jenen Gebieten, die man später als

---

[3] So etwa Hroch, Das Erwachen, S. 156 f.; zu den Interpretationsansätzen vgl. Winklers Einleitung (Der Nationalismus und seine Funktionen), in: ders., Nationalismus, S. 5 ff.

»Litauen«, »Weißrußland«, »Ukraine« bezeichnen sollte) war die adelige Oberschicht geprägt von polnischer Sprache und Kultur und im »ukrainischen« Süden häufig russisch, genuin oder »russifiziert«.[4]

Was für die »alte«, adelige Oberschicht galt, galt nicht selten auch – wenn wir dem obigen, westeuropäischen Aktionsmuster folgen – für ihre »neuen«, bürgerlichen Konkurrenten. So war in Finnland, als es von Rußland annektiert wurde, nicht nur der Adel, sondern auch die Stadtbevölkerung schwedisch, und ähnliches galt für das Deutschtum in estländischen, livländischen und kurländischen Städten. Noch am Ende des 19. Jahrhunderts präsentierte sich Minsk keineswegs als eine »weißrussische« Stadt. Gerade mal 9 % der Einwohner gaben (bei der Volkszählung von 1897) Weißrussisch als ihre Muttersprache an, über 51 % dagegen Jiddisch, 25,5 % Russisch und 11,4 % Polnisch.[5] Ebensowenig konnte man, nach den gleichen Kriterien, von einem »litauischen Wilna« sprechen, rechneten sich doch von seinen rd. 155.000 Einwohnern nur 3.100 (d.h. 2 %) dieser Sprachgruppe zu, 62.000 (40 %) dagegen den Juden, 48.000 (31 %) den Polen und 31.000 (20 %) den Russen.[6]

Ein vergleichbares Bild boten die »ukrainischen« Großstädte Ekaterinoslav, Char'kov, Kiev und Odessa (mit 113.000, 174.000, 247.000 bzw. 404.000 Einwohnern); Ukrainer bildeten stets nur eine Minderheit, in Ekaterinoslav von 15,8 %, in Char'kov von 25,9 %, in Kiev von 22,3 % und in Odessa von 9,4 %. Richtete man sich nach dem größten Bevölkerungsanteil, so waren es »russische« Städte (schließlich machten Russischsprachige in Char'kov 62,2 %, in Ekaterinoslav 41,8 %, in Kiev 54,5 % und in Odessa 49,1 % der Einwohner aus); der ukrainische Bevölkerungsanteil wurde mitunter noch vom jüdischen übertroffen (der in Ekaterinoslav und Odessa jeweils über 30 % betrug).[7] Und im benachbarten Kišinëv, der bessarabischen Hauptstadt, sprachen (von seinen 108.000 Einwohnern) 45,9 % muttersprachlich jiddisch, 27 % russisch, aber nur 17,6 % moldauisch oder rumänisch.

---

[4] Dazu wie zum folgenden die bereits genannten Darstellungen von Kappeler, Vielvölkerreich, und Suny, Revenge of the Past, passim. Vgl. auch Karte 3 im Anhang.

[5] Vgl. Suny, Revenge of the Past, S. 31.

[6] Bauer / Kappeler / Roth, Volkszählung von 1897, Bd. 2, S. 439. Die 1917 zum Russischen Reich gehörenden Städte werden hier der Einfachheit halber in jener Namensform genannt, wie sie 1917 offiziell hießen; trugen sie daneben einen eingeführten »deutschen« Namen (wie etwa Moskau, Warschau, Wilna, Reval, Lemberg), so wurde dieser nicht »rückübersetzt«.

[7] Bauer / Kappeler / Roth, Volkszählung von 1897, Bd. 2, S. 430 f., 434; auch P. Herlihy, Ukrainian Cities in the Nineteenth Century, in: I.L. Rudnytsky (Hg.), Rethinking Ukrainian History, Edmonton 1981; zu Kiev vgl. M.F. Hamm, Kiev. A Portrait, 1800 – 1917, 2. Aufl. Princeton 1995; ders., Continuity and Change in Late Imperial Kiev, in: ders. (Hg.), The City in Late Imperial Russia, Bloomington 1986, S. 79 ff.; zu Odessa: F.W. Skinner, Odessa and the Problem of Urban Modernization, in: ebda., S. 209 ff.; P. Herlihy, Odessa. A History 1794 – 1914, Cambridge, Mass. 1986.

Die Statistik der Volkszählung von 1897 zeigte überdies, daß die litauische, weißrussische, ukrainische, moldauisch-rumänische Stadtbevölkerung (im Vergleich mit der russischen, polnischen und jüdischen) nicht nur zahlenmäßig schwach blieb, sondern daß sie auch eher am unteren Rand der städtischen Sozialhierarchie rangierte. Nahm man etwa die beiden größten »ukrainischen« Städte Odessa und Kiev, so gehörte die (ohnehin vergleichsweise kleine) ukrainische Volksgruppe zu über 80 bzw. zu über 90% dem Kleinbürgertum (meščanstvo) und der Bauernschaft an, während der Adel eindeutig von Russen und Polen, die Kaufmannschaft von Russen und Juden dominiert wurde und bei den Kaufleuten selbst die Deutschen die Ukrainer zahlenmäßig noch übertrafen. Im bessarabischen Kišinëv waren zwei Drittel des erblichen und persönlichen Adels russisch und von der Kaufmannschaft über 70 % Juden, während diejenigen, die moldauisch und rumänisch sprachen, vor allem in den Gruppen des meščanstvo und der Bauernschaft zu finden waren.[8] Ähnliche Ergebnisse brächte ein Blick auf das »weißrussische« Minsk und das »litauische« Wilna zutage.

Auf die Unterentwicklung eines »eigenen« städtischen Bürgertums stieß man – noch Ende des 19. Jahrhunderts – nicht nur in diesen »litauischen«, »weißrussischen«, »ukrainischen«, bessarabischen Städten. Im »georgischen« Tiflis und im »azerbajdžanischen« Baku war es nicht anders. In Tiflis sprachen (1897) nur 25,8 % georgisch, in Baku nur 36,8 % tatarisch oder eine andere Turksprache. In Tiflis bildeten die Armenier (mit einem Anteil von knapp 30 %) die größte Sprachgruppe, sie stellten im wesentlichen auch die Kaufmannschaft, während beim Adel der russische zahlenmäßig vor dem georgischen rangierte. Analog überwog in Baku der russische Adel zahlenmäßig den tatarischen, und der Handel war wiederum in armenischen Händen.[9] Kehrt man zur Ausgangsfrage und zum Beginn des 19. Jahrhunderts zurück, so fehlte bei nicht wenigen der »kleineren Völker« Osteuropas zumindest einer, wenn nicht beide der »eigentlichen« Kontrahenten im Prozeß der Nationsbildung.

Doch damit nicht genug. Zu den Defiziten zählte noch Anfang des 19. Jahrhunderts bei Finnen, Esten, Letten, Litauern, Weißrussen, Ukrainern auch eine Hochsprache und literarische Tradition, die zum selbstverständlichen Mittelpunkt der nationalen Identitätsstiftung werden konnte – vom Problem des Analphabetismus, von dem bereits die Rede war[10], ganz abge-

---

8   Bauer / Kappeler / Roth, Volkszählung von 1897, Bd. 2, S. 464 f., 478 f., 482, 497, 501.
9   Bauer / Kappeler / Roth, Volkszählung von 1897, Bd. 2, S. 474, 488. Zu Tiflis: R.G. Suny, Tiflis, Crucible of Ethnic Politics, 1860 – 1905, in: Hamm, City in Late Imperial Russia, S. 249 ff.; zu Baku: A. Altstadt-Mirhadi, Baku. Transformation of a Muslim Town, in: ebda., S. 283 ff.
10 Vgl. dazu oben in Teil I die Ausführungen S. 73 f.

sehen. Ein »Weißrussisch« gab es nicht, vielmehr existierten an die 20 weißrussischen Dialekte, die sich in der einen oder anderen Hinsicht untereinander ebenso stark unterscheiden konnten wie »das« Weißrussische seinerseits vom Russischen, Polnischen oder Ukrainischen; jede seiner
Besonderheiten gab es in anderen slavischen Sprachen auch und lediglich
deren Kombination ließ sich als idiomatisches Spezifikum definieren.[11] In
einem vergleichbaren Sinne meinte der russische Innenminister Valuev
noch 1863, als er den Unterricht und Buchdruck in ukrainischer Sprache
verbot, eine »kleinrussische Sprache« (wie er das Ukrainische nannte) »hat
es nicht gegeben, gibt es nicht und kann es nicht geben. Der Dialekt, den
das einfache Volk gebraucht, ist russisch, nur Verdorben durch den Einfluß
Polens«.[12]

Selbst wenn es gelang, über die Sprache eine ethnische Gruppe zu definieren, blieb es schwierig, daraus einen Anspruch auf ein fest umrissenes
Territorium abzuleiten und diesen Anspruch mit Geschichte und Gegenwart zu begründen: weil die angesprochenen Ethnien noch nie einen eigenständigen Staat gebildet hatten (wie die Finnen, Esten, Letten und Weißrussen) oder die staatliche Tradition in der frühen Neuzeit abgebrochen
war und sich so einfach nicht wieder aufnehmen ließ (wie bei Litauen und
den auf Rußland, Österreich und Ungarn »aufgeteilten« Ukrainern); weil
die Siedlungsgebiete in einander übergingen, sich überlagerten (was in
Ostmitteleuropa fast schon der Normalfall war) oder überhaupt kein einigermaßen geschlossenes Ganzes ergaben (wie bei den »mobilen Diaspo-
ragruppen« der Armenier, Juden und Deutschen); weil schließlich die
Zugehörigkeit zu einer Sprach(famili)e und Religion noch kein Grup-
penbewußtsein schuf, das in der Lage gewesen wäre, die bestehenden historisch-politischen und kulturellen Unterschiede zu überbrücken
und/oder obwaltende Sippen- und Stammesloyalitäten als zweitrangig in
den Hintergrund zu drängen (wie bei den turksprachigen, muslimischen
Ethnien der mittleren und unteren Wolga, des Kaukasus, Transkaukasus
und von der Krim sowie der Steppen- und Wüstengebiete Mittelasiens).

b) Der besondere Weg

Doch »Nationalbewußtsein« und »Nationalstaatsidee« erwiesen sich als
sehr erfolgreiche Konzepte und machten selbst dort Karriere, wo »eigent-

---

[11] N.P. Vakar, Belorussia. The Making of a Nation. A Case Study, Cambridge, Mass. 1956, S. 27 ff.
[12] Vollständig oder in Teilen zitiert u.a. in Kappeler, Vielvölkerreich, S. 210; O. Subtelny,
      Ukraine. A History, 2. Aufl. Toronto / Buffalo / London 1994, S. 282; Suny, Revenge of the
      Past, S. 26.

lich« die Voraussetzungen, die Bedingungen, unter denen sie in Westeuropa entstanden waren und sich entfaltet hatten, fehlten. Denn wo es ein »nationales Bürgertum« nicht gab, übernahmen andere soziale Gruppen und Individuen seine »Mission«: Sie überbrückten die Defizite in der Gesellschaftstruktur; entdeckten in den Dialekten das Gemeinsame; bemühten sich, daraus eine Schriftsprache abzuleiten und in ihr die mündliche Überlieferung aufzuzeichnen; wandten sich der Volkskultur und Geschichte zu und suchten in der Vergangenheit nach den verbindenden Kollektiverfahrungen, deren »Tradition« sich in Festen, Liedern und Symbolen niedergeschlagen hatte, dort fassen, pflegen und weitergeben ließ.

Damit waren die Grundlagen für eine »Nationalbewegung« gelegt, in deren »Diskursen« die Vorstellung, die »Imagination« einer »nationalen Gemeinschaft« entstand, mit einer eigenen Hochsprache, einer eigenen »vaterländischen« Geschichte und einer eigenen Kultur (zu der auch die Religion gehören konnte); sie vermittelte die Definition eines Territoriums, die Bestimmung der Zugehörigkeit und die »Kenntnis« der Gegner und Feinde; sie verlangte absolute Loyalität gegenüber den »gemeinsamen«, »nationalen« Zielen und Interessen, über alle lokalen, regionalen, Sippen-, Standes- und Klassenunterschiede hinweg, und sah ihre Erfüllung letztendlich in der Gründung eines eigenen Staates, nur so könnte sich die Nation in der Konkurrenz mit anderen Nationalitäten behaupten.

In ein typologisches Schema gebracht, vollzog sich die Entwicklung des Nationalbewußtseins und der Nationalbewegung bei den »kleineren und jüngeren Völkern« jeweils in drei Schüben: Einer Ausgangsphase (A), in der sich Einzelne, eine Handvoll von Gebildeten »mit Interesse und gewöhnlich auch mit Hingabe« an die Erforschung von Sprache, Kultur und Geschichte des »kleinen Volkes« machten, ohne einen weitergehenden Einfluß auf die Gesellschaft zu suchen, folgte eine zweite (B), in der sich eine Gruppe »patriotisch« Gesinnter des Themas annahm, mit dem politischen Ziel, sein Anliegen aus der Studierstube in breite Schichten der Bevölkerung zu tragen, sie für die »nationale Sache« zu gewinnen und zu mobilisieren; gelang ihr dies, so wurde in einer dritten Phase (C) die Nationalbewegung zur politischen Massenbewegung.

So waren es bei den Finnen, Esten und Letten zunächst Angehörige der deutschen und schwedischen Oberschicht, Pastoren und Gelehrte, die sich – seit dem Ende des 18. Jahrhunderts bzw. in der ersten Hälfte des 19. Jahrhunderts – für die Volkssprache und -kultur zu interessieren begannen, in den 20er und 30er Jahren literarisch-gelehrte Gesellschaften ins Leben riefen und Beamte, Kaufleute, Lehrer, Küster und Studenten als Mitglieder warben. Die Bewegung erschloß sich über die Schulen und patriotische Zeitschriften und Zeitungen, in den Ostseeprovinzen auch über Gesangsvereine und Sängerfeste, neue Schichten, drang teilweise sogar über die Stadt hinaus aufs Land vor und ließ – verbunden mit einem Generationswechsel – die Anfangsphase (A) allmählich hinter sich, in Finnland in den 50er Jahren, in den Ostseeprovinzen eineinhalb Jahrzehnte später. Daß diese protestantisch geprägten Regionen relativ früh über ein ausgebautes Schulsystem verfügten und die Bauern entweder frei geblieben waren oder zumindest früher als in Zentralrußland ihre persönliche Freiheit erhielten, kam der Bewegung zweifellos zugute. Bereits um die Jahrhundertwende erreichte sie dort den Charakter einer »Massenbewegung« (Phase C), selbst wenn man den Begriff in seiner Bedeutung nicht überziehen sollte. Wenn sich die nach der Jahrhundertwende gegründeten nationalen sozialdemokratischen Parteien gegen die Unterdrückung durch den zaristischen Staat und die deutsch-schwedische Oberschicht wandten, flossen tatsächlich demokratische, soziale und nationale Forderungen in eins.[13]

In den südlich daran anschließenden litauischen, weißrussischen und ukrainischen Gebieten fehlten vergleichbare Startvorteile. Kulturell eher geprägt von einer katholischen, polnischen oder polonisierten adeligen Oberschicht, im Süden der Ukraine von einem orthodoxen, russischen oder russifizierten, unierten, ukrainischen Adel, und mit einer bäuerlichen Bevölkerung, deren »Emanzipation« erst in den 60er Jahren des 19. Jahrhunderts einsetzte, lief die Entwicklung hier sehr viel langsamer an und erlitt, mitbetroffen von den staatlichen Repressionsmaßnahmen nach dem polnischen Aufstand, seit 1863 erneut einen Rückschlag. Selbst wenn sich einzelne schon relativ früh sich für die Sprache und Volkskultur interessiert hatten; die Geschichte des Großfürstentums Litauen und des ukrainisch-kosakischen Hetmanats als »nationale« Vergangenheit wiederentdeckten; intellektuelle Zirkel, in Tilsit und Memel eine »Litauische Literärische Gesellschaft«, in Kiev eine politische ukrainische »Kyrill-und-Method-Bruderschaft« gründeten; ja die Ukraine in der ersten Hälfte des 19. Jahrhunderts einen ihrer größten Dichter (Taras Ševčenko) hervorbrachte, der bewußt das ukrainische Volksidiom verwandte, es erst zur Schriftsprache machte und dabei zugleich Themen der ukrainisch-kosakischen Vergangenheit aufgriff – insgesamt gesehen erreichte die nationale Bewegung in Litauen, Weißrußland und der

---

13 R. Alapuro, State and Revolution in Finland, Berkeley 1988; Hroch, Vorkämpfer, S. 72 ff.,
    80 ff.; E. Hösch, Die kleinen Völker und ihre Geschichte. Zur Diskussion über Nations-
    werdung und Staat in Finnland, in: Alexander / Kämpfer / Kappeler, Kleine Völker, S. 22 ff.;
    A. Loit (Hg.), National Movements in the Baltic Countries During the 19th Century, Stock-
    holm 1985; A. Plakans, Peasants, Intellectuals, and Nationalism in the Russian Baltic Pro-
    vinces, 1820 – 1890, in: Journal of Modern History 46 (1974), S. 445 ff.; T.U. Raun, The Lat-
    vian and Estonian National Movements, 1860 – 1914, in: Slavonic and East European
    Review 64 (1986), S. 66 ff.; ders., Estonia and the Estonians, Stanford 1987; P. Renvall, Zur
    Organisations- und Sozialgeschichte der finnisch-nationalen Bewegung im 19. Jahrhundert,
    in: Th. Schieder (Hg.), Sozialstruktur und Organisation europäischer Nationalbewegungen,
    München / Wien 1971, S. 155 ff.

Ukraine wohl erst um die Jahrhundertwende eine Breite und Tiefe, die sie in eine neue Phase (B) ihrer Entwicklung übergehen und im Umkreis der ersten Revolution von 1905 eine rapide Beschleunigung nehmen ließ.[14]

Sah man auf die Gebiete jenseits des Kaukasus, so faßte der geographische Begriff (Transkaukasus) etwas zusammen, was weder sprachlich noch religiös eine Einheit bildete und somit auch keine einheitliche Nationalbewegung besaß. Der Westen wurde besiedelt von Georgiern, einem christlichen Bauernvolk mit eigener adeliger Oberschicht, deren staatliche, kulturelle, schriftsprachliche Traditionen weiter zurückreichten als die der Russen. Was die Georgier mit den »kleinen Völkern« verband, war die »Unvollständigkeit der Sozialstruktur«; sie hatten kein »eigenes Bürgertum« ausgebildet, Armenier, wie schon am Beispiel von Tiflis erwähnt, diese Funktion übernommen. So waren es auch georgische *Adelige* und Adelssöhne, die sich – nach dem Fall des Landes an Rußland, in der ersten Hälfte des 19. Jahrhunderts – um die Erforschung und Pflege der georgischen Sprache, Literatur, Folklore und Geschichte bemühten, und Il'ja Čavčavadze, der bekannteste georgische Schriftsteller und Publizist der zweiten Hälfte des 19. Jahrhunderts, als die Bewegung bereits die Anfangsphase hinter sich gelassen und politische Dimensionen angenommen hatte, war einer von ihnen. Der wirtschaftliche Niedergang des Adels war der Hintergrund, daß sich die georgische Nationalbewegung gegen Ende des Jahrhunderts zunehmend radikalisierte. Hatte sie bisher vor allem liberale Schriftsteller, Journalisten, Lehrer zu ihren Parteigängern gezählt, so traten in den 90er Jahren jüngere marxistische Intellektuelle an ihre Spitze, die den Kampf für nationale Emanzipation zum Kampf gegen eine nicht-georgische (armenische) Bourgeoisie und die Auswirkungen eines kapitalistischen Imperialismus machten: So übernahmen die georgischen Sozialdemokraten (mit menschewistischer Ausrichtung) die Führung in einer klassenübergreifenden georgischen Nationalbewegung.[15]

---

[14] M. Hellmann, Die litauische Nationalbewegung im 19. und 20. Jahrhundert, in: Zeitschrift für Ostforschung 2 (1953), S. 66 ff.; Hroch, Vorkämpfer, S. 62 ff.; A. Kappeler, Ein »kleines Volk« von 25 Millionen: die Ukrainer um 1900, in: Alexander / Kämpfer / Kappeler, Kleine Völker, S. 33 ff.; ders., Kleine Geschichte der Ukraine, München 1994; ders., The Ukrainians of the Russian Empire 1860 – 1914, in: ders. (Hg.), The Formation of National Elites. Comparative Studies on Governments and Non-dominant Ethnic Groups in Europe, 1850 – 1940, Bd. 6 (in collaboration with F. Adanir and A. O'Day), Aldershot 1992, S. 105 ff.; L. Sabaliunas, Lithuanian Social Democracy in Perspective 1893 – 1914, Durham / London 1990; J. Zaprudnik, National Consciousness of the Byelorussians, in: V. u. Z. Kipel (Hg.), Byelorussian Statehood. Reader and Bibliography, New York 1988.

[15] J.W.R. Parsons, The Emergence and Development of the National Question in Georgia, 1801 – 1921, Ph.D. Glasgow 1987; R.G. Suny, The Emergence of Political Society in Georgia, in: ders. (Hg.), Transcaucasia. Nationalism and Social Change. Essays in the History of Armenia, Azerbaijan, and Georgia, Ann Arbor 1983, S. 109 ff.; ders., The Making of the Georgian Nation, London 1989.

Die Tradition einer christlichen Hochkultur, einer eigenen Schriftsprache und über zweitausendjährigen Geschichte hatten auch die Armenier
aufzuweisen. Doch ihren eigenen Staat hatten sie bereits im Mittelalter verloren, in den Jahrhunderten danach weitgehend auch ihren Adel; ihre Siedlungsgebiete waren aufgeteilt zwischen dem Russischen, dem Osmanischen und dem Persischen Reich, und anders als die Georgier bildeten sie
in Transkaukasien fast nirgends eine kompakte Majorität. Armenische
Kaufleute und Unternehmer, neben dem Klerus die neue Oberschicht, lebten in den Städten, die armenische Bauernschaft in Abhängigkeit von muslimischen Herren. Das Verbindende blieben die Sprache und die Religion,
wobei die armenische Kirche (anders als die georgische) ihre Unabhängigkeit sowohl gegenüber Rom wie gegenüber Moskau zu wahren
wußte. Sprache und Religion bildeten auch die Grundlage und den Schwerpunkt der »nationalen Bewegung« in der ersten Hälfte des 19. Jahrhunderts. Sehr viel schwieriger war es, ihr in der folgenden Zeit (Phase B) auch
eine politische Stoßrichtung zu geben, ohne sich nach allen Seiten völlig zu
isolieren. Versuche sozialistisch-revolutionärer Gruppen, mit Terroran-
schlägen, spektakulären »Widerstandsaktionen« und einer »Propaganda
der Tat« die westliche, christliche Öffentlichkeit und die Landsleute in
Ostanatolien zu mobilisieren, das Fanal für die Befreiung von der türkischen Herrschaft zu geben, erreichten jedenfalls eher das Gegenteil: eine
Verstärkung des Druckes und der armenischen Auswanderung nach Transkaukasien (besonders nach den blutigen Massakern an Armeniern in den
Jahren 1894/96). Nach der Jahrhundertwende richteten sich die armenischen Aktionen auch gegen russische Einrichtungen und Amtspersonen,
seit diese (1903) die Konfiskation der Güter der armenischen Kirche verfügt hatten. Selbst wenn der Großteil der bürgerlichen Oberschichten gegenüber dem Staat loyal blieb, gewann die Bewegung und ihr politischer
Kopf, die den russischen, rußländischen Sozialrevolutionären nahestehende Dašnak-Partei, in Stadt und Land wachsende Unterstützung.
Dies hing freilich auch damit zusammen, daß sich die Spannungen zwischen Armeniern und Azerbajdžanern in Transkaukasien verschärften.[16]
    Die Angehörigen dieser größten (unter den drei großen) Bevölkerungs-
gruppe Transkaukasiens wurden im 19. Jahrhundert (im offiziellen Jargon

---

[16] G.J. Libaridian, Revolution and Liberation in the 1892 and 1907 Programs of the Dashnak-
    tsutiun, in: Suny, Transcaucasia, S. 185 ff.; L. Nalbandian, The Armenian Revolutionary Mo-
    vement. The Development of Armenian Political Parties Through the Nineteenth Century,
    Berkeley 1963; A. Ter Minassian, Nationalism and Socialism in the Armenian Revolutionary
    Movement (1887 – 1912), Cambridge, Mass. 1984; R.G. Suny, Populism, Nationalism, and
    Marxism. The Origins of Revolutionary Parties among the Armenians of the Caucasus, in:
    Armenian Review 32 (1979), S. 2 ff.: ders., Marxism, Nationalism, and the Armenian Labor
    Movement in Transcaucasia, 1890 – 1903, in: Armenian Review 33 (1980), S. 30 ff

und so auch in den Statistiken) »Tataren« genannt; erst seit Ende der 1930er Jahre wurde das (von ihren Führen bevorzugte) Ethnonym Azerbajdžani allgemein übernommen. Mit den Georgiern verband sie, daß sie ein Bauernvolk mit eigener adeliger Oberschicht waren. Mit den Armeniern hatten sie gemein, daß die Staatsgrenze etwa ein Drittel der ethnischen Gruppe von den anderen zwei Dritteln trennte (die Friedensverträge von 1828/29, die die neuen Grenzen in Transkaukasien absegneten, sprachen Rußland nur den Norden zu, der Süden Azerbajdžans verblieb bei Persien). Was die Azerbajdžaner von Georgiern wie Armeniern unterschied, waren die Sprache und die Religion; sie sprachen ein türkisches Idiom und waren Muslime. Allerdings war neben der Umgangssprache Persisch als Hochsprache in Gebrauch, die Analphabetenrate immens, die muslimische Religionszugehörigkeit halb sunnitisch, halb schiitisch und die Bindung an Stammes- und Sippenstrukturen noch immer groß. Das erleichterte nicht gerade die Bildung eines übergreifenden »Nationalbewußtseins«.

Die Fragmentierung der azerbajdžanischen Gesellschaft schritt noch weiter voran, seit in den 1870er Jahren die Ölindustrie um Baku einen rasanten Aufschwung erlebte und die Stadt zum neuen Mittelpunkt eines Landes wurde, dessen Wirtschaftsentwicklung ansonsten agrarisch geprägt und eher »rückständig« blieb. Schon kurz vor der Jahrhundertwende wurde hier mehr Öl gefördert als in den ganzen Vereinigten Staaten. Baku explodierte förmlich, die Einwohnerzahl, die 1863 noch bei 14.000 gelegen hatte, stieg auf über 200.000 im Jahre 1903. Die Stadt zog Menschen aus der näheren und weiteren Umgebung an; auch viele Azerbajdžaner, vom Dorfe kommend, fanden hier Arbeit. Doch sie dienten vor allem als Hilfsarbeiter, waren am schlechtesten bezahlt und am wenigsten urbanisiert. Die Facharbeiterschaft rekrutierte sich aus Russen und Armeniern, und die Unternehmerschaft war russisch, armenisch, international. Als die Regierung dazu überging, die Bohrrechte an den Meistbietenden zu verpachten (und damit den Ölboom auslöste), konnten die lokalen Unternehmer nicht mithalten. Während sie zuvor einen Großteil der Ölindustrie kontrolliert hatten, war um die Jahrhundertwende nur noch ein Bruchteil des Grundkapitals in azerbajdžanischen Händen.[17]

Die Mitte des Jahrhunderts in Russisch-Azerbajdžan einsetzenden Bemühungen, vom Persischen als Schriftsprache loszukommen, die Um-

---

[17] A. Altstadt-Mirhadi, The Azerbaijani Turkish Community of Baku Before World War I, Ph.D. Chicago 1983; Suny, Revenge of the Past, S. 38 ff.; T. Swietochowski, Der Islam und die Entwicklung nationaler Identität in Aserbaidshan, in: A. Kappeler / G. Simon / G. Brunner (Hgg.), Die Muslime in der Sowjetunion und in Jugoslawien. Identität, Politik, Widerstand, Köln 1989, S. 49 ff.; ders., Russian Azerbaijan, 1905 – 1920. The Shaping of National Identity in a Muslim Community, Cambridge / London / New York / New Rochelle / Melbourne / Sydney 1985; ders., Russia and Azerbaijan. A Borderland in Transition, New York 1995.

gangssprache aufzuwerten, kamen der russischen Regierung politisch nicht ungelegen (so wie sie ihrerseits durch die Auflösung der Khanate und die Einführung einer einheitlichen russischen Verwaltung zur Schwächung des tief verwurzelten Partikularismus beitrug). Tatsächlich wurden rasch erstaunliche Erfolge erzielt, bei der Gründung von Zeitungen und Zeitschriften, bei der Verfassung von Literatur, von Theaterstücken, selbst Tragödien in der Volkssprache. Ausführlich wurde diskutiert, wie groß der Anteil von Iranismen in der neuen Sprache noch sein dürfe, ob man einen Mittelweg gehen, ob man sich ganz ans Ottomanische Türkisch anlehnen solle; hinter jeder Position steckten auch politische Optionen. Doch die Diskussionen waren das Werk einer sehr kleinen Gruppe von westlich gebildeten Intellektuellen, die nicht selten sogar Ämter in der russischen Verwaltung bekleideten. Die große Masse der Bevölkerung nahm davon kaum Notiz, sie konnte ohnehin nicht schreiben und lesen, und die konservative islamische Geistlichkeit lehnte jede Reform des ihr unterstehenden Schulsystems ab, sie hielt am Persischen und einem klassischen Azerbajdžanisch (Azeri) fest, wehrte sich gegen eine Modernisierung der Curricula. Es gab freilich auch andere, reformorientierte Strömungen innerhalb des Islam, die dazu aufforderten, das Versagen muslimischer Gesellschaften nicht einfach hinzunehmen, ihre politischen und wirtschaftlichen Interessen gegenüber westlicher Konkurrenz zu behaupten, sich den neuen Herausforderungen zu stellen; als »Dschadidisten« (Protagonisten einer »neuen Methode«) traten sie mit Nachdruck für eine Verbesserung des Schul- und Bildungssystems, eine Reform der Pädagogenausbildung und der Lehrpläne, eine Aufwertung von Naturwissenschaften, Mathematik und Sprachen ein.

Insgesamt gesehen war die »nationale Bewegung« der Azerbajdžaner an der Jahrhundertwende über die Anfangsphase (A) wohl noch kaum hinausgekommen, und ihre Forderungen und Positionen, Feindbilder und Solidaritäten waren ebenso diffus, wie die gesellschaftliche Basis, auf die sie sich zu stützen suchte. Pan-Turkismus, der auf die Sprachfamilie, und Pan-Islamismus, der auf die Gemeinsamkeit der Religion setzte, ein gegenüber Reformen aufgeschlossener »Dschadidismus« und sozialistische Ideen, die sich gegen »Kapitalismus« und »Kolonialismus« wandten, standen nebeneinander und schienen sich keineswegs auszuschließen.

Damit ist bereits das breite Spektrum umrissen, in das sich auch die anderen muslimischen und meist turksprachigen ethnischen Gruppen einordnen ließen: an der mittleren Wolga, in den Bergen des Kaukasus und auf der Krim, in den nördlichen Steppengebieten und südlichen Oasenkulturen Mittelasiens. Die Unterschiede in der Lebensform und Wirtschaftsweise, in den geistigen und kulturellen Traditionen waren jedoch so er-

heblich, daß sie kaum als »nationale Einheit« angesprochen werden konnten (und als solche in der Revolution auch nicht auftraten).[18]

Dabei galten die seit Jahrhunderten zu Rußland gehörenden, seßhaften
Wolgatataren als diejenige ethnische Gruppe, in der Kaufleute und islamische Geistliche am frühesten Ansätze eines »national-religiösen Bewußtseins« ausgebildet hatten und mit ihrer Wirtschaftskraft und ihrem geistigen Einfluß lange die übrigen muslimischen Volksgruppen im Reich,
besonders im Ural und Mittelasien dominierten. Institutioneller Mittelpunkt der geistigen Beeinflussung war die 1804 mit vier Fakultäten gegründete Universität von Kazan', in der die Erforschung tatarischer Literatur,
Folklore und Geschichte betrieben wurde und die auch eine Druckerei besaß (wobei tatarische Texte hier in arabischer Schrift gesetzt wurden). Sie
sorgte dafür, daß das tatarische Schriftwesen im Laufe des 19. Jahrhunderts
aufblühte, und hatte 1902 angeblich 250 Bücher mit einer Gesamtauflage
von 25 Millionen publiziert. Hier wirkte auch als Imam an einer Moschee
und Instruktor in einer angeschlossenen Medrese seit 1849 der tatarische
Theologe, Pädagoge und Historiker Š. Mardžani, der zuvor mehr als ein
Jahrzehnt an muslimischen Studienorten in Mittelasien tätig gewesen war.
Er kritisierte die islamischen Bildungseinrichtungen, das starre Festhalten
am Alten, und forderte die Koranschulen auf, die Rückbesinnung auf den
reinen theologischen Kern des Islam mit der Aufgeschlossenheit für neue
Ideen, mit dem Studium westlicher Sprachen und Literatur, einer Hin-
wendung zu den Errungenschaften der modernen Wissenschaften zu verbinden.[19]

Damit waren Grundforderungen des Dschadidismus bereits formuliert,
als dessen eigentlicher Gründer und Vordenker der Krimtatare Ismail Bey
Gaspralı (in der russischen Namensform: Gasprinskij) gilt. Auch bei ihm
ließ sich unschwer ein Zusammenhang zwischen Lebenslauf und Lehre
herstellen: 1851 geboren, hatte er nach dem Besuch einer traditionellen islamischen Schule und der Kadettenanstalt in Moskau auf mehrjährigen
Reisen auch Frankreich und die Türkei kennengelernt und zwischen 1878
und 1882 der Stadtverwaltung in Bachčisaraj (auf der Krim) vorgestanden.

---

[18] A. Bennigsen, The Muslims of European Russia and the Caucasus, in: W.S. Vucinich (Hg.),
Russia and Asia. Essays on the Influence of Russia on Asian Peoples, Stanford 1972, S. 123
ff.; Kappeler, Vielvölkerreich, S. 195 ff.; E.J. Lazzerini, Reform und Modernismus (Djadi-
dismus) unter den Muslimen des Russischen Reiches, in: Kappeler / Simon / Brunner, Muslime, S. 35 ff.

[19] H. Bräker, Die muslimische Erneuerungsbewegung in Rußland, in: Katkov / Oberländer /
Poppe / Rauch, Rußlands Aufbruch, S. 181 ff., Zahlenangaben S. 183; A.-A. Rorlich, The
Volga Tatars. A Profile in National Resilience, Stanford 1986, bes. S. 65 ff., 104 ff.; dies., Eine
oder mehrere tatarische Nationen?, in: Kappeler / Simon / Brunner, Muslime, S. 63 ff.; E.J.
Lazzerini, Mercani, Shihabettin, in: MERSH Bd. 21, S. 213 f.

Seit 1883 gab er die türkisch-sprachige Zeitschrift »Terdschüman« (im Russischen »Perevodčik«, auf deutsch: Übersetzer) heraus, die die dschadidistischen Ideen auch an die mittlere Wolga, nach Transkaukasien und Mittelasien trug. Ihre Botschaft lautete, die Rückständigkeit der muslimischen Gesellschaften zu überwinden, ohne die eigene turksprachig-muslimische Identität aufzugeben. Dazu sei es nötig, das islamische Bildungssystem zu reformieren; die Bande zwischen den türkischsprachigen Muslimen zu verstärken; für sie eine einheitliche Literatursprache zu schaffen; die nicht mehr die arabische Schrift (wie bei den Wolgatataren), sondern die lateinische verwandte; die Frauen in der islamischen Gesellschaft zu gleichberechtigten Partnern zu machen; und sich gemeinsam allen weiteren Russifizierungsversuchen zu widersetzen.[20]

Es war nicht zuletzt dieser – den Zusammenhalt beschwörende, die Eigeninteressen betonende – antirussische Zungenschlag, der den Dschadidismus auch bei den kazachischen Hirtennomaden Mittelasiens auf offene Ohren stoßen ließ. Ihre Grunderfahrung war, daß der anhaltende Zustrom von russischen und ukrainischen bäuerlichen Siedlern, begleitet von einem Heer von Beamten, Militär und sonstigen staatlichen Funktionsträgern, ihnen immer mehr von ihren Sommerweidegebieten nahm, ihr auf einer Verbindung von Islam und Nomadentum beruhendes Leben einengte. Betrug der Anteil der Russen und Ukrainer in den nördlichen Steppen Kazachstans Ende des 19. Jahrhunderts schon 20 %, am besonders fruchtbaren Nordrand sogar 30 %, so nahm diese Migrationsbewegung im kommenden Jahrzehnt noch gewaltig zu; 1911 machten Russen und Ukrainer in den vier Verwaltungsgebieten der Steppenregion bereits 40 % der Gesamtbevölkerung aus, wobei die Zahlendimensionen bereits ahnen lassen, welches Konfliktpotential sich dahinter verbarg.[21] Doch auch der lange fraglos hingenommene dominierende Einfluß der Wolgatataren wurde hier seit der zweiten Hälfte des 19. Jahrhunderts zunehmend kritischer gesehen und die Entwicklung des Kazachischen zur eigenen Literatursprache betrieben. Zur Symbolfigur dafür, daß die Kazachen sehr wohl in der Lage waren, ihr eigenes Haus selbst zu bestellen, wurde der junge Ethnograph, Geograph,

[20] E. Allworth (Hg.), Tatars of the Crimea. Their Struggle for Survival, Durham / London 1988; I.S. Braginskij, O prirode sredneaziatskogo džadidizma v svete literaturnoj dejatel'nosti džadidov, in: Istorija SSSR 1965 N° 6, S. 26 ff.; Bräker, Muslimische Erneuerungsbewegung; A.W. Fisher, The Crimean Tatars, Stanford 1978; T. Kuttner, Russian Jadidism and the Islamic World: Ismail Gasprinskii in Cairo, in: Cahiers du Monde russe et soviétique 16 (1975), S. 383 ff.; E.J. Lazzerini, Ismail Bey Gasprinskii and Muslim Modernism in Russia, 1878 – 1914, Ph.D. Washington 1973; ders., Gasprinskij, Ismail Bey, in: MERSH Bd. 12, S. 88 f.; ders., Reform und Modernismus, S. 35 ff.; M.G. Vachabov, Nacional'no-osvoboditel'nye dviženija v Rossii vo vtoroj polovine XIX veka, in: Istorija SSSR 1964 N° 3, S. 56 ff.

[21] Bauer / Kappeler / Roth, Volkszählung von 1897, Bd. 2, S. 222 f.

Volkskundler und Historiker Čokan Valichanov. 1835 als Enkel des letzten Khans der Mittleren Horde Kazachstans geboren, hatte er nach einer kazachischen Elementarschule die (russische) Kadettenschule in Omsk besucht und war über sein gastfreundliches, weltoffenes Elternhaus relativ früh mit zahlreichen russischen Wissenschaftlern, die Sibirien und Mittelasien bereisten, in Verbindung gekommen; so begann er sich auch selbst für das eigene Land, seine Bräuche, seine Geschichte zu interessieren, mündlich überlieferte kazachische Volksepen in Schriftform zu übertragen, sich an mehreren geographisch-ethnographischen Exkursionen zu beteiligen, dann sie zu leiten und als Vollmitglied der Russischen Geographischen Gesellschaft und hervorragender Wissenschaftler höchste Anerkennung zu finden.[22]

Dagegen hatten reformmuslimische (dschadistische) und nationale Gedanken in den südlich daran anschließenden mittelasiatischen Oasenkulturen bis zum Anfang des 20. Jahrhunderts noch kaum Wurzeln geschlagen. Hier in den Gebieten von Syr-Darja, Fergana und Samarkand sowie im Khanat von Chiva und im Emirat von Buchara lag der Anteil von Russen unter 5 % und die geistige Führung noch immer in den Händen einer eher konservativ eingestellten muslimischen Geistlichkeit, die an der Vorherrschaft des Persischen und des Čagataischen (einem mit lexikalischen und syntaktischen Elementen aus dem Persischen überfrachteten klassischen Osttürkisch) als Literatursprachen festhielten. Und ähnliches galt wohl für die noch weitgehend in Stammesstrukturen lebenden und unter dem Einfluß von muslimischen Sufibrüderschaften stehenden Bergvölker des Nordkaukasus.

c) Die Rahmenbedingungen

Dank einer überlegenen Militärmacht im Osten, gegen ein immer schwächer werdendes Osmanisches Reich im Süden, als Nachfolger der einstigen Großmacht Schweden im Norden und Polen-Litauens im Westen hatte die zarische Autokratie das Reichsgebiet seit dem 17. Jahrhundert beträchtlich erweitert. Was sie von den annektierten Ländern verlangte, war vor allem die Anerkennung der herrscherlichen Autorität. Sie war im Gegenzug bereit, den gesellschaftlichen, kulturellen und religiösen Eigencharakter der neuen Gebiete weitgehend zu respektieren, den lokalen Oberschichten ihre

---

[22] Vgl. Stichwort: Valichanov, Čokan Čingisovič, in: SIÈ Bd. 2, Sp. 937 f.; K. McKenzie, Valikhanov, Chokan Chingisovich, in: MERSH Bd. 41, S. 165 ff., mit Hinweisen auf weitere Literatur.

Rechte und Privilegien zu garantieren und sie nach Möglichkeit in den Reichsadel zu integrieren.[23]

So blieb Finnland 1809 Großfürstentum (mit eigener Armee, eigenem Rechtssystem, eigener Besteuerung, eigener Währung und eigenen Zolltarifen), die Verfassung in Kraft, die rein finnische Regierung im Amt und der finnische Landtag (der »Diet« oder »Sejm«) erhalten. In Livland, Estland und Kurland hatten die Zaren die Vorrechte des deutschbaltischen Adels (der »Ritterschaft«) bestätigt und beiden Ländern Deutsch als Amtssprache und den lutherischen Protestantismus als offizielle Kirche belassen. Nach 1815 erhielt das Königreich Polen ein Autonomiestatut, das die Krone zwar dem Hause Romanov sicherte, aber dem Land ein eigenes Parlament, eine eigene Armee, seine eigene Kultur, Religion und Selbstverwaltung zu gewähren versprach. Auch im Transkaukasus fand die zarische Regierung – nach einer Phase rigider Machtpolitik – in den 40er Jahren allmählich zu dieser »pragmatischen« Linie zurück, suchte die Kooperation statt der Konfrontation mit der ortsansässigen Oberschicht, mit dem georgischen Adel, der armenischen Kaufmannschaft und den muslimischen Begs, und wußte sie als loyale Partner und Funktionsträger der zarischen Herrschaft zu gewinnen. Erst recht vermied sie es, sich in die inneren Verhältnisse Turkestans, wo Russen nur eine winzige Minderheit bildeten, allzu stark einzumischen; zwar besetzten Russen die militärischen und administrativen Schlüsselpositionen, doch das Leben im Dorf (Aul), das muslimische Rechts- und Gerichtswesen, der Einfluß der einheimischen Würdenträger und der lokale Klientelismus blieben davon unberührt, und im Khanat von Chiva und im Emirat von Buchara auch die Herrschaftsform erhalten, wenngleich unter russischem Protektorat. Die nomadisierenden Völker Sibiriens und Mittelasiens schließlich, aber auch die Jäger, Sammler und Fischer des Hohen Nordens und die Bergvölker des Kaukasus wurden als »Fremdstämmige« (inorodcy) einem eigenen Verwaltungsstatut unterstellt, das sie zwar aus der Gruppe der vollwertigen Staatsbürger vorerst ausschloß, ihnen aber weitgehende Selbstverwaltung, beruhend auf der Sippen- und Stammesgliederung, sowie Glaubens-, Han-

---

[23] Dazu wie zum folgenden V. Conolly, Die »Nationalitätenfrage« im Zarenreich, in: Katkov / Oberländer / Poppe / Rauch, Rußlands Aufbruch, S. 151 ff.; M. Raeff, Patterns of Russian Imperial Policy Toward the Nationalities, in: E. Allworth (Hg.), Soviet Nationality Problems, New York / London 1971, S. 22 ff.; G.v. Rauch, Staatliche Einheit und nationale Vielfalt, München 1953; H. Rogger, Russia in the Age of Modernisation, S. 182 ff.; Seton-Watson, The Russian Empire 1801 – 1917, S. 409 ff., 485 ff.; S.F. Starr, Tsarist Government. The Imperial Dimension, in: J.R. Azrael (Hg.), Soviet Nationality Policies and Practices, New York / London / Sydney / Toronto 1978, S. 3 ff.; P.A. Zajončkovskij, Rossijskoe samoderžavie v konce XIX stoletija. Političeskaja reakcija 80-ch do načala 90-ch godov, Moskau 1970, insb. 117 ff.

dels- und Gewerbefreiheit garantierte, sie mit Steuern und Abgaben weniger belastete als die russischen Bauern und sie auch von der Gestellungspflicht für Rekruten befreite.[24]

So ineffektiv, sprunghaft, uneinheitlich, unberechenbar, korruptionsanfällig und widersprüchlich diese – primär auf dynastischen und ständischen Prinzipien beruhende – Politik der Herrschaftssicherung im Einzelfall auch immer war, sie wurde grundsätzlich erst im Laufe des 19. Jahrhunderts in Frage gestellt. Drei Prozesse wirkten dabei aufeinander: Da war zum *ersten* das Vorbild Westeuropas: Während Alphabetisierung und Urbanisierung, Agrarreformen und beginnende Industrialisierung Wirtschaft und Gesellschaft veränderten, unterminierten die neuen Ideen der Volkssouveränität und der Nation auch die dynastischen und ständischen Grundlagen des Staates.

Der Erfolg, ja Triumph dieser Entwicklungen wirkte ansteckend; er beinflußte nicht nur, wovon bereits die Rede war, die »kleineren Völker« des Zarenreiches, sondern auch das Staatsvolk, die Russen. Der Streit zwischen russischen »Westlern« und »Slavophilen« über die Zukunft des Landes, die immer breiter werdende Oppositionbewegung, im russischen Adel und in der neu entstehenden »Intelligencija«, die sich gegen das autokratische Regime wandte und »ins Volk« ging, die Diskussionen der liberalen, sozialrevolutionären und marxistischen Gruppen über den einzuschlagenden Weg – sie alle waren Ausdruck dieser *zweiten* Entwicklung. Ihre Auseinandersetzungen brachten auch in Groß-Rußland eine »Nationalbewegung« hervor, die in Sprache und Literatur, Religion und Geschichte die eigene »russische Identität« beschwor und »nationale« Ziele und Interessen zu definieren versuchte, was nicht ausschloß, daß den Betroffenen diese »nationalstaatlichen«, »russischen« Ziele als »Expansionismus«, »Imperialismus« und »Kolonialismus« erschienen.

Die doppelte Herausfordung – durch die Fortschritte des Westens, gemessen an Wirtschaftskraft und moderner Staatlichkeit, und durch die Forderungen der eigenen Nationalitäten, der russischen wie nichtrussischen – veränderte *drittens* die Nationalitätenpolitik der Regierung. Moderne Staatlichkeit und Wirtschaftskraft schienen sich gegenseitig zu bedingen und nur erreichbar, wenn der Staat seine Präsenz auch in den Randgebieten erhöhte, eine einheitliche Verwaltungsstruktur, ein einheitliches Rechtssystem, eine einheitliche Staatssprache und einen einheitlichen Wirtschaftsraum (verbunden mit vorsichtigen Reformen des Bildungswesens, der Agrar- und Gewerbestruktur) durchsetzte und dabei

---

[24] Zum Begriff der inorodcy vgl. entsprechendes Stichwort in: Brokgauz-Efron, Ėnciklopedičeskij slovar', St. Petersburg 1894, S. 224 f.

auch vor politischen Erbhöfen nicht von vornherein zurückschreckte. Und wenn die zarische Regierung auf die zweite Herausforderung, die nationalen, zentrifugalen Forderungen und Widersetzlichkeiten der »kleineren Völker« des Reiches repressiv reagierte, schien sie nicht nur Einheit und Stabilität des Reiches zu verteidigen, sondern sich mehr und mehr in das Fahrwasser eines anderen, des »russischen« oder »großrussischen« Nationalismus zu begeben, flossen staatliches und großrussisches Interesse mitunter in eins.

Wollte man die Entwicklung an Einzelereignissen festmachen, so wären wohl die Erfahrungen des Krimkriegs (1853-1856) einerseits und die polnischen Aufstände von 1830 und 1863 andererseits zu nennen: Die bittere Niederlage gegen das Osmanische Reich, dem Großbritannien und Frankreich zur Seite standen, hatte gezeigt, auf welch schwachen Füßen Staat und Armee in Rußland standen; sie gab den Anstoß, nicht nur die lange diskutierte Agrarreform, sondern in den 60er und 70er Jahren auch eine Neuordnung der städtischen und ländlichen Selbstverwaltung, des Justiz- und Militärwesens auf den Weg zu bringen. Ebensowenig sind die beiden polnischen Aufstände in ihrer Bedeutung für unsere Thematik zu unterschätzen, versuchte die russische Regierung doch hier, wo der Protest gegen die »Fremdherrschaft« und der Ruf nach »Eigenstaatlichkeit« am frühesten und lautesten erscholl, ein Exempel zu statuieren.

Dem gescheiterten Januaraufstand von 1863 folgte ein Strafgericht, bei dem Hunderte von »Rädelsführern« hingerichtet und Tausende von »Aufrührern« nach Rußland und Sibirien deportiert wurden. Hatte Polen in den 30er Jahren bereits seine staatliche Autonomie eingebüßt, so sollte nun nicht einmal der Name daran erinnern; was früher »Königreich Polen« hieß, wurde nun im offiziellen Sprachgebrauch »Weichselland« genannt. Es verlor alle verbliebenen Sonderrechte, die polnischen Zentralbehörden wurden abgeschafft, polnische Beamte durch Russen ersetzt, Russisch zur Amtssprache erhoben und den polnischen Gebieten die Verwaltungsreform (die in den 60er und 70er Jahren in Stadt und Land neue Selbstverwaltungskörperschaften schuf) verweigert. Weil man im Adel und der katholischen Geistlichkeit Hauptträger der nationalen Bewegung ausmachte, richtete sich ein erheblicher Teil der Maßnahmen explizit gegen sie. So wurden über dreieinhalbtausend adelige Güter entschädigungslos konfisziert, die polnischen Grundherren bei den folgenden Agrarreformen wesentlich ungünstiger behandelt als ihre Standesgenossen in Rußland, schon 1864 an die 80 Klöster aufgehoben, Prozessionen und religiöse Vereine verboten, der Kontakt des Klerus mit dem Vatikan unterbunden, die Bischöfe gezwungen, das geistliche Kollegium in Petersburg als Oberste Behörde anzuerkennen und bei Zuwiderhandeln abgesetzt. So waren binnen weniger Jahre von den 15 Bischofstühlen 12 verwaist.[25]

Wie in den Behörden und vor Gericht so sollte auch im gesamten Bildungswesen das Russische die polnische Sprache ersetzen. Waren die polnischen Universitäten Warschau und Wilna bereits 1832 aufgelöst worden, so präsentierte sich die nun neu eröffnete Universität Warschau als eine rein russische Institution. Seit 1866 war Russisch Unterrichtssprache in den Gymnasien, seit 1879 der Gebrauch des Polnischen im ganzen Schulgebäude, auch während der Pausen, bei Strafe verboten; seit 1885 hatte der Unterricht selbst in den Volksschulen auf Russisch zu erfolgen (wobei Ausnahmen jeweils nur für den Religionsunterricht vorgesehen waren); und mitten in Warschau wurde eine große orthodoxe Kathedrale erbaut, die von der Bevölkerung als Symbol der Russifizierung empfunden (und 1919 sogleich abgerissen) wurde.

Weil man weite Gebiete Litauens, Weißrußlands und der Ukraine unter polnischem Einfluß sah, erstreckten sich die Repressivmaßnahmen auch auf sie. So verbot das Innenministerium im Dezember 1865 Personen polnischer Abstammung per Gesetz den Erwerb von Landgütern in Litauen, Weißrußland und in der Ukraine rechts des Dnjepr; statt dessen sollte der »russische Grundbesitz« in den westlichen Gouvernements gestärkt werden. Wie das Polnische so wurde auch der Gebrauch des Ukrainischen als Schulsprache abgeschafft, die Publikation von Büchern (selbst der Bibel) in ukrainischer oder weißrussischer Sprache verboten; in Litauisch durften Schriften nur gedruckt werden, wenn man das kyrillische statt das »lateinisch-polnische« Alphabet benutzte. Seit 1876 untersagten die Behörden ebenso den Import ukrainischer Schriften aus dem habsburgischen Galizien, und das Verbot des Ukrainischen bezog nun auch Theateraufführungen und Vorträge mit ein.[26]

---

[25] Zum Aufstand, der Vorgeschichte und den Folgen vgl. N. Davies, God's Playground. A History of Poland, 2 Bde., Oxford 1981, insb. Bd. 2, S. 352 ff.; S. Kiniewicz, The Emancipation of the Polish Peasantry, Chicago 1969, S. 157 ff.; ders., Polish Society and the Insurrection of 1863, in: Past and Present, 37 (1967), insb. S. 130 ff.; R.F. Leslie, Reform and Insurrection in Russian Poland 1856 – 1865, London 1965; G. Rhode, Kleine Geschichte Polens, Darmstadt 1965, insb. S. 400 ff.; I. Roseveare, From Reform to Rebellion. A. Wielopolski and the Polish Question, 1861 – 1863, in: Canadian Slavic Studies 3 (1969), S. 263 ff.; dies., Wielopolski's Reforms and their Failure before the Uprising of 1863, in: Antemurale 15 (1971), S. 87 ff.; E.C. Thaden, Russia's Western Borderlands, 1710 – 1870, Princeton 1984, S. 156 ff.; P.S. Wandycz, The Lands of Partitioned Poland 1795 – 1918, Seattle / London 1974, S. 159 ff.

[26] K.J. Čeginskas, Die Russifizierung und ihre Folgen in Litauen unter zaristischer Herrschaft, in: Commentationes Balticae 1959, N° 6, S. 121 ff.; G.I. Marachov, Pol'skoe vosstanie 1863 g. na Pravoberežnoj Ukraine, Kiev 1967; S.M. Sambuk, Politika carizma v Belorussii vo vtoroj polovine XIX veka, Minsk 1980, S. 103 ff; A.F. Smirnov, Vosstanie 1863 g. v Litve i Belorussii, Moskau 1963; Subtelny, Ukraine, S. 281 ff.; Thaden, Russia's Western Borderlands, insb. S. 137 ff.

In den 80er Jahren griffen die Russifizierungsmaßnahmen massiv auf die Ostseeprovinzen über, selbst wenn die ritterschaftliche Selbstverwaltung in Funktion, die Position der lutherischen Kirche fest und die führende Stellung der Deutschbalten alles in allem erhalten blieb. Jedenfalls wurde auch hier Schritt für Schritt das Russische als interne Amtsprache der Stadtverwaltung, bei der Polizei und vor Gericht obligatorisch und als Unterrichtssprache in allen Schultypen eingeführt, lediglich der Religionsunterricht und die beiden untersten Klassen der Volksschule waren davon ausgenommen. Daß die Ritterschaften mit der Schließung zahlreicher Schulen antworteten, änderte daran nichts, und auch der Widerstand der lutherischen Geistlichkeit stieß ins Leere, seitdem man Mitte der 80er Jahre das Schulsystem aus der Aufsicht der örtlichen Kirchenbehörden gelöst und dem russischen Bildungsministerium untergeordnet hatte. 1893 wurde die deutsche Universität Dorpat geschlossen und als russische Universität Jur'ev neu eröffnet. Und wie schon in Warschau so wurde auch mitten in Reval eine große orthodoxe Kathedrale erbaut, was am deutlichsten unterstrich, daß es nicht nur um die Entwicklung moderner Staatlichkeit ging.[27]

Hatte Finnland, von diesen Tendenzen scheinbar unberührt, seine »eigenstaatliche« Position in den 60er und 70er Jahre zu wahren und auszubauen vermocht, so hatte es damit – seit den 90er Jahren – ein Ende. Dabei waren die ersten Maßnahmen – die Abstimmung des finnischen Strafgesetzbuches mit dem russischen und die Eingliederung der finnischen Post in die Reichspost – noch konsensual geregelt worden. Die sehr viel wichtigeren Initiativen zur Beschränkung des finnischen Legislativrechts und zur Eingliederung der Armee kannten dergleichen Rücksichtnahme nicht mehr. So verfügte ein kaiserliches Manifest am 3. Februar 1899, daß zu allen Gesetzesakten, die nach Meinung des Zaren oder seiner Minister in gesamtstaatlichem Interesse lagen, der finnische Landtag lediglich gehört werden müsse. Und Kriegsminister Kuropatkin machte etwa um die gleiche Zeit einen Gesetzentwurf publik, der neben einer Verlängerung der Dienstzeit und einer höheren Rekrutierungsquote vorsah, daß finnische Soldaten auch außerhalb des Großfürstentums eingesetzt werden könnten

---

[27] M. Haltzel, Der Abbau der deutschen ständischen Selbstverwaltung in den Ostseeprovinzen Rußlands. Ein Beitrag zur Geschichte der russischen Unifizierungspolitik 1855 – 1905, Marburg 1977; G.v. Pistohlkors, »Russifizierung« in den Baltischen Provinzen und in Finnland im 19. und beginnenden 20. Jahrhundert. Neue westliche Darstellungen, in: Zeitschrift für Ostforschung 33 (1984), S. 592 ff.; E.C. Thaden, The Russian Government. The Abortive Experiment: Cultural Russification in the Baltic Provinces, 1881 – 1914; M.H. Hatzel, The Baltic Germans. Triumphs and Frustrations of Administrative Russification, 1881 – 1914; A. Plakans, The Latvians. The Eighteen-Nineties; T.U. Raun, The Estonians. Administrative Russification, Russification in Education and Religion; alle in: E.C. Thaden (Hg.), Russification in the Baltic Provinces and Finland, 1855 – 1914, Princeton 1981, S. 54 ff., 150 ff., 248 ff., 306 ff.

(was faktisch auf die Auflösung der finnischen Armee als selbständiger Einheit hinauslief). Auch hier lautete die Maßgabe, daß der finnische Landtag das Gesetz wohl beraten, aber nicht verändern könne. Dieses Vorgehen und die Bemühungen um eine Aufwertung der russischen Sprache lösten Proteste und Widerstand aus. Um ihn zu brechen, wurde Generalgouverneur Bobrikov 1903 für 3 Jahre mit diktatorischen Vollmachten ausgestattet. Das verschärfte die Formen der Auseinandersetzung, sie fanden ihren vorläufigen Höhepunkt 1904 in der Ermordung Bobrikovs durch einen finnischen Studenten.[28]

So unterschiedlich der Zeitpunkt und die Intensität der Bemühungen im einzelnen auch war, das Ziel einer Systematisierung der Verwaltung, einer Vereinheitlichung des Rechts und einer Homogenisierung der Gesellschaft, basierend auf der russischen Sprache und Kultur, war seit den 70er und 80er Jahren allenthalben greifbar. So wurde Bessarabien zum normalen Gouvernement (gubernija), die behördliche Zweisprachigkeit abgeschafft, Russisch Amts- und sogar Gottesdienstsprache, obwohl die Russen (1897) nur 8 % der Gesamtbevölkerung ausmachten. Im Süden verloren die deutschen Kolonisten (Anfang der 70er Jahre) ihren administrativen Sonderstatus; sie wurden in den allgemeinen Bauernstand eingegliedert, Russisch zur Amtssprache und die traditionelle Befreiung vom Militärdienst aufgehoben. Mochten diese Verfügungen zunächst keine nationalistische Stoßrichtung haben, die nachfolgenden Diskussionen sorgten mit ihren deutlichen Warnungen vor der »deutschen Gefahr« dafür, daß sie sie bekamen.[29]

Auch im Transkaukasus machte sich die Abkehr von der bisherigen, »pragmatischen« Nationalitätenpolitik, der Geist des Neuen bemerkbar, und erneut waren staatliche Unifizierungsbestrebungen und großrussischer Nationalismus nur schwer auseinanderzudividieren. Daß die in den zentralen russischen Gouvernements in den 60er Jahren durchgeführten Reformen der Selbstverwaltungsorgane und des Justizwesens auch in Transkaukasien – anders als in Finnland und den Ostseeprovinzen – mit nur geringen Abstrichen unmittelbar zur Anwendung kamen, zeigt, daß

---

[28] E. Hösch, Die kleinen Völker und ihre Geschichte. Zur Diskussion über Nationwerdung und Staat in Finnland, in: Alexander / Kämpfer / Kappeler, Kleine Völker, S. 22 ff.; C.L. Lundin, Finland, in: Thaden, Russification in the Baltic Provinces and Finland, S. 357 ff.; A.E. Pogorelskin, The Politics of Frustration. The Governor-Generalship of N.I. Bobrikov in Finland, 1898 – 1905, in: Journal of Baltic Studies 7 (1976), S. 231 ff.; R. Schweitzer, Autonomie und Autokratie. Die Stellung des Großfürstentums Finnland im Russischen Reich in der zweiten Hälfte des 19. Jahrhunderts (1863 – 1899), Giessen 1978; Pistohlkors, »Russifizierung«.

[29] A. Babel, La Bessarabie. Étude historique, ethnographique et économique, Paris 1926, S. 157 ff.; D. Neutatz, Die »deutsche Frage« im Schwarzmeergebiet und in Wolhynien. Politik, Wirtschaft, Mentalitäten und Alltag im Spannungsfeld von Nationalisierung und Modernisierung (1856 – 1914), Stuttgart 1993, S. 63 ff.

das Land als integriert galt, zum Kernbestand zählte; die Integration des georgischen und armenischen Adels in den Reichsadel und der georgischen Kirche in die russische war bereits vorausgegangen. Das bewahrte sie nicht vor Bemühungen um eine weitere Russifizierung. Sie betrafen wie andernorts vor allem den Gebrauch der eigenen Sprache in den Schulen und im Falle Armeniens auch die kirchliche Aufsicht über die Bildungseinrichtungen; der darüber entbrennende Streit endete Mitte der 90er Jahre mit der Schließung der kirchlichen Volksschulen, Vereine und Büchereien, und zog, wovon bereits die Rede war, 1903 auch die Konfiszierung des gesamten Kirchenbesitzes nach sich.[30]

Ganz ähnliches ließe sich auch von den teils christianisierten, teils muslimischen Völkerschaften im Ural und an Mittel- und Unterlauf der Wolga berichten. Sie galten – nach Jahrhunderten der Zugehörigkeit – als fester, verläßlicher Bestandteil des Reiches, und so waren sie auch in alle Sozial-, Justiz-, Militär- und Verwaltungsreformen einbezogen worden. Doch während man sich einerseits darum bemühte, auf sie als ethnisch-linguistische Minderheiten zuzugehen, für ihre oft schriftlosen Sprachen (wie etwa das Čuvašische oder Čeremisische) ein kyrillisches Alphabet, Wörterbücher und Grammatiken zu schaffen oder sie mit Hilfe eines kyrillischen Alphabets vom bisher benutzten arabischen wegzubringen (wie im Falle des Wolgatatarischen), verbanden sich viele dieser Versuche zugleich mit dem Bemühen, sie für das Christentum zu gewinnen und die Rolle der russisch-orthodoxen Staatskirche zu stärken, oder sie wurden überlagert von gegenläufigen Bestrebungen, die Geltung der eigenen Sprache einzuschränken und sie durch das Russische zu ersetzen.[31]

Doch wenn oben vom höchst unterschiedlichen Entwicklungsgrad des »Nationalbewußtseins« die Rede war, in dem sich die immensen Verwerfungen der Wirtschafts- und Sozialstruktur widerspiegelten, so gilt dies vice versa auch für die staatliche Nationalitätenpolitik, ob sie nun als Reformpolitik konzipiert oder als Russifizierung empfunden wurde: So massiv sie mancherorts, besonders im Westen, sein mochte, so wenig darf ihre landesweite Geschlossenheit und Intensität, besonders (aber nicht allein) mit Blick auf den sibirischen und mittelasiatischen Osten, überschätzt werden. Bei den teils nomadisierenden, teils seßhaften »Fremdstämmigen« (inorodcy), in den Bergen des Kaukasus, in den Oasenkulturen Russisch-Turkestans und in der Tundra und Taiga Ostsibiriens blieb moderne Staat-

---

[30] V. Gregorian, The Impact of Russia on the Armenians and Armenia, in: Vucinich, Russia and Asia, S. 167 ff., insb. 193 ff.; D.M. Lang, A Modern History of Georgia, London 1962; A.L.H. Rhinelander, Prince Michael Vorontsov. Viceroy to the Tsar, Montreal 1990.

[31] S.J. Blank, National Education, Church and State in the Tsarist Nationality Policy. The Il'minski-System, in: Canadian-American Slavic Studies 17 (1983), S. 466 ff.

lichkeit außen vor, ja wurde die Systematisierung der Verwaltung, eine Modernisierung der Wirtschaft und eine Homogenisierung der Gesellschaft, ihre »Russifizierung« in Sprache und Kultur kaum ernsthaft ins Auge gefaßt.

d) Die doppelte Option: Klasse oder Nation

An Anzeichen dafür, daß die Spannungen an der Peripherie anhielten und zunehmend den Gesamtbestand des Reiches bedrohten, fehlte es nicht, längst vor Krieg und Revolution. Von den 67 Straßendemonstrationen, die zwischen 1895 und 1900 beobachtet wurden, entfielen nur zwei auf Moskau und das Zentrale Gewerbegebiet sowie eine auf St. Petersburg und Umgebung; 27 dagegen auf Polen, 13 auf Lettland, Estland und Litauen, 10 auf die Ukraine, 7 auf Weißrußland und 6 auf Finnland. Zwischen 1901 und 1904 wurden 428 Straßendemonstrationen registriert, 75% davon in Polen, der Ukraine, Weißrußland, den Baltischen Provinzen und Finnland, 13% im Transkaukasusgebiet, nur 6% im Zentralen Gewerbegebiet (einschließlich Moskau) sowie im Norden und Nordwesten (St. Petersburg inbegriffen).[32] Ein ähnliches Bild ergab eine Aufstellung über die Quote der politischen Delikte (der »Verbrechen gegen den Staat«) in den Großstädten des Reiches nach der Jahrhundertwende; die Liste wurde angeführt von Kiev, Odessa, Warschau, Lodsch, Riga und Char'kov; St. Petersburg und Moskau folgten erst an 7. und 8. Stelle, mit erheblichem Abstand auf die drei Erstgenannten.[33]

Es waren die ukrainischen Gouvernements Char'kov und Poltava, von denen 1902 die großen Bauernunruhen ausgingen, und 1903 die Bauern der westgeorgischen Region Gurien, die mit ihrer Renitenz die Autokratie herausforderten; die gurischen Bauern verweigerten der Staatsmacht erst die Steuern, dann den Gehorsam und schufen sich ihre eigenen Selbstverwaltungs-, Polizei- und Justizorgane, bei denen man Georgisch, nicht Russisch sprach – ein Zustand, der über Monate anhielt.[34] Schließlich ran-

[32] Ju.I. Kir'janov, Perechod k massovoj političeskoj bor'be, Moskau 1987, S. 126 ff.; ders., Uličnye demonstracii rabočich v Rossii v 1895-1900 gg., in: Gavrilov, Rabočij klass Urala, S. 45 ff.; Zahlen auch in: M.S.Volin (Hg.), Rabočee dviženie v Rossii v XIX veke, Moskau 1968, 2. Aufl. Moskau 1989, S. 489 f.

[33] Aufstellung abgedruckt bei Shanin, Russia 1905 – 07, S. 25.

[34] A. Ascher, The Revolution of 1905, 2 Bde., Bd. 1: Russia in Disarray, Bd. 2: Authority Restored, Stanford 1988/1992, hier Bd. 1, S. 152 ff.; S.M. Dubrovskij / B. Grave, Krest'janskoe dviženie nakanune revoljucii 1905 goda, in: M.N. Pokrovskij (Hg.), 1905. Istorija revoljucionnogo dviženija, Bd. 1, Moskau 1926, S. 250 ff.; S.F. Jones, Marxism and Peasant Revolt in the Russian Empire. The Case of the Gurian Republic, in: Slavonic and East European Review 67 (1989), S. 403 ff.; B.B. Veselovskij, Krest'janskij vopros i krest'janskoe dviženie v Rossii 1902 – 1906 gg., St. Petersburg 1907; ders. (Hg.), Krest'janskoe dviženie 1902 goda, Moskau 1923.

gierten auch in der Streikstatistik der Jahre 1901 bis 1904 Polen und das Transkaukasusgebiet vor St. Petersburg und Moskau, sowohl was die Anzahl der Streiks, die Teilnehmer und die Länge (die Summe der ausgefallenen Arbeitstage) betraf.[35] Offensichtlich war es die Verbindung von sozialer Unzufriedenheit mit nationalen Gegensätzen, die die gesellschaftlichen Spannungen an der Peripherie so explosiv machte.

Das bestätigten auch die Ereignisse der ersten Revolution 1905. Zwar lenkte der »Blutssonntag« im Januar alle Blicke auf die Hauptstadt, doch die folgende Reaktion auf den Polizeiterror fiel in den genannten Regionen der Peripherie wiederum heftiger aus als im Zentrum, und selbst aufs ganze Jahr gesehen war der Massenprotest dort anhaltender, blutiger als im russischen Kernland. So lag der Schwerpunkt der Streikaktivitäten 1905 in Polen, den Ostseeprovinzen und Weißrußland, in den Industriegebieten der Ukraine und des Transkaukasus, nicht in Petersburg und Moskau, und wäre Restrußland ihrem Beispiel gefolgt, hätte die Autokratie, wie kritische Zeitgenossen mutmaßten, wohl schon den ersten revolutionären Ansturm nicht überlebt.[36]

Vor dem Hintergrund der sich abzeichnenden Niederlage im Krieg gegen Japan, einer Krise der heimischen polnischen Textilindustrie, die kriegsbedingt bereits Zehntausenden von Arbeitern die Stellung gekostet hatte, und als Reaktion auf die Ereignisse des Blutssonntags kam es in Warschau Mitte Januar 1905 zu Großdemonstrationen, die im Kugelhagel der Truppen (mit an die hundert Toten) endeten. Trotz des noch im Januar über Warschau verhängten Kriegsrechtes beteiligten sich seit Februar auch Studenten und Schüler an der Protestbewegung, und im April eskalierten die Ereignisse erneut, als ein Generalstreik die Stadt lahmlegte, die Massen sich über das Demonstrationsverbot hinwegsetzten und die Statthalter der zarischen Autokratie wiederum in die Menge schießen ließen, wobei über 30 Personen starben. Ein zweites Zentrum der Proteste war Lodsch, und auch hier gab es im Frühjahr und Sommer bei gewaltsam aufgelösten Demonstrationen und Barrikadenkämpfen viele (vermutlich mehrere Hundert) Tote. Zwar war die Regierung nun auch zu Konzessionen bereit, versprach den Schülern vermehrten Unterricht in Polnisch, die Erlaubnis zur Eröffnung von Privatschulen, den Studenten Lehrstühle für polnische Sprache, Literatur und Geschichte und die diesbezüglichen Vorlesungen in

---

[35] Rabočee dviženie v Rossii v 1901–1904 gg., Sbornik dokumentov, Leningrad 1975; Rabočij klass Rossii. Ot zaroždenija do načala XX v., S. 582 ff., 588 ff.

[36] So Lenin, Werke, Bd. 10, S. 107, 396; Bd. 11, S. 262 f., 305; Ju. Martov / P. Maslov / A. Potresov, Obščestvennoe dviženie v Rossii v načale XX veka, St. Petersburg 1909 – 1912, Bd. 2/1, S. 117 f., 299; zur Streiktätigkeit A.S. Amal'rik, K voprosu o čislennosti i geografičeskom razmeščenii stačečnikov v Evropejskoj Rossii v 1905 godu, in: Istoričeskie zapiski 52 (1955), S. 142 ff.; Karte bei Shanin, Russia 1905 – 07, S. 72.

der Landessprache und darüber hinaus Kongreßpolen die Einführung von
Stadträten und ländlichen Selbstverwaltungskörperschaften (zemstva),
freilich ohne mit diesen Zugeständnissen spürbare Entspannung zu erreichen. So ließ sie Mitte des Jahres weitere 50.000 Soldaten nach Polen verlegen, 250.000 waren hier seit Anfang 1904 bereits stationiert (mehr als an
der Front in Fernost).[37]

Ähnliche Szenen wie in Warschau spielten sich Mitte Januar in Riga ab,
wo bei Zusammenstößen mit Polizei und Militär über 70 Demonstranten
erschossen und an die 200 verletzt wurden. Die Unruhen griffen von der
Stadt auf die kurländischen und livländischen Dörfer über, richteten sich
hier vor allem gegen die deutschbaltischen Grundbesitzer und führten zu
bürgerkriegsähnlichen Zuständen, mit Dutzenden von Toten und über 500
geplünderten und zerstörten Gutshöfen. Die Regierung verhängte in den
Ostseeprovinzen das Kriegsrecht, vermochte jedoch erst im Herbst und
Winter mit dem Einsatz von zusätzlichen Truppen gegen die streikenden
Landarbeiter und aufrührerischen Bauern allmählich wieder die Oberhand
zu gewinnen. Auch in Litauen, Weißrußland und in der Ukraine forderten
die Auftrieb gewinnenden Nationalbewegungen mehr kulturelle Autonomie und den Gebrauch der Landessprachen in den Grund- und Mittelschulen, und in Finnland widerrief die Regierung unter Druck geraten das
Dekret von 1901, das der Armee die Selbständigkeit genommen hatte, und
akzeptierte die Unabhängigkeit der Richter.[38]

Ein dritter Schwerpunkt der Aufstandsbewegung war das Transkaukasusgebiet. Obwohl die Regierung bereits im Februar 1905 über Georgi-
en das Kriegsrecht verhängt hatte, kontrollierten die gurischen Bauern weite Teile des Gouvernements Kutaisi, zwangen im Sommer 1905 die gegen
sie ausgesandten 10.000 Mann, sich samt Artillerie zurückzuziehen. Und
von Baku aus weitete sich die Streikbewegung auf andere Städte des Transkaukasus aus. Erst im Winter 1905/06 gelang es der Regierung auch hier,
das Gesetz des Handelns wieder an sich zu reißen. Dabei kam ihr zweifellos zugute, daß sich – wie vordem schon in den Ostseeprovinzen – die Auf-
standsaktionen nicht nur gegen die Zentralregierung richteten. Sie wurden
überlagert von heftigen Auseinandersetzungen zwischen Azerbajdžanern
und Armeniern – muslimische Bauern und Arbeiter die einen, Angehörige

---

[37] Zu den Gesamtereignissen: Ascher, Revolution of 1905, Bd. 1, S. 155 ff.; M.K. Dziewanowski, The Polish Revolutionary Movement and Russia, 1904 – 1907, in: Harvard Slavic Studies 4 (1957), S. 375 ff.; Seton-Watson, Russian Empire, S. 607 ff.

[38] R. Edelman, Proletarian Peasants. The Revolution of 1905 in Russia's Southwest, Ithaca /
London 1987; A. Henriksson, Riga. Growth, Conflict, and Limitations of Good Government, 1850 – 1914, in: Hamm, City in Late Imperial Russia, S. 177 ff.; T.U. Raun, The Revolution of 1905 in the Baltic Provinces and Finland, in: Slavic Review 43 (1984), S. 453 ff.;
Subtelny, Ukraine, S. 296 ff.

einer christlichen »bürgerlichen« Mittelschicht die anderen – ein Konflikt, der Tausenden das Leben kostete. Um nicht länger zwischen allen Stühlen zu sitzen, hatte die Regierung zuvor die (1903 verfügte) Konfiskation der Besitzungen der armenischen Kirche aufgehoben und die Wiedereröffnung armenischer Schulen erlaubt.[39]

Die Revolution hatte die Formierung der Nationalbewegungen vorangetrieben, auch dort, wo die Reaktionen weniger heftig, die Auseinandersetzungen gewaltloser abliefen als in Polen, den Ostseeprovinzen und Transkaukasien. Sie förderten die Parteienbildung, stärkten etwa in Polen den Einfluß der »Polnischen Sozialistischen Partei« (PPS) Piłsudskis, die mit vielen spektakulären Terroraktionen gegen das russische Militär, Postzüge und Polizeistationen erstmals eine Massenbasis gewann, freilich auch heftige Kämpfe mit den »Nationaldemokraten« (unter Roman Dmowski) und ihrer kleineren Konkurrentin auf der Linken, der stärker internationalistisch eingestellten »Sozialdemokratie des Königreich Polens und Litauens« (SDKPiL), ausfocht. Nationalkongresse, eine landesweite Lehrerversammlung und eine Zusammenkunft von Bauerndelegierten markierten in Estland, Litauen und Lettland neue Stufen der politischen Mobilisierung. Neben den Sozialdemokraten etablierten sich politische Gruppierungen, die stärker den nationalen Gedanken in den Mittelpunkt stellten, allerdings oft mehr von Einzelpersonen als einem klaren politischen Programm getragen. In den Städten der Ukraine entstanden ukrainische kulturelle Klubs (hromady), und die »Gesellschaft zur Volksaufklärung« (Prosvita) nutzte die neue Freiheit, um überall auf dem flachen Lande nach dem Vorbild Österreichisch-Galiziens ihre Stützpunkte zu errichten. Die 1900 gegründete »Revolutionäre Ukrainische Partei« nannte sich nun »Ukrainische Sozialdemokratische Arbeiterpartei«; allerdings blieb ihr Einfluß schwach, ein Teil der Organisation (Spilka) spaltete sich ab und betrachtete sich als Unterorganisation der gesamtrussischen sozialdemokratischen Arbeiterbewegung, wie überhaupt eher die Gruppierungen mit gesamtstaatlicher Ausrichtung dominierten, was zeigt, wie schwach das Bewußtsein der »nationalen Eigenständigkeit« hier noch immer gewesen sein muß.[40]

---

[39] A. Ter Minassian, Particularités de la révolution de Transcaucasie, in: F.-X. Coquin / C. Gervais-Francelle (Hgg.), 1905. La première révolution russe, Paris 1986, S. 315 ff.; G.V. Chačapuridze, Revoljucija 1905 – 1907 gg. v Gruzii; D.E. Gabrieljan, Revoljucija 1905 – 1907 gg. v Armenii; Z.I. Ibragimov, Revoljucija 1905 – 1907 gg. v Azerbajdžane, alle in: L.M. Ivanov / A.M. Pankratova / A.L. Sidorov (Hgg.), Revoljucija 1905 – 1907 gg. v nacional'nych rajonach Rossii, Moskau 1955, S. 419 ff., 471 ff., 536 ff.

[40] J.v. Hehn, Das baltische Deutschtum zwischen den Revolutionen von 1905 und 1917. Einige Bemerkungen zu Forschungsaufgaben und Forschungsproblemen, in: A. Ezergailis / G.v. Pistohlkors (Hgg.), Die baltischen Provinzen Rußlands zwischen den Revolutionen von 1905 und 1917, Wien 1982, S. 43 ff.; S.W. Page, The Formation of the Baltic States. A Study of the Effects of Great Power Politics upon the Emergence of Lithuania, Latvia, and Esto-

In Georgien bestätigte das Revolutionsgeschehen die führende Stellung der menschewistischen Sozialdemokraten, die auch von den gurischen Bauern anerkannt wurde, und in Armenien der Dašnakenpartei, die in den bürgerkriegsähnlichen Auseinandersetzungen die Organisation der »nationalrevolutionären Selbstverteidigung« übernahm. Angesteckt durch die Nationalismen ringsum besprachen muslimische Intellektuelle im August 1905 (auf dem Schiff Struve bei Nižnij Novgorod) die Bildung einer »Liga der Muslime Rußlands« (Ittifak), die auf einem zweiten Kongreß Anfang 1906 in St. Petersburg dann wirklich aus der Taufe gehoben wurde. Im Sinne des Dschadidismus forderte sie demokratische Freiheitsrechte, eine Gleichbehandlung der Nationalitäten und Religionen und eine Agrarreform, was Raum für unterschiedliche Akzentsetzung und Flügelbildung ließ. Auch hier wird man freilich die Tiefenwirkung, besonders in den weiten Steppen- und Wüstengebieten Südsibiriens und Mittelasiens, nicht überschätzen dürfen.[41]

Schließlich gewann unter den jüdischen Arbeitern die Organisation des sozialistischen »Jüdischen Bundes« weiter an Boden; er setzte sich für die sozialen Belange seiner Anhängerschaft ebenso ein wie für die politische und nationale Gleichberechtigung der Juden. Wie bedrückend aktuell diese Forderung war, hatten gerade die Revolutionsmonate gezeigt; schon im Vorfeld war es zu gewalttätigen Übergriffen, im Frühjahr, Sommer und Herbst 1905 zu regelrechten Pogromen gekommen, bei denen zahllose jüdische Geschäfte und Häuser geplündert wurden und Hunderte ihr Leben verloren. Zentren des Geschehens waren die Ukraine und Bessarabien, doch es beschränkte sich nicht auf diese Region. Die Täterschaft war weit gestreut, zu den pogromščiki gehörten eben nicht nur städtische Unterschichten, sondern auch Arbeiter und Bauern. Daß sich die Ausschreitungen nicht selten aus Demonstrationen für den Zaren, Rußland und seine Rechtgläubigkeit entwickelten, zeigte ihre antirevolutionäre, großrussische, antikapitalistische und antimodernistische Stoßrichtung; mit ihr hing es wohl auch zusammen, daß die lokalen und regionalen Stellen solche Demonstrationen nicht von vorneherein untersagten, ja die pogromščiki gewähren ließen und sich damit dem Vorwurf aussetzten, selbst hinter der im Herbst 1905 gegründeten »Union des russischen Volkes« zu stehen, deren

---

nia, Cambridge 1959, S. 18 ff., 24 ff.; Raun, Estonia and the Estonians, S. 84 ff.; ders., Estonian Social and Political Thought. 1905 – February 1917, in: Ezergailis / Pistohlkors, Die baltischen Provinzen, S. 59 ff.; J.A. Trapans, The Emergence of a Modern Latvian Nation, 1764 – 1914, Ph.D. Berkeley 1979, S. 876 ff.

41 A.F. Jakunin, Revoljucija 1905 – 1907 gg. v Kazachstane; A.V. Pjaskovskij, Revoljucija 1905 – 1907 gg. v Turkestane; R.M. Raimov, Revoljucija 1905 – 1907 gg. v Srednem Povolž'e i Pri-ural'e; M.K. Vetoškin, Revoljucija 1905 – 1907 gg. v Sibiri i na Dal'nem Vostoke, alle in: Ivanov / Pankratova / Sidorov, Revoljucija 1905 -1907 gg., S. 567 ff., 661 ff., 715 ff., 772 ff.

antisemitische Hetzpropaganda sich wie Aufrufe zum Pogrom lasen und deren angebliche »Selbstschutzorganisationen«, die berüchtigten »Schwarzhundertschaften«, nichts anderes als terroristische Schläger-trupps waren.[42]

Mit einem Wort: Die Krise des Regimes ließ die Nationalbewegungen aufleben, und diese trugen ihrerseits zur weiteren Destabilisierung des politischen Systems bei. Sie waren am stärksten dort, wo Industrialisierung, Modernisierung und Bildungsgrad am weitesten entwickelt waren: in Polen und den Ostseeprovinzen, in den ukrainischen und transkaukasischen Industriegebieten. Doch selbst auf eher »rückständige« Gebiete sprang der Funke mitunter über, gewannen nationale Parteiungen an Einfluß, wie das Beispiel der Muslime zeigte. Ein Mobilisierungseffekt ging auch davon aus, daß die von der Revolution erkämpfte Konzession eines Parlamentes (der Duma) den erstmals legalisierten Parteien eine Plattform schuf und die angesetzten Wahlen zur Aufstellung von Kandidaten nötigten. Das galt, obwohl das Kurienwahlrecht die Einzelstimmen höchst ungleich gewichtete und die Russen überrepräsentiert waren (bei einem Anteil von 44 % an der Gesamtbevölkerung stellten sie 58 % der Abgeordneten). Doch neben den 270 Russen saßen 220 Nichtrussen in der ersten Duma, repräsentierten in ihrer Person fast zwei Dutzend weitere Nationalitäten und machten damit das Parlament zum Spiegelbild der multiethnischen Struktur des Reiches.[43]

---

[42] Vgl. den kontroversen Befund bei Ascher, Revolution of 1905, Bd. 1, S. 130 f., 253 ff.; S.W. Baron, The Russian Jew under Tsars and Soviets, 2. Aufl. New York / London 1976, S. 43 ff.; R.T. Fisher, Anti-Semitism in Russia, in: MERSH Bd. 2, S. 30 ff.; E.H. Judge, Ostern in Kischinjow. Anatomie eines Pogroms (Jüdische Studien Bd. 3), Mainz 1995 (amerikanische Ausgabe 1992); S. Lambroza, The Pogroms of 1903 - 1906, in: J.D. Klier / S. Lambroza (Hgg.), Pogroms: Anti-Jewish Violence in Modern Russian History, Cambridge / New York / Port Chester / Melbourne / Sydney 1992, S. 195 ff.; H.-D. Löwe, Antisemitismus und reaktionäre Utopie, hier bes. S. 87 ff.; H. Rogger, Jewish Policies and Right-Wing Politics in Imperial Russia, Basingstoke / London 1986, v.a. S. 40 ff., 56 ff.; R. Weinberg, The Pogroms of 1905 in Odessa: A Case Study, in: Klier / Lambroza, Pogroms, S. 248 ff. Zum Vergleich mit der Pogromwelle von 1881/82 und ihrer Vorgeschichte: I.M. Aronson, Troubled Waters. The Origins of the 1881 Anti-Jewish Pogroms in Russia, Pittsburgh 1990; E. Haberer, Jews and Revolution in Nineteenth-Century Russia, Cambridge 1995, S. 206 ff.; J.D. Klier, Imperial Russia's Jewish Question, 1855 - 1881, Cambridge 1995; sowie die Sammelbände: Klier / Lambroza, Pogroms, S. 44 ff., 62 ff., 98 ff.; H.A. Strauss (Hg.), Hostages of Modernization. Studies on Modern Antisemitism 1870 - 1933/39, 2 Bde., Berlin / New York 1993, hier bes. Bd. 2, S. 1188 ff., 1208 ff., 1230 ff.; zur Partei des »Allgemeinen Jüdischen Arbeiterbundes in Litauen, Polen und Rußland«, kurz meist einfach »Bund« genannt: E. Mendelsohn, Class Struggle in the Pale. The Formative Years of the Jewish Workers' Movement in Tsarist Russia, Cambridge 1970; H.J. Tobias, The Jewish Bund in Russia. From Its Origins to 1905, Stanford 1972; A. Gelbard, Der jüdische Arbeiter-Bund Rußlands im Revolutionsjahr 1917, Wien 1982.

[43] Nach M. Bojovič, Členy Gosudarstvennoj dumy (Portrety i biografii). Pervyj sozyv 1906-1911 g., Moskau 1906, sowie Členy 2-oj Gosudarstvennoj dumy, St. Petersburg 1907, bei gleichzeitiger Korrektur der Zahlen bei O. Hoetzsch, Rußland. Eine Einführung auf Grund seiner Geschichte vom Japanischen Krieg bis zum Weltkrieg, 2. Aufl. Berlin 1917, S. 112 f.; Auszählung bei Kappeler, Vielvölkerreich, S. 278.

Das schien der Regierung schon bald ein Fehler. Als sie zwei Jahre später die Duma (am 3. Juni 1907) erneut auflöste und das Wahlrecht änderte, erklärte sie dies unter anderem damit, daß die »zur Festigung des Russischen Staates geschaffene Staatsduma ... auch dem Geiste nach russisch sein« müsse. Zwar sollten die anderen Völkerschaften zur Vertretung ihrer Interessen auch künftig Deputierte entsenden, aber nicht in einer Zahl, »die sie in die Lage setzt, in rein russischen Fragen den Ausschlag zu geben«. De facto reduzierte sich der Anteil von Nichtrussen von 44 % (in der 1. Duma) auf 24 % und 19 % (in der 3. und 4.). Die vom Zaren am 23. April 1906 verfügten Staatsgrundgesetze verkündeten in ihren ersten vier Artikeln erneut programmatisch, daß der Russische Staat »einheitlich und unteilbar« sei, auch Finnland als »unabtrennbarer Teil des Russischen Staates« betrachtet werden müsse, die Russische Sprache »allgemeine Amtssprache«, in der Armee, der Flotte und bei allen staatlichen und kommunalen Behörden »obligatorisch« sei und dem »Kaiser von Allrußland ... die Oberste Selbstherrschende Gewalt« gehöre.[44] Damit war die Rücknahme mehrerer in der Revolution gewährter Konzessionen, die Wiederaufnahme einer an gesamtstaatlichen und großrussischen Interessen orientierten Politik, wie sie in den letzten Vorkriegsjahren erfolgen sollte, bereits vorweggenommen.

Dennoch: die Räder der Zeit ließen sich nicht einfach zurückdrehen und »Lernprozesse« nicht einfach ungeschehen machen. Die Ausbildung eines nationalen »Eigenbewußtseins« (so unterschiedlich es bei den einzelnen Völkern auch sein mochte) war einer von ihnen. Sie war das Ergebnis einer »Nationalbewegung«, von Individuen, Zeitungen und Parteiungen, die die Gemeinsamkeiten der Sprache, der Kultur, der Geschichte und Religion betonten; deren »Sinnstiftung« darin bestand, daß sie ethnische und soziale Unterschiede, Erfahrungen als Kollektiverfahrungen zu »deuten« wußten; »Traditionen« wiederentdeckten und kultivierten; sie in Redeweisen, Symbolen und Riten faßten und weitergaben; so überzeugend, daß ihre Manifestationen »natürlich« und »authentisch«, tief in der Natur und der Geschichte verwurzelt schienen; daß sie unbegrenzte Loyalität fordern konnten, und daß sich Zukunftserwartungen darauf aufbauen ließen.

Doch diese Weltsicht, die daran glaubte, daß das Reich in Nationen zerfiel und die Identität des Einzelnen vor allem durch seine Zugehörigkeit

---

[44] Vgl. A. Palme, Die Russische Verfassung, Berlin 1910, S. 91 ff., 219 f. Im Kommentar auch ausgeführt die 1905/06 gemachten Konzessionen bzgl. des Gebrauchs der Ortssprachen und Dialekte und zur Stellung des Großfürstentums Finnland. Nicht mehr berücksichtigt: die Veränderungen nach 1908/1910, die Finnland in allen zentralen Fragen der Reichsgesetzgebung unterwarfen; vgl. hierzu A.E. Pogorelskin, Finnland's Position within the Russian Empire, 1809 – 1917, in: MERSH Bd. 11, S. 154 ff., hier 160.

zur Nation bestimmt wurde, war nicht die einzige, die der alten, bestehenden Ordnung rigoros die Legitimation bestritt. Sie konkurrierte unübersehbar mit einer zweiten, die anstelle der ständischen Ordnung eine neue Gesellschaft entstehen sah, die in arm und reich, Schichten und Klassen zerfiel, wobei die Klasse den einzelnen nicht weniger präge als zuvor die Standeszugehörigkeit. Sie hob dabei besonders auf die unteren Schichten, die Arbeiterschaft und das Landproletariat, ab, und forderte Klassensolidarität über alle nationalen Unterschiede hinweg, die ihr allenfalls als ein Epiphänomen erschienen.

Für die Strenggläubigen schlossen sich beide Sichtweisen aus, in der Realität des multiethnischen Reichen existierten ethnische und Klassensolidarität nebeneinander her, überlappten sich die Prozesse der Nations- und Klassenbildung auf vielfache Weise: sei es, daß soziale Antagonismen die ethnische Integration erschwerten, sei es, daß ethnische Loyalitäten die Ausprägung eines Klassenbewußtseins verhinderten, und wenn Klassen- und ethnische Grenzen übereinstimmten, war oft schwer zu entscheiden, was letztendlich entscheidend, wichtiger war. Dabei konnte die Loyalität auch wechseln, relativ rasch sogar; wenn Arbeiter unterschiedlicher ethnischer Zugehörigkeit zu einer gemeinsamen Aktion zusammenfanden, schloß das nicht aus, daß sie sich wenig später, zerfallen in unterschiedliche Gruppen, in die Haare gerieten.

Daß in den Diskursen über die gegenwärtige und die zukünftige Gesellschaft nationale und soziale Gedanken, daß – anders ausgedrückt – nationalistische und sozialistische Bewegung so säuberlich nicht zu trennen waren, hatte sich bereits 1905 vielfach gezeigt – gerade auch an der Parteienbildung und Parteienentwicklung, freilich nicht nur dort. Es wurde manifest, wenn in Polen PPS, SDKPiL und Nationaldemokraten nicht nur die russische Autokratie, sondern sich auch untereinander blutig bekämpften; wenn sich in Helsinki nach der Meuterei der russischen Garnison und dem Abtauchen der finnischen Polizei zur Aufrechterhaltung von Ruhe und Ordnung neben einer bürgerlichen, studentischen Heimwehr auch eine Rote Garde bildete und deren Führung zur Besprechung des weiteren Vorgehens Kontakt zur russischen revolutionären Bewegung aufnahm; wenn sich in Kurland und Livland die Aktionen der Bauern nicht nur gegen die russische Staatsmacht, sondern auch ihre deutsche Oberschicht, die Gutsbesitzer, wandte; wenn in der Ukraine sich ein Teil der Ukrainischen Sozialdemokratischen Arbeiterpartei abspaltete und als Unterorganisation der gesamtstaatlichen, rußländischen Sozialdemokratie betrachtete; wenn der sozialistische »Bund« die jüdischen Arbeiter organisierte; oder menschewistische Sozialdemokraten die Führung in der georgischen Nationalbewegung übernahmen.

Ob dabei die nationale oder die soziale Orientierung »wichtiger« war, ließ sich vielfach nicht entscheiden, und welche Gruppierung sich schließlich durchsetzte, hing nicht nur von ihrer eigenen Stärke, sondern auch von den äußeren Umständen ab. Das galt insbesondere dann in jenem Schlüsseljahr 1917, das im Mittelpunkt dieser Erörterung steht. Aus seiner Perspektive erschien 1905 wie ein Vorspiel: Der Weltkrieg hatte die Autokratie erneut in eine tiefe Krise gestürzt. Die Februarrevolution fegte sie hinweg. Doch der Krieg wurde fortgesetzt, und die Lage der Staatsmacht blieb prekär. Zu den Versorgungs- und Transportproblemen kam der Umstand, daß die Front weit im eigenen Land verlief und einen erheblichen Teil der westlichen Randregionen dem Zugriff aus Petersburg bereits entzog. Die Machtübernahme der Bolschewiki vertiefte die Staatskrise und ließ in ihrem Gefolge die deutschen Truppen noch weiter – wenn wir ins Jahr 1918 schauen: bis zum Donec und auf die Krim – vorrücken. Zur deutschen Besatzungsmacht gesellten sich nun auch die Interventionstruppen der Westalliierten und die sowjetrussischen Einheiten der Roten Armee. Sie alle entschieden mit, ob und wie lange es den Randregionen gelang, ihre Autonomie- und Unabhängigkeitsforderungen durchzusetzen und zu behaupten.

2. DIE ABSPALTUNG FINNLANDS UND DIE ENTWICKLUNG IN DEN OSTSEEPROVINZEN

Während der Revolutionsmonate von 1905/06 hatte der Zar Finnland bedeutende Zugeständnisse gemacht und die Einschränkungen der verbrieften Freiheitsrechte widerrufen. Dazu gehörte die Umwandlung des finnischen Diet in ein einkammeriges Legislativorgan, dessen Deputierte in allgemeiner Abstimmung nach einem Verhältniswahlrecht bestellt wurden, wobei zur Wahl alle Männer und – ein Novum – auch alle Frauen über 24 Jahre zugelassen waren. Gleichzeitig versprach ein neues Gesetz (am 20. Juli 1906) die Freiheit der Rede, der Organisation und der öffentlichen Versammlung. Eine kaiserliche Botschaft befreite die Bewohner Finnlands vorläufig von der persönlichen Ableistung des Militärdienstes, bis eine Neuregelung gefunden war, sollte das Großfürstentum jährlich einen finanziellen Wehrbeitrag an die Staatskasse leisten. Freilich war das Finnische Parlament (der Diet) in seinem Legislativrecht nicht souverän, der Zar besaß ein uneingeschränktes Vetorecht, er konnte die Regierung (den finnischen Senat) bestellen, ohne das Parlament auch nur zu hören, und verfügte über einen unkontrollierten Zugang zu bestimmten Finanzmitteln, die ihm – in gewissem Umfang – ein Regieren ohne, selbst gegen das Parlament erlaubten.

Daß die Petersburger Regierung, nachdem die Sozialdemokraten in der ersten Wahl im Diet zur stärksten Fraktion geworden waren, diese Kompetenzen immer weiter ausschöpfte, auf die Grenzen der finnischen Autonomie verwies und schließlich einen bewußten Konfrontationskurs steuerte, ließ die Spannungen seit 1908/09 eskalieren. So wurden Widerstände des Parlaments mit Auflösung beantwortet, setzte Ministerpräsident Stolypin 1908 durch, daß der gesamte Verkehr der finnischen Behörden mit dem Zaren de facto über ihn zu laufen hatte (und nicht nur über die seit 1811 in St. Petersburg bestehende spezielle Stelle eines Minister-Staatssekretärs für Finnland), und bestellte Anfang 1909 eine Kommission, um festlegen zu lassen, welche Reichsgesetze künftig auch für Finnland Gültigkeit haben sollten. Das Ergebnis war eine lange Liste von insgesamt 19 Sachgebieten, die zu gesamtstaatlichen Belangen erklärt und der alleinigen

Kompetenz von Reichsregierung und Reichsgesetzgebung zugeordnet wurden. Trotz finnischer Proteste wurde sie im Juni 1910 Gesetz (dafür sollte Finnland nun vier Repräsentanten in die Duma und zwei ins gesamtstaatliche Oberhaus, den Staatsrat, entsenden dürfen).

National eingestellte Mitglieder des finnischen Senats beantworteten diese Politik mit ihrem Rücktritt; doch das bewog die Petersburger Regierung keineswegs zur Kursänderung. Sie ersetzte sie durch Finnen, die zur Zusammenarbeit bereit waren, seit 1912 in wachsendem Maße durch Russen, und nahm in der Art, die eigene Linie durchzusetzen, den Regierungsstil der Bobrikov-Ära wieder auf. Auch der Kriegsausbruch trug kaum zur allgemeinen Entspannung bei, das finnische Parlament blieb vertagt und wurde nur einmal für eine kurze Session einberufen. So erscheint es im Rückblick nur folgerichtig, daß Finnland eines der ersten Randgebiete war, das 1917 mit der Forderung nach weitreichender Autonomie, ja Unabhängigkeit hervortrat und diese auch durchzusetzen vermochte.[45]

Dennoch waren 1914 – genauer besehen – keineswegs bereits alle Weichen auf ein Ausscheren Finnlands aus dem russischen Staatsverband gestellt. Daß dieses mehr als eine Denkmöglichkeit, daß dieses Realität wurde, hing wesentlich mit Krieg und Kriegsverlauf zusammen: die den Unmut und die Belastungen weiter wachsen, den russischen Wirtschaftsverbund verfallen, die Autorität der Zentralregierung zusammenbrechen ließen. Und was für Finnland galt, galt erst recht für die gegenüberliegenden Ostseeprovinzen, wobei sich dort zu den genannten Momenten noch der Einfluß der deutschen Militärmacht hinzugesellte.

a) Finnland

Es ist davon auszugehen, daß nationalbewußte Finnen daran Anstoß nahmen, wenn Russisch als Amtssprache durchgesetzt und in den Mittelschulen zum Pflichtfach wurde; wenn Verlautbarungen und Straßennamen dreisprachig (in Finnisch, Schwedisch und Russisch) sein mußten und Russen wichtige Posten in der Verwaltung erhielten. Sicherlich fühlten sich nicht nur Beamte, Richter, Lehrer, Unternehmer, Studenten, kurz: »das Bürgertum« davon »betroffen«. Doch der nationale Konflikt wurde überlagert von anderen innergesellschaftlichen Spannungen.

---

[45] Vgl. Amburger, Behördenorganisation Rußlands, S. 43, 437 f.; J.H. Hodgson, Finland in the Russian Empire 1904 – 1910, in: Journal of Central European Affairs 20 (1960), S. 158 ff.; Hosking, Russian Constitutional Experiment, S. 106 ff.; Palme, Russische Verfassung, S. 92 f., 144 f. (mit Abdruck der komplexen Neuregelung des Geschäftsganges bzgl. der finnländischen Angelegenheiten vom 20. Mai / 2. Juni 1908); Pogorelskin, Finland's Position, S. 159 ff.; auch E. Jutikkala / K. Pirinen, A History of Finland, London 1962, bes. S. 227 ff.

Das Bevölkerungs- und Wirtschaftswachstum, das zwischen 1870 und 1910 die Einwohnerzahl Finnlands von 1,8 auf 2,9 Millionen vermehrte, die städtische Bevölkerung auf das mehr als Dreifache, das Bruttoinlandsprodukt auf das knapp Vierfache und das Außenhandelsvolumen auf das Sechsfache anwachsen ließ, schuf neben dem Bürgertum auch ein Industrieproletariat und eine Arbeiterbewegung, denen es sichtlich schwer fiel, mit dem »Klassenfeind« den nationalen Schulterschluß zu suchen. Das war schon 1905 so gewesen und die sozialen Gegensätze wurden im letzten Vorkriegsjahrzehnt keineswegs geringer.[46]

Doch Finnland war 1914 in erster Linie noch immer ein Agrarland. Zwei Drittel seiner Gesamtbevölkerung fanden in der Land- und Forstwirtschaft ihr Auskommen. Sie waren für »nationale Belange«, mit Diskussionen über Sprachenverordnungen und Parlamentskompetenzen kaum zu mobilisieren und auch in das städtische »Klassenschema« nicht recht einzuordnen. Schließlich zerfiel die ländliche Bevölkerung selbst in verschiedene Gruppen, in freie Bauern, Kleinpächter und landlose Arbeiter, und wer allzu entschieden nur auf eine Gruppe setzte, machte sich die anderen leicht zum Gegner. Das mußte auch die Sozialdemokratie erfahren, die in Erweiterung ihrer städtischen Basis den Kontakt zu den Kleinpächtern suchte, damit aber nur die Probleme einer schrumpfenden Minderheit zu ihren eigenen machte.

Es war der Kriegsausbruch, der diese Gegensätze teilweise überbrückte, freilich ohne sie zu beseitigen. Rein staatsrechtlich machte er auch Finnland zum »kriegführenden« Land; doch de facto bewahrte es seine Sonderstellung davor, unmittelbar militärisch involviert, zum Akteur oder zum Kriegsschauplatz zu werden. Diese privilegierte Position wurde zur Grundlage einer abwartend-kritischen, distanzierten Haltung. Diese Distanz wurde größer, je mehr sich die wirtschaftlichen Belastungen auszuwirken begannen: Durch die Schließung der Ostsee verlor das Land seine wichtigsten Exportmärkte, Deutschland und Großbritannien. Zwar sorgte der russische Kriegsbedarf rasch für neue Nachfrage, und von ihr profitierte auch die finnische Landwirtschaft. Doch die Folgen waren zweischneidig: Mit dem Rubel kam die Inflation, zumal die russische Regierung den Wechselkurs zur finnischen Mark diktierte; der erhoffte Auf-

---

[46] Eine Zusammenstellung von Daten zur finnischen Bevölkerungs-, Wirtschafts- und Gesellschaftsentwicklung bieten D.V. Glass / E. Grebenik, World Population, 1800 – 1950, in: H.J. Habakkuk / M. Postan (Hgg.), The Industrial Revolutions and After: Incomes, Population and Technological Change (The Cambridge Economic History of Europe, Bd. 6), Cambridge 1966, S. 60 ff.; Y. Kaukiainen, Finnland 1860 – 1913, in: W. Fischer (Hg.), Europäische Wirtschafts- und Sozialgeschichte von der Mitte des 19. Jahrhunderts bis zum Ersten Weltkrieg (Handbuch der Europäischen Wirtschafts- und Sozialgeschichte Bd. 5), Stuttgart 1985, S. 261 ff.

schwung entpuppte sich als Scheinblüte. Da die Position der finnischen Gewerkschaften schwach war und durch entsprechende kriegswirtschaftliche Verbote weiter eingeschränkt wurde, fiel das Realeinkommen der Arbeiter bis 1917 um ein Dittel, gemessen am Vorkriegsniveau. Mit dem Zusammenbruch der russischen Wirtschaft saß auch hier der Hunger mit am Tisch: Standen 1915 noch 45,9 kg Weizen, 174,6 kg Roggen und 127,3 kg Kartoffeln pro Kopf der Bevölkerung zur Verfügung, so waren es 1917 nur noch ein Drittel der Getreidemenge: 8,6 kg Weizen, 61 kg Roggen und 113 kg Kartoffeln.[47]

Vor diesem Hintergrund wurde auch der gesellschaftliche Umgang zwischen Finnen und Russen problematisch, zumal die russische Präsenz größer war als vor dem Krieg. Die Petrograder Regierung hatte die Garnisonstruppen auf 50.000 Mann erhöht, Helsinki zur wichtigen Organisationsbasis für die baltische Flotte gemacht und zum Ausbau der Dock- und Festigungsanlagen viele ungelernte fremdländische Arbeiter ins Land gebracht. Das sorgte für zusätzlichen sozialen Zündstoff, für sich häufende Auseinandersetzungen, Ängste, Beschuldigungen und Verdächtigungen, ließ nationale Kreise um Ruhe und Ordnung, Sitte und Moral fürchten, wobei das Kriminaldelikt eines einzelnen ebenso den Anlaß liefern konnte wie die Liaison finnischer Frauen mit russischen Matrosen.

National gesinnte Kreise sympathisierten ohnehin von Beginn an weniger mit Rußland als seinen Gegnern, sei es, daß sie Finnland als Vorposten des Westens in einem asiatischen Reich sahen oder in kühler Abschätzung von einem russischen Sieg das Schlimmste für die eigene Sache, die vollständige Eingliederung Finnlands in das Russische Reich befürchteten. So nahmen sie bereits im Herbst 1914 über Mittelsmänner in Stockholm Kontakt zu deutschen Stellen auf, im Frühjahr 1915 gab das Preußische Kriegsministerium seine Zustimmung zur militärischen Ausbildung finnischer Kriegsfreiwilliger (wozu sich vor allem Studenten meldeten), und im Laufe des Jahres entwickelte sich hieraus das 27. Jäger Bataillon, etwa eineinhalb Tausend Mann stark, mit Feldartillerie, Maschinengewehren und Pioniereinheiten – Vorbereitung für das noch ziemlich vage Szenarium eines »Eventualfalls«.[48]

---

[47] Vgl. hierzu wie zu allem folgenden die umfangreichen Untersuchungen von C.J. Smith, Finland and the Russian Revolution, 1917-1922, Athens, Ga. 1958; und bes. A.F. Upton, The Finnish Revolution 1917 – 1918, Minneapolis 1980, S. 15 ff., hier 18; für die anschließenden Jahre E. Ketola, Die Anerkennung der finnischen Unabhängigkeit durch Sowjetrußland im Jahre 1917. Revolutionäre Ziele und Nationalitätenpolitik in der Praxis, in: Jahrbücher für Geschichte Osteuropas 37 (1989), S. 45 ff.; J. Paasivirta, Finland and Europe. The early years of independence 1917 – 1939, Helsinki 1988; zum allgemeinen Problem auch T. Takalo (Hg.), Finns and Hungarians between East and West. European Nationalism and Nations in Crisis during the 19th and 20th Centuries, Helsinki 1989 (jeweils mit Hinweisen auf weitere Literatur).

[48] Upton, Finnish Revolution, S. 21 ff.

Es waren die Petersburger Unruhen im Februar 1917, die dafür sorgten, daß der »Eventualfall« eintrat, und meuternde russische Soldaten, die die Revolution nach Finnland brachten. Als die Gerüchte von den Vorgängen in der Hauptstadt zur Gewißheit wurden, brach – innerhalb weniger Stunden – in den finnischen Garnisonen und auf den Schiffen der baltischen Flotte die militärische Disziplin völlig zusammen. Unter den Offizieren, die von den Mannschaften gelyncht wurden, war auch ihr Oberbefehlshaber, Konteradmiral A.I. Nepenin. Schiffsbesatzungen und Armee-Einheiten schickten Deputierte zu den Sowjets, die sich in Helsingfors (Helsinki), Åbo (finn. Turku), Vyborg (finn. Viipuri) und in anderen Garnisonsstädten bildeten.

Die sich neu etablierende Provisorische Regierung ersetzte den alten General-Gouverneur (von Seyn) durch einen neuen (M. Stachovič), ersuchte die finnischen Parteien um Mithilfe bei der Aufrechterhaltung von Ruhe und Ordnung und lud sie zugleich ein, an der Abfassung eines Manifestes, das die Wiederherstellung der finnischen Verfassungsrechte verkündete, mitzuwirken. In seiner am 7. (20.) März 1917 verabschiedeten Form versprach die Provisorische Regierung (als neuer »Inhaber der gesamten Staatsgewalt«) darin dem finnischen Volk die Wahrung seiner »inneren Unabhängigkeit« und seiner sprachlichen und national-kulturellen Rechte, die Wiedereinberufung des Sejm und die Respektierung seiner legislativen Rechte, seiner Steuer- und Finanzhoheit, und gab zugleich ihrer Überzeugung Ausdruck, daß »Rußland und Finnland einander künftig verbunden blieben durch die Achtung des Gesetzes, durch die gegenseitige Freundschaft und der Prosperität der beiden freien Völker«.[49]

Die finnischen Parteien bildeten – unter der Organisationsform einer Wirtschaftsabteilung des Senats – eine Koalitionsregierung, wobei die Sozialdemokraten, die seit der letzten Parlamentswahl 1916 die Mehrheit der Abgeordneten stellten, auch die Mehrheit der Kabinettssessel erhielten. Die Entscheidung fiel ihnen dennoch schwer, nicht nur wegen des tiefen Grabens, der sie von den bürgerlichen Parteien trennte. Sie sahen sich vor dem Dilemma, weder als Wahlsieger bei der Regierungsbildung außen vor bleiben noch in der Regierung ihre Wahlversprechen erfüllen zu können, schließlich war Finnland noch immer ein Agrarland, deshalb noch nicht »reif« für den »Sozialismus«, und das Wahlergebnis damit zu erklären, daß nur 55,5 % der Wahlberechtigten zu Urne gegangen waren. Rechnete man so gesehen das Ergebnis hoch, stand hinter den Sozialisten nicht die Hälfte, sondern wohl nur ein Viertel der Bevölkerung, selbst wenn dieses Vier-

---

[49] Russischer Text hier nach Izvestija N° 9, 8. März 1917, S. 1; in engl. Übers. bei Browder / Kerensky, Provisional Government, Bd. 1, S. 334 f.

tel sozial geschlossener, politisch aktiver und mobiler erschien als die apa-
thische, schweigende Mehrheit.

In jedem Falle blieb die sozialdemokratische Parteiprominenz der Koalitionsregierung fern, die sozialistische Mehrheit im Parlament in kritischer
Distanz zum Kabinett und die Stellung der Regierung damit von vorneherein schwach. Schließlich etablierte sich neben Kabinett, Parlament und
sozialdemokratischer Partei bereits im März noch ein Arbeiterrat, erst in
Helsinki, dann in Uleåborg (finn. Oulu) und Vyborg (Viipuri), Organisationen, die sich bald als die »eigentlichen« Interessen- und Kampforgane
der Werktätigen fühlten und zu den Räten der russischen Matrosen und
Soldaten Kontakt aufnahmen.

Die politische Schwäche erlaubte der Regierung kaum, das Land wirklich zu regieren, allenfalls zu verwalten, und das tat sie denn auch seit Frühjahr 1917. Doch selbst im staatsrechtlichen Sinne war sie nicht viel mehr als
eine Zentralverwaltung: Nicht sie oder das finnische Parlament, sondern
die Petersburger Regierung war »Inhaber der Staatsgewalt«; der General-
Gouverneur hatte als Vertreter des Souveräns das Recht, den Kabinetts-
beratungen vorzusitzen (auch wenn er es meist nicht tat), und der neue
Ministerpräsident Tokoi war seinem offiziellen Titel nach nur dessen Stellvertreter. Daß der neue General-Gouverneur sich als Repräsentant der
Staatsgewalt, der Provisorischen Regierung verstand, hatte er bereits vor
Amtsantritt verkündet, und daß für ihn Finnland als Großfürstentum zum
Russischen Reich gehörte, ebenfalls.

Während sich an der politischen Schwäche der Regierung zunächst
kaum etwas ändern ließ, versuchte sie, zumindest ihre staatsrechtlichen
Grundlagen zu verbessern, und in dieser »nationalen« Frage zogen bürgerliche und sozialistische Minister grundsätzlich an einem Strang. Sie regten
eine verfassungsrechtliche Novelle an, die Finnland tatsächlich die unein-
geschränkte »interne« Autonomie gab, seiner Regierung entsprechende
Prärogativen garantierte und die russischen Zuständigkeiten auf Außenpolitik und Armee begrenzte. Doch die Petrograder Regierung zeigte wenig
Neigung, über das hinauszugehen, was sie im Märzmanifest bereits konzediert hatte, und verwies im übrigen auf die Konstituierende Versammlung; darin steckte sicher ein Gutteil Rücksichtnahme auf die kadettischen
Regierungsmitglieder, das Kalkül, nicht mit weiteren Konzessionen an die
Finnen die Begehrlichkeit anderer Völkerschaften zu wecken, und wohl
auch Enttäuschung darüber, daß das Märzmanifest Finnland nicht dazu bewogen hatte, dem neuen Rußland in seinen Kriegsanstrengungen zur Seite
zu treten.

Die sich anbahnende Auseinandersetzung bezog auch das finnische Jä-
ger-Bataillon mit ein, in dem General-Gouverneur Stachovič »uner-

freuliche Elemente« sah, während Ministerpräsident Tokoi (selbst Sozialdemokrat) die Unterstützer dieser »Bewegung« als »wahre und ehrenhafte
Patrioten« verteidigte.[50] So sprach er bereits im April vor dem eigenen Parlament aus, worauf seine Regierung – die öffentliche Meinung sicher im
Rücken – abzielte: Das finnische Volk sei über Jahrhunderte zu einer
selbständigen Nation gereift, zu unterschiedlich vom russischen Volk, um
noch an eine Fusion beider zu denken; die Grundlagen für eine finnische
Unabhängigkeit seien gelegt, und die Regierung müsse den eingeschlagenen Weg beharrlich weitergehen, damit das Ziel der Unabhängigkeit der
finnischen Nation in naher Zukunft auch erreicht werde. Die Reaktion im
politischen Rußland war entsprechend heftig, und als die finnischen Sozialisten, darüber erschrocken, eine Delegation nach Petrograd sandten, um
bei den russischen Sozialisten für die eigene Position zu werben, stießen sie
auf mehr oder minder heftige Ablehnung. Einzig bei den Bolschewiki fanden sie offene Ohren. Die Freiheit der Völker, so hörten sie dort, schließe
auch die Freiheit der Separation ein; nur wer sie gewähre, ermögliche, daß
sich die Völker, ihre Arbeiter und Bauern freiwillig und dauerhaft verbänden.[51] Diese Haltung sicherte den Bolschewiki die Sympathie ihrer finnischen Genossen, selbst wenn die Anhänger Lenins vorläufig noch zu
schwach schienen, um allein auf sie zu setzen.

Um die Provisorische Regierung zusätzlich unter Druck zu setzen, bemühte sich eine Delegation der finnischen Sozialdemokraten im Juni, den
Allrussischen Kongreß der Arbeiter- und Soldatendeputierten für eine
»brüderliche Unterstützung« der eigenen Forderung zu gewinnen. Tatsächlich erreichte man eine Resolution, die in ihrer Präambel im Prinzip
das Recht Finnlands auf »volle Selbstbestimmung einschließlich der politischen Unabhängigkeit« anerkannte und die Provisorische Regierung
aufforderte, die notwendigen Schritte einzuleiten, um Finnland volle
Autonomie zu gewähren und die souveränen Rechte auf das finnische Parlament zu übertragen. Doch der Sowjetkongreß schwenkte keineswegs
ganz auf die Linie der finnischen Sozialdemokraten ein, und so fand sich in
der Resolution erneut die Formel, daß die Beziehungen zwischen Rußland
und Finnland von der Konstituante geklärt werden sollten.

Die finnische Delegation freilich las, nach Hause zurückgekehrt, aus
dem Dokument nur heraus, was die eigene Position stützte, und schrieb es

---

50 Upton, Finnish Revolution, S. 40 ff., 70 ff.; zur Reaktion in Rußland vgl. Presseauszüge in
 Browder / Kerensky, Provisional Government, Bd. 1, S. 337 ff.
51 So bereits Lenin noch aus der Schweiz (im Brief aus der Ferne vom 11./24. März 1917); in
 einem Pravda-Artikel vom 22. April (6. Mai) 1917; in seiner Rede über die Nationale Frage
 auf der 7. Parteikonferenz am 29. April (12. Mai) 1917; in seinem Pravda-Artikel »Finnland
 und Rußland« vom 2. (15. Mai) 1917 u.ö., vgl. Lenin, Werke, Bd. 23, S. 346 f.; Bd. 24, S. 209,
 290 ff., 329 ff.

flugs zu einem Gesetzentwurf um. Er sah vor, daß alle Entscheidungsgewalt, die früher dem Zaren und dem finnischen Großfürsten oblag, mit Ausnahme der Außenpolitik und der Armee, an den finnischen Sejm überging. So sollte der Sejm künftig alle finnischen Gesetze allein »beschließen, bestätigen und verkünden«, darunter explizit jene, die sich mit Finanzen, Steuern und Zöllen befaßten. Er sollte des weiteren über Eröffnung und Dauer seiner Sessionen selbst entscheiden und zum dritten eine Exekutivgewalt für Finnland bestimmen, eine Funktion, die vorläufig eben von jener Wirtschaftsverwaltung des Senats ausgeübt werde.[52]

Die Übertragung der Souveränitätsrechte auf das finnische Parlament war – wie man in der finnischen wie russischen Öffentlichkeit sofort erkannte – in der Sache eine Unabhängigkeitserklärung. Daß die finnischen Sozialdemokraten sich damit zugleich den Zugriff auf die Macht im Staate sicherten (schließlich verfügten sie im Parlament über die Mehrheit), war kaum zu übersehen. Dennoch taten sich die Abgeordneten der nicht-sozialistischen Parteien schwer, den Anträgen, als sie im Parlament zur Abstimmung kamen, das Ja zu verweigern. Schließlich hätten sie sich damit dem Vorwurf ausgesetzt, ein »nationales« Begehren, das von breiten Schichten der Bevölkerung mitgetragen wurde, aus parteipolitischen Egoismen zu Fall zu bringen. So verabschiedete der finnische Sejm die entsprechenden Gesetzentwürfe mit respektabler Majorität.

Die Provisorische Regierung versagte ihnen dennoch ihre Anerkennung, nannte – in ihrem Manifest vom 18. (31.) Juli 1917 – das Vorgehen willkürlich, erklärte den Sejm für aufgelöst und beraumte zum verfassungsmäßig frühest möglichen Zeitpunkt, den 18./19. September (1./2. Oktober neuen Stils), Neuwahlen an. Um gültig zu werden, bedurfte der Auflösungsbescheid der Veröffentlichung durch die finnische Regierung. Unter dem Vorsitz des General-Gouverneurs und gegen die Stimmen der sozialistischen Mitglieder entschloß sie sich einen Tag später, die Anordnung zu befolgen.[53]

Daß Teile des aufgelösten Sejm wiederholt versuchten, die Tagungen fortzusetzen, die Provisorische Regierung (mit dem uns schon bekannten N.V. Nekrasov) einen neuen General-Gouverneur ernannte, am 18./19. September tatsächlich gewählt wurde und nun die sozialdemokratische Partei dabei ihre absolute Mehrheit verlor, änderte nichts am einmal eingeschlagenen Kurs der Unabhängigkeit, zumal er grundsätzlich von Anfang

---

[52] Gesetzentwurf in Reč' N° 164, 15. Juli 1917, S. 3 f.; Izvestija N° 118, 15. Juli 1917, S. 3 (zusammen mit der an die Provisorische Regierung gerichteten Mantelnote); in engl. Übersetzung auch bei Browder / Kerensky, Provisional Government, Bd. 1, S. 344 f.

[53] Abgedruckt in Izvestija N° 123, 21. Juli 1917, S. 6; engl. Übersetzung bei Browder / Kerensky, Provisional Government, Bd. 1, S. 351 f.; zum Umfeld Upton, Finnish Revolution, S. 70-101.

an auch von konservativer Seite befürwortet worden war, gut einen Monat
später die Provisorische Regierung, die ihm gegenzusteuern versucht hatte, selbst stürzte und die Bolschewiki die Macht ergriffen, die den Finnen
bereits im Frühjahr das Recht auf Sezession konzediert hatten. Wohl aber
rissen die Auseinandersetzungen um die Parlamentsauflösung in Finnland
die letzten Brücken hinweg, vertieften die Gräben zwischen den politischen Lagern, machten das Land seit dem Sommer zunehmend unregierbar
und mündeten Anfang 1918 in den offenen Bürgerkrieg.

Begonnen hatte die Auseinandersetzung freilich schon im Frühjahr; der
Kampf um die Unabhängigkeit, bei dem die Sozialdemokraten auf die Bolschewiki und die Räte, die Konservativen eher auf die Deutschen und eine
militärisch-diplomatische Lösung setzten, war darin verwoben; und wenn
sich der Konflikt seit Sommer dramatisch zuspitzte, hing das auch mit der
Talfahrt der Wirtschaft zusammen, die den Verteilungskampf härter, die
Schuldzuweisungen heftiger und die Lösungsvorschläge radikaler werden
ließ. Dabei sah sich die finnische Sozialdemokratie in eben jenem Dilemma,
das anfangs bereits umschrieben wurde: eingeklemmt zwischen den Erwartungen ihrer Anhängerschaft, den eigenen Zukunftsvisionen und der
Einsicht, daß die Zeit dafür »eigentlich« noch nicht »reif« sei. Um nicht die
selbstgeweckten Erwartungen zu enttäuschen und den Einfluß auf die Basis zu verlieren, opferte sie ihnen die theoretische Fundierung ihres Tuns,
die Unterscheidung zwischen Maximal- und Minimalprogramm.

Die Kluft zwischen den Lagern wurde bereits deutlich, als im März und
April der Sturm der Revolution den Polizei- und Justizapparat hinwegfegte und an seiner Stelle ein Milizsystem schuf, als in Behörden und Rat-
häusern nach Verantwortlichen für die Mißwirtschaft und Schuldigen an
der Versorgungsmisere gesucht wurde und alle bisherigen Autoritäts-
strukturen in Frage gestellt schienen; da warnten die bürgerlichen Parteien
und Presseorgane vor den Folgen, während die Sozialdemokraten darauf
hofften, die im Kern »legitime« Bewegung werde nach Erreichung ihrer
Ziele schon selbst zum Stillstand kommen. Die Auseinandersetzung setzte
sich fort, als im April und Mai der Kampf um den 8-Stundentag von der
Stadt aufs Dorf übergriff, Landarbeiter »illegal« streikten und die Aussaat
gefährdeten, auf Märkten Standbesitzer von einer aufgebrachten Menge gezwungen wurden, ihre Preise zu reduzieren, und die Arbeiter-Miliz, so der
bürgerliche Vorwurf, zusah, statt einzuschreiten.

Eine neue Stufe der Eskalation war erreicht, als sich im Juni und Juli die
ländlichen Streiks ausweiteten, die Landarbeiter Molkereien lahmzulegen
suchten und die Bauern eine bewaffnete Gegenwehr organisierten; als sich
in Helsinki der Streit zwischen Stadtverwaltung und Miliz zuspitzte, die
Miliz forderte, dem Arbeiterrat untergeordnet zu werden, zum Streik auf-

rief und die Stadtverwaltung über den Anstieg der Kriminalität zum Einlenken zwingen wollte; als der Hooliganismus zunahm, nicht selten russische Soldaten und inzwischen arbeitslose Fremdarbeiter als Täter auftraten; als die Fälle sich mehrten, in denen Versorgungsstellen regelrecht
gestürmt, Marktstände geplündert wurden; da warnten bürgerliche Blätter
und Politiker vor der sich ausbreitenden Anarchie und den Folgen im
nächsten Winter, während die sozialistische Seite zwar Gewaltexzesse verurteilte, die Lage der Bauern allerdings sehr viel weniger dramatisch und
hinter den bürgerlichen »Warnungen« nur die Drohung sah, die Revolution auszuhungern.

Gut möglich, daß es in Finnland, besonders auf dem Dorf, tatsächlich
noch private Vorräte gab und wohl auch Bauern, die auf Spekulations-
gewinne hofften. Doch ob damit wirklich die Versorgungsprobleme gelöst
werden konnten, war mehr als zweifelhaft und lenkte nur von den anderen, noch drängenderen ökonomischen Problemen ab, denen damit sicher
nicht beizukommen war: dem Verfall der gewerblichen Produktion und
der immer weiter um sich greifenden Arbeitslosigkeit. Auch die Arbeiter
selbst forderten dafür inzwischen radikalere Lösungen: zumindest die
staatliche Finanzierung eines großangelegten Beschäftigungsprogramms,
wenn nicht überhaupt die Überführung des Landes und der Industrieunternehmen in öffentliches Eigentum. Das aber roch schon sehr nach
Bolschewismus und war dem bürgerlichen Lager nicht mehr zu vermitteln.[54]

b) Estland, Livland, Kurland

Wie in Finnland so empfand man sich auch in den Ostseeprovinzen (den
estländischen, livländischen und kurländischen Gouvernements, wie sie im
offiziellen Sprachgebrauch hießen) als »Vorposten«, als »Fenster« zum Westen; auch hier waren die Nationalbewegungen bereits um die Jahrhundertwende zu politischen »Massenbewegungen« geworden, auch hier folgte
der Februarrevolution – wie selbstverständlich – die Forderung nach politischer Autonomie, verbunden mit der Zusammenfassung der Hauptsied-
lungsgebiete in einem einheitlichen Territorium. Dabei beanspruchten die
Esten die Erweiterung des estländischen Gouvernements um den Norden
Livlands, die Letten zu Kurland und dem Süden Livlands noch Lettgallen
(das den nördlichen Teil des südlich angrenzenden Vitebsker Gouvernements bildete). Wie in Finnland so teilte sich auch hier die politische

---

[54] Vgl. dazu Upton, Finnish Revolution, S. 26 ff., 56 ff.

Arena in ein bürgerlich-liberales und ein sozialdemokratisches Lager, und auch hier übernahmen rasch die Sozialisten die Initiative, in Estland die gemäßigteren Kräfte, in Lettland die Bolschewiki.[55]

Freilich, es gab auch eine ganze Reihe gravierender Unterschiede. Während Finnland nie Kriegsschauplatz wurde, verlief hier die Front mitten durch. Die deutschen Truppen hatten Kurland überrannt und standen vor Riga. In der Stadt konnte man den Gefechtslärm hören. Die Hälfte der lettischen Bevölkerung Kurlands war geflohen oder evakuiert worden. Anders als das freigestellte Finnland kämpften die Ostseeprovinzen unmittelbar mit. So waren etwa 100.000 Esten zur kaiserlichen Armee eingezogen worden, und die Letten hatten 1915 sogar die Erlaubnis erhalten, zusätzlich eigene Verbände (die »Lettischen Schützen«) am nördlichen Frontabschnitt aufzustellen; wegen der vielen Freiwilligen wurden aus den geplanten 2 Bataillonen schließlich 8 und 1 Reserveeinheit. Sie waren eben erst (von Mitte Dezember 1916 bis Mitte Januar 1917) bei den »Weihnachtskämpfen« eingesetzt worden. Viel Territorium konnte nicht zurückgewonnen werden, doch etwa 5.000 Lettische Schützen bezahlten den Versuch mit ihrem Leben.[56]

Schon deshalb war die Einstellung zu den Deutschen eine andere als in Finnland, und während in Finnland nicht wenige einen russischen Sieg fürchteten, erschien den Letten und Esten ein deutscher Sieg wohl als die größere Katastrophe. Schließlich war deutsch nicht nur der äußere Feind. Deutsch waren auch jene baltischen Barone, gegen die sich 1905/06 die ge-

---

[55] Vgl. zu den Entwicklungen in den Ostseeprovinzen A. Ezergailis, The 1917 Revolution in Latvia, New York / London 1974; ders., The Latvian Impact on the Bolshevik Revolution. The First Phase: September 1917 to April 1918, New York 1983; Page, Formation of the Baltic States; Raun, Estonia and Estonians; G.v. Pistohlkors, Deutsche Geschichte im Osten Europas. Baltische Länder, Berlin 1994, bes.. S. 452 ff., 465 ff.; sowie die drei Sammelbände Ezergailis / Pistohlkors, Die baltischen Provinzen; J.v. Hehn / H.v. Rimscha / H. Weiss (Hgg.), Von den baltischen Provinzen zu den baltischen Staaten. Beiträge zur Entstehungsgeschichte der Republiken Estland und Lettland 1917 – 1918 (bzw. 1918 – 1920), 2 Bde., Marburg/Lahn 1971, 1977.

[56] Zu den expansiven Plänen, die die deutsche Reichsleitung gegenüber den Ostseeprovinzen (namentlich auch in Kurland, Livland und Estland) verfolgte, vgl. F. Fischer, Griff nach der Weltmacht. Die Kriegszielpolitik des kaiserlichen Deutschland 1914/18, 3. überarbeitete Sonderausgabe, Düsseldorf 1967, S. 316 ff., 396 ff. Dabei gingen zivile und militärische Reichsleitung im Frühjahr 1917 davon aus, daß Litauen, Kurland, Livland unter dem politischen Schlagwort der »Autonomie« von Rußland gelöst und – in welcher Form auch immer – an das deutsche Reich angebunden werden sollten; über die Form wurde zwischen militärischer und ziviler Reichsleitung noch kontrovers diskutiert. Für Separatfriedensverhandlungen mit Rußland gab Reichskanzler Bethmann Hollweg Anfang Mai zu erwägen, »um den Russen gegenüber das Wort ›Annexion‹ und die ihnen wohl ebenfalls unsympathische ›Grenzberichtigung‹ zu vermeiden«, ihnen »den Verzicht auf Kurland und Litauen dadurch schmackhaft zu machen, daß man sie als selbständige Staaten zu frisieren sucht, die eigene innere Verwaltungsautonomie erhalten, jedoch militärisch, politisch und wirtschaftlich an uns angeschlossen werden« (ebda., S. 322).

ballte Wut der lettischen und estnischen Bauernbewegung gerichtet hatte, und die nicht wenige nun (die Regierung eingeschlossen) als 5. Kolonne des wilhelminischen Militarismus verdächtigten: Siegte er, so siegten sie mit.[57] Das gab den Ergebenheitsadressen, die Dumaabgeordnete zu Kriegsbeginn an die Regierung Rußlands im Namen ihrer estnischen und lettischen Landsleute richteten, ihre spezielle, nämlich anti-deutsche Note.

Doch die Ergebenheit galt vor allem Rußland, nicht dem Zaren und der Autokratie. Schließlich waren es seine Gendarme, die 1905 in Riga in die demonstrierende Menge geschossen und ein schreckliches Blutbad angerichtet hatten; und es war seine Armee, die 1906/07 in den Ostseeprovinzen einrückte, die alte Ordnung wiederherstellte, die deutschen Barone zurückbrachte und noch fester ans Regime band. So erhob sich auch kaum eine Hand, als die Revolution im Februar den Zaren und das autokratische System hinwegfegte. Auch in den Ostseeprovinzen entledigten sich die Polizisten und Beamten nun möglichst rasch und unbemerkt ihrer Uniformen, verloren die Provinzgouverneure ihren Posten, wurden die Zarenbilder und Doppeladler aus den Schulen geholt und von den Fassaden der öffentlichen Gebäude geschlagen, da und dort auch die Marseillaise oder nationale Lieder intoniert. Doch die Großdemonstrationen, Ausbrüche von Gewalt, Plünderungen und Exzesse, die 1905/06 die Provinzen erschüttert hatten, unterblieben, dafür war wohl der Krieg zu nah und die Erinnerung an die Folgen zu frisch.

Ermutigt durch die Wiederherstellung der Finnischen Verfassung am 6. März begannen auch die Esten, sich für ein Autonomiegesetz einzusetzen, und unterstrichen ihre Forderungen mit Großdemonstrationen im nahen Petrograd. Tatsächlich brachten sie die Provisorische Regierung dazu, ein entsprechendes Gesetz Ende des Monats zu beschließen: Es sah die Vereinigung Estlands mit den estnisch sprechenden Teilen Nordlivlands vor; legte die Verwaltung dieses erweiterten Estland in die Hände eines Kommissars der Provisorischen Regierung, der gleichzeitig zwei Stellvertreter erhielt; und ordnete dieser neuen Gouvernementsspitze als Selbstverwaltungsorgan einen Provisorischen Rat der Gouvernementszemstva zu (der somit gleichsam als ein provisorischer gesamtestnischer Nationalrat fungieren konnte). Er war nach einem bestimmten Schlüssel

57 Vgl. dazu auch die äußerst intensive Propagandatätigkeit, die Deutschbalten während des Ersten Weltkrieges im Deutschen Reich entfalteten: J.M. Haar, »The Russian Menace«. Baltic German Publicists and Russiaphobia in World War I Germany, Ph.D. University of Georgia, Ann Arbor / Michigan 1977; K. Meyer, Theodor Schiemann als politischer Publizist, Frankfurt am Main / Hamburg 1956; W. Lenz, Baltische Propaganda im Ersten Weltkrieg. Die Broschürenliteratur über die Ostseeprovinzen Rußlands, in: Ezergailis / Pistohlkors, Die baltischen Provinzen, S. 187 ff., jeweils mit Hinweisen auf weitere Literatur.

von den Stadtdumen und Räten der Kreiszemstva zu beschicken, und die
Kreisvertreter waren wiederum in einem mehrstufigem Verfahren in den
einzelnen Amtsbezirken zu bestellen.[58]

Das gesamte System übertrug den russischen Verwaltungsaufbau (die
Reformen der 1860er Jahre) auf Estland, erweiterte etwas die Kompetenzen und hebelte damit zugleich die bisherigen Administrativorgane aus,
in denen die (deutschen) Gutsbesitzer eine Schlüsselstellung innehatten.
Da aber all diese Instanzen erst neu geschaffen werden mußten, dauerte es
bis zum Herbst 1917, bevor der Quasi-Nationalrat voll funktionsfähig
war: Im Mai und Juni wurden die ländlichen Organe gewählt, im Juli dann
deren Vertreter für den Nationalrat; die städtischen Vertreter stießen erst
Ende September nach den Munizipalwahlen hinzu. Von den 62 Vertretern
gehörten schließlich 5 den Bolschewiki an, den Sowjetparteien ungefähr ein
Viertel.[59]

Zum Kommissar ernannte die Provisorische Regierung den estnischen
Bürgermeister von Tallin (Reval), Jaan Poska, einen liberalen Demokraten.
Es gelang ihm im April, der Provisorischen Regierung die Erlaubnis zur
Bildung eines eigenen estnischen Regiments, Symbol der neuen Auto-
nomie, abzuringen; die guten Erfahrungen mit den lettischen Schützen
dürften die Entscheidung erleichtert haben. Freilich dauerte es wiederum
Monate, bis aus den Plänen Realität wurde, die entsprechenden estnischen
Mannschaften und Offiziere aus der russischen Armee ausgegliedert und
neu zusammengefaßt waren. Wichtiger war noch, daß Mitte Juli der
Nationalrat seine Arbeit endlich aufnahm. Zu den ersten Gesetzen, die er
verabschiedete, gehörten die Enteignung des Landes der Russischen
Krone und ihre Verteilung unter den werktätigen Klassen, die Abschaffung der Privatschulen und die Einführung eines neuen staatlichen
Schulsystems mit estnisch als Unterrichtssprache u.a.m. Dabei schwebte
den Delegierten ein autonomer Status Estlands innerhalb eines neuen
föderativen Russischen Reiches vor; erst als Riga fiel und die Schwäche,
der Autoritätsverfall der Provisorischen Regierung immer offensicht-
licher wurde, begann der Nationalrat, um einer deutschen Besetzung
vorzubeugen, die Option einer Lösung von Rußland in Augenschein zu
nehmen.[60]

Die Debatten im Nationalrat wurden vor allem von den neuen Parteien
der bürgerlichen Mitte und der gemäßigten Linken (der Bauernpartei, den
Demokraten, Radikaldemokraten, Radikalsozialisten und Menschewiki)

---

[58] Abgedruckt in engl. Übers. bei Browder / Kerensky, Provisional Government, Bd. 1, S. 300 f.
[59] Raun, Estonia and Estonians, S. 100.
[60] Page, Formation of the Baltic States, S. 70 f.

2. Finnland und die Ostseeprovinzen 441

bestimmt; die Bolschewiki und Sozialrevolutionäre hielten sich eher abseits, ja bestritten dem Gremium die demokratische Legitimation. Sie sahen
ihr eigentliches Betätigungsfeld in den Sowjets, die sich auch in estnischen
Städten und Garnisonen als Arbeiter- und Soldatenvertretungen gebildet
hatten und die im Frühjahr als die eigentlichen, ja alleinigen Machtorgane
erschienen. Schließlich lag die Truppenpräsenz in Estland bei rd. 100.000
Mann[61], über vergleichbare Potentiale verfügte das bürgerliche Estland
nicht, ganz abgesehen davon, daß die zivilen Organe noch im Aufbau begriffen waren. Dabei schienen nationalgesinnten Esten die Sowjets ohnehin
als »fremde« Institutionen; vor allem in den größeren Garnisonsstädten
war der Anteil der Nicht-Esten hoch, so betrug er im Exekutivkomitee des
Talliner Sowjet im Mai 75 %. Dabei war, wie in anderen Regionen auch, der
Einfluß der Bolschewiki deutlich im Steigen. Verfügten auf dem 1. Rätekongreß Estlands im Juli Sozialrevolutionäre und Menschewiki noch über
eine deutliche Mehrheit, so waren beim 2. Kongreß Mitte Oktober rd. 70
% der Deputierten Bolschewiki. Ihre Agitation gegen die Provisorische
Regierung, deren Unfähigkeit, die Existenzprobleme des Staates und seiner
Gesellschaft zu lösen, Frieden zu schließen und den Nationalitäten das
Selbstbestimmungsrecht zu gewähren, ihre Unterstützung der bäuerlichen
Forderungen nach sofortiger Bodenreform, trugen sichtbar auch in Estland
Früchte.

Doch es waren nicht Wahlen, Mehrheitsentscheidungen, die die Bolschewiki im November an die Macht brachten, sondern der Petrograder
Putsch. Als neue Schaltstelle wurde auch in Estland ein »Militärisches Revolutionskomitee« gebildet. Während Sowjettruppen das estländische Regiment entwaffneten, übertrug die neue Führung die Kompetenzen des bisherigen Gouvernementskommissars Poska an die estnischen Bolschewiki
Kingisepp und Meister, brachte Post und Bahn in ihre Gewalt und schickte Bevollmächtigte in alle Behörden, Dienststellen und Unternehmen.
Ende November wurde auch der Nationalrat, der – von allem scheinbar
unbeeindruckt – seine Tätigkeit fortzusetzen versucht hatte, aufgelöst.
Kurz vorher hatte er noch Estlands Unabhängigkeit ausgerufen, sich selbst
zur Obersten Gewalt erklärt und die Einberufung einer Estländischen
Konstituierenden Versammlung beschlossen, die über die Staatsform und
die Zukunft des Landes entscheiden sollte.[62]

Die Bolschewiki verkündeten allerdings, daß sie an den angesetzten
Wahlen zu einer Estländischen Konstituierenden Versammlung festhalten
wollten, in der Hoffnung auch dort die Mehrheit zu gewinnen und damit

---

[61] Sie sollte sich bis zum Herbst noch verdoppeln, vgl. dazu sowie für das Folgende Raun,
Estonia and Estonians, S. 101.
[62] Auszug und für das Folgende in Page, Formation of the Baltic States, S. 76 ff.

die eigene Machtergreifung nachträglich zu legitimieren. Doch als die Wahlen zu 70 % gelaufen waren und sich herausstellte, daß die Bolschewiki wohl nicht mehr als ein Drittel der Stimmen auf sich vereinigen konnten, diejenigen Parteien, die für eine unabhängige Republik eintraten, auf die absolute Mehrheit zusteuerten, stoppten sie am 21. Januar 1918 das Verfahren und verboten den Gewählten, sich zu versammeln. Allerdings behaupten sich die Bolschewiki in Estland selbst nur noch bis zum Februar; der deutsche Vorstoß setzte ihrer Herrschaft ein Ende. Der im März unterzeichnete Friede von Brest-Litovsk verfügte, daß Estland wie auch Livland von Russischen Truppen und Roten Garden zu räumen sei; sie würden »von einer deutschen Polizeimacht besetzt, bis dort die Sicherheit durch eigene Landeseinrichtungen gewährleistet und die staatliche Ordnung hergestellt« sei. So kam Estland aus einer Fremdbestimmung in die andere.[63]

Livland erlitt, wie daraus schon zu entnehmen ist, das gleiche Schicksal, doch der Weg dorthin verlief etwas anders als beim estnischen Nachbarn. So ruhig die Februarrevolution in Riga und dessen Hinterland (in Vidzeme, wie Livland auf lettisch hieß) verlaufen war, sie setzte eine Fülle organisatorischer Aktivitäten frei, die von zwei Machtzentren ausgingen: dem Parteikomitee der Sozialdemokraten und dem bürgerlich-liberalen »Rat der Organisationen«. Anders als in Estland waren sie auf beiden Seiten von den Letten selbst ins Werk gesetzt; Selbstverwaltung, Körperschaften und Behörden ohne Russen und Deutsche, das war an sich schon etwas neues und bereits ein halbes Programm.

Gemeinsames Ziel war die Schaffung eines autonomen Lettland, das diesen Namen führte, in einer föderativen Russischen Republik. Doch die dabei in die Provisorische Regierung gesetzten Hoffungen erwiesen sich im Frühjahr und Sommer zunehmend als Illusion. Nicht nur, daß Kurland besetzt blieb[64], im August fiel auch Riga, die Hauptstadt Livlands in die Hände des Feindes. Vergeblich waren die Versuche geblieben, von der Petrograder Regierung zu erreichen, was sie den Esten gewährt hatte: die Zusammenlegung aller lettischen Gebiete in einem Territorium. Und was sie statt dessen anbot, die Übertragung der russischen Selbstverwaltungsstruktur und die Neuwahl der Gouvernements-, Stadt-, Kreis- und Bezirksorgane, war kein Ersatz und kam obendrein zu spät; inzwischen

---

[63] Dt. Dokumente dazu bei W. Hahlweg (Hg.), Der Friede von Brest-Litovsk. Ein unveröffentlichter Band aus dem Werk des Untersuchungsausschusses der Deutschen Verfassungsgebenden Nationalversammlung und des Deutschen Reichstages, Düsseldorf 1971.

[64] Zu den Vorgängen in Kurland unter deutscher Herrschaft und den Vorbereitungen eines faktischen Anschlusses an das Reich vgl. Fischer, Griff nach der Weltmacht, S. 399 ff.; Page, Formation of the Baltic States, S. 38 ff.

hatten andere, neue, provisorische Gremien die »deutsche« Verwaltung entmachtet und deren Funktionen übernommen.[65]

War das liberale Bürgertum von der Petrograder Regierung enttäuscht, so die breite Masse der Bevölkerung erst recht. Sie hatte sich von der Revolution nicht nur lettische Autonomie, sondern konkrete Verbesserungen im tagtäglichen Leben erwartet, nicht nur Rede-, Presse-, Versammlungsfreiheit, Streikrecht und Freiheit von den deutschen Baronen, sondern auch eine Konfiskation des ihnen gehörenden Landes, ja des Gutsbesitzes überhaupt, unter Einschluß der »grauen«, lettischen Barone. Deshalb mußte die Revolution fortgesetzt werden. Wie bei der Frage der Autonomie so vertröstete die Provisorische Regierung auch hier alle Forderungen auf die Konstituierende Versammlung. Das war der Hintergrund für den nicht zu leugnenden Tatbestand, daß sie in Livland rasch und gründlich jeden Boden unter den Füßen verlor, die Sozialdemokratie die geistige Führung übernehmen konnte und innerhalb der Sozialdemokratie sich mehr und mehr bolschewistische Gedanken durchsetzten, die der Provisorischen Regierung Unfähigkeit in der Außen- wie in der Innenpolitik attestierten, einen allseitigen Frieden ohne Annexionen und Kontributionen forderten, den Nationalitäten die gewünschte Autonomie und im Innern rasche Sozial- und Wirtschaftsreformen versprachen.[66]

So liest sich die Organisationsgeschichte der im Frühjahr neu gebildeten politischen Beratungs- und Verwaltungsgremien wie eine Geschichte der bolschewistischen Machtübernahme in Lettland. Schon Anfang März war in Riga ein Sowjet der Arbeiterdeputierten entstanden, dessen Exeku-

---

[65] Dabei trug der Umstand, daß die Deutschen während des Ersten Weltkriegs aus dem politischen Alltag nahezu verschwunden waren, seit Kriegsbeginn auch keine deutschsprachige Zeitung in den Ostseeprovinzen mehr erscheinen durfte, offenkundig mit dazu bei, daß sich ähnliche Gewaltszenen wie 1905 nicht wiederholten; doch das Bewußtsein, daß die baltischen Deutschen von den Letten und Esten »ein tiefer Graben« trennte, war sicherlich erhalten geblieben. Vgl. J.v. Hehn, Das Baltische Deutschtum zwischen den Revolutionen von 1905 und 1917. Einige Bemerkungen zu Forschungsaufgaben und Forschungsproblemen, in: Ezergailis / Pistohlkors, Die baltischen Provinzen, S. 43 ff.; A.Frh.v. Taube, Die baltisch-deutsche Führungsschicht und die Loslösung Livlands und Estlands von Rußland 1916-1918; ders., Von Brest-Litovsk bis Libau. Die baltisch-deutsche Führungsschicht und die Mächte in den Jahren 1918/19, in: Hehn / Rimscha / Weiss, Von den baltischen Provinzen, Bd.1, S. 97 ff.; Bd. 2, S. 70 ff.; mit unterschiedlichen Akzentsetzungen zu diesem Problem Ezergailis, Revolution in Latvia, S. 16 ff., 167 ff.; ders., The Latvian Impact, S. 15 ff. Zum Gesamtproblem der lettischen Nationalbewegung nach dem Scheitern der Revolution von 1905 U. Germanis, Die Autonomie und Unabhängigkeitsbestrebungen der Letten, in: ebda., Bd. 1, S. 61 ff.

[66] Vgl. A. Ezergailis, The Causes of the Bolshevik Revolution in Latvia 1917; S. Ziemelis, Latvia on the Way to October. The Role of the Latvian Social Democratic Party in the Victory of the Socialist Revolution, beide in: Ezergailis / Pistohlkors, Die baltischen Provinzen, S. 257 ff., 265 ff.; sowie zusammenfassend dazu Kapitel X (Instabilities in Latvia, March to October), in: Ezergailis, Revolution in Latvia, S. 191 ff.

Abb. 31:   Riga, ehemalige Hansestadt, an der Mündung der Düna (russ. Zapadna-ja Dvina, lett. Daugawa) in die Ostsee. Das Stadtbild war noch immer geprägt von der deutsch-livländisch-polnisch-schwedischen Vergangenheit, obwohl die Stadt bereits Anfang des 18. Jahrhunderts mit Livland an Rußland kam. Noch 1867 hatten Deutschsprachige 42,8 % der (etwas über 70.000) Einwohner ausgemacht. Selbst wenn ihr Anteil – im stürmischen Wachstum der Stadt, die 1913 bereits erheblich über 400.000 Einwohner zählte – auf 16,4 % zurückging und der Anteil der Letten (von 23,5 % auf 38,8 %) stieg, spielten sie im wirtschaftlichen und kulturellen Leben der Stadt noch immer eine zentrale Rolle und hatten (1913) auch die Hälfte der Sitze im hohen Rat der Stadt inne (vgl. A. Hendriksson, Riga. Growth, Conflict, and the Limitations of Good Government, 1850-1914, in: M.F. Hamm (Hg.), The City in Late Imperial Russia, Bloomington 1986, S. 182, 190). Wie auch sonstwo waren »nationale« und »soziale« Spannungen nur schwer von einander zu trennen, und in welchen Formen sie sich 1917 entluden, entladen konnten, hing auch von den äußeren Umständen ab. Riga war Frontgebiet, Ende August 1917 wurde die Stadt von deutschen Truppen genommen; sie diktierten im Frühjahr 1918 auch den Frieden von Brest-Litovsk.

tivkomitee wohl weitgehend mit dem Rigaer Parteikomitee der Sozialdemokraten zusammenfiel; sie logierten zunächst sogar in den gleichen
Räumen. Die Sozialdemokraten gaben diese Führung während des ganzen
Jahres nicht ab und wußten Nicht-Sozialdemokraten aus dem Sowjet weitgehend fern zu halten, was nicht nur von taktischem Geschick, sondern
auch der Zugkraft ihrer Repräsentanten und politischen Parolen zeugt. Dabei setzte sich innerhalb der Sozialdemokratie immer stärker der bolschewistische gegenüber dem menschewistischen Flügel durch, Anfang Mai
wurden die Menschewiki auch aus der Redaktion der Sowjetzeitung verdrängt.[67]

Parallel zum Arbeitersowjet (und vermutlich sogar noch etwas davor)
war in Riga Anfang März der (bereits genannte) »Rat der Organisationen«
entstanden; auf seiner ersten Sitzung hatte er am 4. März ein 5-köpfiges Exekutivkomitee gebildet und ihm in seiner zweiten Sitzung am 6. ein 27-köp-
figes Plenum an die Seite gestellt, von dem ein Drittel Arbeitervertreter waren, der Rest alle möglichen anderen Organisationen repräsentierte. Seine
Aufgabe sollte es sein, die Wahl neuer Selbstverwaltungsorgane vorzubereiten, die an die Stelle der alten Institutionen, des Rigaer Stadtrates und des
Landtages treten konnte; für die Versammelten waren sie der Inbegriff des
»deutschen Einflusses« und seiner engen Verbindung mit der Autokratie.

Zwar hatte der Rigaer Stadtrat in seiner Sitzung vom 4. März selbst noch
versucht, dieses Odium loszuwerden, ein Glückwunschtelegramm an die
Provisorische Regierung geschickt, tags darauf den Beschluß gefaßt, die
alte Polizei aufzulösen, und ihre Ersetzung durch die Feuerwehr erwogen.
Doch da er von keiner Seite Unterstützung erfuhr, blieb ihm nichts übrig,
als Ende des Monats geschlossen zurückzutreten und den Weg für eine
vollständige Neubesetzung freizumachen.

In ähnlicher Weise wie bei der Reorganisation des Rigaer Stadtrates (mit-
tels des Rates der Organisationen) wurde auch bei der Schaffung einer neu-
en Provisorischen Landesversammlung (an Stelle des alten Landtags) verfahren. 440 Vertreter von Parteien und Organisationen versammelten sich
dazu am 11./12. März in Valmiera (dt. Wolmar) und wählten ein 48-köpfi-
ges Gremium (aus je 12 Vertretern der landlosen Bauern und der Kleinbauern, je 8 Vertretern der Städte und Genossenschaften und je 4 Vertretern der Großgrundbesitzer und Freien Berufe), das von einem 8-köpfigen
Exekutivkomitee angeführt wurde. Die Versammelten sahen in ihm eine
Art lettisches Vorparlament, das später durch ein gewähltes Gremium zu
ersetzen war (was im August auch erfolgte).

---

[67] Hierzu wie zum folgenden Ezergailis, Revolution in Latvia, S. 134 ff. (The Bolshevik Take-
over of Latvias Administration); sowie Page, Formation of the Baltic States, S. 62 ff.

Hatten die lettischen Bürgerlich-Liberalen (mit der Schaffung des Rates der Organisationen und der Provisorischen Landesversammlung) bis Mitte März die politische Initiative weitgehend an sich gerissen, so stießen sie in der zweiten Hälfte des Monats zunehmend auf den Anspruch des sozialdemokratischen Sowjet, bei der Neuordnung der Verhältnisse ein gewichtiges Wort mitzusprechen. So hatte er bei der Neubesetzung des Rigaer Stadtrates eine eigene Liste mit 60 Namen präsentiert.[68] Zwar scheiterte die Liste (da sie nur lettische Namen enthielt) am Widerstand der Minoritäten. Doch der Nationalitätenproporz, den man nun einführte, verhinderte aus sozialdemokratischer Sicht zumindest, daß der neue Stadtrat zu einem Bollwerk »bürgerlicher Macht« werden konnte: Die Multinationalität behinderte das Gremium mehr, als es zu stärken, und ließ es über die Behandlung administrativer Routineangelegenheiten kaum hinauskommen.

Stark an politischer Bedeutung verlor im Laufe des Frühjahr auch eine weitere Institution: das Amt des ehemaligen Gouverneurs, jetzigen Kommissars der Provisorischen Regierung. Ihm fehlte nach Wegfall des bisherigen Polizei- und Verwaltungsapparates der eigentliche machtpolitische Unterbau. Die beiden ersten Kommissare amtierten nur kurz, und auch der dritte bedeutete keine Aufwertung des Amtes und der Regierungspräsenz: Den ersten, einen Letten (Krastkalns), belastete, daß er dem alten Stadtrat als stellvertretender Bürgermeister angehört hatte; er trat bereits am 21. März wieder zurück. Der zweite (Rachmanin) war Russe und hatte den Posten nur bis zum 19. April inne. Der dritte schließlich war ein lettischer Sozialdemokraten (A. Priedkalns), der weder den Bolschewiki noch den Menschewiki angehörte, nach allen Seiten auf Ausgleich bedacht schien und überdies einen Liberalen als Stellvertreter im Rücken hatte.

Damit nicht genug: Zunehmend fragwürdiger wurde ins Jahr hinein auch, welche Funktion der Rat der Organisationen noch besaß oder wahrnehmen konnte. Das galt insbesondere, nachdem die Führung des Soldatensowjet alle Pläne, ihn durch eigene Vertreter zu erweitern und aufzuwerten, im Mai verworfen und Anfang Juni auch das Exekutivkomitee des Rigaer Arbeitersowjet seine Vertreter zurückbeordert hatte. Für beide war er künftig nur noch ein – eher belangloser – Beratungszirkel der Bourgeoisie.

Und was den Sozialdemokraten mit dem Rigaer Stadtrat und dem Rat der Organisationen gelang, gelang ihnen Mitte April auch mit der Provisorischen Landesversammlung: Unter dem Vorwurf, eine Veranstaltung der »Schwarzhundertschaften« zu sein, beriefen sie eine Gegenversammlung,

---

den Gouvernementskongreß der landlosen Bauern nach Valmiera (Wolmar) ein, dessen Hauptfunktion die Bildung eines Gouvernementssowjet der landlosen Bauern sein sollte. Die 450 Delegierten (zu denen noch an die 500 Beobachter kamen) nahmen – unter der geschickten Regie der Sozialdemokraten – die im voraus von Mitgliedern des Rigaer Sowjet abgefaßten Resolutionen an, und ihre Sprecher erreichten es in Verhandlungen mit der Provisorischen Landesversammlung, daß 45 Vertreter aufgenommen wurden. Das waren zwar weniger als die ursprünglich geforderten 60, reichte aber trotzdem zur Majorität, da der bisher 48-köpfigen Landesversammlung bereits 14 Sympathisanten der Sozialdemokratie angehörten. Die Hoffnung, künftig die Probleme des Landes gemeinsam zu lösen, erfüllten sich dennoch nicht; die Versammlung zerfiel fortan in zwei Fraktionen.[69]

Daß die Bolschewiki bei den Neuwahlen der Landesversammlung am 20. August die absolute Mehrheit erreichten, veranlaßte die Liberalen, Anfang Oktober ihrerseits auszuziehen, bevor die Institution wenig später selbst zum Auslaufmodell wurde. Nach der bolschewistischen Oktoberrevolution aufgelöst, gingen ihre Funktionen an das Exekutivkomitee der Sowjets der Arbeiter-, landlosen Bauern- und Soldatendeputierten Lettlands über.[70] Hier wurden dann die großen, neuen Gesetze, die Abschaffung des Gouverneurspostens, die Konfiskation des Landes der Barone, der Aufbau einer Roten Garde, das Verbot der nichtbolschewistischen Presse u.a.m. beschlossen, und ihre Umsetzung war noch voll im Gange, als der Vorstoß der deutschen Truppen und der Friede von Brest-Litovsk die Bolschewiki zur Räumung des Landes zwang.

Wenn noch etwas – über den geschickten Umgang mit enttäuschten Erwartungen und konkurrierenden Organisationen hinaus – den Triumph der Bolschewiki in Lettland möglich gemacht hatte, so war es die bewaffnete Macht, verkörpert durch die Lettischen Schützen und deren Soldatenräte, die sich nach der Februarrevolution und Erlaß des Befehls N° 1 auf al-

---

[69] Ezergailis, Revolution in Latvia, S. 147 ff.

[70] Das Exekutivkomitee der Arbeiter-, landlosen Bauern- und Soldatendeputierten (Izkolat) war – als Führungsorgan der lettischen (livländischen) Räteorganisation – auf einem eben zu diesem Zweck Ende Juli einberufenen Sowjetkongreß ins Leben gerufen worden; von den 26 Mitgliedern waren vermutlich nur 4 Menschewiki, der Rest Bolschewiki. Das Zentrale Parteikomitee der lettischen Sozialdemokraten/Bolschewiki war mit 8 und der Rigaer Sowjet mit 6 Mitgliedern darin besonders stark vertreten. Mit dem Fall Rigas und dem Verlust der Hälfte seiner Mitglieder verlor der Izkolat bald darauf stark an Bedeutung, wurde aber nach der Oktoberrevolution neu belebt und – trotz der Widerstände im eigenen Lager – die Landesversammlung aufgelöst. Die Begründung lautete, die Ziele einer demokratischen Arbeiterrevolution könnten nur durch die revolutionäre Diktatur der Sowjets, nicht bürgerliche Organe durchgesetzt werden. Der am 19. Dezember neugewählte Izkolat bestand aus 25 Mitgliedern, von denen nur 7 bereits dem 1. Exekutivkomitee angehört hatten (Ezergailis, Revolution in Latvia, S. 134 f., 155 ff.).

len Ebenen der militärischen Hierarchie zu bilden begannen. Bereits Mitte März trat ein erster Kongreß der Lettischen Schützen zusammen und Ende des Monats ein zweiter. Die Resolutionen, die dabei verabschiedet wurden, waren getragen vom Geist der Gemeinsamkeiten: Ihr neubestelltes Exekutivkomitee (mit der russischen Abkürzung: Izkolastrel) wurde beauftragt, mit den demokratischen Führern das Projekt einer Lettischen Autonomie auszuarbeiten, der Krieg sollte fortgesetzt werden, bis ein allgemeiner Frieden ohne Annexionen und Kontributionen möglich sei, und die Provisorische Regierung Unterstützung finden, solange sie sich an ihr selbstgesetztes Programm hielt und die Zusammenarbeit mit dem Arbeiter- und Soldatensowjet suchte. Lediglich im Rückblick sind die späteren Bruchstellen bereits erkennbar: die Fortsetzung des Krieges und die Unterstützung der Provisorischen Regierung waren an Bedingungen geknüpft und als Gesprächspartner die »demokratischen« Kräfte avisiert, eine Formel, die sich normalerweise nicht auf Bürgerlich-Liberale bezog.

Die Schützen und ihr Exekutivkomitee legten die eigene Rolle expansiv aus und begannen sich einzumischen, weit über den militärischen Bereich hinaus. So beschloß man Ende März, Druck auf den bestehenden Rigaer Stadtrat auszuüben, wenn er sich nicht selbst auflöste, und forderte bei einer Neubesetzung vier Sitze für sich; während man sich nach Auflösung der alten Polizei noch um die Errichtung eines Milizsystems stritt, übernahmen die Schützen – als einzige bewaffnete Macht – auch Polizeifunktionen; sie übten Druck auf die beiden ersten Gouverneure (Krastkalns und Rachmanin) aus, der Sozialdemokrat Priedkalns war ihre Wahl; und sie sprachen mit dem Rigaer Sowjet die Strategie für den Kongreß der landlosen Bauern ab. Dabei war man sich mit den sozialdemokratisch, zunehmend bolschewistisch geprägten Ansichten keineswegs immer einig, vor allem wenn sie auf Defaitismus, eine Schwächung der Front, Desorganisation oder Desertion hinausliefen, wandte sich gegen die Verbrüderung mit deutschen Soldaten und Separatfriedensüberlegungen.

Doch ein Stimmungswandel deutete sich an, als Gerüchte von einer Auflösung des Schützenregiments wissen wollten und eine Massenversammlung seiner zweiten Brigade sich dem Marschbefehl an die Front widersetzte. Ihre Bedingung war, daß die Provisorische Regierung ihre Absichten offenlegte, alle Geheimverträge publizierte, konkrete Friedensvorschläge machte, alle ehemaligen Gendarme und Polizisten an die Front schickte und das Sowjetexekutivkomitee des Schützenregiments neu gewählt wurde. Mitte Mai diskutierte ein neuer Sowjetkongreß der Schützendeputierten die anstehenden Probleme drei Tage lang und heftig. Was herauskam war eine Resolution im bolschewistischen Geiste, die die Politik der Regierung als »bourgeoise« verurteilte, die Situation für die Ausweitung der Revolution reifen, die etwaige Vorbereitung einer neuen Offensive als Verbrechen sah, und jeden, der zu den Kriegsanstrengungen beitrug, als Verräter seiner Klasse. Das war der Anfang einer Entwicklung, in der die Lettischen Schützen allmählich zur bolschewistischen Elitetruppe wurden. Zwar konnten sie den Fall Rigas und das weitere Vorrücken der deutschen Übermacht im Sommer und Herbst nicht verhindern, aber dem Ruf militärischer und ideologischer Zuverlässigkeit tat das keinen Abbruch. Das kam schon darin zum Ausdruck, daß ein Spezialbataillon der Schützen später im Jahr den Schutz der Sowjetregierung im Smol'nyj übernahm und den Zug begleitete, als der Rat der Volkskommissare im März 1918 nach Moskau zog.[71]

c) Litauen

Wenn oben davon die Rede war, daß die litauische Nationalbewegung später die Anfangsschwierigkeiten (die Phase A) überwunden, politische Dimensionen gewonnen und Organisationsformen ausgebildet habe als die Nationalbewegungen der Finnen, Esten und Letten[72], so spielte dieser Umstand 1917 keine entscheidende Rolle: Ihr – vor allem in den Gouvernements Kovno und Wilna gelegenes – Siedlungsgebiet war seit dem September 1915 von deutschen Truppen besetzt. Litauen wurde mit Kurland zu einem Militärverwaltungsbezirk zusammengefaßt, der 1915 den Namen »Oberost« erhielt, und dem Oberbefehlshaber Ost (Hindenburg) und seinem Generalstabschef (Ludendorff) unterstellt.[73] Dabei waren die Amtsgeschäfte in Kurland (mit Sitz in Mitau) Major von Goßler, für Litauen Oberstleutnant Fürst von Isenburg (mit Sitz in Wilna) übertragen. Die deutsche Besatzungsmacht übernahm die Funktionen von Polizei und Justiz, beaufsichtigte die allgemeine Verwaltung und die Versorgung, das Post-, Verkehrs- und Transportsystem, die Presse und die Schule und kontrollierte damit das gesamte öffentliche, politische, gesellschaftliche und wirtschaftliche Leben.[74]

---

[71] T.Ja. Draudin, Boevoj put' latyšskoj strelkovoj divizii v dni Oktjabrja i gody graždanskoj vojny (1917 – 1920), Riga 1960; A. Drizulis u.a. (Hgg.), Revoljucionnye latyšskie strelki, Riga 1980 (Dt. Übersetzung hrsg. von C. Grau und G. Rosenfeld, Die roten lettischen Schützen 1917 – 1920, Berlin 1985); A.I. Spreslis, Latyšskie strelki na straže Sovetskogo Oktjabrja 1917 – 1918 gg., Riga 1967.

[72] Vgl. oben S. 403 f.

[73] Beide übernahmen seit Ende August 1916 auch die gesamte Oberste Heeresleitung (bildeten die sog. 3. OHL).

[74] Überblicksdarstellungen bei B. Colliander, Die Beziehungen zwischen Litauen und Deutschland während der Okkupation von 1915 bis 1918, Åbo 1935; P. Klimas, Der Werdegang des Litauischen Staates von 1915 bis zur Bildung der Provisorischen Regierung im November 1918, Berlin 1919; G. Linde, Die deutsche Politik in Litauen im Ersten Weltkrieg, Wiesbaden 1965.

Schon am 5. April 1916 hatte Reichskanzler Bethmann Hollweg in einer Reichstagsrede öffentlich eingestanden, daß Deutschland nicht gewillt sei, »freiwillig die von ihm und seinen Bundesgenossen befreiten Völker zwischen der Baltischen See und den wolhynischen Sümpfen wieder dem Regiment des reaktionären Rußland... [auszuliefern], mögen sie Polen, Litauer, Balten oder Letten sein«. Und im gleichen Frühjahr lancierte das Auswärtige Amt die Bildung einer »Liga der Fremdvölker Rußlands«, die in einem Appell an den amerikanischen Präsidenten von Stockholm aus die jahrzehntelange Diskriminierung, die Unterdrückung von Sprache, Kultur, Religion, Rechten und Freiheiten der nichtrussischen Nationalitäten im Zarenreich beklagte und davor warnte, künftigen Versprechungen Glauben zu schenken. Zu den Unterzeichner gehörten neben Finnen, Deutschbalten, Letten, Polen, Weißrussen, Ukrainern, Juden, Georgiern und Muslimen auch litauische Vertreter.[75]

Was Bethmann dem Reichstag und der Öffentlichkeit allerdings verschwieg, war der Umstand, daß die Reichsleitung mit Litauen und Kurland ihre eigenen Pläne hatte. Schon waren die militärischen und zivilen Stellen dabei zu überprüfen, inwieweit sich die Länder germanisieren, als Siedlungsgebiete »für fruchtbare deutsche Kolonisten« nutzen ließen; und wohl schon im Vorgriff darauf bildete die Militärverwaltung das Schulsystem dem deutschen nach und suchte Deutsch als Schul- und Behördensprache einzuführen. In jedem Fall sollten die Gebiete eng an Deutschland gebunden werden, ob unmittelbar zugeschlagen zu den deutschen Ostseeprovinzen, unter der Krone eines deutschen Fürsten oder in anderer Form.[76]

Im Kern waren sich Militärs und Politiker einig, über die Form und die Vorgehensweise aber wurde heftig gestritten. Die massiven Forderungen der OHL liefen auf die offene Annexion hinaus; eine solche Politik aber war nach der Russischen Revolution und dem Kriegseintritt der USA den umworbenen Völkern und der Reichstagsmehrheit kaum mehr zu vermitteln. So beschritt die Reichsleitung seit dem Frühjahr 1917 einen Mittelweg, der Fremd- und Eigeninteressen, Autonomie und Bindung als Nah- und Fernziele miteinander verknüpfte. Im Kontakt mit Persönlichkeiten aller litauischen Parteien und Richtungen, die sich seit Ende 1915 in Wilna zusammengefunden hatte, bot sie die Bildung einer litauischen Vertretungskörperschaft an und erklärte sich darüber hinaus bereit, für die Einheit Litauens und seine Unabhängigkeit von Rußland einzutreten,

---

[75] S. Zetterberg, Die Tätigkeit der Liga der Fremdvölker Rußlands in Stockholm während der Jahre 1916–1918, in: Acta Baltica 10 (1970), S. 211 ff.; hierzu und zum folgenden auch Fischer, Griff nach der Weltmacht, S. 199 ff.

[76] Vgl. dazu ausführlich Fischer, Griff nach der Weltmacht, S. 102 ff., 198 ff., 233 ff., 316 ff. u.ö.

Abb. 32:   Kovno (polnisch Kowno, litauisch Kaunas), Ende des X./Anfang des XI.
Jahrhunderts vermutlich gegründet und im XIII. Jahrhundert erstmals erwähnt,
spielte die Stadt im XIII. und XIV. Jahrhundert eine wichtige Rolle bei den Kämpfen zwischen Litauen und dem Deutschen Orden. Mit dem Lubliner Vertrag kam
sie 1569 an Polen und fiel mit der dritten Polnischen Teilung (1795) Rußland zu.
1912 hatte sie etwas über 80.000 Einwohner. Davon bekannten sich knapp 21.000
zur Orthodoxie, etwa 23.500 zum Katholizismus und über 32.000 zum Judentum.
Daran wird schon deutlich, daß die Juden in der Stadt (vor den Russen, Polen, Litauern, Deutschen) mit einem Anteil an der Gesamtbevölkerung von rd. 40 % eindeutig die größte Gruppe bildeten. Auf unserem Bild: ein Klempner in der Grüne-
straße, mit einem Firmenschild in deutscher und jiddischer Sprache. Im gesamten
Gouvernement Kovno (mit 1897 etwas über 1,5 Millionen Einwohnern) dominierten dagegen die Litauer; rechnete man ihrer Sprachgruppe auch den žemaitischen
Dialekt hinzu, so machten sie zwei Drittel der Bevölkerung aus, die Juden 13,7 %,
die Polen 9 % und die (Groß-)Russen 4,7 %. Unter anderen lebten auch rd. 22.000
Deutsche im Gouvernement, was einem Anteil von 1,4 % entsprach (vgl. Stichwort
»Kovna/Kovno« bzw. »Kovenskaja gubernija« in: Novyj ènciklopedičeskij slovar'.
Izdanie Akcionernago Obščestva »Izdatel'skoe delo byvšee Brokgauz-Efron«, Petrograd (o.J.), Bd. 22, S. 46 ff., 55 ff.). Kovno lag 1917 im (deutschen) Militärver-
waltungsgebiet Oberost und war seit dem zweiten Kriegsjahr von deutschen Truppen besetzt.

wenn sich dieses Gremium gleichzeitig für eine Militärkonvention und eine Zollunion mit Deutschland entschied. Die litauische Seite ging auf das Angebot ein, verlangte im Gegenzug eine beträchtliche Erweiterung der politischen Kompetenzen und leitete sodann die nötigen organisatorischen Vorbereitungen ein. Sie schlug eine Liste mit etwa 300 Namen vor, von denen die deutsche Seite 68 strich, und schließlich kamen vom 18. bis 22. September 1917 etwa 220 Delegierte zu besagter Landeskonferenz in Wilna zusammen. Sie wählten auf ihrer Sitzung 20 Mitglieder, die die deutsche Militärverwaltung als »Landesrat (Taryba) für Litauen« anerkannte und berief. Es stellte sich schnell heraus, daß sie keineswegs bereit waren, sich willenlos allen Forderungen ihres deutschen Protektors zu fügen, auch vor heftiger Kritik an der deutschen Militärverwaltung nicht zurückschreckten, und während die deutschen Stellen im »Landesrat« nur ein Konsultativorgan sahen, stärkten ihm die litauischen Auslandsorganisationen dadurch den Rücken, daß sie ihn (im Oktober in Stockholm und im November in der Schweiz) als höchstes Staatsorgan der litauischen Nation anerkannten.[77]

Sie setzten sich im Oktober und November gegen die Einführung des Deutschen als Verhandlungssprache im Landesrat und eines obligatorischen Deutschunterrichtes in den Volksschulen ebenso zur Wehr, wie sie sich nicht mit der Drohung einer Teilung Litauens zur raschen Anschlußerklärung an Preußen drängen ließen. Sie erreichten es mit Hilfe der Mehrheitsparteien des Reichstags sogar, daß der Chef der Militärverwaltung (von Isenburg) abgelöst wurde, und setzten im Dezember durch, daß das von der deutschen Seite vorgeschlagene Verfahren der Unabhängigkeitserklärung (erst Anschlußerklärung an Deutschland, dann Unabhängigkeitsgewährung durch Deutschland) umgekehrt wurde. So erklärte dann der litauische Landesrat am 11. Dezember die »Wiederherstellung eines unabhängigen litauischen Staates mit der Hauptstadt Wilna«; seine »Abtrennung von allen staatlichen Verbindungen, die mit anderen Völkern bestanden haben«; erbat den Schutz des Deutschen Reiches und trat zugleich »für ein ewiges festes Bündnis« mit ihm ein, das seine Verwirklichung »vornehmlich in einer militärischen, einer Verkehrs-, Konventions-, Zoll- und Münzgemeinschaft finden soll«. Die deutsche Seite konfrontierte damit die Vertreter Sowjetrußlands bei den Friedensverhandlungen in Brest-Litovsk.[78]

Die Beziehungen trübten sich freilich rasch ein, als sich die Verhandlungen in Brest-Litovsk in die Länge zogen, Litauen außen vor blieb, die

---

[77] Texte in: Klimas, Werdegang des Litauischen Staates, Dok. Nr. XIII, XIV, XVII. Nach Linde (Deutsche Politik in Litauen, S. 93) nahmen von den 264 aufgestellten Kandidaten 214 an der Konferenz von Wilna teil; zur weiteren Entwicklung ebda., S. 94 ff.

[78] Dazu Dokumente in: Klimas, Werdegang des Litauischen Staates (Dok. Nr. XXI, XXII).

Bitte, mit einem eigenen Delegierten beteiligt zu werden, von deutscher Seite abschlägig beschieden wurde, die Diskussion um einen Anschluß, die Suche nach einem deutschen Prinzen anhielt, und sich auch an der Militärverwaltungspraxis nichts änderte. So weigerte sich die litauische Seite bereits im Januar, dazu aufgefordert, die Unabhängigkeitserklärung noch einmal in der gleichen Weise abzugeben; wollte den Kerntext nun mit dem Hinweis verknüpfen, daß zur Festlegung der inneren Ordnung und der Beziehungen des neuen Staates zu seinen Nachbarn die Einberufung einer verfassungsgebenden Versammlung nötig sei; und forderte im Gegenzug die Übertragung der Landesverwaltung an die Taryba, die Ersetzung der Besatzungstruppen durch eine litauische Miliz und die Anerkennung des unabhängigen litauischen Staates durch Deutschland.[79]

Da man sich hierüber nicht einigen konnte und die litauische Seite hartnäckig blieb, enthielt die erneute Unabhängigkeitserklärung vom 16. Februar 1918 die Übereinkünfte mit Deutschland nicht mehr, freilich ohne damit auch schon etwas an der deutschen Besatzungsherrschaft ändern zu können – und mit der Aussicht auf eine ungewisse Zukunft, wenn sie fiel: Denn es war eine Unabhängigkeit von deutschen Gnaden, die Grenzen des neuen Staates, das Verhältnis zu seinen Nachbarn, das Problem der Hauptstadt (Wilna), die mehrheitlich nicht von Litauern bewohnt wurde, ja selbst das Verhältnis der eigenen litauischen Bevölkerung zu seinen Repräsentanten waren völlig ungeklärt.

---

[79] Fischer, Griff nach der Weltmacht, S. 410 ff., Page, Formation of the Baltic States, S. 46 ff.

3. DER SOG DER KRIEGSEREIGNISSE: DIE UNABHÄNGIGKEIT POLENS, DIE UKRAINE UND DER WESTEN

Mit ihrem Kampf um die Wiedergewinnung der verlorenen »Freiheit und Unabhängigkeit« hatten die Polen als erste die russische Autokratie in Frage gestellt. Ihre Aufstände von 1830/31 und 1863/64 markierten tiefe Einschnitte in der Entwicklung des multiethnischen Reiches. Die Revolution von 1905/06 hatte erneut blutig bewiesen, daß die Ablehnung der »Fremdherrschaft« und die Hoffnung auf einen eigenen Staat ungebrochen fortbestanden. War die Bewegung zunächst von der »Adelsnation« getragen gewesen, so hatte sie sich in der zweiten Hälfte des 19. Jahrhunderts allmählich auf die gesamte – nicht mehr ständisch, sondern sprachlich definierte und vom Bürgertum geprägte – polnische Gesellschaft (społeczeństwo) erweitert. Ja, im gleichen Maße wie Industrialisierung, Urbanisierung und Demokratisierung Wirtschaft und Gesellschaft veränderten, gewann die nationale Bewegung, mit der Politisierung breiter Schichten, auch eine proletarisch-sozialistische Seite.

Dies alles bestätigte sich bei Kriegsausbruch. Keine andere Nation des Russischen Reiches entwickelte so viel Energie, entfaltete so viele politische Aktivitäten, um den Traum vom eigenen, wiedervereinigten Staat endlich zu verwirklichen; und kaum sonstwo gingen die Vorstellungen über Ziele und Wege so weit auseinander wie bei den Polen. Zwar waren die polnischen Soldaten auf allen Seiten den Mobilmachungsbefehlen loyal gefolgt; doch bereits auf den Kriegsanfang gehen auch die Versuche zurück, das militärische Engagement mit der nationalen Zielsetzung zu verbinden.

So hatte Piłsudski am 6. August 1914 – und noch bevor es die regulären österreich-ungarischen Verbände taten – eine Gruppe seiner polnischen »Schützenverbände« von österreich-galizischem Gebiet aus nördlich von Krakau über die russische Grenze in Bewegung gesetzt, die Kleinstadt Kielce »genommen« und für Stunden im Namen einer angeblich in Warschau gebildeten polnischen Nationalbewegung besetzt. Der Coup festigte Piłsudskis legendären Ruf, den er sich seit den 1880er Jahren als verwegener Kämpfer für die Unabhängigkeit Polens (mit Attentatsvorbereitungen auf den Zaren, sibirischer Verbannung, als Führer der

»Revolutionären Fraktion« der PPS und Organisator von terroristischen Überfällen) erworben hatte. Mitte August 1914 gelang es, seine Schützenverbände mit einer zweiten von Galizien aus operierenden Kampforganisation, die eher Teilen der polnischen Nationaldemokraten nahestand, zu verbinden und als polnische Freiwilligen-»Legionen« der österreichischen Armee einzugliedern. »Kommandant« Piłsudski übernahm dabei die Leitung der ersten von insgesamt drei Brigaden, die bis 1916 gebildet wurden. Neben den regulären Verbänden (»Legionen«) existierten die von Piłsudski noch unter russischer Herrschaft insgeheim aufgebaute »Polnische Heeresorganisation« (POW) fort, die Spezialaufträge und später auch den Aufbau einer eigenen polnischen Armee übernehmen sollte. Die politische Führung dieser im Kampf um die Unabhängigkeit auf Österreich setzenden Kräfte lag in den Händen eines »Obersten Nationalkomitees« (NKN), das ebenfalls bereits Mitte August 1914 und unter der Leitung des langjährigen Krakauer Bürgermeisters gegründet worden war und dessen militärische Abteilung W. Sikorski unterstand.

Etwa einen Monat später hatte sich in Warschau (also Russisch-Polen) ein »Zentrales Bürgerkomitee« gebildet (CKO), das nominell die Aufgabe einer Kriegsopferfürsorge übernahm, darüberhinaus aber der nationaldemokratischen Bewegung Roman Dmowskis nahestand, dessen »Polnisches Nationalkomitee« (KNP) die Autonomie im Bunde mit Rußland suchte. Für Dmowski war ein übermächtiges, imperialistisches Deutschland die eigentliche Gefahr und die Verwirklichung der Selbstverwaltung nur schrittweise, in Zusammenarbeit mit den russischen demokratischen Oppositionsparteien und unter Anerkennung einer »slavischen« Zusammengehörigkeit mit Rußland zu erreichen. Ganz in diesem Sinne hatte der russische Oberkommandierende Nikolaj Nikolaevič im August 1914 den Polen die Wiedervereinigung unter dem Szepter des Zaren zugesagt, »frei in Glauben, Sprache und Selbstverwaltung«. So stellten die Nationaldemokraten – als Gegenstück zu den Piłsudskischützen – auch auf der russischen Seite eine Freiwilligenlegion auf die Beine.

In letzter Konsequenz sind beide Konzeptionen gescheitert: Die Wiedervereinigung wurde weder im Bunde mit den Mittelmächten noch mit Rußland erkämpft, sondern erst möglich durch den Zusammenbruch aller drei Teilungsmächte. An ihm hatten die politischen und militärischen Aktionen der polnischen Nationalbewegung keinen unmittelbaren Anteil. Vergleichbares gilt für die ukrainische, weißrussische und bessarabische (moldauisch-rumänische) Nationalbewegung. Aus Sicht der Petersburger Regierung hatten sie sich lange im Windschatten der Polen bewegt. Sie wurden nun, da es um Gebiete und Grenzen ging, zusammen mit den Litauern zu deren heftigsten Konkurrenten.

a) Polen

Am 16. März 1917 hatte sich die Provisorische Regierung, gerade zwei Wochen im Amt, als Repräsentantin des freien Rußland und neue Inhaberin der Staatsgewalt in einer Proklamation an die »polnischen Brüder« gewandt. Das alte Regime sei auf immer gestürzt und mit ihm die Ursache der russischen und polnischen Knechtschaft. So wie das russische Volk sein Joch abgeschüttelt habe, erkenne es auch das Recht des »brüderlichen polnischen Volkes« an, seine Zukunft selbst zu bestimmen. Sie forderte es zugleich auf, sich in die Reihen derjenigen, die »für die Freiheit der Völker« kämpften, einzureihen, und fuhr fort: »Getreu den Verträgen, die man mit den Alliierten abgeschlossen, und getreu dem gemeinsamen Plan zur Bekämpfung germanischer Militanz« betrachte die Provisorische Regierung die »Schaffung eines unabhängigen polnischen Staates, der alle Gebiete umfaßt, in dem das polnische Volk die Mehrheit der Bevölkerung bildet« als einen »verläßlichen Garanten für einen dauerhaften Frieden in einem neuen Europa der Zukunft«; »verbunden mit Rußland durch eine freiwillige Militärallianz«, würde der polnische Staat zu einem »festen Bollwerk des Slaventums gegen den Druck der Mittelmächte werden«.[80]

Um den Willen des befreiten und geeinten polnischen Volkes zum Ausdruck zu bringen, sollte zur Festlegung seiner künftigen Staatsordnung in die polnische Hauptstadt eine Konstituierende Versammlung einberufen werden, die in einer allgemeinen Wahl zu bestellen sei. Die Russische Konstituierende Versammlung werde »der neuen brüderlichen Allianz bindende Kraft« verleihen und seine »Zustimmung« zu jenen Veränderungen am Russischen Staate geben, die für die Schaffung eines freien Polen aus den drei, bisher separaten Teilen »notwendig sind«. Es sei nun an den »polnischen Brüdern«, die vom freien Rußland ausgestreckte Hand zu ergreifen. Der Aufruf schloß mit den Worten: »Möge der Bund unserer Herzen

---

[80] Erklärung der Provisorischen Regierung zu Polen in Reč' N° 65 (3807), 17./30. März 1917, S. 2; in engl. Übers. bei Browder / Kerensky, Provisional Government, Bd. 1, S. 321 ff. Zum folgenden vgl. bes. W. Conze, Polnische Nation und deutsche Politik im ersten Weltkrieg, Köln / Graz 1958; ders., Der Weg zur Unabhängigkeit Polens im Ersten Weltkrieg, in: W. Markert (Hg.), Osteuropa-Handbuch Polen, Köln / Graz 1959, S. 1 ff.; A. Dallin, The Future of Poland, in: Russian Diplomacy and Eastern Europe 1914 – 1917, New York 1963; Davies, Feniks. The Rebirth of the Polish State (1914 – 1918), in: ders., God's Playground, Bd. 2, S. 378 ff.; M.K. Dziewanowski, Poland in the Twentieth Century, New York 1977; Fischer, Griff nach der Weltmacht, S. 102 ff., 199 ff., 230 ff., 375 ff. u.ö.; T. Komarnickij, The Rebirth of Poland. A Study in Diplomatic History of Europe, 1914 – 1920, London 1957; Rhode, Kleine Geschichte Polens, S. 436 ff.; H. Roos, Geschichte der polnischen Nation 1918 – 1978. Von der Staatsgründung im Ersten Weltkrieg bis zur Gegenwart, 3. Aufl. Stuttgart / Berlin 1979; ders., Polen zwischen den Weltkriegen, in: Markert, Osteuropa-Handbuch Polen, S. 37 ff.; N. Stone, Eastern Front 1914-1917.

und Gefühle den zukünftigen Bund unserer Staaten vorwegnehmen, mögen die prophetischen Stimmen, die Eure Freiheit verkünden, mit unwiderstehlicher Kraft erneut erklingen: Vorwärts, zum Kampf, Schulter an Schulter, Arm in Arm, Eure Freiheit ist auch die unsrige«.

In den russischen Medien wurde die Proklamation mit breiter Zustimmung aufgenommen, der Sowjet hatte wenige Tage zuvor einen ähnlichen Aufruf erlassen, und sie war erst recht im Sinne der polnischen Dumaabgeordneten und des »Polnischen Nationalkomitees« (KNP). Sie hatten bereits einige Tage zuvor den Umsturz begrüßt und damit Hoffnungen für die eigene Zukunft verbunden.[81] Um es nicht beim folgenlosen Appell zu belassen, setzte die Provisorische Regierung nahezu gleichzeitig eine »Liquidations-Kommission« ein, die alle nun anstehenden Überleitungsfragen vorberaten sollte. Dabei war, wie Ministerpräsident L'vov in seiner Eröffnungsansprache sagte, nicht nur an die Auflösung von Institutionen und die Regelung von Eigentumsfragen gedacht, sie sollte auch die jahrhundertealten Mißverständnisse, Zwietracht und Unfrieden zwischen den beiden Nationen ausräumen.[82]

Freilich, das war als Arbeitsprogramm wenig konkret; so mußte die Kommission zunächst einmal bestimmen, was sie sollte und wollte, sie beschäftigte sich mit allem und jedem und bewegte sich zugleich irgendwo im luftleeren Raum. Auch der Vorstoß polnischsprachiger Soldaten, sie aus der Russischen Armee auszugliedern und sie zu einer eigenen Militärformation zusammenzuschließen, kam nur schleppend voran. Kriegsminister Kerenskij befürchtete, daß andere Völker nachzogen, eine Reorganisation der Armee nach dem Nationalitätenprinzip eine zumindest vorübergehende, wenn nicht dauerhafte Schwächung ihrer Schlagkraft darstelle, während es doch gerade ihre Aufgabe sei, Polen und Rußland zu befreien.[83] Daß die Armee dazu noch fähig war, wurde in den Sommer und Herbst hinein immer zweifelhafter, und damit zerrannen endgültig auch alle Rußland-orientierten, nationaldemokratischen polnischen Hoffnungen, die eben darauf gesetzt hatten. Roman Dmowski, ihr Vordenker, hatte diese Hoffnung wohl schon früher schwinden sehen, Rußland Ende 1915 verlassen und den Schwerpunkt seiner Aktivitäten nach Paris und London verlagert.[84]

---

81 Vgl. Izvestija N° 13, 12. März 1917, S. 4; N° 15, 15. März 1917, S. 2; weitere Pressestimmen bei Browder / Kerensky, Provisional Government, Bd. 1, S. 323 ff.

82 Browder / Kerensky, Provisional Government, Bd. 1, S. 327 ff.

83 Browder / Kerensky, Provisional Government, Bd. 1, S. 329 f.

84 Dazu auch N. Davies, The Poles in Great Britain, 1914 – 1919, in: Slavonic and East European Review 1 (1972), S. 63 ff.; für den hier ausgeblendeten Aspekt amerikanischer Polen-Politik vgl. L. Gerson, Woodrow Wilson and the Rebirth of Poland, 1914 – 1920, New Haven 1953; V. Mamatey, The United States and East Central Europe 1914 – 1920. A Study in Wilsonian Diplomacy and Propaganda, Princeton, N.J. 1959.

Die Polen-Proklamation der Provisorischen Regierung stand von Anfang an auf wackeligen Füßen: Die neue Staatsführung verzichtete auf etwas, was sie nicht, nicht mehr besaß, und ging mit ihren Versprechungen
nicht wesentlich über das hinaus, was die Mittelmächte bereits ein halbes
Jahr zuvor zugestanden hatten. Seit dem Sommer 1915 war Russisch-Polen
(das »Königreich Polen« oder »Kongreßpolen«) von den Truppen der Mittelmächte besetzt. Sie hatten das Land in zwei Verwaltungsbezirke aufgeteilt: das Kaiserlich Deutsche Generalgouvernement Warschau und das
K.u.K. Generalgouvernement Lublin.[85] Das weitere Schicksal des Landes
blieb vorläufig in der Schwebe. Während österreichische Stellen die Zusammenlegung mit Galizien und den Ausbau Österreich-Ungarns im Sinne einer »trialistischen« Lösung wünschten, widersprach man in Berlin diesen Plänen zwar nicht, legte sich aber auch nicht fest und faßte zugleich die
Abtretung eines größeren polnischen »Grenzstreifens« (als landwirtschaftlich nutzbares Siedlungsgebiet und militärisch-strategisches Vorfeld) ins
Auge.[86]

Im Frühjahr 1916 war die austro-polnische Lösung aufgrund des deutschen Einspruchs fallen gelassen worden und seit Sommer, mit der
Hoffnung auf verstärkte militärische Unterstützung, die Ausrufung eines
polnischen Staates beschlossene Sache. Sie erfolgte durch die Zweikaiser-
proklamation vom 5. November 1916. Darin war von einem »selbständigen [polnischen] Staat mit erblicher Monarchie und konstitutioneller
Verfassung« die Rede, der »im Anschluß an die beiden verbündeten Mächte« die Grundlage für eine gedeihliche Entwicklung finden werde. Genauere Angaben über die künftige Verfassung wurden nicht gemacht, vor
allem aber fehlten jegliche Aussagen zu den Grenzen. Der nur vier Tage
später erlassene Aufruf zur Bildung einer polnischen Freiwilligenarmee
zeigte überdeutlich, welche Absichten die Mittelmächte mit der Proklamation vor allem verbanden; die Resonanz blieb entsprechend gering. Immerhin wurde bereits Ende November 1916 durch Verordnungen der
Generalgouverneure ein »Provisorischer Staatsrat« (TRS) gebildet, dem 25
Personen (15 aus dem Generalgouvernement Warschau, 10 aus dem Generalgouvernement Lublin) angehörten, selbstredend keine Vertreter der
nationaldemokratischen, sondern der deutsch-polnischen und deutsch-

---

[85] War die (erst in Kielce, dann in Lublin residierende) österreichische Verwaltung eine reine
   Militärverwaltung, unterstand die deutsche in Warschau (mit General von Beseler an der
   Spitze) nur in militärischen Fragen der OHL.
[86] I. Geiss, Der polnische Grenzstreifen 1914 – 1918. Ein Beitrag zur deutschen Kriegszielpolitik im Ersten Weltkrieg, Lübeck 1960. Für den größeren Rahmen sei verwiesen auf Conze, Polnische Nation und deutsche Politik, passim; Fischer, Griff nach der Weltmacht, S. 199
   ff., 230 ff., 375 ff.; P.R. Sweet, Germany. Austria, and Mitteleuropa, 1915 – 1916, in: H.
   Hansch / A. Novotny (Hgg.), Festschrift für Heinrich Benedikt, Wien 1957.

österreichischen Richtung sowie unabhängige Persönlichkeiten; einer von ihnen, der zugleich das Referat für Heeresfragen übernahm, war Piłsudski, was die Institution zweifellos aufwertete. Sie trat Mitte Januar 1917 zu ihrer ersten Sitzung zusammen.[87]

Dieser Provisorische Staatsrat war es auch, der zur Proklamation der Russischen Provisorischen Regierung (vom 15. März 1917) einen Monat später eine Stellungnahme abgab – und eben jene Schwachstellen markierte, von denen bereits die Rede war: Mit der Proklamation eines unabhängigen Polen komme Rußland ein halbes Jahr zu spät, und es offeriere, was es nicht besitzt. Selbst wenn die Kaiserproklamation das große Manko nicht definierter Grenzen hatte, auch die russischen Territorialzusagen blieben, aus Sicht des Staatsrates, unbefriedigend, da sie der Russischen Konstituierenden Versammlung das letzte Wort beließen. Schließlich widerspreche es sich auch, die Unabhängigkeit Polens anzuerkennen und ihm gleichzeitig eine Militärallianz mit Rußland aufzudrängen, wie man sich polnischerseits auch nicht in einen Krieg gegen jene Mächte drängen lassen werde, deren Monarchen die Unabhängigkeit garantierten. Selbst wenn sich einiges von diesen Argumenten auf den Umstand zurückführen ließ, daß der Staatsrat deutsch-österreichischer Aufsicht unterstand, sie machten auch als nationale Güterabwägung Sinn.[88]

Doch da sich neben Rußland nun auch die USA und, ihrer Rücksichtnahme auf den russischen Bündnispartner enthoben, die Westalliierten, für ein freies und unabhängiges Polen aussprachen, sah sich durch die neue Entwicklung auch der Staatsrat in seiner Position gestärkt: Jedenfalls forderte er am 1. Mai die Bestellung eines Regenten, die Bildung einer Provisorischen Regierung und den beschleunigten Aufbau einer Armee; als die Forderungen unerfüllt blieben, weigerte er sich zwei Monate lang, überhaupt noch zusammenzukommen, und der Konflikt spitzte sich zu, als Piłsudski Anfang Juli sein Amt niederlegte und wenige Tage später Offiziere und Mannschaften der polnischen Legion den Eid verweigerten. Sie wurden interniert und am 22. Juli auch Piłsudski verhaftet; er wurde auf die Festung Magdeburg gebracht und blieb dort bis Kriegsende. Mit seinem Ausscheiden zogen sich auch PPS und POW aus dem Projekt zurück und gestanden damit faktisch das Scheitern des Versuches ein, über eine Unterstützung der Mittelmächte die polnische Unabhängigkeit zu erreichen.[89]

Immerhin sahen diese sich zu weiteren Konzessionen veranlaßt: am 12. September 1917 kündigten sie die Bildung eines dreiköpfigen Regentschaftsrates an, der nun das religiös-konservative Polen repräsentierte, aus

---

[87] Rhode, Kleine Geschichte Polens, S. 443 ff.
[88] Browder / Kerensky, Provisional Government, Bd. 1, S. 326 f.
[89] Davies, God's Playground, Bd. 2, S. 385 f., 390 ff.

dem Warschauer Erzbischof Kakowski, dem Fürsten Lubomirski und dem Grafen Ostrowski bestand und Ende Oktober feierlich in sein Amt eingeführt wurde; auch die Bildung einer Regierung und die Übernahme von Verwaltungsfunktionen wurde nun zugestanden. Zwar verfolgte diese Regierung den nun einmal eingeschlagenen Weg weiter, verlor aber zusehends den Kontakt zu breiten Schichten der Bevölkerung, während andererseits das Mißtrauen gegenüber der deutsch-österreichischen »Schutzmacht« stieg, die sie an den Friedensverhandlungen in Brest-Litovsk nicht beteiligt und mit der Abtretung des Gebiets von Cholm an die Ukraine brüskiert hatte, ja das Ergebnis des Friedensschlusses mit dem bolschewistischen Rußland im Frühjahr 1918 zum Anlaß nahm, den eigenen Machtbereich in Osteuropa weiter auszubauen.[90]

Tatsächlich war es erst der Zusammenbruch der Mittelmächte, der das Ende der Besatzungsherrschaft brachte: In zwei Aufrufen an das polnische Volk proklamierte der Regentschaftsrat, ohne sich noch viel um die Besatzungsmächte zu kümmern, am 7. und 12. Oktober 1918 das »vereinigte und unabhängige Polen«, entließ am 3. November die machtlose, national-demokratische Regierung, übertrug am 11. November dem aus der Haft entlassenen Piłsudski den Oberbefehl über die Armee, erweiterte am 14. November dessen »Pflichten und Verantwortung gegenüber der polnischen Nation« zur Weiterleitung an eine Nationalregierung und löste sich am gleichen Tag selbst auf.

b) Ukraine

Zwischen Polen und der Ukraine gab es manche Parallelen: Waren die Polen (mit um die Jahrhundertwende rd.15 Millionen) bereits ein großes Volk unter den kleineren, unselbständigen ethnischen Gruppen Osteuropas, so waren das die Ukrainer mit ihren rd. 26 Millionen erst recht. Wie das polnische Siedlungsgebiet war das ukrainische auf mehrere Staaten aufgeteilt, und bildete innerhalb der Staaten (bei den Ukrainern waren das: Rußland und die Donaumonarchie) keine Verwaltungseinheit.[91] Wie die Polen so

---

[90] Conze, Der Weg zur Unabhängigkeit, S. 8 f.

[91] Im Zarenreich siedelten sie vor allem in den 9 Gouvernements des Südens und Südwestens (Černigov, Poltava, Char'kov, Kiev, Podolien, Wolhynien, Ekaterinoslav, Cherson und Taurien), in Österreich in den Kronländern Galizien und Bukowina, in Ungarn in den 6 Komitaten Máramaros, Bereg, Ugosza, Ung, Sáros, Zemplén, Szepes); die Ukrainer wurden dabei in Rußland noch immer oft Malorusskie (Kleinrussen), in Österreich Ruthenen, in Ungarn rutén genannt. Statistische Angaben für Rußland vgl. in: Bauer / Kappeler / Roth, Volkszählung von 1897, Bd. 2, passim; für Österreich-Ungarn: W. Bihl, Die Ruthenen, in: A. Wandruszka / P. Urbanitsch (Hgg.), Die Habsburgermonarchie 1848 – 1918, Bd. III, 1: Die Völker des Reiches, Wien 1980, S. 555 ff. Vgl. auch Karte 3 im Anhang.

gehörten auch die Ukrainer zu den ersten, die mehr forderten als nur Autonomie; nach der Autonomie-Erklärung im Sommer 1917 wurde im Januar 1918 die Unabhängigkeit der Ukraine ausgerufen. Doch anders als Polen konnte die Ukraine ihre Unabhängigkeit nicht dauerhaft behaupten; nachdem die Herrschaft in den Jahren des Bürgerkriegs mehrfach gewechselt hatte, setzten sich 1920 die Bolschewiki in der Ukraine endgültig durch und brachten sie 1922 in die neugegründete Union der Sozialistischen Sowjetrepubliken ein.

Obwohl dabei äußere Faktoren, die »Zufälle« des Bürgerkriegs und der ausländischen Intervention eine gewichtige Rolle spielten, kann ein anderes Moment, gerade im Vergleich mit Polen, in seiner Bedeutung wohl kaum übersehen werden: die Schwäche der ukrainischen Nationalbewegung selbst. Sie war bis zum Weltkrieg die Sache einer relativ schmalen Schicht von Intellektuellen geblieben.[92] Es ist höchst fraglich, ob ein »ukrainischer« Bauer oder Landarbeiter in einem Dorf östlich des Dnjepr seine »Landsleute« in den österreichischen und ungarischen Gebieten wirklich als solche sah, ob er sich mit ihnen zusammengehörig, sich selbst als Teil eines entsprechenden einheitlichen »Kollektivs« fühlte. Dagegen sprechen schon die verwendeten Bezeichnungen: Neben den alten und neuen »offiziellen« Begriffen (Kleinrussen, Ruthenen, rutén, Ukrainern) blieben weiterhin Regionalbegriffe (wie Rusiner, Galizier, Bukowiner, Uhro-Rusiner, Lemkos, Hutzulen, Boikos) in Gebrauch.[93]

Die Verfolgung der ukrainischen Nationalbewegung durch die zaristischen Behörden, das Druckverbot für ukrainische Literatur, die Verdrängung der ukrainischen Sprache aus den Schulen, das Verbot ihrer öffentlichen Verwendung bei Liedern und Theateraufführungen, das Verbot von

---

[92] Zur Geschichte der Ukraine, ihrer Nationalbewegung und ihrer Entwicklung in den Jahren 1917-1921 liegen eine ganze Reihe eingehender Studien vor, auf die dankbar verwiesen sei: D. Geyer, Die Ukraine im Jahr 1917. Russische Revolution und nationale Bewegung, in: Geschichte in Wissenschaft und Unterricht 8 (1957), S. 670 ff.; St.L. Guthier, The Popular Base of Ukrainian Nationalism in 1917, in: Slavic Review 30 (1979), S. 30 ff.; K.S. Jobst. Die ukrainische Nationalbewegung bis 1917, in: F. Golczewski (Hg.), Geschichte der Ukraine, Göttingen 1993, S. 158 ff.; A. Kappeler, Kleine Geschichte der Ukraine, München 1994, bes. S. 124 ff., 145 ff., 165 ff.; ders., Ukrainians of the Russian Empire 1860 – 1914, S. 105 ff., ders., Ukrainians and Germans in Southern Ukraine, 1870s to 1914, in: German-Ukrainian Relations in Historical Perspective, hg. von H.-J. Torke u.a., Edmonton/Toronto 1994, S. 47 ff.; R.A. Mark, Die gescheiterten Staatsversuche, in: Golczewski, Geschichte der Ukraine, S. 172 ff.; ders., Die Ukrainische Revolution 1917 – 1921. Ein Quellen- und Literaturbericht, in: Jahrbücher für Geschichte Osteuropas 34 (1986), S. 403 ff.; R. Pipes, The Formation of the Soviet Union. Communism and Nationalism, 2. Aufl. Cambridge, Mass. 1964, bes. S. 53 ff., 114 ff.; J.S. Reshetar, The Ukrainian Revolution 1917 – 1921, Princeton, N.J. 1952; I.L. Rudnytsky (Hg.), Rethinking Ukrainian History, Edmonton 1981; W. Stojko, Ukrainian National Aspirations and the Russian Provisional Government, in: T. Hunczak (Hg.), The Ukraine, 1917 – 1921: A Study in Revolution, Cambridge, Mass. 1977, S. 4 ff.

[93] Vgl. Reshetar, Ukrainian Revolution, S. 319 ff., auch Subtelny, Ukraine, S. 432.

ukrainischen Kulturvereinen und erst recht von politischen Organisationen, sie erklären diese Schwäche nur zum Teil. Sie hatte auch strukturelle Gründe: Der Bewegung fehlte eine landesweite nationale Oberschicht, die sie trug, der Glaube an gemeinsame Interessen, über Klassen, Schichten und Regionen hinweg, ein nationales »Feindbild«, das diesen Glauben stützte, eine erinnerte Vergangenheit und imaginierte Zukunft, die zusammengenommen Identität stifteten und Besserung verhießen.

Im Grunde waren die Ukrainer ein Bauernvolk geblieben, das unter unterschiedlichen »Obrigkeiten« lebte. In den Dörfern links des Dnjepr bildeten russische Adelige und Nachkommen der alten kosakischen Führungsgruppen die Oberschicht. Handelte es sich bei den Dörfern um Ansiedelungen von Staatsbauern, dann hatten russische Beamte traditionell das Sagen. In der rechtsufrigen Ukraine war die adelige Oberschicht polnisch, so wie im österreichischen Galizien. Und während sich die ruthenischen Bauern in der Karpato-Ukraine mit magyarischer Dominanz herumzuschlagen hatten, war in der Bukowina der Adel rumänisch. Abgesehen von den Nachkommen der alten kosakischen Oberschicht (wobei man auch bei ihnen nicht automatisch auf ein entsprechendes kosakisch-ukrainisches Bewußtsein schließen durfte), fielen sie alle als »nationale« Führungsgruppe aus und ergaben zusammengenommen allenfalls ein soziales, aber kein einheitlich-nationales »Feindbild«.

Beziehen wir uns nur auf die zu Rußland gehörenden ukrainischen Gebiete, so besagt die Bemerkung vom »Bauernvolk« keineswegs, daß Industrialisierung und Modernisierung an den Gouvernements rechts und links des Dnjepr folgenlos vorübergegangen wären. Wie schon im dritten Teil dieses Buches ausgeführt, war in der linksufrigen Ukraine, im Umkreis der Steinkohlevorkommen des Donecbeckens und der Eisenerzlager von Krivoj Rog ein neues, modernes schwerindustrielles Zentrum entstanden, das schon um die Jahrhundertwende mehr als die Hälfte zur schwerindustriellen Gesamtproduktion Rußlands beitrug. Im Süden und in der rechtsufrigen Ukraine hatte sich die Modernisierung und Kommerzialisierung der Landwirtschaft fortgesetzt und den Ruf dieser Gebiete als »Kornkammer« und Zentrum der Zuckerindustrie gefestigt.[94]

Doch an den Ukrainern selbst ging diese Entwicklung weitgehend vorbei: Es waren ausländische und russische Geldgeber und Unternehmer, die die schwerindustrielle Entwicklung links des Dnjepr ermöglichten; russische und polnische Adelige und deutsche Kolonisten, die die kommerzialisierte, exportorientierte Landwirtschaft betrieben; polnische Adelige und

---

[94] Vgl. oben S. 273 f., 349 ff.; eine gute Vorstellung dazu geben die bereits zitierten Bände Friedgut, Iuzovka and Revolution. vol.1: Life and Work in Russia's Donbass, 1869 – 1924; vol. 2: Politics and Revolution in Russia's Donbass, 1869 – 1924.

Juden, die in der rechtsufrigen Ukraine die Lebensmittelindustrie aufzogen; Juden, die in weiten Teilen das Handwerk und den Kleinhandel beherrschten; wiederum Russen, die die wichtigsten Posten beim Militär und in der Verwaltung besetzten; und sie alle zusammen, die in den Städten mit einiger Regelmäßigkeit die Mehrheit der Bevölkerung ausmachten. Dort gehörten Ukrainer eher zur Unterschicht, und auf dem Land war es nicht anders: Der hohe Anteil von Grundbesitz (auch darüber wurde bereits gesprochen) schuf ein ukrainisches Landproletariat, während selbständige ukrainische Bauern meist mit wenig Land und auf niedrigem Niveau der Agrartechnologie wirtschafteten.[95]

Es deutet manches darauf hin, daß Industrialisierung und Modernisierung an beiden Polen der Sozialhierarchie die Ausbildung eines ukrainischen Nationalbewußtseins eher hemmten, als sie zu fördern: Bei den ukrainischen Eliten, vornehmlich in den Städten, aber auch auf dem Lande, verstärkten sie augenscheinlich den Hang zur Assimilierung, zur Übernahme von russischer Sprache und Kultur. Und bei den Unterschichten wurde die nationale Komponente häufig sekundär gegenüber der sozialen; betätigten sich ukrainische Angehörige des Industrie- und Landproletariats politisch, wandten sie sich nicht selten der gesamtstaatlichen Opposition und revolutionären Bewegung zu (statt der Nationalbewegung), weil der Klassengegensatz eindeutiger, vorrangiger erschien als der nationale.

Die geschilderten Strukturbedingungen verhinderten, daß sich bis in den Ersten Weltkrieg hinein in den zum Russischen Reich gehörenden Teilen der Ukraine eine ukrainische Nationalbewegung mit Massenbasis oder auch nur ein weit verbreitetes Bewußtsein für die Existenz einer ukrainischen Nation entwickelte. Ihre Schwäche in den größeren Städten bestand noch immer darin, daß jeder Versuch zur politischen Formierung der Ukrainer die nummerische Mehrheit stets gegen sich hatte; selbst in der Hauptstadt (in Kiev) machten die Ukrainer 1914 nur 16 % der Einwohnerschaft aus. Und auf dem Lande fiel es weiterhin schwer, den bäuerlichen Parochialismus zu überwinden, jene Kirchturmperspektive, die schon den im nächsten Dorf wie einen Ausländer betrachten ließ.[96]

Dagegen zeigten sich die nationalen Vordenker, so schmal diese Schicht auch sein mochte, auf den »Eventualfall« weit besser vorbereitet als 1905/06. Sie wurden in ihrem Bemühen unterstützt von den Soldaten, den ukrainischen Bauern in Uniform. Es gelang ihnen zu einem Gutteil auch, die nationalen mit den sozialen, den bäuerlichen Forderungen zu verbinden, selbst wenn sich diese Entwicklung 1917 erst andeutete. So liest sich

---

[95] Kappeler, Ukrainians of the Russian Empire, insb. S. 106 ff.; ders., Ukrainians and Germans, S. 48 ff., 51 ff., 61 f.

[96] Vgl. Stichwort: Ukrainians bei: Hamm, Kiev, passim; Reshetar, Russian Revolution, passim.

Abb. 33:   Kiev. Was für St. Petersburg der »Nevskij« war, war für Kiev der »Kreščatik«. Ende der 80er Jahre gepflastert, verkehrte hier seit Anfang der 90er Jahre die erste elektrische Straßenbahn des Reiches. An dieser – abends auch elektrisch erleuchteten – Prachtstraße lagen das Stadthaus, die Börse, die Hauptpost, das Konzerthaus, der Polnische Adelsklub, die Banken, die vornehmsten Hotels (»Grand« und »Europa«) und die elegantesten Geschäfte. Auf unserem Bild verweisen russischsprachige Reklameschilder auf eine Apotheke, die »Medikamente für die Kliniken der Kaiserlichen Vladimir-Universität liefert«, und einen »Notarius Šenfel'd«. Russisch war auch, was man am Kreščatik vor allem hörte: 1897 hatten 55,2 % der Kiever Einwohner Russisch als ihre Muttersprache angegeben, 22,3 % Ukrainisch, 12,1 % Jiddisch; das Umland, der Kiever Landkreis, war zu über 85 % ukrainisch. Doch bis 1917 schlug das kaum auf die Stadtbevölkerung durch, im September 1917 bestand sie zu 50,3 % aus Russen, zu 19 % aus Juden, zu 16,7 % aus Ukrainern und zu 9,3 % aus Polen (vgl. M.F. Hamm, Continuity and Change in Late Imperial Kiev, in: ders., The City in Late Imperial Russia, S. 92; ders., Kiev. A Portrait, 1800-1917, Princeton, N.J. 1993, S. 28 ff.).

die Entwicklung der ukrainischen Nationalbewegung im Revolutionsjahr über weite Strecken wie die Geschichte eines unaufhaltsamen Erfolges, der im Januar 1918 mit der Unabhängigkeitserklärung seinen krönenden Abschluß fand.

Als sich die Nachrichten aus der Hauptstadt, die vom Sturz der zarischen Regierung und der Bildung einer neuen Staatsführung berichteten, erhärteten, bildeten progressive und gemäßigt sozialistische Kräfte in Kiev am 4.(17.) März 1917 einen Ukrainischen Zentralrat (Rada) und wählten den Historiker Michail (Mychajlo) Hruševs'kyj zu dessen Vorsitzenden. Das Glückwunschtelegramm, das sie am 6. März an den neuen Vorsitzenden des Ministerrates (L'vov) und an den Justizminister (Kerenskij) sandten, enthielt außer den Schlagworten von der »ukrainischen Autonomie« und der künftigen »freien Föderation der freien Völker« nicht viel konkretes, doch weiter waren die programmatischen Vorstellungen wohl auch noch nicht gediehen.[97]

Saßen zunächst vor allem Mitglieder von Bildungs- und Genossenschaftseinrichtungen in der Rada, so traten in den nächsten Wochen Vertreter der wieder-, um- oder neugebildeten Parteien hinzu: Die Gesellschaft Ukrainischer Fortschrittler (TUP), die bürgerlich-liberale Positionen vertrat, mauserte sich dabei zur politischen Partei, wobei sie später auch ihren Namen (in Ukrainische Partei der Sozialisten-Föderalisten, UPSF) änderte; die Ukrainische Sozialdemokratische Arbeiterpartei (USDRP oder auch USP) nahm die Tradition der gleichnamigen Vorgängerin wieder auf und machte gleichzeitig ihren Frieden mit der Nationalbewegung; eine völlige Neugründung war dagegen die Partei der Ukrainischen Sozialrevolutionäre (UPSR oder USR), die vor allem auf die bäuerlichen Massen setzte, deren Führung allerdings aus zunächst kaum bekannten jungen Leuten bestand und in der ersten Hälfte des Jahres noch keine große Rolle spielte. In der Forderung nach ukrainischer Autonomie waren sie sich einig.[98]

Um der Rada eine breitere Basis zu geben, wurde für den 6. (19.) April ein Ukrainischer Nationalkongreß nach Kiev einberufen. Es versammelten sich an die 1.500 Teilnehmer, davon rd. 900 stimmberechtigte Delegierte; sie vertraten neben Parteien auch ländliche und städtische Selbstverwaltungsorgane, Bauernorganisationen, Berufsverbände, militärische Stellen sowie Kultur- und Bildungseinrichtungen. Auf ihrer dreitägigen Session wählten sie 150 Deputierte, die künftig die Rada bildeten. Der Kongreß be-

---

[97] Dimanštejn, Revoljucija i nacional'nyj vopros, Bd. 3, S. 132; engl in: Browder / Kerensky, Provisional Government, Bd. 1, S. 331.
[98] Zu den Vorläufern Jobst, Ukrainische Nationalbewegung, S. 165 ff.; zum Jahr 1917: Mark, Gescheiterte Staatsversuche, S. 172 ff.; Pipes, Formation of the Soviet Union, S. 55 f.; Stojko, Ukrainian National Aspirations, S. 5 ff.

stätigte sie als »höchste nationale Gewalt« und betraute sie mit der Aufgabe, die Rechte und Freiheiten des ukrainischen Volkes zu schützen, einen Projektvorschlag für die ukrainische Autonomie auszuarbeiten und Schritte für dessen Umsetzung einzuleiten. Zugleich bestätigte er das Recht der Allrussischen Konstituierenden Versammlung, die neue Staatsordnung zu bestätigen, verlangte, daß die zwischen den Nationen gezogenen Grenzen auf dem Volkswillen beruhten, protestierte gegen polnische Ansprüche auf nicht-polnische Gebiete (was sich offenkundig auf Galizien bezog) und forderte einen ukrainischen Vertreter bei künftigen Friedensverhandlungen.[99]

Sehr viel heftigere Töne schlug dagegen der 1. Ukrainische Soldatenkongreß an, der vom 5. bis 8. Mai 1917 tagte. Er kritisierte vor allem, daß die Provisorische Regierung sich allen Bemühungen von Soldaten und Offizieren widersetzt hatte, eigene ukrainische Einheiten, ja eine ukrainische Nationalarmee zu bilden; er sah darin eine Ungleichbehandlung gegenüber Polen und Finnland. Die scharfe nationalistische Kritik an der Provisorischen Regierung verstieg sich bis zur Forderung nach Unabhängigkeit, so daß sich V. Vynnyčenko, Rada-Delegierter und führendes Mitglied der ukrainischen Sozialdemokratie, genötigt fühlte, Loyalität gegenüber der Russischen Demokratie, die der Ukraine die Freiheit gebracht habe, anzumahnen. Der Soldatenkongreß bestätigte in seiner Schlußresolution die Rada als einzig zuständiges Organ, um alle Fragen, die die Ukraine als ganze und ihre Haltung zur Provisorischen Regierung betrafen, zu lösen; er beharrte auf seiner Forderung, eine ukrainische Nationalarmee zu schaffen und mit den dafür nötigen Schritten zumindest im Hinterland ohne weiteren Aufschub zu beginnen; und er forderte Petrograder Regierung und Sowjet auf, unverzüglich durch einen entsprechenden Akt die nationale und territoriale Autonomie der Ukraine prinzipiell anzuerkennen und für ukrainische Angelegenheiten einen eigenen Minister zu ernennen.[100]

Aufgrund dieser Rückendeckung beschloß die Rada, die ukrainischen Forderungen in einem 9-Punkte-Memorandum zusammenzufassen, und beauftragte eine 10-köpfige Delegation unter der Leitung Vynnyčenkos, diesen Forderungskatalog der Provisorischen Regierung und dem Exekutivkomitee des Sowjet persönlich zu übergeben. Die wichtigsten Monita waren dabei: die prinzipielle Anerkennung der ukrainischen Autonomie; die Teilnahme eines ukrainischen Vertreters bei eventuellen Friedensver-

---

[99] Dimanštejn, Revoljucija i nacional'nyj vopros, Bd. 3, S. 136 f.; engl. Browder / Kerensky, Provisional Government, Bd. 1, S. 372 f.; etwas differierend D. Dorošenko, Istorija Ukrainy, 1917–1923 gg., 2. Aufl. New York 1954, Bd. 1, S. 59 f.

[100] Dimanštejn, Revoljucija i nacional'nyj vopros, Bd. 3, S. 139 ff.; engl. Browder / Kerensky, Provisional Government, Bd. 1, S. 373 f.; auch Pipes, Formation of the Soviet Union, S. 56 f.

handlungen; die Schaffung eines für die Ukraine zuständigen Kommissars bei der Provisorischen Regierung; die Bildung separater ukrainischer Armee-Einheiten im Hinterland und, soweit möglich, an der Front; die Erweiterung der bereits konzedierten Ukrainisierung der Grundschulen auf die Mittel- und Hochschulen; und die Besetzung von Schlüsselpositionen der zivilen und kirchlichen Verwaltung mit Personen, denen die ukrainische Sprache und Lebensweise vertraut ist.

Der Forderungskatalog stieß in Petrograd auf Unverständnis. Der Sowjet verwies die Delegation an die Regierung und die Regierung übergab das Schriftstück Staatsrechtsexperten. Nicht nur für die Kadetten, auch für die verbal konzessionsbereiteren Sozialrevolutionäre und Menschewiki blieb die Maxime, an der »Einheit des Russischen Staates« grundsätzlich festzuhalten. Keine einzige der sozialistischen Zeitungen war bereit, das Kiever Dokument abzudrucken. So reiste die Delegation mit leeren Händen wieder ab, die offizielle Ablehnung der Forderungen folgte wenig später: Sie verwies auf das alleinige Entscheidungsrecht der Konstituierenden Versammlung und fügte gleichsam als Erklärung hinzu: Da die Rada nicht aus Volkswahlen hervorgegangen sei, könne sie auch nicht als Sprecher des ukrainischen Volkswillens anerkannt werden. Diese Begründung verärgerte die Rada umso mehr, als man mit dem gleichen Argument auch die Legitimation von Provisorischer Regierung und Sowjet in Zweifel ziehen konnte.[101]

Während sich die Petrograder Presseorgane und die Russische Minderheit in der Ukraine hinter die Regierungsentscheidung stellten, bekräftigte der Ende Mai/Anfang Juni tagende Ukrainische Bauernkongreß erneut die Position der Rada. 2.200 Abgesandte von Bezirks-, Kreis- und Gouvernementsorganisationen, meist Mitglieder des Ukrainischen Bauernbundes (Seljanskaja spilka), hatten sich dazu in Kiev versammelt. Die ukrainische nationale und territoriale Autonomie sei das einzige Mittel, um die Region vor dem Untergang zu bewahren, die Umwandlung Rußlands in eine demokratische, föderative Republik, die Schaffung einer ukrainischen Territorialversammlung und die Ukrainisierung aller Selbstverwaltungskörperschaften deshalb das Gebot der Stunde.

Kurz darauf trat – vom 5. bis 10. Juni (vom 18. bis 23. Juni n.St.) – der 2. Ukrainische Soldatenkongreß zusammen, eine gewaltige Heerschau, auf der 2.308 Delegierte 1,6 Millionen Soldaten vertraten; vergeblich hatte Kriegsminister Kerenskij noch wenige Tage zuvor versucht, das Spektakel

---

[101] Dimanštejn, Revoljucija i nacional'nyj vopros, Bd. 3, S. 59 f., 143 ff.; engl. Browder / Kerensky, Provisional Government, Bd. 1, S. 374 ff.; zur Stellung der Sowjetparteien Dimanštejn, S. 88 ff.; auch I.G. Cereteli, Vospominanija o Fevral'skoj revoljucii, 2 Bde., Paris 1963, hier Bd. 1, S. 89 ff.

als »zeitlich unpassend« zu verhindern. Die Konfrontation war damit zur Gewißheit geworden. Der Kongreß kleidete sie in die Aufforderung an die Rada, »als unsere höchste Repräsentativkörperschaft« nicht länger mit der Provisorischen Regierung zu konferieren, sondern in Verbindung mit den nationalen Minderheiten in der Ukraine den organisatorischen Aufbau des Landes und die Durchsetzung seiner Autonomie in Angriff zu nehmen. Zugleich sagte er allen Unternehmungen der Rada seine entschlossene und engagierte Hilfe zu und forderte das ukrainische Volk auf, alle Anweisungen der Rada »einmütig und unverzüglich« auszuführen.[102]

Am gleichen Tag, dem 10. (23.) Juni, und die Koinzidenz war sicher kein Zufall, veröffentliche die Rada ein Manifest, dessen Bezeichnung als »Universal« bereits ein Programm darstellte; es griff auf einen Begriff zurück, der in der Zeit des Kosakischen Hetmanats, vor der Vereinigung mit Rußland, Gesetze und offizielle Proklamationen bezeichnet hatte. Das Schriftstück proklamierte für das ukrainische Volks das Recht, das eigene Leben selbst zu regeln, sprach von einer ukrainischen Nationalversammlung (Sejm), die – bestellt in allgemeiner, gleicher, direkter und geheimer Wahl – Ordnung schaffen und eine Regierung einsetzen werde, und sah, bis es dazu kam, die Rada in der Pflicht, eben jene Forderungen durchzusetzen, deren Erfüllung die Provisorische Regierung knapp zwei Wochen zuvor verweigert hatte. Sie liefen auf eine »Autonomie« der Ukraine, »ohne sich von Rußland als ganzem zu lösen«, hinaus, und um sie verwirklichen zu können, kündigte die Rada an, ab 1. Juli eine spezielle Steuer zu erheben (womit sie sich ein hoheitliches Recht anmaßte, das ihr bisher von der Provisorischen Regierung verweigert worden war). Der Wortlaut des Universal deutete zugleich an, daß es der Rada (»als Wächter der Rechte und Freiheiten des ukrainischen Landes«) nicht nur um politische und rechtliche Fragen ging. Es sprach auch von der »Sehnsucht, daß – nachdem alle Ländereien in Rußland als Volkseigentum konfisziert wurden, die Guts-, Staats-, Kron-, Klöster- und anderen Ländereien, wenn ein Gesetz darüber in der Konstituierenden Versammlung verabschiedet wurde – dann das Recht, Kontrolle über unsere Ukrainischen Ländereien, das Recht sie zu nutzen, uns gebührt, unserer ukrainischen Versammlung (dem Sejm)«.[103]

Die russische Presse sprach von einem »Dolchstoß in den Rücken der Revolution«, die Juristische Kommission der Provisorischen Regierung von einem »Akt offener Widersetzlichkeit«, und die Provisorische Regie-

---

[102] Dimanštejn, Revoljucija i nacional'nyj vopros, Bd. 3, S. 157 ff.; engl. Browder / Kerensky, Provisional Government, Bd. 1, S. 380 f.

[103] Text des I. Universals in: Dimanštejn, Revoljucija i nacional'nyj vopros, Bd. 3, S. 161 ff.; Dorošenko, Istorija Ukrainy, Bd. 1, S. 89 ff.; engl. Übers. Browder / Kerensky, Provisional Government, Bd. 1, S. 383 ff.

rung warnte die »ukrainischen Brüder«, den »verderblichen Kurs« einer
»Aufsplitterung der Kräfte des befreiten Rußland« beizubehalten.[104] Doch
davon unbeeindruckt, setzte die Rada wenige Tage später ein »Generalsekretariat« als neues Exekutivorgan für die Ukraine ein und betraute den
Sozialdemokraten Vynnyčenko mit dessen Leitung. Konfrontiert mit der
Gefahr, völlig die Kontrolle über die weitere Entwicklung zu verlieren,
noch dazu in einer militärisch sensiblen, frontnahen Region, entschloß sich
die Provisorische Regierung zum Einlenken. Das konnte nur heißen, auf
die Autonomiewünsche der Ukraine einzugehen, so wie ihr dies auch der
1. Allrussische Sowjetkongreß, der seit Anfang Juni in Petrograd tagte, anempfohlen hatte.

Die Lage zu sondieren und zu bindenden Vereinbarungen mit der Rada zu
kommen, war die Aufgabe jener drei hochrangigen Regierungs- und Sowjetvertreter (Tereščenko, Cereteli, Kerenskij), die Ende Juni nach Kiev geschickt wurden; von dieser Mission und ihrem Ergebnis war im zweiten Teil
der Darstellung bereits die Rede: Die Delegation erkannte das Generalsekretariat als Regionalverwaltung an, versprach, alle Verwaltungsmaß-
nahmen in der Region über das Generalsekretariat abzuwickeln, behielt der
Provisorischen Regierung aber vor, dessen Mitglieder »in Übereinstimmung
mit der Rada« zu bestellen. Eine ähnlich gewundene Formel regelte die Mitwirkung der Rada bei der Lösung der Landfrage in der Ukraine; sie erhielt
die Federführung unter formaler Wahrung der Letztentscheidung der Konstituante. Militärabsprachen, die auch in der Frage separater Armee-Einheiten Entgegenkommen signalisierten, ergänzten die Übereinkunft. Die Rada
veröffentlichte die Ergebnisse stolz am 3. (16.) Juli in ihrem II. Universal.[105]

Zu einer dauerhaften Entspannung zwischen Petrograd und Kiev führten die Vereinbarungen nicht. Sie genügten manchen in Kiev schon nicht
mehr, sie protestierten dagegen heftig und verlangten die Unabhängigkeit;
und in Petrograd gingen den kadettischen Minister die Zugeständnisse ihrer Kollegen bereits viel zu weit, sie traten unter Protest zurück. Das politische Tauziehen setzte sich bei der Umsetzung der Absprachen fort, wenn
Kiev in Absprache mit den eigenen Minoritäten einen umfangreichen Or-
ganisationsplan für das Generalsekretariat und seine 14 Fachverwaltungen,
die Rada und eine Kleine Rada (die deren Funktion zwischen den Sessionen wahrnahm), das ukrainische Haushalts- und Budgetrecht und einen
Staatssekretär, der die Ukraine bei der Provisorischen Regierung vertrat,
Mitte Juli vorlegte. Die Provisorische Regierung antwortete Anfang Au-

---

[104] Auszüge zu den Reaktionen der russischen Presse Browder / Kerensky, Provisional Government, Bd. 1, S. 386 ff.
[105] Dazu Reč' N° 154, 4. Juli 1917, S. 1; N° 156, 6. Juli 1917, S. 3; Dimanštejn, Revoljucija i nacional'nyj vopros, Bd. 3, S. 166 f.; zu den Zusammenhängen und Folgen auch oben S.178 f.

gust mit einer eigenen »Instruktion«, die das politische Schwergewicht von
der Rada aufs Generalsekretariat verschob und es gleichzeitig zu einer Auf-
tragsverwaltung der Provisorischen Regierung zu machen versuchte, bei
gleichzeitiger Einschränkung seines Umfangs und seiner Zuständigkeiten,
einer Reduzierung seiner Fachverwaltungen auf 9 und seiner regionalen
Zuständigkeit auf 5 Kernprovinzen.[106]

Die Rada protestierte, sah in ihrer Resolution vom 9. (22.) August die
»Instruktion« in scharfem Gegensatz zur Vereinbarung von Anfang Juli
und als Manifestation des Russischen Imperialismus; Kerenskij, inzwischen
zum Ministerpräsidenten aufgestiegen, benutze drei Tage später die Bühne
der Moskauer Staatskonferenz, um die Ukrainer (und auch die Finnen) in
Anspielungen des bezahlten Verrats zu verdächtigen, ohne seinerseits auch
nur das geringste Verständnis für ihre Forderungen und die Notwendigkeit
einer Regelung der Nationalitätenfrage aufzubringen; und die Rada hatte
zur Staatskonferenz schon gar keine offiziellen Vertreter mehr geschickt.

Obwohl die organisatorischen Grundlagen (nach den Vorstellungen der
»Instruktion«) schließlich geschaffen wurden, zeigten beide Seiten in den
verbleibenden zwei Monaten wenig Neigung, mit einander statt über einander zu reden. Die Provisorische Regierung nutzte die ihr nun zur Verfügung stehenden Kanäle nicht einmal, um die Lokalstellen über die Bedeutung und Auswirkungen der »Instruktion« zu informieren, und Rada
und Generalsekretariat machten die Regierung für das um sich greifende
Chaos und die Entwicklung anarchischer Zustände verantwortlich, ohne
sich einzugestehen, daß sie auch selbst die Probleme nicht in den Griff bekamen, daß ihre eigene Basis immer mehr zerfiel. Beide beklagten die
Kompetenzbeschneidung durch die Petrograder Regierung, aber taten wenig, um die Kompetenzen, die sie seit Sommer bereits besaßen, auch wirklich auszufüllen. Statt zu den Städten und zum flachen Land Kontakt aufzunehmen, eine landesweite Organisation mit Gouvernements- und
Kreisradas aufzubauen, überließen sie die Regional- und Lokalgewalt So-
wjet-, Kosaken- und Haidamakenorganisationen, die ohne Kontakt zur
Rada oder gar eine Unterordnung unter ihre Weisungsgewalt vor sich hin
wirkten.[107]

---

[106] Text des Organisationskonzeptes der Kleinen Rada vgl. in Dimanštejn, Revoljucija i nacional'nyj vopros, Bd. 3, S. 173 ff.; engl bei Browder / Kerensky, Provisional Government, Bd.
1, S. 394 ff., sowie die Instruktion der Provisorischen Regierung, ebda., S. 396 f., sowie Pipes, Formation of the Soviet Union, S. 64 f.

[107] Haidamaken wurden im 18. Jahrhundert aufrührerische Banden aus freien Kosaken und
Bauern, die sich gegen die polnische Herrschaft auflehnten, genannt; das Wort kommt aus
dem Türkischen und bedeutet so viel wie einen Überfall, Beute machen. Ihre Tradition, die
Erinnerung an sie lebte fort (stand für freie Selbstverwaltung, Widerstand gegen die Obrigkeit). Für das folgende vor allem Pipes, Formation of the Soviet Union, S. 66 ff.

Während sich die ukrainische Nationalbewegung im Kampf gegen Petrograd aufzehrte, begann sich auch ihre innere Geschlossenheit immer mehr aufzulösen. Noch im Frühjahr war die Führung allmählich von den bürgerlich-liberalen Fortschrittlern auf die ukrainischen Sozialdemokraten übergegangen, die einen starken Rückhalt in den ukrainischen Soldaten- und Arbeiterkongressen besaßen und im Juli auch die Leitung des General- sekretariats übernahmen. Doch selbst nicht ganz einig, welcher Kurs ge- genüber der Provisorischen Regierung einzuschlagen sei, stieß ihr Füh- rungsanspruch seit dem Sommer auch im sozialistischen Lager auf immer stärkere Kritik: Die ukrainischen Sozialrevolutionäre bezweifelten, daß ihm ein entsprechender Rückhalt in der ukrainischen Bevölkerung korre- spondierte, und verlangten mehr Einfluß für sich und ihre Klientel, die ukrainische Bauernschaft. Vor allem drängten sie Rada und Generalsekre- tariat, das Landproblem endlich anzugehen und zu lösen, was die Grund- masse der ukrainischen Bevölkerung, die Bauern, mehr interessiere als alle anderen Fragen, womit sie zweifellos recht hatten.

Doch das problematische Verhältnis zu Petrograd beherrschte weiterhin die Politik von Rada und Generalsekretariat, auch im September und Ok- tober: als (vom 8. bis 15. September) ein »Nationalitätenkongreß« in Kiev tagte und erneut das Projekt einer Umwandlung Rußlands in eine födera- tive Republik beriet; als Anfang Oktober die Rufe nach einer ukrainischen Nationalversammlung immer lauter wurden, als Thema auch die Session der Rada beherrschten und zur Auseinandersetzung mit den eigenen Mi- noritäten führten; als die Provisorische Regierung darob eine Abordnung des Generalsekretariats in die Hauptstadt beorderte; und als der in der zweiten Monatshälfte tagende, große 3. Ukrainische Soldatenkongreß die Kritik an der Provisorischen Regierung verschärfte und die Radadelegati- on aufforderte, zu Hause zu bleiben. Sie fuhr (am 22. Oktober) dennoch, doch zu großen Verhandlungen kam es nicht mehr. In der Nacht vom 24. auf den 25. Oktober stürzte der bolschewistische Staatsstreich die Pro- visorische Regierung. Rada und Generalsekretariat hatten keine Probleme, in den folgenden Tagen zusammen mit den Bolschewiki die Truppen der Provisorischen Regierung aus Kiev zu vertreiben, dazu ein »Landes- komitee zum Schutze der Revolution in der Ukraine« (unter Einschluß der Bolschewiki) zu gründen, am 3. November das Generalsekretariat zum In- haber der Staatsgewalt auf dem Territorium der Ukraine zu erklären und am 7. (20.) November 1917 im III. Universal die »Ukrainische Volksrepu- blik« als Teil einer »Russischen Föderativen Republik« zu proklamieren.[108]

---

[108] Dimanštejn, Revoljucija i nacional'nyj vopros, Bd. 3, S. 179 f., 189 ff., 203, 443 ff; Do- rošenko, Istorija Ukrainy, Bd. 1, S. 179 ff.; zum Vorgang und den Hintergründen Pipes, For- mation of the Soviet Union, S. 69 ff., 114 ff.

Ukrainische und nicht-ukrainische Parteien, die meisten Sowjets und sogar die Bolschewiki erkannten das Generalsekretariat als ukrainische Regierung an. Doch die Gegensätze spitzten sich rasch zu: als die Rada sich weigerte, einen Gesamtukrainischen Sowjetkongreß einzuberufen, das Kiever Parteikomitee der Bolschewiki und der Kiever Stadtsowjet die Pläne trotzdem weiter verfolgten, sich über den Kopf des Generalsekretariats an Stadt- und Dorfsowjets wandten; als die Rada es gestattete, daß Don-Kosakentruppen ukrainisches Territorium passierten, auf dem Weg von der Front zurück in die Heimat, womit sich dort zugleich eine anti-bolschewistische Streitmacht sammelte; als die Bolschewiki nun auch die Bemühungen der Rada um den Aufbau einer eigenen Armee, einer Ausgliederung der ukrainischen Verbände aus der gemeinsamen Front zunehmend kritischer sahen; und als das Generalsekretariat ein entsprechendes Ultimatum einfach zurückwies. Inzwischen hatte die Rada auch ihre Taktik, was den Sowjetkongreß betraf, geändert; statt ihn zu boykottieren, mobilisierte sie den eigenen Anhang: Am Ende sahen sich 100 Bolschewiki mit 2.500 Delegierten konfrontiert und, statt die Sowjetmacht in der Ukraine auszurufen, zum Auszug gezwungen.

Sie gingen nach Char'kov, um dort eine ukrainische Sowjetrepublik zu proklamieren, die Rada zum »Volksfeind« zu erklären und mit Hilfe von pro-bolschewistischen Aufständen in den Städten nach und nach das Land in ihre Gewalt zu bringen. Die Rada bemühte sich um die Hilfe der Alliierten, dann der Mittelmächte, und während die roten Truppen bereits immer näher rückten, rief sie am 12. (25.) Januar 1918 in ihrem IV. und letzten Universal die Unabhängigkeit der Ukraine aus.[109] Zwei Wochen später eroberten die Bolschewiki Kiev, doch fast fast gleichzeitig schlossen die Mittelmächte mit der Rada Frieden, versprachen Hilfe gegen die Bolschewiki und verlangten im Gegenzug Lebensmittellieferungen. Der Abbruch der Friedensverhandlungen zwischen Deutschland und Sowjetrußland führte zur Wiederaufnahme der deutschen Offensive, der Eroberung Kievs und zur Wiedereinsetzung der Rada, wobei Kiev von deutschen Truppen besetzt blieb. Im Friedensvertrag von Brest-Litovsk mußte Sowjetrußland am 3. März 1918 die Unabhängigkeit der Ukraine anerkennen. Doch das war nur der Anfang der Wirren des Bürgerkrieges, an dessen Ende das Land seine Unabhängigkeit wieder verlor.[110]

---

[109] Datiert auf den 9./22. Januar 1918; Vgl. Mark, Gescheiterte Staatsversuche, S. 178 f.; Pipes, Formation of the Soviet Union, S. 118 ff.

[110] Weitgehend ausgeblendet, weil sie für die Ukraine 1917 keine – dem Fall Livland, Kurland, Litauen, Polen, Bessarabien – vergleichbar wichtige Rolle spielten, bleiben hier die Ziele und Planungen der Mittelmächte, ebenso die Entwicklungen in den anderen, von der ukrainischen Nationalbewegung für die Staatsgründung reklamierten Gebieten (Galizien, Bukowina); vgl. hierzu: W. Bihl, Österreich-Ungarn und der »Bund zur Befreiung der Ukraine«, in:

Abb. 34:   Odessa. Für Isaak Babel' war es eine »abscheuliche«, aber auch eine »bedeutende und bezaubernde Stadt«, »in der es sich leicht und hell leben läßt«. Sie besitze ein »sehr armes, übervölkertes und leidendes Judenghetto, eine sehr selbstzu-
friedene Bourgeoisie und eine sehr reaktionäre Stadtduma«; gleichzeitig aber gebe
es hier »süße und ermüdende Frühlingsabende, den starken Duft der Akazien und
das gleichmäßig flutende, berückende Mondlicht überm dunklen Meer«. Ja, es war
paradoxerweise nicht zuletzt der hohe jüdische Bevölkerungsanteil, der der Stadt,
so Babel', die Helle und Leichtigkeit gab: »Sie heiraten, um nicht einsam zu sein, sie
lieben, um die Jahrhunderte zu überleben, sie sparen Geld, um Häuser zu haben und
ihren Frauen Persianerjacken zu schenken, sie sind liebevolle Väter, weil es sehr
schön und sehr notwendig ist, daß man seine Kinder liebt. Gouverneure und Zir-
kulare schaffen den armen Juden aus Odessa viel Unannehmlichkeiten, aber sie aus
ihrer Position zu verdrängen, ist nicht leicht, denn ihre Position ist uralt. Man verdrängt sie nicht und guckt ihnen vieles ab«. Babel' hat dieser in ihren Widersprüchen
einzigartigen, liebenswürdigen Stadt in seinen »Odessaer Geschichten« ein literarisches Denkmal gesetzt (I. Babel, Erste Hilfe. Sämtliche Erzählungen, Nördlingen
1987, Zitate: S. 46 ff.). Hier ein Bild vom Flohmarkt.

Daß dies geschah, hing sicher mit äußeren Zufällen zusammen, aber auch jener Schwäche der ukrainischen Nationalbewegung, von der anfangs bereits die Rede war. Zwar hatte sie im Revolutionsjahr bedeutend an Breite und Tiefe gewonnen. Tausende hatten ihr auf den Bauern- und Soldatenkongressen jeweils den Rücken gestärkt und vertraten dabei eine Urwählerschaft, die in die Millionen ging. Bei den Wahlen zur Allrussischen Konstituierenden Versammlung im November 1917 stimmten in acht ukrainischen Gouvernements, wenn man die 10 größten Städte abrechnete, über 70 % der Wähler für Listen mit Kandidaten der ukrainischen Bauernparteien (der Ukrainischen Sozialrevolutionäre, des Ukrainischen Bauernbundes, teilweise in Blockbildung mit den Linken Sozialrevolutionären).[111]

Freilich galt auch die umgekehrte Rechnung: In den großen, strategisch wichtigen Städten spielte sie weiterhin kaum eine Rolle, auch nicht im Industrieproletariat, und ihre Basis in den Garnisonen schmolz mit dem Kriegsende dahin. Sie war eine Einklassenbewegung geblieben und bei den Bauern schwer zu entscheiden, welchen Eigenwert sie dem Nationalen (neben ihren sozialen Forderungen) wirklich zumaßen, ob sie nur Kandidaten wählten, die ihre Sprache sprachen, oder bereit waren, für die nationale Sache mit gleicher Energie einzutreten. Wie fest ihre nationale Überzeugung blieb, wenn die eigene Führung der deutschen Besatzungsmacht für ihre Unterstützung hohe Lebensmittellieferungen versprach; wenn die eigene nationale Führung mit einer Wendung nach rechts einen Teil der sozialen Errungenschaften, der in der Revolution erkämpften Agrarreformen, zu widerrufen suchte – so wie das in den kommenden Monaten geschah.[112] Es scheint, daß einem erheblichen Teil der ukrainischen Bauern, der Entbehrungen und Schrecken des Bürgerkriegs müde, die Bolschewiki schließlich als das »geringere Übel« erschienen: weil sie den Bauern das neuerrungene Land garantierten und das national wie sozial – in ihren Augen – »größere

---

Österreich und Europa. Festgabe für Hugo Hantsch zum 70. Geburtstag, Graz 1965, S. 505 ff.; O. Fedyshyn, Germany's Drive to the East and the Ukrainian Revolution 1917/18, New Brunswick, N.J. 1971; F. Fischer, Deutsche Kriegsziele, Revolutionierung und Separatfrieden im Osten 1914 – 1918, in: ders., Der Erste Weltkrieg und das deutsche Geschichtsbild. Beiträge zur Bewältigung eines historischen Tabus. Aufsätze und Vorträge aus drei Jahrzehnten, Düsseldorf 1977, S. 151 ff.; H. Grebing, Österreich-Ungarn und die »Ukrainische Aktion« 1914 – 1918. Zur österreich-ungarischen Ukraine-Politik im Ersten Weltkrieg, in: Jahrbücher für Geschichte Osteuropas, 7 (1959), S. 270 ff.; Kappeler, Kleine Geschichte, S. 145 ff., 165 ff.; O. Pidhainy, The Ukrainian-Polish Problem in the Dissolution of the Russian Empire 1914 – 1917, Toronto 1962; Subtelny, Ukraine, S. 307 ff., 339 ff.

[111] Diskutiert bei Guthier, The Popular Base, S. 36 ff.; Pipes, Formation of the Soviet Union, S. 283 ff.; Reshetar, The Ukrainian Revolution, S. 40 ff.; Suny, Revenge of the Past, S. 43 ff.

[112] Zur weiteren Entwicklung W. Baumgart, Deutsche Ostpolitik 1918; Kappeler, Kleine Geschichte der Ukraine, S. 171 ff.; Pipes, Formation of the Soviet Union, S. 114 ff.;

Übel«, den Sieg der »Weißen«, die Rückkehr zu den vorrevolutionären Verhältnissen, verhindern halfen.

c) Weißrußland

Ein britischer Beobachter berichtete im Mai 1918 an das Foreign Office: Wenn man einen gewöhnlichen Bauern in der Ukraine nach seiner Nationalität frage, würde er antworten:»Griechisch-Orthodox«; dringe man in ihn, ob er denn ein Großrusse, Pole oder Ukrainer sei, würde er wahrscheinlich erwidern, er sei »ein Bauer«; gebe man sich damit immer noch nicht zufrieden und erkundige sich nach seiner Sprache, so würde er erklären, daß er rede, wie man hier im Ort eben spreche; und wollte man schließlich von ihm wissen, zu welchem Staat er gehören möchte, welche Regierung er sich wünsche, so würde man vermutlich erfahren, daß alle Regierungen eine »Plage« seien und man das »christliche Volk der Bauern« am besten sich selbst überlassen solle. Ganz ähnliches wird von Bauern, die einen weißrussischen Dialekt sprachen, noch lange nach der Revolution berichtet: Als statistische Erhebungsbeamte von ihnen wissen wollten, was sie seien, antworteten sie zu Zehntausenden: »Hiesige« (tutejši). Sie dachten nicht in den Kategorien, wie es nationalistische Intelligenz und Staatsbeamte taten; Nationalität war für sie im doppelten Sinne ein Fremdwort.[113]

Im Zweifelsfall galt das für Weißrußland sogar noch mehr als für die Ukraine. Sicher ließen sich, wenn man danach suchte, Organisationen und Projekte ausmachen, die schon in der Kriegs- und Vorkriegszeit die Zukunft Weißrußlands mitgestalten wollten. Dazu gehörte eine 1902 gegründete »Weißrussische Revolutionäre Hramada« (Gemeinschaft), die sich 1903 in »Weißrussische Sozialistische Hramada« umbenannte, das Programm der Polnischen Sozialisten (der PPS) übernahm, einen Volkskonvent (Sejm) für Weißrußland forderte und das Land des Adels nationalisieren wollte; dazu gehörte die Zeitschrift »Unsere Flur« (Naša niva), die seit Ende 1906 erschien, viel für das Eigenbewußtsein von Land und Leuten tat und in der die Frage, ob das Weißrussische in »russischen« oder »polnischen« Lettern wiedergegeben werden sollte, mitentschieden wurde; dazu gehörten nach Kriegsbeginn in der deutschbesetzten Hälfte des Landes angestellte Überlegungen, mit Hilfe der Besatzungsmacht das hi-

---

[113] Vgl. Hroch, Erwachen kleiner Nationen, S. 166; sowie S.L. Guthier, The Belorussians. National Identification and Assimilation, 1897 - 1970, in: Soviet Studies 29 (1977), S. 37 ff., 270 ff.; R.A. Mark, Die nationale Bewegung der Weißrussen im 19. und zu Beginn des 20. Jahrhunderts, in: Jahrbücher für Geschichte Osteuropas 42 (1994), S. 493 ff.; Suny, Revenge of the Past, S. 50 f.; J. Zaprudnik, Belarus. At a Crossroads in History, Boulder 1993.

storische Großfürstentum Litauen als litauisch-weißrussischen Staat wiederzubeleben und dazu einen konstituierenden Sejm nach Wilna einzuberufen; und weißrussische Vertreter nahmen auch an der unter deutscher Schirmherrschaft gebildeten »Liga der Fremdvölker Rußlands« teil, die im Frühjahr und Sommer 1916 Tagungen in Stockholm und Lausanne abhielt und an den amerikanischen Präsidenten W. Wilson appellierte. Doch die Bedeutung und Reichweite solcher Planungen und Bemühungen dürfen nicht überschätzt werden; sie beherrschten die Diskussionen kleiner Zirkel, die Grundmasse der weißrussischen Bevölkerung hatte von ihnen nicht einmal Kenntnis.[114]

Als die Februarrevolution 1917 den Zaren stürzte, verlagerten sich die Planspiele in den noch nicht von deutschen Truppen besetzten Teil des Landes. Mitte/Ende März, die Zeitangaben differieren, kam in Minsk eine »Weißrussische Nationalkonferenz« zusammen, zu der alle gesellschaftlich bedeutenderen Gruppen Vertreter schicken konnten. Abgeordnete der russischen sozialistischen Parteien, des jüdischen Bundes, der polnischen Gutsbesitzer und der katholischen Geistlichkeit saßen neben Vertretern der Hramada, der Wissenschaft und von Kulturorganisationen, was zeigt, daß man das Beiwort »National« nicht zu eng auslegen darf. Sie waren sich einig, am »Aufbau einer föderativen, demokratischen und republikanischen Ordnung« in einem »Russischen Staat freier Völker« mitzuwirken und dazu ein »Weißrussisches Nationalkomitee« einzusetzen, dessen »nationale« Aufgabe reichlich unbestimmt blieb.[115] In seiner ersten Stellungnahme strich das Komitee vor allem die wirtschaftlichen Bindungen an Rußland heraus und faßte als drängendste Probleme die Nationalisierung der Schule und die Lösung der Agrarfrage ins Auge; vorbehaltlich der Richtlinienkompetenz der Gesamtstaatlichen Konstituante, sollte dazu eine »Weißrussische Regionalrada« gebildet werden.[116]

Erst in den Sommer hinein vermochte die Hramada, ihren Einfluß im Nationalkomitee auszubauen und ihm ein schärferes politisches Profil zu geben. Auf der 2. Weißrussischen Nationalkonferenz im Juli erreichte sie seine Umwandlung in eine »Rada«, in der nur noch die »progressiven und demokratischen« Parteien vertreten, die Gutsbesitzer jedenfalls ausgeschlossen sein sollten. Neue Eingaben drängten die Provisorische Regierung, die Umwandlung des Staates in eine Föderation sowie die Nationalisierung von Grund und Boden zu beschleunigen und endlich die Vor-

---

[114] Vgl. dazu auch S. Agurskij, Očerki po istorii revoljucionnogo dviženija v Belorussii (1863 – 1917), Minsk 1928; V.G. Knorin, 1917 god v Belorussii i na zapadnom fronte, Minsk 1925; Pipes, Formation of the Soviet Union, S. 53 ff.; Vakar, Belorussia, S. 84 ff.

[115] Darüber Bericht in Reč N° 74, 29. März 1917, S. 4; andere Datierung bei Pipes, Formation of the Soviet Union, S. 73.

[116] Resolution in: Dimanštejn, Revoljucija i nacional'nyj vopros, Bd. 3, S. 271 f.

aussetzungen für eine freie Entfaltung der »weißrussischen Kultur« zu schaffen.[117] Daß das Drängen auf eine Agrarreform der Zustimmung in breiten Teilen der Gesellschaft sicher sein konnte, ist verbürgt, wie viele sich dagegen mit gleicher Entschiedenheit hinter »nationale« Forderungen stellten, nicht so ganz klar. Bei den Wahlen zu den ländlichen und städtischen Selbstverwaltungskörperschaften im Frühjahr und Sommer 1917 brachten die nationalen Parteien und Gruppen in Weißrußland jedenfalls kaum einen Kandidaten durch und bei den Wahlen zur Konstituierenden Versammlung im Spätherbst erging er ihnen nicht besser: Die Liste der Weißrussischen Sozialistischen Hramada ging erneut leer aus. Über 90 % der Wähler in Stadt und Land entschieden sich für eine der gesamtstaatlichen Parteien, über 55 % für die Bolschewiki, 28 % für die Sozialrevolutionäre, nur ein verschwindender Bruchteil hatte der Hramada seine Stimme gegeben.[118]

Das war für die Bolschewiki ein Grund mehr, nach dem Oktoberumsturz der Weißrussischen Rada die Repräsentanz und der Weißrussischen Sozialistischen Hramada den Führungsanspruch zu bestreiten. Ihre Führungsgremien hatten das für den Nordwesten zuständige Parteikomitee bereits Anfang November beauftragt, eine Sowjetregierung zu bilden; weisungsgemäß schuf es für die Westregion ein Sowjetexekutivkomitee und einen Rat der Volkskommissare mit Sitz in Minsk und forderte die in der Region liegenden Machtorgane auf, sich ihnen zu unterstellen.

Im Gegenzug beriefen Weißrussische Rada, Zentrale Soldatenrada und das Exekutivkomitee der Westfront für den 14. November 1917 einen weißrussischen Nationalkongreß nach Minsk ein, auf dem 1.872 Delegierte, davon 1.167 stimmberechtigt, die neue politische Lage berieten. In seiner überwältigenden Mehrheit nicht, ja antibolschewistisch, schien der Bruch mit dem Minsker Sowjet nur eine Frage von Stunden, wenn es hoch kam Tagen. In diesen Debatten wurde zum ersten Mal auch die Frage einer Sezession, einer Trennung von Sowjetrußland erwogen, wobei die sie vorschlugen nicht selten selbst einen »russischen« Hintergrund hatten (was zeigt, daß es mehr um den Austrag von politischen als nationalen Differenzen ging). In der Sache war sich die Mehrheit wohl einig, doch verschob man die Frage schließlich auf das Ende des Kongresses. Dieses Ende kam schneller und abrupter als erwartet: Am Abend des 18. Dezember erschienen Rote Truppen im Sitzungssaal, verhafteten Offiziere und prominente Delegierte und erklärten die Versammlung für geschlossen.[119]

---

[117] Dimanštejn, Revoljucija i nacional'nyj vopros, Bd. 3, S. 269.
[118] Pipes, Formation of the Soviet Union, S. 74 ff.; Radkey, Russia Goes to the Polls, S. 80 ff.; Vakar, Belorussia, S. 97 ff.
[119] Ausführlichere Schilderung bei Vakar, Belorussia, S. 100.

Nun stand der Durchsetzung der Sowjetherrschaft nichts mehr im Wege, was seit Ende des Monats auch geschah. Sie stützte sich auf die größeren Städte und prokommunistische Regimenter. Doch die Unterbrechung der Friedensverhandlungen in Brest-Litovsk und das Vorrücken der deutschen Truppen machten ihr in der zweiten Februarhälfte ein vorzeitiges Ende. Die deutsche Besetzung ermöglichte den Delegierten des wenige Wochen zuvor von den Bolschewiki aufgelösten Weißrussischen Nationalkongresses, aus dem Untergrund aufzutauchen, den Sezessionsbeschluß vom 18. Dezember, wenn es denn einer war, zu vollziehen und die »Nationale Weißrussische Republik« auszurufen. Es war ein Staat von Gnaden der deutschen Besatzungsmacht (die sich denn auch kräftig in seine inneren Verhältnisse einmischte) und der später mit ihr auch wieder verschwinden sollte.[120] Obwohl sie sich Nationale Weißrussische Republik nannte, stand hinter ihr keine geschlossene Nation, die willens und in der Lage gewesen wäre, der Roten Armee Sowjetrußlands Paroli zu bieten.

d) Bessarabien

Behält man die litauischen, weißrussischen und ukrainischen Entwicklungen in Erinnerung, so wird hinter dem bessarabischen Geschehen rasch das gleiche Grundmuster sichtbar. Die größte Bevölkerungsgruppe bildeten hier die (rumänisch-sprachigen) Moldavier; nach den Daten der großen Volkszählung machten sie um die Jahrhundertwende knapp die Hälfte (47 %) der bessarabischen Einwohnerschaft aus. Dabei lebten die Moldavier – insofern den Litauern, Weißrussen und Ukrainern vergleichbar – ganz überwiegend auf dem Lande (die Moldavier zu 95 %). In den Städten spielten sie dagegen eine untergeordnete Rolle, nummerisch, sozial und politisch. Die Hauptstadt (Kišinëv) war dafür das beste Beispiel. Nach der Einwohnerstatistik rangierten die Moldavier hier (mit rd. 17 %) an dritter Stelle, hinter den Juden (mit rd. 46 %) und den Russen (mit 27 %). 77 % des Kišinëver Adels waren russisch, 72 % der ortsansässigen Kaufmannschaft jüdisch, während die Vergleichszahlen für die Moldavier 5,8 % bzw. 1,7 % betrugen.[121]

Wie in Litauen, Weißrußland und der Ukraine war auch in Bessarabien die (hier: moldauische) Nationalbewegung das Betätigungsfeld einer schmalen Schicht von Intellektuellen geblieben; bis in den Weltkrieg hinein hatte sie kaum politische Resonanz, geschweige denn einen Massenanhang

---

[120] Für die weitere Entwicklung Pipes, Formation of the Soviet Union, S. 150 ff.
[121] Datenangaben nach Bauer / Kappeler / Roth, Volkszählung von 1897, Bd. 2, S. 44, 218, 238, 443, 479; Kappeler, Vielvölkerreich, S. 327.

gefunden. Das hinderte sie nicht, nach der Februarrevolution eine »Moldavische Nationalpartei« zu gründen, die einen im nahen Odessa bestehenden Zirkel »Moldavischer Fortschrittler« in sich aufsog und im April in Kišinëv mit einem Programm an die Öffentlichkeit trat, das die bekannten Frühjahrsforderungen enthielt: Autonomie für Bessarabien in einem föderativen russischen [rußländischen] Staatsverband, moldauische Schulen und spezielle moldauische Armee-Einheiten. Im Laufe des Frühsommers kam die Forderung nach einer Landreform hinzu. Die im Sommer gegründete Moldavische Sozialrevolutionäre Partei stellte sie in den Mittelpunkt ihrer Agitation, forderte die Enteignung der Großgrundbesitzer und die Umverteilung ihrer Latifundien. Und in den Herbst hinein, als die Bauern bereits zur »Selbsthilfe« übergingen, schien dieses Thema alle anderen politischen Probleme in den Hintergrund zu drängen.[122]

Bereits im Frühjahr hatte sich auch ein 1. Bessarabischer Bauernkongreß dafür stark gemacht. Doch das eigentlich treibende Element waren weniger die Bauern selbst, als die »Bauern in Uniform«, die Soldaten. Als bewaffnete Macht in der frontnahen Region waren sie stets und überall präsent und griffen von Anfang an auch in die politische Entwicklung des Landes ein. So waren moldavische Soldaten bereits an der Gründung der Nationalpartei beteiligt. Moldavische Soldaten und Offiziere hielten in der zweiten Hälfte des April in Odessa einen 1. großen Armeekongreß ab (in der sie sich unter anderem auch für die Agrarreform einsetzten), und es war auch einer der am Armeekongreß Beteiligten (Anton Crihan), selbst Student und Offizier, der mit anderen im Sommer 1917 die Partei der Moldavischen Sozialrevolutionäre gründete.

Doch die Bemühungen der moldavischen Armeeangehörigen waren nur Teil einer viel umfassenderen Soldatenbewegung, und die moldavische Bevölkerungsgruppe nicht die einzige, die auf der politischen Szene Bessarabiens agierte. So hatte die Soldatenbewegung nach der Februarrevolution auch am südwestlichen Frontabschnitt rasch zur Bildung einer Vielzahl von Komitees und Sowjets geführt, deren höchstes Gremium das »Zentrale Sowjetexekutivkomitee der Rumänischen Front, der Schwarzmeerflotte und des Odessaer Gebietes« (Rumčerod) bildete. Hier gaben die sozialisti-

---

[122] Zur Entwicklung Bessarabiens und seiner Nationalbewegung Vgl. A. Babel, La Bessarabie, S. 189 ff.; A.I. Boldur, La Bessarabie et les relations russo-roumaines. La question bessarabienne et le droit international, Paris 1927 (ND München 1973); M. Bruchis, Rossija, Rumynija i Bessabija (1812 – 1918 – 1924 – 1940), Jerusalem 1979; G.F. Jewsbury, Russian Relations with Bessarabia, in: MERSH Bd. 4, S. 84 ff.; S.Ja. Aftenjuk / S.K. Bryjakin / S.P. Trapeznikov u.a. (Hgg.), Istorija Moldavskoj SSR, 2 Bde., 2. Aufl. Kišinëv 1965 / 1968, hier Bd. 2, S. 7 ff.; jetzt besonders den Überblick W.P. van Meurs, The Bessarabian Question in Communist Historiography. Nationalist and Communist Politics and History-Writing, New York 1994, insb. S. 52 ff

schen Parteien den Ton an, die Sozialdemokraten, der jüdische Bund und die Sozialrevolutionäre, wobei die Bolschewiki als eigene Gruppe zunächst kaum in Erscheinung traten. Was die zivilen Stellen anbetraf, so hatten schon am erwähnten 1. Bauernkongreß auch andere Nationalitäten teilgenommen, sich im übrigen mit Erfolg dagegen gewehrt, daß ein Moldavier zum Vorsitzenden gewählt wurde und die Moldavier rumänisch sprachen, und neben den Bauern und Soldaten hatten sich im Sommer 1917 auch eine Reihe anderer Gruppen und Berufe organisiert und Anspruch auf politische Mitsprache angemeldet.[123]

Alle Initiativen mündeten irgendwie in die Forderung nach Schaffung einer eigenen bessarabischen Vertretungskörperschaft, eines Parlaments, der benachbarten ukrainischen Rada vergleichbar, was sowohl als weiterer Schritt in Richtung Autonomie als auch hin zur beschleunigten Lösung der Agrarfrage gedacht werden konnte; insofern waren nationale und sozio-ökonomische Forderungen nur schwer auseinanderzudividieren. Selbst wenn der eigentliche Anstoß vom Zentralkomitee der moldavischen Soldaten und Offiziere ausgegangen sein sollte, die Provisorische Regierung, Rumčerod und die Ukrainische Rada waren nicht dagegen, und ein Großteil der politischen Öffentlichkeit trug sie offenkundig mit. Dabei entschied man sich, angesichts der Situation im Innern (einer sich auflösenden Front, einer umsichgreifenden Welle von Chaos und Gewalt und einer ländlichen Bevölkerung, die weder lesen noch schreiben konnte) keine allgemeinen Wahlen abzuhalten, sondern die Sitze unter Berücksichtigung der sozialen Gruppen, der Minoritäten, der Berufsorganisationen und Gewerkschaften zu verteilen.[124]

Die Entscheidung für die Einrichtung eines bessarabischen Parlaments fiel in der zweiten Oktoberhälfte, und am 21. November 1917 kam der »Landesrat« (Sfatul Tarii) zu seiner ersten Sitzung zusammen. Zwei Wochen später (am 2. Dezember) erweiterte er seine Machtbefugnisse und verkündete die Bildung einer »Moldavischen Volksrepublik«. Die Regierung übernahm ein »Rat der Generaldirektoren«, den Vorsitz darin Pantelimon Erhan, der auch den Vorsitz des bessarabischen Bauernsowjets innehatte. Er gehörte der moldavischen Volksgruppe an, wie der Parlamentsvorsitzende (Ion Inculet) auch und etwa 70 % der Parlamentarier; selbst wenn man unterstellen darf, daß ihr Anteil seit der Volkszählung von 1897 gewachsen war und sie inzwischen mehr als die Hälfte der Gesamtbevölkerung ausmachte, war sie zweifellos überrepräsentiert.

Der Entschluß zur Staats- und Regierungsbildung war daraus freilich nicht unmittelbar abzuleiten. Er hatte mehrere Gründe: Ihm waren der

---

[123] Vgl. van Meurs, The Bessarabian Question, S. 55 ff.
[124] A.V. Boldur, 1918. Le Récit du témoin Alexandru V. Boldur (L' Union de la Bessarabie avec la Roumanie), Rom 1978.

bolschewistische Putsch in Petrograd, die Ausrufung der »Ukrainischen Volksrepublik« in Kiev, der Zusammenbruch der Rumänischen Front und die Vereinbarung eines Waffenstillstandes zwischen den Mittelmächten und Sowjetrußland in Brest-Litovsk vorausgegangen; das machte die Situation auch für Bessarabien in jeder Hinsicht unübersichtlich. Einerseits scheute Kišinëv noch den direkten Bruch mit Petrograd (auch der neue Staat, so wurde verkündet, sollte irgendwie Teil einer künftigen »Russischen Föderation« bleiben); andererseits gab es mit der Ausrufung der Ukrainischen Volksrepublik keinen direkten geographischen Zugang von Rußland aus mehr; und zum dritten wollte man, um nicht nur Objekt zu sein, an den sich anbahnenden Friedensverhandlungen beteiligt werden. Die Proklamation der Moldavischen Volksrepublik schien dazu die Voraussetzungen zu schaffen, ohne sich zu binden und zusätzliche Gräben aufzureißen.[125]

Doch die Bolschewisierung der Arbeiter- und Soldatenräte in der Region, vor allem des Stadtsowjets von Kišinëv und des Zentralen Sowjetexekutivkomitees der Rumänischen Front, der Schwarzmeerflotte und des Odessaer Gebietes (Rumčerod), stellte den Machtanspruch des bessarabischen Landesrates (Sfatul Tarii), wie zuvor schon der ukrainischen Rada, im Laufe des Dezember zunehmend in Frage. Das veranlaßte ihn, beim Kommandanten der Rumänienfront (Ščerbačev), der der neuen Petrograder Regierung den Gehorsam aufgekündigt hatte, und der rumänischen Regierung, die in Jassy residierte[126], um militärische Unterstützung nachzusuchen. Die bolschewistische Seite konterte mit dem Vorwurf, der Moldavische Block verkaufe Bessarabien an Rumänien und verhindere damit auch die versprochene Agrarreform. Das blieb nicht ohne Wirkung auf die moldavische Bauernschaft, die weder eine Vereinigung mit Rumänien wünschte, noch die ersehnte Agrarreform gefährdet sehen wollte; so weckte das Hilfsersuchen des Landesrates Ängste, ließ seine Klientel auf Distanz gehen, zu einem Zeitpunkt, da er aller Unterstützung bedurfte.[127]

Die Situation eskalierte im Laufe des Januar 1918, als die Bolschewiki den bessarabischen Landesrat mit Gewalt auflösten, die Mehrzahl der Mit-

---

[125] Vgl. dazu auch oben S. 474 f.

[126] Nach der Kriegserklärung Rumäniens an Österreich-Ungarn (am 27. August 1916) und seinem Angriff auf Siebenbürgen hatten die deutsch-österreichischen Streitkräfte in einem gewaltigen Gegenstoß die rumänische Armee zum Rückzug gezwungen und einen Großteil Rumäniens besetzt; Regierung und Restarmee zogen sich in die nördliche Moldau zurück, die unbesetzt geblieben war.

[127] S.Ja. Aftenjuk u.a., Revoljucionnoe dviženie v 1917 g. i stanovlenie Sovetskoj vlasti v Moldavii, Kišinëv 1964; I.G. Dykov, O nekotorych voprosach istorii ustanovlenija Sovetskoj vlasti v Moldavii, in: Voprosy istorii 1959 N° 7, S. 18 ff.; ders., Rumčerod i bor'ba za ustanovlenie Sovetskoj vlasti na Rumynskom fronte, in: Istoričeskie zapiski 57 (1956); N.D. Rojtman, Rumčerod, in: SIĖ Bd. 12, Sp. 256 ff.

glieder in den Untergrund ging und die »Unabhängigkeit« des Landes ausriefen. Doch tatsächlich wechselte man nur von einer Abhängigkeit in die
nächste: Die zu Hilfe gerufen rumänischen Truppen besetzten Kišinёv und
blieben in Bessarabien. Daran änderte sich auch nichts, als deutsche Truppen in der zweiten Februarhälfte die Offensive wieder aufnahmen und im
Vorfrieden von Buftea Anfang März Rumänien zur Abtretung der Süd-
dobrudscha, kleinerer Gebiete an seiner Westgrenze und zur Demobilisierung seiner Armee zwangen. Denn Bessarabien sollten es behalten dürfen,
so sagten sie ihm in einem geheimen Zusatzabkommen zu, wenn es umgekehrt deutschen und österreichischen Truppen ein Durchmarschrecht
einräumte. Diese Vereinbarung wurde im Bukarester Friedensvertrag vom
7. Mai 1918 bestätigt. Selbst wenn der Landesrat am 9. April 1918 formell
über die Vereinigung Bessarabiens mit Rumänien abstimmte, es waren andere, die sie bereits beschlossen hatten.[128]

---

[128] A.M. Lazarev, Moldavskaja sovetskaja gosudarstvennost' i bessarabskij vopros, Kišinёv
1974, S. 126 ff.

4. UNABHÄNGIGKEIT WIDER WILLEN? NATIONALBEWEGUNGEN UND KLASSENBEZIEHUNGEN IM TRANSKAUKASUS

Zwischen St. Petersburg und dem Kaukasus lagen zweieinhalbtausend Kilometer. So brauchte es – trotz der bestehenden Telegraphenverbindung – drei, vier Tage, bis sich, was Ende Februar 1917 in der Hauptstadt geschehen war, in Tiflis herumsprach, dem administrativen und geistigen Zentrum des Transkaukasus. Doch dann vollzog sich auch dort der Machtwechsel rasch und in eben jenen Bahnen, die Petrograd vorgegeben hatte. Demonstranten füllten die Straßen, Unbekannte verbrüderten sich, feierten gemeinsam den Sieg über das alte Regime, machten Jagd auf jene, die es repräsentiert hatten. Polizisten verschwanden aus dem Straßenbild, zaristische Dienststellen schlossen ihre Pforten, der Statthalter des Zaren in Tiflis, Großfürst Nikolaj Nikolaevič, trat zurück.[129] Seine Stelle nahm ein fünfköpfiges »Sonderkomitee für den Transkaukasus« (russ. Osobyj zakavkazskij komitet, abg. Ozakom) ein, das aus Dumaabgeordneten gebildet wurde und der Petrograder Regierung direkt unterstand. Doch ängstlich sich bei allen Fragen an das ferne Petrograd wendend, blieb sein Einfluß von Anfang an gering. Zum Antipoden und eigentlichen Machtzentrum wurde der Tifliser Arbeitersowjet, zu dessen Bildung das Regionalkomitee der Russischen Sozialdemokratischen Arbeiterpartei am 3. März 1917 aufgerufen hatte; er hielt am 4. März seine erste Sitzung ab und wählte ein Exekutivkomitee, das Bedeutung weit über Tiflis hinaus ge-

---

[129] Zur Entwicklung im Transkaukasusgebiet 1917 vgl. vor allem: R. Hovannisian, Armenia on the Road to Independence, 1918, Berkeley 1969; ders., The Republic of Armenia, Bd. 1, Berkeley / Los Angeles / London 1971; F. Kazemzadeh, The Struggle for Transcaucasia (1917 – 1921), New York / Oxford 1951; Pipes, Formation of the Soviet Union, bes. S. 98 ff.; Suny, The Baku Commune; ders., The Making of the Georgian Nation, London 1989, bes. S. 165 ff., 185 ff.; T. Swietochowski, Russian Azerbaijan, 1905 – 1920. The Shaping of National Identity in a Muslim Community, Cambridge / London / New York / New Rochelle / Melbourne / Sydney 1985, bes. S. 75 ff.; sowie die Beiträge T. Swietochowski, National Consciousness and Political Orientations in Azerbaijan, 1905 – 1920; Suny, Nationalism and Social Class in the Russian Revolution: The Cases of Baku and Tiflis; R.G. Hovannisian, Caucasian Armenia between Imperial and Soviet Rule. The Interlude of National Independence; alle im bereits genannten Sammelband Suny (Hg.), Transcaucasia. Nationalism and Social Change. Vgl. auch Karte 7 im Anhang.

Abb. 35: Tiflis war eindeutig das Zentrum Georgiens, im Laufe des 19. Jahrhunderts war die Einwohnerschaft von 20.000 (1801) auf 159.000 (1897) angewachsen. Die Bewohner des Umlands bezeichneten sie als »kalaki« (»die Stadt«), schließlich war der nächstgrößere Ort nur ein Zehntel so groß. Doch war Tilflis auch eine georgische Stadt? Zwar war der Anteil der Armenier an der Einwohnerschaft von 74 % (1801) auf weniger als die Hälfte (29,5 %) zurückgegangen; doch noch immer stellten sie die größte Bevölkerungsgruppe, gefolgt von den Russen, erst an dritter Stelle rangierten die Georgier, die etwa ein Viertel der Einwohnerschaft ausmachten. Armenier und Russen dominierten auch das städtische Leben. Doch die Stadt, ihre Straßen und Basare wurden ebenso von den vielen, vielen Volksgruppen geprägt, die neben den drei Genannten in Tiflis lebten: Tataren, Polen, Juden, Ukrainer, Deutsche, Perser, Griechen, Asyrer (die Statistik der Volkszählung führte über 40 weitere Sprachgruppen auf). Das ländliche Umland war dagegen zu 44,3 % georgisch, hier machten die Armenier nur 14,8 %, die Russen gar nur 7,5 % der Bevölkerung aus (dazu mit etwas divergierenden Zahlenangaben R.G. Suny, Tiflis. Crucible of Ethnic Politics, 1860-1905, in: Hamm (Hg.), The City in Late Imperial Russia, S. 255; Bauer / Kappeler / Roth, Volkszählung von 1897, Bd. 2, S. 406 f.). Das Bild zeigt die Ruinen der (auf die Perser zurückgehenden) Festung, Baumgruppen des angrenzenden botanischen Gartens und Teile des armenisch-persischen Viertels.

wann. Vorsitzender des Sowjet wurde der menschewistische Parteiführer Noj Žordanija (der später auch die Führung der regionalen Sowjetzentrale übernahm); der Sowjet zog im Laufe des Jahres in den geräumten Palast des Statthalters ein und ersetzte die Trikolore der Romanovs durch die Rote Fahne.[130]

Der Rat sah es als seine Aufgabe an, »sich in alle Bereiche des politischen und sozialen Lebens einzumischen, die Lokalstellen bei der Schaffung der neuen Ordnung zu unterstützen, die Aktivitäten ihrer Repräsentanten zu überwachen und im Interesse einer konsequenten Demokratisierung revolutionären Druck auf die Lokal- und Zentralinstanzen in jenen Fällen auszuüben, in denen es ihrer Tätigkeit an revolutionärem Geist zu fehlen oder sie den Interessen der Demokratie zuwider zu laufen« schien. Die Schlagworte der »Kontrolle« und »Demokratie« waren dabei durchaus restriktiv gemeint: Für die Mehrheit des Sowjet war die Revolution eine Sache des Proletariats *und* der Bourgeoisie, ihr Ziel die Durchsetzung einer demokratischen Ordnung; »für den Sozialismus« seien die Verhältnisse in Rußland wie im Transkaukasus »noch nicht reif«; deshalb könne der Sowjet auch nicht regieren, sondern nur kontrollieren.[131]

Diese Überzeugung war und blieb auch das politische Credo der transkaukasischen Sozialdemokraten, die nicht nur im Arbeitersowjet von Tiflis die Mehrheit stellten. Damit kam zugleich zum Ausdruck, daß im Transkaukasus eindeutig die menschewistische Richtung dominierte. Bolschewiki gab es hier im Frühjahr so gut wie keine; selbst wenn ihre Zahl in den Sommer hinein wuchs, eine eigenständige Organisation schufen sie sich erst Anfang September; und auch im Herbst bei den Wahlen zur Konstituante erreichten die Menschewiki im Transkaukasusgebiet – ein Unikum im ganzen Reich – noch sechseinhalbmal so viele Stimmen wie die Bolschewiki. So kam es, daß die überwiegende Mehrheit der transkaukasischen Sowjets der Provisorischen Regierung auch dann noch die Stange hielt, als ihr im übrigen Rußland ein Großteil der Sowjets die Unterstützung längst entzogen hatte.

Als die Bolschewiki die Provisorische Regierung Ende Oktober 1917 stürzten, übertrug sich die Loyalität auf die Allrussische Konstituante. So

---

[130] Im Ozakom waren zugleich die wichtigsten Nationalitäten (und deren Parteien) vertreten gewesen: Der Vorsitz wurde dem russischen Kadetten V.A. Charlamov übertragen, weitere Mitglieder waren der Georgische Menschewik A.I. Čchenkeli, Fürst Kita Abašidze (Georgischer Föderalist), der Armenier Papadjanian/Papadžanov (von seiner Parteizugehörigkeit Kadett oder Dašnak) sowie der Azerbajdžaner Jafarov/Džafarov, der den Musavisten nahestand; so – mit unterschiedlicher Schreibweise – Hovannisian, Armenia on the Road, S. 76; Osobyj zakavkazskij komitet, in: SIĖ Bd. 10, Sp. 649; geringfügig anders bei Kazemzadeh, Struggle for Transcaucasia, S. 34. Zum Sowjet vgl. Suny, Making of the Georgian Nation, S. 186 f.; auch Stichwort Noi Zhordania, in: Blackwell's Encyclopedia, S. 397 f.

[131] Zitiert bei Kazemzadeh, Struggle for Transcaucasia, S. 36; auch Pipes, Formation of the Soviet Union, S. 98 f.

verabschiedete die regionale Sowjetspitze der Arbeiter-, Soldaten- und Bauerndeputierten, die am Tag nach dem Umsturz zusammen mit den Exekutivkomitees der Menschewiki und der Sozialrevolutionäre tagte, eine Resolution, die die bolschewistische Machtergreifung verurteilte, aber eine friedliche Bereinigung der Situation empfahl, die Einheit der »revolutionären Demokratie« beschwor und darauf setzte, die Wahlen zur Konstituante würden ohnehin bald klare, neue Verhältnisse schaffen. Eine friedliche Beilegung des Konfliktes und baldige Wahlen zur Konstituante würden die Revolution stärken, die Einheit der demokratischen Kräfte wahren, Anarchie und Bürgerkrieg verhindern und das Land in die Lage versetzen, den Krieg gegen Deutschland an der Seite der Westalliierten fortzusetzen.[132]

Freilich, da die politische Führung in Tiflis die neue Petrograder Regierung, den bolschewistischen Rat der Volkskommissare, nicht anerkannte, sah sie die Beziehungen dorthin vorläufig ruhen und Transkaukasien vorerst auf sich allein gestellt. Am 11. November diskutierten Vertreter der regionalen Sowjetspitze, des Regionalsowjets der Kaukasischen Armee, des Exekutivkomitees des Tifliser Sowjets, der Tifliser Stadtduma, des Kaukasischen Komitees für öffentliche Sicherheit, des Ozakom, der politischen Parteien, der muslimischen Organisationen und der Gewerkschaften diese Situation; und obwohl sie den dauerhaften Bruch mit Rußland nicht wollten, ja die Zusammengehörigkeit ausdrücklich betonten, entschlossen sie sich, eine eigene Regierung zu bilden, die die Amtsgeschäfte bis zum Zusammentritt der Allrussischen Konstituante führen sollte: Sie hieß »Transkaukasisches Kommissariat« (Zakavkazskij komissariat) und bestand aus drei Georgiern, drei Azerbajdžanern, drei Armeniern sowie zwei Russen. Vorsitzender wurde der georgische Menschewik Evgenij Gegečkori, der zugleich das Außen- und das Arbeitsressort übernahm, und auch das Innenressort war mit einem georgischen Parteifreund besetzt (Akakij Čchenkeli).[133]

---

[132] Kazemzadeh, Struggle for Transcaucasia, S. 54 f.

[133] Nach außen hin mochte die Regierungsbildung wie eine Reaktion auf die bolschewistische Deklaration des Volkskommissariats für Nationalitätenwesen erscheinen, die am 2. (15.) November 1917 die Gleichheit und Souveränität der Völker Rußlands erklärte und neben der Abschaffung aller nationalen und religiösen Privilegien auch das Recht der freien Selbstbestimmung (einschließlich des Rechtes auf Abspaltung und Gründung eines separaten Staates) proklamierte; doch die »Regierungsbildung« in Tiflis nahm hierauf keinen Bezug, schon weil sie die Abspaltung gar nicht bezweckte und den bolschewistischen Rat der Volkskommissare gar nicht anerkannte; zur Deklaration vgl. Dekrety Sovetskoj vlasti, Bd. 1, S. 39 ff. Vgl. außerdem die Stichwörter: Transkaukasus Commissariat, in: MERSH Bd. 39, S. 169; Zakavkazskij komissariat, in: SIĖ Bd. 5, Sp. 599; Čchenkeli, in: SIĖ Bd. 16, Sp. 104; Gegechkori, in: MERSH Bd. 12, S. 96 f.; ferner Kazemzadeh, Struggle for Transcaucasia, S. 57 f.; Pipes, Formation of the Soviet Union, S. 102 f.

Wichtigste Aufgabe des Kommissariats sollte es sein, Ruhe und Ordnung aufrecht, die Anarchie von Transkaukasien fern zu halten. Die Gefahr
stieg von Tag zu Tag, da die Front gegenüber der Türkei nach dem Beginn
der Waffenstillstandsverhandlungen und der Verkündung des Bodende-
krets zu bröckeln begann; es waren vor allem russische Soldaten, die sich in
großen Scharen absetzten, keinen Sinn mehr darin sahen, an einem fernen
Kriegsschauplatz das Leben zu riskieren und befürchten zu müssen, bei der
Bodenneuverteilung zu spät zu kommen. Es waren die gleichen Bevölkerungsgruppen, bei denen die Bolschewiki in Transkaukasien ihren stärksten Rückhalt fanden, ihre Antikriegspropaganda die größte Resonanz erzielte, während Georgier und Armenier damit kaum zu gewinnen waren, ja
bei einem Zusammenbruch der russischen Türkeifront schlimmste Folgen
für das eigene Land befürchteten. So war das Bemühen des Kommissariats,
die zurückströmenden Soldaten zu entwaffnen, zugleich der Versuch, einer
bolschewistischen Machtergreifung im Transkaukasus vorzubeugen. Daß
im fernen Petrograd wie bei der bolschewistischen Führung vor Ort dieses
Ziel verfolgt wurde, ist unstrittig.

Tatsächlich war es den vom menschewistischen Sowjet eilends aufgestellten »Roten Garden« (die später in »Volksgarden« umbenannt wurden)
Anfang November gelungen, den bolschewistischen Soldaten die Verfügungsgewalt über das Arsenal in Tiflis zu entwinden und die Garnison zu
entwaffnen. Doch der 2. transkaukasische Soldatenkongreß zeigte in der
ersten Hälfte des Dezember, wie stark die probolschewistische Stimmung
in der Armee inzwischen angewachsen war. Hatten Menschewiki und
Sozialrevolutionäre seit dem März eine sichere Majorität in den Soldatensowjets und -komitees besessen, so übernahmen nun Bolschewiki
und Linke Sozialrevolutionäre die Führung und setzten eine ganze Reihe
von Resolutionen durch, die zwar einerseits die rasche Einberufung der
Konstituante forderten, zugleich aber auch dem Rat der Volkskommissare
ihre Sympathie ausdrückten. Ihre Gegner wußten das Gesicht nur dadurch
zu wahren, daß sie den Kongreß verließen und eine Gegenveranstaltung
einberiefen.[134]

Anfang Januar erwies sich die Hoffnung des Transkaukasischen
Kommissariats, nur eine Übergangszeit überbrücken zu müssen, mehr und
mehr als Illusion. Die Allrussische Konstituante, die klare Verhältnisse

---

[134] Auch auf dem (wenig später zusammengekommenen) 2. Regionalkongreß der Ar-
beitersowjets hatten sich die führenden Menschewiki harter Attacken von Seiten ihrer bolschewistischen Gegner zu erwehren, die die ungleiche Repräsentanz, die Benachteiligung
der Bakuer Arbeiterschaft beklagten (in der sie selbst den stärksten Rückhalt hatten), ohne
sich damit durchsetzen zu können; darauf verließen sie nun ihrerseits den Sowjetkongreß
der Arbeiterdeputierten; Kazemzadeh, Struggle for Transcaucasia, S. 61 ff.

schaffen und dem bolschewistischen Spuk ein Ende setzen sollte, wurde nach nur einer Sitzung am 6. Januar 1918 von den Bolschewiki aufgelöst. In Tiflis nahm man dies zum Anlaß, um auf der Basis der Wahlen zur All-russischen Nationalversammlung ein eigenes transkaukasisches Parlament ins Leben zu rufen: Die Stimmen, die jede Partei bei den Wahlen im Trans-kaukasus erhalten hatte, wurden auf die Zusammensetzung des Parlaments hochgerechnet und das für einen Abgeordnetensitz notwendige Stim-menquorum auf ein Drittel reduziert, womit sich die Zahl der Parla-mentsabgeordneten (im Vergleich mit der Zahl der transkaukasischen Ver-treter in der Konstituante) verdreifachte. Am 10. (23.) Februar 1918 hielt der »Transkaukasische Sejm« (Zakavkazskij sejm) seine erste Sitzung ab. In ihr wiederholte der Führer der transkaukasischen Sozialdemokratie, Noj Žordanija, noch einmal die seit Frühjahr hartnäckig vertretene Position, daß die Revolution eine »bürgerliche« sei und Transkaukasien sie am lieb-sten an der Seite der russischen Demokratie zu Ende gebracht hätte. Doch die mit Deutschland aufgenommenen Friedensverhandlungen hätten die letzten Bande zerschnitten. Nun müsse der Sejm die Aufgabe einer trans-kaukasischen Konstituante übernehmen, seinerseits Frieden mit der Türkei schließen und eine unabhängige Regierung bilden, die die Region vor einem Sieg der Reaktion bewahrte.[135]

In der Tat war die Lage des Landes nach Innen und nach Außen reich-lich kompliziert geworden, nicht nur wegen der anhaltenden Auseinander-setzung mit den Bolschewiki. Die Einsicht, daß der Krieg allein nicht wei-ter fortgesetzt werden konnte, hatte Anfang Dezember zur Vereinbarung eines Waffenstillstandes mit der Türkei geführt. Nun gab es für die Reste der Front kein Halten mehr. Das Kommissariat suchte die rückflutenden Soldatenmassen zu entwaffnen. Das ging nicht ohne blutige Auseinan-dersetzungen ab, für die sich beide Seiten wechselseitig verantwortlich machten. Der schlimmste Vorfall ereignete sich in der Nähe der Bahn-station Šamchor (150 km südöstlich von Tiflis), wo ein Zug – voll von rus-sischen Soldaten auf dem Rücktransport von der Front – von einer aufge-brachten Menge (nach anderen Schilderungen waren es azerbajdžanische Freischärler) angehalten, seine Insassen entwaffnet und dann gelyncht wurden; Hunderte kamen dabei ums Leben. Eilig versuchte das Kom-missariat eigene Verbände aufzustellen, die freilich kaum in der Lage wa-ren, selbst wenn sie es wollten, die Front gegen reguläre türkische Truppen zu halten; nach dem Nationalitätenprinzip zusammengestellt, sorgten sie außerdem für zusätzliche Spannungen im Verhältnis zur ortsansässige Be-

---

völkerung, was die türkische Seite veranlaßte, für die muslimische Seite (die Azerbajdžaner) Partei zu ergreifen.[136]

Beides schwächte die transkaukasische Position in den Friedensverhandlungen mit der Türkei. Als sich der Sejm am 1. März 1918 endlich selbst die Kompetenz bescheinigte, einen Friedensvertrag abschließen zu können, ohne damit schon die endgültige Lösung der Region von Rußland zu verbinden, tat er dies mit dem Ziel, die Wiederherstellung der Grenzen von 1914 und zusätzlich eine Autonomie der armenischen Bevölkerung innerhalb des türkischen Staates zu erreichen. Doch als sich seine Verhandlungsdelegation ein, zwei Tage später auf den Weg machen wollte, war alles bereits überholt. Die bolschewistische Regierung hatte der Türkei in Brest-Litovsk nicht nur die sofortige Räumung besetzter Gebiete Ostanatoliens zugesagt, sondern auch erhebliche Teile des russischen Transkaukasusgebietes (die Bezirke Batumi, Kars und Ardahan) überlassen. Die transkaukasische Delegation war zwar entschlossen, diese vertraglichen Vereinbarungen weder anzuerkennen, noch hinzunehmen, doch die Voraussetzungen für beides waren schlecht: Wie konnte sie einem Vertrag der amtierenden russischen Regierung seine Zustimmung verweigern, wenn die von den Delegierten vertretene Region sich bislang von Rußland nicht losgesagt hatte, ja sich der Sejm der Ausrufung der Unabhängigkeit noch Ende März »kategorisch und unwiderruflich« widersetzte? Und welche Bedeutung hatte schon die Ankündigung, die Vereinbarungen nicht hinzunehmen, wenn die eigenen Kräfte nicht ausreichten zu verhindern, daß die türkischen Truppen noch im Laufe des März/April vollendete Tatsachen schufen?

So proklamierte der Sejm am 22. April 1918 schließlich doch Transkaukasien zur unabhängigen, zur »Demokratischen Föderativen Republik«, und am 26. April wurde die 1. Transkaukasische Regierung gebildet, die diesen Namen auch führte (und nicht mehr nur »Kommissariat« hieß). In ihr übernahm der Delegationsleiter der Friedensgespräche (Čchenkeli) das Amt des Ministerpräsidenten und des Außenministers.[137] Schon zuvor hatte der Sejm auch die Gültigkeit des Brest-Litovsker Vertrages anerkennen müssen. Freilich gingen die türkischen Forderungen inzwischen weit dar-

---

[136] Kazemzadeh, Struggle for Transcaucasia, S. 83 f. Der Ort lag auf der Bahnlinie von Baku nach Tiflis, nordwestlich von Elizavetpol'. Eine andere Darstellung gibt Swietochowski (Russian Azerbaijan, S. 113); für ihn war die Aktion Teil des azerbajdžanischen Versuchs, von kriegsmüden russischen Soldaten Waffen für die Ausrüstung eigener nationaler Verbände zu erhalten.

[137] Ministerliste bei Kazemzadeh, Struggle for Transcaucasia, S. 107 f.; Pipes, Formation of the Soviet Union, S. 106 f. Zur Feststellung, daß die »Transkaukasische Föderative Republik« weder das ganze transkaukasische Gebiet umfaßte, noch föderative noch staatlich-republikanische Strukturen entwickelte, vgl. Pipes, Formation of the Soviet Union, S. 103.

überhinaus, und über der Frage, wie ihnen am besten begegnet werden sollte, zerbrach die Föderation bereits einen Monat später.[138] Ende Mai erklärten sich Georgien, Armenien und Azerbajdžan, untereinander tief zerstritten, ja verfeindet, zu unabhängigen Staaten – ein Zustand, den 1920/21
die Bolschewiki nutzten, um das Transkaukasusgebiet mit Sowjetrußland
erneut zu vereinen.

Die Schwierigkeiten der drei Völker, an denen ihre Union bereits
einen Monat nach der Gründung im Frühjahr 1918 wieder zerbrach, waren
bereits im Revolutionsjahr immer deutlicher hervorgetreten; erneut
deckten sich dabei soziale und nationale Bruchlinien auf vielfache Weise.
Die Spannungen, die sie hervorriefen, reichten, wie sich denken läßt
(und teilweise auch bereits ausgeführt wurde), weit in die Kriegs- und
Vorkriegszeit zurück, und auch die Einverleibung in die Sowjetunion
machte sie nicht völlig vergessen, wie die Entwicklungen Ende der 80er
Jahre zeigten.

a) Georgien

Georgien machte, wie es ein Beobachter ausgedrückt hat, drei Revolutionen auf einmal durch. Im Mittelpunkt der ersten stand die »georgische Nation«, wobei das Ringen um sie seit dem Ende des 19. Jahrhunderts weniger
mit Waffen, als mit geistigen und politischen Mitteln ausgetragen wurde.
Die zweite, »liberale Revolution« richtete sich »gegen die zaristische Unterdrückung«, kämpfte »für die Freiheit der Rede und Presse, die Würde
und die Rechte des Individuums«. Die dritte war eine »sozialistische Revolution des kleinen, konzentrierten Proletariats der Eisenbahnbetriebe
und wenigen Industrieunternehmen«. Der georgische Sozialismus war von
allen dreien geprägt. Er ging »stillschweigend« davon aus, daß die sozialistische Revolution in Rußland das nationale Problem schon lösen, Georgi-
en »das Recht einer autonomen nationalen Entwicklung« zuerkennen werde. In der Hitze einer Debatte mochte man als »Sozialist« gegen den
»Nationalismus« wettern, doch war man selbst von nationalen Aspirationen nicht frei und erwartete im Grunde seines Herzens vom Sozialismus
auch deren Durchsetzung. Dabei schätzte man die liberalen Werte, anders
als die Bolschewiki, nicht zu gering ein, und selbst wenn man den »Klassenkampf« stets auf den Lippen führte, war nicht sicher, ob man ihn wirklich wichtiger nahm als die beiden anderen Momente.[139]

---

[138] Kazemzadeh, Struggle for Transcaucasia, S. 109 ff.
[139] Vgl. Kazemzadeh, Struggle for Transcaucasia, S. 14 f.; daran anschließend auch Suny, Nationalism and Social Class, S. 239 f.

Das Verhalten der georgischen Menschewiki 1917 bestätigte diesen Befund: Wenn ihr Führer Noj Žordanija der eigenen Partei wie ihren Anhängern immer wieder einschärfte, alles komme auf die »Einheit« der revolutionären Kräfte, »des werktätigen Volkes, der revolutionären Armee und der progressiven Bourgeoisie« an, so war ihm bewußt, daß das »werktätige Volk« Georgiens noch immer vor allem aus Kleinbauern bestand. Zwar hatte die Entwicklung marktwirtschaftlicher Verhältnisse, der Eisenbahnbau quer durch das Transkaukasusgebiet und der Aufbau kleinerer Unternehmen in Tiflis und Batumi eine georgische »Arbeiterschaft« mitentstehen lassen; doch sie blieb relativ klein und noch immer eng an das Dorf gebunden. Die alte adelige Oberschicht hatte Schwierigkeiten, sich auf neue Verhältnisse einzustellen, sich jedenfalls nicht zur modernen Verwaltungs- und Wirtschaftselite weiterentwickelt, und die politische Führung eine schmale Schicht von Intellektuellen, Lehrern und Freiberuflern, teilweise sogar selbst adeliger Herkunft, übernommen.[140]

Jedenfalls fehlte der georgischen Gesellschaft noch immer ein breites Bürgertum, und wenn die georgischen Menschewiki von einer »progressiven Bourgeoisie« sprachen, mit der – notgedrungen – die Einheit gesucht werden müsse, war allen bewußt, daß es sich dabei in seiner überwiegenden Mehrzahl um Armenier handelte. So schwang hinter der Klage über die »Unreife« des Landes auch eine Klage über das fehlende »eigene« Bürgertum mit, und man darf wohl vermuten, daß der Partei, wenn sie als marxistische Arbeitervertreterin sprach, die Klassenkampfparolen umso leichter von den Lippen gingen, als der »Klassenfeind« nicht der eigenen Nation angehörte. Das machte angewiesen auf die nationen- und klassenübergreifende Zusammenarbeit und unzufrieden mit ihr zugleich, aus Gründen der Klassen- wie der nationalen Solidarität.

Die besondere Situation, die Transkaukasien zum Frontgebiet machte und Hunderttausende russischer Soldaten ins Land brachte, zwang aber auch, mit *ihnen* ein Auskommen zu suchen. Dabei war die Reaktion der georgischen Menschewiki (wie der georgischen Öffentlichkeit insgesamt) auf den Kriegsausbruch zunächst eher zwiespältig, kritisch gewesen. So lehnte die Mehrheit der georgischen Sozialdemokraten – obwohl es unter ihnen auch prominente »Defensisten« gab – den Krieg schon aus »prinzipiellen Gründen« ab und folgte dem Vorbild ihrer Dumavertreter, die sich geweigert hatten, Rekrutierungs- und Mobilisierungsmaßnahmen mitzutragen. Sorgen machten aber auch die in der Oberschicht weit verbreiteten Sympathien für Deutschland; sie wurden verstärkt durch den Umstand, daß es in Westgeorgien Volksgruppen (wie die Adžaren und Lazen) gab, die – ob-

---

[140] Suny, Making of the Georgian Nation, S. 186 ff.; ders., Revenge of the Past, S. 61 ff.

wohl sie georgisch sprachen – Muslime waren und als turkophil galten. Die Bedenken waren, so zeigte sich rasch, nicht unbegründet: Separatistische Gruppen sahen den Kriegsausbruch als Chance, traten insgeheim in Kontakt mit deutschen Stellen, gründeten ein »Georgisches Unabhängigkeitskomitee« und stellten eine »Georgische Legion« auf, die sich an die Seite der türkischen Verbände stellte; umgekehrt sicherte die Osmanische Regierung zu, einen künftigen unabhängigen georgischen Staat anzuerkennen; und die Lazen und Adžaren hießen die im Herbst unter Enver Pascha ins Gouvernement Batumi einrückenden türkischen Truppen willkommen und riefen zum Aufstand gegen die russische Herrschaft auf.[141]

Dennoch scheinen die Kriegsereignisse – der Einmarsch der türkischen Verbände in Transkaukasien Anfang November 1914, ihre allmähliche Zurückdrängung im darauffolgenden Winter und der Einmarsch russischer Truppen in Ostanatolien seit dem Frühjahr 1915 – die Grundeinstellung verändert zu haben. Sie festigten offenbar in weiten Teilen der georgischen Bevölkerung (und erst recht bei den Armeniern, wovon noch die Rede sein wird) die Überzeugung, daß sie von einer türkischen Besetzung des Landes nichts Gutes zu erwarten hätten. Das ließ sie noch an den Sinn und die Notwendigkeit der Fortsetzung des Krieges glauben, als ein Großteil der Soldaten, vor allem wenn sie aus dem russischen Landesinneren stammten, seiner längst überdrüssig geworden war. Das war wohl auch mit ein Grund, warum die georgische Führung so lange an der Zugehörigkeit zu Rußland festhielt.[142]

Erst als die Front nicht mehr zu halten war, die russischen Soldaten in Scharen nach Hause strömten, und das Sistieren auf der Zugehörigkeit zu Rußland die Friedensverhandlungen mit der Türkei erschwerte, in eine Sackgasse geführt hatte, entschloß man sich (Ende April 1918), diese Position aufzugeben und das Transkaukasusgebiet für unabhängig zu erklären. Und um möglichst viel von den national-georgischen Belangen aus der transkaukasischen Konkursmasse zu retten, war man wenig später (im Mai 1918) bereit, die eben gegründete Transkaukasische Föderative Republik wieder zu verlassen, Autonomieüberlegungen aus der Vorkriegszeit aufzugreifen, sich der deutschen Sympathien zu erinnern und die Unabhängigkeit Georgiens auszurufen. Die Hoffnung dabei war, sich mit der Unterstützung des deutschen Kaiserreiches den türkischen Expansions-

---

[141] Dazu auch W. Bihl, Die Kaukasuspolitik der Mittelmächte, Wien 1975, S. 74 ff.; Swietochowski, Russian Azerbaijan, S. 77 f. Adžaren und Lazen büßten im Frühjahr 1915 schwer für dieses Verhalten: Die Strafaktion General Ljachovs im Čorochatal sollen von 52.000 Bewohnern nur 7.000 überlebt haben; D.M. Lang, A Modern History of Soviet Georgia, New York 1962, S. 185.

[142] Kazemzadeh, Struggle for Transcaucasia, S. 11 ff., 36 ff., 58 ff.

bestrebungen aussichtsreicher entgegenstellen zu können – während im Innern die georgischen Bauern nun nicht länger still hielten, der große Umverteilungskrieg ausbrach, bewaffnete Bauernbanden, von Bolschewiki organisiert, durchs Land zogen, die Regierung mit Waffengewalt Ruhe und Ordnung wiederherzustellen und einen gerechten, tragfähigen Ausgleich der Interessen, zwischen Bauern und Grundbesitzern, zu finden versuchte.[143]

b) Armenien

Auch die Armenier wollten die Separation von Rußland nicht und eine Aufgliederung der Region in Einzelstaaten noch viel weniger. Sie hatten in Rußland immer stärker ihre eigentliche Schutzmacht gesehen und konnten bei einer Aufteilung des Transkaukasusgebietes, zu diesem Zeitpunkt und unter den gegebenen Bedingungen, nur verlieren: Wenn Tiflis an Georgien und Baku an Azerbajdžan fiel, dann büßten die Armenier zugleich ihre wichtigsten städtischen Zentren ein. In beiden Großstädten, der transkaukasischen Metropole Tiflis und dem pulsierenden neuen Industriezentrum Baku, war ein erheblicher Teil der wirtschaftlichen Führungsgruppen armenisch. Der armenische Siedlungsschwerpunkt im hochgebirgigen Süden, auf den kargen Böden um Ėrivan' bot dafür keinerlei Ersatz, und Ėrivan' selbst war im Vergleich mit Tiflis und Baku ein eher verschlafenes, orientalisches Städtchen mit (1897) nicht einmal 30.000 Einwohnern, am Ende des Weltkrieges noch dazu schier hoffnungslos überfüllt mit armenischen Flüchtlingen aus Ostanatolien.[144]

Dabei hatte die armenische Führung in den Weltkrieg selbst zunächst große Erwartungen gesetzt. Sie hoffte, er werde – mit russischer Hilfe – den Landsleuten im Osmanischen Reich die politische und wirtschaftliche Freiheit bringen. Sie sollten sich künftig selbst verwalten, ihre eigenen Legislativ- und Administrativorgane wählen dürfen, und ein autonomes Gebiet innerhalb eines föderativen Osmanischen Reiches bilden. So stand es in den Artikeln 1 bis 3 des 1907 beschlossenen Minimalprogramms der Dašnakenbewegung, und eine ähnliche Neuordnung sollte, nach Artikel 5 des gleichen Programms, auch das Russische Reich erfahren, Transkaukasien zu einer autonomen Region mit eigenem Parlament in einer Russischen Föderativen Republik werden. Hand in Hand damit hatte, nach den dašnakischen Vorstellungen, eine Abschaffung überkommener Klas-

---

[143] Fischer, Griff nach der Weltmacht, S. 490 ff.; Kazemzadeh, Struggle for Transcaucasia, S. 118 ff.; Suny, Making of the Georgian Nation, S. 192 f.

[144] Zusammenfassend dazu Hovannisian, Caucasian Armenia, S. 259 ff.

senprivilegien und eine Verwirklichung bürgerlicher Freiheitsrechte, eine
Säkularisierung der Schulen und die Unterrichtung in der Muttersprache,
die Abschaffung der Kaderarmeen und die Aufstellung einer Volksmiliz zu
gehen. Sie sollten ergänzt werden durch gewisse Wirtschaftsreformen, wobei für die Partei dabei die Nationalisierung des Landes und die Einführung des 8-Stundentages an erster Stelle standen. Doch die Reihenfolge
zeigte zugleich, was für die Bewegung Priorität besaß: So rangierte die
Neuordnung der armenischen Verhältnisse in der Türkei vor jener Rußlands und die nationalen und liberalen Forderungen vor den sozialistischen
Wirtschaftsreformen.[145]

Im gleichen Sinne wandte sich das Oberhaupt der armenischen Kirche
bei Kriegsausbruch an den Statthalter in Tiflis, Graf I.Voroncov-Daškov,
mit der Bitte, die Gunst der Stunde für eine Lösung der armenischen Frage zu nutzen.[146] Sie sollte darin bestehen, die armenisch besiedelten Verwaltungsbezirke (vilâyets) Anatoliens in einer eigenen Provinz zusammenzufassen und einem christlichen Generalgouverneur zu unterstellen, der
von Rußland auszuwählen und von der Pforte unabhängig war. Zwar hielt
Voroncov-Daškov die Zeit für einen Angriff, wie ihn der Katholikos ein-
forderte, noch nicht reif (schließlich sollte die Türkei als der Aggressor erscheinen), und auch ein Brief des Katholikos an den Zaren erhielt zunächst
nur eine hinhaltende Antwort. Doch die russische Regierung war offenkundig bereit, insgeheim die Aktivitäten der Dašnakenbewegung mit nicht
unbeträchtlichen Geldmitteln (über 200.000 Rubel) zu unterstützen. Ihr
Ziel war die Bewaffnung der türkischen Armenier und die Vorbereitung eines Aufstandes gegen die türkische Herrschaft. Die so Umworbenen sahen
das zurecht mit sehr gemischten Gefühlen, lieferte doch die dašnakische
Untergrundarbeit Stoff und Vorwand für eine Verstärkung bestehender
Ressentiments und eine blindwütige anti-armenische Agitation. Sie führten
im Frühjahr 1915 zu »ethnischen Säuberungen«, Massendeportationen und
schließlich einem furchtbaren Massaker an der armenischen Bevölkerung
in Ostanatolien, das vermutlich einer Million das Leben kostete und Hunderttausende zur Flucht über die russische Grenze trieb.[147]

---

[145] Kazemzadeh, Struggle for Transcaucasia, S. 9 f.

[146] Dabei hatte Voroncov-Daškov durch die Rückgabe der Kirchengüter nicht unwesentlich
zur Entspannung zwischen armenischer Kirche und russischen Dienststellen beigetragen,
was ihm den Ruf der Armenophilie einbrachte und die Dašnakenbewegung mit bewog, sich
ganz auf das türkische Problem zu konzentrieren; vgl. H. Heilbronner, Vorontsov-Dashkov,
Illarion Ivanovich, in: MERSH Bd. 43, S. 63 ff.; für die Beurteilung der Vorkriegssituation
die Lageberichte an den Zaren: Pis'ma I.I.Voroncova-Daškova Nikolaju Romanovu (bearb.
von S. Semennikov), in: Krasnyj archiv Bd. 26 (1928), S. 97 ff.

[147] Dazu vor allem: C.J. Walker, Armenia. The Survival of a Nation, New York 1980, S. 197 ff.;
sowie Hovannisian, Road to Independence, S. 30 ff.; Kazemzadeh, Struggle for Transcaucasia, S. 24 ff.; Suny, Revenge of the Past, S. 73 f.

Diese Vorfälle und der durch sie ausgelöste Massenzustrom von türkischen Armeniern nach Transkaukasien verschärften noch das – ohnehin schwer belastete – Verhältnis der Armenier zu ihren azerbajdžanischen Nachbarn, zumal die nachfolgende Eroberung von Teilen Anatoliens durch russische Truppen dem Emigrantenproblem nur wenig von seiner Brisanz nahm. Die eben erst Geflohenen, noch tief verängstigt, zeigten wenig Neigung zurückzukehren, und der russischen Politik, die sich offenkundig alle Hände für Verhandlungen mit den Partnern wie den Kriegsgegnern freihalten wollte, war das nur recht. Für die Armenier freilich blieb ein Sieg Rußlands im Bunde mit den Westalliierten mehr denn je die einzige Hoffnung. Hatten sie schon seit Kriegsbeginn, um dazu beizutragen, Freiwilligenverbände aufgestellt, so verstärkten sie diese Bemühungen noch, als die russische Front, geschwächt durch Ausfälle und Desertion kriegsmüder Soldaten, immer brüchiger zu werden begann.

Zwar begrüßten auch die Armenier den Sturz der Autokratie im Februar 1917, doch die Furcht war groß, daß die Revolution die Kriegsanstrengungen beeinträchtigen könne. So warnte ein dašnakischer Parteikongreß schon im April ausdrücklich vor Konflikten zwischen Sowjet und Provisorischer Regierung, und während die Sowjetparteien den neuen Außenminister verdächtigten, an den alten expansionistischen Kriegszielen festzuhalten, und zum Rücktritt zwangen, hielt ein armenischer Delegierter auf dem 7. Parteitag der Kadetten dagegen, im Kaukasus sei der »sogenannte russische Imperialismus« eine durchaus »positive Kraft«: Er habe »Recht und Ordnung geschaffen«, den Völkern, »die unter dem muslimischen Joch stöhnten«, die »Sicherheit zu leben« gebracht; ja lange Jahre habe Armenien sehnsüchtig darauf gewartet, daß der »russische Imperialismus ein Machtwort in Türkisch-Armenien spreche« und »die Armenier aus dem türkischen Joch herausführe«. Die Zusage der Unterstützung, die Aufforderung für den gemeinsamen Sieg alle nur möglichen Anstrengungen zu unternehmen, kehrten in den Resolutionen armenischer Parteien und Organisationen mit großer Regelmäßigkeit wieder, wie unterschiedlich auch sonst ihre politische Ausrichtung sein mochte.[148]

Auch wenn armenische Einheiten im Innern für die Wiederherstellung von Ruhe und Ordnung eintraten, marodierende Soldaten und bewaffnete Banden bekämpften, diente dies – zunächst – diesem Zweck. Das schloß freilich nicht aus, daß nebenher auch andere Rechnungen mitbeglichen wurden und es gegen Ende des Jahres und im Frühjahr 1918 immer schwieriger wurde zu entscheiden, wer die Ordnung und wer den Aufruhr ver-

---

[148] Dimanštejn, Revoljucija i nacional'nyj vopros, Bd. 3, S. 401 (nach Reč' vom 11./24. Mai 1917); Auszug bei Kazemzadeh, Struggle for Transcaucasia, S. 44.

trat. So war es auch Ende März/Anfang April 1918, als sich immer mehr bewaffnete Verbände in und um Baku sammelten, muslimische Banden den
Eisenbahnverkehr in die und von der Stadt lahmlegten, ein Schiff mit Soldaten der muslimischen Wilden Division am Hafen anlegte und der bolschewistisch geführte Stadtsowjet ihre Entwaffnung befahl. Obwohl
die dašnakischen Verbände zunächst ihre Neutralität verkündet und damit
die muslimische Seite ermuntert hatten, die Machtprobe zu suchen, eilten
sie den Sowjettruppen zu Hilfe und betrieben die Säuberung der azerbajdžanischen Stadtviertel so gründlich, daß der bolschewistische Sowjetvorsitzende (Šaumjan) die Zahl der Toten auf annähernd 3.000 bezifferte,
darunter auch viele Frauen und Zivilisten. Tausende Azerbajdžaner flohen
in Panik aus der Stadt, der Muslimische Nationalrat und andere Organisationen wurden aufgelöst, ihre Führer suchten in Gandža[149] und Tiflis Zu-
flucht. Sie sollten im September 1918, nach Baku zurückgekehrt, blutige
Rache nehmen; ihr fielen erneut Tausende zum Opfer, diesmal Armenier.[150]
Armenische Repräsentanten hatten seit Frühjahr 1917 immer wieder davor gewarnt, die nationale Frage aufzuwerfen. Gebot der Stunde sei es, Sowjet, Ozakom und (später) Zakavkom in ihren Bemühungen zu unterstützen, die Region einvernehmlich zu verwalten, das System der lokalen
Selbstverwaltung, der Stadtdumen und der zemstva, auf ein neues, demokratisches Fundament zu stellen und neben Ruhe und Ordnung möglichst
auch die liberalen, politischen Grundrechte zu garantieren. Sie unterstützten die Provisorische Regierung in ihren Anstrengungen, den Krieg fortzusetzen, verweigerten der im Herbst neu gebildeten bolschewistischen
Regierung die Anerkennung und gingen auch auf ihr Angebot nicht ein,
das den Nationalitäten alle Rechte, einschließlich der Sezession, zuer-
kannte. Die nationalen Fragen stellten sich trotzdem, zu einem Zeitpunkt,
da die armenische Position kaum schwächer denkbar war: Ein Großteil der
in den türkischen Grenzregionen siedelnden Armenier war umgebracht
oder geflohen; die bolschewistische Regierung sagte der Türkei in Brest-
Litovsk nicht nur die Räumung der vormals armenisch besiedelten Gebiete von russischen Truppen zu, sondern auch den Anschluß der angrenzenden transkaukasischen Bezirke Kars, Ardahan und Batumi; unter Aus-
nutzung der gegnerischen Schwäche besetzten türkische Truppen (im Mai
1918) auch den Südwesten des Tifliser Gouvernements und das Araxestal
im Gouvernement Ėrivan'; das nahm nun Georgien seinerseits zum Anlaß,

---

[149] Die Stadt hieß vor 1918 Elizavetpol'; 1918 kehrte sie zum Namen Gandža zurück, wie sie
  bereits vor 1804 geheißen hatte; 1935 wurde sie zu Ehren Sergej M. Kirovs in Kirovabad um-
  getauft. Mittlerweile heißt sie wieder Gandža.
[150] Über die »Märztage« in Baku vgl. Kazemzadeh, Struggle for Transcaucasia, S. 69 ff.; Suny,
  The Baku Commune, S. 214 ff.; Swietochowski, Russian Azerbaijan, S. 112 ff.

um die Transkaukasische Föderation zu verlassen, seine Unabhängigkeit zu erklären und das eigene Territorium in seinen historischen Grenzen deutschem Schutz zu unterstellen; und die muslimische Führung Transkaukasiens zog nach, nachdem ihr die türkische Seite Unterstützung und militärischen Beistand beim Sturm auf das von einer russisch-armenischen Koalition gehaltene Baku zugesagt hatte.[151]

So blieb auch dem Armenischen Nationalrat in Tiflis nichts anderes übrig, als im Namen einer unabhängigen Republik Armenien einen Friedensvertrag zu unterschreiben, in dem sie alle Ansprüche auf die armenischen Provinzen in der Türkei aufgab, auf Kars und Ardahan in Russisch-Armenien verzichtete, die türkische Okkupation des Araxestals hinnahm (einschließlich der Eisenbahnlinie von Kars über Aleksandropol' nach Julfa) und der türkischen Armee Transitrechte einräumte. Das verbleibende Armenien war nur 12.000 km² groß, bestand vor allem aus Hochgebirge, war überfüllt mit Flüchtlingen, besaß weder eine leistungsfähige Landwirtschaft, noch eine gewerbliche Infrastruktur und war umringt von feindlichen Kräften. Zehntausende überlebten – als Folge von Hunger und Seuchen – das erste Jahr der Unabhängigkeit nicht, bevor die Niederlage der Mittelmächte und so auch der Türkei eine gewisse Wende zum Besseren brachte.[152]

c) Azerbajdžan

In Azerbajdžan – wenn es erneut erlaubt ist, einen Begriff zu verwenden, dem in der Zeit selbst zwar politische Vorstellungen, aber keine klar definierten Grenzen zuzuordnen waren – in Russisch-Azerbajdžan lagen die Dinge von Anfang an etwas anders. Zwar fehlte es auch hier, als der Krieg ausbrach, nicht an Ergebenheitsadressen und Solidaritätsbekundungen gegenüber der Petrograder Regierung. Doch die Muslime Transkaukasiens unterlagen – im Unterschied zu ihren christlichen Nachbarn – nicht der Gestellungspflicht; wer trotzdem in der Russischen Armee diente (und das galt auch für die muslimischen Glaubensbrüder im übrigen Rußland, von denen an der mittleren Wolga einmal abgesehen), tat es auf freiwilliger Basis. Die bekannteste muslimische Einheit war die »Wilde Division«, und ihr Kavallerie-Eliteregiment bestand fast zur Gänze aus Freiwilligen, die aus

---

[151] Hovannisian, Road to Independence, S. 101 ff.; Kazemzadeh, Struggle for Transcaucasia, S. 54 ff.
[152] Hovannisian, Republik of Armenia, Bd. 1, S. 126 ff.; ders., Road to Independence, S. 194 ff.; ders., The Allies and Armenia, 1915-18, in: Journal of Contemporary History 3 (1969), S. 145 ff.

Dagestan oder Azerbajdžan kamen.[153] Dennoch: für einen Großteil der azerbajdžanischen Bevölkerung war der Krieg von vorneherein nicht ihr Krieg.

Für zusätzliche Distanz sorgte, daß sich kaum drei Monate nach Kriegsbeginn die Türkei der deutsch-österreichischen Koalition anschloß und alle Muslime zum »Heiligen Krieg« aufrief. Zwar hatte sie insgeheim auch mit Georgiern und selbst Armeniern Kontakt aufgenommen und sie für die eigene Sache zu gewinnen versucht (was in ersterem Fall nur geringe und im zweiten noch viel weniger Wirkung zeigte).[154] Doch das Werben um Azerbajdžan hatte von vorneherein eine ganz andere Basis und Bedeutung. Es appellierte an die Gemeinsamkeiten der Religion und an die Azerbajdžaner als die nächsten Verwandten der Osmanischen Türken; dahinter stand die vage Vision einer Wiedererrichtung des »Turanischen Reiches«, mythische Heimat aller Türken und Wiege ihrer Geschichte. Seit der Jungtürkischen Revolution (die 1908 das autokratische Regime Abd Al Hamids in Istanbul stürzte und 1913 mit Enver Pascha endgültig an die Macht kam) hatten solche Ideen einen neuen Aufschwung genommen und auch unter azerbajdžanischen Intellektuellen, daheim und im Istanbuler Exil, eine nicht zu unterschätzende Resonanz gefunden.[155]

Selbst wenn die Vertreter der azerbajdžanischen Führung dann doch vorsichtige Distanz wahrten, der Kriegsverlauf 1915 ihnen vorerst recht zu geben schien, die Beruhigung der Lage in Transkaukasien auch der Bakuer Ölindustrie zugute kam und die Ablösung Voroncov-Daškovs als Statthalter (im Herbst 1915) aus Sicht der Azerbajdžaner für ein besseres politisches Klima sorgte – die Option, die Fronten zu wechseln, schien fortzubestehen und die Furcht, daß die Azerbajdžaner es sich anders überlegen könnten, ebenso.

Daran änderte auch die Februarrevolution wenig. Sie gab die Freiheit zur politischen Betätigung und ließ – unter dem Dach des Muslimischen Nationalrates der öffentlichen Organisationen – eine Vielfalt von politischen Organisationen entstehen, die das breite Spektrum der azerbajdžanischen Interessen und Wunschvorstellungen widerspiegelten: Es reichte

---

[153] Breiter bekannt wurde sie vor allem durch ihre Beteiligung am Kornilov-Putsch. Zum Aufbau und ihrer Geschichte vgl. Stichwort: Kavkazskaja tuzemnaja konnaja divizija (Dikaja divizija) in: P.A. Golub / Ju.I. Korablev / M.I. Kuznecov / Ju.Ju. Figatner (Hgg.), Velikaja Oktjabr'skaja socialističeskaja revoljucija. Ėnciklopedija, 3. Aufl. Moskau 1987, S. 210 f.

[154] Hovannisian, Republic of Armenia, Bd. 1, S. 41; Kazemzadeh, Struggle for Transcaucasia, S. 25 f.; Swietochowski, Russian Azerbaijan, S. 76 f.

[155] G. Jaschke, Der Turanismus der Jungtürken. Zur osmanischen Außenpolitik im Weltkriege, in: Welt des Islam, 23 (1941), S. 1 ff.; ders., Der Weg zur russisch-türkischen Freundschaft, in: Die Welt des Islams 16 (1934), S. 23 ff.; J. Lewin, Die panturanische Idee, in: Preußische Jahrbücher Bd. 231 (1933), S. 58 ff., insb. 62 ff.; Swietochowski, Russian Azerbaijan, S. 70 f.

von der wiederbegründeten marxistischen Partei »Streben« (Himmät), die sich vor allem der muslimischen Ölarbeiter annahm, bis hin zu pan-islamischen und pan-türkischen Gruppen. Dabei gab es auch regionale Unterschiede. In Baku fand – abgesehen von den gesamtstaatlichen, rußländischen Parteien – den größten Zulauf die »Gerechtigkeitsbewegung« (Musavat), die in ihrem Programm die »Intensivierung aller Formen des politischen Kampfes für muslimischen Fortschritt und die Entwicklung ihres kommerziellen, industriellen und ökonomischen Lebens« forderte und zugleich für die »Einheit aller muslimischen Völker unabhängig von ihrer Nationalität und religiösen Ausrichtung« eintrat. Ihr Reformprogramm zielte auf azerbajdžanische Mittelschichten, die Intelligencija, Studenten, Kaufleute und Unternehmer, aber auch auf das Proletariat, und distanzierte sich von einem bloßen Festhalten an der Tradition, wie es konservativ-religiöse Kreise wollten. In der Elizavetpol'/Gandža-Region, mit seiner ländlichen und kleinstädtischen Bevölkerung, kamen dagegen vor allem die »Föderalisten« an, sogar bei den örtlichen Großgrundbesitzern. Die Föderalisten forderten vor allem administrative Reformen, die Umwandlung des russischen Staates in eine Föderation autonomer Einheiten.[156]

Beide Gruppierungen näherten sich im Laufe des Frühjahrs immer mehr an, schlossen sich im Mai unter der gemeinsamen Bezeichnung »Türkische Partei der Föderalisten – Musavat« zusammen, beschrieben ihre Organisation als »demokratisch«, ihr Ziel mit der »Verteidigung der ökonomischen und Klasseninteressen der Massen sowie der national-kulturellen Aspirationen der türkischen und anderen muslimischen Völkern in Rußland« und fusionierten auch formal im Juni, wobei sich die Kurzbezeichnung »Musavat« durchsetzte. Ihre Deklaration entwarf die Grundzüge für eine Verwaltungsneugliederung der türkisch besiedelten Regionen, hob zugleich hervor, daß sie »Teile eines unteilbaren Rußlands« bleiben sollten, und rührte möglichst wenig an dem für beide Seiten haarigsten Problem: der Agrarfrage. Das verhinderte nicht, ja schuf wohl eher erst die Voraussetzungen, daß Musavat zur größten politischen Bewegung in den azerbajdžanisch besiedelten Regionen Transkaukasiens wurde, in Baku ebenso wie in den eher ländlichen Gebieten im Landesinneren. Was ihre Forderung nach territorialer Autonomie betraf, so lag sie eher auf der Ebene eines säkularen Nationalismus als eines kulturellen Islamismus; sie vertrat damit eine Position, die den Unterschieden zwischen den muslimischen Völkern Rechnung trug und so auch von den meisten Delegierten auf dem

---

[156] Übersicht über die Gruppen und gegebenenfalls ihre Vorläufer bei Kazemzadeh, Struggle for Transcaucasia, S. 19 ff., 46 ff.; Swietochowski, Russian Azerbaijan, S. 75 f.

Allrussischen [Allrußländischen] Muslimischen Kongreß im Frühjahr 1917 in Moskau vertreten worden war.[157]

Dieses Autonomiekonzept entwickelte Musavat in den Sommer und Herbst hinein weiter. So wurde auf dem 1. Parteitag der vereinigten Musavat-Bewegung (Ende Oktober in Baku) ein Parteiprogramm verabschiedet, das schon in seinem ersten Artikel die Neuordnung Rußlands als »Föderation von Republiken, basierend auf dem Prinzip der national-territorialen Autonomie« forderte. Dabei sollte die Föderation strikt auf gesamtstaatliche Belange (wie Verteidigung, Außenpolitik, Währung, Eisenbahn- und Postverwaltung) beschränkt bleiben und der Zentralregierung eine Deputiertenversammlung der autonomen Einzelrepubliken an die Seite gestellt werden; Legislative, Regionalverwaltung, Justiz und Bildungswesen fielen künftig in die alleinige Kompetenz jeder einzelnen Republik und ihrer Wahlkörperschaften, die auch ihre eigene Exekutive bestellten. Dabei war die territoriale Autonomie vor allem für Nationalitäten gedacht, die kompakt siedelten (als solche muslimische Regionen nannte das Programm neben Azerbajdžan, Turkestan, Kirgizien und Baškirien), während andere Nationalitäten (wie die eher verstreut siedelnden Krim- und Wolgatataren) eine national-kulturelle Autonomie erhalten sollten.[158]

Mit der Ausformulierung dieses Konzepts ging auch eine deutliche Kritik an der Nationalitätenpolitik der Provisorischen Regierung einher, die nur Polen und Finnland vergleichbare Rechte einräumen wollte, alle übrigen Völker aber auf die gesamtstaatliche, Allrussische Konstituierende Versammlung vertröstete und sich auch gegen die Bildung von nationalen Armee-Einheiten sträubte. Doch nicht nur in dieser Frage wuchsen die Differenzen zwischen Musavat und der amtierenden Staatsführung. Auch was die Fortsetzung des Krieges betraf, mehrten sich – seit dem Mißerfolg der Offensive im Frühsommer – die kritischen Stimmen. Sie verbanden sich in der Parteipresse mit der Verdächtigung, die Regierung könne sich noch immer nicht von ihren annexionistischen Kriegszielen »im Geiste Miljukovs« lösen, und wenn dabei »die Dardanellen« explizit genannt wurden, waren die pro-osmanischen Untertöne kaum zu überhören.[159]

Mit der lauten Kritik an der Provisorischen Regierung und ihrer Fortsetzung des Krieges näherte sich Musavat bolschewistischen Positionen, und

---

[157] Dazu Dokumente bei Dimanštejn, Revoljucija i nacional'nyj vopros, Bd. 3, S. 287 ff.; zur Autonomiediskussion 1917 siehe A. Bennigsen / Ch. Lemercier-Quelquejay, Islam in the Soviet Union, New York 1967, S. 65 ff.; Swietochowski, Russian Azerbaijan, S. 89 ff.; S. Zenkovsky, Pan-Turkism and Islam in Russia, Cambridge 1960, S. 142 ff.

[158] Swietochowski, Russian Azerbaijan, S. 99 f.

[159] Swietochowski, Russian Azerbaijan, S. 96.

auch in der Nationalitätenpolitik glaubte die azerbajdžanische Partei mit
den Bolschewiki auf einer Linie zu liegen, versprachen sie doch Selbstbestimmung einschließlich des Rechtes auf Sezession.[160] So war ihre Reaktion
auf den bolschewistischen Putsch im Grunde keine Überraschung mehr:
Während Menschewiki, Dašnaken und Rechte Sozialrevolutionäre in Baku
die Bildung eines antibolschewistischen »Komitees der öffentlichen Sicherheit« in Angriff nahmen und aus dem Bakuer Sowjet, der sich hinter
die Forderung »Alle Macht den Räten« stellte, auszogen, verweigerte Musavat die Mitarbeit im Komitee; seine Vertreter fanden den Versuch, die
Bolschewiki zu isolieren, im Interesse der Einheit der »revolutionären
Demokratie« unpassend, den Auszug aus dem Sowjet unklug und forderten statt dessen seine Neuwahl.[161]

Es ist keine Frage, daß sie sich durch die Deklaration des Rates der
Volkskommissare vom 2. (15.) November und seinen Aufruf vom 20. November (3. Dezember) 1917 bestätigt fühlen mußten. Die Deklaration zu
den »Rechten der Völker Rußlands« erklärte, wie bereits ausgeführt, die
Gleichheit und Souveränität aller Nationalitäten und das Recht der Selbstbestimmung (einschließlich der Bildung eigener Staaten) zur Grundlage
der künftigen Nationalitätenpolitik; und der Aufruf »An die Muslime
Rußlands und des Orients« geiselte die bisherige »Unterdrückung« und
»kapitalistische Ausplünderung« der muslimischen Völker, erklärte die
»Geheimverträge des gestürzten Zaren über die Eroberung von Kon-
stantinopel« für »null und nichtig« und warb mit der Zusage einer künftig
»ungehinderten Entfaltung« des religiösen, kulturellen und nationalen Lebens und einer »Unantastbarkeit« der entsprechenden muslimischen Einrichtungen um Vertrauen und Unterstützung für die neue Regierung.[162]
Was allerdings die vom Musavat geforderten Neuwahlen des Bakuer
Sowjet betraf, so wurden sie für die Partei zu einer herben Enttäuschung:
Aus ihr gingen die Bolschewiki (mit 51 Sitzen) als stärkste Partei hervor,
und die Musavat-Bewegung fiel (mit 21 Sitzen) noch hinter die Dašnaken
(41), Linken Sozialrevolutionäre (38) und Rechten SRy (23) zurück.[163]

---

[160] Selbst wenn die Resolution, die eine bolschewistische Regionalversammlung Anfang Oktober 1917 zum Kaukasusproblem verabschiedete, erheblich unbestimmter und in ihrer Haltung zur Sezession mehrdeutig blieb, widersprach sie nicht grundsätzlich den musava-
tistischen Vorstellungen; zu Bolschewiki und Musavat vgl. Kazemzadeh, Struggle for
Transcaucasia, S. 66 ff.; Swietochowski, Russian Azerbaijan, S. 94 ff.

[161] Begründung der ausziehenden Menschewiki, Rechten Sozialrevolutionäre und Dašnaken im
Wortlaut bei Suny, Baku Commune, S. 161 f. (Anm.); von den 468 Deputierten, die auf der
Sitzung am 2. November anwesend waren, blieben offenkundig 344; Resolution des Musa-
vat vom 7. November ebenso wie die genaueren Zahlenangaben ebda., S. 163 f., 166.

[162] Vgl. Dekrety Sovetskoj vlasti, Bd. 1, S. 39 ff., 113 ff.

[163] Allerdings muß hinzugefügt werden, daß die Angaben über die Sitzverteilung recht weit
auseinandergehen; die oben genannten Angaben sind die Zahlen der Sowjethistorie. Das Or-

Wenn man nicht wie die Musavatführung an der Rechtmäßigkeit des Ergebnisses zweifelt, muß man annehmen, daß ein erheblicher Teil der potentiellen Musavatwähler lieber gleich Bolschewiki und Linke SRy wählten – schon weil sie sich viel eindeutiger zur strittigen Agrarfrage äußerten als der auf innerazerbajdžanischen Ausgleich bedachte Musavat.[164]

Doch der Sowjet repräsentierte nicht ganz Baku (schließlich war die »Bourgeoisie« zu den Wahlen nicht zugelassen)[165] und Baku nicht ganz Transkaukasien. Einen genaueren Einblick in die Stimmungslagen lieferten hier wie dort Ende November die Wahlen zur Allrussischen Konstituante. Dabei gewannen die Bolschewiki in Baku nur etwa 22.000 (von 111.000) Stimmen, in ganz Transkaukasien knapp 96.000 (von rd. 2,5 Millionen). Das ergab einen Stimmenanteil in Baku von 20 %, in der Region insgesamt von weniger als 4 %. Die meisten Stimmen (rd. 662.000) hatten landesweit die Menschewiki auf sich vereinigen können, gefolgt von Musavat (rd. 616.000) und den Dašnaken (rd. 558.000). Dabei zeigte sich erneut, daß Musavat nicht vergleichbar monopolistisch die azerbajdžanischen Stimmen bündeln konnte wie die Menschewiki die georgischen und die Dašnaken die armenischen Stimmen. Wenn rd. 230.000 Stimmen für andere muslimische Gruppen mit eindeutig bäuerlicher Ausrichtung (den Muslimischen Sozialistischen Block und Ittihad) abgegeben wurden, so lag das sicher daran, daß man bei Musavat definitive Absichtserklärungen zur – von weiten Teilen der Bauernschaft – erhofften Landreform, der Aufteilung der großen Güter, vermißte. Freiheit und Demokratie, Einheit der Muslime und national-territoriale Autonomie war für sie nicht alles, was sie sich von der Revolution erhofft hatten.[166]

---

gan der Bakuer SRy ›Znamja truda‹ sah dagegen die eigene Partei weit vorne und gab ihr 85 Sitze. Die hatte sie nach den hier genannten Zahlen selbst dann nicht, wenn man Rechte und Linke SRy zusammenzählt. Von den SRy abgesehen ist die Reihenfolge der Parteien bei beiden Angaben etwa gleich, gingen die Bolschewiki vor den Dašnaken als Sieger hervor, und der Musavat folgte relativ weit abgeschlagen; vgl. Suny, Baku Commune, S. 191 (mit Wiedergabe beider Zahlenreihen); Swietochowski, Russian Azerbaijan, S. 104 (mit den »sowjetischen« Zahlen).

[164] So hatten die Föderalisten durchgesetzt, daß statt der Forderung nach vollständiger Enteignung der großen Güter, wie sie die Bakuer Musavat-Führung erhob, eine Formel ins Programm aufgenommen wurde, die »die Lösung der Agrarfrage in Übereinstimmung mit den jeweils in den autonomen Einheiten vorherrschenden Bedingungen« in Aussicht stellte; vgl. Swietochowski, Russian Azerbaijan, S. 99 f.

[165] So waren die Bolschewiki bereits in der Stadtduma von Baku, die allerdings ihrerseits nur den engeren Stadtkern repräsentierte, eine Minderheit; bei den Wahlen Ende Oktober gaben von rd. 72.800 Wählern 11.200 für die Bolschewiki ihre Stimme ab, was 15,4 % entsprach. Ansonsten hatten sich vor allem Parteienverbünde zur Wahl gestellt; dabei erreichten die Muslimischen Nationalparteien 18.400 Stimmen (25,3 %), der Sozialistische Block (aus Menschewiki und SRy) 17.500 (24,1 %) und die Armenischen Nationalparteien 13.100 (20,2 %); vgl. Suny, Baku Commune, S. 160.

[166] Zahlen im einzelnen wiedergegeben und ausgiebig kommentiert bei Suny, Baku Commune, S. 175 ff.

Auch die Auflösung der Konstituante veranlaßte die Musavat-Partei noch nicht, grundsätzlich mit den Bolschewiki zu brechen. Doch die Reibungspunkte mehrten sich. Zu ersten ernsthaften Schwierigkeiten war es bereits im Dezember gekommen, als eine antibolschewistische Rebellion in Dagestan Baku von der Getreideversorgung abschnitt. Während eine muslimische Regionalkonferenz den Dagestanischen Bergvölkern und Glaubensbrüdern ihre Sympathien ausdrückte, schickte der Bakuer Sowjet bewaffnete Verbände, und in der Stadt selbst übertrug sich der Haß nicht-muslimischer Bevölkerungsgruppen von den Dagestanis auf die ortsansässigen Muslime, beschlagnahmten Soldaten Lebensmittelvorräte in muslimischen Geschäften und Privathaushalten, wogegen die bolschewistische Sowjetführung nicht einschritt. Auch in der Frage des transkaukasischen Parlaments gingen Musavat und Bolschewiki im Februar 1918 getrennte Wege. Während die Bolschewiki die Schaffung des Sejm als Loslösung von Sowjetrußland interpretierten, sahen Musavat-Vertreter, wie immer sie sonst zu den Bolschewiki stehen mochten, darin ein Mittel zur Verwirklichung der angestrebten national-territorialen Autonomie. Den eigentlichen Knackpunkt aber lieferte die Bildung bewaffneter azerbajdžanischer Verbände und ihr Konflikt mit dem Bakuer Sowjet in jenen »Märztagen«, von denen im vorausgegangenen Abschnitt bereits die Rede war. Für die azerbajdžanische Führung waren sie zugleich der letzte Anstoß, nicht mehr nur die Autonomie, sondern die Separation anzustreben, und zur Durchsetzung ihrer nationalen Erwartungen nicht mehr auf Rußland, die Revolution oder die Bolschewiki, sondern die Türkei zu setzen.[167]

Der staatliche Verfall Rußlands, die Auflösung seiner Armee, das Wiedererstarken des Osmanischen Reiches an der Seite seiner Bündnispartner, sein Triumph bei den Verhandlungen in Brest-Litovsk, die Aussicht, mit seiner Hilfe auch die bolschewistische Herrschaft in Baku zu beenden – das waren Gründe genug, die Seiten zu wechseln, selbst wenn man nicht sicher sein konnte, ob man im Endeffekt wirklich die national-territoriale Autonomie erreichte oder nur ungewollt den Anschluß Russisch-Azerbajdžans an das Ottomanische Reich provozierte. Was freilich nach langen Kämpfen herauskam, war noch einmal etwas anderes: Die Besetzung Azerbajdžans durch die Rote Armee und die Einverleibung des Landes in eine »Transkaukasische Föderative Sowjetrepublik«, der auch Georgien und Armenien angehörten und die 1922/23 Teil der neugegründeten Sowjetunion wurde.

---

[167] Zu den »Märztagen« und ihrer Vorgeschichte, die hier stark verkürzt wiedergegeben wird, vgl. nicht ganz übereinstimmend Suny, Baku Commune, S. 179 ff., 214 ff.; Swietochowski, Russian Azerbaijan, S. 103 f., 112 ff.

5. DER ISLAMISCHE SÜDOSTEN
UND OSTEN

Mitte März 1917 beschlossen die Mitglieder der Muslimischen Fraktion in der Duma die Einrichtung eines Provisorischen Muslimischen Zentralbüros in Petrograd, dem die Mitglieder der Dumafraktion, ihrer Geschäftsstelle sowie kooptierte muslimische Delegierte von Organisationen draußen im Lande angehören sollten. Das neue Zentralbüro wurde beauftragt, möglichst rasch einen Allrussischen Kongreß der Muslime einzuberufen, an dem alle muslimischen Völkerschaften entsprechend ihrer Größe teilnahmen und zu dem auch die wichtigsten muslimischen Organisationen (Kultur- und Bildungseinrichtungen, Genossenschaften und Kleinkreditanstalten, Studentenverbünde und dergl. mehr) ihre Delegierten entsandten; explizit waren auch Vertreter muslimischer Soldaten, aus der Petrograder Garnison sowie von den verschiedenen muslimischen Einheiten (dem Krimregiment, der kaukasischen Division, des Osetischen und des Turkmenischen Regiments) einzuladen, sowie muslimische Frauen, sowohl als Einzelpersönlichkeiten wie als Vertreter von muslimischen Frauenorganisationen.

Der Kongreß sollte die großen Fragen der Politik diskutieren: die künftige Staats- und Regierungsform; die Kolonisationspolitik; die Agrarfrage; das Arbeiterproblem; die Organisation der bewaffneten Macht; und die Haltung zum Krieg. Dazu kamen, für die Delegierten wohl nicht weniger wichtig, die Fragen religiösen und national-kulturellen Charakters: der geistlichen Einrichtungen, des Erziehungswesens, der Gerichtsorganisation, des Rechtes auf die eigene Sprache und der national-kulturellen Selbstbestimmung.[168] Das Programm deutete es bereits an: Der Kongreß sollte die unterschiedlichen islamischen Gruppen und Lager, Richtungen und Flügel zusammenbringen, irgendwie zeigen, daß sich Islam und Sozialismus, Pan-Turkismus und Marxismus keineswegs ausschließen mußten. Doch saßen die geistlichen Extremisten, konservativen Rechten, Liberalen und linken Intellektu-

---

[168] Dimanštejn, Revoljucija i nacional'nyj vopros, Bd. 3, S. 292 f.; auch Browder / Kerensky, Provisional Government, Bd. 1, S. 408 f.; Bennigsen / Lemercier-Quelquejay, Islam in the Soviet Union, S. 78 ff.; Pipes, Formation of the Soviet Union, S. 76 f. Vgl. dazu auch die Karten 7 und 8 im Anhang.

ellen erst zusammen, zeigte sich, wie tief die Gräben waren, die sie trennten.

So kamen am 1. Mai 1917 etwa 1.000 Delegierte zum 1. Allrussischen Kongreß der Muslime in Moskau zusammen, darunter etwa 200 Frauen. Es war bezeichnend für den Kongreß, daß er schon am ersten Tage wegen ihrer Teilnahme zu scheitern drohte. Die Szenen lautstarken Protests wiederholten sich, wenn in den folgenden Tagen Fragen der Emanzipation und Gleichberechtigung der muslimischen Frau (bei Fragen des Erb- und Eherechts, der Verschleierung und des Verbotes der Bigamie) angesprochen wurden. Der Konflikt war unvermeidlich; in der Regel wußte sich hier wie in anderen Fragen die eher westlich eingestellte »weltliche«, »linke« Intelligenz gegen die konservative, meist von muslimischen Geistlichen getragene Opposition zu behaupten und eine Reihe richtungsweisender Entschließungen durchzusetzen, wobei die Programme der gesamtstaatlichen sozialistischen Parteien die Marschrichtung angaben.

Als für die Interessen der muslimischen Völker geeignetste Staatsform sah der Kongreß eine demokratische föderative Republik auf nationalterritorialer Basis an. Dabei hatten sich, wie bereits erwähnt, azerbajdžanische Delegierte (unterstützt von Baškiren und Krimtataren) gegen jene durchgesetzt, die – wie die Wolgatataren – stärker assimiliert und ohne eigenes, geschlossenes Siedlungsgebiet, die administrative Struktur Rußlands erhalten und nur national-kulturelle Autonomie fordern wollten.[169] Zur Wahrung der gemeinsamen geistlichen und kulturellen Belange der muslimischen Völker Rußlands und zur Koordinierung ihrer Aktivitäten sollte darüber hinaus ein zentrales muslimisches Legislativorgan ins Leben gerufen werden, dessen Bestellung und Kompetenzen im einzelnen von einer 1. Konstituierenden Versammlung mit muslimischen Vertretern aus allen autonomen Regionen zu regeln war. Gleichsam als Vorgriff hierauf wurde die Einrichtung eines Zentralen Muslimischen Nationalrates (Schura) beschlossen, der – in Moskau lokalisiert – zugleich eine Vertretung in Petrograd haben und Gesetzentwürfe für die Allrussische Konstituierende Versammlung vorbereiten sollte; als dessen Vorsitzender wurde Achmed Calikov (von der Volkszugehörigkeit Osete[170] und von der politischen Ausrichtung Menschewik) benannt.

---

[169] Die Entscheidung fiel mit 446 zu 271 Stimmen für die föderalistische Lösung. Dabei sollten national-kulturelle Autonomie jene Völker genießen, die über kein separates Territorium verfügten; vgl. hierfür wie für das Folgende Dimanštejn, Revoljucija i nacional'nyj vopros, Bd. 3, S. 294 ff.; Auszug bei Browder / Kerensky, Provisional Government, Bd. 1, S. 409 f.; Rorlich, Volga Tatars, S. 125 ff.; Pipes, Formation of the Soviet Union, S. 77 f.

[170] Eingedeutscht mitunter auch Ossete, weil das stimmlose russische s zwischen russischen Vokalbuchstaben im Deutschen nach der Dudentranskription mit doppeltem s wiedergegeben wird.

Hatte die Mobilisierung von muslimischer Bevölkerung für den Einsatz in der Etappe, wovon noch die Rede sein wird, seit 1916 zu erheblichen Friktionen geführt, so forderte der Muslimkongreß nun die Aufhebung der Gestellungspflicht; sollte nach Kriegsende die Organisation einer regulären Armee notwendig erscheinen, müßten separate muslimische Einheiten geschaffen werden. Was das Bildungswesen betraf, so verlangte man eine allgemeine, einheitliche, obligatorische, kostenlose Grundschule (ohne Trennung in einen weltlichen und kirchlichen Zweig), mit Unterricht in der jeweiligen Muttersprache, Türkisch als Pflichtfach auch in den Mittelschulen, als Unterrichtssprache in höheren Schulen, mit Durchlässigkeit in aufsteigender Linie zwischen den verschiedenen Schultypen und nach Möglichkeit Koedukation von Jungen und Mädchen. Selbst wenn muslimische Kinder russische Schulen besuchten, sollten sie kostenlosen Unterricht in Religion und in der Muttersprache erhalten, wenn sie mindestens zu dritt waren.

Auch die Bestellung der geistlichen Verwaltung nahmen die Muslime nun in die eigene Hand. Hatte es bisher keine einheitliche Organisation gegeben, so schuf der Kongreß nun eine provisorische »Geistliche Verwaltung«, die die Oberaufsicht in allen religiösen Angelegenheiten übernahm, und hatte bisher der Kaiser auf Vorschlag des Innenministers den Mufti von Orenburg als geistliches Haupt der Muslime Innerrußlands (der Wolga-Ural-Region, Sibiriens und der zentralrussischen Gouvernements) ernannt, so ernannte nun der Kongreß einen neuen Mufti, den auch die Delegierten Turkestans anzuerkennen versprachen.[171] Der Neue, Alimdžan Barudi, galt als progressiv, der dschadidistischen Bewegung und der Ittifak-Partei nahestehend. Einmal mehr bewies sich darin, daß nicht die konservative Geistlichkeit, sondern Reformkräfte auf dem Kongreß den Ton angaben, und sie ihre Ziele nicht in Konfrontation, sondern im Rahmen und Einvernehmen mit der neuen russischen Demokratie zu erreichen suchten. Freilich: sehr viel mehr als Resolutionen und einige neue Zentralorgane kam dabei nicht heraus, ein eigentlicher, einheitlicher administrativer Unterbau fehlte.

Am 21. Juli 1917 trat in Kazan' der 2. Allrussische Kongreß der Muslime zusammen, wobei parallel dazu auch ein Kongreß der Muslimischen Geistlichkeit und ein muslimischer Militärkongreß tagte. Der neue Kongreß sah sich vor allem als Vertretung der Muslime Innerrußlands und Sibiriens, setzte sich für deren »umfassende nationale und kulturelle Autonomie« ein und versprach, weitergehende Forderungen der Muslime aus Turkestan,

---

[171] Seit 1831 gab es für die muslimischen Volksgruppen zwei Verwaltungsbezirke mit je einem Mufti: neben Orenburg den Bezirk Taurien (zuständig für die Krim und Westrußland); die Muslime Zentralasiens (Turkestans) hatten kein eigenes geistliches Oberhaupt. Vgl. Amburger, Behördenorganisation Rußlands, S. 186 f.; Pipes, Formation of the Soviet Union, S. 77, 79.

Abb. 36:   Kazan', an der Mündung der Kazanka in die Wolga »auf mehreren Hü-
geln inmitten einer Ebene« gelegen, die im Frühjahr weithin von den beiden Flüssen überschwemmt werde, Sitz eines Erzbischofs, habe »57 griechisch-katholische
Kirchen, eine römisch-katholische und eine lutherische, außerdem 14 Moscheen; an
Bildungsanstalten eine Universität, eine Akademie für orientalische Sprachen, eine
geistliche Akademie«, so stellte der Baedeker des Jahres 1901 die Hauptstadt des
ehemaligen Chanats und jetzigen gleichnamigen Gouvernements vor. Ihr Handel
sei »sehr bedeutend«, ihre Fabrikation von Juchtenleder »berühmt«. Die Hauptkir-
che, die Kathedrale der Verkündigung Mariens, wurde unmittelbar nach der Ein-
nahme Kazan's errichtet, und an den »Sieg über die Tataren 1552« erinnerte auch ein
großes Denkmal aus der ersten Hälfte des 19. Jahrhunderts, wenige Kilometer westlich der Stadt (K. Baedeker, Rußland. Handbuch für Reisende. 5. Aufl. Leipzig 1901,
S. 310 ff.). Doch das Verhältnis zwischen Russen (73,4 %) und Tataren (22 %) in der
inzwischen mehr als 130.000 Einwohner zählenden Stadt galt als relativ problemlos,
die muslimische Minderheit, stark engagiert im verarbeitenden Gewerbe und im
Handel, als integriert (unser Bild zeigt Angehörige dieser Volksgruppe).

Kirgizien, vom Kaukasus und der Krim, was die künftige Staatsform betraf, zu unterstützen (sie waren dem Kazaner Kongreß ferngeblieben). Zugleich erweiterte er den Forderungskatalog für die Allrussische Konstituierende Versammlung, verlangte die entschädigungslose Übertragung des Landes der Krone, der Kirche, der Klöster und der privaten Gutsbesitzer an das »werktätige Volk«, den 8-Stundentag, die Einführung einer Arbeiterpflichtversicherung (auf Staatskosten) und die Übernahme jener Grundforderungen, wie sie die sozialistischen Parteien als »Minimalprogramm« für die Regelung der Arbeiterfrage entworfen hatten. Auf dieser Basis sollten sich die Muslime in der Konstituierenden Versammlung zu einer eigenen Fraktion, einem Demokratisch-sozialistischen Block zusammenschließen.[172]

Der Militärkongreß, dessen Zusammenkunft Kriegsminister Kerenskij nicht hatte verhindern können, beschloß, zur Organisierung einer muslimischen Armee einen Allrussischen Zentralen Muslimischen Militärrat mit Sitz in Kazan' einzurichten, der das höchste Organ aller muslimischen Militärpersonen darstellte, im Petrograder Zentralen Muslimischen Nationalrat eine Vertretung besaß und Delegierte in das militärische Hauptquartier (die Stavka) sowie als Kommissare an die Front schickte. Er forderte zugleich, daß muslimische Soldaten des Hinterlandes zusammengelegt und in Städten mit einer muslimischen Bevölkerung stationiert sein sollten und an der Front in Einheiten zusammengefaßt wurden, für die entsprechende Divisions- und Regimentskomitees existierten.

Unter Berufung auf die Entschließung des 1. Allrussischen Kongresses der Muslime beschlossen der 2. Allrussische Muslimkongreß, der Militärkongreß und der Kongreß der Muslimischen Geistlichkeit am 22. Juli 1917 in Kazan' überdies, die Einberufung einer Konstituierenden Muslimischen Versammlung unverzüglich in Angriff zu nehmen. Am 20. November 1917 trat diese Muslimische Nationalversammlung (Milli Medžilis) in Ufa zusammen und bestellte drei eigene Ministerien, für Religion, Erziehung und Finanzen, um mit der Umsetzung der geforderten national-kulturellen Selbstverwaltung für die Muslime Innerrußlands und Sibiriens zu beginnen.[173] Was die im Mai erhobenen weitergehenden Forderungen der territorialen Autonomie betraf, sollte die Allrussische Konstituierende Versammlung abgewartet werden. Erst nach langen Debatten und der Auflösung der Allrussischen Konstituante entschloß man sich, Anfang des

---

[172] Resolutionen in Dimanštejn, Revoljucija i nacional'nyj vopros, Bd. 3, S. 312 ff.; Auszüge bei Browder / Kerensky, Provisional Government, Bd. 1, S. 411 ff. Nach Bennigsen / Lemercier-Quelquejay, Islam in the Soviet Union, S. 78, war zumindest ein Teil dieser Forderungen bereits auf dem 1. Kongreß im Mai angesprochen worden.

[173] Sie setzte damit eigenmächtig um, was Calikov als Vorsitzender des Zentralen Muslimischen Nationalrates, der Schura, von der Provisorischen Regierung Ende September noch vergeblich gefordert hatte; vgl. Browder / Kerensky. Provisional Government, Bd. 1, S. 413 ff.

neuen Jahres einen autonomen tatarisch-baškirischen Staat (Idil-Ural-Staat) auszurufen.

Dieser Umstand deutet bereits an, daß es mit der Einheit und Entschlossenheit der Muslime nicht allzu weit her war und hinter der Ufaer Nationalversammlung wohl nurmehr eine aktive, aber schmale Gruppe von Wolgatataren stand. Die Glaubensbrüder auf der Krim und im Kaukasusgebiet, in den Steppen Mittelasiens und in Turkestan hatten ihre eigenen Probleme und gingen seit Sommer 1917 getrennte Wege. So fiel es den Bolschewiki relativ leicht, die im Revolutionsjahr entstandenen, »allrussischen« muslimischen Institutionen zu übergehen und schließlich auszuschalten. Nachdem man zunächst – vergebens – versucht hatte, deren Vorsitzenden Calikov dazu zu bringen, der Sowjetregierung beizutreten und den Vorsitz in einem neu einzurichtenden Volkskommissariat für muslimische Angelegenheiten zu übernehmen, wurde man bei Mulla-Nur Vachitov fündig, einem 32jährigen Wolgatataren, der Kazaner Abgeordneter auf der Konstituante gewesen war und im Frühjahr 1917 das »Kazaner Komitee« mitbegründet hatte, einen Zusammenschluß von »progressiven«, sozialistischen Muslimen, der rasch über die Ortsgrenzen hinaus Bedeutung erlangte.[174]

Selbst wenn das neue Amt, das auf Beschluß des Rates der Volkskommissare vom 17. Januar 1918 gebildete »Zentralkommissariat für Muslimische Angelegenheiten« kein vollwertiges Volkskommissariat war, sondern explizit der Aufsicht des Nationalitätenkommissariats unterstand[175], vermochte es relativ zügig muslimische Kommissariate und Büros (Gubmuskomy und Musbjuro) in Gouvernements und Städten mit islamischer Bevölkerung einzurichten. Ende April folgte die Bildung eines Zentralen Muslimischen Kollegiums im Volkskommissariat für die Armee und die Flotte; auch zu dessen Vorsitzenden bestellt, wurde die Aufstellung muslimischer Militäreinheiten Vachitovs nächste Aufgabe.[176] Schon im Frühjahr 1918 waren die Kazaner Schura geschlossen, ihre muslimischen Militäreinheiten aufgelöst, die in Ufa bestehenden Einrichtungen der Allrussischen

---

[174] Zu seiner Person Stichwort: Vachitov, Mulla-Nur, in: SIĖ Bd. 2, Sp. 1016; Vakhitov, Mulla-Nur, in: MERSH Bd. 41, S. 156; etwas ausführlicher auch A.-A. Rorlich, Vakhitov, Mullanur (1885-1918), in: Blackwell's Encyclopedia, S. 374.

[175] Vgl. Dekret über die Bildung eines Kommissariats für muslimische Angelegenheiten vom 17. (30.) Januar 1918; danach wurde »das Kommissariat für muslimische Angelegenheiten Innerrußlands beim Volkskommissariat für Nationalitätenangelegenheiten« eingerichtet und zum »Kommissar« das Mitglied der ehemaligen Konstituierenden Versammlung aus dem Kazaner Gouvernement Mulla Nur-Vachitov sowie zu seinen Stellvertretern Galimzjan Ibragimov und Šarif Manatov, Mitglieder der ehemaligen Konstituante aus dem Gouvernement Ufa bzw. Orenburg bestellt, vgl. Dekrety Sovetskoj vlasti, Bd. 1, S. 367.

[176] Vgl. den Aufruf vom 14. Juni 1918 an »alle werktätigen Muslime«, in die Reihen der »muslimischen sozialistischen Armee« einzutreten; Dekrety Sovetskoj vlasti, Bd. 2, S. 435 f.

Muslimbewegung kassiert und ihr Besitzstand samt Funktionen den neuen sowjetischen Institutionen übertragen worden.

Schien es zunächst so, als würden Vachitov und sein Zentrales Muslimisches Sowjetkommissariat in die Fußstapfen der Allrussischen Muslimischen Bewegung treten, ihre pan-islamischen Ziele weiterverfolgen, eine unabhängige kommunistische Partei der Muslime schaffen und eine entsprechende Staatsgründung vorbereiten, ja als würde nach Vachitovs Tod (im Sommer 1918) Said Sultan Galiev, Herausgeber der Zeitschrift »Žizn' nacional'nostej« (Leben der Nationalitäten) und Stalins rechte Hand im Nationalitätenkommissariat diese Bemühungen noch forcieren, so überlebten all diese Pläne die nächsten Monate und Jahre nicht: Statt des großen muslimischen Staates wurden viele kleinere »autonome Republiken« mit sehr begrenzter Selbstverwaltung im Rahmen der Russischen Föderation und später der Sowjetunion gegründet und aus dem Zentralkomitee einer selbständigen Partei der Muslime wurde ein einfaches Büro innerhalb der bolschewistischen Parteizentrale.[177] Die Erfahrung, daß die muslimische Bewegung an der Wolga und auf der Krim, in den kazachischen Steppen und in Turkestan keine Einheit bildete, sich auch hier auf vielfache Weise nationale und soziale Bruchlinien schnitten, je spezifische Probleme aufwarfen, war vorausgegangen und ermöglichte diese Entwicklung.

a) Krim

Die Überführung aller Angelegenheiten des nationalen, kulturellen und religiösen Lebens der Krimtataren in deren eigene Hände, die Aufhebung der während des Zarenregimes bestehenden religiösen Institutionen und deren Neugründung auf völlig veränderter Grundlage sowie die Nationalisierung und Aufteilung des gesamten Bodens, der sich in der Nutzung der konservativen muslimischen Geistlichkeit befand – diese Forderungen hatte bereits im März 1917 eine 1. Konferenz der Krimtataren in Simferopol' aufgestellt; an ihr hatten an die 1.500 Delegierte teilgenommen.[178] Die im Juli gegründete krimtatarische Nationalpartei (Milli Firka) erhob sie zum Pro-

---

[177] Zum »Sultan-Galievismus«, den Plänen zur Gründung einer unabhängigen muslimischen kommunistischen Partei und der Zusammenführung, der staatlichen Vereinigung aller muslimischen Völker in einer autonomen sozialistisch-islamischen Sowjetrepublik, die zunächst protegiert, seit 1923 endgültig als »nationale Abweichung« verurteilt wurden, vgl. Bennigsen / Lemercier-Quelquejay, Islam in the Soviet Union, S. 109 ff., 156 ff., 222 f.

[178] Dazu E. Kirimal, Der nationale Kampf der Krimtürken, mit besonderer Berücksichtigung der Jahre 1917 – 1918, Emsdetten 1952, S. 37 ff.; Pipes, Formation of the Soviet Union, S. 79, mit unterschiedlicher Akzentsetzung.

gramm. Es verband nationale mit sozialen Belangen, die Enttäuschung über die Nationalitätenpolitik der Provisorischen Regierung mit der Sozialkritik an den lokalen Mullahs, die einen erheblichen Teil des Bodens kontrollierten. Selbst wenn Sprecher der Krimtataren immer wieder für eine Föderalisierung des Reiches eintraten, forderten sie für sich selbst nur eine national-kulturelle Autonomie; einer politischen Autonomie stand entgegen, daß die Tataren im Gouvernement Taurien, von dem die Krim ein Teil war, wie auf der Krim selbst nicht die Mehrheit der Bevölkerung bildeten.[179]

Die Träger und Vordenker der Partei waren zumeist junge Intellektuelle, die ihre Ausbildung im Westen oder in der Türkei erhalten hatten. Čelibidžan Čelibiev, ein junger Rechtsanwalt, der in Istanbul studiert hatte, Vorsitzender der Simferopoler Konferenz gewesen war und zum Mufti der Krimtataren gewählt wurde, stand für diesen Typus. 1917 gab es kaum eine politische Kraft, die der Milli Firka unter den Krimtataren Konkurrenz machen konnte. Als im September die tatarische Geistlichkeit in Bachčisaraj eine Konferenz abhielt, die das Agrarprogramm der Milli Firka kritisierte, ordnete die Partei einfach deren Schließung an.[180]

Doch die Krimtataren bildeten, wie gesagt, nur eine Minderheit, ein Drittel der taurischen Bevölkerung. Die Regionalverwaltung stand bis in den Sommer hinein unter dem Einfluß der Kadetten. Sie widersetzte sich dem tatarischen Anspruch, die Kontrolle über die muslimischen Schulen zu übernehmen, ebenso, wie es die Petrograder Regierung gegenüber der Forderung nach eigenen nationalen Militäreinheiten tat. Daß letztere Ende Juli Čelibiev als Mufti der Krimtataren sogar vorübergehend verhaften ließ, vertiefte die Kluft zum bürgerlichen Rußland. Doch daß auch Gemeinsamkeiten in den sozialen Überzeugungen die nationalen Differenzen nicht so ohne weiteres überbrücken konnten, zeigte das Nichtverhältnis von Milli Firka zu den die lokalen Sowjets dominierenden Parteien; das waren hier die Sozialrevolutionäre und die Menschewiki. Man ließ sich gegenseitig gewähren, ohne sich in die Geschäfte des anderen allzuviel einzumischen.

Relativ spät gewannen auch die Bolschewiki auf der Krim einen gewissen Einfluß. Sie hatten im Sommer 1917 begonnen, ihre eigene Organisa-

---

[179] So auch das im Golos Tatar N° 1, einem Blatt der Milli Firka Partei, abgedruckte Programm, hier nach Dimanštejn, Revoljucija i nacional'nyj vopros, Bd. 3, S. 329 f.; zwar würden die Tataren auf die Forderung nach politischer Autonomie verzichten, umgekehrt aber auch die Errichtung der Hegemonie einer anderen Nation nicht tolerieren; dazu fehlten die kulturellen, historischen und ethnischen Grundlagen.
[180] Kurzinformation zu Milli Firka vgl. E.J. Lazzarini, Milli Firka, in: MERSH Bd. 22, S. 130 f.; zum Problemzusammenhang insgesamt: Bennigsen / Lemercier-Quelquejay, Islam in the Soviet Union; A. Fisher, The Crimean Tatars, Stanford 1978, S. 109 ff.; Kirimal, Kampf der Krimtürken; G.v. Mende, Der nationale Kampf der Rußlandtürken, Berlin 1936; Pipes, Formation of the Soviet Union, S. 79 ff., 184 ff.

tion aufzubauen. Ihre Bemühungen konzentrierten sich ganz auf Sevastopol', den Heimathafen der Schwarzmeerflotte; das bolschewistische Zentralkomitee setzte darauf, daß die dort stationierten Matrosen, Soldaten
und Dockarbeiter ähnlich empfänglich für ihre Anti-Kriegspropaganda
sein würden wie die Matrosen und Arbeiter in den baltischen Häfen. Doch
auch den von der Ostsee auf die Krim geschickten agitationserfahrenen
Funktionären gelang es nicht, die Mehrheitsverhältnisse zu kippen, und als
die Bolschewiki Ende Oktober in Petrograd putschten, stieß ihre Aktion
im Sowjet von Sevastopol', selbst unter den ortsansässigen Bolschewiki,
auf fast einhellige Ablehnung.

Erst als das bolschewistische Zentralkomitee eine Gruppe schwerbe-
waffneter baltischer Matrosen zur Verstärkung schickte, die Lenin treuen
Bolschewiki den Sowjet von Sevastopol' verließen und ein »Revolutionäres
Komitee« gründeten, mit Hilfe der baltischen Matrosen eine Reihe von
Marineoffizieren festsetzen und exekutieren ließen, auch mehrere sozial-
revolutionäre und menschewistische Parteiführer verschwanden und das
Exekutivkomitee des Sowjet zum Rücktritt gezwungen wurde, gelang es,
die Marinebasis in bolschewistische Gewalt zu bringen.

Während dessen war auch die tatarische Nationalbewegung nicht untätig
geblieben. Am 26. November 1917 trat in Bachčisaraj eine Konstituierende
Tatarische Nationalversammlung (Kurultai) zusammen. Auf breiter Basis
gewählt, nahm sie für alle Angelegenheiten, die sich auf die innere Verwaltung der Krimtataren bezogen, ein Legislativrecht in Anspruch und ernannte zugleich einen eigenen Militärkommandanten (Džafer Seidamet)
für alle tatarischen Einheiten in den Garnisonen der Krimhalbinsel.[181] Ihr
nächster Schritt war die Annahme einer Verfassung, die ein weltliches,
demokratisches Gemeinwesen nach westlichem Typus zu schaffen suchte,
in dem die muslimischen Frauen den Männern rechtlich gleichstellt und die
tatarischen Adelstitel abschafft waren.[182] An seiner Spitze sollte ein 5-köp-
figes Direktorium stehen, dem Čelibiev als Vorsitzender und Seidamet als
Außen- und Kriegsminister angehörten.

Das war eindeutig mehr als die ursprünglich angestrebte national-kulturelle Autonomie und etablierte zugleich eine neue Form von »Doppelherrschaft«, die das Land auch geographisch teilte: zwischen dem bolschewistischen Sevastopol' und dem tatarischen Simferopol'. Dabei beruhte die

---

[181] Wahlberechtigt war die gesamte türkische, männliche wie weibliche Bevölkerung, die das
Alter von 20 Jahren überschritten hatte; in den allgemeinen, direkten, gleichen und geheimen Wahlen wurden insgesamt 76 Abgeordnete gewählt; vgl. Kirimal, Kampf der Krimtürken, S. 97 ff. Biographische Angaben zu Čelibiev (Cihan Celebi) und Seidamet (Cafer Sey-
dahmet Kirimer), vgl. ebda., S. 39 ff., 42 ff. u.ö.
[182] Dazu die Verfassungsbestimmungen bei Kirimal, Kampf der Krimtürken, S. 110 ff.; Fisher,
Crimean Tatars, S. 115 f.

bolschewistische Herrschaft vor allem auf den in Sevastopol' stationierten russischen und ukrainischen Matrosen, während sich die tatarische Regierung, das Direktorium, vor allem auf die ortsansässigen Konnationalen stützte. Angesichts des beiderseitigen Machtanspruchs war diese »Doppelherrschaft« von vornehrein nicht auf eine dauerhafte friedliche Koexistenz angelegt.[183]

Die Konfrontation war da, als die tatarische Regierung im Januar 1918 – einer Absprache mit der ukrainischen Rada gemäß – die Verlegung bolschewistischer Truppen von der Krim in die Ukraine, zumindest den Durchmarsch durch tatarisches Gebiet zu verhindern suchte. Die Entwaffnung mißlang, Mitte Januar besetzten Rote Truppen Simferopol', die tatarische Nationalversammlung wurde aufgelöst, die Regierung, soweit sie nicht floh oder in den Untergrund ging, verhaftet. Unter den Festgenommenen war auch Čelibiev; er wurde im Februar von Matrosen erschossen, sein Leichnam ins Meer geworfen. Doch die erste bolschewistische Herrschaft auf der Krim, die Hunderten von »Konterrevolutionären« das Leben kostete, dauerte nur bis April, als deutsche Truppen zusammen mit der Ukraine auch die Krim besetzten. Vergebens hatten kommunistische Kräfte noch Ende März die Unabhängigkeit der Krim, eine »Taurische Republik« auszurufen versucht; noch bevor die Deutschen einrückten, wurden alle Mitglieder dieser Sowjetregierung in der Nähe von Jalta liquidiert.[184]

Doch das war erst der Anfang des blutigen Bürgerkrieges. Die Marionettenregierung, die die Deutschen einsetzten und die die Agrarreformen rückgängig machte, verschwand mit ihnen im November 1918. Eine bürgerliche russische Übergangsregierung, zu der die Tataren in Opposition standen, wurde im April 1919 wieder gestürzt, als erneut Sowjettruppen die Krim besetzten. Und auch ihre Regierung hatte sich kaum konstituiert, da mußte sie im Sommer 1919 vor den Weißen Armeen General Denikins fliehen. Noch mehrfach wechselte die Macht, bevor die Rote Armee das Gebiet endgültig eroberte und im November 1921 die Autonome Sozialistische Sowjetrepublik Krim eingerichtet wurde. Mit der Anerkennung einer gewissen Eigenständigkeit der Region und ihrer Probleme suchte die Moskauer Regierung den tatarisch-muslimischen Wünschen entgegenzukommen und die fortbestehende tiefe Kluft einzuebnen.[185]

Daß die Spannungen fortbestanden, sich in den 30er Jahren mit der Zwangskollektivierung der Landwirtschaft, der »Liquidierung der Kula-

---

[183] Pipes, Formation of the Soviet Union, S. 184 ff.

[184] Bennigsen / Lemercier-Quelquejay, Islam in the Soviet Union, S. 86; Kirimal, Kampf der Krimtürken, S. 122 ff., 145 ff., 164 ff.

[185] Knapper Überblick über die Ereignisse auch bei A.-A. Rorlich, The Crimea and Middle Volga: Revolution and Civil War, in: Blackwell's Encyclopedia, S. 249 ff.

ken als Klasse« und dem stalinistischen Terror gegen die Nationalitäten noch vertieften, zeigten die nachfolgenden Ereignisse des Zweiten Weltkriegs. Unter dem Vorwurf, mit den deutschen Okkupanten kollaboriert zu haben, beschloß die oberste Staatsmacht, das im Juni 1941 eingerichtete »Staatskomitee für Verteidigung«, am 11. Mai 1944, die tatarische Bevölkerung von der Halbinsel Krim am Schwarzen Meer nach Zentralasien umzusiedeln. Zwar wurde sie wie die anderen während des Zweiten Weltkriegs deportierten Völker[186] in den 60er Jahren rehabilitiert, doch in ihre ehemalige Heimat zurückzukehren, blieb den Krimtataren verwehrt. Genau dafür demonstrierten sie im Sommer 1987 in Moskau – in einer der ersten großen Massenaktionen, die das Wiederaufleben der Nationalitätenprobleme im sowjetischen Vielvölkerreich anzeigten.

b) Nordkaukasus

In der zweiten Hälfte des 19. Jahrhunderts war die nördlich des Kaukasushauptkammes gelegene Region nach und nach ziviler Administration unterstellt und im wesentlichen in vier Verwaltungsbezirke aufgeteilt worden: die Gebiete von Kuban', Terek und Dagestan und (ihnen vorgelagert) das Gouvernement Stavropol.[187] Doch hinter der schlichten Verwaltungsgliederung verbarg sich eine ethnische Vielfalt von ungewöhnlicher Breite. An die 50 verschiedene Völker lebten in der stark gegliederten Hochgebirgslandschaft zwischen Kaspischem, Azovschem und Schwarzem Meer; neben den bereits genannten, vor allem im Transkaukasus siedelnden Georgiern, Armeniern und Azerbajdžanern waren dies Čečenen, Avaren, Oseten, Lezgier, Lakken, Darginer, Kabardiner, Kumyken, Nogajer, Ingušen, Čerkesen, Karačaer, Balkaren, Juden und Abchazen, um nur die größeren zu nennen.[188]

---

[186] Dazu zählten neben den Krimtataren die Karačaer und Kalmyken, die Čečenen und Ingušen, die Balkaren und die Wolgadeutschen; zum Vorwurf der Kollaboration allgemein, nicht nur auf die Krimtataren bezogen, G. Simon, Nationalismus und Nationalitätenpolitik in der Sowjetunion. Von der totalitären Diktatur zur nachstalinistischen Gesellschaft, Baden-Baden 1986, S. 217 ff.; auch Kirimal, Kampf der Krimtürken, S. 292 ff.; nach seinen Angaben wurden bereits im Zuge der Kollektivierung 35.000 bis 40.000 Krimtürken mit ihren Familien verhaftet und in den Ural bzw. nach Sibirien in Lager verbracht; die Zahl der 1944 deportierten Krimtürken belief sich auf etwa 195.000; vgl.. A.M. Nekrich, The Punished Peoples, New York 1978, S. 112 (siehe auch unten S. 525 f.).

[187] Hinzu kam, mit nur 7.300 qkm Fläche und einer Bevölkerung von 57.500 deutlich kleiner als die Ebengenannten, das Schwarzmeer-Gouvernement; insgesamt umfaßte die so umschriebene Nordkaukasusregion ein Gebiet 258.856 qkm mit einer Bevölkerung von 4,35 Millionen. Vgl. die Zahlenangaben bei Bauer / Kappeler / Roth, Volkszählung von 1897, Bd. 2, S. 46 f.

[188] Infolge des aktuellen Kaukasuskonfliktes sind einige dieser Völker erneut in die Schlagzeilen der Weltpresse geraten, bei uns in der eingedeutschten Schreibweise (der Dudentrans-

Die Idiome, die sie sprachen, gehörten unterschiedlichen Familien an, neben den indogermanischen, den semitischen und den Turksprachen unterschied man eine eigene Gruppe der kaukasischen Sprachen. Kein Wunder, wenn manche Bewohner, bei der großen Volkszählung von 1897 nach ihrer Muttersprache gefragt, überfordert den Namen ihres Dorfes angaben.[189] Darin kam zugleich zum Ausdruck, daß die Sprache schon von Ort zu Ort wechseln konnte und die Bindung ans eigene Dorf, an Familie und Sippenverband ihnen wichtiger war als die Zugehörigkeit zu einer ominösen »linguistischen Gruppe«.

Doch neben der sprachlichen Vereinzelung gab es so etwas wie ein Zusammengehörigkeitsgefühl, ein ausgeprägtes Bewußtsein, »Kaukasier«, »Bergbewohner« zu sein, was auch in der russischen Sammelbezeichnung »Bergvölker« (gorcy) zum Ausdruck kam.[190] Ein wesentliches Moment, das sie verband und von der Umwelt unterschied, war die Religion. Mit Ausnahme der Oseten waren alle größeren Bergvölker muslimisch, Sunniten. Besonders stark war die Prägung durch die Religion in den östlichen Teilen des Kaukasus (Dagestan), wo die Moslembrüderschaften und die sufische Heilslehre des Muridismus, der bedingungslosen Gefolgschaft der Schüler gegenüber ihrem geistigen Lehrer, eine lange, bis ins Mittelalter zurückreichende Tradition hatte. Sie machte den jahrzehntelangen Widerstand, den sie im 19. Jahrhundert den »russischen Eroberern« und ihrer »Fremdherrschaft« geleistet hatten, zum »heiligen Krieg« (djihad). Die Erinnerung an dieses erbitterte und blutige Ringen; an den legendären Freiheitskampf, an Imam Šamil und seinen Guerillakrieg, mit dem er ein Vierteljahrhundert lang der militärischen Übermacht des russischen Heeres getrotzt hatte; aber auch an die Politik der harten Hand, mit der die russische Regierung Aufstandsversuche niederzuschlagen, das Land zu befrieden, die Unbotmäßigen buchstäblich auszurotten versuchte, wobei sie den Großteil der Čerkesen und Zehntausende von Čečenen, Kabardinern und Nogajern in die Emigration trieb – diese historische Erfahrung und die wache Erinnerung daran waren ein zweites wichtiges Bindeglied. Sie stärk-

---

skription): Tschetschenen, Osseten, Inguschen, Abchasen; auch Tscherkessen und Karatschaier werden mitunter so umschrieben. Um Mißverständnisse auszuschließen, sei dies hier zumindest angemerkt.

[189] Weitere Ausführungen dazu bei A. Bennigsen, The Muslims of European Russia and the Caucasus, in: Vucinich (Hg.), Russia and Asia, S. 135 ff.; ders. / S.E. Wimbusch (Hgg.), Muslims of the Soviet Empire. A Guide, London 1985, S. 146 ff.; Bauer / Kappeler / Roth, Volkszählung von 1897, Bd. 1, S. 46 f.

[190] Vgl. R. Wixman, Language Aspects of Ethnic Patterns and Processes in the North Caucasus, Chicago 1980, S. 101 f.; was offenkundig nicht einmal davon abhängig war, ob man wirklich im Hochgebirge oder aber in den Vorlanden lebte, und sich über die Zeit der Revolution hinaus fortsetzte.

ten zugleich das tradierte Ethos, nicht kleinbeizugeben und Widerstand zu leisten.[191]

Ein drittes Moment aber war das verbreitete Gefühl, von den Fremden im eigenen Lebensraum seiner Ressourcen beraubt, allmählich verdrängt zu werden. Von den 4,35 Millionen, die 1897 im Nordkaukasus lebten, waren 2,89 Millionen (66,4 %) Russen und Ukrainer. Als der Staat im 18. Jahrhundert die Kaukasusgrenze mit kosakischen Wehrbauern sicherte, am östlichen Grenzfluß die nach ihm benannten Terek-Kosaken ansiedelte, Kosaken vom Don ins westliche Kaukasusvorland, an den Kuban'-Fluß brachte, die neue Grenzfestung programmatisch »Vladikavkaz« (Beherrscherin des Kaukasus) nannte und wenig später mit Kosaken vom Dnjepr (als »Geschenk Katharinas«) das Fort Ekaterinodar errichtete, da stattete er die Kosaken auch mit reichlich Land und Privilegien aus, wovon sie bis in die uns hier interessierende Zeit immer noch zehrten: So war der Pro-Kopf-Besitz an Land unten bei den Terek-Kosaken, in den Flußauen des Vorlandes, mehr als doppelt so groß, verglichen mit dem Landbesitz der Eingeborenen oben in den Bergen.

Daß es inzwischen auch erhebliche soziale Spannungen innerhalb der Russen und Ukrainer gab, zwischen den alteingesessenen Kosaken und den nach 1861 neu Zugezogenen »aus anderen Städten« (den inogorodnye, wie sie hier genannt wurden), daß letztere oft gezwungen waren, Land von den Kosaken hinzuzupachten, war für die Bergbewohner kaum ein Grund zur Freude. Schließlich engte der Zustrom von noch mehr »Fremden« den eigenen Lebensraum weiter ein. Eine zweite Welle von Neuzuwanderern kam mit dem Eisenbahnbau und der Entwicklung der Ölindustrie (in Groznyj und Majkop); sie verstärkten das städtische Element in einer vormals vor allem ländlichen, bäuerlichen Gegend und trugen damit auf ihre Weise zur »Entfremdung« der Region bei. Galten den Čečenen und Ingušen, die mit ihren Parzellen von 3 bis 6 des. zu den Ärmsten der Region zählten, die reichen Kosaken als verhaßte Vertreter der russischen Obrig-

---

[191] A. Avtorkhanov / M. Bennigsen Broxup (Hgg.), The North Caucasus Barrier. The Russian Advance towards the Muslim World, London 1992; bes. M. Gammer, Russian Strategies in the Conquest of Chechnia and Dagestan, 1825-1859; P.B. Henze, Circassian Resistance to Russia, beide: ebda., S. 45 ff.; 62 ff.; U. Halbach, Die Bergvölker (gorcy) als Gegner und Opfer. Der Kaukasus in der Wahrnehmung Rußlands (Ende des 18. Jahrhunderts bis 1864), in: Alexander / Kämpfer / Kappeler, Kleine Völker, S. 52 ff.; ders., »Heiliger Krieg« gegen den Zarismus. Zur Verbindung von Sufismus und Djihad im antikolonialen islamischen Widerstand gegen Rußland im 19. Jahrhundert, in: Kappeler / Simon / Brunner, Muslime, S. 213 ff.; P.B. Henze, Fire and Sword in the Caucasus. The 19th Century Resistance of the North Caucasian Mountaineers, in: Central Asia Survey 2 (1983), S. 5 ff.; Kappeler, Vielvölkerreich, S. 151 ff.; F. Kazemzadeh, Russian Penetration of the Caucasus, in: T. Hunczak (Hg.), Russian Imperialism from Ivan the Great to the Revolution, New Brunswick 1974, S. 239 ff.; Pipes, Formation of the Soviet Union, S. 93 ff.

keit, so trennte sie eine Welt auch von den Neuen, gleich ob sie Eisenbahner, Industriearbeiter, Tagelöhner oder Kleinbauern waren. Damit
zeichneten sich bereits die Fronten von Revolution und Bürgerkrieg ab:
Tendierten die Kosaken eher zu den Weißen, baute die bolschewistische
Agitation zunächst auf die neuzugewanderten inogorodnye, während die
»Bergbewohner« für nationale Selbstbestimmung oder die Verwirklichung
der sufitischen Heilslehre kämpften.

Es ist schwer zu sagen, wie »repräsentativ« der erste Kongreß von Vertretern der kaukasischen Bergvölker war, der im Mai 1917 in Vladikavkaz
der Provisorischen Regierung Unterstützung versprach und für die Fortsetzung des Krieges eintrat, lediglich mehr Freiheiten im Schul- und Erzie-
hungswesen forderte.[192] Eine Versammlung, im Dorf Andi in Dagestan,
platzte, da die Ziele der dort versammelten nationalen und religiösen Führer nicht miteinander vermittelbar waren. Und wenn ein weiterer Kongreß
Ende September in Vladikavkaz die Bildung einer »Union der kaukasischen Bergvölker« bekanntgab, die die muslimischen Völker bis hinunter
ins Gouvernement Stavropol' vereinen und ihre neu erworbenen Rechte
und Freiheiten verteidigen sollte, wenn er zusätzlich versicherte, die Union werde Teil des neuen Russischen Staatenbundes bleiben, und bereits
eine Kommission mit der Ausarbeitung der Verfassungsgrundlagen betraute, blieb unklar, wer wirklich noch hinter diesen Plänen stand.[193]

Denn mittlerweile hatte eine Versammlung von čečenischen und dagestanischen Sippenverbänden im Osten des Kaukasus Nažmutdin Gocinskij
zum Imam gewählt; daß sein Vater an der Seite Šamils gekämpft hatte, er
selbst als ein gelehrter Mann galt, der sich in der arabischen Tradition des
Islam auskannte, und daß er obendrein ein reicher Schafzüchter war, gab
ihm die notwendige Reputation für das Amt und den Rückhalt, um in den
folgenden Monaten de facto die Herrschaft im Ostteil des Kaukasus zu
übernehmen.[194] Schließlich wollten aber auch die Čečenen und Ingu, die
sich von der Revolution eine Rückgabe des Landes erhofften, das ihnen die
russischen und ukrainischen Siedler genommen hatten, nicht länger warten. Seit Dezember 1917 überfielen bewaffnete Verbände, aus den Bergen
kommend, die kosakischen Dörfer (stanicy) und städtischen Ansiedelungen des Vorlandes. Nun zeigte sich endgültig, daß die Macht der Terek-Da-
gestan-Regierung, die die Union der kaukasischen Bergvölker auf Grund

---

[192] Dimanštejn, Revoljucija i nacional'nyj vopros, Bd. 3, S. 374 ff.
[193] Entschließungen dieses zweiten Kongresses von Vladikavkaz bei Dimanštejn, Revoljucija i
nacional'nyj vopros, Bd. 3, S. 376 f.; Auszüge bei Browder / Kerensky, Provisional Government, Bd. 1, S. 426 f.
[194] Zu seiner Person das Stichwort: Gocinskij, Nažmutdin, in: SIÈ Bd. 4, Sp. 671; Gotsinskii,
Nazhmutdin, in: MERSH Bd. 13, S. 84; B.O. Kašakev (Hg.), Bor'ba za pobedu i upročenie
Sovetskoj vlasti v Dagestane, Machačkala 1960; Pipes, Formation of the Soviet Union, S. 97.

einer Vereinbarung mit den Terek-Kosaken im Oktober 1917 gebildet hatte, über den Stadtrand von Vladikavkaz kaum hinausreichte. Nach nur drei
Monaten löste sie sich im Januar 1918 wieder auf.[195]

Die Terek-Kosaken, die im Frühjahr 1917 ihren eigenen Führer (Ataman)
gewählt und eine Militärregierung gebildet hatten, standen mittlerweile unter einem doppelten Druck: Abgesehen von der Aversion der Bergvölker,
hatten sie zunehmend auch die russischen und ukrainischen inogorodnye
gegen sich. Als ländliche Parzellenbesitzer und Tagelöhner verweigerten sie
den Kosaken immer häufiger die Pachtzahlungen, schlossen sich der Forderung nach Nationalisierung des gesamten Bodens an; und als städtische Unterschichten, als Arbeiter und Eisenbahner, waren sie ohnehin Anhänger
der sozialistischen Parteien und dominierten die Sowjets.

Auf sie vor allem setzten auch die Bolschewiki, als sie im Frühjahr 1918
versuchten, im Terekgebiet eine Sowjetregierung zu installieren. Bereits im
Januar war es ihnen gelungen, aus Vertretern der Russischen Parteien, der
Kosaken und einigen osetischen Delegierten einen »Volkssowjet des Te-
rekgebietes« zu bilden, der im März nach Vladikavkaz umzog und die »Sozialistische Volksrepublik Terek« ausrief. Ihre im April erlassene Verfassung sicherte der Moskauer Zentralregierung die Kompetenzen für die
Außen- und Verteidigungspolitik, Post und Telegraph und auch Rechte im
fiskalischen Bereich zu, behielt die Legislative, die Judikative und die Administration jedoch den Lokalorganen vor.[196] Von der Türkeifront zurück-
kehrende russische Soldaten waren angeworben worden, um das Vorland
gegen čečenische und ingušische Attacken verteidigen zu können.

Doch die Lage blieb äußerst prekär und die Machtfrage ungelöst, nur aufgeschoben. Mit der Zusammenarbeit von bolschewistischen, gemäßigt sozialistischen und liberalen Kräften war es im Sommer bereits vorbei, als sich
der Konflikt zwischen Kosaken und inogorodnye erneut zuspitzte, die
ortsansässigen Bolschewiki nach dem Vorbild Rußlands den Boden zu
nationalisieren begannen und die Kosaken aus der Regierung ausschieden;
Anfang Juli wurde der Vorsitzende des Tereker Rates der Volkskommissare
(der georgische Bolschewik Noj Buačidze) ermordet.[197] Nun nahmen auch
die Čečenen und Inguišen ihre Militäroperationen wieder auf. In einem Zustand des völligen Verfalls der Staatsmacht eroberten Anfang August 1918

---

[195] Vereinbarung der Terek-Kosaken mit der Union der kaukasischen Bergvölker vom 20. Oktober 1917 vgl. in Dimanštejn, Revoljucija i nacional'nyj vopros, Bd. 3, S. 279 ff.; Auszüge
bei Browder / Kerensky, Provisional Government, Bd. 1, S. 427 f.

[196] Text in I. Borisenko, Sovetskie respubliki na Severnom Kavkaze v 1918 godu, Rostov-na-
Donu 1930, Bd. 2, S. 231 ff.

[197] Vgl. Kurzinformation Stichwort: Buačidze, Samuil Grigorevič, in: SIĖ Bd. 2, Sp. 783 f.; Bua-
chidze, Samuil Grigor'evič, in: MERSH Bd. 5, S. 209; auch I.N. Kikonov / V.S. Gal'cev, Noj
Buačidze, Ordžonikidze 1957.

die Kosaken, in der zweiten Monatshälfte ingušische Verbände Vladikavkaz, und in ihrem Gefolge kehrten auch die Bolschewiki in die Stadt zurück.
Ihre neue Politik bestand darin, daß sie sehr viel stärker auf die Forderungen der Čečenen und Ingušen eingingen und bereit waren, auch ihrem
Wunsch nach Neuverteilung des Bodens, auf Kosten der Kosakensied-
lungen, entgegenzukommen. Sie leitete damit zur Generallinie der 20er
Jahre über, jenem bolschewistischen Versuch, sich in den Randgebieten auf
die einheimische Bevölkerung zu stützen und so Partei und Staat auto-
chthone Wurzeln zu schaffen. »Korenizacija« (von russ. koren', Wurzel)
hat man diese Politik genannt. Sie wurde Ende der 20er Jahre mit Beginn
der forcierten Industrialisierung und Zwangskollektivierung der Landwirtschaft wieder aufgegeben. Auch hier hatten sich die Nationalitäten einzufügen in das neuentstehende System der sozialistischen Planwirtschaft
und gesamtstaatlichen Arbeitsteilung, mit allen daraus resultierenden Folgen. Widerstände gegen die tiefen Eingriffe in das überkommene Wirt-
schafts- und Gesellschaftssystem galten als »reaktionär«, als »nationalistische« Manifestationen, und wurden, wie auf anderen Gebieten auch,
entsprechend geahndet.[198]
So wurden in einer großen Verhaftungswelle Ende Juli/Anfang August
1937 allein in der Autonomen Sowjetrepublik der Čečenen und Ingušen etwa 14.000 Menschen verhaftet, rund 2 % der čečeno-ingušischen
Gesamtbevölkerung.[199] Solche Aktionen trugen zweifellos dazu bei, daß
die deutsche Militärmacht, die im Zweiten Weltkrieg den Nordkaukasus
besetzte, mit ihrem Angebot zur Zusammenarbeit – hier wie auf der Krim
– nicht nur auf Ablehnung stieß. Die Sowjetregierung beantwortete sie
nach Wiederinbesitznahme der Gebiete – ohne nach persönlicher Schuld
oder Unschuld zu fragen – mit der Deportation ganzer Völker: Im Nord-
kaukasusgebiet fielen unter dieses Verdikt die Čečenen und Ingušen, Karačaer und Balkaren; die größte Volksgruppe waren dabei die Čečenen und
Ingušen, zusammen etwa eine halbe Million Menschen. Daß es gerade
sie traf, ließ sich mit »massenhafter Kollaboration« kaum erklären, geschweige denn rechtfertigen; schließlich hatten die Deutschen die Autonome Sowjetrepublik der Čečenen und Ingušen, die nun – nach der Deportation ihrer Bewohner – aufgelöst wurde, bis auf einen kleinen
Grenzstreifen kaum betreten.[200] Sie wurden von Chruščëv 1956 reha-

---

[198] Dazu grundlegend mit zahlreichen Hinweisen auf weitere Literatur die bereits genannte
   Studie von Simon, Nationalismus und Nationalitätenpolitik.
[199] R. Conquest, The Great Terror. Stalin's Purge of the Thirties. London 1968, S. 287.
[200] Vgl. zum Gesamtproblem Nekrich, The Punished Peoples; R. Conquest, Stalins Völker-
   mord. Wolgadeutsche, Krimtataren, Kaukasier, Wien 1974 (engl. Ausgabe unter The Nation Killers. The Soviet Deportation of Nationalities, London 1970).

bilitiert und durften aus Zentralasien in ihre früheren Wohngebiete zurückkehren; doch ihrem Ruf, »nicht integrierbar« zu sein, blieben sie treu,
längst bevor sie Anfang der 90er Jahre erneut den Blick der Weltöffentlich-
keit auf sich lenkten.[201]

c) Baškirien und kazachische Steppe

Der Siedler folgt dem Eroberer. Der Satz schien auch die Grunderfahrung
der baškirischen, kazachischen und kirgizischen Stämme wiederzugeben,
die den Steppengürtel zwischen dem südlichen Ural und dem Altai be-
wohnten; dabei machte es aus ihrer Sicht keinen Unterschied, ob sie wirklich »unterworfen« worden waren oder sich einst »freiwillig« dem russischen Schutz unterstellt hatten. Im südlichen Ural und im angrenzenden
Gouvernement von Orenburg bildeten Ende des 19. Jahrhunderts nicht
mehr die Baškiren, sondern die Russen die Mehrheit, und deren rege Siedlungstätigkeit hatte inzwischen, wie geschildert, auch weite Teile der kazachischen und kirgizischen Steppe erfaßt. Eine weitere große Welle von
Neubauern schwappte im Jahrzehnt vor dem ersten Weltkrieg ins Land, als
Ministerpräsident Stolypin das Problem der agrarischen Überbevölkerung
Zentralrußlands mit einem großen Umsiedlungsprogramm zu lösen versuchte. Die bisher in der Steppenregion lebenden nomadischen und halbnomadischen Stämme empfanden sie als existenzielle Bedrohung, als unmittelbare Gefahr für ihre traditionelle Lebens- und Wirtschaftsweise, die
auf große Räume, auf Weideflächen, angewiesen war. Und da zu den »un-
heilvollen« Neuerungen, die die Siedler ins Land gebracht hatten, auch
Handel und Geldwirtschaft gehörten, wurden sie für die Folgen irgendwie
mit verantwortlich gemacht: die hoffnungslose Überschuldung, in die sie
nicht wenige Familien gestürzt hatten.
   Der Krieg brachte zusätzliche Belastungen, und als die Regierung im
Sommer 1916 dazu übergehen wollte, Hunderttausende der muslimischen
Bevölkerung einzuberufen, entlud sich der angestaute Haß. Eine solche
Maßnahme widersprach nicht nur dem Herkommen, ihrem rechtlichen
Status als inorodcy. Wenn man Familien ein oder sogar zwei männliche Arbeitskräfte entzog, schien das wirtschaftlich kaum mehr tragbar; da half
auch die Zusicherung nichts, daß sie nur im Hinterland, nicht an der Front
eingesetzt werden würden. Die sich als erste dagegen wehrten, waren muslimische Baumwollarbeiter in Turkestan. Doch als die Regierung ihren

---

[201] Vgl. dazu nur Simon, Nationalismus und Nationalitätenpolitik, S. 274 ff., 286 ff., 311, 415 f.,
    418; U. Halbach, Rußlands Auseinandersetzung mit Tschetschenien (= Berichte des Bun-
    desinstituts für ostwissenschaftliche und internationale Studien, N° 61), Köln 1994.

Protest mit Gewalt zu unterdrücken suchte, griff er rasch auch auf die kirgizischen und kazachischen Steppengebiete über; dabei fiel die Revolte im Osten (im Gebiet von Semireč'e, den kirgizischen Landesteilen) besonders blutig und gewalttätig aus. Sie richtete sich unterschiedslos gegen alle Vertreter des Staates wie gegen die russischen, ukrainischen und kosakischen Siedler, Eisenbahner und Arbeiter, die er ins Land gebracht hatte.

Die Rebellenformationen, mitunter mehrere tausend Mann stark, griffen dörfliche und städtische Siedlungen an; 2.000 bis 3.000 Russen und Kosaken verloren dabei das Leben, an die 10.000 Höfe wurden geplündert; mit einer Strategie der verbrannten Erde hofften die Aufständischen wohl, die Rückkehr der Fremden für immer verhindert zu haben. Es war ein »heiliger Krieg« gegen die Ungläubigen und ein Krieg gegen die Kolonialherren zugleich. Die Regierung setzte – ausgehend von den Garnisonsstädten – Soldaten ein und bewaffnete die Siedler, um den Aufstand niederzuschlagen. Dabei kamen nach Schätzungen bis zu 100.000 Kirgizen und Kazachen um, in den Kämpfen und danach als Opfer von Hunger und Seuchen; an die 200.000 wurden vertrieben, sie flohen in die Berge oder über die Grenze nach China. Den Großteil ihres Viehs, einschließlich der Kleintiere, eigneten sich die Siedler an, und sie verfügten auch über deren unbewegliche Habe.[202]

Das alles war nur wenige Monate her und das Land noch nicht zur Ruhe gekommen, als die Februarrevolution die zarische Regierung stürzte; zusammen mit ihrem administrativen Unterbau verfielen nun auch die letzten Reste der Staatsautorität, selbst wenn die Provisorische Regierung bereits Mitte März den Stop der Rekrutierungen und eine Neugliederung der Verwaltung in Aussicht gestellt hatte. Daß die Einberufungen aufhören mußten, war auch für den 1. Kazachisch-kirgizischen Kongreß keine Frage, der im April in Orenburg zusammentrat, einer Stadt mit (1915) knapp 150.000 Einwohnern, Sitz des Mufti und das regionale Zentrum sowohl der Baškiren wie der Kazachen-Kirgizen. Er forderte darüber hinaus die Rückgabe des gesamten Landes, das den Einheimischen vom bisherigen Regime genommen worden war, und die Ausweisung derer, die erst nach 1905 in die kazachisch-kirgizische Steppe gekommen waren.[203] Hatten die kazachisch-

---

[202] Vgl. M.B. Olcott, The Kazakhs, Stanford 1987, S. 118 ff.; R.A. Pierce, Russian Central Asia 1867 – 1917. A Study in Colonial Rule, Berkeley / Los Angeles 1960, S. 271 ff.; Pipes, Formation of the Soviet Union, S. 83 f.; E.D. Sokol, Central Asia Revolt of 1916, in: MERSH Bd. 47, S. 167 ff.; ders., The Revolt of 1916 in Russian Central Asia, Baltimore 1954; Vosstanie 1916 goda v Srednej Azii i Kazachstane. Sbornik dokumentov, Moskau 1960.

[203] Die Namensgebung Kazachisch-Kirgizisch oder auch Allkazachisch wird deshalb gewählt, weil für einen Großteil jener Einheimischen, die in der Zeit selbst als »Kirgizen« bezeichnet wurden, die Forschung den Begriff »Kazachen« verwendet; Pipes, Formation of the Soviet Union, S. 84.

kirgizischen Intellektuellen bis 1917 keine eigene Organisation geschaffen,
ihre Dumaabgeordneten in der Moslemfraktion mitgewirkt oder mit den
Kadetten kooperiert, so vollzogen sie nun diesen Schritt und gründeten die
Alaš-Orda-Partei; Promotor war dabei Alichan Bukejchanov, der selbst
einst der kadettischen Dumafraktion angehört hatte und 1916 am Aufstand
beteiligt gewesen war.[204] Ziel der neuen Partei war die Vereinigung der drei
kazachisch-kirgizischen »Horden« (der Kleinen, Mittleren und Großen
»Džus«) in einem autonomen kazachisch-kirgizischen Staat, in dem die Einheimischen das ihnen genommene Land zurück erhielten und selbständig
darüber befanden; das war nur möglich, wenn sich auch Rußland änderte, zu
einer demokratisch-parlamentarischen Föderation wurde.[205] Hinter diese
Forderung stellte sich im Juli der 2. Kazachisch-kirgizische Kongreß, der
wiederum in Orenburg stattfand.[206]

Dieser Strategie schlossen sich nun auch die Baškiren, die nordwestli-
chen Nachbarn der Kazachen, an. Im eigenen Land (im Südural und den
angrenzenden Gouvernements) bereits in der Minderheit, hatten sie sich im
Vorjahr an der großen Revolte kaum beteiligt und noch im Frühjahr 1917,
auf dem 1. Kongreß der Muslime in Moskau, eher vorsichtig die westlich
von ihnen siedelnden, weltgewandten Wolgatataren für eine gemeinsame
Autonomieforderung zu gewinnen versucht. Erst als sie dort auf taube Ohren stießen, richtete sich das Auge auf die nomadischen und halbnomadischen südöstlichen Glaubensbrüder, mit deren Lebensweise sie wohl auch
mehr verband, als mit den seßhaften und handeltreibenden Wolgatataren
im Westen. Jedenfalls hatten ihre Delegierten (angeführt von Zeki Validov)
den Moskauer Kongreß enttäuscht verlassen, und auf dem 1. Baškirischen
Kongreß, zwei Monate später in Orenburg, wurde eine Resolution verabschiedet, die in der Land- und Autonomiefrage zu ähnlichen Resultaten
kam wie Kazachische Kongreß: Die Prosperität Baškiriens hänge davon ab,
daß ihnen ihr Vaterland tatsächlich gehöre und sie nationale und politische
Autonomie erhielten, zusammen mit der Autonomie der benachbarten türkischen Völker im Osten und Südosten, so wie ihnen dieses Vaterland ein

---

[204] Zu seiner Person (auch: Ali Khan Bukeykhanov, Ali Khan Bökey und Bükeikhanoglu), der
   einer kazachischen Fürstenfamilie angehörte, seine Abstammung bis auf Dschingiz-Khan
   zurückführte, einer der führenden Köpfe der kazachischen Nationalbewegung seit der Jahrhundertwende war und in der ersten und zweiten Duma als Abgeordneter für die Region Se-
   mipalatinsk saß, vgl. Bennigsen / Lemercier-Quelquejay, Islam in the Soviet Union, S. 86,
   242 u.ö.; A.-A. Rorlich, Bukeykhanov, in: Blackwell's Encyclopedia, S. 311 f.; E.J. Lazzerini, Bukeikhanov, in: MERSH Bd. 5, S. 232 f. (mit Hinweisen auf weitere Literatur);
[205] Vgl. dazu Stichwort: Alash-Orda, in MERSH Bd. 1, S. 97; Bennigsen / Lemercier-Quelquejay, Islam in the Soviet Union, S. 46 f., 93 ff. u.ö.; T. Eleuov, Alaš, in: SIÈ Bd. 1, Sp. 331 f.
[206] Vgl. Dimanštejn, Revoljucija i nacional'nyj vopros, Bd. 3, S. 362 f.; auch bei Browder / Kerensky, Provisional Government, Bd. 1, S. 416.

Auskommen und eine halbunabhängige Stellung auch gesichert habe, bevor die Russen kamen.[207]

Die Siedler waren sich der Brisanz, die in den Autonomie- und Landforderungen der Einheimischen steckten, wohl bewußt. Selbst in den bisher eher ruhigen »baškirischen« Gouvernements mehrten sich die Konflikte zwischen Nicht-Russen und Russen, und im Südosten des Steppengürtels waren im Sommer 1917 bereits große Trecks unterwegs, in denen die im Vorjahr Vertriebenen in ihre angestammte Heimat zurückzukehren versuchten. Auf einer Konferenz in Vernyj (dem späteren Alma Ata, heute Almaty) beschlossen die russischen Bauern des Gebiets von Semireč'e, das Aufbegehren der Nicht-Russen mit allen Mitteln zu unterdrücken, die Rückkehr der Geflüchteten zu verhindern und auch deren Eigentum nicht wieder herauszugeben. Schließlich hatten viele die eigene Habe in der Revolte zuvor verloren, die im Semirečensker Gebiet – mit seinem hohen Anteil an Siedlern – besonders heftig gewütet hatte. Die Brutalität, mit der die Kolonisten die Rückkehr der oft halb Verhungerten verhinderten, die Exzesse, die vermutlich wieder vielen Tausenden Kazachen und Kirgizen das Leben kosteten, verhärteten die Fronten. Hier herrschte bereits der offene Bürgerkrieg, als in Zentralrußland noch davon geredet wurde, und auch daß die Provisorische Regierung über das gesamte Gebiet im September das Kriegsrecht verhängte, änderte daran wenig. Die Macht, es auch durchzusetzen, besaß sie nicht mehr.

Insofern bedauerten die Kirgizen und Kazachen ihren Sturz im Oktober nicht, und die russischen Siedler, Eisenbahner und Arbeiter wohl noch weniger. Auf parallelen Kongressen in Orenburg fanden Baškiren, Kazachen-Kirgizen und die in der Orenburger Region ansässigen Kosaken im Dezember 1917 zu einer gemeinsamen Linie. Sie sicherte den Baškiren und Kazachen-Kirgizen Autonomie zu und bestand für die Kosaken in einer antibolschewistischen Politik. So riefen Baškirischer und Kazachisch-Kirgizischer Kongreß die Autonomie beider Regionen aus; Validov übernahm die Leitung des neuen baškirischen Gemeinwesens, und Bukejchanov wurde zum Vorsitzenden der kazachischen Regierung bestellt. Umgekehrt setzten die russischen Siedler, Eisenbahner und Arbeiter auf die Bolschewiki; schließlich waren sie die »Arbeiter, Bauern und Soldaten«, auf die sich die bolschewistische »Sowjetmacht« stützen wollte, waren sie es, die in den Räten saßen, wenn es welche gab, nicht die nomadischen und halbnomadischen Stämme der Einheimischen.

---

[207] Text ihrer Resolution bei Dimanštejn, Revoljucija i nacional'nyj vopros, Bd. 3, S. 328 f.; auch bei Browder / Kerensky, Provisional Government, Bd. 1, S. 416 f.; vgl. ferner Pipes, Formation of the Soviet Union, S. 89 f.; Stichwort: Validov Rebellion of 1917-1920, in: MERSH Bd. 54, S. 151 f.

Freilich, auf sich allein gestellt, waren Baškiren und Kazachen-Kirgizen zu schwach, um sich in den folgenden, großen Auseinandersetzungen des Bürgerkrieges zu behaupten, und ihr Anschluß an die »Weißen« erwies sich bereits im Folgejahr als doppelter Fehler: Erstens zeigten sich die Generale als äußerst zurückhaltend, ja abweisend, was die baškirischen und kazachisch-kirgizischen Autonomiewünsche betraf, von ihrem Agrarprogramm gar nicht zu reden; und zweitens waren sie militärisch der schwächere Part. So wechselte Validov mit seinen baškirischen Gefolgsleuten – auf die bolschewistische Zusage hin, eine eigene Baškirische Sowjetrepublik mit weitreichenden Selbstverwaltungsrechten zu schaffen – im Februar 1919 die Fronten, und Mitte des Jahres tat die große Mehrheit der kazachisch-kirgizischen Alaš-Orda das gleiche.

Noch im Februar hatten die baškirischen Militäreinheiten (sie waren etwa 2.000 Mann stark) ein Baškirisches Revolutionskomitee (Bašrevkom) gewählt, das die oberste Instanz in allen Baškirien betreffenden Fragen sein sollte, bis die Umstände die Einberufung eines ordentlichen Baškirischen Sowjetkongresses erlaubten. Validov wurde dessen Vorsitzender. Doch als die Roten Truppen im Herbst 1919 die für Baškirien reklamierten Gebiete einnahmen und das Bašrevkom dorthin übersiedeln konnte, zeigte sich, wie schwer die eigene Autorität und die Autonomie des Landes vor Ort durchzusetzen war. Sie hatten die Mehrheit der Lokalsowjets und der Parteizellen, in denen die Russen und Tataren dominierten, gegen sich, und beide wollten auch nichts von einer Bodenumverteilung zugunsten der Baškiren wissen. So stand die baškirische Autonomie nur auf dem Papier, die Macht des Bašrevkom auch, und wer allzu stark darauf pochte, geriet in den Verdacht, ein »Nationalist« zu sein. Als das Bašrevkom von »russischem Imperialimus und Chauvinismus« sprach und sich – enttäuscht – nach Turkestan absetzte, brachen erneut bürgerkriegsähnliche Zustände aus, denen der Einmarsch der Roten Armee im Sommer 1920 ein Ende setzte. Nach gleichem Muster verlief auch die Entwicklung in den kazachisch-kirgizischen Gebieten ab; allerdings sah hier die bolschewistische Führung schon bei der Besetzung des Revolutionskomitees darauf, daß nur verläßliche Parteimitglieder, meistenteils Russen, aufgenommen wurden, die »Nationalisten« außen vor blieben und die Gründung einer Autonomen Kazachischen Sowjetrepublik (im August 1920) sich in die großen Linien des politischen Kurses, der bolschewistischen Nationalitätenpolitik, einfügte.[208]

---

[208] Vgl. zum Vorgang sowie seiner Einordnung Bennigsen / Lemercier-Quelquejay, Islam in the Soviet Union, S. 92 ff.; 101 ff.; Pipes, Formation of the Soviet Union, S. 161 ff., 172 ff.; A.-A. Rorlich, Central Asia. Revolution and Civil War; The Alash Orda; Middle Volga; in: Blackwell's Encyclopedia, S. 241 ff.; 245 f.; 251 f.

d) Südliches Mittelasien

Während Kazachen-Kirgizen in Orenburg ihr Zentrum sahen, gravitierten die südlich daran anschließenden, erst in der zweiten Hälfte des 19. Jahrhunderts an Rußland gekommenen Gebiete nach Taškent, einer Stadt mit (1910) etwa 200.000 Einwohnern. Hier war der Sitz des Generalgouverneurs von Turkestan (zu dessen Zuständigkeitsbereich auch die nördlichen Steppengebiete gehörten). Mit weitgehenden Vollmachten ausgestattet, stützte er sich auf eine Militärverwaltung, die die russische Regierung hier eingerichtet hatte, reichliche Truppenpräsenz garantierte seine Macht. Das Gebiet deckte die Hälfte des Baumwollbedarfes der Russischen Textilindustrie, seit man gegen Ende des Jahrhunderts den Anbau forciert hatte, in einem Maße, daß er in manchen Gegenden monokulturelle Züge annahm und Getreide nun eingeführt werden mußte. Der Bau zweier Eisenbahnlinien (vom Ferganatal über Taškent und Buchara ans Kaspische Meer und von Taškent quer durch die Steppe nördlich nach Orenburg) sorgten dafür, daß die Baumwolle auch abtransportiert werden konnte, zu den Fabriken nach Zentralrußland kam.

Russen besetzten die Schlüsselpositionen in der Verwaltung und beim Militär, russisch war auch der Großteil der Soldaten, der Eisenbahner und der Fabrikfacharbeiter; sie lebten in besonderen Stadtvierteln, abgeschirmt von der muslimischen Bevölkerung. Doch insgesamt machten sie nur einen winzigen Teil (1897 knapp 3 %) der Gesamtbevölkerung Mittelasiens aus.[209] Die untere Verwaltung hatte der Staat, wie bereits erwähnt, den bestehenden Einrichtungen und lokalen Eliten belassen, wie er sich überhaupt hütete, in die traditionelle, vom Islam geprägte Gesellschaftsstruktur, ihr Rechtswesen und ihre Besitzverhältnisse, einzugreifen. Im Khanat von Chiva und im Emirat von Buchara akzeptierte er sogar eine gewisse, staatsrechtliche Eigenständigkeit, selbst wenn die Konzessionen, die sie Rußland vertraglich einräumen mußten, an ihrer politischen, militärischen und wirtschaftlichen Abhängigkeit keinen Zweifel ließen.[210]

Nach der Februarrevolution ersetzte die Provisorische Regierung den Generalgouverneur von Turkestan durch ein 9-köpfiges Komitee, das aus fünf Russen und vier Muslimen bestand und sich politisch an der Position der Kadetten orientierte. Mußte schon die nationale Zusammensetzung an-

---

[209] Bauer / Kappeler / Roth, Volkszählung von 1897, Bd. 2, S. 221 f., 290 f.

[210] Vgl. zum Gesamtzusammenhang S. Becker, Russia's Central Asian Empire 1885 – 1917, in: M. Rywkin (Hg.), Russian Colonial Expansion to 1917, London / New York 1988, S. 235 ff.; ders., Russia's Protectorates in Central Asia. Bukhara and Khiva, 1865 – 1924, Cambridge, Mass. 1968; R. Pierce, Die russische Eroberung und Verwaltung Turkestans (bis 1917), in: G. Hambly (Hg.), Zentralasien (= Fischer Weltgeschichte Bd. 16), Frankfurt am Main 1966, S. 217 ff.; ders., Russian Central Asia, S. 48 ff., 141 ff.

Abb. 37:   Buchara, mit ihren 100.000 Einwohnern laut Baedeker die »rein asia-
tische Hauptstadt des gleichnamigen Emirats und die wichtigste Handelsstadt in
Mittelasien«. Unter den Hauptsehenswürdigkeiten nannte er an erster Stelle den
»sehr ausgedehnte[n] und reiche[n] Bazar«, er sei »wohl der interessanteste im
ganzen mohammedanischen Orient. Perser, Kirgisen, Hindus, Armenier, Tataren,
Afghanen, Turkmenen, Usbeken, Tadschiken erfüllen in ihren meist hellen bunten
Trachten die überdachten schmalen Gänge«. Auch die alte jüdische Gemeinde, so
wäre zu ergänzen, spielte eine wichtige Rolle im Leben der Stadt. Darüber hinaus
vermerkte der Reiseführer »c[irca] 360 Moscheen und 103 Medresen (Ge-
lehrtenschulen)«; doch er meinte zugleich, seine Leser warnen zu müssen, »bei dem
Fanatismus der Bevölkerung [sei] der Besuch dieser Bauten besser zu unterlassen«.
Die russische Kolonie wohnte nicht hier, sondern im 12 km entfernten Neu-Buch-
ara. Auf dem Bild: die große Kaljan-Moschee vom Anfang des 16. Jahrhunderts, deren Ursprünge bis ins 12. Jahrhundert zurückreichen.

gesichts der in Turkestan bestehenden Mehrheitsverhältnisse überraschen, so nicht weniger der Umstand, daß keiner der im Komitee mitwirkenden Muslime aus der Region selbst, dem südlichen Mittelasien kam (sie waren Tataren und Kazachen).[211] Tatsächlich erreichte es, mehrfach umgebildet, kaum politische Bedeutung. Vielmehr teilten sich zwei andere Institutionen die Macht: der Sowjet von Taškent und die seit Frühjahr entstandenen muslimischen Organe.

Schon im März hatte die konservative Geistlichkeit eine Versammlung (Ulema) gebildet, die für die Durchsetzung islamischen Rechts und einer entsprechenden Gerichtsbarkeit eintrat. Liberale, dschadidistische Kreise schufen dagegen einen Muslimischen Rat, der sich das politische Ziel einer Modernisierung der turkestanischen Gesellschaft und verstärkten Beteiligung der Einheimischen an der staatlichen Willensbildung setzte. Beide Richtungen trafen sich im April zu einem 1. Kongreß der Muslime Turkestans in Taškent; eine Woche lang diskutierten etwa 450 Delegierte die weitere Entwicklung Mittelasiens. Ohne noch ihre prinzipielle Haltung gegenüber Rußland zu definieren, forderten sie, daß die Siedlungstätigkeit ein Ende finden müsse, das beschlagnahmte Land den Einheimischen zurückzugeben sei und das Schicksal des Landes nicht länger nur von den Russen bestimmt werden dürfe. Um den Willen des muslimischen Teils der Bevölkerung stärker als bisher zum Ausdruck zu bringen, wurde ein Zentralrat der Turkestanischen Muslime geschaffen, bisweilen auch Nationales Zentrum genannt, und Mustafa Čokaev sein Vorsitzender. Er entstammte einer kazachischen Aristokratenfamilie, hatte an der Petersburger Universität Jura studiert, danach die Arbeit der turkestanischen Landesgruppe in der Duma koordiniert und galt als ein entschiedener Reformer.[212]

Es waren nicht zuletzt die wachsenden Versorgungsprobleme, die den Ruf, das Verhältnis zum Gesamtstaat völlig neu zu überdenken, lauter werden ließen. Sie führten der muslimischen Bevölkerung vor Augen, wie sehr der forcierte Baumwollanbau von russischen Getreidelieferungen abhängig gemacht hatte. Als sie im Frühsommer 1917 ausblieben, griff in Mittelasien der Hunger um sich. Was lag näher als die Schlußfolgerung, daß die Petrograder Politik seit jeher nur Rußland und den russischen Kolonisten nütze; der gleichzeitige Kampf der russischen Siedler gegen die rückkehrwilligen Muslime in benachbarten Semireč'e hielt die Erinnerung an die Ereignisse des Vorjahrs wach und verfestigte sie zur Überzeugung, daß es so nicht weitergehen könne. Sie schlug sich im September auf dem 2. Kongreß der

---

[211] Vgl. H. Carrère d'Encausse, Die russische Revolution und die Sowjetpolitik in Zentralasien, in: Hambly, Zentralasien, S. 239.

[212] Carrère d'Encausse, Sowjetpolitik in Zentralasien, S. 240; Pipes, Formation of the Soviet Union, S. 88 f.; Rorlich, Mustafa Chokaev (1890 – 1941), in: Blackwell's Encyclopedia, S. 317 f.

Muslime Turkestans in der Entschließung nieder, daß künftig die staatliche Autonomie Turkestans in einer Russischen Föderation durch eigene Institutionen, die auf islamischem Recht beruhten, abgesichert und statt der wirtschaftlichen Abhängigkeit von Rußland ein harmonisches Gleichgewicht zwischen Baumwoll- und Getreideproduktion gesucht werden müsse.[213]

Die Forderung, daß künftig Organe und Institutionen für Turkestan sprechen sollten, die auf islamischem Recht beruhten, war zugleich eine Kampfansage an die regionalen Sowjets, vor allem an die von Taškent. Er vertrat die Interessen der russischen Soldaten, Eisenbahner und Fabrikarbeiter, die mit der Revolution ins Abseits zu geraten, Macht und Funktionsstellen zu verlieren drohten; die Gefahr vor Augen, daß der Einfluß der Europäer sich hier von selbst erledigte, wenn erst allgemeine, freie und gleiche Wahlen zu einer Verfassungsgebenden Versammlung abgehalten wurden, ließ ihn ein Kuriensystem oder eine Quotenregelung fordern. In scharfer Opposition zu den muslimischen Organen, aber auch zur »bürgerlichen« Petrograder Regierung propagierte er unter der Führung Linker Sozialrevolutionäre bereits »bolschewistische« Positionen (die Nationalisierung der Banken, die Konfiskation der großen Güter und die Übertragung der Macht an die Sowjets), als die Bolschewiki selbst in ihm noch eine Minderheit bildeten. Und noch bevor sich die Bolschewiki in Petrograd zu diesem Schritt entschlossen, griff er Mitte September in Taškent nach der Macht.[214]

Der Putschversuch demonstrierte die Machtlosigkeit der Provisorischen Regierung wie des Turkestanischen Komitees, das sie als höchste Gewalt eingesetzt hatte. Selbst wenn er nach wenigen Tagen zusammenbrach, eineinhalb Monate später (nach der bolschewistischen Machtergreifung in Petrograd) wiederholten sich die Szenen und führten auch in Taškent zur erneuten Ausrufung »der Sowjetmacht«. Ein im November einberufener 3. Turkestanischer Sowjetkongreß billigte im nachhinein dieses Vorgehen und kündigte die Bildung eines Turkestanischen Rates der Volkskommissare (Turksovnarkom) an, dem – unter dem Vorsitz Fёdor I. Kolesovs, eines Mitglieds der bolschewistischen Fraktion und ehemaligen Angestellten bei der Orenburger Eisenbahnverwaltung – weitere sieben Bolschewiki und acht Linke Sozialrevolutionäre angehörten. Der Vorstoß des Turkestanischen Muslimischen Zentralrates, der Kontakt zu den neuen Sowjetstellen aufgenommen, die Beteiligung von Muslimen angeregt und Ausrufung der territorialen Au-

---

[213] Carrère d'Encausse, Sowjetpolitik in Zentralasien, S. 240 f.; Rorlich, Central Asia. Revolution and Civil War, in: Blackwell's Encyclopedia, S. 242.

[214] Dazu sowie zur Niederschlagung des Putschversuches durch General Korovničenko auch Browder / Kerensky, Provisional Government, Bd. 1, S. 422 ff.; die Forderungen der Muslimischen Organe, die sie an die Provisorische Regierung hatten und Korovničenko vorlegten, bei Pipes, Formation of the Soviet Union, S. 90.

tonomie Turkestans vorgeschlagen hatte, wurde dagegen abschlägig beschieden. Von einer territorialen Selbstverwaltung Turkestans befürchtete die neue Regierung eine Schwächung Sowjetrußlands, und auch die Stellungnahme zur Beteiligung der Muslime fiel negativ aus. Der Sowjetkongreß nahm mit Mehrheit eine von der bolschewistischen Fraktion eingebrachte Resolution an, in der als Begründung für die verweigerte Beteilung die »sehr unsichere Haltung der lokalen Bevölkerung« zum Sowjet angeführt wurde sowie der Umstand, daß »proletarische Organisationen der einheimischen Bevölkerung, deren Einzug in die Organe der höheren Regionalverwaltung die bolschewistische Fraktion begrüßen könnte, fehlten«.[215] Statt dessen inszenierte man den Zusammentritt eines 3. Muslimischen Kongresses, der sich vor allem aus Vertretern sozialistischer muslimischer Gruppen zusammensetzte und wunschgemäß seine Zustimmung bezeugte.

Die Vorgänge bewogen den Muslimischen Zentralrat, nicht mehr die Allrussische Konstituierende Versammlung abzuwarten, sondern zuvor schon die geforderte Autonomie auszurufen. Er berief hierzu einen 4. (außerordentlichen) Kongreß der Turkestanischen Muslime ein, und weil man die direkte Konfrontation mit der sowjetischen Regierung in Taškent scheute, wurde als Tagungsort Kokand gewählt; die Stadt, deren rd. 80.000 Einwohner ganz überwiegend (zu 96 %) Muslime waren, lag 250 km von Taškent entfernt, im Ferganatal, und schien damit dem unmittelbaren Zugriff russisch-bolschewistischer Soldaten entzogen. Obwohl Sowjetsoldaten die Hauptbahnlinien kontrollierten und damit manche Delegierte am rechtzeitigen Erscheinen hinderten, konnte der Kongreß gegen Ende November 1917 im früheren Khanspalast eröffnet werden. Er erklärte das Territorium Turkestans innerhalb einer föderativen demokratischen russischen Republik für autonom, überließ es einer Konstituierenden Versammlung Turkestans, die genauen Formen der Autonomie zu bestimmen, versprach den nationalen Minoritäten zugleich die strikte Wahrung ihrer Minderheitenrechte und konstituierte, bevor er sich auflöste, einen Volksrat mit 54 Mitgliedern (der zu zwei Dritteln aus Muslimen, zu einem Drittel aus Russen bestand) und ein kleineres Exekutivkomitee. Sie sollten als Übergangsparlament bzw. Provisorische Regierung die Geschäfte Turkestans führen, bis die turkestanische Konstituante Anfang März zusammentrat. Den Vorsitz im Parlament übernahm dabei der Führer der konservativen Ulema (Lapin), die Leitung des Exekutivkomitees Čokaev.[216]

---

[215] Zitiert bei Pipes, Formation of the Soviet Union, S. 91; zu Kolesov vgl. Stichwort: Kolesov, Fedor Ivanovich (1891 – 1940), in: MERSH Bd. 17, S. 118.

[216] B. Hayit, Die nationalen Regierungen von Kokand (Choquand) und der Alasch Orda, Münster 1950, S. 64; ders., Basmatschi. Nationaler Kampf Turkestans in den Jahren 1917 bis 1934, Köln 1992, S. 32 ff.; Pipes, Formation of the Soviet Union, S. 93.

Die damit in Turkestan etablierte »Doppelherrschaft« hielt nur bis Anfang Februar 1918. Eine Kommando probolschewistischer militärischer Kräfte setzte der muslimischen Regierung in Kokand ein Ende; der schwerbewaffnete Haufen – bestehend aus Angehörigen der Roten Garden, Einheiten der Taškenter Garnison, verstärkt durch Mitglieder der armenischen Dašnakenmiliz und deutsche wie österreichische Kriegsgefangene – kesselte die Stadt von drei Seiten ein, eröffnete mit den mitgebrachten Feldgeschützen und Haubitzen das Feuer und stürmte sie schließlich. Die muslimischen Viertel, Geschäfte, Handelsfirmen und Banken wurden geplündert, bevor die Eroberer die in Trümmern geschossene Altstadt in Flammen aufgehen ließen. Mehr als 10.000 Muslime kamen dabei um. Den militärischen Operationen waren innerstädtische Auseinandersetzungen, zwischen dem lokalen Sowjet und den muslimischen Organen vorausgegangen, innerhalb derer der Sowjet »fortschrittliche« Kräfte gegen die »Konterrevolution« zu Hilfe rief und damit die Handhabe zum Eingreifen bot. Damit ist das Grundmuster umschrieben, nach dem die Bolschewiki auch andernorts verfuhren, wo auch immer sich »antisowjetischer Widerstand« in der Folgezeit in Turkestan zeigte, das Emirat Buchara und das Khanat Chiva eingeschlossen. Es wurde dabei offenkundig, wie schwer es den muslimischen Kräften fiel, eine gleichwertige bewaffnete Macht und eine geschlossene muslimische Front dagegen zu stellen. Dazu fehlten der Grundstock einer muslimischen Militärorganisation, auf die man hätte aufbauen können; und auch mit einem die politischen Lager und Richtungen, Dörfer und Regionen, Familien- und Sippenstrukturen verbindenden »nationalen« Bewußtsein tat man sich sichtlich schwer.[217]

Das schloß erbitterten Widerstand, der sich in Kleingruppen und Bandenwesen organisierte, nicht aus. Ja, er nahm von eben jener Eroberung Kokands im Februar 1918 seinen Ausgang, verbreitete sich rasch auch auf andere Gegenden Mittelasiens und beschäftigte – als Basmači-Bewegung – mit der ihr eigenen Guerillataktik die Sowjetorgane und ihre neugegründete Rote Armee noch bis weit in die 20er Jahre.[218]

---

[217] Ausführlich dazu Hayit, Basmatschi, S. 45 ff., 51 ff.; Pipes, Formation of the Soviet Union, S. 174 ff.

[218] Zur Basmači-Bewegung (der Name bedeutet ursprünglich: Bandit, Räuber) vgl. F.R. Belk, Basmachi Revolt, in: MERSH Bd. 3, S. 152 ff.; G. Fraser, Basmachi, in: Central Asia Survey 1 (1987), S. 1 ff.; Hayit, Basmatschi; E.Ju. Jusuov, Basmačestvo. Social'no-političeskaja suščnost', Taškent 1984; R. Lorenz, Die Basmatschen-Bewegung, in: Kappeler / Simon / Brunner, Muslime, S. 235 ff.; P.P. Nikišov, Basmačestvo, in: SIĖ Bd. 2, Sp. 157 ff.; A.G. Park, Bolshevism in Turkestan 1917 – 1927, New York 1957, S. 40 ff.; Rorlich, The Basmachi, in: Blackwell's Encyclopedia, S. 246 f.;

NACHWORT

Als der Verlag zum ersten Mal an den Autor herantrat, ob er bereit sei, eine Einführung in die Probleme der Russischen Revolution zu schreiben, existierte die Sowjetunion noch. Jetzt, da das Buch fertig ist, gibt es sie nicht mehr. Das Ende der Sowjetunion hat – wie schon eingangs bemerkt – auch unser Bild von ihrem Anfang verändert. Was vorher ein Stück Gegenwart zu sein schien, war auf einmal abgeschlossen, Vergangenheit. Nun rückte die Russische Revolution viel näher an ihre historischen »Vorläuferinnen« heran, an die französische Revolution von 1789 und die deutsche, europäische von 1848. Ihre »Historisierung« ließ unverkrampfter nach Gemeinsamkeiten und Unterschieden, der Übertragbarkeit dessen fragen, was eine jahrzehntelange, kontroverse und fruchtbare Forschungsdiskussion an wissenschaftlichen Erkenntnissen zu den Ereignissen der Jahre 1789 und 1848 zutage gefördert hatte.

Der Zerfallsprozeß ließ auch verschwinden, was die Sowjetunion in ihrem Selbstverständis und in den Augen ihrer Gegner Jahrzehnte lang ausgemacht hatte: das Machtmonopol und den politischen Führungsanspruch der bolschewistischen Partei; den Marxismus-Leninismus als Staatsideologie und die sozialistische Planwirtschaft als Ökonomiemodell; den Warschauer Militärpakt und den Rat der sozialistischen Länder für Gegenseitige Wirtschaftshilfe. Die Zukunft des Landes schien nun wieder offen, und eher jenen Kräften und Ideen zu gehören, die von den Bolschewiki 1917, wie sie sagten, »auf den Abfallhaufen der Geschichte« befördert worden waren: den Anhängern eines gemäßigten, demokratischen Sozialismus; einer unabhängigen Bauernpartei; eines rechtsstaatlichen und marktwirtschaftlichen Reformliberalismus; eines rußländischen Patriotismus (bis zum nationalen, großrussischen Chauvinismus); und selbst den Anhängern der alten Monarchie. Das lenkte auch den Blick des Historikers erneut auf die Unterlegenen, die Handlungsalternativen von einst, ließ zumindest nach den Gründen ihrer Schwäche fragen.

Zu den Unterlegenen gehörten auch die Nationalitäten. Die Vehemenz, mit der sie seit der Mitte der 80er Jahre auf die politische Bühne zurückkehrten, widerlegte nicht nur die sowjetische These, daß die »nationale Frage« in der UdSSR gelöst, die weit über hundert ethnischen Gruppen im »großen Sowjetvolk« aufgegangen seien. Sie brachte ins Bewußtsein, daß die Randregionen auch 1917 eine weit größere Rolle gespielt hatten, als ihnen eine lange allzu sehr auf Partei und Sowjets, Arbeiter und Soldaten fixierte Forschung einräumen wollte. Wie in der Gegenwart so war auch ihr Auftreten 1917 höchst komplex, sträubte sich gegen einfache ideologiegeschichtliche Ableitungen und politische Generalisierungen, verwies die Rußland- und Sowjetunionforschung auf historische und sozialwissenschaftliche Untersuchungen, die dem Nationalismusphänomen in anderen Zeiten und Regionen nachgingen.

Schließlich widersprach auch dies den landläufigen Erwartungen: daß die Spitzen der kommunistischen Partei selbst es waren, die den Reformprozeß Mitte der 80er Jahre angestoßen hatten, und ihre Gliederungen, die ihn ein gutes Stück weit, bis zum Ende des Jahrzehnts trugen (bis er zu laufen gelernt hatte und sich selbständig machte). Was immer sie dazu bewegt haben mag, es mahnte einmal mehr, was für den Historiker allerdings so neu nicht ist, die Geschlossenheit selbst einer – im Kern von Anfang an – »totalitären« Partei nicht zu überschätzen. Das galt nicht nur für die Kommunisten, sondern auch für Faschisten und Nationalsozialisten, nicht nur für die KPdSU der 80er Jahre, sondern erst recht für die Anhänger Lenins 1917.

So flossen in die Darstellung über die Revolution, den Untergang des Zarenreiches und den Anfang Sowjetrußlands die Erfahrungen seines Endes mit ein, wurde für den Autor das Buch über 1917 ein wenig auch ein Buch über die zweite Hälfte der 80er Jahre, als eine vergleichbar tiefe Krise Staat, Wirtschaft und Gesellschaft erschütterte, die Verfallsprozesse erneut ineinandergriffen und sich wechselseitig verstärkten: als ein sich immer breiter Bahn brechender Prozeß der »Kommerzialisierung« die Mechanismen der Volkswirtschaft, des Planes, aushebelte und eine kaum zu steuernde Welle der »Demokratisierung« die Fundamente politischer Autorität und Legitimation unterspülte; als beide Entwicklungen die Stellung des Zentrums gegenüber der Peripherie schwächten und dort einen »Dekolonisationsprozeß« ermöglichten, der wie ein Steppenbrand um sich griff; als Völker, ethnische Gruppen sich zu Nationen erklärten und erst mehr Autonomie, dann Unabhängigkeit vom Gesamtstaat forderten; als ein Putsch, der diese Entwicklung im Sommer 1991 aufzuhalten versuchte, scheiterte und sie beschleunigte; ein halbes Jahr später löste sich die Sowjetunion auf. Wie schon diese Aufzählung zeigt, wiederholen sich geschichtliche Vorgänge nicht; aber die Kenntnis der Vergangenheit kann helfen, die Gegenwart besser zu verstehen – und das wache Auge für die Gegenwart den Blick für die Vergangenheit schärfen.

Der Verfasser hat vielen zu danken. Ein Blick auf Fußnoten und Literaturverzeichnis zeigt, daß historische Forschungen immer auf Bergen von

Büchern und Aufsätzen, in der Schuld ihrer Vorgänger, auf den »Schultern von Riesen« stehen (Robert Merton), bei einem solchen Thema zumal. Ihre Kenntnis hilft uns nicht nur, »Neuentdeckungen« zu vermeiden (wie es Hermann Heimpel einmal ausgedrückt hat), sie lehrt uns auch Bescheidenheit. Zu danken habe ich ebenso dem Verlag, der Geduld bewahrte und klaglos hinnahm, daß die »Einführung in die Probleme der Russischen Revolution« umfangreicher wurde, als ursprünglich geplant; den in- und ausländischen Bibliotheken (namentlich der Universitätsbibliothek Erlangen, der Bayerischen Staatsbibliothek München, der Public Library New York und der Library of Congress Washington), die Buch- und Zeitschriftenbestände zur Verfügung stellten; einmal mehr der Deutschen Forschungsgemeinschaft, die dazu beitrug, daß der Autor im Herbst 1989 – bei einer ersten Stoffsammlung, während eines Forschungssemesters – in der Staatlichen Bibliothek Moskau, die damals noch Leninbibliothek hieß, über Wochen ruhig Zeitung lesen konnte, Blätter des Jahres 1917 versteht sich, und nebenher die kaum weniger spannenden politischen Ereignisse, den Fall der Berliner Mauer und die zweite Session des Volksdeputiertenkongresses miterleben durfte. Die DFG half auch bei der Besorgung weiterer Zeitungen und Materialien auf Mikrofilm in den folgenden Jahren, die während eines neuen Forschungssemesters gesichtet und ausgewertet werden konnten. Hubertus F. Jahn, Ph.D., unterstützte den Autor mit manchen Bildvorlagen, Lilia Antipow und Erna Dück halfen bei der Bereitstellung und Durchsicht der Literatur, Matthias Stadelmann hat die mühselige Arbeit des Korrekturlesens und des Registers übernommen. Das Buch sei jenen gewidmet, die mit Geduld, Zuspruch und Rücksichtnahme dafür sorgten, daß es in Ruhe zu Ende gebracht werden konnte.

Anhang

1. KARTEN

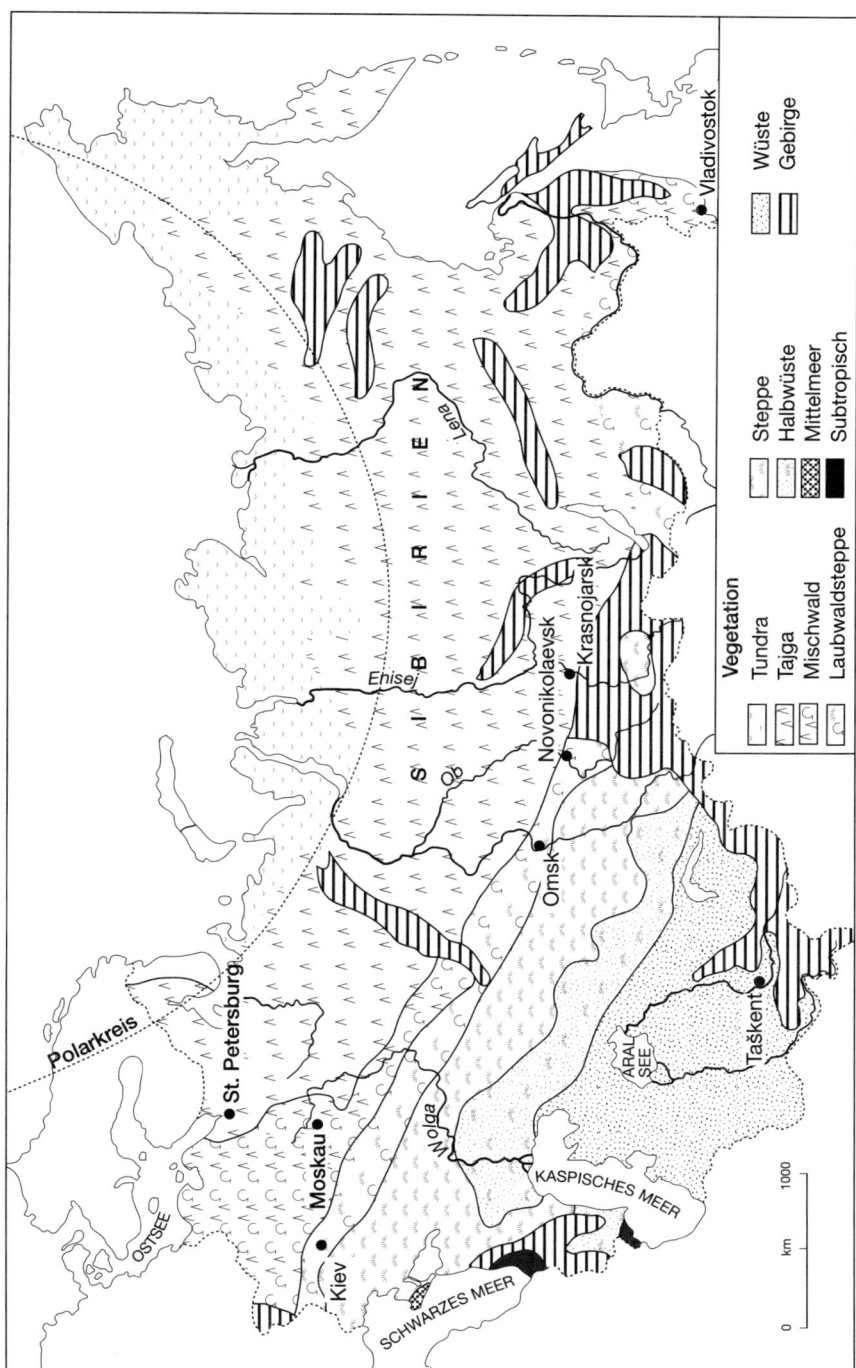

Karte 1: Die naturräumlichen Bedingungen: Klima und Vegetationszonen

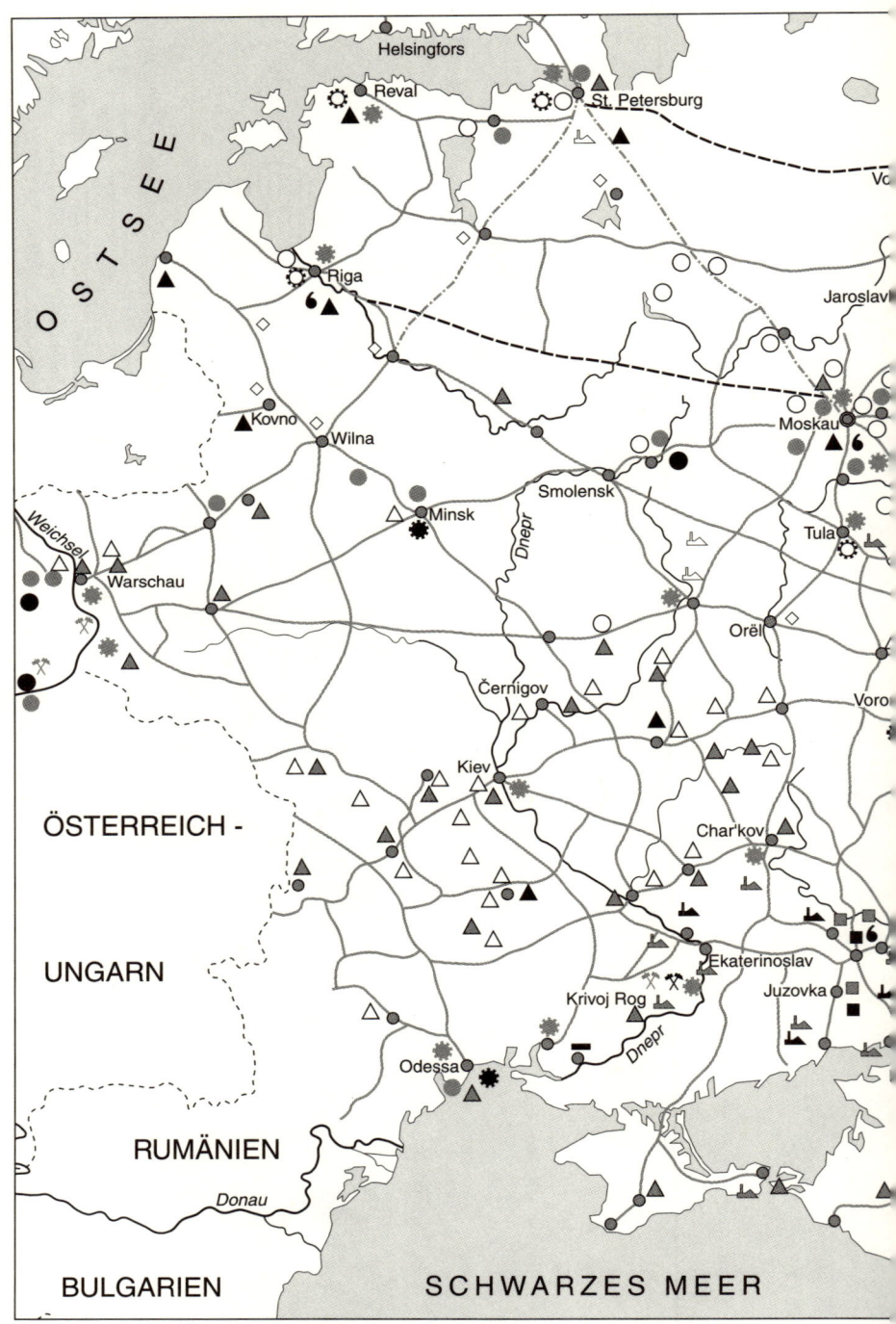

Karte 2: Die Wirtschaftsentwicklung 1860 – 1913: Eisenbahnverbindungen und Industriestandorte im europäischen Rußland

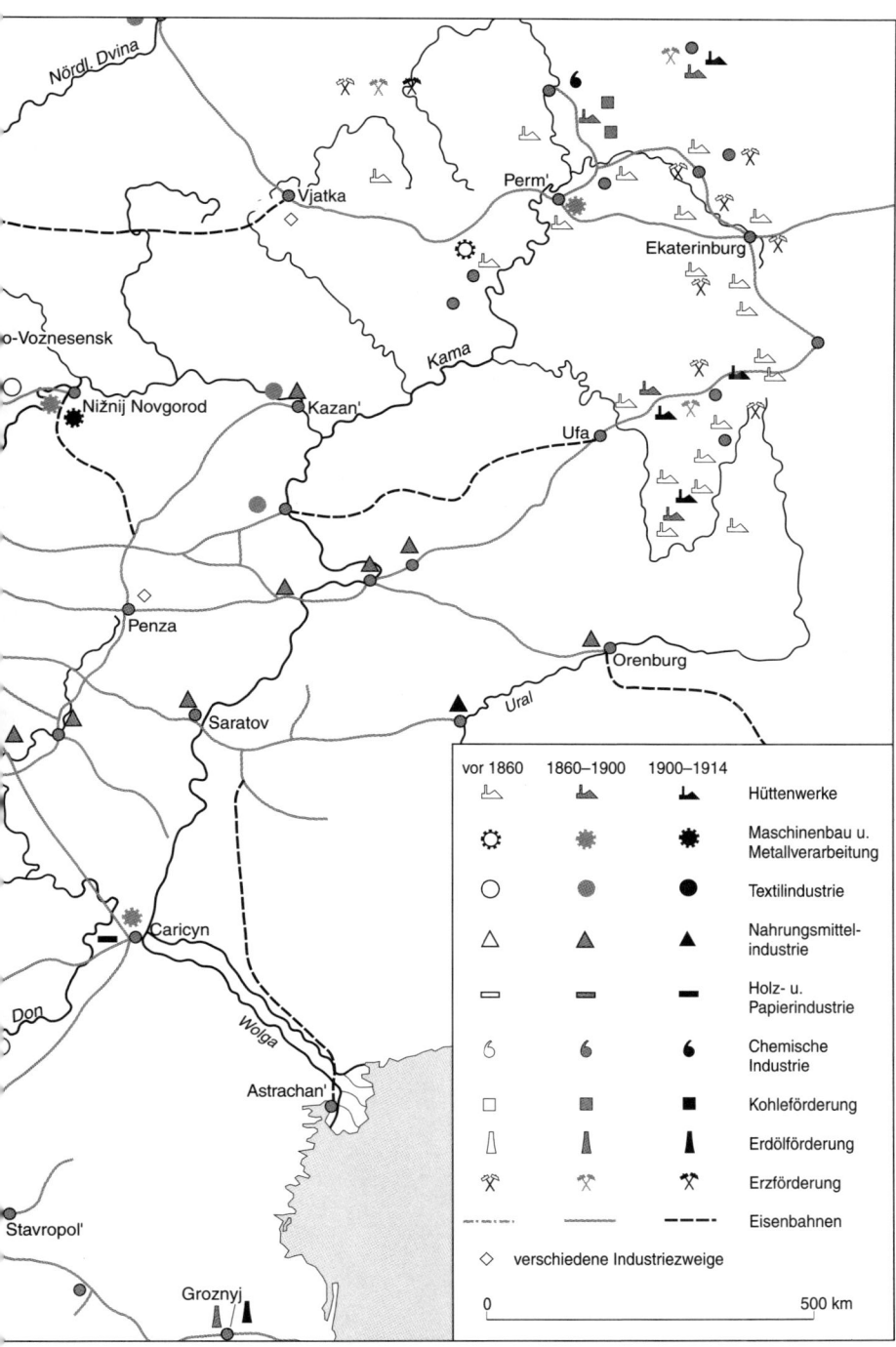

vor 1860	1860–1900	1900–1914	
⌂	⌂	⌂	Hüttenwerke
✿	✺	✸	Maschinenbau u. Metallverarbeitung
○	●	●	Textilindustrie
△	▲	▲	Nahrungsmittel-industrie
▭	▬	▬	Holz- u. Papierindustrie
6	6	6	Chemische Industrie
▫	▪	▪	Kohleförderung
⌶	⌶	⌶	Erdölförderung
⚒	⚒	⚒	Erzförderung
			Eisenbahnen
◇ verschiedene Industriezweige			

0   500 km

Map labels: Nördl. Dvina, Vjatka, Perm', Ekaterinburg, o-Voznesensk, Kama, Nižnij Novgorod, Kazan', Ufa, Penza, Orenburg, Ural, Saratov, Caricyn, Don, Wolga, Astrachan', Stavropol', Groznyj

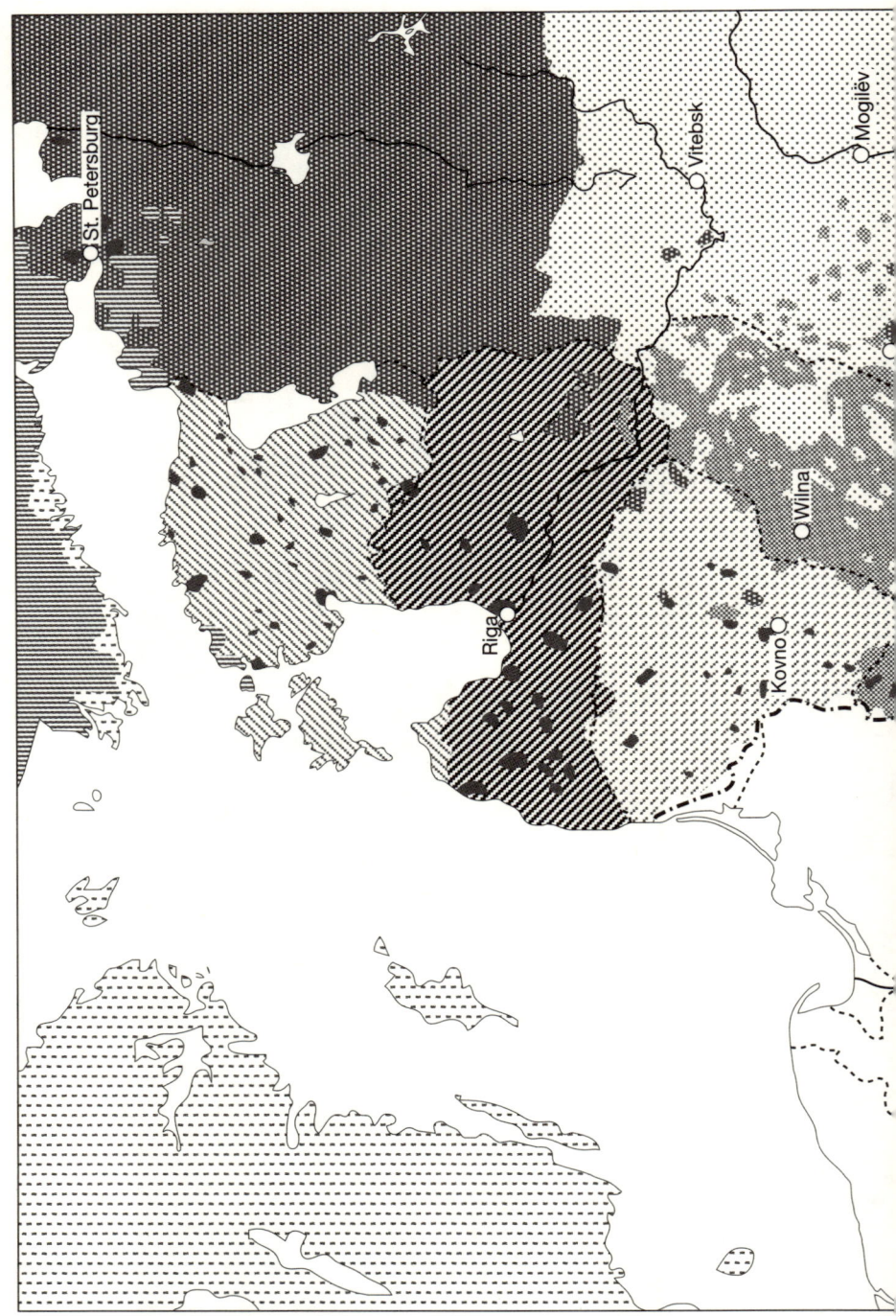

Karte 3: Sprachen und Siedlungsgebiete in den westlichen Provinzen vor dem Er-
          sten Weltkrieg

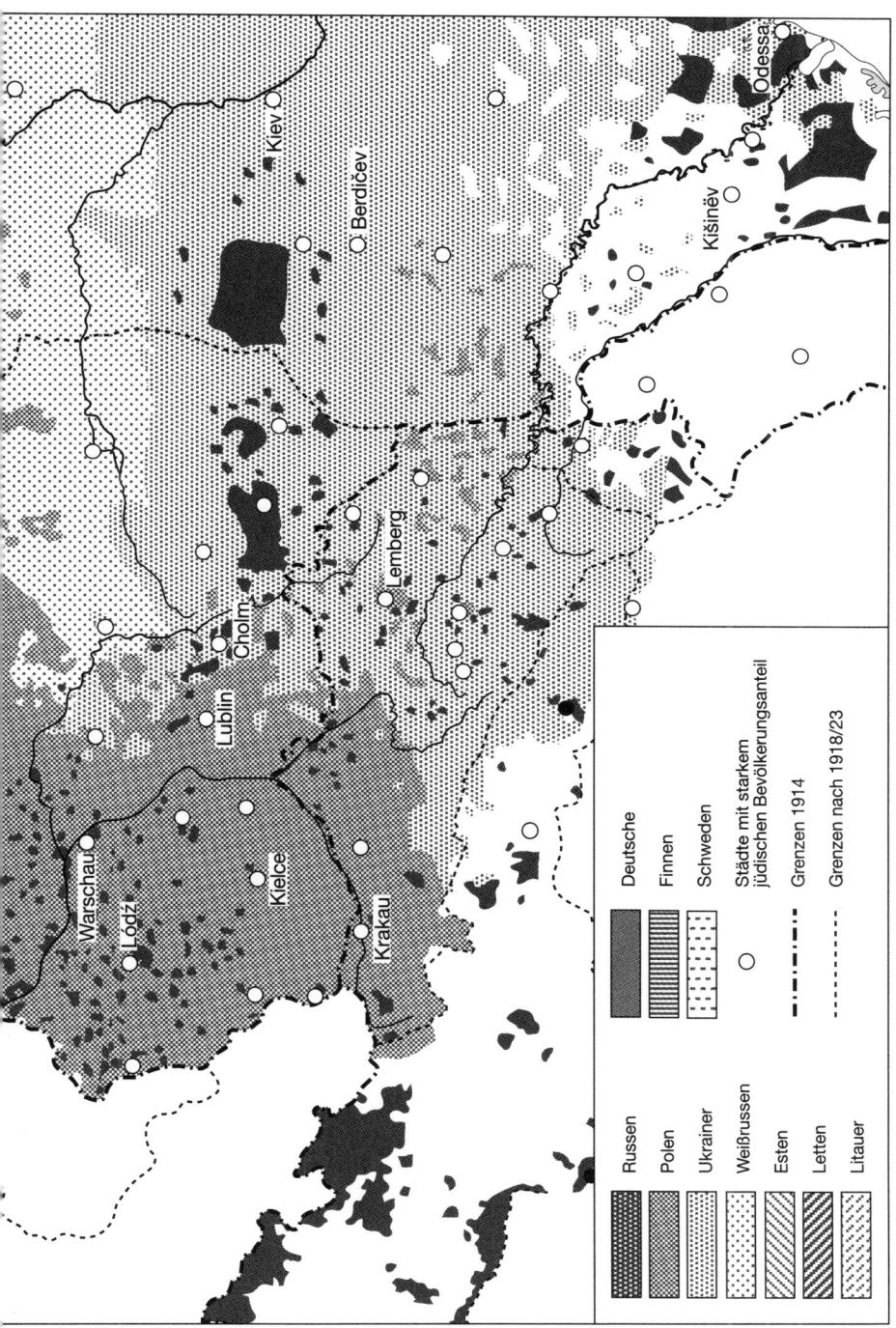

Deutsche

Finnen

Schweden

Städte mit starkem
jüdischen Bevölkerungsanteil

Grenzen 1914

Grenzen nach 1918/23

Russen

Polen

Ukrainer

Weißrussen

Esten

Letten

Litauer

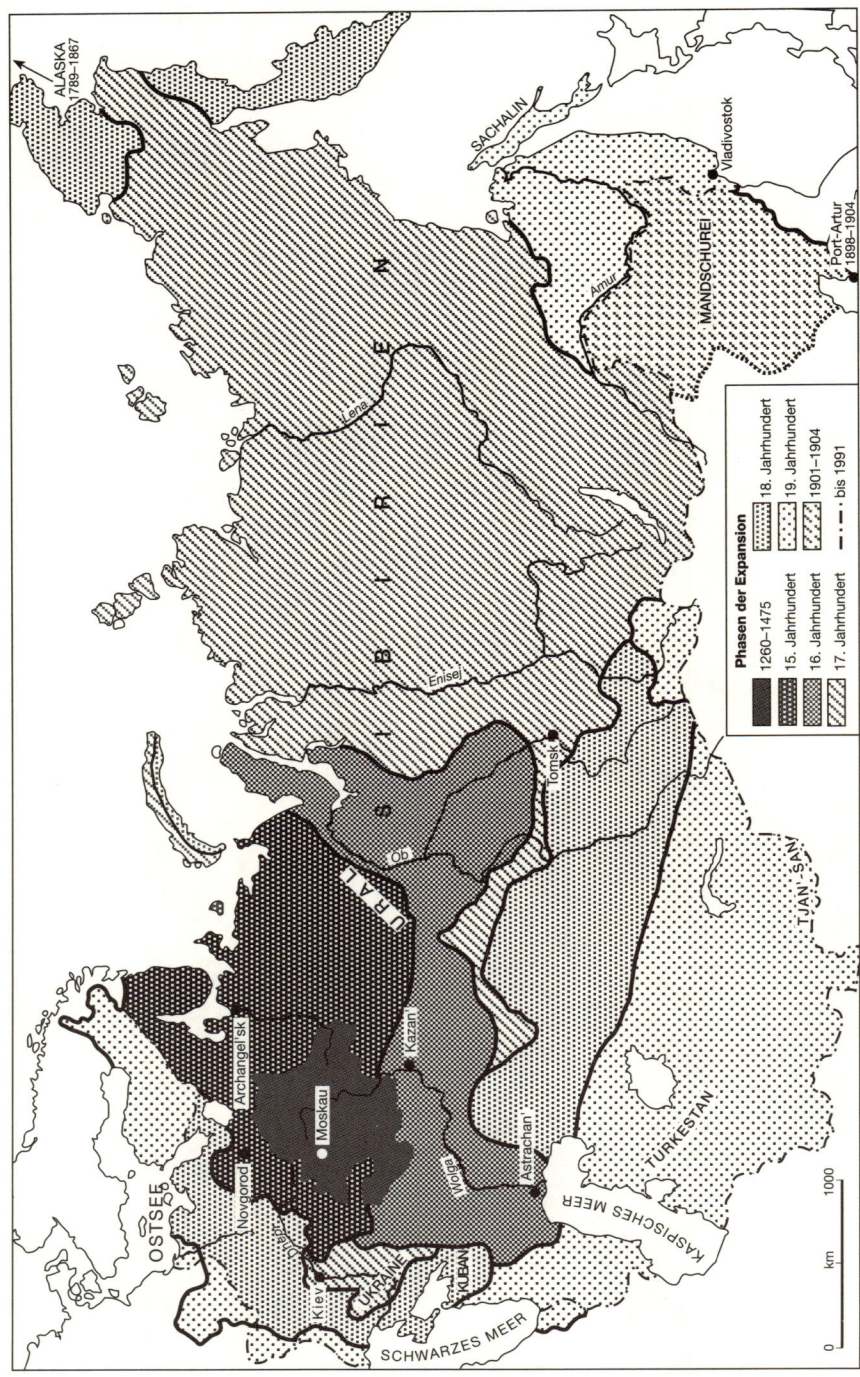

Karte 4: Die Entstehung des Vielvölkerreiches: die Entwicklung des Staatsgebietes
vom 13. bis zum Anfang des 20. Jahrhunderts

Karte 5: Rußland im Ersten Weltkrieg: der Frontverlauf im Westen 1917/18

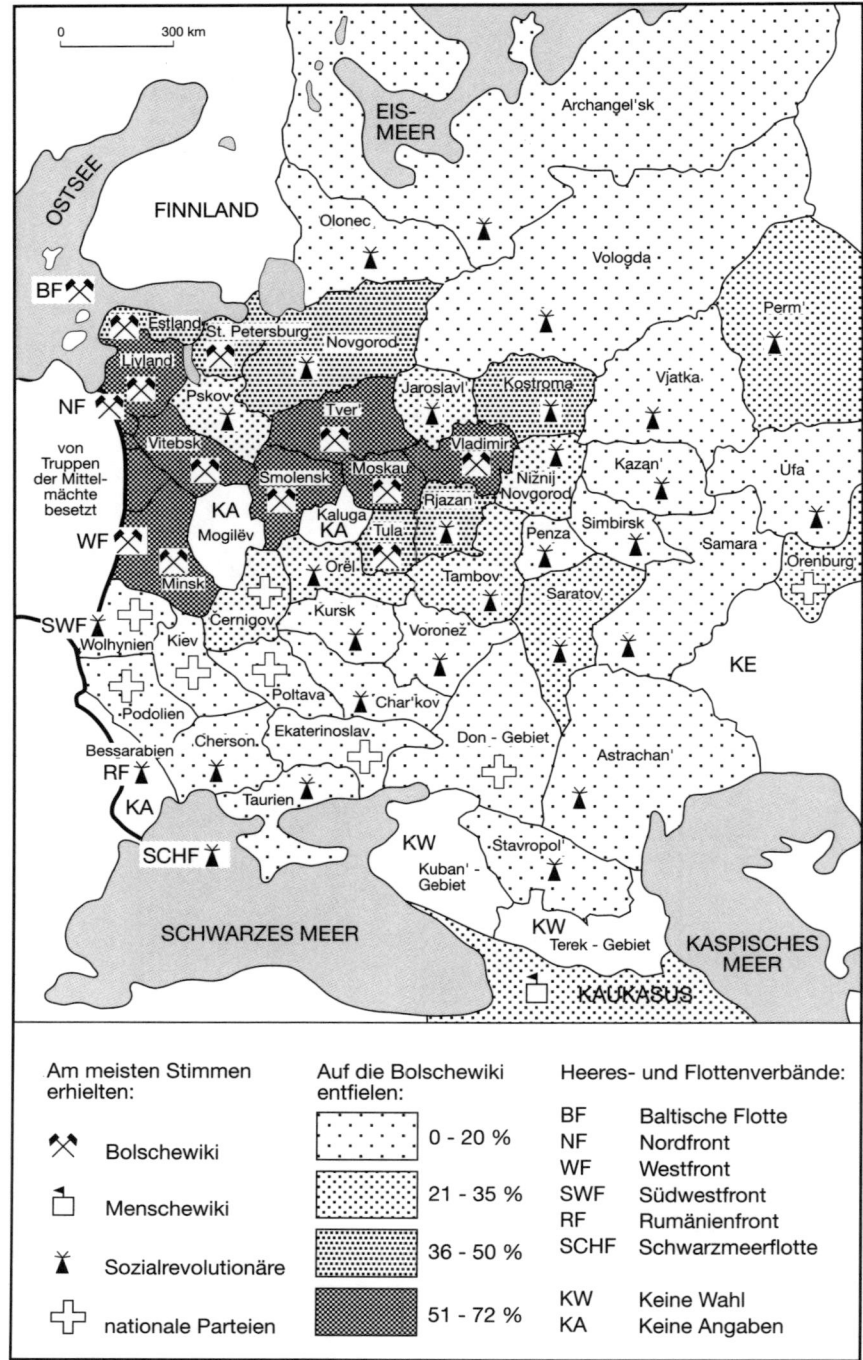

Karte 6: Die Wahlen zur Konstituierenden Versammlung: Ergebnisse in den Regionen sowie bei den Heeres- und Flottenverbänden

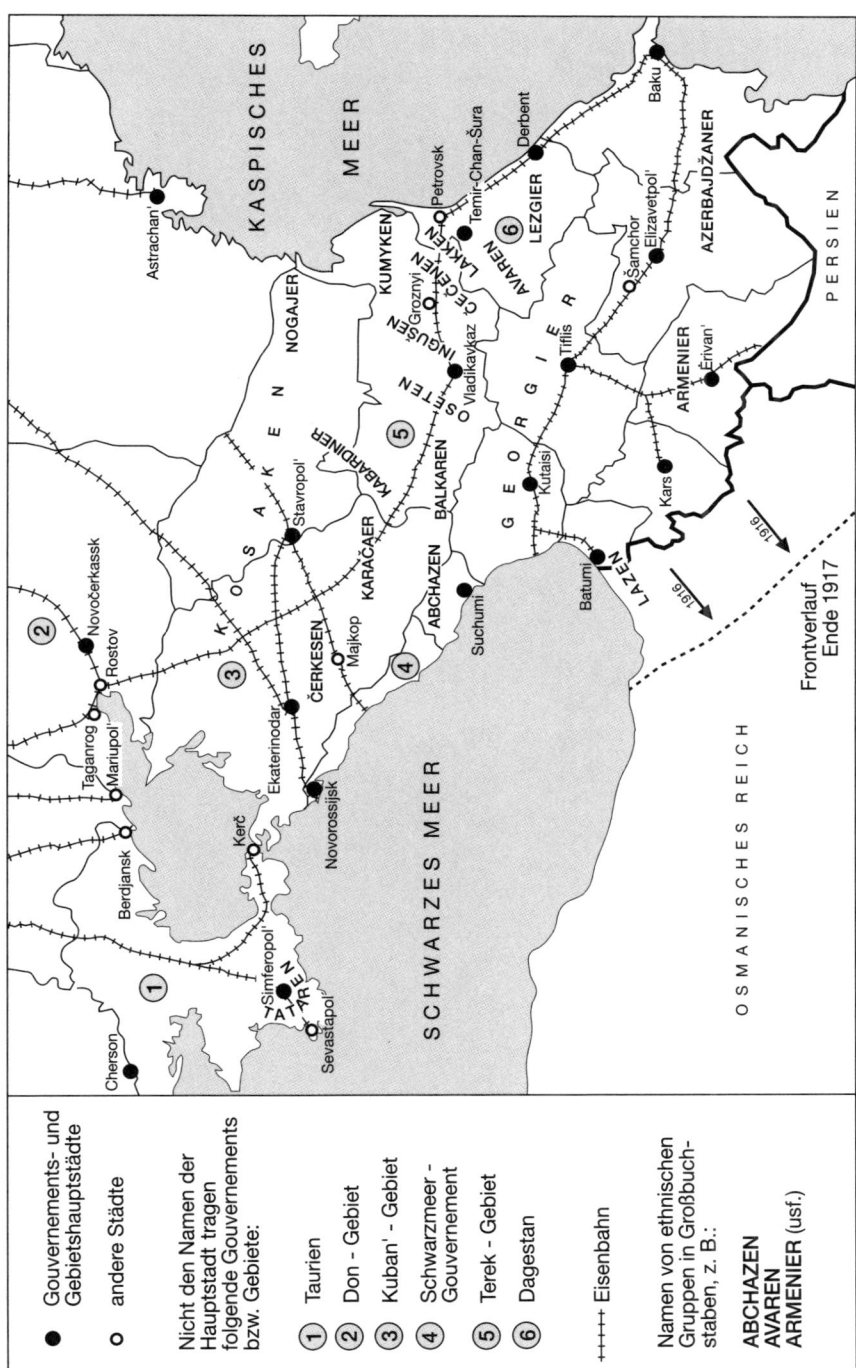

Karte 7: Die Krim, der Nord- und der Transkaukasus 1917: Topographie, Verwaltungsgliederung, ethnische Gruppen

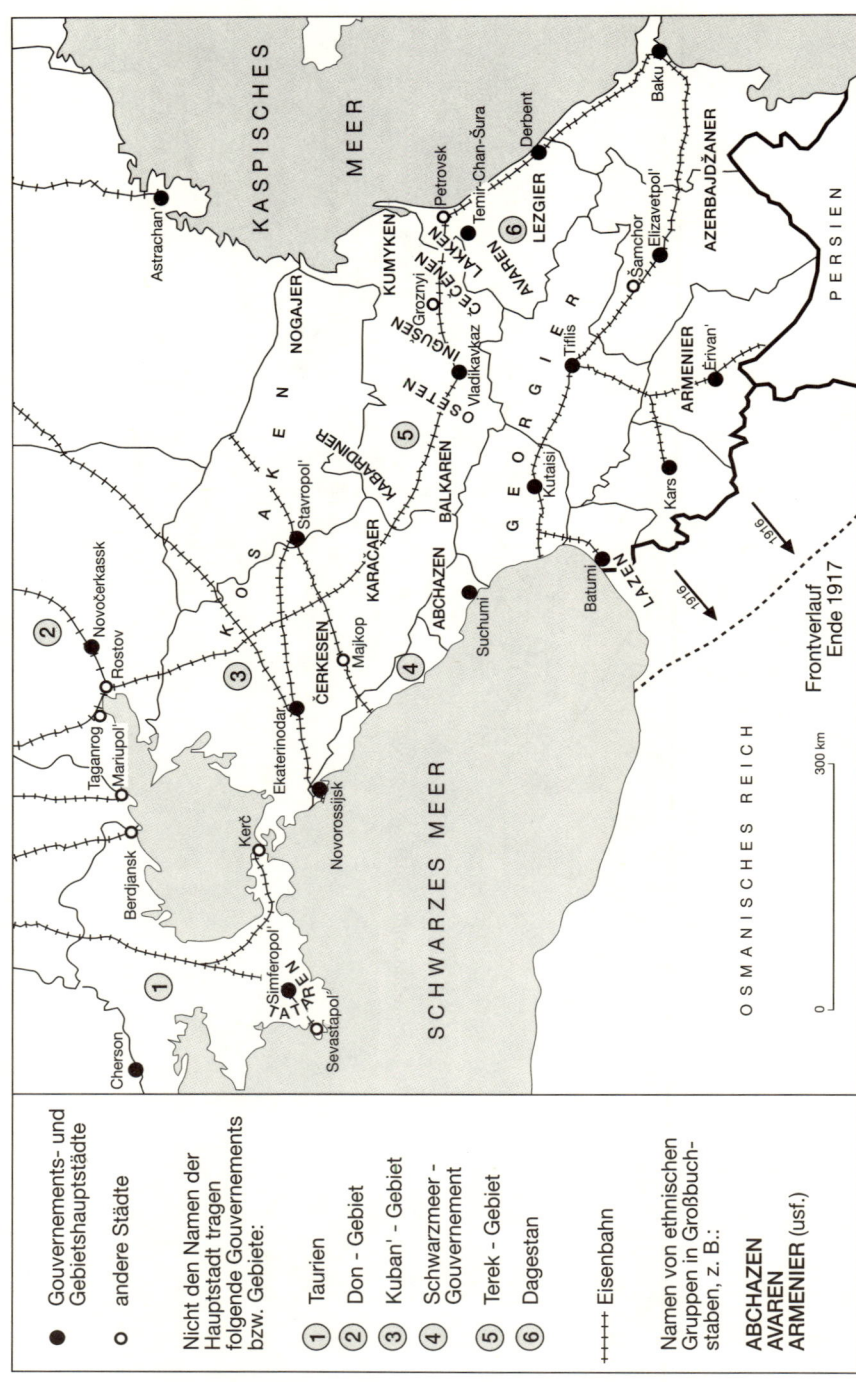

Karte 8: Turkestan 1917: Topographie und Verwaltungsgliederung

Karte 9: Der Anteil des Gutsbesitzerlandes an der Saatfläche 1916 (im europäischen Rußland, in %)

Karte 10: Regionale Schwerpunkte der Bauerunruhen 1917 (im europäischen Ruß-
           land)

2. STATISTIKEN

1. Die Entwicklung der Bevölkerung des Zarenreiches* sowie ihre Verteilung auf Stadt und Land 1858-1914

a) Angaben in Millionen

	1858	1863	1897	1914
im europäischen Rußland	60,5	62,1	98,0	134,4
davon in Städten	5,6	6,1	12,0	18,5
[städt. Bev. in %]	[9,3]	[9,8]	[12,2]	[13.8]
in Sibirien	2,9	3,1	5,7	10,0
im Kaukasus	3,1	3,0	5,5	7,3
in Mittelasien	1,3	1,5	7,7	11,1
insgesamt	67,8	69,7	116,9	162,8
davon in Städten	unvoll.Ang.	6,7	14,7	23,3
[städt. Bev. in %]		[9,6]	[12,6]	[14,3]

b) Bevölkerungswachstum (1858=100)

	1858	1863	1897	1914
im europäischen Rußland	100	102,6	162,0	222,1
davon in Städten	100	108,9	214,2	330,4
in Sibirien	100	106,9	196,6	344,8
im Kaukasus	100	96,8	177,4	235,5
in Mittelasien	100	115,4	592,3	853,8
insgesamt	100	102,8	172,4	240,1

*Angaben ohne Finnland und die polnischen Gebiete; mit ihnen betrug die Bevölkerungszahl des Zarenreiches 1914 178,4 Millionen (vgl. Tabelle 2).

Quelle: Ja.E. Vodarskij, Naselenie Rossii za 400 let (XVI – načalo XX vv.) Moskau 1973. Dabei sind die in Tabelle b abgedruckten Vergleichszahlen zum Bevölkerungswachstum nur als erste Annäherung zu betrachten; sie sind nach den bei Vodarskij – grob in Millionen – angegebenen Daten zur Bevölkerungsentwicklung errechnet.

2. Die Bevölkerung des Zarenreiches nach ständischer Zugehörigkeit (1858-1897)

	Einzelne Stände (soslovija) in % der Gesamtbevölkerung			Absolute Zahl
	1858	1870	1897	1897
Erbadel	1,03	0,8	1,0	1.220.169
und Rangbeamte	0,55	0,4	0,5	630.119
Christl. Geistlichkeit	1,10	0,9	0,5	588.947
Städtische Stände				
insgesamt	7,25	9,2		
davon				
– Ehrenbürger			0,3	342.927
– Kaufleute			0,2	281.179
– Kleinbürger (meščane)			10,6	13.386.392
Bauern	82,55	81,5	77,1	96.896.648
Militärstand	6,35	6,5		
Kosaken			2,3	2.928.842
Fremdstämmige	k.A.		6,6	8.297.965
Finnländer	k.A.		0,0	35.585
Personen ohne soslovie	1,04	0,43	0,3	353.913
Ohne Angabe des soslovie			0,1	71.835
Ausländer	0,13	0,27	0,5	605.500

Quelle: T. Steffens, Die sozialen Schichten. Ihre Stellung im Staatsrecht der ausgehenden Zarenzeit und der politische Umbruch von 1917, in: Handbuch der Geschichte Rußlands, Bd. 3, hg. von G. Schramm, hier S. 1116.

3. Die nationale Zusammensetzung der Bevölkerung des Zarenreiches, des europäischen Rußland und des Kgr. Polen 1914

	Zarenreich insg. 1914	Europ. Rußl.		Kgr. Polen	
		1870	1914	1870	1914
Gesamtbev. in Mill.	178,4	69,8	128,8	5,3	12,2
Nationalitäten in %					
Großrussen,					
Ukrainer,					
Weißrussen	65,5	79,9	80,6	11,3	6,7
Finnen,					
Esten,					
Finno-Ugrier	4,5	5,0	3,6	-	-
Litauer					
Letten	2,4	3,8	3,0	5,3	3,3
Juden	3,9	2,6	4,0	13,0	13,5
Turko-tatar. Völker	10,6	3,8	4,9	-	-
Polen	6,2	1,6	1,2	64,9	71,8
Deutsche	1,6	1,8	1,4	5,4	4,3
andere Nationalitäten	5,3	1,5	1,6	0,1	0,4

Quelle: Voenno-statističeskij sbornik. Lief. IV: Rossija, hg. von N.N. Obručev, Petersburg 1871, S. 94-96, 98; Statističeskij ežegodnik Rossii 1914 g., Petrograd 1916, S. 33-58, 63-65; hier nach: D. Beyrau, Rußland 1860-1914. Die Gesellschaft, in: Handbuch der europäischen Wirtschafts- und Sozialgeschichte, Bd. 5 (hg. von W. Fischer), Stuttgart 1985, S. 526.

4. Urbanisierungsgrad ausgewählter Ethnien des Russischen Reiches 1897

	Gesamtbevölkerung absolut	davon städt. Bevölkerung absolut	in %
Juden	5.063.155	2.502.216	49,42
Tadžiken	350.395	103.240	29,46
Deutsche	1.790.489	418.533	23,38
Armenier	1.173.096	272.801	23,25
Polen	7.931.307	1.455.527	18,35
Letten	1.435.339	230.348	16,05
Russen	55.667.469	8.825.733	15,85
Esten	1.002.738	139.544	13,92
Tataren u. Azerbajdžaner	3.700.013	417.680	11,29
Georgier	1.352.535	127.317	9,41
Ethnien Mittelasiens	7.236.947	616.076	8,51
Moldavier	1.121.669	64.132	5,72
Ukrainer	22.380.551	1.256.387	5,61
Litauer	1.659.130	52.452	3,16
Weißrussen	5.885.548	171.384	2,91
Kaukasische Bergvölker	1.438.209	28.142	1,96
Kl. Ethnien Sibiriens	696.833	7.180	1,03
Ethnien des Ural	1.492.983	15.077	1,01
Ethnien der mittl. Wolga	2.663.881	24.401	0,92
...			
Insgesamt	125.640.021	16.828.375	13.39

Quelle: H. Bauer / A. Kappeler / B. Roth (Hgg.), Die Nationalitäten des Russischen Reiches in der Volkszählung von 1897, 2 Bde., Stuttgart 1991, hier Bd. 2, S. 69 ff.

5. Verbreitung des Analphabetismus bei ausgewählten Ethnien des Reiches 1897 (Bildungsgrad von Personen älter als 10 Jahre, in % der jeweiligen muttersprachlichen Gruppe)

Muttersprache	nicht lesefähig	russisch lesefähig	andersspr. lesefähig	mehr als Elementarschule
Estnisch	5,90	29,95	63,56	0,59
Lettisch	14,97	36,58	47,81	0,63
Deutsch	21,51	31,77	40,35	6,37
Jiddisch	49,87	31,13	17,80	1,20
Litauisch	52,68	8,69	38,34	0,29
Polnisch	58,22	17,54	21,48	2,77
Russisch	70,67	27,05	0,01	2,28
Baškirisch	74,73	1,36	23,90	0,01
Weißrussisch	79,68	17,89	1,95	0,49
Georgisch	80,00	5,98	12,40	1,62
Armenisch	81,66	7,91	8,16	2,27
Ukrainisch	81,07	18,46	0,11	0,36

Muttersprache	nicht lesefähig	russisch lesefähig	andersspr. lesefähig	mehr als Elementarschule
Tatarisch	83,55	2,89	13,44	0,12
Mordvinisch	88,40	11,56	0,02	0,02
Čuvašisch	90,51	9,23	0,21	0.06
Kazachisch u. Kirgizisch	96,55	0,34	3,10	0,01
Uzbekisch	97,94	0,20	1,86	0,00
Jakutisch	99,14	0,72	0,03	0,10

Quelle: H. Bauer / A. Kappeler / B. Roth (Hgg.), Die Nationalitäten des Russischen Reiches in der Volkszählung von 1897, 2 Bde., Stuttgart 1991, hier Bd. 2, S. 231 ff.

6. Die größten Städte des Russischen Reiches 1856 und 1910

1856		1910	
St. Petersburg	490.808	St. Petersburg	1.566.000
Moskau	368.765	Moskau	1.481.240
Warschau	156.072	Warschau	781.179
Odessa	101.320	Odessa	620.143
Riga	70.463	Kiev	527.287
Kišinëv	63.469	Lodsch	415.604
Kiev	62.497	Riga	370.000
Saratov	61.610	Tiflis	303.150
Kazan'	56.257	Char'kov	244.526
Tula	50.641	Baku	232.200
Berdičev	50.281	Saratov	217.418
Wilna	45.881	Ekaterinoslav	211.905
Nikolaev	44.280	Taškent	200.191
Kursk	40.771	Wilna	192.746
Kronstadt	39.905	Kazan'	184.465

Quelle: T. St. Fedor, Patterns of Urban Growth in the Russian Empire during the Nineteenth Century (University of Chicago Department of Geography Research Paper N° 163, 1975), S. 183 – 215; hier nach: M. F. Hamm, The City in Late Imperial Russia, Bloomington 1986, S. 3.

7. Die nationale Zusammensetzung der Bevölkerung in den Großstädten des Russischen Reiches 1897 (in % zur Gesamtbevölkerung)

Stadt	Einwohner absolut	Russen in %	Ukrainer in %	Polen in %	Juden in %	Deutsche in %	Armenier in %	Muslime in %	unter übrigen größter %-Satz
Astrachan'	112.880	76,69	0,42	0,57	1,87	1,39	3,58	14,8	0,12 Mordviner
Baku	111.904	33,42	0,83	0,75	1,70	2,20	17,07	40,6	0,87 Georgier
Char'kov	173.989	63,17	25,92	2,28	5,66	1,35	0,27	0,5	0,35 Weißrussen
Ekaterinoslav	112.839	41,78	15,76	3,03	35,43	1,27	0,03	0,8	1,23 Weißrussen
Kazan'	129.959	73,41	0,53	1,14	1,00	0,76	0,03	22,0	0,39 Čuvašen
Kiev	247.723	54,20	22,23	6,69	12,08	1,76	0,03	0,8	1,13 Weißrussen
Kišinëv	108.483	27,01	3,13	2,99	45,93	1,17	0,34	0,2	17,59 Moldavier
Lodsch	314.020	2,23	0,12	46,37	29,44	21,42	0,01	0,0	0,19 Tschechen
Moskau	1.038.591	95,04	0,43	0,89	0,49	1,71	0,15	0,5	0,24 Franzosen
Odessa	403.815	49,09	9,39	4,31	30,83	2,54	0,35	0,5	1,26 Griechen
St. Petersburg	1.264.920	86,49	0,41	2,90	0,95	4,01	0,06	0,4	1,66 Finnen
Riga	282.230	15,75	0,10	4,75	6,00	23,84	0,01	0,2	45,02 Letten
Rostov	119.476	79,24	4,70	1,21	9,36	0,99	1,85	1,1	0,59 Griechen
Saratov	137.147	88,75	0,85	1,26	0,94	6,10	0,04	1,3	0,29 Mordviner
Taškent	155.673	9,63	1,67	1,42	0,92	0,36	0,02	85,8	0,03 Chinesen
Tiflis	159.590	28,09	1,68	2,59	1,84	1,82	29,53	5,4	25,79 Georgier
Tula	114.733	95,87	0,84	0,57	1,95	0,35	–	0,1	0,06 Weißrussen
Warschau	683.692	7,31	1,28	61,66	27,07	1,66	0,01	0,1	0,18 Moldavier
Wilna	154.532	20,04	0,33	30,92	40,02	1,40	0,01	0,05	2,03 Litauer

Quelle: H. Bauer / A. Kappeler / B. Roth (Hgg.), Die Nationalitäten des Russischen Reiches in der Volkszählung von 1897, 2 Bde, Stuttgart 1991, hier Bd. 2, S. 231 ff.; sowie A. Kappeler, Rußland als Vielvölkerreich. Entstehung, Geschichte, Zerfall, München 1992, S. 327.

8. Die Wahlen zur Verfassungsgebenden Versammlung 1917

a) Die Verteilung der Wählerstimmen

Parteien	abgegebene Stimmen	in %
Sozialrevolutionäre (SRy)	16.535.680	38
Sozialdemokraten (Bolschewiki)	10.536.768	24
Sozialdemokraten (Menschewiki)	1.433.909	3
kleinere sozialistische Parteien (Volks-sozialisten und andere)	640.556	1
Konstitutionelle Demokraten (Kadetten)	2.072.258	5
andere nichtsozialistische Parteien (spezielle Interessengruppen)	1.420.379	3
Religiöse und/oder rechte Gruppen	456.627	1
Ukrainische Parteien*	4.796.637	11
Turko-Tatarische Gruppen	2.384.123	5
andere nationale Parteien (Juden, Armenier, Čuvašen, Esten, Deutsche, Polen, Letten, Weißrussen, Burjaten, Baškiren, Griechen und andere)	1.862.883	4
unbestimmte Zuordnung	1.932.726	5
insgesamt Wählerstimmen	44.072.546	100

* Vor allem Gruppierung sozialrevolutionärer Ausrichtung

b) Die Verteilung der Mandate

Parteien und Gruppierungen	Anzahl der Mandate	ins-gesamt	in %
Sozialrevolutionäre	299		
Ukrainische Sozialrevolutionäre	81	380	54
Linke Sozialrevolutionäre		39	6
Bolschewiki		168	24
Menschewiki		18	3
Volkssozialisten		4	1
Kadetten	15		
Rechte	2	17	2
Muslime, Baškiren, Kirgizen	28		
Armenier	10		
Juden, Polen Letten, Esten	9		
nationale sozialrev. Gruppen	19		
Ukrainische Sozialdemokraten	2		
Kosaken	9	77	11
insgesamt		703	

Quelle: Die Angaben über die Verteilung der Wählerstimmen aufgrund einer detaillierteren Aufschlüsselung bei O. H. Radkey, Russia Goes to the Polls. The Election to the All-Russian Constituent Assembly, 1917 (with a Foreword by Sheila Fitzpatrick), Ithaca / London 1990

(NA der Ausgabe von 1950), S. 150 f.; als Gesamtzahl dort angegeben 44.218.555, hier korrigiert nach der Zahl der für die einzelnen Parteien ausgewiesenen Stimmen; in der ersten Ausgabe (ebenda S. 18 f.) kam Radkey auf 41.686.876 Stimmen, auch die Parteieneinteilung differiert geringfügig; am Gesamtergebnis ändern diese Ergänzungen nur wenig; die Angaben zur Mandatsverteilung machte der Sozialrevolutionär Svjatickij (1918), sie sind wieder abgedruckt bei Radkey, Russia Goes to the Polls, S. 23.

9. Die regionale Verteilung der Agrarunruhen (1905-07 und 1917 im Vergleich)

Region	1905-07	1917
Zentrales Schwarzerdegebiet	30,6%	21,8%
Mittlere Wolga	10,3%	16,6%
Kleinrußland und Südwesten	25,5%	14,3%
Weißrußland und Litauen	11,4%	13,9%
Zentrales Gewerbegebiet	6,7%	7,4%
Neurußland	6,5%	7,3%
Seen	3,3%	6,2%
Untere Wolga	3,4%	4,9%
Ural	1,5%	4,1%
Baltikum	o.A.	3,0%
Norden	0,5%	0,5%

Quelle: Die Tabelle stützt sich auf die Auswertungen bei Gill, Peasants and Government, S. 157 ff., sowie Maureen Perrie, The Russian Peasant Movement of 1905 – 1907. Its Social Composition and Revolutionary Significance, in: Past and Present 57 (1972), S. 123 ff., hier S. 128. Basis für Gill sind dabei die von Kotel'nikov / Meller, Krest'janskoe dviženie, veröffentlichten Milizmaterialien über 4.117 Fälle, Perrie stützt sich auf das Material von S.M. Dubrovskij, Krest'janskoe dviženie v revoljucii 1905 – 1907 gg., Moskau 1956 (7.165 Fälle). Beiden liegt die gleiche Regionalgliederung zu Grunde. Dabei enthält Perries Aufstellung über die Jahre 1905 – 07 für das Baltikum (hier: Kurland, Livland und Estland) keine Angaben; denn Zahlen lagen nur für das Jahr 1905 vor, obwohl die bäuerlichen Aktionen sich fortsetzten, ja wohl erst 1906 ihren Höhepunkt erreichten. Auch die baltischen Angaben für 1917 dürften nur begrenzt aussagekräftig sein: Schließlich hielten deutsche Truppen Kurland und einen Teil Livlands besetzt (und wußten bäuerliche »Übergriffe« auf Güter, deren Besitzer häufig Deutsche waren, zu verhindern). Daß der Schwerpunkt der Bewegung im Zentralen Schwarzerdegebiet (mitunter auch als Zentrales Landwirtschaftsgebiet bezeichnet), an der Mittleren Wolga und im Südwesten lag, wird auch von den Untersuchungen Kostrikins (Krest'janskoe dviženie, S. 40 f.) und Maljavskijs (Krest'janskoe dviženie v Rossii, S. 374 ff.) bestätigt, v.a. aber auch der Anteil der Unteren Wolga höher beziffert.

10. Die Ausstattung von Bauernhöfen und Gutswirtschaften mit Saatfläche in den einzelnen Wirtschaftsregionen 1916 (in Desjatinen)

Ackerkulturen	pro Bauernhof	pro Gutsbetrieb
Südwesten	2,3	170,4
Neurußland	6,9	113,0
Mittlere Wolga	4,1	110,4
Zentrales Schwarzerdegebiet	4,2	80,2
Untere Wolga	6,3	76,8
Kleinrußland	3,9	74,3
Weißrußland	3,9	40,2

Ackerkulturen	pro Bauernhof	pro Gutsbetrieb
Litauen	4,0	41,7
Zentrales Gewerbegebiet	1,9	5,5
Seen	2,6	13,6
Ural	4,2	6,2
Baltikum	7,6	99.4
Norden	1,9	12,1

Quelle: Nach Angaben bei A. Moritsch, Landwirtschaft und Agrarpolitik in Rußland vor der Revolution, Wien / Köln / Graz 1986, S. 254.

11. Hauptformen der »bäuerlichen Rechtsverstöße« 1917 nach der Milizstatistik in den einzelnen Regionen (in %)

a) Regionalunruhen, aufgeschlüsselt nach den Grundformen

Region	Land-raub	Zer-störung	Gewalt	Raub von			Vertreiben v. Arb./ Streit um Pacht
				Ernte	Holz	Gerätar	
Zentr. Schwarzerd.	26,3	21,8	6,4	8,1	15,7	8,1	13,3
Mittlere Wolga	30,5	9,8	7,2	12,4	18,9	11,4	9,7
Kleinrußl. u. SW	28,1	9,1	11,7	13,0	22,6	3,6	11,8
Weißrußl. u. Lit.	27,9	8,0	8,0	18,0	31,0	3,3	3,7
Zentr. Gewerbegeb.	25,2	10,7	11,9	19,0	21,5	5,4	6,2
Neurußland	40,3	6,2	17,2	12,8	6,2	5,7	11,5
Seen	21,7	4,8	8,5	16,3	40,7	4,2	3,7
Untere Wolga	43,2	8,8	5,7	14,1	12,8	9,2	6,1
Ural	44,4	8,0	19,1	3,7	20,4	2,5	1,8
Baltikum	18,9	25,5	27,8	8,9	4,4	14,4	-
Norden	25,0	12,5	-	25,0	25,0	-	12,5

b) Die Hauptformen bäuerlicher Unruhen, aufgeschlüsselt nach Regionen

Region	Land-raub	Zer-störung	Gewalt	Raub von			Vertreiben v. Arb./ Streit um Pacht
				Ernte	Holz	Gerätar	
Zentr. Schwarzerd.	20,3	40,9	15,1	16,9	17,2	26,4	34,9
Mittlere Wolga	18,8	15,2	13,6	17,3	17,2	30,0	20,2
Kleinrußl. u. SW	12,9	10,5	16,4	13,5	15,3	7,1	18,5
Weißrußl. u. Lit.	14,7	10,5	12,8	21,5	24,0	7,5	6,5
Zentr. Gewerbegeb.	5,1	5,6	7,4	8,7	6,4	4,6	4,3
Neurußland	7,6	3,0	10,0	5,5	1,7	4,6	7,4
Seen	3,4	1,9	4,1	5,9	9,5	2,9	2,0
Untere Wolga	8,2	4,2	3,3	6,1	3,6	7,5	4,0
Ural	6,0	2,7	7,9	1,1	4,1	1,4	0,9
Baltikum	1,4	4,9	6,4	1,5	0,5	4,6	-
Norden	0,2	0,2	-	0,4	0,2	-	0,3

Quelle: G. J. Gill, Peasants and Government in the Russian Revolution, London / Basingstoke 1979, Anhang.

12. Zeitpunkt der registrierten Inbesitznahme von Land durch die Bauern und der Rätebildung in den Amtsbezirken (volosti), jeweils in % zur Gesamtzahl

Monat	Landtransfer	Rätebildung
bis Oktober 1917 einschl.	15,2	1,98
November 1917	11,44	1,25
Dezember 1917	18,95	6,7
Januar 1918	15,01	39,42
Februar 1918	7,88	34,26
März 1918	7,88	12,89
April 1918	8,07	2,8
Mai 1918 und später	0,94	0,7
irgendwann im Frühjahr 1918	9,0	-
zu einem anderen Zeitpunkt	5,63	-
insgesamt	100	100

Quelle: S.L. Makarova, K voprosu o vremeni likvidacii pomeščič'ego zemlevladenija (Po materialam oprosnych listov Narkomzema i Mosoblispolkoma), in: I.M. Volkov / V.P. Danilov / N.A. Ivnickij / V.V. Kabanov / V.I. Kostrikin (Hgg.), Oktjabr' i sovetskoe krest'janstvo 1917 – 1927 gg., Moskau 1977, S. 114 ff.; Datenbasis: 533 bzw. 1.357 Amtsbezirke.

13. Die Nivellierung der ländlichen Besitzverhältnisse zwischen 1917 und 1919 (Besitzgruppen jeweils in % zur Gesamtzahl der Höfe)

a) Ausstattung der Höfe mit Saatfläche

	1917	1919
ohne Saatfläche	11,49	6,56
bis 1 desjatine	10,34	18,00
von 1,1 bis 2 des.	18,36	24,87
von 2,1 bis 4 des.	28,92	29,34
von 4,1 bis 6 des.	14,65	12,37
von 6,1 bis 8 des.	7,34	5,18
von 8,1 bis 10 des.	3,82	2,12
über 10 des.	5,08	1,56

b) Regionale Unterschiede in der Ausstattung mit Saatfläche

	Zentrales Schwarzerdegebiet		Untere Wolga	
	1917	1919	1917	1919
ohne Saatfläche	7,98	2,65	19,25	14,83
bis 1 desjatine	10,75	11,68	4,16	4,77
von 1,1 bis 2 des.	18,55	21,30	8,67	10,21
von 2,1 bis 4 des.	27,36	35,42	16,08	23,75
von 4,1 bis 6 des.	15,90	18,61	14,34	18,78
von 6,1 bis 8 des.	8,66	7,06	10,95	12,70

	Zentrales Schwarzerdgebiet		Untere Wolga	
	1917	1919	1917	1919
von 8,1 bis 10 des.	4,62	2,30	7,90	7,13
über 10 des.	6,18	0,08	18,65	7,83

Quelle: Sample-Untersuchung der Zentralen Statistischen Verwaltung in 25 Gouvernements; Ergebnisse mitgeteilt in Central'noe statističeskoe upravlenie (Hg.), Ėkonomičeskoe rassloenie krest'janstva v 1917 i 1919 g. (Trudy CSU tom VI vyp. 3-j), Moskau 1922, S. 20 f.

14. Verteilung der städtischen und ländlichen Lohnempfänger auf die verschiedenen Formen der Beschäftigung 1860-1917

	Anzahl der Personen (in Tausend)			Index (1860=100)	
Gruppen	1860	1913	1917	1913	1917
1. in der Industrie					
a) in Fabriken und Bergwerken	860	3.100	3.643	360,5	423,6
b) beschäftigt in der Heimind., in ländl. und städtischen industriellen Gewerbe außer a)	800	3.000	3.500	375,0	437,5
insgesamt in Industrie	1.650	6.100	7.143	367,4	430,3
2. im Bau	350	1.500	1.500	428,6	428,6
3. im Transport					
a) Wasser	500	500	} 1.857	100,0	} 363,4
b) Eisenbahn	11	815		7.409,1	
insgesamt Transport (ungefähr)	511	1.315	1.857	257,3	363,4
4. Lohnempf. in der Landwirtschaft	700	4.500	5.000	642,8	714,3
5. Sonstige Lohnarbeiter (städt. Hilfsarbeiter und Tagelöhner, Angest. in Handel, Restaurants, häusliche Dienste)	800	4.065	4.465	508,1	558,1
Insgesamt Lohnempfänger außerhalb der Industrie (Gruppen 2-5)	2.361	11.380	12.822	482,0	543,0
Insgesamt	4.021	17.480	19.965	434,7	496,5

Quelle: O. Crisp, Labour and Industrialization in Russia, in: The Cambridge Economic History of Europe, vol. VII, part 2, Cambridge / London / New York / Melbourne 1978. S. 332 ff.; ihre Tabelle (mit etwas anderer Einteilung) aufbauend auf die Angaben bei A. G. Rašin, Formirovanie rabočego klassa v Rossii. Istoriko-ėkonomičeskie očerki, Moskau 1958, S. 172, sowie L.S. Gaponenko, Rabočij klass Rossii nakanune Velikogo Oktjabrja, in: Istoričeskie zapiski 78 (1969), S. 43 f.

15. Verteilung der Fabrikarbeiter auf die verschiedenen Branchen der Industrie und deren Anteil am Bruttosozialprodukt 1887 und 1908 (jeweils in %)

Industriebranchen	Anteil an der Arbeiterschaft		Anteil am Bruttosozialprod.	
	1897	1908	1897	1908
Textilien	30,6	36,5	33,3	29,8
Nahrungsmittel	12,2	17,1	22,8	33,9
Bergbau u. Metallurgie	25,9	24,5	13,9	16,4
Metallwaren u. Maschinenbau	10,2		10,9	
Holzverarbeitung	4,1	4,1	3,6	3,7
tierische Produkte	3,1	2,8	4,7	3,5
Keramikwaren (incl. Baumater.)	6,8	k.A.	2,9	k.A.
Chemische Produkte	1,7	2,9	2,1	3,8
Papier	2,2	3,9	1,6	2,8
andere	3,2	8,2	4,2	6,1
insgesamt	100,0	100,0	100,0	100,0

Quelle: Crisp, Labour and Industrialization, S. 354.

16. Verteilung der Fabrikarbeiterschaft nach Wirtschaftsregionen 1861 – 1913

Wirtschaftsregionen	Anzahl der Arbeiter in Fabrikindustrie und Bergbau					
	in Tausend			in %		
	1861/ 1870	1891/ 1900	1913	1871/ 1870	1891/ 1900	1913
Moskauer Region	260,3	513,0	818,2	32,6	31,3	32,0
Neurußland	23,1	150,6	391,6	2,3	9,2	15,3
Seen	63,8	149,3	305,2	8,0	9,1	12,0
Ural	121,3	285,8	261,5	15,2	17,5	10,2
Zentr. Schwarzerd.	110,0	169,7	191,4	13,8	10,4	7,5
Baltikum	20,0	55,6	143,9	2,5	3,4	5,6
Südwesten	66.9	92,1	142,5	8,4	5,6	5,6
Kleinrußland	57,0	56,3	103,0	7,2	3,4	4,0
Untere Wolga	41,0	78,2	89.0	5,2	4,8	3,5
Weißrußland	12,1	29,3	46,7	1,5	1,8	1,8
Litauen	11,4	38,0	37,4	1,4	2,3	1,4
Hoher Norden	10,8	18,7	27,0	1,3	1,2	1,0
50 Gouvernements des europ. Rußland	797,7	1.637,6	2.557,4	100,0	100,0	100,0

Quelle: Rašin, Formirovanie, S. 192; wiederabgedruckt bei Crisp, Labour and Industrialization, S. 355; ihre Korrekturen wurden hier übernommen.

17. Jahresdurchschnittslöhne von Fabrikarbeitern in verschiedenen Wirtschaftsregionen und Gouvernements des europäischen Rußland 1908 – 1913 (in Rubeln)

Wirtschaftsregion / Gouvernement	1908	1909	1910	1911	1912	1913
Seen						
St. Petersburg	374	342	355	365	374	384
Novgorod	191	185	185	183	201	200
Zentrales Gewerbegebiet						
Moskau	238	228	243	241	248	252
Vladimir	192	188	186	192	190	188
Zentrales Schwarzerdegebiet						
Kursk	115	101	112	123	89	112
Neurußland						
Ekaterinoslav	421	436	429	448	424	426
Cherson	327	322	329	329	323	325
Ural						
Perm'	215	214	203	189	184	189
Ufa	214	207	222	243	242	274

Quelle: È.È. Kruze, Položenie rabočego klassa Rossii v 1900 – 1914 gg., Leningrad 1976, S. 169,
178 f., 183, 187.

18. Jahresdurchschnittslöhne in der Petersburger Industrie 1910 – 1913

a) nach Industriebranchen (in Rubel)

Industriebranche	1910	1911	1912	1913
Metallindustrie	480	523	519	516
davon: Eisen und Stahl	-	522	430	475
Maschinenbau	-	517	561	531
Druckindustrie	-	481	473	415
Holzverarbeitung	344	345	420	419
chemische Industrie	345	329	352	345
davon: chemische Erzeugnisse	-	452	409	412
Sprengstoffe	-	295	404	343
Verarbeitung tierischer Produkte	396	368	372	388
Papierindustrie	-	270	269	312
Silikatverarbeitung	293	231	277	290
Baumwollverarbeitung	251	253	261	268
Lebensmittelindustrie	286	276	268	277
im Durchschnitt	355	365	375	384

b) nach Qualifikation in der Metallindustrie 1909 und 1910 (in Rubel)

Qualifikation	1909 tägl.	1909 jährl.	1910 tägl.	1910 jährl.
Facharbeiter (masterovoj)	2,60	724,0	2,65	755,0
Hilfsarbeiter (černorabočij)	0.92	253	0,93	265,0
Lehrling (učenik)	0,43	120,0	0,44	125,0
Branchendurchschnitt	1,89	525,0	1,90	541,0

Quelle: Ė.Ė. Kruze, Peterburgskie rabočie v 1912 – 1914 gg., Moskau / Leningrad 1961, S. 349; F.A. Bulkin, Na zarje profdviženija. Istorija peterburgskogo sojuza metallistov, 1906 – 1914, Moskau / Leningrad 1924, S. 387; Lohnunterschiede zwischen den einzelnen Firmen bei Kruze, Položenie rabočego klassa, S. 173 ff.; alle drei auch bei Steffens, Arbeiter von Petersburg, S. 118, 122, 124.

19. Konzentrationsprozesse in der russischen Industrie 1901 – 1913

Wirtschafts-region / Gou-vernement	Arbeiter 1901 insges.	davon in Betrieben mit von 501 bis 1.000	über 1.000	in %	Arbeiter 1913 insges.	davon in Betrieben mit von 501 bis 1.000	über 1.000	in %
Petersburg	317.230	47.227	108.890	50	452.242	71.614	188.848	58
Petersburg	165.404	24.767	63.036	54	218.258	36.210	96.966	61
Moskau	593.823	87.949	274.102	61	771.612	105.832	445.970	72
Moskau	286.804	43.190	113.375	54	384.129	52.883	203.666	67
Vladimir	158.211	26.732	94.927	77	208.909	31.378	132.262	78
Warschau	253.399	33.761	64.376	39	353.433	56429	97.131	44
Piotrków	115.346	14.141	47.876	54	176.304	25.341	75.716	60
Wolgageb.	152.092	17.415	28.744	30	156.728	24.569	31.823	36
N.-Novgorod	33.500	2.529	13.850	50	27.839	1.653	10.585	44
Kiev	190.937	49.511	13.895	33	264.128	51.732	53.711	40
Kiev	63.046	22.846	3.813	42	77.917	21.385	16.390	48
Char'kov	204.219	36.211	35.630	35	321.434	40.508	85.074	39
Ekaterinoslav	28.391	6.477	6.730	47	39.258	3.112	15.966	50
Insges.*	1.711.700	272.074	525.637	47	2.319.577	350.682	902.557	54

* Summe aus den *Wirtschaftsregionen*. Sie decken sich nicht mit der Einteilung nach Wirtschaftsregionen in den vorangegangenen Statistiken.

Quelle: Kruze, Položenie rabočego klassa, S. 190. Dabei ist darauf zu verweisen, daß sich in der Aufstellung zwei Entwicklungen überlagern: die »vormoderne« Konzentration der Textilproduktion in Großmanufakturen und die »neuen« Konzentrationsprozesse in der Schwerindustrie. Erstere bildet den Hintergrund für den anhaltend hohen Konzentrationsgrad der Industrie im Gouvernement Vladimir, letztere schlagen sich im raschen Anwachsen des Konzentrationsgrades im Gouvernement St. Petersburg nieder. Hinweis dazu auch ebenda S. 191.

20. Der Rückgang der Industrieproduktion im Revolutionsjahr: 1917 im Vergleich
mit 1916 und 1913 (in Millionen Vorkriegsrubel und %)

Industriezweig	1913	1916	1917	1917 in % zu 1913	1917 in % zu 1916
Bergbau und Hüttenindustrie	1.003,9	941,3	528,1	52,6	56,1
Metallverarbeitung	628,1	1.888,4	1.212,9	193,1	64,2
Förd. u. Verarb. von Steinen	154,3	89,3	65,8	42,6	73,7
Holzverarbeitung	171,2	106,3	93,3	54,5	87,8
Chemische Industrie	337,7	853,5	564,1	167,0	66,1
Nahrungsm. u. Narkotika	1.505,8	1.176,0	734,8	48,8	62,5
Feste Mat. tierischer Herkunft	134,6	182,5	128,9	95,8	70,6
Baumwollverarbeitung	1.090.3	892,5	596,4	54,7	66,8
Wollverarbeitung	195,1	187,2	134,4	68,9	71,8
Flachs- u. Hanfverarbeitung	115,9	130,6	90.7	78,7	69,4
Seidenverarbeitung	49,2	38,9	21,8	44,3	56,0
Prod. versch. Faserstoffe	44,6	146,0	27,2	61,0	18.6
Papier u. polygraph. Gewerbe	152,0	126,0	99,2	65,3	78,7
Kraftübertr. u. Wasserversorg.	38,7	72,9	46,5	120,2	63,8
Gesamtindustrie	5.620,8	6.831,4	4.344,1	77,3	63,6

Quelle: A.L. Sidorov, Ėkonomičeskoe položenie Rossii v gody pervoj mirovoj vojny, Moskau
1973, S. 350; in etwas anderer Fassung auch bei H. Haumann, Kapitalismus im zaristischen
Staat 1906 – 1917. Organisationsformen, Machtverhältnisse und Leistungsbilanz im Industrialisierungsprozeß, Königstein, Ts. 1980, S. 79.

21. Steigerung der Lebenshaltungskosten während des Krieges und im Revolutionsjahr (am Beispiel Moskaus)

a) am Beispiel eines Textilarbeiterwarenkorbs 1913-1917

Jahr	Tageskosten in Kopeken	Steigerung (bei 1913=100)
1913	24,23	100
1914	26,53	109
1915	31,70	131
1916	49,47	204
1917 (Januar)	87,51	361

b) Steigerung der Lebenshaltungskosten im Vergleich zu den Löhnen zwischen Januar und Oktober 1917

Monat	Preisentwicklung Preisindex	Preisentwicklung Zuwachs in %	Tageslöhne in Rubel	Tageslöhne Index
Januar	100	-	3,00	100
Februar	102	2	3,00	100
März	102	-	2,10	70
April	103	1	3,10	103

| Monat | Preisentwicklung | | Tageslöhne | |
	Preisindex	Zuwachs in %	in Rubel	Index
Mai	125	21	2,50	83
Juni	142	14	4,80	160
Juli	159	12	4,30	143
August	175	10	5,30	177
September	196	12	6,10	203
Oktober	217	11	5,10	170

Quelle: D. Koenker, Moscow Workers and the 1917 Revolution, Princeton, N.J. 1981, S. 85, 118 f., 130 f. Dabei blieben unberücksichtigt Änderungen im Konsumverhalten (z.B. in der Ernährungsweise). Noch einmal sei ausdrücklich betont, daß die wiedergegebenen Statistiken zur Wirtschaftsentwicklung nur als Annäherungen zu betrachten sind.

22. Streiks und Streikende 1895 – 1916 (in Betrieben unter Aufsicht der Fabrikinspektion)*

Jahr	Streiks	Streikende
1895	68	31.195
1896	118	29.529
1897	145	59.870
1898	215	43.150
1899	189	57.498
1900	125	29.389
1901	164	32.218
1902	123	36.671
1903	550	86.832
1904	68	24.904
1905	13.995	2.863.173
1906	6.114	1.108.405
1907	3.573	740.074
1908	892	176.101
1909	340	64.166
1910	222	46.623
1911	466	105.110
1912	2.032	725.491
1913	2.404	887.062
1914 (Januar-Juli)	3.493	1.327.897
1914 (August-Dezember)	41	9.561
1915	928	539.528
1916	1.288	957.075

* Die Kriterien für die Unterstellung unter die Fabrik- (Bergbau- und Hütten-) Inspektion wechselten. Seit 1901 beaufsichtigte sie alle Unternehmen mit mehr als 20 Beschäftigten; Staatsbetriebe waren davon ausgenommen.

Quelle: Hier nach D. P. Koenker / W. G. Rosenberg, Strikes and Revolution in Russia, 1917, Princeton, N.J. 1989, S. 348.

23. Streiks und vermutliche Anzahl ihrer Teilnehmer nach Region* zwischen 3. März und 25. Oktober 1917

Region	Streiks		geschätzte Teilnehmer	
	Anzahl	%	in Zahlen	in %
Petrograd Region	74	7,3	28.446	1,2
Petrograd Stadt	126	12,4	403.090	16,5
Moskau Region	171	16,8	423.960	17,4
Moskau Stadt	247	24,2	450.180	18,4
Kiev Region	106	10.4	75.017	3,1
Odessa Region	28	2,7	4.418	0,2
Char'kov-Ekaterinoslav Region	70	6,9	31.381	1,3
Rostov Region	52	5,1	24.590	1,0
Transkaukasus Region	29	2,8	6.086	0,2
Kaspische Region	10	1,0	55.560	2,3
Wolga Region	40	3,9	101.590	4,2
Ural Region	25	2,5	122.270	5,0
Andere	41	4,0	715.252	29,3
Insgesamt	1.019	100	2.441.850	100,1

* Zur Regionaleinteilung vgl. die zitierte Quelle S. 336.

Quelle: Koenker / Rosenberg, Strikes and Revolution, S. 88.

24. Streiks*, Streikende und Streikbereitschaft** in den einzelnen Industriezweigen im Frühjahr, Hochsommer und Herbst 1917

a) Frühjahr

Branche	Anzahl der Streiks	beteiligte Betriebe (Minimum)	Gesamtzahl Teilnehmer (Schätzung)	Streik-bereit-schaft
Metall	88	183	409.560	3.20
Tierprodukte (Leder)	27	90	12.645	.76
Holz u. Holzprodukte	29	106	6.380	.30
Druck u. Papier	43	168	4.985	.26
Textil	58	414	37.765	.22
Chemie	11	19	1.790	.09
Nahrungsmittel	20	64	3.415	.04
Mineralien	4	18	830	.04

b) Hochsommer

Branche	Anzahl der Streiks	beteiligte Betriebe (Minimum)	Gesamtzahl Teilnehmer (Schätzung)	Streik- bereit- schaft
Metall	19	42	18.020	.38
Tierprodukte (Leder)	5	71	116.710	19.56
Holz u. Holzprodukte	3	6	760	.10
Druck u. Papier	10	89	3.840	.56
Textil	18	32	13.940	.22
Chemie	2	6	16.520	2.09
Nahrungsmittel	10	63	5.210	.18
Mineralien	1	1	450	.05

c) Herbst

Branche	Anzahl der Streiks	beteiligte Betriebe (Minimum)	Gesamtzahl Teilnehmer (Schätzung)	Streik- bereit- schaft
Metall	43	143	80.074	.68
Tierprodukte (Leder)	6	7	1.335	.09
Holz u. Holzprodukte	10	85	33.052	1.77
Druck u. Papier	16	249	9.772	.56
Textil	13	170	309.370	2.00
Chemie	4	5	640	.02
Nahrungsmittel	17	45	2.841	.04
Mineralien	2	2	215	.01

* Nicht in die Berechnung eingegangen sind dabei branchenübergreifende Streiks.
** Streikbereitschaft setzt die Streikteilnehmer zur Gesamtzahl der Arbeiter in Relation.

Quelle: Koenker / Rosenberg, Strikes and Revolution, S. 157, 247, 270.

25. Streiks und Streikintensität* in der Industrie nach Regionen 1917 (vor und nach dem 6. Juli im Vergleich)

Region**	3. März – 6. Juli		7. Juli-25. Oktober	
	Streiks	Intensität	Streiks	Intensität
Petrograd Region	27	4,9	25	34,4
Petrograd Stadt	35	81,9	26	12,7
Moskau Region	79	10,0	67	42,6
Moskau Stadt	142	49,3	58	132,8
Kiev Region	37	3,2	37	31,3
Odessa Region	9	1,2	6	1,1
Char'kov- Ekaterinoslav Region	12	2,7	29	14,2
Rostov Region	9	1,3	22	23,1
Transkaukasus Region	4	1,4	5	9,1

Region**	3. März – 6. Juli		7. Juli-25. Oktober	
	Streiks	Intensität	Streiks	Intensität
Kaspische Region	3	0,4	4	86,5
Wolga Region	9	13,0	16	74,0
Ural Region	4	3,4	16	267,4

* Streikintensität setzt die Streikteilnehmer zur Gesamtzahl der Arbeiter in der Region in Relation; Definition in zitierter Quelle S. 83.
** Zur Regionaleinteilung vgl. die zitierte Quelle S. 336.

Quelle: Koenker / Rosenberg, Strikes and Revolution, S. 321.

26. Die Sozialisierungsbewegung in den Fabriken (nach einer statistischen Erhebung in 31 Gouvernements im europäischen Rußland*, Herbst und Winter 1918/19)

a) nach »Trägern«

enteignet durch	Nov. bis Dez. 1917	Jan. bis März 1918	April bis Juli 1918	nach Juli 1918	insgesamt
Rat der Volkskommissare	10	18	250	178	456
Oberst. Volkswirtsch.rat	4	13	108	167	292
Lokale Sowjets	208	300	422	295	1.225
Lokale Volkswirtsch.räte	24	66	308	463	861
Gewerkschaften	9	33	60	39	141
andere	43	108	74	138	363
insgesamt	298	538	1.222	1.280	3.338

b) nach Größe der Betriebe

Größe der Betriebe nach der Zahl ihrer Arbeiter	Gesamt-zahl	davon enteig.		Nov.-Dez. 17		Jan.-März 17		Apr.-Juli 18		nach Juli 18	
		abs.	in %	abs.	in %	in %	abs.	in %	abs.	in %	abs.
weniger als 50	4.755	1.852	38,9	200	10,8	364	19,6	572	30,9	716	38,7
von 51 bis 200 Pers.	2.153	688	31,9	41	5,9	95	13,8	308	44,8	244	35,5
von 201 bis 500 Pers.	604	201	33,3	14	7,0	24	11,9	96	47,8	67	33,3
von 501 bis 1.000 Pers.	257	129	50,2	4	3,1	6	4,6	74	57,4	45	34,9
von 1.001 bis 5.000 Pers.	235	122	51,9	3	2,5	10	8,2	58	47,5	51	41,8
mehr als 5.000 Personen	23	19	82,4	3	15,8	–	–	10	52,6	6	31,6
unbekannt	1.515	327	21,6	33	10,1	39	11,9	104	31,8	151	46,2
insgesamt	9.542	3.338	35,0	298	8,9	538	16,1	1.222	36,6	1.280	38,4

*Auf dem durch die Erhebung erfaßten Gebiet befanden sich 1913 54,6 % aller russischen Industrieunternehmen; sie beschäftigten 68,9 % aller Arbeiter.

Quelle: V.Z. Drobižev, Glavnyj štab socialističeskoj promyšlennosti (očerki istorii VSNCH 1917 – 1932, Moskau 1966, S. 50, 100; auch in ders., Socialističeskoe obobščestvlenie promyšlennosti v SSSR. Po materialam promyšlennoj perepisi 1918 g., in: Voprosy istorii 39 (1964), N° 6, S. 58, 63.

27. Der Verfall der Industrie und der Verlust industrieller Arbeitsplätze in Petrograd 1917-1918

Industriebranche	Anzahl der Unternehmen	stillgel. bis 1.4.18	Arbeiter am 1.1.17	Arbeiter am 1.4.18
Textil	45	10	37.478	31.855
Kleidung	26	8	5.238	1.781
Papier	30	7	4.829	3.784
Druck	147	6	14.508	20.432
Holzbearbeitung	52	21	4.956	2.293
Metall	213	109	167.192	43.129
Mineralien	18	8	2.323	645
Leder	35	8	11.181	7.680
Nahrungsmittel	47	12	13.000	10.075
Chemie	55	17	22.535	5.691
Elektrotechnik	28	6	13.371	5.095
Energie	11	-	1.831	1.778
Schiff-, Wagen-, Auto-, Flugzeugbau	39	11	29.850	8.024
optische und med. Geräte	25	6	5.490	3.807
Gummi	2	2	17.228	2.641
Insgesamt	773	231	351.010	148.710

Quelle: M.N. Potechin, Pervyj sovet proletarskoj diktatury, Leningrad 1966, S. 253; wiederabgedruckt auch bei Smith, Red Petrograd, S. 245.

3. QUELLEN- UND LITERATURHINWEISE

a) Quelleneditionen, Statistische Sammelbände, Zeitungen, Memoiren (von den Zeitungen wurde, wenn nicht anders vermerkt, der Jahrgang 1917 benutzt):

Altrichter, Helmut / Haumann, Heiko (Hgg.), Die Sowjetunion. Von der Oktober-revolution bis zu Stalins Tod. Dokumente, 2 Bde., München 1986/87.

(Babin, Aleksej V.), A Russian Civil War Diary. Alexis Babine in Saratov, 1917 – 1922, hg. von Donald J. Raleigh, Durham / London 1988.
Brovkin, Vladimir N. (Hg.), Dear Comrades. Menshevik Reports on the Bolshevik Revolution and the Civil War, Stanford 1991.
Browder, Robert Paul / Kerensky, Alexander F. (Hgg.), The Russian Provisional Government 1917. Documents, 3 Bde., Stanford 1961.

Cereteli, Iraklij Georgievič, Vospominanija o Fevral'skoj revoljucii, 2 Bde., Paris 1963.
(Černov, Viktor Michajlovič) Victor Chernov, The Great Russian Revolution, New York 1966.

Dekrety Sovetskoj vlasti, hg. von Institut Marksizma-Leninizma pri CK KPSS / In-stitut istorii Akademii nauk SSSR, Moskau 1957 ff. (bisher 13 Bde).
Delo naroda. Organ Central'nogo komiteta partii Socialistov-Revoljucionerov.
Denikin, Anton Ivanovič, Očerki russkoj smuty. Bd. 1: Krušenie vlasti i armii, fev-ral' – sentjabr' 1917 g.; Bd. 2: Bor'ba generala Kornilova, avgust 1917 g. – aprel' 1918 g., Reprint Moskau 1991.
Dimanštejn, S.M. (Hg.), Revoljucija i nacional'nyj vopros, Bd. 3, Moskau 1930 (die Bände 1 und 2 sind nie erschienen).

Ėkonomičeskoe položenie Rossii nakanune Velikoj Oktjabr'skoj socialističeskoj re-voljucii. Dokumenty i materialy, 3 Bde., Leningrad 1957 – 1967.
Ėkonomičeskoe rassloenie krest'janstva v 1917 i 1919 g., hg. vom Central'noe stati-stičeskoe upravlenie (tom VI, vyp. 3-j), Moskau 1922.

Galili, Z(iva) / Nenarokov, A. / Chejmson (Haimson), L(eopold H.) (Hgg.), Men'ševiki v 1917 godu. V 3 tomach. Bd. 1: Ot janvarja do ijul'skich sobytij, Mo-skau 1994; Bd. 2: Ot ijul'skich sobytij do kornilovskogo mjateža, Moskau 1995.
Ganelin, Rafail Solomonovič / Ulanov, Valerij Anatol'evič (Hg.), Krušenie carizma. Vospominanija učastnikov revoljucionnogo dviženija v Petrograde (1907 g. – fe-vral' 1917 g.), Leningrad 1986.

Gaponenko, Luka Stepanovič (Hg.), Revoljucionnoe dviženie v russkoj armii v 1917 g., 27 fevralja – 24 oktjabrja. Sbornik dokumentov, Moskau 1925.

Golder, Frank Alfred (Hg.), Documents of Russian History 1914 – 1917, Gloucester, Mass. 1964 (1. Ausg. 1927).

(Gor'kij, Maksim) Maxim Gorkij, Unzeitgemäße Gedanken über Kultur und Revolution. Geschrieben von Maxim Gorkij in Petrograd und veröffentlicht in der Tageszeitung »Novaja Žizn'« (Neues Leben) von 1917 bis 1918, hg. von B. Scholz, Frankfurt am Main 1974.

(Got'e, Jurij Vladimirovič) Time of Troubles. The Diary of Iurii Vladimirovich Got'e, hg. von Terence Emmons, Princeton, N.J. 1988.

Grave, B.B. (Hg.), Buržuazija nakanune Fevral'skoj revoljucii, Moskau / Leningrad 1927.

Hahlweg, Werner (Hg.), Der Friede von Brest-Litovsk. Ein unveröffentlichter Band aus dem Werk des Untersuchungsausschusses der Deutschen Verfassungsgebenden Nationalversammlung und des Deutschen Reichstags, Düsseldorf 1971.

Hellmann, Manfred (Hg.), Die russische Revolution 1917. Von der Abdankung des Zaren bis zum Staatsstreich der Bolschewiki, 2. Aufl. München 1969.

Hippius, Sinaida, Petersburger Tagebuch, Berlin / Weimar 1993.

Izvestija Central'nogo Ispolnitel'nogo Komiteta Sovetov krest'janskich, rabočich i soldatskich deputatov i Petrogradskogo Soveta rabočich i soldatskich deputatov [wechselnde Untertitel, von Anfang März bis Ende Juli 1917: Izvestija Petrogradskogo Soveta rabočich i soldatskich deputatov].

Izvestija Osobago Soveščanija dlja izgotovlenija proekta položenija o vyborach v Učreditel'noe sobranie, Petrograd 1917.

Izvestija Vserossijskoj po delam o vyborach v Učreditel'noe sobranie komissii, Petrograd 1917.

Kakurin, N.E. (Hg.), Razloženie armii v 1917 godu (Centrarchiv, 1917 god v dokumentach i materialach), Moskau / Leningrad 1925.

Keep, John L.H. (Hg.), The Debate on Soviet Power. Minutes of the All-Russian Central Executive Committee of Soviets, Second Convocation, October 1917 – January 1918, Oxford 1979.

(Kerenskij, Aleksandr Fëdorovič) Die Kerenski-Memoiren. Rußland und der Wendepunkt der Geschichte, Wien / Hamburg 1966.

(Kerenskij, Aleksandr Fëdorovič) Alexander Kerenski, Erinnerungen. Vom Sturz des Zarentums bis zu Lenins Staatsstreich, Dresden 1928.

Kotel'nikov, K.G. / Meller, V.L. (Hgg.), Krest'janskoe dviženie v 1917 godu (Centrarchiv. 1917 god v dokumentach i materialach), Moskau / Leningrad 1927.

Krasnyj archiv. Istoričeskij žurnal (hg. vom Central'yj archiv RSFSR), Moskau 1922 ff.; daraus
– Agrarnoe dviženie v 1917 g. (mit einem Vorwort von M. Martynov), in: KA Bd. 14 (1926), S. 182 ff.;

– Aprel'skie dni 1917 goda v Petrograde (bearb. von V. Rachmetov), in: KA Bd. 33 (1929), S. 64 ff.;
– Bol'ševizacija fronta v predijul'skie dni 1917 g., in: KA Bd. 58 (1933), S. 86 ff.;
– Bor'ba za zemlju v 1917 g., in: KA Bd. 78 (1936), S. 85 ff.;
– Doklad petrogradskogo Ochrannogo otdelenija osobomu otdelu departamenta policii, oktjabrja 1916 g., in: KA Bd. 17 (1926), S. 3 ff.;
– Fevral'skaja revoljucija 1917 goda. Dokumenty Stavki verchovnogo glavnokommandujuščego i štaba glavnokomandujuščego armijami Severnogo fronta, in: KA Bd. 21 (1927), S. 3 ff.; Bd. 22 (1927), S. 3 ff.;
– Fevral'skaja revoljucija v Baltijskom flote. Iz dnevnika I.I. Rengartena, in: KA Bd. 32 (1929), S. 99 ff.;
– Fevral'skaja revoljucija v Petrograde. Materialy voennoj komissii Vremennogo komiteta Gosudarstvennoj dumy, in: KA Bd. 41/42 (1930), S. 78 ff.;
– Finansovoe položenie Rossii pered Oktjabr'skoj revoljuciej (mit einem Vorwort von B.A. Romanov), in: KA Bd. 25 (1927), S. 3 ff.;
– Ijul'skie dni v Petrograde (bearb. von I. Tobolin), in: KA Bd. 23 (1927), S. 1 ff.; Bd. 24 (1927), S. 3 ff.;
– Inostrannye diplomaty o revoljucii 1917 g. (bearb. von A. Popov), in: KA Bd. 24 (1927), S. 108 ff.;
– K istorii gvozděvščiny. ›Bjulleteni‹ Rabočej gruppy Central'nogo voenno-promyšlennogo komiteta, in: KA Bd. 67 (1934), S. 29 ff.;
– K istorii ›Rabočej gruppy‹ pri Central'nom voenno-promyšlennom komitete, in: KA Bd. 57 (1933), S. 43 ff.;
– Mart – maj 1917 goda (mit einem Vorwort von Ja.A. Jakovlev), in: KA Bd. 15 (1926), S. 30 ff.;
– Moskovskij Voenno-Revoljucionnyj komitet, in: KA Bd. 23 (1927), S. 64 ff.;
– Oktjabr' na fronte (bearb. von I. Tobolin), in: KA Bd. 23 (1927), S. 149 ff.; Bd. 24 (1927), S. 71 ff.;
– Oktjabr'skaja revoljucija v Baltijskom flote. Iz dnevnika I.I. Rengartena (mit einem Vorwort von A. Drezen), in: KA 25 (1927), S. 34 ff.;
– Pis'ma I.I. Voroncova-Daškova Nikolaju Romanovu (hg. von S. Semennikov), in: KA 26 (1928), S. 97 ff.;
– Političeskoe položenie Rossii nakanune Fevral'skoj revoljucii v žandarmskom osveščenii (mit einem Vorwort von M.N. Pokrovskij), in: KA 17 (1926), S. 3 ff.;
– Progressivnyj blok v 1915 – 1917 gg. (bearb. von N. Lapin), in: KA Bd. 50/51 (1932), S. 117 ff.; Bd. 52 (1932), S. 143 ff.; Bd. 56 (1933), S. 80 ff.;
– Revoljucionnaja propaganda v armii v 1916 – 1917 gg. (mit einem Vorw. von I.R. Gelis), in: KA Bd. 17 (1926), S. 36 ff.;
– Sojuz zemel'nych sobstvennikov v 1917 godu (bearb. von O. Čaadaeva), in: KA Bd. 21 (1927), S. 97 ff.;
– Soldatskie pis'ma v gody mirovoj vojny (hg. von O.A. Čaadaeva), in: KA Bd. 65/66 (1934), S. 118 ff.;
– V carskoj armii nakanune Fevral'skoj buržuazno-demokratičeskoj revoljucii (bearb. von P. Bilyk), in: KA Bd. 81 (1937), S. 105 ff.;

– Vremennoe pravitel'stvo i Učreditel'noe sobranie (hg. von N. Rubinštejn), in: KA Bd. 28 (1928), S. 107 ff.

Lenin, V(ladimir) I(l'ič), Werke (nach der 4. russischen Auflage), Berlin 1955 ff.
Lorenz, Richard (Hg.), Die russische Revolution. Der Aufstand der Arbeiter, Bauern und Soldaten. Eine Dokumentation, München 1981.

Malčevskij, I.S. (Hg.), Vserossijskoe Učreditel'noe sobranie (Centrarchiv. 1917 god v dokumentach i materialach), Moskau / Leningrad 1930.
(Miljukov, Pavel Nikolaevič) Prof. P.N. Milukow, Geschichte der zweiten russischen Revolution. Gegensätze der Revolution, Wien / Berlin / Leipzig / New York (o.J.).
(Miljukov, Pavel Nikolaevič) Paul Miliukov, Political Memoirs, 1905 – 1917, Ann Arbor 1967.
(Miljukov, Pavel Nikolaevič) Paul Miliukov, Rußlands Zusammenbruch, 2 Bde., Berlin 1925.
Miljukov, Pavel Nikolaevič, Vospominanija, 1859 – 1917, 2 Bde., New York 1955.
Moskovskij Voenno-Revoljucionnyj komitet. Oktjabr' – nojabr' 1917 goda, Moskau 1968.

(Nabokov, Vladimir Dmitrievič) Wladimir D. Nabokow, Petrograd 1917. Der kurze Sommer der Revolution, Berlin 1992 (russ. Ausg. in Archiv russkoj revoljucii, Berlin 1922).

Oganovskij, N.P. (Hg.), Sel'skoe chozjajstvo Rossii v XX veke. Sbornik statistiko-èkonomičeskich svedenij za 1901 – 1922, Moskau 1923 (Reprint 1968).
Oktjabr'skaja revoljucija i fabzavkomy. Materialy po istorii fabrično-zavodskich komitetov, 2 Bde., Moskau 1927 (NA. hg. und eingeführt von S.A. Smith, Millwood / London / Schaan 1983).

Perepiska sekretariata CK RSDRP (b) s mestnymi partijnymi organizacijami (mart-oktjabr' 1917 g.), Sbornik dokumentov, hg. von Institut Marksizma-Leninizma pri CK KPSS, Moskau 1957.
Petrogradskij sovet rabočich i soldatskich deputatov v 1917 godu. Protokoly, stenogrammy i otčěty, rezoljucii, postanovlenija obščich sobranij, sobranij sekcij, zasedaniij Ispolnitel'nogo komiteta i frakcij 27 fevralja – 25 oktjabrja 1917 goda v pjati tomach. Pod red. P.V. Volobujeva (bisher erschienen Bd. 1, über den Zeitraum 27. Februar bis 31. März), Leningrad 1991.
Petrogradskij Voenno-Revoljucionnyj komitet. Dokumenty i materialy, 3 Bde., Moskau 1966.
Protokoly Central'nogo komiteta RSDRP (b). Avgust 1917 – fevral' 1918, Moskau 1958.

Rabočaja gazeta. Organ Central'nogo komiteta Rossijskoj Social'-Demokratičeskoj Rabočej Partii (ob-edinënnoj) [wechselnde Untertitel].

Rajonnye sovety Petrograda v 1917 godu. Protokoly, rezoljucii, postanovlenija obščich sobranij i zasedanij ispolnitel'nych komitetov, 3 Bde., Moskau / Leningrad 1964.

Reč'. Eźednevnaja političeskaja, literaturnaja i ėkonomičeskaja gazeta (von der bolschewistischen Regierung im November 1917 verboten, unter wechselnden Titeln fortgesetzt).

Revoljucionnoe dviženie v armii i na flote v gody pervoj mirovoj vojny. 1914 – fevral' 1917. Sbornik dokumentov. Pod red. A.L. Sidorova, Moskau 1966.

Rodzjanko, Michail Vladimirovič, Gosudarstvennaja duma i Fevral'skaja 1917 goda revoljucija, in: Archiv russkoj revoljucii Bd. 6 (1922), S. 5 ff.

Rossija v mirovoj vojne 1914 – 1918 goda (v cifrach), hg. vom Central'noe statističeskoe upravlenie, Moskau 1925.

Russkie vedomosti. Političeskaja, obščestvennaja i literaturnaja gazeta.

Sbornik dokumentov po zemel'nomu zakonodatel'stvu SSSR i RSFSR, 1917 – 1954, Moskau 1954.

Sbornik ukazov i postanovlenij Vremennago pravitel'stva, Petrograd 1917/18.

Scheibert, Peter (Hg.), Die russischen Parteien von 1905 – 1917, Darmstadt 1972.

Šljapnikov, A(leksandr) G(avrilovič), Kanun semnadcatogo goda, 2 Bde., Moskau 1992.

Statističeskij sbornik za 1913 – 1917, hg. vom Central'noe statističeskoe upravlenie (Trudy CSU tom VII, vyp. 1 und 2), Moskau 1921/22.

(Suchanov, Nikolaj Nikolaevič) Nikolaj Nikolajewitsch Suchanow, 1917. Tagebuch der Russischen Revolution (ausgewählt, übertragen und herausgegeben von Nikolaus Ehlert), München 1967.

(Šul'gin, Vasilij Vital'evič) V.V. Shulgin, The Years. Memoirs of a Member of the Russian Duma, 1906 – 1917, New York 1991.

(Trockij, Lev Davidovič) Leo Trotzki, Geschichte der russischen Revolution, Berlin 1931 (ND Frankfurt am Main 1967 und öfter).

(Trockij, Lev Davidovič) Leo Trotzki, Mein Leben. Versuch einer Autobiographie, Berlin 1929 (ND Frankfurt am Main 1961 und öfter).

Velikaja Oktjabr'skaja socialističeskaja revoljucija. Chronika sobytij, 4 Bde., Moskau 1957 – 1961.

Velikaja Oktjabr'skaja socialističeskaja revoljucija. Dokumenty i materialy, Moskau 1957 ff.

– Gaponenko, Luka Stepanovič u.a. (Hgg.), Revoljucionnoe dviženie v Rossii posle sverženija samoderžavija, M. 1957.

– Gaponenko, Luka Stepanovič u.a. (Hgg.), Revoljucionnoe dviženie v Rossii v aprele 1917 g., Aprel'skij krizis, M. 1958.

– Čugaev, D.A. u.a. (Hgg.), Revoljucionnoe dviženie v Rossii v mae – ijune 1917 g., Ijun'skaja demonstracija, M. 1959.

– Čugaev, D.A. u.a. (Hgg.), Revoljucionnoe dviženie v Rossii v ijule 1917 g., Ijul'skij krizis, M. 1959.

– Čugaev, D.A. u.a. (Hgg.), Revoljucionnoe dviženie v Rossii v avguste 1917 g., Razgrom kornilovskogo mjateža, M. 1959.
– Čugaev, D.A. u.a. (Hgg.), Revoljucionnoe dviženie v Rossii v sentjabre 1917 g., Obščenacional'nyj krizis, M. 1961.
– Čugaev, D.A. u.a. (Hgg.), Revoljucionnoe dviženie v Rossii nakanune Oktjabr'skogo vooružënnogo vosstanija (1-24 oktjabrja 1917 g.), M. 1962.
– Čugaev, D.A. u.a. (Hgg.), Triumfal'noe šestvie Sovetskoj vlasti, 2 Bde., M. 1963.
Višnjak, Mark, Dan' prošlomu, New York 1954.
Voronin, E.P. / Gavrilov, L.M. u.a. (Hgg.), Voenno-Revoljucionnye komitety dejstvujuščej armii, 25 oktjabrja 1917 g. – mart 1918 g., Moskau 1977.

b) Literatur*

Abraham, Richard, Alexander Kerensky. The First Love of the Revolution, New York 1987.
Acton, Edward, Rethinking the Russian Revolution, London / New York / Melbourne / Auckland 1990.
Altrichter, Helmut, Die Bauern von Tver. Vom Leben auf dem russischen Dorfe zwischen Revolution und Kollektivierung, München 1984.
Altrichter, Helmut, Kleine Geschichte der Sowjetunion 1917 – 1991, München 1993.
Altrichter, Helmut, Staat und Revolution in Sowjetrußland 1917 – 1922/23, 2. erw. Aufl. Darmstadt 1996.
Andreev, Anatolij Michailovič, Mestnye sovety i organy buržuaznoj vlasti (1917 g.), Moskau 1983.
Andreev, Anatolij Michailovič, Soldatskie massy garnizonov russkoj armii v Oktjabr'skoj revoljucii, Moskau 1975.
Andreev, Anatolij Michailovič, Sovety rabočich i soldatskich deputatov nakanune Oktjabrja. Mart – oktjabr' 1917 g., Moskau 1967.
Anfimov, Andrej Mateveevič, Ėkonomičeskoe položenie i klassovaja bor'ba krest'jan Evropejskoj Rossii, 1881 – 1904 gg., Moskau 1984.
Anfimov, Andrej Mateveevič, Krest'janskoe chozjajstvo Evropejskoj Rossii, 1881 – 1904, Moskau 1980.
Anfimov, Andrej Mateveevič, Rossijskaja derevnja v gody pervoj mirovoj vojny (1914 – fevral' 1917 g.), Moskau 1962.
Antsiferov, Alexis N. / Bilimovich, Alexander D. / Batshev, Michael O. / Ivantsov, Dmitry N., Russian Agriculture During War, New Haven / London 1930.
Anweiler, Oskar, Die Rätebewegung in Rußland 1905 – 1921, Leiden 1958.
Atkinson, Dorothy, The End of the Russian Land Commune, 1905 – 1930, Stanford 1983.

---

* Um das Literaturverzeichnis in erträglichen Grenzen zu halten, wurden in aller Regel nur Monographien und Sammelbände aufgenommen; weitere Hinweise, vor allem auch auf Einzelartikel und Zeitschriftenaufsätze wären den Fußnoten zu entnehmen.

Avrich, Paul, The Russian Anarchists, Princeton, N.J. 1967.

Avrich, Paul (Hg.), The Anarchists in the Russian Revolution, London 1973.

Baevskij, D.A., Rabočij klass v pervye gody Sovetskoj vlasti (1917 – 1921 gg.), Moskau 1974.

Baklanova, I.A., Rabočie Petrograda v period mirnogo razvitija revoljucii, mart – ijun' 1917 g., Leningrad 1978.

Bartlett, Roger (Hg.), Land Commune and Peasant Community in Russia. Communal Forms in Imperial and Early Soviet Society, London 1990.

Basil, John D., The Mensheviks in the Revolution of 1917, Columbus, Ohio 1983.

Bater, James H., St Petersburg. Industrialization and Change, London 1976.

Bauer, Henning / Kappeler, Andreas / Roth, Brigitte (Hgg.), Die Nationalitäten des Russischen Reiches in der Volkszählung von 1897, 2 Bde., Stuttgart 1991.

Bennigsen, Alexandre / Lemercier-Quelquejay, Chantal, Islam in the Soviet Union, London 1967.

Benvenuti, Francesco, The Bolsheviks and the Red Army, 1918 – 1922, New York / New Rochelle / Melbourne / Sydney 1988 (ital. Ausgabe Neapel 1982).

Bonnell, Victoria E., Roots of Rebellion. Workers' Politics and Organizations in St. Petersburg and Moscow, 1900 – 1914, Berkeley / Los Angeles / London 1983.

Bonnell, Victoria E. (Hg.), The Russian Worker. Life and Labor under the Tsarist Regime, Berkeley / Los Angeles / London 1983.

Bonwetsch, Bernd, Die Russische Revolution 1917. Eine Sozialgeschichte von der Bauernbefreiung 1861 bis zum Oktoberumsturz, Darmstadt 1991.

Brovkin, Vladimir N., Behind the Front Lines of the Civil War. Political Parties and Social Movements in Russia, 1918 – 1922, Princeton, N.J. 1994.

Brovkin, Vladimir N., The Mensheviks after October. Socialist Opposition and the Rise of the Bolshevik Dictatorship, Ithaca / London 1987.

Brügmann, Uwe, Die russischen Gewerkschaften in Revolution und Bürgerkrieg 1917 – 1919, Frankfurt am Main 1972.

Buldakov, V.P. / Ivanov, A.E. / Ivanova, N.A. / Šelochaev, V.V., Bor'ba za massy v trěch revoljucijach v Rossii. Proletariat i srednie gorodskie sloi, Moskau 1981.

Burbank, Jane, Intelligentsia and Revolution. Russian Views of Bolshevism 1917 – 1922, New York / Oxford 1986.

Burdžalov, Ėduard Nikolaevič, Vtoraja russkaja revoljucija. Moskva, front, periferija, Moskau 1971.

Burdžalov, Ėduard Nikolaevič, Vtoraja russkaja revoljucija. Vosstanie v Petrograde, Moskau 1967.

Bushnell, John, Mutiny amid Repression. Russian Soldiers in the Revolution of 1905 – 1906, Bloomington 1985.

Crisp, Olga, Labour and Industrialization in Russia, in: The Cambridge Economic History of Europe, vol. VII, part 2, Cambridge / London / New York / Melbourne 1978, S. 308 ff.

D'Agostino, Anthony, Marxism and the Russian Anarchists, San Francisco 1977.

Dahlmann, Dittmar, Land und Freiheit. Machnovščina und Zapatismo als Beispiele agrarrevolutionärer Bewegungen, Stuttgart 1986.

Danilov, V.P. / Kim, M.P. / Tropkin, N.V. (Hgg.), Sovetskoe krest'janstvo. Kratkij očerk istorii (1917 – 1970), 2. Aufl. Moskau 1973.

Davies, Norman, God's Playground. A History of Poland, 2 Bde., Oxford 1981 (u.ö.).

Devlin, R.J., Petrograd Workers and Workers' Factory Committees in 1917. An Aspect of the Social History of the Russian Revolution, Ann Arbor / London 1976.

Drobižev, Vladimir Zinov'evič, Glavnyj štab socialističeskoj promyšlennosti (očerki istorii VSNCH 1917 – 1932), Moskau 1966.

Emmons, Terence / Vucinich, Wayne S., The Zemstvo in Russia. An Experiment in Local Self-Government, Cambridge / London / New York / New Rochelle / Melbourne / Sydney 1982.

Ezergailis, Andrew, The Latvian Impact on the Bolshevik Revolution. The First Phase: September 1917 to April 1918, New York 1983.

Ezergailis, Andrew, The 1917 Revolution in Latvia, New York / London 1974.

Ezergailis, Andrew / Pistohlkors, Gert von (Hgg.), Die baltischen Provinzen Rußlands zwischen den Revolutionen von 1905 und 1917, Köln / Wien 1982.

Ferro, Marc, October 1917. A Social History of the Russian Revolution, London 1980 (franz. Ausgabe Paris 1976).

Figes, Orlando, Peasant Russia, Civil War. The Volga Countryside in Revolution, 1917 – 1921, Oxford 1989.

Fisher, Alan, The Crimean Tatars, Stanford 1978.

Frankel, Edith Rogovin / Frankel, Jonathan / Knei-Paz, Baruch (Hgg.), Revolution in Russia. Reassessments of 1917, Cambridge / New York / Port Chester / Melbourne / Sydney 1992.

Frenkin, M., Russkaja armija i revoljucija 1917 – 1918, München 1978.

Frieden, Nancy Mandelker, Russian Physicians in an Era of Reform and Revolution 1856 – 1905, Princeton, N.J. 1981.

Friedgut, Theodore H., Iuzovka and Revolution. Vol.1: Life and Work in Russia's Donbass, 1869 – 1924; vol. 2: Politics and Revolution in Russia's Donbass, 1869 – 1924, Princeton, N.J. 1989 / 1994.

Galili, Ziva, The Menshevik Leaders in the Russian Revolution. Social Realities and Political Strategies, Princeton, N.J. 1989.

Gaponenko, Luka Stepanovič, Rabočij klass Rossii v 1917 godu, Moskau 1970.

Gatrell, Peter, The Tsarist Economy 1850 – 1917, London 1986.

Gavrilov, Dmitrij Vasil'evič, Rabočie Urala v period domonopolističeskogo kapitalizma, 1861 – 1900 (Čislennost', sostav, položenie), Moskau 1985.

Gavrilov, Leonard Michajlovič, Soldatskie komitety v Oktjabr'skoj revoljucii (dejstvujuščaja armija), Moskau 1985.

Geldern, James von, Bolshevik Festivals, 1917 – 1920, Berkeley / Los Angeles / London 1993.

Geyer, Dietrich, Die Russische Revolution. Historische Probleme und Perspektiven, 2. Aufl. Göttingen 1977.

Geyer, Dietrich, Lenin in der russischen Sozialdemokratie. Die Arbeiterbewegung im Zarenreich als Organisationsproblem der revolutionären Intelligenz 1890 – 1903, Köln 1962.

Gill, Graeme J., Peasants and Government in the Russian Revolution, London / Basingstoke 1979.

Golczewski, Frank (Hg.), Geschichte der Ukraine, Göttingen 1993.

Golovin(e), N.N., The Russian Army in the World War, New Haven 1931.

Golub, P.A., Bol'ševiki i armija v trëch revoljucijach, Moskau 1977.

Golub, P.A., Partija, armija i revoljucija, Moskau 1967.

Häfner, Lutz, Die Partei der Linken Sozialrevolutionäre in der Russischen Revolution von 1917/18, Köln / Weimar / Wien 1994.

Hagen, Mark von, Soldiers in the Proletarian Dictatorship. The Red Army and the Soviet Socialist State, 1917 – 1930, Ithaca / London 1990.

Haimson, Leopold H., The Russian Marxists and the Origins of Bolshevism, Cambridge, Mass. 1955.

Haimson, Leopold H. (Hg.), The Mensheviks from the Revolution of 1917 to the Second World War, Chicago 1974.

Hamm, Michael F., Kiev. A Portrait, 1800 – 1917, Princeton, N.J. 1993.

Hamm, Michael F. (Hg.), The City in Late Imperial Russia, Bloomington 1986.

Hasegawa, Tsuyoshi, The February Revolution: Petrograd, 1917, Seattle / London 1981.

Haumann, Heiko, Kapitalismus im zaristischen Staat 1906 – 1917. Organisationsformen, Machtverhältnisse und Leistungsbilanz im Industrialisierungsprozeß, Königstein 1980.

Hayit, Baymirza, Basmatschi. Nationaler Kampf Turkestans in den Jahren 1917 bis 1934, Köln 1992.

Hehn, Jürgen von / Rimscha, Hans von / Weiss, Helmut (Hgg.), Von den baltischen Provinzen zu den baltischen Staaten. Beiträge zur Entstehungsgeschichte der Republiken Estland und Lettland, Bd. 1: 1917 – 1918; Bd. 2: 1918 – 1920, Marburg / Lahn 1971 / 1977.

Hildermeier, Manfred, Die Russische Revolution 1905 – 1921, Frankfurt am Main 1989.

Hovannisian, Richard G., Armenia on the Road to Independence, 1918, Berkeley / Los Angeles 1967.

Hovannisian, Richard G., The Republic of Armenia, Bd. 1, Berkeley / Los Angeles / London 1971.

Hroch, Miroslav, Die Vorkämpfer der Nationalen Bewegung bei den kleinen Völkern Europas. Eine vergleichende Analyse zur gesellschaftlichen Schichtung der patriotischen Gruppen, Prag (1968).

Hroch, Miroslav, Social Preconditions of National Revival in Europe. A Comparative Analysis of the Social Composition of Patriotic Groups among the Smaller European Nations, Cambridge / London / New York / New Rochelle / Melbourne / Sydney 1985.

Hunczak, Taras (Hg.), The Ukraine, 1917 – 1921. A Study in Revolution, Cambridge, Mass. 1977.

Itkin, Michail Lazarovič, Rabočij kontrol' nakanune Velikogo Oktjabrja, Moskau 1984.

Jackson, George / Devlin, Robert (Hgg.), Dictionary of the Russian Revolution, New York / Westport / London 1989.
Jakovcevskij, V.N., Agrarnye otnošenija v SSSR v period stroitel'stva socializma, Moskau 1964.

Kanev, Serafim N., Oktjabr'skaja revoljucija i krach anarchizma. Bor'ba partii bol'ševikov protiv anarchizma 1917 – 1922 gg., Moskau 1974.
Kappeler, Andreas, Kleine Geschichte der Ukraine, München 1994.
Kappeler, Andreas, Rußland als Vielvölkerreich. Entstehung, Geschichte, Zerfall, München 1992.
Kappeler, Andreas (Hg.), The Formation of National Elites. Comparative Studies on Governments and Non-dominant Ethnic Groups in Europe, 1850 – 1940, Bd. 6 (in collaboration with Fikret Adanir and Alan O'Day), Aldershot 1992.
Kappeler, Andreas / Simon, Gerhard / Brunner, Georg (Hgg.), Die Muslime in der Sowjetunion und in Jugoslawien. Identität, Politik, Widerstand, Köln 1989.
Kazemzadeh, Firuz, The Struggle for Transcaucasia (1917 – 1921), New York / Oxford 1951.
Keep, John L., The Russian Revolution. A Study in Mass Mobilization, London 1976.
Kirimal, Edige, Der nationale Kampf der Krimtürken, mit besonderer Berücksichtigung der Jahre 1917 – 1918, Emsdetten 1952.
Kitanina, Taisija Michajlovna, Vojna, chleb i revoljucija (prodovol'stvennyj vopros v Rossii, 1914 – oktjabr' 1917 g.), Leningrad 1985.
Koenker, Diane, Moscow Workers and the 1917 Revolution, Princeton, N.J. 1981.
Koenker, Diane / Rosenberg, William G., Strikes and Revolution in Russia, 1917, Princeton, N.J. 1989.
Korablëv, Ju.I. (Hg.), Voennye organizacii partii bol'ševikov v 1917 godu, Moskau 1986.
Krug, Peter F., Russian Public Physicians and Revolution. The Pirogov-Society, 1917 – 1920, Diss. University of Wisconsin 1979.
Kruze, Èl'za Èduardovna, Peterburgskie rabočie v 1912 – 1914 gg., Moskau / Leningrad 1961.
Kruze, Èl'za Èduardovna, Položenie rabočego klassa Rossii v 1900 – 1914 gg., Leningrad 1976.

Lejkina-Svirskaja, Vera Romanovna, Russkaja intelligencija v 1900 – 1917 godach, Moskau 1981.
Lih, Lars T., Bread and Authority in Russia, 1914 – 1921, Berkeley / Los Angeles / Oxford 1990.
Linde, Gerd, Die deutsche Politik in Litauen im Ersten Weltkrieg, Wiesbaden 1965.

Liseckij, Anatolij Michajlovič, Bol'ševiki vo glave massovych staček (mart – oktjabr' 1917 g.), Kišiněv 1974.

Lubachko, Ivan S., Belorussia Under Soviet Rule 1917 – 1957, Lexington 1972.

Mandel, David, The Petrograd Workers and the Fall of the Old Regime. From the February Revolution to the July Days, 1917, London / Basingstoke 1983.

Mandel, David, The Petrograd Workers and the Soviet Seizure of Power. From the July Days 1917 to July 1918, London / Basingstoke 1984.

Mawdsley, Evans, The Russian Revolution and the Baltic Fleet. War and Politics, February 1917 – April 1918, London 1978.

McAuley, Mary, Bread and Justice. State and Society in Petrograd 1917 – 1922, Oxford 1991.

Mel'gunov, Sergej Petrovič, Kak bol'ševiki zachvatili vlast'. Oktjabr'skij perevorot 1917 goda, 2. Aufl. Paris 1984.

Mel'gunov, Sergej Petrovič, Martovskie dni 1917 goda, Paris 1961.

Mende, Gerhard von, Der nationale Kampf der Rußlandtürken, Berlin 1936.

Miljutin, V.P. (Hg.), Krest'janskoe dviženie v 1917 godu (Agrarnaja revoljucija v četyrěch tomach, tom vtoroj), Moskau 1928.

Miller, Viktor Iosifovič, Soldatskie komitety russkoj armii v 1917 g. (Vozniknovenie i načal'nyj period dejatel'nosti), Moskau 1974.

Moritsch, Andreas, Landwirtschaft und Agrarpolitik in Rußland vor der Revolution, Wien / Köln / Graz 1986.

Olcott, Martha Brill, The Kazakhs, Stanford 1987.

Paasivirta, Juhani, Finland and Europe. The Early Years of Independence 1917 – 1939, Helsinki 1988.

Page, Stanley W., The Formation of the Baltic States. A Study of the Effects of Great Power Politics upon the Emergence of Lithuania, Latvia, and Estonia, Cambridge, Mass. 1959.

Park, Alexander G., Bolshevism in Turkestan 1917 – 1927, New York 1957.

Peršin, Pavel Nikolaevič, Agrarnaja revoljucija v Rossii. Istoriko-ėkonomičeskoe issledovanie, 2 Bde., Moskau 1966.

Pietsch, Walter, Revolution und Staat. Institutionen als Träger der Macht in Sowjetrußland 1917 – 1922, Köln 1969.

Pipes, Richard, The Formation of the Soviet Union. Communism and Nationalism 1917 – 1923, 2. Aufl. Cambridge, Mass. 1964.

Pipes, Richard, Die Russische Revolution, 3 Bde., Berlin 1992/93 (amerik. Ausgabe 1990 ff.).

Pipes, Richard (Hg.), Revolutionary Russia, Cambridge, Mass. 1968.

Pistohlkors, Gert von (Hg.), Deutsche Geschichte im Osten Europas. Baltische Länder, Berlin 1994.

Rabinowitch, Alexander, The Bolsheviks Come to Power. The Revolution of 1917 in Petrograd, New York / London 1978.

Rabinowitch, Alexander, Prelude to Revolution. The Petrograd Bolsheviks and the July Uprising, Bloomington / London 1968.

Radkey, Oliver H., The Agrarian Foes of Bolshevism. Promise and Default of the Russian Socialist Revolutionaries, February to October 1917, New York / London 1958.

Radkey, Oliver H., The Election to the Russian Constituent Assembly of 1917, Cambridge 1950 (NA unter dem Titel Russia Goes to the Polls. The Election to the All-Russian Constituent Assembly, 1917. Mit einem Vorwort von Sheila Fitzpatrik, Ithaca / London 1990).

Raleigh, Donald J., Revolution on the Volga. 1917 in Saratov, Ithaca / London 1986.

Rašin, Adol'f Grigor'evič, Formirovanie rabočego klassa Rossii. Istoriko-èkonomičeskie očerki, Moskau 1958.

Raun, Toivo U., Estonia and the Estonians, Stanford 1987.

Rhode, Gotthold, Kleine Geschichte Polens, Darmstadt 1966.

Rieber, Alfred J., Merchants and Entrepreneurs in Imperial Russia, Chapel Hill 1982.

Rogger, Hans, Russia in the Age of Modernisation and Revolution 1881 – 1917, London / New York 1983.

Rorlich, Azade-Ayse, The Volga Tatars. A Profile in National Resilience, Stanford 1986.

Rosenberg, William G., Liberals in the Russian Revolution. The Constitutional Democratic Party, 1917 – 1921, Princeton, N.J. 1974.

Saul, Norman E., Sailors in Revolt. The Russian Baltic Fleet in 1917, Kansas 1978.

Schlögel, Karl, Jenseits des Großen Oktober. Das Laboratorium der Moderne, Petersburg 1909 – 1921, Berlin 1989.

Selickij, Vladislav Iosifovič, Massy v bor'be za rabočij kontrol', Moskau 1971.

Service, Robert, The Bolshevik Party in Revolution. A Study in Organisational Change, 1917 – 1923, London / Basingstoke 1979.

Service, Robert (Hg.), Society and Politics in the Russian Revolution, Basingstoke / New York 1992.

Shanin, Teodor, The Awkward Class. Political Sociology of Peasantry in a Developing Society: Russia 1910 – 1925, Oxford 1972.

Shanin, Teodor, Russia, 1905 – 07. Revolution as a Moment of Truth (The Roots of Otherhess. Russia's Turn of Century, Bd. 2), New Haven / London 1986.

Shkliarevsky, Gennady, Labor in the Russian Revolution. Factory Committees and Trade Unions, 1917 – 1918, New York 1993.

Shukman, Harold (Hg.), The Blackwell Encyclopedia of the Russian Revolution, Oxford / New York 1988.

Sidorov, Andrej Lavrovič, Ėkonomičeskoe položenie Rossii v gody pervoj mirovoj vojny, Moskau 1973.

Skripilev, Evgenij Alekseevič, Vserossijskoe Učreditel'noe sobranie. Istoriko-pravovoe issledovanie, Moskau 1982.

Smith, C. Jay, Finland and the Russian Revolution, 1917 – 1922, Athens, Ga. 1958.

Smith, S.A., Red Petrograd. Revolution in the Factories 1917 – 1918, Cambridge / New York / New Rochelle / Melbourne / Sidney 1983.

Sobolev, Gennadij Leont'evič, Petrogradskij garnizon v bor'be za pobedu Oktjabrja, Leningrad 1985.

Starcev, Vitalij Ivanovič, Očerki po istorii Petrogradskoj Krasnoj armii i rabočej milicii, mart 1917 – aprel' 1918 g., Moskau / Leningrad 1965.

Starcev, Vitalij Ivanovič, Russkaja buržuazija i samoderžavie v 1905 – 1917 gg. (Bor'ba vokrug »otvetstvennogo ministerstva« i »pravitel'stva doverija«), Leningrad 1977.

Starcev, Vitalij Ivanovič, Šturm Zimnego. Dokumental'nyj očerk, Leningrad 1987.

Starcev, Vitalij Ivanovič, Vnutrennaja politika Vremennogo pravitel'stva pervogo sostava, Leningrad 1980.

Steffens, Thomas, Die Arbeiter von Petersburg 1907 bis 1917. Soziale Lage, Organisation und spontaner Protest zwischen zwei Revolutionen, Freiburg im Breisgau 1985.

Stepanov, Zacharij Vasil'evič, Fabzavkomy Petrograda v 1917 godu, Leningrad 1985.

Stepanov, Zacharij Vasil'evič, Rabočie Petrograda v period podgotovki i provedenija Oktjabr'skogo vooružĕnnogo vosstanija, Moskau / Leningrad 1965.

Stilling, Jürgen, Die Russische Februarrevolution 1917 und die Sozialistische Friedenspolitik, Köln / Wien 1977.

Stites, Richard, Revolutionary Dreams. Utopian Vision and Experimental Life in the Russian Revolution, New York / Oxford 1989.

Subtelny, Orest, Ukraine. A History, 2. Aufl. Toronto / Buffalo / London 1994.

Sullivan, Robert S., Soviet Politics and the Ukraine 1917 – 1957, New York / London 1962.

Suny, Ronald Grigor, The Baku Commune 1917 – 1918. Class and Nationality in the Russian Revolution, Princeton, N.J. 1972.

Suny, Ronald Grigor, The Making of the Georgian Nation, London 1989.

Suny, Ronald Grigor, Looking Toward Ararat. Armenia in Modern History, Bloomington 1993.

Suny, Ronald Grigor, The Revenge of the Past. Nationalism, Revolution, and the Collaps of the Soviet Union, Stanford 1993.

Suny, Ronald Grigor (Hg.), Transcaucasia. Nationalism and Social Change. Essays in the History of Armenia, Azerbaijan, and Georgia, Ann Arbor 1983.

Swietochowski, Tadeusz, Russia and Azerbaijan. A Borderland in Transition, New York 1995.

Swietochowski, Tadeusz, Russian Azerbaijan 1905 – 1920. The Shaping of National Identity in a Muslim Community, Cambridge / London / New York / New Rochelle / Melbourne / Sydney 1985.

Takalo, Tenho (Hg.), Finns and Hungarians between East and West. European Nationalism and Nations in Crisis during the 19th and 20th Centuries, Helsinki 1989.

Thaden, Edward C., Russia's Western Borderlands, 1710 – 1870 (with the collaboration of Marianna Forster Thaden), Princeton, N.J. 1984.

Thaden, Edward C. (Hg.), Russification in the Baltic Provinces and Finland, 1855 – 1914, Princeton, N.J. 1981.

Upton, Anthony F., The Finnish Revolution 1917 – 1918, Minneapolis 1980.

Vakar, Nicholas P., Belorussia. The Making of a Nation. A Case Study, Cambridge, Mass. 1956.

Volkov, I.M. / Danilov, V.P. / Ivnickij, N.A. / Kabanov, V.V. / Kostrikin, V.I. (Hgg.), Oktjabr' i sovetskoe krest'janstvo 1917 – 1927 gg., Moskau 1977.

Volobuev, Pavel Vasil'evič, Ėkonomičeskaja politika Vremennogo pravitel'stva, Moskau 1962.

Volobuev, Pavel Vasil'evič, Proletariat i buržuazija Rossii v 1917 godu, Moskau 1964.

Wildman, Allan K., The End of the Russian Imperial Army. The Old Army and the Soldiers' Revolt (March – April 1917), Princeton, N.J. 1980.

Wildman, Allan K., The End of the Russian Imperial Army. The Road to Soviet Power and Peace, Princeton, N.J. 1987.

Wittram, Reinhard, Studien zum Selbstverständnis des 1. und 2. Kabinetts der russischen Provisorischen Regierung (März bis Juli 1917), Göttingen 1971.

Zenkovsky, Serge A., Panturkism and Islam in Russia 1905 – 1920, Cambridge, Mass. 1960.

Znamenskij, Oleg Nikolaevič, Intelligencija nakanune Velikogo Oktjabrja (fevral' – oktjabr' 1917 g.), Leningrad 1988.

Znamenskij, Oleg Nikolaevič, Vserossijskoe Učreditel'noe sobranie. Istorija sozyva i političeskogo krušenija, Leningrad 1976.

4. PERSONEN- UND SACHINDEX*

---

* Dabei verweist A auf eine Anmerkung, B auf ein Bild, K auf eine Karte und S auf eine Statistik. Ethnische Gruppen wurden nur gesondert genannt, wo sie nicht einem eigenen, in der Darstellung behandelten »Land« zuzuordnen sind (so erscheinen etwa Abchazen, Juden, Tataren als eigenes Stichwort, während für Armenier, Letten, Ukrainer auf die Stichwörter Armenien, Lettland, Ukraine verwiesen wird).

Bildnachweis:
Abbeville Press. New York: 14 (Insert), 15, 16, 21, 23, 24, 26, 29, Titelbild; Atlantis-Verlag, Zürich: 22 (aus: Martin Hürlimann, Leningrad, 1972. Photo: Martin Hürlimann); Automobile Association Photo Library, London: 19 (Photo: Ken Paterson); Bibliothèque du Musée des Arts Décoratifs, Paris: 37; Éditions Mengès, Paris: 20 (Photo: Alexandre Orloff); Indiana University Press, Bloomington, Ind.: 34; Iskusstvo Publishers, Moskau: 10, 11; Museé de l'Homme, Paris: 36, Planeta Publishers, Moskau: 1, 27; Princeton University Press, Princeton, N.J.: 33; Russisches Staatsarchiv für Film- und Photodokumentation, Krasnogorsk: 14; Staatsarchiv für Film- und Photodokumentation, St. Petersburg: 2-9, 13, 17, 30; Victoria and Albert Museum, London: 12, 32, 35; Weltbild Verlag, Augsburg: 31; Archiv des Autors: 18.

FINNLAND

OLONEC

Stockholm

Helsingfors

Petrozavodsk

Reval
ESTLAND   ST. PETERSBURG

NOVGOROD

OSTSEE

KURLAND
Mitau   Riga
LIVLAND

JAROSLAVL'
KOSTF

Mitau

PSKOV

TVER'

VLADIMIR

KOVNO

⑪

WILNA

VITEBSK
SMOLENSK

MOSKAU

NIŽ
NO

② ③

① ④

⑩ ⑧ ⑤

⑨ ⑦

⑥

GRODNO

MINSK

MOGILËV

KALUGA

RJAZAN'

TULA

OREL

TAMBOV

WOLHYNIEN

ČERNIGOV

KURSK

Žitomir

KIEV

POLTAVA

KARPATEN

PODOLIEN
Kamenec-
Podol'sk

CHAR'KOW

DON-GEBIET

Kišinëv
Odessa

CHERSON

EKATERINOSLAV

Novočerkassk

BESSARABIEN

TAURIEN

KUBAN'-
GEBIET

Bukarest

Simferopol'

Ekaterinodar

STA

Novorossijsk

SCHWARZMEER-
GOUVERN.

T
Vla

SCHWARZES MEER